步平　王建朗　主编

中国抗日战争史

A HISTORY OF
THE CHINESE WAR OF RESISTANCE AGAINST
JAPANESE AGGRESSION

第三卷
战时政治

汪朝光　著

社会科学文献出版社
SOCIAL SCIENCES ACADEMIC PRESS (CHINA)

目 录

前　言 ··· 001

第一章　全国抗战的发动和中国政治新局面的形成 ································ 004
 第一节　牺牲已到最后关头 ·· 004
 第二节　国共捐弃前嫌再度携手 ·· 025
 第三节　全国一致抗日局面的形成 ·· 049

第二章　国民党的"抗战建国" ·· 069
 第一节　战争初期的政策机构调整 ·· 069
 第二节　确定"抗战建国"方略 ··· 099
 第三节　扩大党政组织基础和政治参与 ·· 126

第三章　战时政治的多重面相 ·· 168
 第一节　地方政治改革 ·· 168
 第二节　行政改革与战时动员 ··· 197
 第三节　战时状态下的地方实力派 ·· 211

第四章　中共的抗战建政 ·· 232
 第一节　中共抗战路线的提出及其底定 ·· 232
 第二节　中共抗战建政的理论和实践 ··· 272
 第三节　整风运动的开展 ··· 314

第五章 战时国共关系的起伏波折 ······ 343
第一节 国共关系的波动 ······ 343
第二节 皖南事变及国共关系的顿挫 ······ 363
第三节 国共关系的和缓与波折 ······ 401

第六章 抗战后期的中国政治 ······ 434
第一节 国民党统治力的下降 ······ 434
第二节 中间势力与民主运动 ······ 466
第三节 抗战后期的国共谈判 ······ 484
第四节 为抗战胜利及战后中国而绸缪 ······ 507

主要参考文献 ······ 532

人名索引 ······ 542

前　言

以 1937 年 7 月 7 日侵华日军发动的卢沟桥事变为开端，中国由局部抗战迈进全国抗战，这是中国近代史上具有转折性意义的历史事件。从 1937 年 7 月到 1945 年 8 月，历时整八年有余的全国抗战时期，也由此成为中国近代史上具有划时代意义的历史时期。中华民族以其坚韧不拔的历史底蕴、从容不迫的精神气质、不惜牺牲的慷慨壮烈、全民抗战的英勇奋斗，最终打败了日本侵略者，取得了对日抗战的彻底胜利，从而也为近代以来中华民族的伟大复兴历程树立了一座丰碑！全国抗战的内容，远不止是抗战之"战"的军事学意义所可涵盖，而是包含着政治、外交、经济、教育、文化、社会等全方位内容的历史时段，有着极具意义的研究价值。本卷所述，即为全国抗战时期的中国政治。

全国抗战时期的中国政治，有着极为丰富的历史面相，表现为波折起伏而又壮阔无比的历史演进过程。全国抗战的实现，开创了中国政治的新局面。战时中国政治的中心是如何全力抵抗日本侵略，如何抗战到底，争取中国抗战的彻底胜利；主角则是中国国民党和中国共产党，演进主轴是国共两党既团结合作抗日又难免矛盾斗争冲突的历史过程。

作为当时的执政党，国民党意识到全国抗战所具有的多方面意义，从而提出"抗战建国"的主张，企望以抗战为契机，由民族主义动员，施行"建国"之政，为国民党在战时和战后的长期稳固统治奠定基础。为此，国民党做出了一系列政治调整，改组军政机构，确立战时领导体制，通过《抗战建国纲领》，适度扩大政治参与，进行地方和行政改革，等等。国民党最终能够坚持八年全国抗战，可见其战时政治还是取得了一定成效。但是，国民党政纲政策的宣示性往往大于执行力，并且由于其组织力的欠缺，很难真正推广有成效的改革。战时政治调整和改革的最终结局也多半是雷声大雨点小，乃至不了了之。更由于国民党施政中的官僚主义、懒政惰政乃至贪腐频发，对其政治基础和形象构成了持续的伤害。

对于致力以革命方式改变半殖民地半封建的中国命运为己任而兴起的中国共产党，与国民党本为政治对手，十年内战，极尽艰辛。而当全国抗战来临之际，本着为挽救民族危亡而一致抗日的精神，中共与国民党携手言和，再度合作，表现出外患临头之时以民族大义为重的家国情怀。同时，全国抗战也为中共通过建立抗日根据地及其建政，在实践中发展壮大自身，提供了广阔的前景和现实的可能性。通过确立适合中国国情的新民主主义革命路线及其施政方略，讲求从理论创新到实践检验的反复和比较的过程，中共在根据地进行了广泛而深入的政治、经济、文化、社会改革，尤其着重发动民众，实行全面抗战，从而成为坚持抗战的中流砥柱，并为通过抗战实现全国建政打下了坚实的基础。

全国抗战时期，也是国共携手共同抗日的第二次合作时期。国共二次合作，较十余年前的初次合作，面对的对手和合作的方式都有不同。过去是为推倒军阀统治的合作，现在是为抵抗日本侵略的合作；过去是有共同纲领指导的紧密合作，现在是遇事协商的共识式合作。全国抗战之初，抵抗日本的全面入侵是当务之急，国共一致对外，合作较为密切。全国抗战进入相持阶段后，随着军事相持而至的，是政治的重要性在上升，国共也因政治路线的分野而致政治实践的分歧，两党间的摩擦日渐滋长，乃至发生武装冲突。但是，面对日本侵略的外部环境，国共两党斗而不破，关系发展虽起伏波折，但两党始终维持着合作大局。对外敌入侵的民族抵抗的一致性，决定了国共两党终必维持合作的大局。

所以，全国抗战中的中国政治，既有国共两党合作、团结对外、共同抗日的面相，也有国共两党斗争、通过各自不同实践而尽力发挥并争取领导权的面相。经过了全国抗战的历史阶段，应该说，国民党的领导力在不断下降，共产党的领导力在全面上升，这也是由全国抗战时期两党不同的政治路线尤其是政治实践过程所决定的。国民党的脱离民众、组织涣散、言大于事、贪腐丛生，与共产党的发动群众、强化组织、讲求实际、励精图治，恰成鲜明对照。因此，国民党的"抗战建国"未达预期，其空有三民主义"建国"高调而乏实际作为，而共产党在新民主主义指导下的抗战建政却大见成效，通过在根据地的精耕细作，在百姓中埋下了深厚根基。国共两党领导力一降一升的过程，不仅关乎战时中国政治的发展，而且为战后中国政治的走向预埋伏笔，于此也可见历史发展之承前启后的连续性过程，同时也淋漓尽致地表现了何谓民为邦本，得民心者得天下。

在全国抗战时期的政治的主题之下，本卷反映了其方方面面的内容，希望以此论述，从各个不同视角和更多面相，观察战时中国政治，并有更接近于历史本来面目的历史言说和诠释。当然，限于客观条件以及作者认识的局限性，其中所论未必都那么周全精当，如有任何不妥之处，概由作者负责。

检视本卷的写作过程，从2005年开始酝酿，到中国社会科学院立项为重大课题，再到国家出版基金立项为重大出版项目，前后也有了14年的历史，而作者的工作单位，也已从近代史研究所变更到世界历史研究所。在这个过程中，一方面可以利用各类新出史料，参考各种新的研究成果，使写作更为稳当扎实，很有裨益；一方面也反映出自己的工作不够积极努力，延迟拖拉，这是不能以任何客观因素为借口者，实感愧疚于心！

中国抗日战争史的研究，应该是代有传承的事业。现在已经有了相当数量的抗战史研究成果，但我们仍然不能说，对于抗战史的研究已经深了透了够了，相反，抗战史研究还在不断发展中，还应该有新的成果新的突破。本卷所研究的战时中国政治的主题同样如此。读者完全可以期待，随着史料的更多公布，思路的不断拓展，新人的陆续加入，更具创新性、前沿性、突破性的研究成果将源源不断地产生，那时，本卷的历史使命也就完成了，希望这个时间不会很久！

第一章
全国抗战的发动和中国政治新局面的形成

1937年7月7日深夜，日本军队在北平郊外卢沟桥向中国军队发动武装挑衅，中国军队奋起还击，从而拉开了全国抗战的大幕。卢沟桥的枪声，从起初的貌似地方性事变，迅速发展为中日两国的全面对抗，其间蕴含着深刻的历史背景及其演进脉络。卢沟桥事变爆发前，中日关系已因日本对华北侵略的扩大而趋紧张。事变爆发后，国民党判断日本将重演过去由地方事件而不断扩大侵略的路径，中方已无再让步的空间，所谓"牺牲已到最后关头"。因此，蒋介石发表庐山谈话，为中方立场划出底线。日本的侵略行径，激起全中国一致的抗议声浪，国共两党捐弃前嫌，实现第二次合作，地方当局和社会各界都积极拥护抗战，最终实现了全国抗战，全国一致抗日的局面也得以形成。

第一节　牺牲已到最后关头

一　卢沟桥的枪声及其回响

1937年7月7日深夜至7月8日凌晨，中国著名古都北平郊外的卢沟桥，清脆的枪炮声划破了夜空的宁静。当时当地，恐怕很少有人，无论是中国人还是日本人，包括那些枪炮的操作者和发射者能够想到，这将是中日两国历时八年的全面战争的开端！也是中华民族捍卫民族独立、保家卫国的全国抗战的开端！

中日两军在卢沟桥因所谓日军士兵"走失"而发生的军事冲突，看似偶然，实则是多年来日本不断对外扩张的侵华野心导致中日两国矛盾冲突不断激化所致的必然结果。远者不论，仅仅从1927年国民党当政后，从济南惨案到九一八事变，再从"一·二八"事变到华北危机，日本步步紧逼的对华侵略扩张，对中国国家民族利益造成的伤害，已经导致中国从上到下、从官府到民众的普遍的民族生存危机感，尤其是当这样的侵略扩张从国人心目中的东北边陲之地，逐渐伸入中华民族悠久文明的中心发祥地——华北地区和国民党统治的中心地带——江浙地区之际，中国人内心深处的激烈反应是可以想见的。何况日本的对华扩张，不仅威胁到中国的民族独立和国家主权，也日渐从根本上危及国民党的执政地位及其存在基础，是作为执政党的国民党也难以轻言接受的。国民党当政后遵奉的三民主义意识形态，以民族主义为先，并通过各种方式而渗透进入基层社会，又在一定程度上激扬了国人的民族主义情感。尽管在实践中，国民党提倡的民族主义内涵未必那么明晰，未必那么能够都落到实处，自1927年起国民政府当政十年的对日外交多有妥协之处，但是，民族主义在国民党治下的张扬轨迹却在在可辨，并且在当政者的宣传倡导和民众感情的飞扬激荡中，完成了两者间彼此推高的互动，使得双方都已很难从这样的立场再后退。及至1936年西安事变之后，国共两党和各派政治力量之间由分裂而趋向合作，中国的国内政治基本完成了基于民族主义立场的一致对外的整合，所以，中日两军在卢沟桥发生的冲突，与过去发生过不止一次的冲突那样，貌似地方性的偶发事件，却没有重现以往类似冲突所循的紧张升高—关系缓和—双方订约—中国退让—恢复正常这样的演变路径，而是由个别事件的星星之火，迅即升高为中日全面战争的燎原之势，从中反映出的不止是日本一贯的由小及大的恫吓威胁、内外逼迫的侵略路径，更主要反映出中国国内政治、社会、人心的重大变化。明乎此，方可知中国实行抵抗之必然及其得，以及日本军阀惯性思维之愚钝及其失。

卢沟桥的警讯传来，事出突发，时在庐山盘桓多日处理公务的蒋介石，对日本"将乘我准备未完之时，使我屈服乎"，抑或"与宋哲元为难乎，使华北独立化乎"，尚无明断。他认为"此时倭无与我开战之利"，对是否"决心应战，此其时乎"也不无斟酌。不过，蒋介石在事发后第一时间的决策，一方面以地方因应为中心，"归宋（哲元）负责解决"，"与倭折冲"，希冀能够将事件解决在地方层面；① 同时，令宋哲元"守土应具决死决战之决心，与积极准备之精神应付。至谈判尤须防其奸狡之惯技，务

---

① 《蒋介石日记》，1937年7月8、9日，美国斯坦福大学胡佛研究所档案馆藏，以下馆藏略。

期不丧丝毫主权为原则"。① 更重要的是，蒋介石在事发之初即部署"积极运兵北进备战"，"准备动员，不避战事"，表现出与以往因应类似情况的明显不同。虽然卢沟桥中日两军冲突的规模并不很大，照以往经验，以地方事件处理亦无不可，但这一次蒋的态度大为不同，认为"此为存亡关头，万不使失守也"，并认为"如我不有积极准备，示以决心，则不能和平解决也"。蒋的准备和决心，就是以保定为集结中心，调动中央军6个师北上。② 7月9日，蒋介石手令军委会办公厅主任徐永昌转参谋总长程潜、训练总监唐生智和军政部部长何应钦，明示："倭寇挑衅，无论其用意如何，我军应准备全部动员，各地皆戒备，并准备宣战手续。"③ 12日，蒋决定"在永定河与沧保线持久战"。④ 13日，蒋介石又向国民党高层明确："中央决派兵北上增援。虽蔓延之全面战争，亦在所不惜。"⑤ 这些举措说明，蒋介石对中日开战已有考虑，进取替代了退让，津浦、平汉路的大规模军事调动，预示着卢沟桥事变的可能结局。

蒋介石的决心也反映到国民政府的决策中。日军在卢沟桥发起挑衅致中日两军爆发冲突的消息传来后，"蒋先生以下对此已抱有决心，不再使主权受丝毫之损失，决派兵北上，以为援助"，同时外交部部长王宠惠、军政部部长何应钦奉命返京，"调度一切"。之所以如此，是因为多数国人尤其是执政的国民党人认识到："日人此次对于平津有必得之决心，故亦不惜秣马厉兵，大动兵戈。吾人素知日人之用心在蚕食中国，此次卢沟桥事变，又为进一步之侵略，苟能得手，必使我方撤兵，平汉孔道又入彼掌握之中，不成，乃以万钧之力，压迫宋哲元，使其屈服为第二殷汝耕。"⑥ 正因为如此，卢沟桥事变发生后，南京国民政府自军至政便开始了由平时

---

① 《蒋介石致宋哲元电》（1937年7月10日），中国第二历史档案馆编《中华民国史档案资料汇编 第五辑第二编 军事》(2)，江苏古籍出版社，1998，第3页。
② 《蒋介石日记》，1937年7月9、10日。蒋介石过后对其派兵决定亦颇为自得，认为这是对日本策动华北脱离中国的"独立阴谋"的"重大打击"，当初"如无派兵北上之决心，或派而不速，则今日之政府地位，不仅进退失措而且内外挟攻，不知乱至如何境地矣"。见《蒋介石日记》，1937年7月23、24日。
③ 《何应钦关于中央军事准备报告稿》（1937年8月7日），《中华民国史档案资料汇编 第五辑第二编 军事》(2)，第104页。
④ 《蒋介石日记》，1937年7月12日。
⑤ 姚崧龄编著《张公权先生年谱初稿》上册，社会科学文献出版社，2014，第172页。
⑥ 《王子壮日记》第4册，1937年7月9日，台北，中研院近代史研究所，2001，第190页。

状态向战时状态的转变。从7月11日至8月12日，军方高层就卢沟桥事变的因应，每天举行会报，连续一月而无中断。第一次会报即明确指示"各部速就国防位置"；12日的第二次会报，又明确指示宋哲元："只可在不丧失领土主权原则之下，与彼方谈判，以求缓兵，但仍须作全般之准备，卢沟桥宛平城不可放弃"。① 蒋介石的底线则是，重返河北的中央军不再南调，卢沟桥驻军不受限制。② 但是，此时中方对外的表达，还是比较温和有度的。7月11日，中国外交部发表声明，称："中国国策，对外在于维护和平，对内在于生产建设，举凡中日间一切悬案，均愿本平等互惠之精神，以外交之方式，谋和平之解决，深盼日本立即制止军事行动，遵照前约，即日撤兵，并为避免将来冲突起见，切实制止非法之驻军与演习，庶使事态好转，收拾较易，否则一误再误，日方固无以自解其重责，远东之安宁或将不免益趋于危险，恐尤非大局之福也。"③

中国方面对于卢沟桥事变的严正态度，并未得到日本方面的重视，相反，日本仍然大体沿用传统的做法，在北平地方和南京中央的交涉一线，向中方软硬兼施，文武并用，企图逼迫中方让步。7月8日，驻东北的日本关东军得到情况报告后即开始派兵向关内运动。日方尤其对于中方决策派遣中央军北上重回早先撤出的河北，"毅然不复顾虑所谓'何梅协定'之任何束缚"极为恼怒，④ 7月11日，日本驻华使馆参赞日高信六郎奉日本外务省训令，"向我外部声明，中央如动员，日方必下最大决心"。日方的强横态度，在中方内部也曾引起一些对未来事态发展的疑虑，外交部部长王宠惠便因中央军重返河北而可能导致的后果"甚慌急"。但是，国民政府内部的多数意见还是认为："如中央遥视华北之沦陷而不救，或坐视

---

① 《卢沟桥事件第一次、第二次会报》（1937年7月11日、12日），中国第二历史档案馆编《抗日战争正面战场》上册，江苏古籍出版社，1987，第209—210页。
② 《蒋介石日记》，1937年7月14日。
③ 朱汇森主编《中华民国史事纪要（中华民国二十六年七至十二月份）》，台北，"国史馆"，1987，第85页。
④ 林美莉编辑校订《王世杰日记》上册，1937年7月15日，台北，中研院近代史研究所，2012，第21页。"何梅协定"中有中央军不驻河北的约定，蒋介石调中央军入河北，其目的即"不惟打击其（指日本）目前之野心，而且打破其何梅协定也"。对于当年何应钦与日方成立的默契，蒋"愤恨又不能自制"，"痛心之至"，痛骂何"愚劣至此"，"诚贱种也"。见《蒋介石日记》，1937年7月17、21、22日。

华北当局接受丧失主权的条件而不预为之地,则对内对外中央均将不保"。① 其实,日本方面的伎俩已在中国舆论的洞见之中。《新闻报》评论说:"宛平之事,曲在彼方。一兵士失踪,事甚细微,而彼乃调兵数万,运军械十万吨,拨费用九千万,断非无意识之孟浪举动,实将以偿其大欲……即使和平谈判,多方斡旋,得有转圜之法,而北平全失控制之能,则意中事。如此又安能持久?"② 这段话恰应了此前陈诚致函蒋介石提出的看法:"今日我国只有以决战之准备,与牺牲之决心,方可挫敌之凶焰。不然,敌人得寸进尺,终无止境,且恐长此以往,民心发生变化,更将无法维持也。"③ 所谓时移势易,1937年7月的中国,已经不是1931年9月的中国,国民党和国民政府及其领袖人物蒋介石,不仅不再有后退的空间,并且已经有了开战的精神准备以及一定的物质准备。面对中国的新变化,日本的老套路走不通,其实不出中方的意料,倒是令日方不太适应。如同美国名刊《时代》的观察,日本"对南京做出的大胆反应感到吃惊","日本军队多年来早已习惯于以强大压力来使中国人委曲求全,因此,他们倾向于认为,中方本周的行动是莽撞和不合常规"。④ 日本军部本来的意见是,"若我方采取强硬态度和暗示,那么中国方面一定会屈服",由此可以使事件"不扩大"。而在中方一时并没有"屈服"的表示后,日本军部的激进派便再也按捺不住如同过往那般的轻视中国之心,推动日本内阁会议在7月11日通过《关于向华北派兵的政府声明》,"决定采取必要的措施,派兵华北"。⑤ 日本中国驻屯军(时称为天津军)司令部还通知正在当地交涉的今井武夫:"东京的内阁会议,下定重大决心,决定动员本土三个师团和关东军及朝鲜军的有力部队。为了解决中国问题多年来的悬案,

---

① 林美莉编辑校订《王世杰日记》上册,1937年7月15日,第21页。
② 用言:《逼迫愈急》,《新闻报》1937年7月27日,引自秦孝仪主编《革命文献》第106辑,台北,中国国民党党史会,1986,第75页。
③ 《陈诚呈蒋介石》(1937年7月15日),何智霖编《陈诚先生书信集——与蒋中正先生往来函电》上册,台北,"国史馆",2007,第284页。
④ 李辉:《封面中国:美国〈时代〉周刊讲述的中国故事(1923—1946)》,东方出版社,2007,第188页。
⑤ 日本防卫厅防卫研究所战史室:《中国事变陆军作战史》第1卷第1分册,田琪之译,中华书局,1979,第136、146—147页。据今井武夫的回忆,日本的强硬派军人认为,"为了要解决问题,只要对那些冀察要人威吓一下,就成啦!"(《今井武夫回忆录》,第42页)可见当时日本军人对中国的轻视乃至蔑视。

现在正是大好机会。所以,当地交涉已经没有进行的必要,如果已达成协定,也予以撕毁。"① 日本陆军大臣甚至极为轻蔑地称:"中国如儿童所弄之轻气球,不值一击。"② 日本如此这般的狂妄强横态度,更使国民政府和蒋介石再没有任何退让的空间和余地。

二 蒋介石的"庐山谈话"与抗战的策动

卢沟桥事变发生时,正值蒋介石在庐山筹划军政诸般事宜,准备召开庐山谈话会,国民党和国民政府的高层人士以及不少国民党党外人士和社会名流云集庐山,他们也都十分关切中日关系的走向和蒋介石如何决策。随着日本的步步紧逼,③ 卢沟桥事变的地方化处理日渐困难,而且过往那些"现地处理"对中国国家主权的伤害历历在目,主政北平的宋哲元的对日态度也不是那么令蒋放心。为了凝聚人心和共识,并向日方表达中方最高层的立场,蒋介石考虑对外正式而公开发声的必要性,盖因"倭寇使用不战而屈之惯技暴露无余,我必须战而不屈之决心待之,或可制彼凶暴,消弭战祸乎"。④ 庐山谈话会便为蒋的公开发声提供了最佳时机和场合。

7月16日,汇集国民党党政要员和全国各界知名人士于一堂,以共商国是为内容的庐山谈话会,在庐山牯岭图书馆开幕。参加者有国民政府五院院长、部会首长、国民党文宣政务系统负责人,青年党领导人曾琦、李璜、左舜生,国社党领导人张君劢、张东荪,知名大学校长,如北京大学蒋梦麟、清华大学梅贻琦、南开大学张伯苓、浙江大学竺可桢,以及社会知名人士,如王云五、任鸿隽、吴贻芳、李剑农、胡适、马寅初、蒋百里、钱昌照、傅斯年、张奚若等。与会者的发言,尤其是国民党党外人士的发言,大多表达了在国难当头、民族存亡之际,精诚团结、拥护政府的意愿,⑤ 从而也使蒋介石的对日表态有了民意的基础和底气。

---

① 《今井武夫回忆录》,该书翻译组译,上海译文出版社,1978,第39页。
② 《徐永昌日记》第4册,1937年7月16日,台北,中研院近代史研究所,1991,第77页。
③ 7月17日,日本使馆武官通告中国军政部部长何应钦,意谓如中国"违反"约定,"遣送军队及空军入河北时,日方将采取断然处置,其责应由中国负之"。见林美莉编辑校订《王世杰日记》上册,1937年7月17日,第22页。
④ 《蒋介石日记》,1937年7月17日。
⑤ 朱汇森主编《中华民国史事纪要(中华民国二十六年七至十二月份)》,第125—126页。

1937年7月17日，蒋介石在庐山谈话会第二次会议发表演说，系统阐述了中国方面对解决卢沟桥事变的立场、态度和方针。蒋首先回顾了他在国民党五大所言，"和平未到根本绝望时期，决不放弃和平，牺牲未到最后关头，决不轻言牺牲"，以及1937年2月国民党五届三中全会对于"最后关头"的解释，① 以此警示"全国国民要认清，所谓最后关头的意义，最后关头一到，我们只有牺牲到底，抗战到底。唯有牺牲到底的决心，才能博得最后的胜利。若是彷徨不安，妄想苟安，便会陷民族于万劫不复之地！"蒋接着表示："这一次的事件，并不是偶然。从这次事变的经过，知道人家处心积虑的谋我之亟，和平已非轻易可以求得，眼前如果要求平安无事，只有让人家军队无限制的出入于我们的国土，而我们本国军队反要忍受限制，不能在本国土地内自由驻在；或是人家向中国军队开枪，而我们不能还枪。换言之，就是人为刀俎，我为鱼肉！我们已快要临到这极人世悲惨之境地。这在世界上稍有人格的民族，都无法忍受的。"蒋特别以悲情的态度警示国人："如果卢沟桥可以受人压迫强占，那么我们五百年故都、北方政治文化的中心、与军事重镇的北平，就要变成沈阳第二；今日的北平，若果变成昔日的沈阳，今日的冀察，亦将成为昔日的东北四省；北平若可变成沈阳，南京又何尝不可变成北平。所以，卢沟桥事变的推演，是关系中国国家整个的问题，此事能否结束，就是最后关头的境界。"蒋对卢沟桥事变性质的判断，在此清晰明了，就是它意味着"最后关头"的到来，而"万一真到了无可避免的最后关头，我们当然只有牺牲，只有抗战！""如果放弃尺寸土地与主权，便是中华民族的千古罪人，那时候便只有拼民族的生命，求我国最后的胜利。"那么，如何不使"最后关头"发展为中日两国的战争，蒋则认为"全系于日本政府的态度"，"全系于日本军队之行动"，为此，他提出了四点明确的主张：（1）任何解决，不得侵害中国主权与领土之完整；（2）冀察行政组织，不容任何不合法之改变；（3）中央政府所派地方官吏，如冀察政务委员会委员长宋哲元

---

① 国民党五届三中全会宣言称："吾人始终如一之目的，阙为对内求自立，对外求共存，即使蒙受损害，超过忍耐之限度，而决然出于抗战，然亦只有自卫之心，绝无排外之意。故牺牲之决心与和平之期望，初无矛盾。"见《第五届中央执行委员会第三次全体会议宣言》（1937年2月22日），荣孟源主编《中国国民党历次代表大会及中央全会资料》下册，光明日报出版社，1985，第428页。

等，不能任人要求撤换；(4) 第二十九军现在所驻地区，不能受任何的约束。蒋表示："这四点立场是弱国外交最低限度，如果对方犹能设身处地，为东亚民族作一远大打算，不想促成两国关系达于最后关头，不愿造成中日两国世代永远的仇恨，对于我们这最低限度之立场，应该不至于漠视。"在演说的最后，蒋介石郑重宣示：

> 政府对于卢沟桥事变，已确定始终一贯的方针和立场，且必以全力固守这个立场……如果战端一开，那就是地无分南北，年无分老幼，无论何人，皆有守土抗战之责任，皆应抱定牺牲一切之决心。①

蒋介石在庐山谈话会发表的这篇演说，可称他一生中最为知名、最为精彩的演说之一，也是他在不同时期得到不同评价的长期政治生涯中最能得到各方共同认可和称赞并咸表拥护之演说，而无论其政治立场如何。时人有谓：这篇演说词"真是全中华民族所要说的，理直气壮的说话。这一篇演说词已经将全民族置于一道战线之上，以夺敌人之魄矣"。② 据知名媒体《大公报》的报道，"行政院蒋院长曾有关于时局的演说，历时三刻钟，态度沉着而恳切，听者感动，鼓掌达数分钟不绝"。"这可算是中国当局最鲜明的表示。"③ 蒋在演说中提出的四点具体主张，与日本习惯性地要求中方"道歉""惩凶""赔偿""撤军"等针锋相对，划出了中国不可退让的底线，也使日本在卢沟桥事变中重演过往解决方式的图谋成为不可能。而这篇演说最重要的内容，还在于众所瞩目中，揭开了中日关系"最后关头"的面纱和底牌！

自 1935 年 11 月蒋介石在国民党五大发表"最后关头"的演说之后，

---

① 罗家伦主编《革命文献》第 69 辑，台北，中国国民党党史会，1969，第 311—313 页。这篇"最后关头"演说，面对的是国民党和国民政府的高层以及若干党外政治及知识精英，当时并未公开，后来由拟稿人程沧波（《中央日报》社长）和蒋的"文胆"陈布雷共同修改润色后，于 19 日公开发表，以此对外公开宣示："再不作倭寇回旋之想，一意应战矣。"（《蒋介石日记》，1937 年 7 月 19 日）公开发表的文稿较演说时的现场讲演，更讲究语句的表述，更能显示蒋态度的严正。
② 陈方正编辑、校订《陈克文日记》上册，1937 年 7 月 20 日，社会科学文献出版社，2014，第 82 页。
③ 《我们的坚决立场》，天津《大公报》1937 年 7 月 20 日。

什么是中日关系和中国对日立场的"最后关头",中国在这样的"最后关头"来临时如何因应处置,便是中国社会各界以及日本当局关注的中心所在。随着中日关系的持续紧张,在中国,虽然还有人主张对日妥协,尽量避免"最后关头"的到来,但有越来越多的声音(无论朝野)认为"最后关头"已到,或者有意无意地在推动"最后关头"的到来(比如1936年先后发生的两广事变和西安事变,打出的旗号都是抗日救亡),期望以对日抗战为契机,以牺牲和血火,纾缓近代以来中国屡屡受制于对外关系中的列强压迫尤其是受制于日本压迫的抑郁心理,完成中华民族争取民族独立和国家主权的关键一跃。这种社会氛围的形成,不仅仅是当时中日关系现实状况的产物,也有其长远的历史、文化、社会和心理基础,从而不能不影响执政的国民党及其领袖蒋介石的对日决策。或者也可以说,国民党及其领袖蒋介石,既受制于这种社会氛围的强烈影响,不能太过脱离社会的思虑,同时,在一定程度上,他们也可以说是这种社会氛围形成的推手和动力。① 两者之间的互动和共谋,塑造了1937年7月的中国社会环境和语境,从而也才有了蒋介石这篇著名的演说。也可以这么说,在1937年7月的中国,即便不是蒋介石当政,换作别的政治领袖,在如何解决卢沟桥事变这个问题上,他们又能做出何样的选择?因此,当蒋介石在庐山高调而坚定地提出对于"最后关头"的界定,并以悲情沉痛、慷慨有力、掷地有声的语言,论说"牺牲到底,抗战到底"之决心时,切合了全社会的心声和氛围,也因此得到了此前他还不曾有过的最广泛的支持和呼应。时论咸谓:"尤愿吾全国人民对于蒋委员长之报告,一致拥护,坚持勿失,并抱定牺牲一切,牺牲到底之决心,而后国事前途,庶几有豸。"② 那时那地,蒋介石对于这篇演说的心理预期和实际成效,无疑可以合二为一,自慰自得。

不过,当时人对蒋介石庐山演说的兴奋点在于"最后关头"的解读和"牺牲到底"的决心,其实,如果深入解读这篇演说,我们还应该注意到,

---

① 了解当年国民党文宣系统主导的民族主义宣传渗透,便可知为何日本在历次中日交涉中总是那么"痛恨"国民党宣传的"排日",特别要求从所谓冲突发生的"现地"驱除国民党的党部文宣系统。至于此前国民党的文宣系统为何与政策实践未能完全协调一致,是可以另行讨论的问题。

② 《读蒋委员长对卢沟桥事件报告》,《新闻报》1937年7月18日,引自秦孝仪主编《革命文献》第106辑,第50页。

其中不乏和先前蒋介石的对日态度和政策相连续的一面。在蒋发表演说前，7月15日，英国驻华大使许阁森（H. M. Knatchbull-Hugessen）在南京向中国外交部部长王宠惠提出调解意见时，"询中国是否愿意事态扩大"，王以电话询蒋意，蒋介石"告以中国绝对的只谋自卫，不愿扩大，并愿接受英方斡旋"。① 在这篇演说中，蒋介石在开篇即说道："国民政府的外交政策，向来主张对内求自存，对外求共存"，并坦承："我们是弱国，对自己国家力量，要有忠实估计。国家为进行建设，绝对的需要和平，过去数年中，不惜委曲求全，对外保持和平，即系此理。"其后则反复言明："我们的态度只是应战，而不是求战，应战是应付最后关头必不得已的办法"；"因为我们是弱国，又因为拥护和平是我国的国策，所以不可求战"；"我们希望和平，而不求苟安，准备应战，而决不求战。"② "应战"，是蒋在这篇演说中反复申述的关键词之一，而"应战"所包含的被动性与防御性，则又或多或少可以在蒋介石先前的对日态度和政策中发见端倪，何况，过往的类似冲突也多以解决地方事件的方式得以缓和的处理。当然，我们也可以认为，蒋是以此凸显日本的主动挑衅和中国的被动防御，以"哀兵"之态争取对外宣示的最大效果，但如果由蒋的内心世界观察，似又非全如此。据蒋介石日记所载，他认为："倭寇既备大战，则其权在倭王，若我宣言能感动彼倭，或可转危为安，是较平时之权在下级与前哨者当易为力乎……若果不能避免战争，则余之宣言发亦无害，故发表为有利也。"所以，蒋介石发表这篇演说的目的，大概也有期待日本在中国表明不动摇的抵抗决心后知难而退的意图。在演说发表之初，蒋介石对演说效果的判断比较积极，认为"倭寇之弱点"使战争可能"在华北局部而不敢扩大"，"战争最多限于局部"，因此考虑是否停止北上军运以及中央军撤兵的时机。虽然，蒋介石也意识到，卢沟桥事变的了结"当非如此之易"，因此要求"从速"完成沧州石家庄防线的布置，但直到7月24日，他还认为"以后当注重撤兵与交涉问题"。③ 可见此时蒋还未必有立即全面对日开战的预期，他对外反复强调的"应战"可以理解为是其基于上述观察的真实

---

① 林美莉编辑校订《王世杰日记》上册，1937年7月15日，第22页。
② 罗家伦主编《革命文献》第69辑，第311—313页。
③ 《蒋介石日记》，1937年7月16、20、22、23日。

想法。①

　　蒋介石之所以反复强调是"应战"而非"求战"，也与国民党内部的动向及其本人的考虑有关。如果说在社会层面，"求战"更易得到舆论的认同，更易调动民众的拥护，而在国民党内部，对于是否与日本全面开战，其决策层中其实不无疑虑和担心。7月19日蒋介石对外全文公开发表庐山谈话会的演讲前，"人之为危阻不欲发，而我以为转危为安独在此举，但此意既定，无论安危成败在所不计，惟此为对倭最后之方剂耳。惟妻独赞成吾意也"。②虽然蒋介石的这篇演说得到了当时社会各界包括他曾经的政敌共产党方面几乎一致的拥护，而在国民党内部，是否公开其内容，却唯有其妻宋美龄"独赞成"，于此亦可知蒋所面临的国民党内的决策环境，其实不似外间观察的那般主战和坚定。在行政院讨论卢沟桥事变时，外交部部长王宠惠和外交部官员"颇倾向为相当之迁让"。军政部部长何应钦也"再三以战争为虑，倾向退让"，他认为："我方准备应战，尚须两月时间，否则极难持久。故时间要素，在我方亦极重要。"③军委会办公厅主任徐永昌致电何应钦，认为日方"要求尚不甚奢，似有和平之望。今更肯定我国果以及时抗战为利乎？抑最小限尚须一年或半年之准备方较有利乎？若以及时抗战为利无论矣。倘尚须一年或半年之准备，则此时以努力忍耐为宜……果能维持和平以达我由忍耐求准备之目的，我固有利，即无结

---

① 7月中旬，复兴社干将刘健群衔蒋命北上，向宋哲元传达蒋介石的对日意图，他告宋，中央"不是单纯的要和日本人决裂打仗，但也不是不打仗"。为此，他打了个比方说："日本人的牌是货真价实的三筒。中国方面，顶多是表面的一大对。现在日本人出了钱，蒋先生看牌是输，不看牌也是输。唯一的办法是来一下反烘。让日本人有若干分之一的顾虑，也许会知难而退，以求得万一的和解。这叫做以战求和。"宋问："万一日本人真要看牌，蒋先生怎么办呢？"刘答："这时人事已尽，只好推翻桌子打架，不计较输赢，不问生死了。"所以，"不是一定要打，不是一定不打"。刘还告宋，当年对于"最后关头"的表述是，"和平未至最后关头，绝不放弃和平，牺牲未至最后关头，绝不轻言牺牲"（关于"最后关头"的表述各说不一，但大意均如此——作者注）。"当时党中有人主张改，'牺牲若至最后关头，定必断然牺牲'。但中央还是采用前句，足见一字一句都用尽了心血。"（刘健群：《我与宋哲元将军的几次交往》，秦孝仪主编《革命文献》第107辑下，第204—205页）刘健群的这番回忆，或许有助于后人了解当时蒋介石在决定对日和战问题上的心理和实际。
② 《蒋介石日记》，1937年7月19日。
③ 林美莉编辑校订《王世杰日记》上册，1937年7月16、19、24日，第22、23、25页。徐永昌日记亦载，何应钦"主张应谋和平"。见《徐永昌日记》第4册，1937年7月19日，第81页。

果，我又何尝不可以求和平不得益重日人之暴而博世界之同情耶？总之，今日之事，似宜以小屈求大伸"。① 徐永昌还认为："对日如能容忍，总以尽力容忍为是，盖大战一开，无论有无第三国加入，最好的结果是两败俱伤，但其后日本系工业国，容易恢复，我则反是，实有分崩不可收拾之危险。"② 正因为有这样的看法，由国民党当政时期中日关系发展的历史经验和现实考虑出发，如果中日全面开战，中国的国力能否支持战争，中国的民气能否始终昂扬，中国的地方派系能否同心同德，中国的外交运作能否争取盟友，等等，确实是执政的国民党当局不能不考虑，更是蒋介石不能不反复思虑的问题，对日抗战的决策并非轻易可决。虽然已经有了战前的国防建设，虽然高扬的民气可用，虽然地方派系初始表现为同心协力，虽然国共两党已然准备携手合作，但是，由于中国的内外环境所限，对于这场注定是艰难而长期的战争，不能说国民党决策层的认识都达到了高度一致，也不能说国民党的准备都那般周全，毕竟，卢沟桥的冲突还是可以被认为是地方性事件，还是可以循过往的解决路径去处理。

但是，日本的强横态度让国民党决策层和蒋介石退无可退之处。7月18日，在蒋介石发表庐山演说之后，日本驻华代办向中国外交部递交备忘录，要求中方停止"挑战"言论，"不妨碍"日方与冀察地方当局商定的解决办法；日本使馆声称，卢沟桥事变的解决条件为，中方"道歉"，宛平不驻军，"防共及禁止排日"，处罚有关负责当局。19日，日本驻华武官喜多诚一在会见何应钦时，当面指责他违反当年的"何梅了解事项（即所谓的'何梅协定'）"，声称："如中国方面不将新进入河北之军队撤退，则局势必急变，必致引起中日军全面之冲突，以后局势则必扩大"。③ 而据中方情报，日本明确表示："为阻中央势力北进，决以武力实现华北明朗化。"④

这些要求显然与蒋介石在庐山演说中提出的解决条件直接冲突，无论

---

① 《徐永昌致何应钦电》（1937年7月14日），《中华民国史档案资料汇编 第五辑第二编 军事》(2)，第61—62页。时任行政院秘书长的魏道明认为，蒋介石"对日举动有些投机性"，徐永昌"亦云然"。见《徐永昌日记》第4册，1937年7月18日，第79页。
② 《徐永昌日记》第4册，1937年7月20日，第82页。
③ 朱汇森主编《中华民国史事纪要（中华民国二十六年七至十二月份）》，第150页。
④ 《何应钦致阎锡山电》（1937年7月21日），《〈阎锡山档案〉选录——卢沟桥事变史料》，《国史馆馆刊》复刊第31期，第94页。

从理念还是从现实出发,是当时情况下蒋介石不愿、不能也不敢接受的。在蒋介石的庐山演说对外公开发表后,民心和舆论都强烈主战,要求政府"坚决保持已定之方针,不必再怀和平之迷梦"。① 当时并不主战的胡适认识到:"今日政府比廿四年更强了,但恐怕还没有强到一个可以忍辱避战的程度,——又无政治家能担负更大责任,——故至今漂泊,终陷入不能避免的大战争。"② 而在国民党内部,也有不少人认为:"战争恐非如此退让所可避免,且政府立场如不明白坚定,对内亦殊可虑。"③ 据参加政府内部会议的亲历者观察,"中日军剧烈冲突之讯传到后,今日下午之会场,即大不相同。不仅此一部分人之情感如此,举国莫不如此。对日抗战之心理,实为举国一致之最大要求"。④ 尤其是到7月底,华北局势丕变,战火扩大,日军猛攻平津,在此情势下,蒋介石认为:"倭寇既攻北平,则大战再不能免";"万一北平被陷,则战与和以及不战不和(应战)与一面交涉一面抗战之国策须郑重考虑";"政府应照既定决心,如北平失陷,则宣言自卫与对倭不能片面尽条约之义务"。7月底,平津先后沦入日军之手,通都名城惨遭日军洗劫,著名的南开大学被焚为一片废墟。此时此刻的国民党及其领袖蒋介石,已再无避战求和的退路,无论是主动抑或被动,都只能迈上抗战之途。蒋介石在得知平津沦陷的消息后,连续两天在日记中悲愤兼蔑视地写道:北平、天津失陷,"烧杀惨状不忍见者";"试看暴日究能横行到几时";"倭寇凶横,看你究能到几时"。⑤ 地方实力派的代表白崇禧后来的回忆是:"二十五年双十二事变后,蒋委员长回南京,全国军民团结一致,知识分子之抗日情绪高涨,纷纷要求政府抗日。政府考虑抗日先要团结内部,所以一忍再忍,二十六年卢沟桥事变发生,政府知道如果再忍,将丧失全国之军心与民心,乃毅然决然宣布抗战。"⑥ 中共当时的观察是:"蒋介石目前的困难是平津沦陷以后,和平绝望,牺牲已到最后关头,后方无一省一军不拥护中央,蒋无可借口,亦无谎可说,他只有抗

---

① 高:《非常时期中吾人应有之认识》,《申报》1937年7月22日。
② 《胡适致蒋廷黻》(1937年7月31日),中国社会科学院近代史研究所中华民国史研究室编《胡适来往书信选》中册,社会科学文献出版社,2013,第661页。
③ 林美莉编辑校订《王世杰日记》上册,1937年7月19日,第23页。
④ 陈方正编辑、校订《陈克文日记》上册,1937年7月26日,第84页。
⑤ 《蒋介石日记》,1937年7月27、28日。
⑥ 贾廷诗等:《白崇禧先生访问纪录》上册,台北,中研院近代史研究所,1984,第98页。

战，才能维持统治。"① 既如此，蒋介石决策发动抗战亦为势所必然。

三 全国抗战决策的实现

自7月底到8月初，蒋介石密集召集各种会议，与党政军高级官员讨论时局，决定抗战方略，打消一些人尚存的畏战避战之心。7月27日，蒋介石决定召集国防会议，讨论抗战决策，并表示"预备应战与决战之责任，愿由一身负之"。② 29日，在北平失陷的当天，蒋介石决定令汤恩伯部"从速集结待命"，并"开会讨论军事外交内政之方针"；③"一则商作战新方略，一则商量发表对内对外宣言"。④ 同时，蒋介石屡屡对外发声，传达出将实行对日抗战的信息和决心，以动员社会各界和外部舆论的支持。29日蒋介石对记者发表谈话称："日人军事、政治势力之侵袭压迫，由来已久，故造成今日局面，绝非偶然……日军既蓄意侵略中国，不惜用尽种种之手段，则可知今日平津之役，不过其侵略战争之开始，而决非其战事之结局……今既临此最后关头，岂能复视平津之事为局部问题，任听日军之宰割，或更制造傀儡组织？政府有保卫领土主权与人民之责，惟有发动整个之计划，领导全国，一致奋斗，为捍卫国家而牺牲到底，此后决无局部解决之可能……总之，我政府对日之限度，始终一贯，毫不变更，即不能丧失任何领土与主权是也。"⑤ 8月1日，蒋介石在国防会议开幕词中指出，这次会议集合了全国各地方高级将领长官，来共同商讨今后处置国防的计划，以收集思广益的效果。他特别强调："目前中国之情势，乃是生死存亡的最后关头，尤其是我们高级的长官，必定要切实认清国家的利害，为国家的利害着想，撇开个人的利害，求实际上牺牲个人的私益，谋所以复兴之道。"⑥

同在8月1日，蒋介石"在中央军官学校召集各院部会简任以上人员

---

① 中国人民解放军军事科学院编《叶剑英年谱》上册，中央文献出版社，2007，第175页。
② 《蒋介石日记》，1937年7月27日。
③ 《蒋介石日记》，1937年7月27、29日。
④ 林美莉编辑校订《王世杰日记》上册，1937年7月29日，第26—27页。
⑤ 秦孝仪主编《革命文献》第106辑，第5—6页。
⑥ 《南京国民政府国防联席会议记录》（1937年8月1日），章伯锋、庄建平主编《抗日战争》第2卷（上），四川大学出版社，1997，第76页。

讲话，表示抗战之决心"。① 蒋在演讲中说："我们国家遭受了非常之大的耻辱，我们民族已到了生死存亡的最后关头"；"今后我们只有全国一致，发动整个应战的计划，拼全民族的力量，来争取最后的胜利，以保障国家民族的生存"。为此他提出，要有作战的决心，要有充分的准备，要有整个的计划。他在演讲中希望"大家一致奋起，切实猛省，根据过去失败的教训，激发自动奋战的精神，迅速充实各种必要的准备，将来在敌人飞机大炮轰炸之下，枪林弹雨射击之中，我们官吏学生和人民，都能够服从命令，严守秩序，从容赴敌，镇静应战，使战时一如平时安定，这就是我们全民族应战的精神，也就是取胜的最大力量"。"只要大家从此下决心，拿平津失败作教训，在一个命令之下，共同一致，沉着应战，愈挫愈奋，愈奋愈进，持久不懈，拼战到底，我相信最后的胜利终属于我们的。"② 亲历其事的行政院参事陈克文记其感受称：蒋介石"演说时态度坚定沉着，诚恳坦白，至足动人。凡所言无不中理，无非事实，不仅令人知道政府已下应战之决心，且令人深感应战之结果，胜利必属于我。演说时屡用'倭寇'一词，尤足表示切齿痛恨，不共戴天之慨。其中最令人兴奋者，则'人人皆易中倭寇之奸谋，惟我决不上当。有我生存一日，倭寇决不能遂宰割我中华民族之愿'数语。负责任，自信自重，真民族领袖之精神也"。③ 时任国民党中央监察委员会秘书长的王子壮亦写道："此次对日发动整个的抗战，实关系今后之国运，非同小可之事也。日人对于华北既抱有必侵之决心，我国亦断难再容放弃领土，有失自信，大规模之战事已箭在弦上。"④

经过密集的内部讨论和协商，国民党领导层大体达成了对日抗战的共

---

① 林美莉编辑校订《王世杰日记》上册，1937年8月1日，第28页。
② 秦孝仪主编《革命文献》第106辑，第11—17页。
③ 陈方正编辑、校订《陈克文日记》上册，1937年8月1日，第87页。相比之下，汪精卫在听到第二十九军平津作战失利的消息后，则"频频摇首"，对于中日有无可能和平的消息却"极为注意"。（同前书，1937年7月31日、8月6日，第86、89页）8月3日，汪精卫发表广播演讲，题为《大家要说老实话大家要负责任》，声称：和呢，是会吃亏的，就老实地承认吃亏，并且求于吃亏之后，有所抵偿。战呢，是会打败仗的，就老实地承认打败仗，败了再打，打了再败，败个不已，打个不已，终于打出一个由亡而存的局面来。（蔡德金、王升编著《汪精卫生平纪事》，中国文史出版社，1993，第242页）实则反映出汪精卫对与日开战的消极与忧虑。
④ 《王子壮日记》第4册，1937年8月4日，第216页。

识。8月7日，蒋介石在南京主持召开国防联席会议，决定对日抗战大计，国民党党政军高层领袖及应召到京的各重要地方长官如山西的阎锡山、广西的白崇禧、广东的余汉谋、湖南的何键、四川的刘湘等，共41人出席会议，以此体现全国对日态度的一致性。会议于晚8时在南京励志社举行。军政部部长何应钦首先介绍了卢沟桥事变之后的军情与处置，军委会办公厅副主任刘光介绍了中日双方的军力对比。随后蒋介石作为议长讲话，开篇即将是否对日抗战提到了国家民族存亡的高度，他说："现在这回中日战争，实在是我们国家生死存亡的关头，如果这回战争能胜利，国家民族就可以复兴起来，可以转危为安，否则必陷国家于万劫不复之中。"所以，蒋请与会者"尽量的为民族为国家多多的发表意见，务须完全站在民族的立场上着想，不要以个人的主见来主观的判断，完全要拿实际的状况，替国家作一个总的打算"；"我们应该赤裸裸坦白的有意见便提出来，明白的加以商讨，既决定之后，我们便应切实的遵行"。关于战争的前景，蒋认为，日本在军事上比中国强，但在经济上有财政困难，国际上时时在顾虑，英美在道义精神上可以对我有帮助。针对国民党内对日缓和、局部解决的主张，蒋坦率地说："如果能以长城为界，长城以内的资源，日本不得有丝毫侵略之行为，这我敢做。"但是，蒋又认为："日本是没有信义的，他就是要中国的国际地位扫地，以达到他为所欲为的野心。所以我想如果认为局部的解决，就可以永久平安无事，是绝不可能，绝对做不到的。"对于有学者说"你不能将几百千年的民族结晶，牺牲于一旦，以为无事我们不可以打仗，难打胜仗"，蒋回应称："我对这般学者说，革命的战争，是侵略者失败的。日本人只能看到物质与军队，精神上他们都没有看到。"

蒋介石发言之后，与会者的发言都表示支持发动抗战。国民党中央政治委员会主席汪精卫认为：目前中国的形势，已到最后关头，只有战以求存，绝无苟安的可能。国民政府主席林森认为：只有抗战，予打击者以打击，才能谈生存的要义。军事委员会副委员长阎锡山认为：应以决心抗战为我后盾，最后胜利必操左券。四川省政府主席刘湘认为：最后的胜利，必属于我，唯有持久抗战，可以奏杀敌致果之效，方知多难兴邦言之不谬。他还表示：四川人民愿在政府领导下，做不顾一切的为民族求生存战。会议秘书厅厅长（参谋总长）程潜提出：（1）凡是他没有决心的时候,我们应具决心,并阐明议长决心抗战之大义;(2)解释一般学者梦想和平的错误;(3)只有决战可以求生。

会议最后议决,如决定抗战,请各自起立,以资决定,并示决心。此即不约而同,全体起立做决心抗战之表示,并决定共同遵守之态度与步骤:(1)在未正式宣战以前,与彼交涉仍不轻弃和平;(2)今后军事外交上各方之态度,均听从中央之指挥与处置。

蒋介石最后致闭幕词说:"刚才已经议决了今后的方针,大家应共同的一致去努力,预料一定能达到目的,此后就要请各位分头努力,最重要的,要团结一致的向目标迈进,我很相信最后的胜利,必属于我。善于侵略的日本,终于是失败的。"会议直开到深夜11时许方结束。①

有关这次国防会议的过程与结果,在与会者的日记中有对现场更生动的表述。蒋介石日记记载,会议"午夜始散,决定主战"。②王世杰日记记载,"会议决定积极备战并抗战,惟一面仍令外交部长相机交涉";蒋介石"在会议时颇讥某学者(指胡适之)之主和","参谋总长程潜在会议席上指摘胡氏为汉奸"。③时任铁道部部长张嘉璈对会议的记载较详:"本日国防会议,讨论作战准备,并于是晚举行国防会议及中政会议联席会议,各省军事长官全体列席。讨论终结时,蒋委员长宣示:'战争必具最后决心,乃生死存亡之关键,一切照原定方针进行。或进或退,或迟或速,由中央决定。何时宣战,亦由中央决定。各省与中央须完全一致,各无异心,各无异言。'当时全场起立,一致赞成。全场中举国一致精神之表现,恐为数百年来所未曾有。"④蒋介石对此亦颇为自得,认为"国防会议开成,全国将领集京赴难,得未曾有之盛况,是为胜利之基也"。⑤这次国防会议,是卢沟桥事变发生后国民党决定是否实行全国动员进而实现抗战决策最重要的一次会议。会议对抗战决策达成了基本共识,至此,中国对日抗战的决心已立,决策已定,全国抗战的动员和实行,已如箭在弦上,

---

① 《南京国民政府国防联席会议记录》(1937年8月7日),章伯锋、庄建平主编《抗日战争》第2卷(上),第77—83页。
② 《蒋介石日记》,1937年8月7日。
③ 林美莉编辑校订《王世杰日记》上册,1937年8月7日,第29页。
④ 姚崧龄编著《张公权先生年谱初稿》上册,第174页。
⑤ 《蒋介石日记》,1937年8月7日。

不能不发。①

8月8日，蒋介石发表《告抗战全体将士书》，进一步为即将开始的全国抗战进行动员。他首先表示："这次卢沟桥事变，日本用了卑劣欺骗的方法，占据了我们的北平、天津，杀死了我们的同胞百姓，奇耻大辱，无以复加，思之痛心！自从九一八以后，我们愈忍耐退让，他们愈凶横压迫，得寸进尺，了无止境。到了今日，我们忍无可忍，退无可退了，我们要全国一致起来，与倭寇拼个你死我活。"接着提出抗战应以五事自勉：要有牺牲到底的决心，要相信最后胜利一定属于我们，要运用智能自动抗战，要军民团结一致亲爱精诚，要坚守阵地有进无退。最后宣示："我们自九一八失去了东北四省以后，民众受了痛苦，国家失去了领土，我们何尝一时一刻忘记这种奇耻大辱？这几年来的忍耐，骂了不还口，打了不还手，我们为的是什么？实在为的要安定内部，完成统一，充实国力，到最后关头来抗战雪耻！现在既然和平绝望，只有抗战到底，那就必须举国一致，不惜牺牲，来和倭寇死拼。我们大家都是许身革命的黄帝子孙，应该要怎样的拼死，图报国家，以期对得起我们总理与过去牺牲的先烈，维持我们祖先数千年来遗留给我们的光荣历史与版图，报答我们父母、师长所给我们的深厚的教诲与养育，而不致于对不起我们后代的子孙。将士们！现在时机到了，我们要大家齐心，努力杀贼，有进无退，来驱除万恶的倭寇，复兴我们的民族！"②

作为执政党的领袖，蒋介石也注重凝聚国民党党内的共识。8月8日，蒋介石邀宴在京的国民党全体中央执行委员，他在致辞中说："目前和平既成绝望，战争即将爆发，此次战争系全面的战事，非如以前数年之局部的，所以关系我们国家前途是非常重大，我们必须小心应付，牺牲卫国，

---

① 甚至连日本人也意识到了这次会议的重要影响，阎锡山在会后电告蒋介石："据天津探报，日方消息，此次各疆吏云集南京，彼大为惊骇。阎扶病前往，各要人表示一致，尤属意料之外"，日方"认中国已决抗战"。见《阎锡山呈蒋中正电》（1937年8月12日），转引自刘维开《国防会议与国防联席会议之召开与影响》，《近代中国》第163期，2005年12月，第47页。

② 朱汇森主编《中华民国史事纪要（中华民国二十六年七至十二月份）》，第242—244页。韩信夫、姜克夫主编《中华民国史大事记》第8卷亦载其发表在8月8日（中华书局，2011，第5544页）。惟《革命文献》第106辑标注其时间为7月31日（第7—11页），并注明源自《总统蒋公思想言论总集》卷30，第217—221页。本章取《中华民国史事纪要》的说法。

以临此大难。有人以日人准备已久,力强势大,我国颇难取胜,但此非真理。要知一个国家之对外战争,首须注重国家是否上下一心,全国一致,其力甚强,对外必能取胜,否则,实力虽大,亦将失败,此我中央同人所应深切注意者。战事一开,务必各尽所能,统一命令,一致对外,最后的胜利必在我方。"他还告诫在座的中央委员:"此次战争系党国存亡之所关,国家是否能复兴,主义是否能实行,均在此一举。我们中央委员尤其应不避艰险,牺牲一切,领导国民,去挽救国难。"时在现场的王子壮认为:"蒋先生对于各地军人中委勉以绝对服从,以度此危难关头,俾国家更臻统一,合力对外,亦今日重要之关键也。"① 从以后抗战的实际进程看,国民党内除了汪精卫派投敌降日之外,在坚持抗战方面其中央成员及各派系基本达到了蒋之期待,也反映出国民党自兴中会溯源而起的奋斗历史所具有的民族主义特质。

四 淞沪战事与《抗暴自卫声明》的发表

国民政府实行全国抗战的决策大体已定,而全国抗战的实现,则以上海战事的爆发为其标志性事件之一。

上海是当时中国人口最多的大都市,全国最大的工商业城市,全国的经济和对外口岸中心,其指标性意义犹如北平之于华北,更由于上海邻近国民政府的首都所在地南京,对于国民党和国民政府而言,上海是其治下的核心地区,其重要性更超过北平。而日本也一直视上海为其重要利益之所在,有大量的日本投资和不少日本侨民,并驻有日本海军陆战队。上海也因此成为观察中日关系张弛度的代表性都市之一,1932 年的"一·二八"淞沪战事,便充分说明了中日双方对于上海的高度关注,以及上海在中日关系中所扮演的重要角色及其敏感度。

卢沟桥战事爆发后,上海局势即呈紧张。8 月 9 日晚,发生日本海军陆战队人员冲击上海西郊虹桥机场被击毙事件。这种所谓"事件"的发生,一向是日本制造紧张、扩大事态、步步紧逼、图谋利益的借口。虹桥机场事件发生后,日方循例故伎重施,如同卢沟桥事变那般,指责中方"生事""违约",无理要求中国取消战备,撤退驻沪保安队,撤除相关军

---

① 《王子壮日记》第 4 册,1937 年 8 月 8 日,第 221 页。

事设施，并增兵上海，进行军事威胁。8月12日，根据1932年的《淞沪停战协定》而成立的共同委员会举行会议，日方指责中方"在限制区域内继续推进为作战准备，不独妨碍租界安全，且违反停战协定"。中方则"依法据理驳复"，并强硬表示："日方既破坏停战协定，则根本无依据该协定作任何提议之权"；"我方队伍在本国领土，采取自卫行动，并无不合"。①此时此地的上海，已经不是1932年的上海，在中日两军已在华北交手，国民党和国民政府已经决定对日抗战的大背景之下，中方衡情度势，都不会也不可能在上海再做让步，相反，中方已经有了在上海发生大规模战事的心理和实际准备。7月12日，当卢沟桥事变刚刚发生，蒋介石即令张治中为京沪警备总司令，率军布防上海。8月11日，蒋介石"闻倭舰队集中沪市，且有八大运输舰到沪，预料其必装载陆军来沪，故决心封锁吴淞口"。②因日军不断挑衅，中日军队开始接火交战。13日，蒋介石向张治中下达攻击准备令，中国军队于忍无可忍中准备对日军的反击。次日，中国军队向日军发动攻势，淞沪战事全面爆发。

淞沪抗战的爆发，意味着中日战事不再局限于华北，而是扩大到上海及其周边这一中国当时最为发达的地区，中日两国实际进入了全面战争状态。

8月12日，中国外交部发言人发表谈话，谴责日本在华北"屠杀焚烧无所不至"，在上海"肆行威胁"，"准备军事行动"，声明："凡此种种行为，均属侵犯我国领土主权与违反各种国际条约，我国处此环境之下，忍无可忍，除抵抗暴力实行自卫外，实无其他途径。今后事态之演变，其一切责任应完全由日方负之。"③同日，国民党中央常务委员会会议决定："自本日起认为全国已入战时状态"，但这项决定当时并未对外公布。④

8月14日，国民政府发表《抗暴自卫声明》，严正宣示："中国为日本无止境之侵略所逼迫，兹已不得不实行自卫，抵抗暴力。"声明首先揭露了日本历来的侵华行径："自'九一八'以来，日本侵夺我东四省；淞沪

---

① 《俞鸿钧致何应钦密电》（1937年8月11、12日），《抗日战争正面战场》上册，第254—256页。
② 《蒋介石日记》，1937年8月11日。
③ 南京《中央日报》1937年8月13日。
④ 林美莉编辑校订《王世杰日记》上册，1937年8月12日，第31页。

之役,中国东南重要商镇沦于兵燹;继以热河失守,继以长城各口之役,屠杀焚毁之祸,扩而及于河北;又继之冀东伪组织之设立,察北匪军之养成;中国领土主权,横被侵削。其他如纵使各项飞机,在中国领土之内不法飞行;协助大规模走私,使中国财政与各国商业同受巨大损失;以及种种毒辣之手段,如公然贩卖吗啡、海洛英,私贩枪械,接济盗匪,使我中国社会与人种,陷入非人道之惨境。此外无理之要求,与片面之自由行动,已足危害国家之独立与民族之生存"。声明继又揭露日本在卢沟桥事变后的扩大侵略行为:"日本之行动有深足注意者,即其口头常用就地解决,及不欲扩大事态之语调,而其实际,则大批军队及飞机、坦克车,以暨种种最新战争利器,由其本国及朝鲜与我东北,源源输送至河北境内,实行武力侵略,向我各地节节进攻之事实,绝不能为其所用之语调所可掩蔽于万一。"在日本的侵略下,中国"人民生命横遭屠戮,公共建筑、文化机关以及商店住宅,悉付一炬"。为抵抗日本的野蛮侵略,捍卫民族独立和国家主权,"中国今日郑重声明,中国之领土主权,已横受日本之侵略;国联盟约、九国公约、非战公约,已为日本所破坏无余。此等条约,其最大目的,在维持正义与和平。中国以责任所在,自应尽其能力,以维持其领土主权,及维护上述各种条约之尊严。中国决不放弃领土之任何部分,遇有侵略,惟有实行天赋之自卫权以应之。日本苟非对于中国怀有野心,实行领土之侵略,则当对于两国国交谋合理之解决,同时制止其在华一切武力侵略之行动;如是,则中国仍当本其和平素志,以期挽救东亚与世界之危局。要之,吾人此次非仅为中国,实为世界而奋斗;非仅为领土与主权,实为公法与正义而奋斗"。① 国民政府的声明,以政府的立场,以"自卫"的名义,实际宣告了中国对日全国抗战的开始,也是国民政府自"九一八"对日妥协和隐忍多年之后而发出的正义抵抗之声,从而在抗日战争史上具有标志性的意义。

在国民政府发表《抗暴自卫声明》的同一天,国民党党报《中央日报》亦发表社论,宣告"从七月八日卢沟桥的枪声,到昨天上海的枪声,抗战的局面开展,牺牲的境界也开始了。这种局面的开展,正是中华民族解放的曙光,九十几年的压迫,尤其六年来的忍受,我们民族的境遇太黯

---

① 南京《中央日报》1937年8月15日。

淡了。长期的黑暗,现在开始透露一点光明!"社论认为:"这一次的抗战,意义是神圣的。为国家的生命,为民族的尊严,为人类的正义,我们不能不奋勇地发动抗战。这种神圣抗战的阵线中,中华民族的全体人民,都是参加战争的斗士,中华民国全国的领土,都是抗战的资源。"社论坦承:"这个过程前途,大概是长久的,过程的进行,大概是有波折的。"但是,"神圣抗战的进展,凭着全民族伟大的意志力沉着挺进,是必然无疑的。全国意志的一致,全国情绪的平衡,真是数千年来未有的盛事。全国的人民,磨砺伟大的意志力量,拥护这个神圣抗战的挺进"。①

自蒋介石的庐山谈话,到国民政府《抗暴自卫声明》的发表,不到一个月的时间,事态的急速演进和发展,使中国上上下下、各界各方,无论地域,无论阶级和阶层,无论党派及其政治立场,都深切体认到,这一次中国再无退路,牺牲已到最后关头,从而由过往分散的、地方的、少数人的局部抗战,迈向如今集体的、国家的、全民族的全国抗战之路。② 这是中华民族为争取民族独立、捍卫民族尊严、摆脱侵略压迫、追求自立自由的神圣的民族自卫战争!

第二节　国共捐弃前嫌再度携手

一　全国抗战促成的第二次国共合作

全国抗战的发动,不仅意味着中国军队开始在全国战场与日军发生激烈的战斗,而且意味着中国内部政治、经济、外交、文化、教育、社会各方面为因应这场战争而做出各项调整。卢沟桥事变爆发后,全国抗日救亡运动高涨,本为冤家对手的国共两党的第二次合作也瓜熟蒂落,水到渠成,取得了重大进展。

---

① 《神圣抗战的展开》,南京《中央日报》1937年8月14日。
② 淞沪抗战发动后,国民政府陆续调入大量精锐部队,坚持抵抗三个月之久,虽然遭受了惨重牺牲,对其军事意义当时和后来也不无争议,但亲历淞沪抗战的陈诚过后总结说:"真正全面统一的抗战,实自淞沪会战始。在军事的统一前提之下,才形成了全国政治的统一。后来四川成了中国的堪察加,重庆成了长期抗战的司令台,自陕西秦岭终南山脉,转向西豫西、鄂西、湘西连成一气,成为抗战的最后防御线,运用自如,如指臂之相使,这也是淞沪会战打出了的成绩。"(何智霖编《陈诚先生回忆录——抗日战争》上册,台北,"国史馆",2004,第66页)陈诚之语诚为有见地的持平之论。

自 1927 年国民党实行"清党"反共、国共分裂之后，国共两党由昔日共同征讨北洋军阀的战友，成为在战场上血火相争的对手，尤其是在 1930 年中原大战之后，国民党内部的派系武力纷争暂告段落，国共武力交战凸显为国内主要的内战战场。及至 1934 年中央红军反"围剿"失利，开始长征转进，其后各地红军亦踏上长征转进之途，国共武力冲突的烈度有所下降。其后，华北局势紧张，日本步步紧逼，面对形势的重大变化，国共两党亦体认到团结统一、一致对外的重要意义，开始有了实际的政治接触，探求停止内战、合作对外的可能性。然而，历史的发展并非直线式的进程，国共十年内战恩怨，显非短时可以化解，而且双方接触谈判的目的，虽在团结对外方面基本一致，但在达成路径方面则迥然有异。国民党寻求的是在中共解除武装、取消地盘的前提下，实现容纳中共抗日；而中共要求的则是在保存武装和根据地的前提下，两党平等合作抗日。此时，中共力量在经历长征转进后显较江西时期更为弱小，国民党自不甘就此实现两党平等合作。因此，国共接触自 1935 年起断断续续，未能取得实质性的成果。1936 年，各路红军主力集中陕北，然国民党大军云集四周，国共内战仍有再起的可能性。正是在这样的背景下，1936 年 12 月西安事变爆发，为国共停战合作提供了难得的契机。西安事变和平解决以后，国共两党的内战实际已经停止，国共双方都承诺以和平方式解决争端，双方关系明显缓和。1937 年 2 月，中共致电国民党五届三中全会，提出停止武装暴动、改组工农政府和红军、实施民主制度、停止没收地主土地的政策等四项承诺。① 其后中共代表周恩来衔命与国方谈判，仆仆风尘于延安、西安、南京、上海等地之间。外界虽不得而知其中的具体内容究如何，但对于国内政治形势的变化和国共两党的和解是可以感知的，而这一中国内部大团结的趋向，当然为一向擅长对中国派系政治玩弄分而治之之策的日本所不喜不满，乃至惶恐不安，也成为日本后来以"防共"为借口，执着于扩大中国事态，实行大规模武力侵华的动因之一。

国共再度合作所要解决的关键问题，是中共党和军队的合法化。1937 年 3 月和 6 月，周恩来在杭州和庐山与蒋介石进行了两轮面对面的直接谈

---

① 《中共中央致中国国民党三中全会电》（1937 年 2 月 10 日），中央统战部、中央档案馆编《中共中央抗日民族统一战线文件选编》中册，档案出版社，1985，第 385—386 页。

判。在杭州谈判中,周恩来提出中共的若干具体要求,如陕甘宁边区的地位、红军改编的方式与组织等。蒋介石承认中共有革命精神,是新生力量,认为具体问题是小节,容易解决,关注"中心在领袖问题",要中共"不必说与国民党合作,只是与他合作",而且"要能与他永久合作"。① 蒋介石在日记中记载,他在这次谈判中"独注重于其内部组织之改正,与根本政策之决定,以及认定领袖之地位各点"。② 在庐山谈判中,蒋介石对于国共合作具体问题的解决方案较前后退,提出红军编制为3个师,上设政训处指挥,朱德、毛泽东"须出来做事";边区政府由国方任主席、共方任副主席;成立国民革命同盟会,由国共派出同等干部组成,蒋介石任主席,有最后决定权;共同纲领和对外宣传等由同盟会讨论执行,将来再扩大为合组政党,并可与第三国际发生关系。蒋介石还特别提出:"为避免国内外恐惧与反对,共党应避名干实,不必力争目前所不能实现之要求。"③ 蒋介石的意图在以合法手段消解中共党和军队,尤其忌惮毛泽东在中共军队中的领导作用。据蒋介石自记,他在谈判中特别注意:对共警告:甲、不能提不必做之言、不能做到之事;乙、绝对服从与一致,不得擅自宣传;丙、不得任意活动与组织;丁、对第三国际之限制。为此,他提出:共产党首要应离军区或出洋;共产党应停止活动,共同组党;不允许共产党部队设立总机关。④ 国民党的要求自为中共所反对,然中共为表示合作的诚意,随后原则同意组织国民革命同盟会,但要求先确定共同纲领,蒋介石依据纲领有最后决定权;原则同意国民党派人任边区行政长官,人选在张继、宋子文、于右任中择一而为;"力争朱(德)为红军改编后的指挥人,军事或政治名义可不拘,原则上毛(泽东)不拒绝出外做事,但非至适当时机,则托故不去"。⑤ 由于国共双方的立场还有一定距离,庐山谈判未有结果。

---

① 《中共中央关于与蒋介石谈判经过和我党对各方面策略方针向共产国际的报告》(1937年4月5日),《中共中央抗日民族统一战线文件选编》中册,第449—450页。
② 《蒋介石日记》,1937年3月26日。
③ 《中共中央关于与蒋介石第二次谈判情况向共产国际的报告》(1937年6月17日),《中共中央抗日民族统一战线文件选编》中册,第514—515页。
④ 《蒋介石日记》,1937年6月5、7、8日。
⑤ 《中央关于与国民党谈判的方案问题致彭德怀、任弼时、叶剑英电》(1937年6月25日),《中共中央抗日民族统一战线文件选编》中册,第517—519页。

1937年7月7日,日军在北平卢沟桥寻衅,挑起事端,中国军队起而抵抗,事态的严重性立即为全国所瞩目,中共也在第一时间做出迅捷反应。7月8日,中共中央发表《中国共产党为日军进攻卢沟桥通电》,声明:

> 全中国的同胞们!平津危急!华北危急!中华民族危急!只有全民族实行抗战,才是我们的出路!我们要求立刻给进攻的日军以坚决的反攻,并立刻准备应付新的大事变。全国上下应该立刻放弃任何与日寇和平苟安的希望与估计。
>
> 我们要求南京中央政府立刻切实援助廿九军,并立即开放全国民众爱国运动,发扬抗战的民气,立即动员全国海陆空军,准备应战,立即肃清潜藏在中国境内的汉奸卖国贼分子,及一切日寇侦探,巩固后方。我们要求全国人民,用全力援助神圣的抗日自卫战争!

因为当时国共谈判尚无最终结果,通电中除了"国共两党亲密合作抵抗日寇的新进攻"这样一句表述,并未多谈国共关系。① 同日,红军总部和各方面军的领导人毛泽东、朱德、彭德怀、贺龙、林彪、刘伯承、徐向前等联名致电蒋介石,声明:

> 日寇进攻卢沟桥,实施其武装攫取华北之既定步骤,闻讯之下,悲愤莫名!平津为华北重镇,万不容再有疏失。敬恳严令二十九军,奋勇抵抗,并本三中全会御侮抗战之旨,实行全国总动员,保卫平津,保卫华北,收复失地。红军将士,咸愿在委员长领导之下,为国效命,与敌周旋,以达保土卫国之目的。②

---

① 《中国共产党为日军进攻卢沟桥通电》(1937年7月8日),中央档案馆编《中共中央文件选集》第11册,中共中央党校出版社,1991,第274—275页。卢沟桥事变的发生,虽起始于7月7日的深夜,但日军武力挑衅、中国军队应战的武装冲突爆发,已是8日凌晨。所以,据蒋介石日记的记载,他是在8日上午才收到日军在卢沟桥挑衅的报告,而中共在8日第一时间已发出对外通电,可见中共得报和反应的速度都相当之快。

② 《为日军进攻卢沟桥致蒋介石电》(1937年7月8日),中共中央文献研究室、中国人民解放军军事科学院编《毛泽东军事文集》第2卷,军事科学出版社、中央文献出版社,1993,第1页。

9日,由彭德怀领衔,红军高级将领再致蒋介石、汪精卫电,声明:"以抗日救国为职志,枕戈待旦,请缨杀敌,已非一日,当华北危急存亡之紧要关头,敬敢吁请我国民政府迅调大军增援河北,勿使忠勇之廿九军陷于孤军抗战,红军愿即改名为国民革命军,并请授命为抗日前驱,与日寇决一死战"。① 14日,中共中央军委主席团发布《关于红军改编为国民革命军及加强抗日教育问题》的命令,指出"日本大举向华北出兵,国家危急";"我抗日红军,有开赴前线增援友军并配合友军消灭野蛮日军之任务"。命令:"着即以军为单位,改组为国民革命军编制。同时增加抗日政治课程,对干部及兵员教授东四省及华北五省地理,教授日本现状。军事训练着重实地战斗,夜间动作,袭击战斗,防空技术,长途行军,无后方作战等项";要求"以上各项限十天完毕,听候出动命令"。② 这些通电和命令都表示出,中共及时体认到形势的急速变化,与抗战民心相呼应,强调团结,强调全国一致,强调准备在全国抗战的大背景下参加抗战,尤其着重强调,红军部队可以随时出动,参加对日作战。

中共方面的抗日表示,首先得到了正在西北两军相接前线的国方军事将领的回应。7月12日,军事委员会委员长西安行营第一厅厅长侯成如告正在西安的红军代表叶剑英:"据南京方面的绝密消息,南京拟将红军部队编入战斗序列,使用于平绥线方面,与傅作义共同作战,但不知红军能否听从调动?"③ 同日,在军方高层有关卢沟桥事变的会报中,也提出了"必要时令第三者出绥东侵内蒙,以扰敌之侧背"的方案。叶剑英随即据中共中央的指示复告西安行营:"(一)蒋委员长及政府决心抗日,我们竭诚拥护,愿在委员长指挥下努力杀敌。(二)红军主力,准备随时调动抗日,并已下令各军十天内准备完毕,待命出动。(三)同意担任平绥线作战任务,并愿以一部深入敌后方,打击敌后。(四)惟红军特长在运动战,防守非其所长,最好能与善于防守之友军配合作战,更能顺利的完成国家所给予的使命。"何应钦随即向蒋介石提出:"该军之使用,俟正式战事发

---

① 《人民抗日红军要求改编为国民革命军并请授命为抗日前驱的通电》(1937年7月9日),《中共中央文件选集》第11册,第280—281页。
② 中共中央文献研究室编《任弼时年谱》,中央文献出版社,1993,第338页。
③ 韩信夫、姜克夫主编《中华民国史大事记》第8卷,中华书局,2011,第5477页。

动时，似可照办。"①

但是，国共合作、改编红军这样的决策，不是西安行营或者何应钦可以决定的，而只能由蒋介石做出。本来，华北的事态发展，使蒋介石在考虑实现对外抗战的同时，也不能不考虑进一步缓和国共关系，解决国共政治纷争，运用红军力量，实现一致对外。蒋介石在发表庐山谈话后，就在日记中多次记载如何解决中共问题的想法，如"对共党之收编应即解决"；"见张冲商共部改编事"；"对共部之研究，编而后出乎，不编而令其自出乎"。② 不过，这时的形势似乎还有转圜的可能性，蒋介石也还未最后下定与日本开战的决心，对于如何与宿敌中共和解，蒋介石内心里还是秉持能削弱中共一分力量则削弱一分力量的想法，不愿轻易做出必要的让步。何况，国民党内以汪精卫为首的一派力量，站在强烈的"恐共"和反共立场，对蒋的对共决策多少也有牵制作用。周佛海便在日记中写道："以后恐对外问题演成对内问题，中央应付更不易，思之怅然。"③ 明确表示了对国共和解的担心。

也就是在卢沟桥事变发生的当天，7月7日，中共代表周恩来、博古（秦邦宪）、林伯渠等从西安飞抵上海，随后在华北事态日渐危急的背景下到庐山，"不过庐山谈话会的时候，共产党没有份"，周恩来等"不露面，是秘密的"。④ 周恩来一行只是面见了蒋介石，并将《中共中央为公布国共合作宣言》交蒋，力促蒋尽快实行国共合作，以因应华北事态的发展。蒋介石此时仍然坚持红军改编后不设统一的指挥机关，各师"须直属南京行营"，"三个师的参谋长由南京派"，毛泽东只能做政治部副主任，政治部主任只能"传达人事指挥"等。⑤ 蒋的要求被中共认为是企图"收编"而非合作，是中共完全不能接受的。为此，周恩来在7月15日致函蒋介石，提出"华北炮火正浓，国内问题更应迅速解决，其最急者为苏区改制与红军改编之具体实施"；而"关于军队统率问题"，与"上次在庐所面聆及归

---

① 《卢沟桥事件第二次会报》（1937年7月12日）、《何应钦致蒋介石电》（1937年7月16日），《中华民国史档案资料汇编 第五辑第二编 军事》（2）第10、86页。
② 《蒋介石日记》，1937年7月19、24、27日。
③ 蔡德金编注《周佛海日记全编》上编，1937年7月14日，中国文联出版社，2003，第51页。
④ 《论统一战线》（1945年4月30日），《周恩来选集》上卷，人民出版社，1980，第195页。
⑤ 《任弼时年谱》，第339页。

陕向党中诸同志所面告者出入甚大,不仅事难做通,且使来一再失信于党中同志,恐碍此后各事之进行"。① 因为国共双方的态度不一,这次谈判仍然没能取得突破。

国共谈判虽未取得突破,但此时的国内形势已经完全不同以往。7月17日,蒋介石发表庐山谈话,在西安国共谈判一线的叶剑英随即两次致电中共中央,认为蒋的谈话"极为重要,我党应有所表示";"建议目前应发动全国抗日,并拥护蒋介石十七日之谈话动员"。② 7月21日,中共中央书记处在下发党内的指示中指出:"南京政府与蒋介石氏对于此次事变表示了前所未有的强硬态度","并已下令全国准备应战","我们的总任务"就是将"事变发展为积极的抗战,以至发展到全国性的抗战","反对一切丧失任何中国领土主权的妥协"。③ 23日,中共中央再就华北事态发表宣言,明确表示:"我们要求南京中央政府采取一切具体办法来满足全国人民的希望与要求,来贯彻七月十七日蒋介石先生所宣布的抗日方针";"我们需要最实际的办法来保证全中国人民的希望与要求的实现,来保证蒋介石先生所宣布抗日方针的执行"。宣言提出:"立刻实现国共两党的亲密合作,以国共两党的合作为基础,团结一切抗日救国的党派,创立巩固的抗日民族统一战线,以实现真正的精诚团结,共赴国难的方针。"④ 这是国共分裂十年以后,中共第一次在公开声明中正面提及并充分肯定蒋介石的表现,同时也是以公开的方式,向外界表示中共推动国共合作的决心。

不过,也正是因为形势的重大变化,使中共充分意识到,"日军进攻形势已成,抗战有实现的可能",而蒋介石迫于内外环境的压力终将有所妥协。因此,即便是为了推动国共合作的实现,中共也已经不准备再做出什么重要的让步。中共领导人张闻天和毛泽东在7月20日电示周恩来:

---

① 《国内问题应迅速解决》(1937年7月15日),中共中央文献研究室、中国人民解放军军事科学院编《周恩来军事文选》第2卷,人民出版社,1998,第4—5页。

② 《叶剑英年谱》上册,第171页。

③ 《中央关于目前形势的指示》(1937年7月21日),《中共中央文件选集》第11册,第274—275页。

④ 《中共中央为日本帝国主义进攻华北第二次宣言》(1937年7月23日),中央统战部、中央档案馆编《中共中央抗日民族统一战线文件选编》下册,档案出版社,1986,第23—24页。

"我们决定采取蒋不让步不再同他谈判的方针",要周暂留上海观察形势。①

经历了1927年国共破裂的血腥和10年武装斗争的艰辛奋斗历史,在国共合作、一致对外抗战的前提下,中共对于保存党、军队、根据地的独立性和自主发展,有着高度的警惕和上下之间的广泛认同(当然也不排除一些人的其他认识),尤其是军队的独立性,更为中共所特别强调。7月26日,朱德、彭德怀、任弼时、关向应、刘伯承、贺龙等红军高级将领致电中共中央,认为蒋介石对红军改编所提条件,"超过我们统一战线的最低限度原则",如果接受,红军"有瓦解危险";提出改编3个师并设军部"是最低限度的原则与要求",国民党如不同意,"则拒绝谈判,必要时准备将谈判经过公布";并建议"我们利用现在有利形势,立即自动的编为三个师一个军部,向全国公布"。27日,中共中央复电,同意他们的意见,并告:"中央决定红军和苏区必须全权由我们包办,绝不让步";"统率机关必须是总指挥部或军部"。28日,中共中央决定,红军改编后设总指挥部,朱德为正指挥,彭德怀为副指挥,"不管南京政府承认与否,实行在军委领导下之全权指挥"。②30日,朱德、彭德怀等红军高级将领再度致电中共中央,认为"蒋十七号发表的谈话虽较前强硬,但未脱离向日求和幻想","我们应有足够的认识,南京政府现仍未修正其严重动摇性,我们应以各种方式和行动,来推动蒋介石抗日";建议"红军行动和改编仍需自主地动作,并需力求迅速","不管(西安)行营同意与否,我们应坚决地这样干,并说我们已经出动"。③

中共所坚持的党、政、军三位一体的独立自主,是基于其历史经验和现实状况所做出的必要抉择,而在全国抗战爆发之初的内外环境下,国民党或多或少、或被动或无奈地最终接受了这个现实,但也为国共双方未来的冲突留下了爆发点。终八年全国抗战的全过程,国共两党在一致合作对外的大前提下,其矛盾冲突的主要关节点,就在国方不断意图消解中共党、政、军的独立性,化有为无,从而可以继续维持国民党的专制统治和领袖独裁制;而中共始终强调并坚持其党、政、军的独立性,并据此发展

---

① 中共中央文献研究室编《周恩来年谱(1898—1949)(修订本)》,中央文献出版社,1998,第380页。
② 《任弼时年谱》,第339—340页。
③ 中共中央文献研究室编《朱德年谱(新编本)》中册,中央文献出版社,2006,第653页。

壮大，从而力图取得与国民党争夺中国政治主导权的地位，迈向其领导革命的宏大目标。

不过，无论中共如何强调其独立性，也无论蒋介石如何企图不使中共力量有更大的发展，在1937年7月的中国，在日军侵华日亟、平津相继沦陷的隆隆炮火声中，民族危难当前，民族大义为先，国共两党唯一而又共同能做的正确抉择，就是抛弃当年的恩怨，携手合作，一致对外，或者也可以说，这是时势使然。国共两党及其领袖蒋介石和毛泽东，都在历史的大关节做出了睿智的抉择。

二 红军主力改编为八路军

7月底，华北战事扩大，北平、天津沦陷，形势丕变，中日全面战争已不可避免，作为执政党的国民党及其领袖蒋介石，感受到自己身负的重责和压力，所谓"最后关头"已到，必须做出最后的抉择。8月初，在国民党及国民政府中央的邀请下，各地军政领袖云集南京，参加决定中日是否全面开战的国防决策会议。8月1日，蒋介石通过国民党谈判代表张冲急电中共，邀请毛泽东、朱德、周恩来到南京共商国防问题。中共一方面判断："宣言未发表，纲领未确定，合作未成立，不应要求参加国防会议"；"必待蒋对上列诸事有满意的表示方好再去，否则我急他不急，不但无益于事，且被其轻视"；"平津失陷后，蒋之困难更加，但抗战决心与合作诚意增加之何种程度，尚待尔后证明，此时宜缓不宜急，缓则有效，急则无功"；"红军抗日宣传与实行作战，二者亦有轻重缓急之分，实行作战须在一定条件之下，否则有损无益"。同时又认为，这"不是我们要求，而是他邀请，当然应该出席"；并且期望"此次赴宁须求得下列问题一同解决：（一）发表宣言。（二）确定政治纲领。（三）决定国防计划。（四）发表红军指挥系统及确定初步补充数量。（五）红军作战方针"。① 5日，叶剑英致电中共中央，认为："国防会议的做法是要抗战，要抗大家一起来抗，毛、朱已在被请之列。我想，毛不必去，朱必须去，免为汉奸等人所借口"。② 中共最后决定由周恩来、朱德、叶剑英前往南京，与国民

---

① 张培森主编《张闻天年谱》上卷，中共党史出版社，2000，第476、480页。
② 《叶剑英年谱》上册，第175页。

党共商抗日大计。

8月9日,周恩来、朱德、叶剑英一行飞抵南京,并在机场受到蒋介石的代表、军事委员会办公厅副主任姚琮和军政部部长何应钦、西安行营主任顾祝同、国民党中央宣传部部长邵力子、国民党中央组织部副部长张冲等百余人的欢迎,此举实际预示着中共活动和国共合作的公开化。但颇具意味的是,中共代表到南京前,8月2日,周恩来电询张冲,去南京是开国防会议还是谈话,张冲回电告是开国防会议。① 然周恩来等到南京时,由国民党、国民政府、军事委员会联合主持召开的国防会议已经结束,并且在7日做出了实行抗战的决策,就在周到南京的9日当天,蒋介石离京前往庐山规划抗战事宜,直至12日方回南京,表示他并不急于与中共代表相见。② 在事关国家决策的问题上,国民党或许也还是"内外有别",不愿与中共平起平坐,平等相商。

周恩来、朱德等在南京期间,参加了军政部举行的谈话会,并在会上发言,主张对日进行独立持久的作战。他们在宁期间,与南京各要人及刘湘、白崇禧、龙云等都有会见,据他们的观察,"南京主战空气浓厚,主和者不敢公开发表意见";认为"蒋已有抗战初步决心,必须致力于巩固和保证";"我们已渐取得公开地位,南京各要人及刘湘、白崇禧、龙云等均见过"。因此向中共中央建议,努力抗战,以巩固蒋介石的抗战决心;红军立即改编,争取开动;力争发表国共合作宣言。③ 他们此行更重要的使命,是与国民党代表邵力子、张冲、康泽等,就国共合作问题进行谈判。此时上海战事已然发动,中日进入全面战争,如同张闻天在中共中央政治局常委会上所言:"中日两方已经完全对峙起来,起初时(南京)还企图和平解决,现在是已经发觉不对,非起来不可。"④ 面临紧迫的军事形势,国民党亟图集中并调动全国军力,投入对日作战,因此对于中共部队的改编不再提出过往那般苛刻的要求,双方大体达成了共识,国民党同意红军改编3个师4.5万人,并设总指挥部,各级干部由中共自行任免,等

---

① 《周恩来年谱(1898—1949)(修订本)》,第381—382页。
② 朱德在南京停留到16日,周恩来停留到21日,叶剑英一直停留到11月下旬,但现有资料(包括《周恩来年谱》《朱德年谱》《叶剑英年谱》《蒋介石日记》等)均未明确蒋是否在此期间曾与周恩来等在南京见面相谈。
③ 《朱德年谱(新编本)》中册,第657页。
④ 张培森主编《张闻天年谱》上卷,第485页。

等。但是，中共中央对于蒋介石的意图仍然保持着一定的警惕，提示周恩来等："国民党阴谋已表现得很明显，他的企图是：（一）将红军全部送上前线。（二）分路出动，使不集中，强使听命。（三）红军受命出动后即变为蒋之属下，彼以命令行之。彼时党的问题与边区问题，由彼解决，甚至将不许发表宣言并取消苏区。"① 不过，尽管国共双方还有矛盾待解，还有心结待化，但是，8月的国共南京谈判，对于国共合作中最难解决的军队问题，总算达成了双方都可以接受的最终成果。

国共南京谈判前后，虽然并未对外发表正式的文件，但红军改编问题进入了实际的程序。8月初，军政部部长何应钦拟出《第三者使用方面及经路之建议》，提出红军部队改编后使用一一五、一二〇、一二九师的番号，"一切旗帜、符号、服装均改换"，出察东向热河方面活动，"与敌人侧方以威胁"。② 8月2日，有关卢沟桥事变的第24次军事会报，照何应钦的规划，提出经蒋介石核准的军事部署方案，"即令陕北朱、毛所部开绥东出察北，向热河挺进（红军现编为三师，其番号115D、120D、129D）"。③ 5日，叶剑英致电中共中央，通报南京对于红军改编及所颁番号的决定。④ 7日，西安行营代主任蒋鼎文电请蒋介石，拨给中共部队开拔费、善后费40万元。⑤ 南京会谈结束后，18日，军事委员会第一部作战厅厅长林蔚奉军事委员会铨叙厅17日电，委朱德为第八路军总指挥，彭德怀为副总指挥。⑥ 22日，国民政府军事委员会正式公布，红军改编为国民革命军第八路军。⑦

---

① 《洛川会议将讨论重大军事问题》（1937年8月18日），中共中央文献研究室、中国人民解放军军事科学院编《毛泽东军事文集》第2卷，军事科学出版社、中央文献出版社，1993，第32页。
② 《第三者使用方面及经路之建议》（1937年8月），中国人民解放军历史资料丛书编审委员会编《八路军·参考资料》（1），解放军出版社，1992，第9页。
③ 《卢沟桥事件第二十四次会报》（1937年8月2日），《中华民国史档案资料汇编 第五辑 第二编 军事》（2），第50页。
④ 《叶剑英年谱》上册，第175—176页。
⑤ 《西安行营主任蒋鼎文呈蒋委员长电》（1937年8月7日），秦孝仪主编《中华民国重要史料初编——对日抗战时期 第五编 中共活动真相》（1），台北，中国国民党党史会，1985，第278页。据徐永昌所记，8月7日，"中央已任命林彪为一百十五师师长，贺龙为一百二十师师长，刘伯承为一百二十九师师长"。见《徐永昌日记》第4册，1937年8月7日，第96页。
⑥ 《蒋鼎文致蒋介石电》（1937年8月19日），《八路军·参考资料》（1），第11页。
⑦ 9月11日，军事委员会又根据战时统一序列编排，将第八路军改称为第十八集团军，但除了若干与国民政府打交道的正式场合，八路军的称号一直被中共使用。

8月25日，中共中央革命军事委员会发布命令："南京已经开始对日抗战，国共两党合作初步成功。为着实现共产党中央给国民党三中全会红军改名之保证，使红军成为抗日民族战争的模范，推动这一抗战成为全民族的抗日革命战争，以争取最后的彻底胜利，特依据与国民党及南京政治谈判结果，宣布红军改名为国民革命军第八路军。"朱德任总指挥，彭德怀任副总指挥，叶剑英任参谋长，左权任副参谋长，任弼时任政治部主任，邓小平任副主任。八路军下辖三个师：第一一五师，师长林彪，副师长聂荣臻，参谋长周昆，政训处主任罗荣桓；第一二〇师，师长贺龙，副师长萧克，参谋长周士第，政训处主任关向应；第一二九师，师长刘伯承，副师长徐向前，参谋长倪志亮，政训处主任张浩。命令要求："各师改编为国民革命军后，必须加强党的领导，保持和发挥十年斗争的光荣传统，坚决执行党中央与军委会的命令，保证红军在改编后成为共产党的党军，为党的路线及政策而斗争，完成中国革命之伟大使命。"① 同日，朱德、彭德怀发表就职通电："日寇进攻，民族危急，敝军请缨杀敌，义无反顾！兹幸国共两党重趋团结，坚决抗敌，众志成城……遵即将红军改为国民革命军第八路军，并宣布就职。部队现已改编完毕，东进杀敌。德等愿竭至诚，拥护蒋委员长，追随全国友军之后，效命疆场，誓驱日寇，收复失地，为中国之独立自由幸福而奋斗到底。"② 9月4日，蒋介石复电朱德等，称其"忠诚谋国，至为嘉慰"，"仍希一致团结，共赴国难"。③

中共领导的红军主力完成改编，组建为八路军，列入国民革命军序列，随即出兵华北前线，参加对日作战，实现了全国军队一致抗日的目标，是抗战初期体现全国团结、全民奋起的标志性事件之一。八路军开赴抗战前线不过一月，9月25日，第一一五师在山西平型关设伏，歼灭日军一部，这次胜仗规模虽然并不很大，但却是抗战初期国民党军队在华北节节退守时难得的胜利，挫败了日军大举入侵华北而未遭打击的嚣张和不可一世的气焰，尤其对于鼓舞全国人心、表示中共及其领导的军队英勇出

---

① 《中央革命军事委员会命令》（1937年8月25日），《毛泽东军事文集》第2卷，第34—35页。
② 《第八路军总指挥朱德副总指挥彭德怀就职通电》（1937年8月25日），《中共中央文件选集》第11册，第333—334页。
③ 《蒋介石致朱德彭德怀电》（1937年9月4日），《八路军·参考资料》（1），第15页。

击、大力作战，起到了重要的作用。①

三 "国共合作宣言"的发表与陕甘宁边区的成立

中共军队改编的基本完成，②在为了实现国共再度合作而需要解决的党、政、军诸问题中，只是走完了第一步，还有中共党的合法化和陕甘宁边区政的合法化两大问题有待解决。

出于推动全民抗战的实现，也出于解决自身发展的现实考虑，中共对于推动国共两党再度合作的态度远较国民党为积极。早在7月中旬，周恩来已经在庐山将国共两党合作宣言交给国民党方面，期望通过发表宣言的方式，正式对外宣布国共两党的和解和合作。不过，对于发表国共合作宣言，给予中共政治合法化的待遇，尤其是两党平等合作，一向自高自大，以唯一领导者自居的国民党仍然犹豫不决。在8月的南京谈判中，康泽提出，宣言不提民主，取消对三民主义中民族、民权、民生的解释，不提和国民党获得谅解，只说共产党自己共赴国难的诚意，看似文字改动，实则是羞答答地不愿承认国共两党的平等地位。"经朱、周严词批评和争论以后"，康泽始同意将中共意见向蒋请示。③为此，中共中央在8月14日致电周恩来、朱德等，指出宣言可以修改，但不忙于要求发表，"欲速不达，缓则有济"。④18日，中共中央又指示周恩来、朱德等："目前最重要问题，须使党与红军放在合法地位"；要求国民党发表我党宣言，同时蒋发表谈话，发表边区组织。⑤

红军主力改编实现后，因为"中共宣言及边区政府尚未发表，颇滋疑虑"，周恩来即告西安行营代主任蒋鼎文，请"以此意径电蒋先生，请求从速发表，以安军心"。蒋鼎文则答称："边区事当转电委座请早发表。至发表宣言事，中央实有苦衷，总以暂缓为妥，务希谅解"。⑥在国民党内

---

① 蒋介石得知平型关胜利后写道："山西平型关击退敌军，晋局或可转危为安矣"；其后又写道："第八路军亦能听命也。"见《蒋介石日记》，1937年9月25日、10月24日。
② 除了北方中共主力部队的改编，此时还有南方中共游击部队的改编待完成，见后述。
③ 《叶剑英年谱》上册，第176页。
④ 张培森主编《张闻天年谱》上卷，第485—486页。
⑤ 《中央关于同国民党谈判的十项条件给朱德周恩来叶剑英的指示》(1937年8月18日)，《中共中央文件选集》第11册，第322—323页。
⑥ 《蒋鼎文致蒋介石电》(1937年8月26日)，《八路军·参考资料》(1)，第12页。

部，尤其是在其高层内部，当时有不少人并不主张立即实现国共合作，使中共得以公开而合法地活动。时在蒋介石身边工作的侍从室副主任周佛海，"力言共产党宣言目前不能发"；蒋介石在江西"剿匪"时期的谋士之一、江西省政府主席熊式辉，亦向蒋"进言共产党宣言暂缓发表"，因其有国共合作之语。① 即便是在国民党中对共态度比较温和的王世杰，在看到八路军领导人的就职通电后的反应也是，"此为共产党军改编后之第一正式通告，惟揣其语意，似尚不承认共党之解散"。② 可见在王世杰的心目中，也认同蒋介石的主张，共产党应该在两党实现合作后予以解散，并入国民党。以国民党中多数人的想法，"彼认为系国共合作，共同抗日，我方则不认系与共党合作，彼完全服从党政者"。蒋介石"于此事亦煞费心机"。③

随着抗战规模的不断扩大，战事的日趋紧张激烈，尤其是红军主力改编完成并对外公布之后，八路军实际的领导者中国共产党，配合八路军的出动而不断发声，已经不可能再隐身于其后，国共合作最终的公开化也就难以再拖。8月29日，康泽告叶剑英，蒋介石指示他向中共转达，中共宣言和他的谈话"可于部队到达指定地点发表"。④ 9月19日，蒋同意发表宣言。⑤ 21日，博古和叶剑英在南京面见蒋介石，双方最终决定发表两党合作宣言。⑥

9月22日，中央社对外公开发表了《中共中央为公布国共合作宣言》。宣言声明："中国共产党中央委员会谨以极大的热忱向我全国父老兄弟诸姑姊妹宣言，当此国难极端严重民族生命存亡绝续之时，我们为着挽救祖国的危亡，在和平统一团结御侮的基础上，已经与中国国民党获得了谅解，而共赴国难了！"宣言"向全国同胞提出我们奋斗之总目标"是：（1）争取中华民族之独立自由与解放；（2）实现民权政治，召开国民大

---

① 蔡德金编注《周佛海日记全编》上编，1937年8月28、29日，第64—65页；《卢沟桥事件第32次会报》（1937年8月12日），《中华民国史档案资料汇编　第五辑第二编　军事》（2），第60页。
② 林美莉编辑校订《王世杰日记》上册，1937年9月6日，第39页。
③ 《王子壮日记》第4册，1937年9月10日，第253页。
④ 《叶剑英年谱》上册，第184页。
⑤ 《蒋介石日记》，1937年9月19日。
⑥ 《叶剑英年谱》上册，第190页。

会，以制定宪法与规定救国方针；（3）实现中国人民之幸福与愉快的生活；并声明"中共愿在这个总纲领的目标下，与全国同胞手携手地一致努力"。为此，中共"郑重向全国宣言"：（1）孙中山先生的三民主义为中国今日之必需，本党愿为其彻底的实现而奋斗。（2）取消一切推翻国民党政权的暴动政策及赤化运动，停止以暴力没收地主土地的政策。（3）取消现在的苏维埃政府，实行民权政治，以期全国政权之统一。（4）取消红军名义及番号，改编为国民革命军，受国民政府军事委员会之统辖，并待命出动，担任抗日前线之职责。宣言最后宣示："同胞们，起来，一致地团结啊！我们伟大的悠久的中华民族是不可屈服的。起来，为巩固民族的团结而奋斗！为推翻日本帝国主义的压迫而奋斗！胜利是属于中华民族的！"①

宣言的发表，表示着自1927年两党分裂以后，曾经在战场上有十年血火相争的对手——中国国民党和中国共产党，为了挽救危难中的祖国，为了民族救亡之大义，愿意放下曾经的敌意和争斗，共同背负悠久的中华民族主义和深厚的中华民族复兴的宏大情怀，再度携手合作，一致对外。国共两党在日本入侵声中的合作，正应了中国的传统古语：兄弟阋墙，外御其侮。共产党的领袖人物毛泽东认为："十年来对立的国共两党重返合作，使国民党有了决定的转变。"② 国民党人王世杰则认为："此事久待完全解决，而竟悬置多月，促成解决者自为日人之侵略"。③ 原本担心宣言发表后对国民党会有很大不利影响的国民党内恐共、反共一派人物，如周佛海也认为，宣言发表后"各方竟若平常"，感觉"吾辈为过虑也"。④ 可见当时国内抗日大环境的形成对于国共两党合作的强大推动作用。民间舆论对国共两党合作的成立亦给予好评。《大公报》发表社评，肯定"中国今天，是整个团结了，共产党这样捐弃成见，共同奋斗，是加强这团结的"。社评以三民主义为立论中心，提出"中国是以三民主义为立国原则的，此次中国共产党宣言，声明为实现三民主义而奋斗，这是个要点"；同时认为"此次共产党宣言，特别标明了民权政治，也是尊重三民主义的一证。不

---

① 《中共中央为公布国共合作宣言》（1937年7月15日），《周恩来军事文选》第2卷，第1—3页。
② 《目前抗战形势与党的任务报告提纲》（1937年10月），《毛泽东文集》第2卷，人民出版社，1993，第48页。
③ 林美莉编辑校订《王世杰日记》上册，1937年9月23日，第46页。
④ 蔡德金编注《周佛海日记全编》上编，1937年9月27日，第76页。

过这所谓民权政治,并不是西方通常的议会政治,中国政治,要超越阶级观,全民的实现民主制度,将来并不否认党派,但是要在三民主义原则之下。至于民生主义的经济建设,当然不是模仿资本主义,也当然不是布尔希维克,中国经济制度,一方要大产业国营,一方面则注重社会化。简言之,是与世界各国大趋势相应的。至于对外方针,则全照中山先生之民族主义实行"。① 于此反映出,三民主义仍为当时最能得到各方认同的政治理想和原则。

主导发表宣言的中共方面,对于"国共合作宣言"更是给予了高度评价,认为"建立了两党团结救国的必要基础","不但将成为两党团结的方针,而且将成为全国国民大团结的根本方针。中华民族之复兴,日本帝国主义之打倒,将于今后的两党团结与全国团结得到基础"。② 当然,这并不表明国共两党就此解决了所有的矛盾分歧,相反,两党对于这次合作的意义及其内涵和外延有着各自不同的解读,两党力求在战时乃至战后实现的终极目标也有诸多乃至根本的区别,只是在其时保家卫国、抗击日本大举入侵的急迫要求声中,两党的矛盾分歧暂时被淡化或者虚化了。俟后当内外环境有所变化,中日对峙进入相持时期,紧迫的中日军事对抗稍有缓解之时,两党的矛盾分歧便又可能因这样那样的动因浮出水面,泛起或大或小的涟漪,甚至重演为一定的武装冲突。不过,在日本对华入侵的外部背景之下,国共两党既合作又分歧的恩怨交织的矛盾关系,只能是内部性、局部性、有限性的,始终被规定在中日敌对关系和中国对外战争的大框架之中,其摆动幅度和冲突烈度注定不会突破这一框架。或者也可以说,一致对外,抗日御侮,不使中国沦为任日本宰割的殖民地,是同样受到民族主义熏陶,具有民族主义情怀,并都运用民族主义宣传动员民众的国共两党能够再度合作的共同底线。而在这一底线之上,其实还有广大的空间和舞台,包括军事的、政治的、经济的、文教的、社会的等,任两党挥洒运用,各显其能,那又是体现国共两党及其领导团队智慧、才思、战略、战术及其对内外形势的领悟力和把握力以及实际的组织力和执行力的重要方面,并已在抗战全过程中充分展现。

---

① 《读蒋委员长谈话》,天津《大公报》1937 年 9 月 25 日。
② 《关于国共两党抗日民族统一战线建成后宣传内容的指示》(1937 年 9 月 25 日),《中共中央文件选集》第 11 册,第 348 页。

在"国共合作宣言"发表的当时,国共两党其实已经表现出态度的差异。9月23日,蒋介石发表公开谈话,对国共再度合作予以国民党方面的解释。他表示:"中央政府无日不以精诚团结共赴国难相号召,而国人昔日之怀疑三民主义者,亦均以民族利益为重,放弃异见,而共趋于一致,足证国民今日皆已深切感觉存则俱存、亡则俱亡之意义,咸认整个民族之利益,终超出于一切个人、一切团体利害之上也。此次中国共产党发表之宣言,即为民族意识胜过一切例证。"他特别强调:"余以为吾人革命,所争者不在个人意气与私见,而为三民主义之实行,在存亡危急之秋,更不应计较过去之一切,而当使全国国民彻底更始,力图团结,以共保国家之生命与生存。今日凡为中国国民,但能信奉三民主义而努力救国者,政府当不问其过去如何,而咸使有效忠国家之机会。对于国内任何派别,只要诚意救国,愿在国民革命抗敌御侮旗帜之下,共同奋斗者,政府无不开诚接纳,咸使集中于本党领导之下,而一致努力。中国共产党人既捐弃成见,确认国家独立与民族利益之重要,吾人唯望其真诚一致,实践其宣言所举之诸点,更望其在御侮救亡统一指挥之下,人人贡献能力于国家,与全国同胞一致奋斗,以完成国民革命之使命。"① 综观蒋介石的谈话,其关键词是"三民主义"和"开诚接纳",虽未明言,但实则暗示要中共放弃共产主义,服膺国民党解释的三民主义,集合在国民党的领导下,不愿明确承认是两党合作,而是国民党"接纳"中共,以示高下有别,最终在理论上和实践上都使中共放弃独立性,成为国民党的附庸,乃至融化于国民党中。所以,在蒋介石的谈话发表之后,中共认为:"蒋谈话指出了团结救国的深切意义,确定了共产党在全国的合法地位,发出了'与全国国民彻底更始'的诺言。但还表现着自大主义精神,缺乏自我批评,未免遗憾。今后问题是彻底实现三民主义及与三民主义相符合的中共提出的十大纲领。"② 国共两党对于合作成立的不同解释,自始即隐然表现出其不同点之所在,也为两党以后的矛盾分歧埋下了伏笔。

---

① 朱汇森主编《中华民国史事纪要(中华民国二十六年七至十二月份)》,第453—454页。
② 《关于国共两党抗日民族统一战线建成后宣传内容的指示》(1937年9月25日),《中共中央文件选集》第11册,第348—349页。在蒋谈话发表前,中共方面曾"索阅谈话稿,蒋未允",(《叶剑英年谱》上册,第184页)而中共则早将己方拟稿的两党合作宣言交国方,于此亦可知两党对合作的不同态度。

"国共合作宣言"发表，实际解决了中共党的合法化问题后，还有陕甘宁边区政府的合法化问题需要解决。早先中共本提议可在张继、宋子文、于右任三人中择一任为陕甘宁边区政府长官，但未得到国民党的认可，而在全国抗战爆发后，中共认为由于抗战的实现，国民党需要中共的支持与合作，已无须在这方面向国民党让步。8月29日，康泽通报中共方面，国民党已内定丁惟汾为边区公署主任，林伯渠为副主任，日内即可同时任命。但中共认为："丁惟汾是过去反共首领，苏区民众决不承认他为长官。必须以林伯渠为长官，张国焘为副长官。"① 9月8日，中共中央电告在南京谈判的博古、叶剑英等："丁惟汾系三月二十号事变起一直反共到底之首领，如任边区影响极坏，故仍应坚拒，先促以自退，不退则正式拒之。"提出坚持由林伯渠为正、张国焘为副的陕甘宁边区政府任职方案。20日电告："不要国民党任何人（不待说不要丁惟汾）为合宜。依大势看再过几个月此层可以办到。只要宣言发表，我们已取得合法地位，边区即缓发表无大妨碍。我们现在一切自行组织，不管国民党如何。"29日又电告："坚决反对丁惟汾为长官，不管他到职不到职，此点坚持不变，不要承认并不承认任何国民党人"。② 中共的坚持在抗战大环境下最终为国民党所接受。10月12日，国民政府行政院第333次会议，通过委派丁惟汾为陕甘宁边区行政长官，林伯渠为副行政长官，在丁惟汾未到任前，代理行政长官，从而实际认可了陕甘宁边区政府存在的合法性。边区辖18个县（其中陕西13个县，甘肃4个县，宁夏1个县），12月辖区又增加陕西的5个县，共23个县。后又增加宁夏1个县和甘肃2个县为八路军募补区。1937年底，边区面积约13万平方公里，人口约200万。③ 陕甘宁边区从此

---

① 《叶剑英年谱》上册，第184页。
② 张培森主编《张闻天年谱》上卷，第493、499、503页。其实，丁惟汾并非国民党的核心决策人物。自1935年12月卸任监察院副院长之后，虽然他还担任国民党中央常委，但已基本淡出政治舞台，多半已被认为是国民党内那些地位崇高而无实权的元老级人物，这大概也是国民党将其抬出任职于陕甘宁边区的缘由。丁过往虽曾反共，然其在国民党内亦颇有特立独行之处。有人认为："丁先生一生革命，对此立场颇为坚决，宁同情于共产分子，而痛恶腐败官僚，绝无妥协之余地。又鉴于政治方面之混浊，纵横捭阖，阴险拨弄，于是更恶政治，以为非好人所应从事也。"（《王子壮日记》第4册，1938年6月14日，第472页）于此可观活动于历史中的人物之复杂面向。
③ 梁星亮、杨洪、姚文琦主编《陕甘宁边区史纲》，陕西人民出版社，2012，第103—104页。

成为中共的政治领导中心和中共治下根据地的象征。①

四 南方红军游击部队改编为新四军

国共实现再度合作在军事关系调整方面的最后待决之事，是中共南方游击部队的改编，并整合组建为新四军。②

中共领导的红军主力长征转进北上之后，在南方数省留下了为数不一的部队，依托原先的根据地，继续进行游击战争。国民党派军队对这些游击根据地进行了持续三年的"围剿"，中共部队虽然损失不少，但骨干力量在严酷的环境中仍然能够坚持不倒。西安事变之后，国共两党趋向和解，但是国民党军对南方中共部队的"围剿"仍未停止，直到1937年7月卢沟桥的枪声响起，南方的国共两军对峙才得以缓解直至停止。但因为身处分散的山区根据地中，南方中共部队对国内外大势实情的了解比较迟缓，直至7月下旬，方才陆续得知外部世界发生的巨大变化，开始与国民党方面接触，着手谈判走出对峙、接受改编、共同抗日的问题。也只有在他们走出分散孤立被隔绝的状态后，才得以与中共中央建立联系，领受中共中央的指示，将南方游击部队的改编汇入中共整个抗日发展的规划部署中。

全国抗战爆发后，7月下旬，周恩来从庐山到上海，遇见从澳门返沪请缨抗战的前北伐名将、中共党员并和自己共同发动了南昌起义的当年战友叶挺，考虑到叶挺此时既不是中共党员，也不是国民党员，蒋介石能够接受，周恩来即向叶挺提出由他"编游击队"的设想，叶欣然应允，其后即向蒋介石提出由他负责改编南方红军游击部队的设想，并建议命名为新编第四军。③ 不过，这时中共南方游击部队的核心领导人物项英和陈毅尚

---

① 陕甘宁边区成立后，从1937年到1940年，得到了国民政府的财政支持。"这一时期边区财政支出，大部分是依靠外来的援助，其中最大部分是国民政府应发的八路军经费，每月分给后方一部分作为财政收入。"在这四年中，有三年的国民政府拨款超过边区财政收入的70%，其中最多的1939年，占边区财政收入的近90%，最少的1938年，也占边区财政收入的52%。见黄正林《陕甘宁边区社会经济史（1937—1945）》，人民出版社，2006，第77、82页。

② 南方红军游击队中的海南琼崖红军部队，在全国抗战爆发后，经与海南地方当局谈判，改编为琼崖抗日独立队（后发展为独立总队、独立纵队，国方改编序列为广东民众抗日自卫团第十四区独立队），一直在海南岛坚持对日抗战。

③ 刘树发主编《陈毅年谱》上卷，人民出版社，1995，第194页。

未走出地下活动的秘密状态，中共中央对南方游击部队的状况也还不十分清楚，改编新四军事只是停留在最初的计划设想中。

7月底，项英和陈毅得知华北局势发展的动向和国内政治状况的变化，随后即开始寻求与国民党合作抗日的可能性。8月20日，项英和陈毅主动致函江西省政府主席熊式辉、赣州行政专员公署专员王有兰及驻赣州的第四十六师师长戴嗣夏等，建议迅速进行合作谈判，"以配合全国抗战之大计"。29日，熊式辉发出"训令"，以居高临下的口吻表示："凡属诚意来归者，一律不咎既往，准予收编抗日，以尽国民之责。"9月上旬，陈毅出山，以红军全权代表的身份，与国民党代表谈判，达成红军游击队改编的协议：红军游击队集中点编，经费给养由省政府供给，干部由省政府委用，改编部队须严守纪律，绝对服从政府一切命令。多年苦战的中共南方游击部队至此得以脱离地下状态，开始公开化的改编进程。9月下旬，中共南方游击部队的最高领导、中央分局书记项英到达南昌，与江西省政府官员协商决定，向各游击区部队传达改编决定。随后项英以中央分局的名义发表《告南方游击队的公开信》："余遵照最近党中央的宣言，已正式宣布停止游击战争，放弃过去一切活动，把全部游击队改编为抗日救国的武装，统一于国民政府之下，效命杀敌。各地接信后，立即集中听候点编，以便追随全国友军和第八路军之后，为挽救国家危亡和民族解放而作英勇的战斗。"①

对于中共部队的改编，蒋介石始终力图将其并入国民党的军事体系架构中，以彻底打消其对国民党统治的可能威胁。但中共对北方主力部队改编方式的强硬坚持，使蒋介石的计划未能实现，但南方游击部队分散而弱小，最初与中共中央又无直接的联系，不知中共中央的意见如何，所以，蒋介石在得知双方谈判的情况后，对其正式改编倒显得颇为积极。9月27日，何应钦秉命致电项英和陈毅，恭维"两兄同仇敌忾，情殷抗日，殊为敬佩"；表示"改编贵部一切手续，请就赣省府接洽办理"。28日，蒋介石令军事委员会发出通报，任命叶挺为新编第四军军长。10月6日又令项英等部"统交新编第四军军长叶挺编遣调用"。② 10月12日，南京国民政

---

① 刘树发主编《陈毅年谱》上卷，第196—199、201页。
② 刘树发主编《陈毅年谱》上卷，第200、203页。

府发布改编南方中共游击部队为新编第四军的命令,并任命叶挺为军长,项英为副军长。

其实,中共中央在全国抗战开始后,对于南方游击部队如何改编并参加抗战已有通盘考虑,而且不仅与蒋介石的想法完全不同,与项英等的做法也有差别。8月1日,中共中央发出对南方游击区工作的指示,要求"在保存与巩固革命武装,保障党的绝对领导的原则下",南方较大的部队可"与国民党的附近驻军,或地方政权进行谈判,改变番号与编制以取得合法地位,但必须严防对方瓦解与消灭我们的阴谋诡计与包围袭击";小部队"原则上可一律变为民团,以取得合法地位,不可能时,仍可非法存在"。① 这一指示表示出中共中央对于南方工作的基本设想,即在可能的情况下,尽可能通过合法途径保留南方的武力存在,由此便于在全国更大的范围内争取战略主动性,而这与其对八路军在华北实现战略展开所提出的要求是基本一致的。8月中旬,周恩来、朱德、叶剑英等在南京时,已经与国民党方面谈到了南方8省13个地区红军游击队的改编问题,只是当时中共中央还未与项英和陈毅等南方游击部队的领导人建立联系,其意见未能在项英等与国民党的谈判中反映出来。

9月下旬,项英等到南昌,28日,中共中央要求正在武汉的中央代表董必武与他们取得联系,告知国共合作谈判情况及中央方针政策。得知国共再度合作成立,中共代表正在南京的情况后,项英立即致电汇报相关情况:"久别以来,音信断绝。现为改编各边区部队抵达南昌,已与江西省政府商妥一切,即日返赣南以求迅速集中。"在南京的中共代表博古接电后,即转报中共中央,并致函项英等,交代中共对于红军改编"最低限度"的指示:"1. 不允许国民党派人到队伍中来,队伍可以变番号为保安独立大队,或其他各名义,只受当地最高机关之节制,这为保持军队之独立性及我们的绝对领导;2. 要求与国军同等待遇,极力求得物质、军火与经济之补充接济;3. 各地队伍不集中,不要求大地方,不脱离根据地。"②

---

① 《中央关于南方各游击区域工作的指示》(1937年8月1日),《中共中央文件选集》第11册,第301页。

② 《秦邦宪关于红军游击队改编诸问题致项英、陈毅信》《秦邦宪转项英与江西省当局谈判情况致毛泽东、张闻天电》(1937年10月1日),中国人民解放军历史资料丛书编审委员会编《新四军·文献》(1),解放军出版社,1988,第38—40页。

至此，项英等与中共中央建立了直接联系，开始接受中共中央的领导和指示，南方中共游击部队的改编被纳入中共与国民党合作抗日的统一战略部署的一部分。

在知晓项英等与国民党谈判合作的情况后，结合南方游击区抗战开始后与国民党地方当局几次谈判的过程，10月1日，中共中央对南方游击区工作再度发出指示，明确指出："南方各游击区，是今后南方革命运动的战略支点，这些战略支点是十年血战的结果，应该十分重视他们。""国民党企图拔去这些战略支点。在西安事变后，还用了全力，用屠杀方法拔去他们。在这个方法失败之后，现在却利用抗日题目，想经过叶挺，把他们拔去。方法不同，目的则一。""把各区游击队完全集中，对于我们是十分不利的。"为此，指示强调，原则上不拒绝集中，但须有几个月时间由中央传达方针，邻近地区的其他驻军亦应同时调动参加抗日，国民党不得派任何人员、部队移入及破坏游击区；粤闽浙三省部队不应集中；集中后的部队，国民党不得干涉，不得插入任何人；叶挺须来延安完全同意中央的政治军事原则后，可去闽粤边或闽浙边指挥部队。指示还特别指出："项英同志似还不明白统一战线中保持独立性原则，似还更不明白，不应无条件集中而应保持南方战略支点的原则，他在南昌的作法带着危险性，望速通知他来延安讨论。"① 10月2日，中共中央又致电博古和叶剑英，要他们"速电项英到南京，告以政策。到宁后并令其来中央讨论。南方游击队万不宜集中，项在江西的做法，上了国民党的当"。② 实际上，在中共中央与项英建立联系之前，在南方其他地区的红军游击队与国民党地方当局谈判改编的过程中，中共中央已经注意到他们各自不同的做法及其危险。最早开始谈判合作的闽粤边区何鸣部，在出山公开后，于1937年7月中旬被国民党军缴械。9月中旬，中共湘鄂赣边区傅秋涛部与武汉行营开始谈判合作改编事项，中共中央认为，他们"承认武汉行营派军需主任、副官主任等许多人到部队中去，及其他许多不利条件，完全错误"。要求他们停止谈判，另派代表，"否认原定条件，重定办法，坚持下列各点：（一）国民

---

① 《中央关于南方各游击区工作方针的指示》（1937年10月1日），《中共中央文件选集》第11册，第362—364页。

② 《张闻天、毛泽东关于速电项英来中央致秦邦宪、叶剑英电》（1937年10月2日），《新四军·文献（1）》，第41页。

党不得插进一个人来。(二) 一定的军饷。(三) 驻地依靠有险可守之山地，严防暗袭及破坏，不要求驻大地方"。为此，中共中央还特别强调："统一战线中，地方党容易陷入右倾机会主义，这已成党主要危险，请严密注意。"①

中共中央和南方游击区领导人在南方红军游击部队改编中表现出一定的差异，是由他们所处环境的不同而形成的不同思考所决定的。坚持军队的独立性，确保在任何情况下都具有独立进行武装斗争的基础，是中共中央在红军改编前后一贯的、坚定不移的立场，也是基于历史经验和现实状况得出的结论，还与中共将抗日战争不仅定位为民族独立战争，而且也与实现中共领导的民族解放战争的最终目标密切相关，体现了中共领导层的宏大战略思考与长远眼光。而南方各游击区的中共领导人，由于所处地点分散，对情况的了解不一，在经历了国民党军三年严酷的"围剿"之后，希望摆脱现有的被围处境，改善自身的生存环境，获得更大的发展空间，又值全国抗战的洪流大波，他们于兴奋之中，在和国民党地方当局谈判时有所让步，表现出更多的地方性，也完全可以理解。何况他们这时还多未与中共中央建立直接联系，并不知晓中央的谈判方略，及至中央与他们建立联系，开始直接指导他们的谈判过程后，双方都能根据实际情况调整各自的意见和做法，上述差异即基本不复存在。②

10月上旬，博古和叶剑英派人先到吉安找到陈毅，然后在大庾见到项英，传达了中共中央关于南方游击队不能自行集中下山的指示。与此同时，在南京和武汉谈判一线的博古、叶剑英和董必武，根据当时当地的情况，在10月8日致电中共中央，提出了他们对南方游击队改编的看法。他们认为，保持南方游击区域为战略支点"是绝对必须的"，但"现在各地区之游击队，长期保留在原地区极困难。因为各区实际上无大的根据地，多数系流动之部队，大多数现极分散，一集结则给养无法，继续分散则将消耗力量"。所以他们建议："南方各地游击队似以集合成为一个军，归八

---

① 《关于各边区统一战线中应防止右倾机会主义危险的指示》(1937年9月14日)，《中共中央抗日民族统一战线文件选编》下册，第37—38页。
② 当时南方游击区中，也有因封闭隔绝不了解情况而坚持不与国民党谈判者，他们是在知晓中共中央指示后才同意出山接受改编的。至于后来新四军发展过程中，皖南新四军领导人项英和延安中共中央之间有关军事政治问题的看法分歧，则又有值得讨论处，容见后论。

路军指挥为好",这样可以"成一整个的力量不致分散",补充给养等均好解决。他们还转告中共中央,叶挺表示听从中共的指示,"如我们不赞成,他仍可辞职"。19日,中共中央指示博古和叶剑英,如国民党同意新四军编入八路军建制,叶挺"愿意恢复党籍,或完全受党指导而不受国民党干涉",并愿意到延安接洽,"则经过叶挺整理南方游击队,并集中各游击队员一部成为一军是可以的"。① 博古等随后电告中共中央,叶挺愿到延安面陈,并"声明完全接受党的领导"。他们还认为,项英和陈毅因情况不明,"在谈判中有些不妥处,但总的方向是对的"。② 10月30日,中共中央致电博古和叶剑英,提出将南方游击队集中3/5编为一个军、以叶挺为军长(待考虑),余下2/5于原地改为保安队,要求"坚持此原则,反对全部集中的国民党要求";反对国民党派遣或插入任何人,并以4个月为清理集中的时间。③ 11月上旬,叶挺和项英先后到达延安汇报情况。叶挺在脱离中共10年后的表现及其对中共领导的认同和拥护、项英在中共中央长征远离后的南方三年游击战争中表现的对中共革命的忠贞和坚持,得到了中共中央的充分肯定。中共中央最终决定,新四军的组建交由叶挺负责,中共党的领导由项英担任。

但是,在叶挺得到中共中央的信任,开始出面组建新四军之后,蒋介石却又起了疑心。11月21日,叶挺到南京和叶剑英一起面见蒋介石,提出新四军编为2师4旅的组建方案。蒋则提出:南方游击队不能照八路军的办法,延安提出的干部名单不能同意;必须派人点验,按枪的多少决定编制,不能先委任师长、旅长。叶挺提出:将他们开到前方打日本才是主要问题,改编可以增加抗日力量。蒋回应称:如扰乱地方便是破坏抗战,我要剿的,你们决不能在江南。蒋并质问叶挺:谁要你去延安的?还告诫叶挺:他们都是共产党,你不是共产党,将来你有性命危险。叶挺告与何

---

① 《秦邦宪、叶剑英、董必武对南方游击队集中改编的建议》(1937年10月8日)、《张闻天、毛泽东询问新四军隶属关系及叶挺情况致秦邦宪、叶剑英电》(1937年10月19日),《新四军·文献(1)》,第46、53页。

② 《秦邦宪、董必武、叶剑英关于叶挺声明完全接受党领导致张闻天等电》(1937年10月21日)、《秦邦宪、叶剑英关于项英南京去延安致张闻天、毛泽东电》(1937年10月26日),《新四军·文献》(1),第54—55页。

③ 《关于南方各地游击队整编原则的指示》(1937年10月30日),《中共中央文件选集》第11册,第380页。

应钦面谈过，如蒋不信任他可以提出辞职。蒋此时态度才有所缓和，不允他辞职，并让他与陈诚商量。① 此后国共双方又经过反复协商，各有让步，中共同意新四军不隶属八路军，由所在战区直辖，编制不设师旅而设支队，全部集中开赴抗日前线，国民党同意新四军单独成军，独立自主，不派人到新四军。12月25日，新四军军部在汉口成立，军长叶挺，副军长项英，参谋长张云逸（1938年3月18日袁国平任政治部主任），陈毅、张鼎丞、张云逸、高敬亭分任支队司令员，全军共1万余人。为保持中共对新四军的领导，项英任中共中央东南分局书记兼中共中央革命军事委员会新四军分会书记，陈毅任军分会副书记。②

随着新四军的组建，到1937年底，国共第二次合作的党政军关系的初步调整基本完成。国共两党在大敌当前之际，终于捐弃前嫌，再度携手，共同掀开了在争取民族独立的对日抗战中两党关系新的一页。

第三节　全国一致抗日局面的形成

一　地方当局拥护中央政府抗日

中国俗语有谓，分久必合，合久必分。此语形象地表现出传统中国分合、治乱循环往复的历史演进模式。中国既有中央政权高度统一治理的历史传统和心理积淀，也有中央政权衰弱时期的地方强权兴起及其各自为政。经历了元明清三代连续六百多年的统一历程，在内外环境的共同挤压作用下，近代中国似乎又一次出现了由合而分的发展趋势。清末地方督抚势力的逐渐兴起，表现出对中央政权的离心倾向，随之又在由帝制向共和民国的转型过程中，因为武人势力的坐大，军阀割据一方，刺激此一离心倾向的进一步成长。及至国民党以党军武力推倒北洋武人统治，在"打倒列强除军阀"的号召之下，复又开始由分而合的艰难历程。1927年以后的南京国民政府统治时期，中国虽然名义上是个统一国家，然在实际上，地

---

① 《叶剑英、李克农关于叶剑英、叶挺见蒋介石情形致林伯渠、秦邦宪电》（1937年11月21日），《新四军·文献》（1），第60页。
② 刘树发主编《陈毅年谱》上卷，第207—208、212页。关于新四军军部的成立时间，另有一说为1938年1月6日在南昌成立。此处取《陈毅年谱》的说法。

方实力派仍然各据一方，各说各话，自行其是，南京政府的许多施政措施无法推广施行。"九一八"东北沦陷、"一·二八"淞沪抗战、1933年长城抗战、1935年华北危机等，其间的失利、退让和妥协，在很大程度上即是中国内部分裂离心、不能一致统一对外的恶果。如同蒋介石所言："不仅对于地方的行动中央不能干涉，甚至地方常以军事的实力威胁中央，以命令的方式来要挟中央"；"封建割据的实际，仍旧潜伏在形式的统一之下"。所以，他恨恨地说："当今中国的病源，就是地方割据"。① 但是，随着中日关系的日渐紧张，中国的民族危机日渐深重，民族主义情绪日渐高涨，中国的统一心理及其实际发展，经由外部压迫的途径，克服了内在的种种张力，不断复苏、形成、发展、壮大。1937年7月的卢沟桥事变，为近代中国在追求自身独立、反抗外来压迫的民族主义心理下的全国统一，创造了绝无仅有的条件和时机，不分地域、阶层、党派、立场的全国一致抗日局面的出现，便是全国统一复现的象征。

卢沟桥事变发生后，蒋介石在准备发动对日抗战的决策时，也在考虑"征求各省长官意见"。② 而据时人所观察，蒋的抗战决策使"全国人心极为振奋"，"自蒋先生宣布决意应战后，全国人心均一致拥护……在对日作战之前提下，已是举国一致"。③ 原先对中央政权离心离德或者面和心不合的地方实力派领袖，一反过去的常见做法，纷纷对南京中央政权表示支持，其中尤为突出的是当年曾经站在反蒋第一线、于今仍有较强实力和地盘的晋系阎锡山和桂系李宗仁、白崇禧的态度。

7月9日，蒋介石在卢沟桥事变发生后的第一时间即致电太原绥靖公署主任阎锡山，通报"此间于昨日得到卢沟桥冲突消息后，即电军委会通令全国戒严，并准备全部动员，以防事态之扩大"；同时征询阎锡山意见，"至对于此事如何应付，尚祈见示为盼"。11日阎锡山回电蒋介石，称："对方利用形势，野心爆发，我方必须有抗战之决心，或可有和平之希望。"12日，蒋介石电告阎锡山："当在不求战而必抗战之决心下努力一切"。④ 山西

---

① 转引自忻平《灾难与转折：1937》，上海大学出版社，2008，第93页。
② 《蒋介石日记》，1937年7月19日。
③ 《王子壮日记》第4册，1937年7月13日、8月2日，第194、214页。
④ 《蒋介石阎锡山往来电》（1937年7月9、11、12日），《〈阎锡山档案〉选录——卢沟桥事变史料》，《国史馆馆刊》复刊第31期，第91—92页。

东接河北，西邻陕西，位于东向出击华北前线、西向拱卫西北后方的关键位置，战略地位非常重要。平津沦陷后，山西成为日本在华北下一步侵略的直接目标。面对如此局面，一向习于闭关自保的阎锡山，为了保存在山西的统治基础，对抗战的态度比较积极，蒋介石的抗战主张，也得到了阎锡山的呼应。而对于自己的亲近下属之一徐永昌"再忍半年，较为有利"的提议，阎锡山则认为："弱国如弱女，临难非有决心不能转变对方。"① 据徐永昌观察，"阎副委员长向极持重，今亦一变其常态，屡次来电，颇注意明轩（宋哲元）之决心如何"。实则反映出"中国人心，除殷汝耕外，凡稍有心肝者，决不易走入丧权失土之妥协"；正所谓"举国争言抗日，人心似极可恃"。② 也正是因为阎锡山明确表示了自己的态度，蒋介石认为他可以在决策抗战大计时有所借重，7月31日，蒋介石电山西省政府主席赵戴文转太原绥靖公署主任阎锡山称："国事危急，大计待决，请代邀伯公提前晋京，面商以期。"③ 8月1日，阎锡山飞南京参会前写道：病体未痊国难来，轻身为国理当该，扶病南行参国计，但求此去不空回。3日，在国防会议召开前，蒋介石在一天中两见阎锡山，就抗战决策事宜有所征询。7日阎锡山在参加国防会议的当天又提出，作战为手段，统制为目的，今欲打破敌人统制之目的，必须改变作战方式，变武力战为政略战。④ 在参加南京国防会议回到太原后，阎锡山在对外发布的文告中说："自七月七日日军在卢沟桥开衅以来，占据我平津，残杀我人民，日日进兵，处处挑战，势非马上并吞华北灭亡我国不止。我们处在这大难临头千钧一发的时候，只有决心牺牲，才能保住我们的国家。要知现在的战争，不是单纯军队的战争，是全民总动员的战争。不仅是前线的战争，是连同后方一齐动作的战争……所以有钱的要出钱，以集中物力；大家要出力，以集中人力。然后才能守土抗战，以挽救国家的危亡。"8月16日，阎锡山又发表《告山西全省人民书》，声明：

---

① 《徐永昌阎锡山往来电》（1937年7月14日），《〈阎锡山档案〉选录——卢沟桥事变史料》，《国史馆馆刊》复刊第31期，第93页。
② 《徐永昌致蒋介石电》（1937年7月21日），赵正楷、陈存恭编《徐永昌先生函电言论集》，台北，中研院近代史研究所，1996，第48页。
③ 阎伯川先生纪念会编《民国阎伯川先生锡山年谱长编初稿》第5册，台北，台湾商务印书馆，1988，第2018页。
④ 《阎锡山日记》，九州出版社，2011，第156—157页。

"日本军阀用武力来侵略我们，想要亡我们的国，灭我们的种；我们为保卫我们的国家，保卫我们的民族，所以发动了这次的抗战。"①此时此刻，中国军队正在山西外围的平绥线和平汉线与日军展开激战，日军从北、东两线步步进逼山西，为了抵抗日军的入侵，阎锡山不仅接受南京中央政府的领导，而且积极与进入山西的中共八路军合作，筹划抗战。山西即将成为华北抗战的主要战场之一。

桂系李宗仁和白崇禧的态度也为蒋介石所看重。卢沟桥事变发生后，蒋介石即电邀李宗仁和白崇禧同赴南京，共商抗战大计，得到了李、白的积极回应。7月19日，李宗仁电复蒋介石："请速定抵抗大计"。②21日，广西绥靖公署主任兼第五路军总司令李宗仁、广西绥靖公署副主任兼第五路军副总司令白崇禧、广西省政府主席黄旭初发表通电称："顷读蒋委员长在庐山第二次谈话会发表关于卢沟桥事变之谈话，宣示政府对日方针，并明白昭示吾国应坚守四项原则，辞严义正，实为代表我全国民众公意，循环朗诵，感奋莫名。窃维卢案发生，我始终爱护和平，一再容忍，日方着着进逼，近更大举增兵，恣意挑衅。宗仁等欣聆国策已决，誓本血忱，统率第五路军全体将士暨广西全省一千三百万民众，拥护委座抗战主张到底，任何牺牲，在所不惜。"③24日，军政部政务次长陈诚致电李宗仁称："值兹国策既已决定，国土主权必须确保，无论中途如何演变，终当努力以求贯彻也。承示委座电令对倭抗战方针，已屡电详告，而尊处则未接到一节，此中情形，当再详查奉告。惟以委座对公之诚笃，决无所隐，或者电中仅能及抗战之概略方针，而于抗战之详细计划，则繁复机密，多非面洽不可。前电拟请我公与健生兄抽暇赴京一行，意亦在此。未审究能命驾否？盼切盼切。"④李、白随后复电南京谓："中央既已决心抗战，我辈势当拥护到底"；白崇禧"遵命首途，听候驱遣"；李宗仁则暂留桂林，"筹

---

① 《民国阎伯川先生锡山年谱长编初稿》第5册，第2027、2030页。对于阎锡山在抗战初期的表现，著名文化人傅斯年认为："老阎卖气力，八路军（共）在后面作游击战。大约山西可以支持一下子。"见《傅斯年致胡适》（1937年10月11日），王汎森、潘光哲、吴政上主编《傅斯年遗札》第2卷，社会科学文献出版社，2014，第627页。
② 林美莉编辑校订《王世杰日记》上册，1937年7月19日，第23页。
③ 秦孝仪主编《革命文献》106辑，第282页。
④ 《陈诚致李宗仁电》（1937年7月24日），何智霖编《陈诚先生书信集——与友人书》上册，台北，"国史馆"，2009，第117页。

划全省动员事宜，一俟稍有头绪，亦即兼程北上，共效驱驰"。① 8月4日，白崇禧飞抵南京，当晚即与蒋介石共进晚餐并讨论时局。蒋介石对桂系尤其是白崇禧的态度颇为满意，认为"白健生到京，团结可喜，其形态皆已改正矣"。其后他调白崇禧任副参谋总长，参与抗战军机决策，并表示"对白应精诚相待"，"团结内部，信任健生"。② 桂系对发动抗战的积极态度，对当时面临国民党内各种不同意见而又必须做出决策的蒋介石是有力的支持。过后，国民党内有人认为："因此次战事而最得全国之佩服者，莫如广西之李白……军队方面尽量开出，协助中央……且其军队吃苦耐劳，勇敢善战，军事负责者无不赞其能，以此成绩方不愧多年之训练。以前与中央有抵牾者正以政策故，今知中央确实抗日矣，即不顾一切以助之。此真近代有政治思想者。"③ 而作为民间舆情的反映，傅斯年认为："两广对出兵助战之卖气力，可算一百分。广西军大批北上，全省总动员，广东军在上海战，死伤数万人，看来历年的'人事问题'，算一扫而空了。"④

桂系和晋系的对日态度实为当时多数地方军系对日态度的共同反映，阎锡山身处山西，地邻平津，与平津安危密切相关，无可逃避。即便是身处偏远西南的李宗仁和白崇禧，亦深知国家危亡实关系到地方利益，也表示出对日抵抗的同仇敌忾之心。卢沟桥事变发生后李宗仁和阎锡山的往来电，反映出双方在抗战方面的一些共同想法。李宗仁致电阎锡山称："卢沟桥事件显系日人有步骤有计划之侵略行动，与昔年九一八事件实抱同一策略。查华北日驻屯军闻已有数万之众，年来恃不平等条约之便利，在平津一带到处侵驻，已同附骨之疽。连日其关东军又大举入寇，到处寻衅，势尤猖獗。我二十九军孤军应战，情势极为可危，似非发动举国一致之抗战，实不足戢日寇之野心。"阎锡山电复李宗仁谓："日本无理寻衅，冀图

---

① 《李宗仁回忆录》下册，中国人民政治协商会议广西壮族自治区委员会文史资料研究委员会，1980，第688页。

② 《蒋介石日记》，1937年8月4、6日，10月5日，12月11日。后来蒋介石还不止一次地提到"信用健生，使之为国效忠"。（《蒋介石日记》，1938年3月25日）显然，蒋介石对白崇禧比李宗仁更为信任，而白崇禧也比李宗仁对蒋介石更为拥戴，这其中反映的可能是李宗仁这样的军人政治家和白崇禧这样的职业军人之间的差异。

③ 《王子壮日记》第4册，1937年11月5日，第309页。

④ 《傅斯年致胡适》，(1937年10月11日)，王汎森、潘光哲、吴政上主编《傅斯年遗札》第2卷，第626页。

大举入寇，诚如尊见非发动举国一致之抗战，不足以戢其野心。鄙意亦以为，在我必须有抗战之决心，或可有和平之希望。自当在全国一致之抗战决心下，努力一切也。"李宗仁再电阎锡山，强调"此时应集中国力与敌决一死战，以期死里求生，如再蹈以往覆辙，打头头应，打脚脚应，忍令山河破碎，则国将不国矣"。①

不仅是晋系和桂系，其他与国民党中央和蒋介石前此不无龃龉的地方军系，乃至发动过直接反蒋行动的国民党内反对派，此时也多表示对蒋介石抗日决策的拥护和参加抗战的热忱。在地理位置上可以作为抗战大后方的四川，地方军系错综复杂，统一内部尚且不易，但卢沟桥事变发生后，7月15日，川康绥靖公署主任兼四川省政府主席、川系首脑人物刘湘即电南京中央，"主张于委座整个计划之下，同德一心，共同御侮。自当漏夜整军方案赶速改编，以期适于抗敌之用。拾师之数，决当遵办。川省应负责任，不惟不敢迟误，且思竭尽心力，多所贡献也"。② 8月7日，刘湘飞抵南京，参加国防会议，报告川康整军实施情形，并言："迩来国难严重，已到最后关头，全面抗战，誓不可免，筹划对策，权在中央，本人除敬聆蒋委员长及中枢各长官训示外，倘有所见，亦当尽量贡献，以供采择。国家民族已到最后关头，唯一生路只有抗战。举国民众慷慨激昂，已充分表现精诚团结、共赴国难之精神。多难兴邦，殆已明验。敌虽强暴，我必争得最后之胜利也。四川为国家后防，今后川省所负之责任极巨，现时军队整理业已就绪，人力财力无一不可贡献于国家。个人此来，即欲陈明此意，在蒋委员长领导之下作准备，以纾中枢之忧，而慰国人之望。"③ 同日成都十万市民举行大会，决议请中央即刻发动全民抗战，保全领土，收复失地。④

---

① 《李宗仁阎锡山往来电》（1937年7月13、15、20日），《〈阎锡山档案〉选录——卢沟桥事变史料》，《国史馆馆刊》复刊第31期，第98—99页。
② 《顾祝同致蒋介石电》（1937年7月16日），《中华民国史档案资料汇编 第五辑第二编 军事》（2），第85—86页。
③ 《中央日报讯》，1937年8月8日，章伯锋、庄建平主编《抗日战争》第3卷（上），第63页。
④ 朱汇森主编《中华民国史事纪要（中华民国二十六年七至十二月份）》，第240页。中国青年党首领、川人曾琦其时告刘湘：抗战前途，不外胜败两字，败固同归于尽，但此结果不大可能；假使抗战胜利，而川军未曾出兵，那真成了"国人皆曰可杀"的对象，那时中央只须一纸明令讨伐，阁下纵有雄兵百万，其将奈何？（陈正茅编著《曾琦先生年谱》，台北，"国史馆"，1996，第138页）此语形象地说明了，在当时国内一致抗日的高扬气氛之下，地方军系首领能够做出的抉择边界何在。

8月26日，刘湘发表《告川陕军民书》，提出四川"七千万人民所应担荷之责任，较其他各省尤为重大。我各军将士，应即加紧训练，厉兵秣马，奉令即开赴前方，留卫则力固后防……在国家统一指挥之下，整齐步调，严整阵容，在整个民族解放战线上作最前进之先锋，在实际战事上为前方之后盾。如此军民一心，上下共济，舍国家民族无意识，掷身家性命于脑外，只知抗敌是目前唯一的中心，只知抗敌解放中国是唯一的坦道，排除一切歪曲的认识，克服一切事实的障碍，前仆后继，百折不挠……誓站在国家民族立场，在中央领导之下，为民族抗战而效命"。① 偏处西南边陲的云南，省政府主席龙云在7月28日发表谈话，申明"在此安危绝续之交，务须无远无近，无老无幼，应以最大之决心，准备为国牺牲，以求延续我国家民族五千年之历史"。② 8月2日，龙云致电蒋介石，表示"时局至此，非集我全民力量，作长期抗战之计，无以救危亡"，并"发誓为国牺

---

① 丁成明、胡金玉主编《抗战时期的四川——档案史料汇编》（中），重庆出版社，2014，第488页。因为四川作为抗战大后方的重要性，又因为四川与国民党前此并无太深的渊源（晋系和桂系与国民党的渊源胜过川系），即便是川系表态支持抗战，蒋介石仍对川系抱有更多的顾虑和警惕，担心他们"与共党及各反动派勾结"。（《蒋介石日记》1937年10月14日）此并非蒋个人独有的看法，国民党中不少人亦持相同看法。王子壮后来认为："自中央迁川，时闻刘湘不稳之传说，但观其出兵抗战，始则迟疑，既仅派六师（川共派十二师，余六师非刘湘系），川省军尚保有廿余万，且较精，绝非如广西之开诚相与，蜚语之来，盖亦有自。外传彼与韩复榘有默契，今韩以不努力抗战，被逮来汉，将予以军法审判，刘之不起始亦因此，中央当此抗战之际，西顾之忧，得以消除，亦幸事也。"（《王子壮日记》第4册，1938年1月20日，第384页）另据李宗仁回忆，抗战发动之初，蒋介石电邀各地实力派进京共商大计，刘湘和龙云都有电致李宗仁和白崇禧，大意为：中央预备对日抗战是否出于诚意，尚在未知之数，殊未可轻易入京，万一抗日不成，反而失去自由，则国家将因此愈益多事，务盼深思熟虑云云。他们认为，蒋介石的为人最尚权诈，万一借抗日之名，将李白骗往中央，加以羁押，则广西省政必为蒋系所控制，唇亡齿寒，川滇两省也将岌岌可危。李宗仁在回电中告他们，今日的局势只有两条路可循，不是抗战图存，便是投降亡国，中央纵有意拖延，日本侵略者也未必容许，如中央仍无心抗战，则全国军民不能同意，因此，中央和蒋先生除抗战外，实无他路可走，希望秉先国难而后私仇的大义，拥护中央，参加抗战，切勿迟疑不决，致贻吾人不愿共赴国难的口实。（《李宗仁回忆录》下册，第689—690页）惟李宗仁回忆录中的错讹之处不在少数，有关事实，尚可深入讨论。据白崇禧回忆，1937年8月2日，蒋介石电召他入京共赴国难，广西地方领导人李宗仁、李品仙、夏威、廖磊、黄旭初等，"皆反对我入京，唯恐中央对我不利"。但白崇禧"力排众议，毅然入京"。证以李宗仁当时并未离桂，而是在10月间才到南京的事实，白之回忆似更可靠。对于有人说，冯玉祥、阎锡山、刘湘等到南京与白入京有关，白崇禧认为"未必然，因为抗日已是全国一致之要求"。（《白崇禧先生访问纪录》上册，第98—99页）此亦为持平之论。

② 韩信夫、姜克夫主编《中华民国史大事记》第8卷，第5526页。

牲之愿"。蒋复电称龙"忠贞谋国，至深感佩"。① 9日，龙云抵京，这是他在云南当政10年后首次进京。他在南京与各方人物会见，同时对外公开发声，认为"现在国难异常严重，已属最后关头"；表示"竭诚拥护既定国策，接受命令"；"事已至此，现应少说废话，多负责任。身为地方行政负责者，当尽以地方所有之人力财力，贡献国家，牺牲一切，奋斗到底，俾期挽救危亡"。② 1932年"一·二八"淞沪抗日名将，又在1933年发动福建事变、武装反蒋的前十九路军领导人陈铭枢和蒋光鼐在8月回到广州，向国民党中央和蒋介石表示了参加抗战的心愿。陈铭枢说："现在举国对日抗战，决心唯委座之命是从，不谈政治，恢复军人本色，拟俟任潮到粤，即日赴京，纵为罪囚，或坐冷板凳，亦所心愿。"蒋光鼐说："此次决心赴京，有如奔丧，到京有无孝服，在所不计。"③ 在卢沟桥事变刚发生时，国民党内还有人担心，"可虑者，地方与中央未能完全一致，地方对中央若尚存疑虑，则敌人各个击破之技售矣"。④ 但是，后来的事实充分说明，面对日本的侵略，各地方当局哪怕是曾经武力反蒋的地方军系和实力派军人，与南京中央政府的抗日决策保持了基本一致的立场，拥护抗战决策，并表示出支持抗战的实际行动，与国共两党捐弃前嫌再度合作同理，同样表现出兄弟阋墙外御其侮的昂扬抗日姿态。所以，蒋介石也认为："国内军人团结精神较前增强，是抗战之效果也。"⑤

当然，即便是在抗战的大环境之下，地方实力派还是有他们各自对地方利益的考量以及由此而致的地方性诉求，他们对于南京中央政府抗战决策的支持，随着时间和地点的变化，也是有变化的，其坚定性和持久性，也未必那么一贯和无间。如徐永昌所观察，"惧日又不能不抗日，疑中央又不能不赖中央，今日中国之拥有重兵者无不然"。⑥ 不过，地方实力派与中央政府关系的摆动幅度和边界，也只能局限在抗战的大框架之中，并由抗战所要达致

---

① 《龙云致蒋介石电》(1937年8月2日)、《蒋介石复龙云电》(1937年8月4日)，云南省档案馆编《滇军抗战密电集》，编者印行，1995，第1—2页。
② 朱汇森主编《中华民国史事纪要（中华民国二十六年七至十二月份）》，第247页。
③ 《陈诚致何应钦电》(1937年9月4日)，何智霖编《陈诚先生书信集——与友人书》上册，第120页。
④ 陈方正编辑、校订《陈克文日记》上册，1937年7月13日，第79页。
⑤ 《蒋介石日记》，1937年10月23日。
⑥ 《徐永昌日记》第4册，1937年8月11日，第100页。

的终极目标所决定。一旦越出这个框架和边界，地方实力派（其实也包括国民党内的非主流派）的诉求将不再具有政治和道德正当性，其最有可能的结局，是被认定为卖国求荣的"汉奸"，这是与战前地方派系与中央政府矛盾冲突中那些反反复复而又能够最终和解的过程和结局有根本区别的方面。

二 社会各界拥护抗战

卢沟桥事变发生之后，不仅是地方当局一改过去对中央政府的离心倾向和冷漠态度、一致拥护中央政府实行抗战，社会舆论、民众团体包括国民党曾经的反对派也多要求迅速发动抗战，支持南京中央政府对日本采取强硬立场。

知名民间媒体《大公报》的言论或可作为社会舆论的代表。卢沟桥事变发生后，《大公报》连续发表评论，强烈呼吁全国一致，抵抗日本侵略，传达了媒体人的立场。《大公报》在社评中认为："日本此次举动，实有武力攫夺华北的决心，我们除非甘心放弃中国北部各省，否则除守土自卫外，还有什么路径可走？时急矣，事迫矣，日方若果进逼不已，希望中央当局审度时势，领导全国，共走此不能不走的一条道路！"[①]《大公报》还强调："表面和谈，固不可恃，局部妥协，尤无可能。此时负责当局须上承中央意旨，下徇全国舆情，立定脚跟，沉毅应付。苟安必不可求，寸土不容放弃。这是国民一致的要求，因为此外我们也没有第二条路可走！"[②] 蒋介石发表庐山谈话之后，《大公报》发文表示支持，称："我们政府方针是求和，不求战。但无论如何，不能放弃国土，不能坐视我们部队受攻击而不救。我们前天已说过，中国绝无再退再屈之余地，再退就是弃地亡国，所以今天的中国是被置在不得不奋斗不得不拼命之境遇中。这种情形，全军全民，人人了解，更盼望绝对共同认识中国是万不得已，是无所选择。"[③] 不过，对于蒋介石的"不求战"说法，《大公报》的评论似乎有点不以为然："时局形势如此，所以我政府只标榜'不求战而应战'，已不够应付，因为那是态度，不是方针，方针是多含主动成分的，是应当有积极意义的。"[④]

---

① 《我们只有一条路》，上海《大公报》1937年7月11日。
② 《国民一致的要求》，天津《大公报》1937年7月16日。
③ 《时局到最紧关头》，天津《大公报》1937年7月19日。
④ 《国家的重大时机》，天津《大公报》1937年7月24日。

7月底，当日本不断扩大侵略，平津面临危急存亡之时，地处天津的《大公报》总部在天津沦陷而被迫停刊前最后出刊的几期报纸的社评中坚定地呼吁政府和国民："这多少天来，全国的空气是一致拥护蒋先生的演辞，大家对于演辞全文的精神，想必一致了解。现在既到最后之一秒钟，国家怎样行动，需要政府明白决定"；"政府责任现在万分重大，其负责的对象，不但是现在的国民，并且是未来的历史！"①《大公报》上海版在7月28日发表的社评说得更为干脆明白易读易懂："最后关头到了。我们全国人心，倒是从此安定。只有亿兆一心，保卫国土，应援前线，其他一切，不必谈了。"②次日的社评又论述道："老实说，除非日本相逼，中国是永不会与日本战争的；而且寻常的逼迫，还打不起来。这个理由，极容易了解，因为交战是整个在我们领土内，一切的战祸，都是我们受。所以即使我们国防充实，当然要尽力避免破坏。"但是，"这二十天的卢沟桥事件，证明对方逼着要打，怎样回避，也避不开"；"所以今番的特色，不是条件问题，而是任何条件换不来免于挨打的问题"。"我们军队在忍无可忍退无可退之后，昨天只有悲愤应战。因为中国今天整个是背水阵，要想独立自由，就必须拼命，不然，就必须降服，并且降了还不给留余地。日本是侵略邻国，毫无不得已的理由，中国是生存问题，只有彻底牺牲，才能自救。"③言为心声，这些毅然决然、坚定执着的言辞，传达着媒体人也是媒体所代表的中国人一致的心声！

国民党曾经的反对派也对国民党的抗战决策表示了支持。中国青年党领导人曾琦在四川成都发表的广播演讲中认为，不论从财政、粮食、封锁、武器、战斗经验、指挥人才、动员各方面去分析，日本必败；另就民族意识、国家观念、国际情势、精神方面去看，日本亦无成功之理由。因此他估计"抗战一年，有六成胜利把握；二年有八成把握；三年有十成把握。我们且把握此千载难逢的机会，争取必能获得的最后胜利！"④中国青年党另一领导人左舜生致函蒋介石表示："仅有与国民党共患难一念，此外都非所计"。国家社会党领导人张君劢亦致函蒋介石，表示"对于国民

---

① 《和平绝望的前一秒钟》，天津《大公报》1937年7月27日。
② 《和平绝望》，上海《大公报》1937年7月28日。
③ 《艰苦牺牲的起点》，上海《大公报》1937年7月29日。
④ 陈正茅编著《曾琦先生年谱》，第139页。

政府致诚拥护"。① 不过,7月16日张君劢在庐山谈话会发言时,除了支持抗战之外,也提出了如何实现民主的问题。他认为:"现在中国的问题,除了生死存亡问题之外,再没有其他意见。我们除了维持民族生存保障民国独立以外,没有第二个希望。""在现在国难的时候,党与党之间,个人与个人之间,决无争执之必要,亦无争执之可言。否则中华民族不能生存,还有什么党争可言。所以我们的立场,除了希望赶紧达到中山先生理想的宪政完成之外,没有第二个意思。""我们希望政府在合法的范围之内,有使政党发表正当意见的机会,获得相当的保障,这种站在旁观立场的言论,也许有许多地方可以促进政府的工作。"②

文化人对形势的变化更为敏感,表达自己抗日诉求的愿望也更为强烈。身处抵抗日本侵略最前线的北平,7月24日,北京大学全体教授发表《对卢沟桥事变之宣言》,声明:"我民族纵爱好和平,但不能放弃卫国的职责,更不能坐视人道和正义的被摧残而不奋起维护。现在和平的希望,已到了绝续的关头了。我们的政府,仍本着'求自存与共存'的政策,始终一意爱护和平。前日蒋委员长发表的谈话,当已得着全世界有理性者的同情了……倘使日本还不悔悟,那么我们举国上下惟有牺牲一切,抗战到底,不幸到了那个时候,我们就要为抵御暴力而战,为保其国土而战,为人道和正义而战,为人类的自由而战,为世界的和平而战。"③ 南京各学校学生则通电全国,声明:"我们忍辱负重已经六年了,现在不能再失去寸土寸地,我们要做政府坚强后盾。"④ 著名作家茅盾写道:"现在半个中国已经响彻了炮声。这就是中国民族求独立自由的伟大怒吼!我们愿意流尽最后一滴血,但我们所得的代价将是日本帝国主义的崩溃和中国民族的解放自由。"另一位著名作家巴金则在为淞沪抗战发动而特别创办的新刊《呐喊》上写道:"一个人的生命是容易毁灭的,群体的生命就会永生。把自己的生命寄托在群体的生命上,换句话说,把个人的生命连系在全民族(再进一步是全人类)的生命上面,民族一日存在,个人也不会灭亡!"

不过,值得注意的是,与多数文化人对抗战的热烈支持相对比,知识

---

① 马齐彬主编《国共两党关系史》,中共中央党校出版社,1995,第656页。
② 秦孝仪主编《革命文献》第106辑,第299—300页。
③ 朱汇森主编《中华民国史事纪要(中华民国二十六年七至十二月份)》,第191页。
④ 韩信夫、姜克夫主编《中华民国史大事记》第8卷,第5490页。

界部分人士尤其是与南京国民政府关系较深的知识界部分人士,对于抗战却有比较持重的态度。时任教育部部长、与知识界人士多有往还的王世杰,在 8 月初的日记中对此有一段细致、生动而形象的记载:"二、三日来,首都一般人士,均深感大战爆发后之危险。无知识或无责任之人,感觉身家危险,有知识者则对国家前途不胜恐慌。故政府备战虽力,而一般人之自信力仍日减。今日午后与胡适之先生谈,彼亦极端恐惧,并主张汪、蒋向日本作最后之和平呼吁,而以承认伪满州国为议和之条件。吴达铨(吴鼎昌)今晨向予言,战必败,不战必大乱,处此局势,惟有听蒋先生决定而盲从之。今日午后约胡适之、吴达铨、周枚荪(周炳琳)、彭浩徐(彭学沛)、罗志希(罗家伦)、蒋梦麟诸人在家密谈。胡、周、蒋均倾向于忍痛求和,意以为与其战败而求和,不如于大战发生前为之。达铨则仍谓战固必败,和必乱。余谓和之大难,在毫无保证;以日人得步进步为显然事实;今兹求和不只自毁立场,徒给敌人以一、二月或数月时间,在华北布置更强固,以便其进一步之压迫。"胡适尤为这些人士的代表,后来他还将其意见面告蒋介石。① 所以,才有 8 月 7 日国防会议上蒋介石对胡适的"讥讽"和程潜"指摘胡氏为汉奸"之言词。其实,就这些人之前和之后的表现而言,他们也痛恨日本的侵略,同时坚定地维护中国的国家主权和民族独立,在抗日立场的大节方面并无亏。但在当时,他们可能比较多地考虑到中日国力对比的差距,顾虑一些现实的困难,自认为不能如同文化人那般"浪漫",而是应该讲求知识人的"理性",所以主张对日持重,不主张即时对日开战,也是出自可以理解的缘由,或不可严苛,而且他们的看法多少也有助于克服抗战初期某些过分的"乐观论"。② 当全国抗战发动之后,他们也都积极投身于抗战,并在各自不同的位置,为抗战的

---

① 林美莉编辑校订《王世杰日记》上册,1937 年 8 月 3、5 日,第 28 页。日记中提到的人物,吴鼎昌曾任《大公报》社长,时任实业部部长,周炳琳为教育部常务次长,彭学沛为交通部常务次长,罗家伦为中央大学校长,蒋梦麟为北京大学校长。

② 中日开战之初,蒋介石认为,日本在经济上,财政非常困难,现在已大不如我们。(《南京国民政府国防联席会议记录》,1937 年 8 月 7 日,章伯锋、庄建平主编《抗日战争》第 2 卷上,第 81 页)阎锡山认为:"日军除运用火力外,他无所恃。其军官士兵,一生活优裕,二感觉战争无意义,故在战斗上,只要避开其火力,使其火力不能充分发挥,必可取得胜利。"[《卢沟桥事件第 27 次会报》,1937 年 8 月 6 日,《中华民国史档案资料汇编 第五辑第二编 军事》(2),第 53 页] 这些看法对于中日实力对比的估计显然都过于乐观。

最终胜利，做出了他们的贡献。

三 抗日民众运动的高涨

卢沟桥事变及全国抗战发生后，原先对于民众运动的倾向性比较警惕的国民党，也在一定程度上对民众运动放松了管制，以得到民众和舆论对抗战的支持，并借以营造民众支持政府抗战、政府领导民众抗战的热烈气氛。往年有些寂寞冷清的"九一八"纪念日，"为避免敌人借口，不举行任何仪式，几于提及'九一八'一词，亦在不许之列。今年始扩大宣传，到处开会宣誓，誓驱倭寇，收复失地"。① 尤其是在战争重心从华北移至淞沪地区后，以上海为中心的民众抗战动员活动一时颇为轰轰烈烈，无论政治立场的左中右，社会各界都积极投身于抗日救亡活动中。

7月8日，卢沟桥事变发生的次日，消息刚刚传来，政府决策未定，国民党上海市党部组织部部长吴开先即访晤知名大佬杜月笙，希望他出面重组"一·二八"淞沪抗战时期的上海市抗敌后援会，发动民众，支援前线将士。其后，由杜月笙、虞洽卿、钱新之等社会知名人士发起，上海市抗敌后援会在12日成立。② 22日，国民党上海市党部又组织商会、地方协会、工会、农会、教育会、妇女会、银行公会、钱业公会、律师公会等15家团体，共同发起成立上海市各界抗敌后援会，由王晓籁、杜月笙、钱新之、潘公展、黄炎培等组成主席团，发表宣言，号召"凡属国人，皆当奋起，统一组织，集中力量，以铁血求生存，作抗敌之后援，一心一德，念兹在兹，各竭其能，各尽其力，非达到国土完整、民族复兴之目的，誓不稍懈"。③ 抗敌后援会主要由国民党操控，具有强烈的官方色彩，但在发动民间力量支援前线作战、救助难民以及宣传鼓动等方面，发挥了应有的作用。28日，上海文化界救亡协会成立，国民党元老蔡元培、代表官方的右翼文人潘公展、代表民间的左翼文人胡愈之共同担任常务理事，并出版《救亡日报》，由郭沫若任社长，分别具有国共两党身份的樊仲云和夏衍出任总编辑。

上海的工商界，无论是资本家还是工薪阶层，都参加到支援抗战的工

---

① 陈方正编辑、校订《陈克文日记》上册，1937年9月18日，第106页。
② 韩信夫、姜克夫主编《中华民国史大事记》第8卷，第5478—5479页。
③ 上海市中共党史学会编《上海抗日救亡运动资料选编》，编者印行，1985，第285页。

作之中。8月12日晚,就在淞沪抗战即将爆发的前夕,上海市商会主席王晓籁发表广播演讲,声言:"诸位同胞,现在真到了最后关头了。每个人只该埋头工作,有力的出力,有钱的出钱,我觉得为了国家,流血、流汗、捐钱、捐物,都是最光荣、最有价值的行动。我们大家不愿做奴隶,不愿做汉奸,人同此心,心同此理,还有什么话说!"全国抗战爆发后,在各方抗日热情的激励下,9月2日,上海市商会发表通电,号召大家踊跃捐输,提出:"此次对日抗战关系全国存亡,政府发行救国公债伍万万元,实为厚集财力,持久制胜之准备,意义重大";为此成立上海市商界劝募总队,各商店以其资本额承购5%、公积款项承购10%为标准,店员月薪满50元者承购10%,不及50元者自由认购。上海市商会及银钱业同时宣布对日实行经济绝交。① 上海多家日商工厂的工人举行反日罢工,不少日本洋行的华人雇员辞职离岗。"日人大起恐慌,多允增加工资,而各职员及雇工,毅然不受金钱诱惑,断然告退。"② 10月1日,上海市商会举行执监委员联席会议,决议发表《国民对日经济绝交宣言》,提议"国人为自卫计,为协助政府长期应战,消耗敌人实力计,实有速行国民对日经济绝交之必要"。宣言发表后,得到上海全市一百数十家同业公会的一致响应。③

与上海的抗日动员相一致,全国各地的抗日动员活动也都在热烈展开。7月14日,全国商会联合会通电各省区商会联合会,迅速联合当地各界,组织抗敌将士后援会,劝告各界自由捐输,并转知各商店工厂,先捐一日营业额十分之二,汇往前线慰劳将士。④ 8月1日,中国妇女慰劳自卫抗战将士总会在南京成立,宋美龄发表演说:"凡是自爱的民族所能忍耐的,我们都已经忍受了,我们不要再迟疑,要勇往向前,用尽我们全副力量,来救国家的危急……我们要保全国家的完整,保护民族的生命,应该尽人人的力量,来抵抗敌人的侵略。我们妇女也是国民一份子,虽然我们的地位能力和各人所能贡献的事项各有不同,但是每人要尽量的贡献她的

---

① 上海社会科学院历史研究所编《"八一三"抗战史料选编》,上海人民出版社,1986,第313—316页。
② 延安时事问题研究会编《抗战中的中国政治》,中国现代史资料编辑委员会,1957,第209页。
③ 韩信夫、姜克夫主编《中华民国史大事记》第8卷,第5619页。
④ 韩信夫、姜克夫主编《中华民国史大事记》第8卷,第5486页。

能力来救国……我希望大家都能够实地的担任工作,出尽全力去做。打仗的时候,男子都要上前线去杀敌,后方工作是我们妇女的责任,我们须要鼓励着男子,使他们知道我们有我们的方法来拥护他们,使他们无后顾之忧,不是来阻碍他们;我们也能够牺牲一切,就是我们的生命也能牺牲,来拥护我们前线的忠勇将士……我希望我们大家能联合一起,成功一个大团体,使我们的力量更加雄厚,真的团结便是力量,前线将士的勇气,全靠后方的拥护。我们永远不要忘记,应该时常牢牢记着,国家最后的胜利,无论延迟到哪一天,终久会达到目的,我们一定能扫清重重叠叠堆在我们心头的日历的国耻!"① 早前,宋庆龄、何香凝等妇女界人士,在上海成立妇女抗敌后援会,由何香凝任主席,中国妇女慰劳自卫抗战将士总会在南京成立后,上海妇女抗敌后援会于8月4日改名为中国妇女慰劳自卫抗战将士总会上海分会。如宋庆龄所言,在当时的上海,大家"并肩在火线上一起工作。千千万万妇女都出钱出力或者既出钱又出力";"人民成立了志愿队,将伤兵从前线抬回来,替伤兵们缠绷带,缝织伤员的衣服,看护他们,替他们写信和组织娱乐活动"。②

为了配合中国军队在战场的英勇抵抗,各种宣传方式尤其是那些通俗易懂的宣传方式迅速流行开来。何香凝、胡愈之、史良等发起成立了上海战时壁报工作服务团,"每天把抗战的消息、战时应有的知识、后方民众应尽的义务,经过壁报来贡献于市民,并经过壁报来辅助其他工作团体进行工作"。③ 壁报曾经对"八百壮士"坚守四行仓库的壮举这样写道:"闸北没有天,看四行仓库上飘扬着我们的国旗,他们八百勇士不愿撤退,誓与倭寇拼性命,誓与闸北共存亡,忠勇的八百勇士呀,你们是中国的抗战中勇士,你们光荣的牺牲精神,将掀起抗战复仇的决心!"④

文化界是抗日宣传的主力。卢沟桥事变刚刚发生,上海左翼文化人便集体执笔创作了三幕话剧《保卫卢沟桥》,由百余位电影话剧演员参加演出,在卢沟桥事变发生一个月之后的8月7日搬上了舞台。剧中主题曲唱道:

---

① 秦孝仪主编《革命文献》第106辑,第286—287页。
② 《中国妇女争取自由的斗争》,《宋庆龄选集》,人民出版社,1966,第159—160页。
③ 《上海战时壁报工作服务团缘起》,上海市档案馆编《上海档案史料研究》第1辑,上海三联书店,2006,第309页。
④ 《八百勇士守闸北歌》,《上海档案史料研究》第1辑,第325页。

敌人从哪里来，把他打回哪里去。中华民族是一个铁的集体！我们不能失去一寸土地！兵士战死，有百姓来抵！丈夫战死，有妻子来抵！中华民族是一个铁的集体！我们不能失去一寸土地！敌人从哪里来，把他打回哪里去！

此时此刻，全场观众无不热血沸腾，齐声欢呼。卢沟桥，这座横亘于北平郊外永定河上默默无言、饱经沧桑的八百年古桥，已然成为 1937 年 7 月中国的象征，"保卫卢沟桥"，也是在那些不眠夏夜中，无数关心国家民族前途命运的中国人发自内心的心声！

过去因为政府的对日政策而在宣传中被外界诟病并屡屡处于被动地位的国民党文宣系统，在战争发生后也表现出积极的态度。国民党上海市党部对外发布的"抗日问答十项"中有下面这样的问答式表述：

我们现在为什么要抗日呢？

日本要灭亡我们的国家，我们已忍无可忍，让无可让，非抗他不能生活了，所以我们非起来抗日不可。

不抗日可不可以呢？

不可，不抗日就要当亡国奴了。不仅自己当亡国奴，子子孙孙都要当亡国奴的。

什么叫亡国奴呢？

亡国奴就同高丽人台湾人那样，任人欺侮，任人劫夺，任人宰杀。祖宗的坟墓不能保，田园庄宅不能保，金银财宝不能保，生活真是连猪狗都不如。

怎样才能不当亡国奴呢？

只有信仰我们的中央政府，帮助我们的国家军队，拥护我们的军事领袖，大家一致起来抗日，才能不当亡国奴。①

---

① 《市党部颁发抗日问答十项》，《申报》1937 年 10 月 13 日。据冯玉祥言，此项抗日宣传问答是他早先以此意面陈蒋介石，"荷蒙采纳，属将此项宣传文字写出"。由此可知，国民党高层当时也曾介入抗日宣传的部署。见陶英惠辑注《蒋冯书简新编》，台北，台湾学生书局，2010，第 288—290 页。

上述问答的语言明白晓畅、通俗易懂，主旨在以可能成为"亡国奴"的悲惨前景和悲情意识，唤起国人同仇敌忾的抗日之心，具有相当的宣传动员力。虽然其中"信仰我们的中央政府"、"拥护我们的军事领袖"，凸显了国民党作为执政党的抗日立场，但是这样的抗日宣传出自国民党文宣系统之手，不仅表示出全国抗战爆发之初国民党的民众动员努力，而且与左翼文化人的抗战宣传相呼应，充分表示了政治立场左中右光谱中的各派力量在抗日立场上的高度一致性。"不当亡国奴"，也是贯穿整个抗战期间最能打动国人心弦的抗日宣传主旨之一。

对于那些过去反对和批判国民党，因而被压制甚至被通缉被捕的左翼人士，在全国抗战发动之后，国民党和蒋介石也开始改变态度，采取了适当的缓和措施。蒋介石认为："紧急时更须宽缓，此治国平乱对敌惟一之道也。"对文艺一向不甚关注的蒋介石，也在抗战开始之后，难得地考虑对"文艺界之接见与联络"。①

著名的反蒋左翼文化人郭沫若，1927年5月被国民党通缉，后流亡日本长达10年。全国抗战爆发后，1937年7月27日，郭沫若自日本回到上海。28日，国民党中央执行委员会知照行政院、司法院和军委会，取消对郭沫若的通缉令。随后，郭沫若担任上海文化界救亡协会救亡日报社社长，投身于抗日洪流。淞沪抗战打响后，郭沫若在日机轰炸下写成《我们为什么要抗战》，疾呼抗战就是"为保卫自己的祖国，为保卫世界文化，为保卫全人类的命运"。② 1938年，郭沫若在武汉担任军事委员会政治部第三厅厅长，活跃于武汉时期的政治和文化舞台，成为国民党和国民政府在战时容纳过去的反对派人士进入体制内服务抗战的代表性人物之一。

全国抗战开始后，为集合各方人才一致抗日，国民政府决定修正《危害民国紧急治罪法》，删去其中的"宣传与三民主义不相容之主义"为"危害民国"之犯罪的条款，着重惩处那些"私通敌国""勾结叛徒""泄

---

① 《蒋介石日记》，1937年7月18日、12月19日。
② 李新、陈铁健主编《中国新民主主义革命史长编·全民抗战气壮山河（1937—1938）》，上海人民出版社，1995，第140页。

露秘密""动摇军心"的犯罪,并在9月4日公布。① 因为该法的修订,过去"持不同政见从事政治活动者",不少人得以恢复自由。中共中央前总书记陈独秀,1934年6月以"危害民国"被处8年徒刑。1937年8月21日,国民政府以其"爱国情殷,深自悔悟,似宜宥其既往,借策将来",决定"依法宣告减刑"。② 23日,陈独秀被释放出狱。被关押在南京等各处监狱的中共党员数百人也在抗战开始后被陆续释放。

1936年11月,全国各界救国联合会领导人沈钧儒、王造时、李公朴、沙千里、章乃器、邹韬奋、史良,因为主张停止内战联共抗日,反对国民党政府的妥协内战政策,被国民党政府以"危害民国"罪逮捕并起诉,并于1937年6月开庭审理,史称"七君子"案。此案引起相当大的社会反响,招致舆论和国民党外民主人士的批评,使国民党政府颇为被动,其党内也有主张以温和方式解决此案者。还在卢沟桥事变发生前,7月1日,陈诚即致函蒋介石,转其友人函,请求将沈钧儒等"可否请由钧座准予先行交保,调至庐山受训之处"。③ 卢沟桥事变发生后,在准备对付日本入侵、发动全国抗战的形势下,为联络各界力量,对外展示国民党的政治新姿态,蒋介石考虑从速解决此事,以"保释"的方式,早日"了结"此案。尚在江苏高等法院看守所等候判决的"七君子",亦表示出支持蒋介石抗日、实现政治和解的态度。他们联名致电蒋介石,称赞其庐山谈话"义正辞严,不胜感奋。深信在此伟大号召之下,必能使全国人心,团结愈固,朝野步骤,齐一无间,同在钧座领导之下,以趋赴空前之国难"。表示自己"身羁囹圄,心怀国族,寇氛日亟,倍切忧惶,赴难无方,赤诚共抱,企望旌麾,无任神驰"。在此情况下,7月30日,江苏高等法院以"各被告危害民国一案,羁押时逾半载,精神痛苦,家属失其赡养"为由,

---

① 《危害民国紧急治罪法》(1937年9月4日修订公布),《国民政府公报》第2450号,1937年9月6日。1938年1月1日,国民党中央执行委员会又发出公函,同意国防最高会议的决议,"现在反省院受反省处分者,准予取保释放,反省院裁撤"。(《中国国民党中央执行委员会公函》,1938年1月1日,中国第二历史档案馆编《国民党政府政治制度档案史料选编》下册,安徽教育出版社,1994,第684页)当时在所谓"反省院"接受"反省"处分者,不少为中共党人或反对国民党统治的"政治犯","反省院"的裁撤,也是抗战初期国共政治和解的产物。

② 《国民政府令》(1937年8月21日),《国民政府公报》第2439号,1937年8月23日。

③ 《陈诚呈蒋介石》(1937年7月1日),何智霖编《陈诚先生书信集——与蒋中正先生往来函电》上册,第281—282页。

决定予以交保释放。① 31日，沈钧儒等"七君子"获保释。② "七君子"获释后，对国民党和蒋介石采取了和解的态度，沈钧儒对外公开表示："我们之出狱，完全是蒋委员长的意思，我们对他很感激。我们一接到蒋先生电报，即赴京谒见。""此后仍本救国初衷，在委座领导下，不惜牺牲一切，从事救国工作。"③ 1938年1月1日，国防最高会议决定裁撤各地反省院，在院"反省"之人均准"保释出院"，并于11月19日明令废止《反省院条例》，④ 于此显示抗战时期对于过往"政治犯"的"不咎既往"。

自7月7日卢沟桥事变发生，到8月13日淞沪抗战爆发，不过短短一个月的时间，中华民族积数千年历史而成的无比坚韧性和中国民众为抵抗日本侵略起而保家卫国的正当的、理性的、热烈的民族主义和爱国主义情感得到空前的发抒和释放，并在广阔的时空层面，超越了地域、阶层、政治立场的差异，表现为"中国人民大众已经觉醒起来了"。⑤ 这样的"觉醒"得到了社会各界的共同认可。傅斯年称赞："国内抗战之意识有增无减，老百姓苦极而无怨言，上海前敌兵士，真是再好也不能了。""我们是以血肉抵抗飞机、大炮，不消说死伤之多，数目听到吓死人。但千古未有之勇敢，完全表见。这是抗日训练大成功。"⑥ 王子壮注意到："我方自蒋先生宣布决意应战后，全国人心均一致拥护，如向日稍有违异，亦均一致主张，如广西白崇禧、李宗仁之请缨，上海沈钧儒等七人之释放，郭沫若之取消通缉返国，均表示绝对拥护中央抗战之主张，是在对日作战之前提下，已使举国一致，今后苟能于战事方面支持长久，不致为敌人所屈服，我国转弱为强、复兴国家之机会，亦在于此矣。"⑦ 即便是一向因民众动员可能溢出控制而小心谨慎的国民党领导层，也体认到民心之力量和民气之

---

① 周天度、孙彩霞：《救国会史（1936—1949）》，群言出版社，2008，第166页。
② 1939年1月26日，四川高等法院第一分院据修改后的法律，认为："被告等虽属组织团体，号召民众，但其所谓抗敌御侮及联合各界救国各节，均与现在国策不相违背，不能认为以危害民国为目的。该被告等之行为自属不罚之列。"决定对"七君子"撤销起诉。见周天度、孙彩霞《救国会史》，第169页。
③ 周天度、孙彩霞：《救国会史》，第168、173页。
④ 孔庆泰等：《国民党政府政治制度史》，安徽教育出版社，1998，第507页。
⑤ 《中国是不可征服的》，《宋庆龄选集》，第120页。
⑥ 《傅斯年致胡适》（1937年10月11日），王汎森、潘光哲、吴政上主编《傅斯年遗札》第2卷，第626页。
⑦ 《王子壮日记》第4册，1937年8月2日，第214页。

可用。蒋介石决策发动抗战的动因之一，便是他体认到："平津既陷，以民荼毒，至此虽欲不战亦不可得，否则国内必起分崩之祸。与其国内分崩，不如对倭抗战，以倭内部之虚弱及其对华之横暴以理度之，不难制胜也。"① 蒋介石在对军队进行抗战动员时也难得地谈到民众动员之力量："任何战争得到民众帮助的，一定胜利。这次抗战，尤其应该发动全国各地方全体民众的力量，来和敌人拼命。但是要希望民众和军队合力一心，合拍应手，一定先要对民众表示亲爱精诚，得到他们的信仰，才能达到希望。"② 而在日本之外的世界各国，也都注意到中国因对日抗战而迸发的高昂民气。美国《时代》周刊写道："所有一切意味着日本人对中国的野蛮侵略，在上周已使全中国空前地团结起来了，明显比以往团结得多。"③ 法国左翼《人道报》的评论更为鲜明："许多年以来，我们英勇的中国同志所不倦地呼吁的民族精神、统一精神，在这迷途的侵略者之前，突然像一道现代的新万里长城似地矗立了起来。"④ 完全可以这么说，1937年7月7日深夜，中国军队为抵抗侵略而在卢沟桥发出的划破夜空寂静的枪声，是中华民族在艰难重压下追求民族独立复兴的重生号角！也是近代以来中华民族凤凰涅槃的复兴之路迈向转折的标志！

---

① 《蒋介石日记》，1937年8月31日。
② 朱汇森主编《中华民国史事纪要（中华民国二十六年七至十二月份）》，第243页。
③ 李辉：《封面中国：美国〈时代〉周刊讲述的中国故事（1923—1946）》，第194页。
④ 《"八一三"抗战史料选编》，第560页。

第二章
国民党的"抗战建国"

全国抗战实现后,为因应战时之需,国民党对其内外政策及军政机构设置做出一定调整,首先是改组军政机构,确立战时领导体制,设立国防最高会议,改组军事委员会和行政院,迁都武汉和重庆。其后召开国民党临时全国代表大会,通过《抗战建国纲领》,确定"抗战建国"方略,表现出一定的积极进步倾向。但蒋介石领袖个人独裁制的建立,虽在一定程度上有利于战时决策,但也导致国民党上层领导活力的消减和下层组织领导的无为,并不利于国民党统治力的发挥。同时期国民党进行的其他一些政治改革,如建立三青团,召开国民参政会,目的都是改变过去僵化的体制,适度扩大党内外的政治参与及其统治基础,但其效果不彰,反而造成了党内外矛盾的发展。

第一节 战争初期的政策机构调整

一 "战而不宣"或"不宣而战"

1937年7月卢沟桥事变发生后全国抗战的发动,意味着中国从此进入了战争状态。从战争打响之日起,中日两军就在战场上进行着血火的拼杀,中国军队在战争刚刚打响之时,表现出保卫家国的高昂斗志与英勇精神,不惜付出惨重的牺牲。第二十九军副军长佟麟阁将军和该军一三二师师长赵登禹将军,7月28日在北平城下的战斗中壮烈殉国,成为中国军队在全国抗战打响后最早牺牲的高级将领。但是,在局外人看来有点怪异和另类的是,这场在中日两国之间发生的实际上的全面战争,却并未使两国在国际法意义上进入战争状态。中日两国并未互相宣战,甚而至于两国派驻对方国家的大使也未立时下旗回国,外交关系保持着大体正常的状态。

因此，一方面是战场上的激烈交战，一方面是外交上的礼尚往来，可谓"战而不宣"或者是"不宣而战"。①

卢沟桥事变发生，中日关系急剧恶化，大战在即之际，中国方面曾经讨论过是否对日宣战之事。7月16日，在行政院会议上，教育部部长王世杰"力主政府应从早决定未来方针，如日方攻击二十九军，中央军加入作战后，中央究竟仍认战事为局部冲突（如九一八及一二八时情形），抑认中日已入普通战争状态，而宣告中日国交断绝。此点关系至大。当经指定外（交）、军（政）两部及行政院专家迅速考虑，并电询蒋（介石）院长意"。② 当日军政部有关卢沟桥事变的会报，在讨论到有关主题时，参谋总长程潜认为：依现在实际状况，仅能局部化，第一步似不能谈绝交。训练总监唐生智认为：绝交，则长江腹地到处开炮，我甚不利。但仅局部化，则敌仍可处处自由行动，敌亦有利。军政部部长何应钦在总结时认为：（1）如局部化，日军对二十九军攻击时，中央军当然参加，此时其他地方均不动；（2）敌如在青岛上陆，则我拒止之，又发生战争。惟此时是否仅限于北平与青岛，其他各处，仍如"九一八"时，官民照常往还，照常通商，或此时全部化，实行绝交宣战；（3）如全部化，则绝交宣战，对敌之租界、兵舰、商船、居留民等，如何处置；（4）现我须全部准备，但究竟局部化与全部化，何者于我有利，在国际公法上手续如何？均须详为研究。③

7月17日，外交部政务次长徐谟和参谋本部第二厅厅长徐祖贻召集各方代表相商，就开战后之绝交宣战等手续及其利害得出初步结论，并报蒋介石"以供参考"：

1. 正式冲突后，外交部即发表一正式宣言，叙明日本对我压迫，我不能不自卫之理由。（宣言稿现已准备）④

2. 关于断绝国交，如绝交后，双方即具有交战国资格，现日本海

---

① 中国战场与1939年9月二战爆发后的欧洲西线战场恰成对照，英法对德宣战后，在西线基本按兵不动，坐视德军在东线侵占波兰，被称为"奇怪的战争"，也可以说是"宣而不战"或"不战而宣"。
② 林美莉编辑校订《王世杰日记》上册，1937年7月16日，第22页。
③ 《卢沟桥事件第六次会报》（1937年7月16日），《抗日战争正面战场》上册，第218页。
④ 此宣言稿当为8月14日国民政府发表的《抗暴自卫声明》。

军绝对优势，日本即可以交战国地位通告各国，禁止一切军需品及军需原料输入中国，其范围甚广，现我国一切军用品能否自给自足，大有问题。

又绝交后，日本居留民及日租界之日人仍可迁入英、法等国租界居住，依然可以作造谣、扰乱、谍报等工作，英法租界必加以保护，我无法驱逐及拘捕之。但我国在日本之侨民则无法保护，将被驱逐甚至拘捕，而我亦无如许船只装载侨民归国。

故两相比较，绝交后日方可以行使交战国之权利，我方则不能享此交战国权利，因之交战后，不宜绝交，仍以如九一八时之状况为宜。

3. 我不表示绝交，仍有一补救办法，即由军政部将作战地划为一军事区域，所有区内之日本居民，可以驱逐出境，或请各国侨民撤退。且此区域无妨放大区划，如在河北作战，即后方要点如武汉、浦口等处，均可划入军事区内。

4. 上海公共租界，作战时可以提出书面要求，禁止日人以公共租界为护符，而行扰乱，如公共租界当局不接收此要求，则可收回之。不过此事因英人权力较大，最初先向英方疏通，总可办到。

5. 北平东交民巷之使馆区，战时亦可请其退去。①

蒋介石对宣战事态度慎重。还在卢沟桥事变刚刚发生、蒋介石决定实行动员抗战之日起，他便考虑"非至万不得已，不宜宣战"。这与蒋"应战而不求战"的对日方针是相一致的，不主动对日宣战，对外示弱，表示衅由彼开，我方不过是"应战"而已，或可为未来的转圜留有余地。何况，蒋还希望"运用各国外交，使英美联名出任调解"。② 不主动对日宣战，不中断与日本的外交关系，也便于英美可能的居间调停。再者，宣战还将衍生诸多国际法意义的行为，意味着产生各种复杂的国际法纠葛，诸如战争状态下的法规运用、国际运输、国际援助、军火禁运、侨民待遇、中立问题等，都是当时人才和实力不足的国民政府很难因应的。还有，蒋

---

① 《卢沟桥事件第七次会报》（1937年7月17日），《抗日战争正面战场》上册，第220—221页。
② 《蒋介石日记》，1937年7月12、17日。

介石决策发动抗战，是日本不断扩大对华侵略逼迫而成的结果，如果就蒋一直牵挂的"安内"和"攘外"孰重而言，国内团结一致"攘外"在抗战发动后固已成，但如何"安内"尤其是如何因应对共关系，仍是蒋不能不考虑的问题。所以，他在全国抗战发动时写道："宣战时间与作用，以对内关系不可不注重。"① 明白表示了其忧虑所在。

正因为有这些考虑和意见，国民党决策层在开战之时不倾向对日绝交和宣战，并在8月7日的抗战决策会议上得到了认可。在这次会议上，国民政府委员张继曾提出："宣布断绝国交，予日以严重态度，表示中国的坚毅决心"。但国民政府主席林森则认为："对于宣布'断绝国交'有影响战事上的运用，给他一个不宣而战，有利于我甚多。"最后决议"听从中央之指挥与处置"。② 在当时情况下，也就是听从蒋介石的处置，而综合各种因素，蒋介石决策暂不对日宣战。8月14日，国防最高会议成立后召开的第一次会议，即决定"外侮虽告急迫，政府仍应在首都，不必迁都；对日抗战，不采取宣战绝交方式"。③ 因此，在对日战争爆发后，中国在长达四年有余的时间里一直没有对日本正式宣战。④

---

① 《蒋介石日记》，1937年8月1日。蒋介石也曾有过"大战刻已开始，和平绝望，弟决先对日绝交后宣战"的表示，（《蒋介石致孔祥熙电》，1937年7月26日，秦孝仪主编《中华民国重要史料初编——对日抗战时期 第二编 作战经过》2，台北，中国国民党党史会，1981，第67页）但那更多的可能是姿态而非其实际的抉择。

② 《南京国民政府国防联席会议记录》（1937年8月7日），章伯锋、庄建平主编《抗日战争》第2卷（上）第82—83页。

③ 朱汇森主编《中华民国史事纪要（中华民国二十六年七至十二月份）》，第299页。

④ 1938年1月，日本内阁发表"不以国民政府为对手"的声明之后，中日双方召回了各自驻对方国家的大使，中国驻日本大使馆在1938年6月闭馆。1938年10月武汉失守之后，蒋介石在10月30日致电行政院院长孔祥熙转国民党副总裁汪精卫和外交部部长王宠惠，称："对于宣战问题，此时应切实研究彼我之利害关系，今后沿海各口既全被封锁，故我对于海外交通不再有所顾虑，若我宣战，则美国必实行中立法，可断绝敌人钢铁煤油之来源，实于敌有害也。又我如宣战，对于国联及各国关系，均应精密研究，切实探明，望即令我驻外各大公使全力进行。"11月21日，蒋介石又电孔祥熙转王宠惠称："宣战问题是否实施当作别论，而对英美则可以此作一警告，以中日宣战以后，日本在远东可依照战时公法，干涉各国行动，无异驱逐英美势力于远东之外，此实可引起日本与英美之冲突，未始非英国所忌也。故英使到时，中央同志应皆以宣战为我有利之意示之，或可嘱中立报纸作此社论，以警戒英美也。"（萧李居编《蒋中正总统档案·事略稿本》第42册，台北，"国史馆"，2010，第494—495、557—558页。以下各册均简称《事略稿本》）可见国民党对于是否宣战事，比较在意英美的反应。但衡情度势，国民政府还是没有决断对日宣战。直到1941年12月太平洋战争爆发后，中国才于12月9日正式对日本宣战，加入同盟国阵营。日本则始终没有对中国宣战，其间亦有各种原因的考量，此处不论。

当然，中国没有对日宣战，并不等于中日外交关系完全维持在正常状态，① 毕竟在战争状态下的两国关系还是不能完全等同于非战时状态。1937年8月，日本率先关闭了驻中国内地如汉口、重庆、长沙、宜昌等地的领事馆，领事下旗赴沪。② 日本侨民亦开始撤离中国内地，中国由此接收了汉口日租界。8月26日，国民党中央政治委员会向国防最高会议提出议案并得通过，决定：（1）海关中在职之日本籍关员应即日一律解雇，以为收回关税行政权之第一步；（2）在华日本臣民所享受之治外法权应即日以明令取消。作为近代以来中国所受不平等条约束缚的两大核心内容（协定关税和治外法权），关税自主已于1930年基本实现，但负责关税征收分配的海关总税务司仍由英国人担任，距离真正的关税自主仍有欠缺，国防最高会议通过的此项提案提出："自国民政府成立以来，海关行政之所以不即完全收回"，"其原因并不在于对付英国而实在于对付日本"。英籍总税务司"不惜牺牲中国之重要利益而敷衍日本"，"挟日本以自重"；"在日人公然武装走私以前，海关对于日商放私之事，商民久已啧有烦言"；"海关内舞弊营私之事件，平日控告之函不知凡几，均因总税务司所处之地位特殊，投鼠忌器而无法彻查，而所以委曲纵容者，均因日本之故"。所以，"今若以一纸命令解雇全体之日籍关员，则总税务司失其操纵之工具……如此则关务行政之全权，可以不动声色完全收回"。外国人享有的治外法权，向为近代以来列强压迫中国的象征，久为国人所愤恨而欲彻底取消，亦为国民党上台之后对外公开揭示的执政目标之一。如此项提案所言："在国民政府定都南京以来，立法、司法各院以最大之努力，求各国人民在华治外法权之取消，而作梗最顽强者皆为日本。年来日本在华一切扰乱我秩序，破坏我统一，危害我国家之行为，均在治外法权之掩护下公然为之，使我国之军警政法等一切设施均失其效力。外交上之抗议则皆置若罔闻，今战事既已发动，可再不必顾忌，似宜效德国之所为，凡条约中关系日本在华之治外法权者，以明令宣布日本部分之无效，日本在华租界

---

① 同一时期，中国在日本和日本殖民地朝鲜、台湾等地的侨民约有15万人，中国政府决定补贴无力支付全额旅费的侨民，资助他们乘船回国。按计划，第一批接运日本1万人，在长崎、神户、大阪、横滨登船至上海；台湾5000人，在台湾各港登船至厦门和汕头。见朱汇森主编《中华民国史事纪要（中华民国二十六年七至十二月份）》，第278—281页。

② 韩信夫、姜克夫主编《中华民国史大事记》第8卷，第5550页。

区域亦随带取消。如此则日本今后纵然言和，则在吾国境内已失去其捣乱之工具与捣乱之根据地。日本取消，则英美法等国本欲见好于我，其在华之治外法权亦当然可望其自动取消，则以后经济财政民政上最大之障碍可以消除矣。"提案认为："至于目前中国对于日本国交应否断绝另是一事，军事上与外交上必已详加考虑"。而"今既以全民作战，有进无退，则请求不妨具体，不妨扩大。或以为中日战争有调停之可能，不应先为已甚，变成僵局。殊不知对日治外法权之收回与关税行政完全自主等步骤，均为复兴中国之必要条件，正宜于各国出面调停以前，我国先将此等问题解决，则以后言和果实，有利于我国。否则经过此番重大牺牲，我国尚不敢自动恢复其必要之主权，则此次之牺牲岂非毫无意义"。① 在中日互未宣战、两国并未进入国际法意义的战争状态之际，这项提案的通过，使中国以有理有利有节的方式，堂堂正正地收回自己应有的部分利权，说明国民党和国民政府在因应急遽而来的战争之同时，还考虑到中国长远及整体的利益，并且也是对战争开始后那些因日本侵略而无辜受害的亡灵和那些为抵抗日本侵略而奋勇牺牲的英灵有所告慰！

中国既未对日本正式宣战，也未真正实行与全面战争状态相适应的全国总动员。卢沟桥事变发生后，7月11日，何应钦在向蒋介石提交的《对日作战方略》中，提出"设立总动员建设委员会，办理全国总动员事宜"。② 7月21日，军政部主持召开实施总动员谈话会，决议"全国总动员之机构与组织，将来另行研究"，但目前须就粮食统制、民众组织与训练、资源统制、交通统制、卫生统制、财政金融筹划等项，"迅速召集研讨实施"。8月7日，何应钦在国防会议报告说："已呈准设立总动员建设委员会，办理全国总动员事宜，由本人担任主任委员，各关系部次长，皆为当然委员，现正积极进行中"。③ 后来实际成立的是国家总动员设计委员会，隶属军事委员会，由军事委员会二部部长熊式辉任主任委员，下设交通、卫生、财政金融、军事、国防工业、国民经济、宣传、民众组织、内

---

① 《国民党中央政治委员会致国防最高会议》（1937年8月26日），章伯锋、庄建平主编《抗日战争》第4卷（上），第121—122页。
② 朱汇森主编《中华民国史事纪要（中华民国二十六年七至十二月份）》，第84页。
③ 《实施总动员谈话会记录》（1937年7月21日）、《何应钦关于中央军事准备报告稿》（1937年8月7日），《中华民国史档案资料汇编 第五辑第二编 军事》（2），第65、105页。

政、国民外交、精神动员共 11 个组，组成成员主要是军事委员会和行政院各部的次长，规格并不算高，与"总动员"之名未必相符。8 月 17 日，立法院通过《总动员法》，但何应钦等军方领导人在审查中认为，《国防最高会议组织条例》规定主席可以"便宜"行事，而《总动员法》则对动员实施权限有所限制，"将来施行必至窒碍横生"，故该法未能公布付诸实行。8 月 30 日，国防最高会议通过《总动员计划大纲》，分军事、交通、产业、财政金融、宣传及训练等方面，实施总动员规划。①10 月 29 日，国民政府发出训令，由陆海空军大本营负责实施《总动员计划大纲》。②

1938 年 1 月，军事委员会改组，国家总动员设计委员会改隶国防最高会议，由行政院院长孔祥熙任主任委员，看似提高了规格，然其功能不过仍为"设计"，而由纸面"设计"到具体实践，其间尚有相当的距离。③1940 年 8 月，总动员设计委员会最终结束，总动员即便是"设计"亦无存，不仅反映出国民党决策层对于总动员的意见不能集中统一，更重要的是，反映出当时中国现代化发展程度低下而导致的全社会整体性全方位动

---

① 段瑞聪：《蒋介石与抗战时期总动员体制之构建》，《抗日战争研究》2014 年第 1 期。
② 《国民政府关于由陆海空军大本营实施全国总动员计划大纲训令》（1937 年 10 月 29 日），《中华民国史档案资料汇编　第五辑第二编　政治》（1），第 147 页。
③ 国防最高委员会秘书长张群认为总动员成绩不佳的原因是：（1）各机构未能与各方切实取得联系，且无专任人切实负责；（2）未将各机构负责分别确定；（3）中央机构停顿，无指导督查之机关；（4）动员计划大纲所规定事项，已多不切现实，且有漏略。为此，张群建议在国防最高委员会设置总动员委员会，以加强总动员委员会的权威性和领导力。但行政院长孔祥熙则认为："国家总动员设计委员会年来因种种关系，形式上之组织虽未实现，惟有关总动员实际上之工作推进则未敢稍懈。""该会如果扩大组织，广事号召，社会上恐易发生疑惧，惹起纠纷，甚至减少抗战力量。"因此，孔祥熙提出："该会纯为设计机关，其组织似不必过于庞大，只须推动灵活，运用便利而已足。"双方的不同意见，或反映出对总动员权力所属的争夺。最后通过的方案折中了双方的意见。根据国民政府 1939 年 11 月 4 日公布的《国防动员设计委员会组织大纲》，规定："国防最高委员会为主持国家总动员业务之研究、设计及指导、督促、考核各级动员委员会业务进行，设置国家总动员设计委员会"；直隶于国防最高委员会，以行政院长为主任委员，参谋总长为副主任委员，党政军相关部门成员为委员，分兵役抚恤、教育宣传、行政社会、财经工交四组，"研究问题及审查计画"，并将各项方案呈请国防最高委员会核定施行。（《中华民国史档案资料汇编　第五辑第二编　政治》1，第 49—50 页），然总动员设计委员会改组后的各部门于 1940 年 4 月才完全成立，5 月 7 日蒋介石却训令其即行结束，其所负责的业务，根据不同性质，由国防最高委员会各专门委员会接办。见段瑞聪《蒋介石与抗战时期总动员体制之构建》，《抗日战争研究》2014 年第 1 期。

员之困难。① 如蒋介石所思,"以倭寇有组织之国家,其组织动员,人人能发挥其战争之效用;惟我无组织之国家,事事皆须以一人当敌国之全体,可不惧乎"。② 但即便如此,以弱对强,可能更需要全民动员,只是其形式可以更为多样化,然而这又是组织力薄弱、上下各方很难协调一致的国民党所不易达成的目标。与此相比较,中共的敌后游击战和根据地建设,因为日伪军环伺的严酷环境,更强调全民动员,人自为战,更具有全民总动员的总体战特质,中共后来批评国民党是"片面抗战",只看重正规军的正规作战,盖以此出发,亦不为无因。

由中日战争初期的"战而不宣"或"不宣而战"及其缺乏全民总动员的状况,再与战争进程相持阶段的相对漫长,战争时期在正面战场之外的广泛而持久的游击战状态,以及遍布日占区的广大敌后根据地等特点相参照,在一定程度上或者可以说,中国的抗日战争从开始发动再到其演进并结束的全过程,都具有相当的非经典性国家间战争的特质,或者也可以说,具有浓重的中国特色。

二 国防最高会议的设立

虽然国民政府并未对日正式宣战,但是,全国抗战已经打响,中国军队正在各战场奋勇而艰苦的作战中,战争时期与和平时期究有很大的差别,情况纷繁多变,事态紧迫待解,各方面都有层出不穷的新情况和新问题需要集中统一的解决,这是和平时期分散型的国家机构难以应付的。所以,为了因应战时的各种特殊状态,对战争实现全方位的领导,在抗战开始之后,国民党在党政军决策体制和架构方面做出了一系列调整。

8月11日,国民党中央政治委员会召开第51次会议,议决设置"国防最高会议",将原先设置的"国防会议"和"国防委员会"取消,并将两者的功能大体合一到国防最高会议中,但在人员组成和决定事项方面较前有很大的扩张。根据《国防最高会议组织条例》的规定,其组成和职能为:(1)国防最高会议为全国国防最高决定机关,对国民党中央执行委员会政治委员会负责。(2)以军事委员会委员长为主席,中央政治委员会主

---

① 直到太平洋战争爆发后,中国对日宣战,加入同盟国阵营,方在1942年3月公布《国家总动员法》,成立国家总动员会议,此后或可谓进入国家总动员的实施阶段,参见后述。
② 《蒋介石日记》,1937年8月7日。

席为副主席。(3) 会议委员有：A. 国民党中央执行委员会常务委员、秘书长，组织部、宣传部、民众训练部部长，中央监察委员会常务委员，中央政治委员会秘书长；B. 国民政府五院院长、副院长；C. 行政院秘书长，内政、外交、财政、交通、铁道、实业、教育部部长；D. 军事委员会副委员长、常务委员、参谋总长，军政部、海军部部长，训练总监部总监，军事参议院院长；E. 全国经济委员会常务委员。主席得在委员中指定常务委员 9 人；其他各关系人员在必要时由主席通知列席。(4) 国防最高会议的职权为：A. 国防方针之决定；B. 国防经费之决定；C. 国家总动员事项之决定；D. 其他与国防有关重要事项之决定。(5) 作战期间，关于党政军一切事项，国防最高会议主席得不依平时程序，以命令为便宜之措施。(6) 国防最高会议设秘书处，处理会议一切事务，秘书长由主席指定。(7) 国防最高会议设国防参议会，由主席指定或聘任若干人充任。①

现代战争，非仅战场上的军事作战那般简单，而是关涉政治、经济、外交、文教、社会等全方位的行动，是国家动员力和执行力的最高表现。以战前中国的实际状况，在这方面的表现确不及日本，甚而作为支持战争的最基本的基础条件之一——现代兵役制度，都迟迟未能建立起来，部队补充只能靠所谓"拉壮丁"解决。虽然中国有充足的人力资源，但是没有现代兵役制度为基础，充足的人力资源也不能充分地转化为部队兵员。②中日战争打响之后，中国军队在最初的几次实战较量中兵员即有较大损耗，尤其是淞沪会战，中国动员了现役部队的将近 1/3，最后又损失了其中的 1/3，部队整补成为急迫的任务，而这又非军政部下辖之兵役机构独家所可解决。③ 由此而论，国防最高会议的设置确有其必要性，其本意是将党政军各方面的负责官员集合于国防最高会议中，发挥综合性统筹领导决策功能，以国防事务作为基本出发点，旁及其他与国防有关

---

① 朱汇森主编《中华民国史事纪要（中华民国二十六年七至十二月份）》，第 266—267 页。1938 年 3 月 1 日国民党五届中常会第 70 次会议和 6 月 9 日五届中常会第 80 次会议，对《国防最高会议组织条例》有过修正，但基本内容未有大的变化。
② 1933 年通过实行的《兵役法》，实际并未能在全国范围内真正实行，因为与之相配套的制度，如人口普查制度，并未建立，而国民党又严重缺乏地方组织力，难以在基层层面建立现代兵役制度。
③ 1937 年 5 月，军政部方成立兵役司，负责兵役事务。1939 年改为兵役署，1944 年改为兵役部。

的各项事务，统一议事并决策实行，成为"战时政策最高指导与最后决定的机关"。①

依《国防最高会议组织条例》的规定，国防最高会议对国民党中央政治委员会负责，这是国民党党治统治架构的逻辑结果，故其名为"最高"，然在理论上仍非国防"最高"决策机构，其决议案需要"报告"或"备案"于国民党中央政治委员会。然就实际而言，国民党中央政治委员会的组成成员众多（最多时超过 200 人），机构庞大臃肿，大而无当，决策效率可想而知。很多时候，中央政治委员会连会都开不成，或者这一批人开一次会，又一批人开下一次会，哪里能有集中意志的高效决策，更别说在紧急状态下令行禁止的有效决策。国民党其实也意识到中政会的组织运作在战时的不可行，"际此暴日侵凌日益加甚，前后方应付诸务集中本会（指中政会），而本会按照条例，应出席列席人数不少，召集开会，实感困难，各案循例审查，亦嫌迟滞"。中政会主席汪精卫认为："行政处理、军事处理，若取决于中央政治会议，将不胜其烦了。"② 为此，1937 年 11 月 26 日，在首都南京处境危急、国民政府决定迁都重庆之际，国民党中常会第 59 次会议决定，中政会暂停开会，由国防最高会议代行其职权。鉴于国防最高会议的组织依然比较庞大，成员仍然偏多（40—50 人），在战时召集全体会议仍然不易，故又以其常务委员 9 人为核心决策机构，处理日常事务。

战时决策，关键在集中统一、合理有效，这也是国防最高会议设立的初衷。"本来国防最高会议的职权是相当范围于严格的军政大计的，许多政治上琐碎的事情是可以不必经由这个机关来决定的"，但在事实上，"它的地位却并不能达到最高的峰极"，它所决定的仍多为各项具体而琐碎的事务，未能真正实现"最高"层面的决策功能。之所以如此，据研究者的论述，原因有三。

其一，因为军事方面在这个时期是非常的紧急，政治的中心由南京而武汉而重庆，蒋介石遂不能常时主持这个会议而由副主席代理。因为这个

---

① 许崇灏：《中国政制概要》，章伯锋、庄建平主编《抗日战争》第 3 卷（上），第 39 页。
② 《中政会职权由国防最高会议代行案》、《中政会谈话会之报告》，见卢艳香《中政会与宋氏家族及对日决策》，"宋氏家族与第二次世界大战"学术讨论会论文，上海，2015 年 6 月。

人事上的关系，它遂往往不能发挥其法定的职权。

其二，因为国防最高会议是由党政军各机关的首长集合而成的，各方面对于一件事情往往不能取得同一的观点，致会议便渐渐形成了一种联系调和的场所，同时又没有蒋介石在那里做最后的决定，权力的发挥遂致减色。

其三，因为国防最高会议接收了中政会的职权，许多琐碎的例案便拥挤到它的议程之上。例如各种大大小小的追加预算案及许多法规条文，都成了它讨论的对象，反而失却了讨论军政大计的时间。

因此之故，"国防最高会议，固然也讨论到极大的问题，大部分的时间却不得不用之于例案之上，而不能将它隆重的职权充分的发挥"。① 正因为如此，国防最高会议实际又陷入国民党统治时期党政领导机关的事务主义陷阱。

三　军事委员会的扩大改组

与国防最高会议成立的同时，8月11日，国民党中央政治委员会议决设陆海空军大元帅，组织陆海空军大本营，直隶国民政府；推蒋介石为大元帅，国民政府主席林森依据约法提议，将主席原有的大元帅职权移交给蒋介石。② 根据蒋介石以大元帅身份在8月20日发布的《国军战争指导方案》，明确大元帅的职权为："受全体国民与全党同志之付托，统帅海陆空军，及指导全民，为求我中华民族之永久生存，及国家主权之领土完整，对于侵犯我主权领土，与企图毁灭我民族生存之敌国倭寇，决以武力解决之。"大本营的组织系统为：参谋总长指挥各部，辅助大元帅策划全局；副参谋总长襄助参谋总长指挥幕僚，达成全任务；大本营设第一部（部长黄绍竑，执掌军令、各战区及海空军作战指令）、第二部（部长张群，执掌政略，内求社会内部之安定，以树立长期抗战之基础，外谋国际舆论之同情，使敌国受孤立无援之压迫）、第三部（部长孔祥熙，执掌财政，安定金

---

① 陈之迈：《中国政府》第1册，商务印书馆，1945，第118—119页。研究者的上述看法得到亲历者回忆的支撑。据王世杰回忆，"战事发生后，中央政治委员会未尝开会，而以国防最高会议为实际最高军政机关。但国防最高会议初虽每周集会一次，近亦已一月有余未尝集会，每周惟举行其常务会议一次或数次。常会之集会以汪先生精卫为主席，其决议大部系于事后送蒋先生核行，盖蒋先生系经中央执行委员会授权，于战时主持一切党政之人也"。见林美莉编辑校订《王世杰日记》上册，1937年11月5日，第62页。
② 朱汇森主编《中华民国史事纪要（中华民国二十六年七至十二月份）》，第312页。

融，整理税务，紧缩支出，筹发公债，募集外债）、第四部（部长吴鼎昌，执掌经济，扩张产业，广辟资源，满足战时军民生活资源之需求）、第五部（部长陈公博，执掌宣传，永保精神动员之团结巩固，并昭告国际）、第六部（部长陈立夫，执掌训练，组织及训练民众，使人人皆有为国牺牲之决心与技能）及后方勤务部（部长俞飞鹏）、管理部（部长朱绍良），"各应本主旨，适切运用，紧密连系，俾获最后之胜利，为共同一致最高之原则"。①

据时任行政院政务处处长何廉回忆，"在战争的非常时期，究竟应采取什么样的政府形式，存在着一些思想混乱。8月初，形成了要组织一个军事政府以指挥作战的势头。军方人士认为，因为需要个大元帅或总司令之类的人来指挥作战，就该有个大本营或总司令部来作为战时政府"。② 所以，成立大本营的想法可谓其来有自，也是战争时期不少国家的通行做法。不过，国民党决定成立大本营及由蒋介石出任大元帅的决定，当时并未对外公布。③ 蒋介石考虑到中日并未正式宣战，对外公开宣布设立大本

---

① 《大本营颁国军战争指导方案训令》（1937年8月20日），《抗日战争正面战场》上册，第11—16页。
② 《何廉回忆录》，中国文史出版社，1988，第129页。熊式辉在军方讨论时认为："大本营宜从速成立，方可各负责任。惟目前未正式宣战，日方现仍以关东军及驻屯军名义指挥，并无作战军司令部之新组织。我大本营似亦不宜公开，惟大本营所属各部宜速秘密设立。"（《卢沟桥事件第29次会报》，1937年8月8日，《中华民国史档案资料汇编 第五辑第二编 军事》2，第54页）另据熊式辉日记，8月16日，蒋介石受命为大元帅，熊受命兼任大本营第五部部长，主管全国总动员业务，卢作孚任副部长。见洪朝辉编校《海桑集——熊式辉回忆录》，香港，明镜出版社，2008，第206页。
③ 林美莉编辑校订《王世杰日记》上册，1937年8月12日，第31页。虽然大本营事当时并未公开，多数亲历者和研究者后来都认为大本营并未正式成立，但在战争初期的各种文件中，大本营的名称确实不时出现于其中，或者这也是战争初期情况紧急忙乱、各项机构设置不及细思且不完善的某种表现。据王世杰日记，12月20日，居正和于右任在国防最高会议"请蒋先生出任大元帅之名，蒋未同意"。（林美莉编辑校订《王世杰日记》上册，1937年12月20日，第74页）蒋介石日记亦称，他在12月29日"决定行政院与大本营各部长人选"。（《蒋介石日记》，1937年12月29日）这说明，大本营至少也曾以某种形式存在过一段时间。太平洋战争爆发后，国民党又有建立大本营的考虑。王世杰记曰："吴铁城及熊式辉等主张设大本营，并请蒋先生受大元帅名义。予谓大本营与军委会，大元帅与委员长均只是名词上之区别，实际上无何差异，不必有此更张。蒋先生亦不主更张。（惟党中元老仍有作此主张者，将来究竟如何决定，仍不可必。）蒋先生主张恢复中央政治会议（或称战时政治会议），并使各党派及无党无派者若干人参列其间。予及岳军均谓此种办法虽亦可行，然不可以此机关代替国民参政会；参政会尽可完全或大部改由省参议会选举。蒋先生亦以为可。"见林美莉编辑校订《王世杰日记》，1941年12月18日。

营有诸多不便，而由他任委员长的军事委员会现有机构扩充担责，代行大本营的功能则更为便利。9月1日，蒋介石在国防最高会议报告，"谓经仔细研究后，觉如此组织，过重形式，现时仍以在表面上避免战争之名为宜。因之决定将中央原议暂搁置，只就军事委员会酌量改组，而将以上所拟设置各部纳入该会"。①蒋介石的决策经国民党中央执行委员会和中央政治委员会决议通过，9月17日国民政府和五院院长联名发出训令："由军事委员会委员长行使陆海空军最高统帅权，并授权委员长对于党政统一指挥。"针对战争初期党政军事务繁多、政出多门的现象，国民政府10月29日又发出训令，强调："各主管机关为适应战事之各种特别设施，令行各省市地方党政机关办理者，统应先送军事委员会委员长核定施行。盖值此抗战期中，必须步调整齐，始足以免除分歧，而迅赴事功。第查近月以来党政方面各主管机关，多以勇于负责，不免各自为谋，往往同属一事，而主办之机关与推行之办法，竟至层见叠出。在各省地方政府必感政出多门，莫知适从，在中央方面形成法令繁歧，自乱步骤，而结果任何举办机关，徒费人力财力之周章，不能获预期之实效，殊有急速矫正切实改善之必要"。②

军事委员会改组扩充后，根据其编制，除了通过参谋总长指挥全国各战区，并统领参谋本部（参谋总长程潜）、军政部（部长何应钦）、训练总监部（总监唐生智）、海军部（部长陈绍宽）、军事参议院（院长陈调元）、军法执行总部（总监唐生智）等军事机构之外，还设立第一部（军令部，部长黄绍竑）、第二部（政略部，部长熊式辉）、第三部（国防工业部，并领导资源委员会，部长翁文灏）、第四部（国民经济部，联系工矿调整委员会、农产调整委员会、贸易调整委员会，部长吴鼎昌）、第五部（国际宣传部，部长陈公博）、第六部（训练组织部，并领导调查统计局，部长陈立夫）、管理部（部长朱绍良）、后方勤务部（部长俞飞鹏）、航空委员会（并领导防空处，主任委员周至柔）、禁烟总会（总监蒋介石）、办

---

① 林美莉编辑校订《王世杰日记》上册，1937年9月1日，第38页。
② 《国府政府关于集党政军权于军委会委员长统一指挥训令》（1937年9月17日）、《国民政府关于由陆海空军大本营实施全国总动员计划大纲训令》（1937年10月29日），《中华民国史档案资料汇编　第五辑第二编　政治》（1），第146—147页。

公厅（主任徐永昌）、秘书厅（秘书长张群）、侍从室等机构，① 成为综合军事、政治、经济、宣教、社会等功能的综合性领导机构，② 故在抗战初期，较最高国防会议成立更具意义的是军事委员会组织的扩充及其功能的扩大。军事委员会扩大改组之后，其职权远远超出军事范畴，包括了与战时军事密切相关的政治、经济和社会动员功能。所以时人都认为，"政权在军委会及其中各部"。③ 11月16日，国防最高会议又决定，除国民党中央政治委员会停止开会外，另将国民党组织部、训练部与军委会第六部合并，宣传部与军委会第五部合并，划归军事委员会领导，以此"在军事时期统归指挥，以收步骤齐一之效，其事甚便"。④ 如此一来，连国民党党务部门的功能和权力都在相当程度上被纳入军事委员会的领导架构下，可谓党政军领导合一，从而也使军事委员会的功能和权力膨胀到其历史的最高峰，成为真正的国防"最高"决策机构，实为没有大本营称号的大本营。如时人所论："军事委员会的权限，由纯粹的军事机关，扩充及于政治经济各方面，实现了政治与军事的合一"；"一切战时司法权的行使与物质上的统制，亦由行政部门移转于军事委员会"；"中央党部的工作系统，也纳入军事委员会之下，又实现了党务与军事的合一"；"军事委员会已从平时单纯的军事指挥机构，变成与战时的内阁或大本营相似了"。⑤ 然也正因为如此，一时间造成军事委员会机构的庞大臃肿，功能复杂，某种程度上妨碍了决策的及时有效执行，故不及半年，便又有新一轮的改组。⑥

---

① 《参谋本部奉发军事委员会组织系统表密令》（1937年11月5日），《中华民国史档案资料汇编　第五辑第二编　军事》（1），第10—11页；林美莉编辑校订《王世杰日记》上册，1937年9月7日，第39—40页。
② 侍从室后来又发展为3个处11个组及其他下属机构的庞大规模，成为军事委员会委员长的核心幕僚机构。
③ 《傅斯年致胡适、钱端升》（1937年11月9日），王汎森、潘光哲、吴政上主编《傅斯年遗札》第2卷，第633页。
④ 《王子壮日记》第4册，1938年1月11日，第379页。
⑤ 张公量：《战时政治机构的演进》，章伯锋、庄建平主编《抗日战争》第3卷（上），第52页。
⑥ 据陈果夫观察，"中央法令日愈重复，各部争领导权，各人均不明分工合作之理，人与人之间又均无互信。故同一壮丁训练也，兵役司要管，军训会要管，第六部亦要管；同为伤兵也，初无人管，及有人管，则管之者又太多，四个机关还管不好事。此种情形若不改正，将来益使各事纷乱、互讦、推诿，以至于不可收拾，至足忧虑也"。"中央命令太乱。欲求不乱发，必须要减少机关，减少人员。"见《陈果夫日记》，1937年10月10日、11月8日，《近代史资料》总131号，中国社会科学出版社，2015，第168—169页。

抗战初期党政军中枢领导机构的改组，固然有因应战争紧急状态的需要，而其在实践中最大的受益者当为蒋介石。因为国防最高会议的成立，由蒋介石担任主席，在法理上使蒋握有了战时的最高国防权力。国防最高会议"组织方法最特异之点，是它的主席地位的特殊崇高"，主席可以便宜行事，可以指定常务委员，"在法律上是有其特殊的权力的"。国防最高会议主席由军事委员会委员长兼任，又为陆海空军大元帅，行使最高统帅权，对于党政统一指挥，"在行使党政军指挥权的时候，实已多了几种法律上的根据"。① 更吊诡的是，国民党中央政治委员会主席汪精卫，只是国防最高会议的副主席，其地位在国防最高会议主席蒋介石之下，因此，根据国民党和国防最高会议的决策机制，就会出现蒋介石需要就其决策报告汪精卫，而汪精卫又需要听命于蒋介石这样的逻辑悖论，这也正是汪精卫颇为耿耿于怀之处。其实，这种状况不过是国民党统治时期政治运作的真实写照。国民党名为党治，实行以党治国，实际则人治大于法治，军力高于党力，所谓党治，在其实际运作中，很大程度上是军治和人治，而蒋介石又以其对国民党中央军权的高度掌控及其密布的人际关系网络，得以控制国民党统治的核心中枢，从而以个人凌驾于党政之上。抗战时期对于集中统一领导的需要，不过是更进一步确立了蒋介石在国民党统治架构中的核心地位而已。蒋介石对于发动抗战的坚持，大大提高了他的内外地位，这是蒋主观作为的结果；而战争形成的内外环境，又大大加强了蒋介石的领袖地位，这是客观时势使然。蒋介石作为国民党和当时中国国家领袖的成长史，便是在这样的主客观环境共同作用下而步步演进形成的。

四　国民政府迁都重庆

全国抗战发动之后，中国军队在南北两战场的英勇作战，大大鼓舞了全国上下的民心士气，出现了全民抗战的热潮，国民党和蒋介石也得到了执政十年以来难得的高人气。但是，随着1937年11月太原和上海的相继失守，日军在北战场继续沿津浦、平汉铁路南进，逼近济南；在南战场沿京沪铁路西进，逼近国民政府所在地南京。中国抗战面对的形势仍然急迫、紧张、艰难，对国民党和蒋介石而言，更大的挑战接踵而来。

---

① 陈之迈：《中国政府》第1册，第117—118页。

对于抗战将要面临的局势及其长期化和持久化的未来，国民党内不少人其实是有预期的。战争刚刚打响之际，太原绥靖公署主任阎锡山在参加南京国防会议时提出，对日战略"实行持久战，放弃土地无关重要"；"最好在敌傲慢之下，第一次会战须求得胜利，以正世界观听。尔后再将军队疏散，实行持久战"。① 训练总监唐生智认为："我是弱国，故抗战须持久，凡一重要城池，非流血不放弃，但以大兵力白白牺牲则不可……故全国动员最为重要，即以持久战消耗敌人为目的。以此决心，应付此局面，一切事体顾虑现实状况，一切事就实际办法"。② 甘肃绥靖公署主任朱绍良认为："战略上，一面对峙，持久防御，但在物资条件上有相当困难，但事实上战略上又需要此持久防御。"③ 国民党监察委员会秘书长王子壮认为："今后苟能于战事方面支持长久，不致为敌人所屈服，我国转弱为强、复兴国家之机会亦在于此矣。"④ 可以说，在国民党内主张抗战的那派人看来，打持久战已是基本共识。

虽然如此，国民党内对形势和前途悲观者亦不在少数，部分老派人物和从政精英尤甚，汪精卫及其左右人物更可为其中的代表，并且一度以"低调俱乐部"而为外界所知，甚而长期在蒋介石身边服务、被蒋依为股肱之臣、与蒋有至亲关系的孔祥熙等亦主和。据王世杰日记，司法院院长居正在国防最高会议上"力主向日求和，曾谓如无人敢签字，彼愿为之。忆战事发动之前夕，胡适之曾力主设法避免战争，居氏当时曾力主逮捕胡氏。今则又自唱主和之议。盖此公为一完全投机而无主义之政客，且时时揣摩政府领袖之心理以讨好。讵蒋介石先生实际上并未尝因战事挫折，倾向于直接议和，故其议论亦无人理会"。"孔（祥熙）氏近甚倾向和议，与其在往日汪精卫先生主院时之态度大异。"⑤ 蒋介石认为："老派与文人动

---

① 《卢沟桥事件第27次会报》（1937年8月6日），《中华民国史档案资料汇编　第五辑第二编　军事》（2），第53页。
② 《何应钦等筹划军事会议记录》（1937年7月20日），《中华民国史档案资料汇编　第五辑第二编　军事》（2），第63页。
③ 《军事长官谈话会记录》（1937年8月11日），《中华民国史档案资料汇编　第五辑第二编　军事》（2），第73—74页。
④ 《王子壮日记》第4册，1937年8月2日，第214页。
⑤ 林美莉编辑校订《王世杰日记》上册，1937年11月21日、12月2日，第68页。

摇，主张求和，彼不知此时求和乃为降服而非和议也。"① 然而还不仅如此。主和派人物出于对战争前途的悲观，有些人不无破罐破摔、今朝有酒今朝醉的意识和作为，居然在战争激烈进行之际，仍然莺歌燕舞，嫖赌不避，即便是国民党中人亦对此冷眼相看，很不以为然。行政院副院长孔祥熙1937年出访欧美，逗留时间长达半年，10月17日回到炮火硝烟中的上海。11月4日，行政院各部会长官在南京宴请孔祥熙，16人的餐会，共计花费190余元，其中仅烟酒便花费50元，而当时上海普通工人的月平均收入不过在15元上下，难怪行政院参事陈克文得知此事后大发感慨："富人一席宴，穷人半年粮，真不虚语。际此国难万分吃紧，前方浴血搏战，国土日蹙之时，最高长官对于宴会所费，仍毫不吝惜，无一不以最上等者为标准，亦可叹也。"而此时正赶往前线参加抗战的广西军队，"沿中山路步往下关。寒风峭雨之中，皆穿黄色单衣，自顶至踵，淋漓尽湿。此皆开赴前线抗战之壮士也，壮士为国牺牲，未至战场，已饱受风雨饥寒之苦"。至于汪精卫的宅中，则常有其亲信下属打麻将，"连夜乐此不疲"，"夜均输二百余金，注头亦殊不少"。②

作为国民党领袖的蒋介石，既然是国民党发动抗战的领导者，当然也是国民党内比较能够坚持抗战立场的领导者。据傅斯年的观察，"蒋公兴致甚佳，甚兴奋，可佩"。"汪公似甚忧虑，无固定之主意"。③ 但是，国民党是个有复杂派系纠葛和历史积淀的执政党，蒋虽手握最高权力，然要平衡调和国民党内各个派系、各方力量的不同立场和看法，坚持将抗战打下去，也并非易事。从抗战开始之日起，蒋介石便不断在各种场合表达其对抗战的信心，并在日记中记下自己的心路历程。诸如，"此战不能避免，惟能持久而已"；"主和意见应竭力制止，时至今日只有抗战到底之一法"；"除牺牲到底外再无他路，主和之见，书生误国之尤者"。④ 本来，蒋介石还期待上海抗战能够坚持更长时间，以期国际干涉调解，出现对中国有利的结果，如他对翁文灏言："对日抗战，必久战方能唤醒各国，共起相争，

---

① 《蒋介石日记》，1937年11月20日。
② 陈方正编辑、校订《陈克文日记》上册，1937年11月5日，10月29、8、17日，第123、121、113、116页。
③ 《傅斯年致胡适》（1937年10月11日），王汎森、潘光哲、吴政上主编《傅斯年遗札》第2卷，第628页。
④ 《蒋介石日记》，1937年8月28日，9月8、9日。

而得胜利。"① 但是，中国军队在上海战场的作战表现虽英勇壮烈、可歌可泣，然而毕竟实力有限、牺牲惨重，至10月底已有支撑不住的可能。在这种情况下，蒋介石一方面仍坚持"沪战未列入整个抗战计划之内，一时与局地之得失无关全局之胜败。抵抗到底，决无妥协余地"。另一方面，也不能不考虑上海作战失利之后的进退之道。他认为："抗倭最后地区与基本线在粤汉平汉路以西。抗倭最大之困难当在最后五分钟，此时未足为怪也。决心迁都于重庆。"迁都理由则是：甲、为长期抵抗之计；乙、不受敌军威胁以打破敌人城下之盟之妄念。②

本来，抗战开始后，国民党已经考虑到首都撤退的可能性，有迁往湖南株洲或者衡阳衡山的方案。③ 上海失守之后，中国军队因甫经大战，损失较重，未及整理，在京沪线难以组织有效的抵抗，蒋介石为此抱怨道："各将领战意全消，痛心盍极"；"我军太无力量，敌人虽欲停止亦不能止矣。"④ 何况京沪沿线地势坦荡，无险可守，南京离上海又只有300公里之遥，面对日军的迅速逼近，南京撤退势在必行。11月15日至16日，国防最高会议连续开会，讨论因应方略，决定国民政府及国民党中央党部迁重庆，军事委员会之迁移地点由委员长酌定，其他各机关或迁重庆，或随军委会设办事处，或设于长沙以南之地点。蒋介石"主张迁移政府于重庆，意谓两年前彼平定四川以后，始觉对日可为武力抵抗，以四川足为持久战之根据地也"。⑤ 迁都重庆遂成定论。

11月16日，在南京已经直接面对日本大军压境的情况下，国防最高会议通过了迁都决议。17日凌晨，时年69岁的国民政府主席林森登轮离京赴川，离开国民政府定都十年的所在地，他在行前心情有些沉重地向同僚告别说：老夫我马上就要登舰出发西上重庆了，原来定的是白天起程，但日机轰炸，只好赶夜路了。就此向各位告辞……我已是古稀之人，今世再回南京，不作此想了……但你们一定要抗战到底，坚持到最后的胜利

---

① 李学通、刘萍、翁心钧整理《翁文灏日记》，1937年9月5日，中华书局，2010，第168页。
② 《蒋介石日记》，1937年10月26、11月13、14日。
③ 林美莉编辑校订《王世杰日记》上册，1937年7月31日、8月6日，第27、29页。
④ 《蒋介石日记》，1937年11月28日。
⑤ 林美莉编辑校订《王世杰日记》上册，1937年11月15日、16日，第65—66页。

的。① 其后，南京党政军各机关人员亦陆续离开南京，前往后方，其中多数机关暂留武汉，执行公务。② 20日，国民政府发表迁都宣言：

> 自卢沟桥事变发生以来，平津沦陷，战事蔓延。国民政府鉴于暴日无止境之侵略，爰决定抗战自卫，全国民众敌忾同仇，全体将士忠勇奋发，被侵各省均有极急剧之战斗，极壮烈之牺牲……临阵之勇，死事之烈，实足昭示民族独立之精神，而奠中华复兴之基础。迩者暴日更肆贪黩，分兵西进，逼我首都。察其用意，无非欲挟其暴力，要我为城下之盟。殊不知我国自决定抗战自卫之日，即已深知此为最后关头，为国家生命计，为民族人格计，为国际信义与世界和平计，皆已无屈服之余地，凡有血气，无不具宁为玉碎不为瓦全之决心。国民政府兹为适应战况，统筹全局，长期抗战起见，本日移驻重庆。此后将以最广大之规模，从事更持久之战斗。以中华人民之众，土地之广，人人本必死之决心，以其热血与土地凝结为一，任何暴力，不能使之分离，外得国际之同情，内有民众之团结，继续抵抗，必能达到维护国家民族生存独立之目的。③

---

① 林友华编《林森年谱》，中国文史出版社，2012，第462页。
② 据翁文灏日记，当国民政府官员撤往后方时，就在自南京开往汉口的轮船上，有何应钦、吴鼎昌、邵力子、张厉生、张治中、梁寒操、王世杰、熊式辉、孙科等高官同行，外交部徐谟、陈介两次长为高宗武新婚夫妇开茶话会，"甘介侯、周佛海、何敬之等共相欢笑。在政府离散，国基濒危之日，风雨同舟，偏有此豪情逸致，读'商妇不知亡国恨，隔江犹唱后庭花'，感慨系之矣！"（李学通、刘萍、翁心钧整理《翁文灏日记》，1937年11月21日，第186页）另据陈克文日记，"闻长兴轮来汉时，船上满载党部及政府高级职员，途中外交部某司长夫妇即起而跳舞，并大唱《妹妹我爱你》一曲，是非大伤心之事耶"。陈克文不禁感叹："时至今日，'效死勿去'之精神似乎已易而为'卅六着走为上着'之精神矣。事势至此，宁不可哀。"及至撤到武汉、重庆，"他们都在旅馆里开了许多房间，叫妓赌钱，终夜的跳舞，正经事一概不管，只知捏造是非，涓混黑白。国民党靠这种人做下级干部，糟也不糟。陡岩说国民党早已自挖坟墓，现在是待敲丧钟的时候了。话虽过于悲观，却有几分事实。"（陈方正编辑、校订《陈克文日记》上册，1937年12月5、24、25、27日，第138、147—149页）所以傅斯年还在沪战时即有言："这次最可佩的是革命军将士，最无聊的是南京官僚。"（《傅斯年致胡适》，1937年10月11日，王汎森、潘光哲、吴政上主编《傅斯年遗札》第2卷，第626页）这些近距离的观察和评论，可以使后人更多地了解当时当地国民党高层的生活实态，此亦为令蒋介石颇感无奈者。
③ 《国民政府移驻重庆办公宣言令》（1937年11月20日），《中华民国史档案资料汇编　第五辑第二编　政治》（1），第1页。

作为国民政府迁都重庆所在地的四川本地最高长官，刘湘亦于同日致电称："有此坚决之表示，益昭抗敌之精神，复兴既得根据，胜算终自我操。不特可得国际之同情，抑且愈励川民之忠爱。欣诵之余，谨率七千万人，翘首欢迎，伏乞睿鉴。"①

国民政府撤离南京，是抗战初期的大事，虽为抗战失利的挫折，但被蒋介石认为"实为内政外交转移之一关键"。② 无论如何，国民政府撤离南京，意味着中国将坚持抵抗，持久抗战，不与日本谈和，不受日本威胁，不做城下之盟，表现出中国坚持抗战的决心和勇气，也使日本企图通过攻下中国最大的工商业都市上海和国民政府首都南京，进而逼迫中国屈服投降的企图完全落了空，所以也才有后来1938年1月日本近卫内阁"不以国民政府为对手"的声明之发表。近卫内阁的声明虽然表现出日本企图以武力压服对手的霸道，但也多少流露出其对中国不妥协的焦虑与无奈。

国民政府撤离南京之后，蒋介石仍在南京坚持，并为南京"固守与放弃问题踌躇再四"。毕竟，南京是国民政府的首都，是国家的象征，国内外观瞻所在，蒋亦不能轻言放弃。如其所言，"南京城不能守，然不能不守，对上对下对国对民无以为怀矣"。③ 结果，在"军事机关研讨应否坚守南京时，有人主张不宜在京作无军略价值之牺牲，白健生主张今后应改采游击战，唐（生智）本人则认为我军在首都不可不作重大牺牲。蒋委员长亦以为然，并谓彼愿自负死守之责。嗣后众人以为最高统帅不可负守城之责，遂决定以首都卫戍之任，委诸唐氏"。此即为日后南京保卫战之由来。④

1937年12月7日晨，在已清晰可闻的日军隆隆炮火声中，蒋介石飞离南京，同时表示："对倭政策惟有抗战到底，此外并无其他办法"；"只有硬撑决无退后余地"。一周以后，南京沦陷，日军开始了惨绝人寰的大屠杀，蒋介石亦在南京沦陷的当日即12月13日发表通电，强调"国军退出南京，绝不致影响我政府始终一贯抵抗日本侵略原定之国策，

---

① 朱汇森主编《中华民国史事纪要（中华民国二十六年七至十二月份）》，第671页。此后，1939年5月5日，国民政府公布重庆为行政院直属市。1940年9月6日，定重庆为陪都。
② 《蒋介石日记》，1937年11月20日。
③ 《蒋介石日记》，1937年11月17日、26日。
④ 林美莉编辑校订《王世杰日记》上册，1937年11月19日，第67页。

其惟一意义,实只加强全国一致继续抗战之决心"。① 此时此刻,中国抗战面临新的关头和抉择,何去何从,自为蒋介石所不能不考虑,而其心中所念在通过抗战"鼓励民气,团结内部,控制反动,统一人心";"惟一要务在于决定和战问题与认定国家存亡之关键"。② 中国抗战面临新的考验。

五 南京失守后的政军机构改组

南京为国民政府首都所在地,战争打响后不及半年即为日军所占,确为抗战初期中国所受之大挫折。在南京失守前后,其他战场的中国军队亦屡遭挫折,平汉线日军在11月初进至豫北安阳,南窥中原;津浦线日军于12月27日侵占济南,威胁徐淮;抗战局势更为严峻而急迫。

还在南京失守之前,面对南京不免失守、未来战局可能更为紧急的情况,蒋介石已有所考虑。11月30日,蒋介石于南京尚在坚守之际考虑长期抗战"最恶"的结果是:"甲、各省军阀割据,国内分崩离析;乙、共党乘机捣乱,夺取民众与政权;丙、散兵游勇,到处抢劫,民不聊生;丁、人民厌战,共党煽动,民心背弃;戊、政客反动离间,各处伪政权纷起;己、各国与倭妥协,瓜分中国;庚、倭俄以中华为战场,陷于西班牙水深火热地位;辛、财政竭蹶,经济枯竭,社会纷乱。"③ 不过,他更希望争取的还是"次恶"乃至"不恶"的结果。蒋毕竟久历戎行,多年拼搏,几起几落,经过风浪,不会轻易动摇自己的决心,而且就其个性之倔强自信而言,越临险境,倒越可激发他的斗志。尤其是在西安事变之后,蒋得到了全国各方的拥戴,国民党内的反对派和地方实力派,对他也都表现恭敬,抗战开始后,全国舆论民意包括曾经的冤家对头中共都表示支持他的抗战决策,更增添了他坚持下去的底气。何况作为国民党的领袖,蒋介石每以国父传人自居,自忖有对党国的责任感,而在日军猛进、气焰嚣张之际,订城下之盟的后果,是可以想见的。蒋认为"此时如果言和则无异灭亡,不仅外侮难堪,而且内乱益甚"。④ 因此,虽然南京最终失守,也没有

---

① 朱汇森主编《中华民国史事纪要(中华民国二十六年七至十二月份)》,第735页。
② 《蒋介石日记》,1937年12月13、14日。
③ 《蒋介石日记》,1937年11月30日。
④ 《蒋介石日记》,1937年12月18日。

动摇蒋坚持打下去的决心。

在蒋介石考虑"南京失陷后政局变迁之影响与预测"时，他准备"三年苦斗"并设想：

> 1. 南京万一被陷，则对内部、对共党、对国民应有鲜明态度之表示，决定抗战到底，义无反顾；2. 此次抗战即使全国被敌占领，只可视为革命第二期一时之失败，而不能视为国家被敌征服，更不能视为灭亡也；3. 不可失去本党革命性，更不可忘却本党革命责任，只要三民主义不灭，则国家虽亡犹存，只要革命精神不死，则战事虽败亦胜；4. 宁为战败而亡，不为降敌求存，战败则可转败为胜，降敌则虽存必亡，而且永无复兴自拔之时矣；5. 敌以共产主义为第一对象，希冀利用本党与本人为其作刽子手，使我国内自相残杀，成为第二之西班牙，此乃最为残暴之悲境，应切戒而力避之。①

由此可知，蒋对南京失守后的继续抵抗，态度是鲜明的，更值得注意的是，他还提到将向中共明确表明其"抗战到底，义无反顾"的态度，而且明确表示不接受日方诱惑，将"切戒而力避"国内的"自相残杀"。这样的态度与中共在抗战初期对国民政府和蒋介石实行抗日的大力支持恰为呼应，从而成就了第二次国共合作的高峰时刻。

当然，蒋介石的抗日态度并不能够完全代表国民党决策层的态度，相反，在南京失守前后，国民党决策层中因对日作战不利而致之对日妥协思潮还在蔓延滋长，"各方人士与重要同志皆以为军事失败非速求和不可，几乎众口一词"。一直对抗日联共疑虑重重的汪精卫向蒋介石提出，可以考虑由第三者出面调和，被蒋斥为"不可能之事也"，并被认为"不有主见何以撑持此难关"。时值德国驻华大使陶德曼（O. P. Trautmann）在中日之间调停，蒋介石亦曾希冀能达致某种可接受的结果。但当蒋得知日方的最终条件是，日"满"华共同防共、经济合作，设立非武装地区并成立特殊组织，中国赔款，他反而感觉松了口气，"见此余心为之大慰，以其条

---

① 《蒋介石日记》，1937年12月11日。

件与方式苛刻至此，我国无从考虑，亦无从接受，决置之不理，而我内部亦不致纠纷矣"。12月27日，国防最高会议讨论议和问题，"多主议和"，监察院院长于右任等且批评蒋介石"优柔而非英明"，被蒋讥讽为"亡国元老""糊涂评论""投石下井"。次日，蒋介石与汪精卫、孔祥熙、张群会商时局，"坦白告以国民党革命精神与三民主义，只有为中国求自由与平等，而不能降服于敌，设立各种不堪忍受之条件，以增加我国家与民族永远之束缚。若果不幸全归失败，则革命失败不足为奇耻，只要我国民政府不落黑字于敌手，则敌所凭借，我国随时可以有恢复主权之机也。乃即决定不理敌之条件"。① 12月20日，国民政府发表宣言，郑重声明："在日本军队占领之北平或其他地方发现任何伪政治组织，皆为日本侵犯中国主权及领土行政完整之暴行，其一切行为，对内对外，当然无效。"② 然在公开声明之外，据徐永昌的观察，国民党内许多人认为，"今日中国真到最后危险时期，除日人自动悔祸不前，或某一国参加作战外，我国家决无苟全之望，全国对抗战心口如一，第八路军的人第一，李德邻部的人次之，其余类多口是心非"。③ 可见当时蒋介石坚持抗战决策面临的大环境之困难。

坚持抗战的决策虽得以继续，但蒋介石亦感觉需要将其决策更广泛地周知于国民党党政军高层领导群体，并因其决策往往受阻于党内外各色人等的现实情况，有做出相应调整之必要。在南京失守前后，蒋不断考虑因应方略，决定：整顿中央、改变制度；召集各省主席与最高将领会议，贯彻继续抗战的决策；强化政府、健全组织，打破苟且与依赖之现状。④ 为此，1938年初，蒋介石对政军领导机构再次做出了较大的调整改组。

---

① 《蒋介石日记》，1937年12月16、18、27、28日。另据王世杰日记记载，12月31日，"予与蒋先生晤谈时，对于大局，予坚请其勿轻言和，盖目前主和者，无非以为和则国民政府之生命可以延长。实则目前言和，必须变更政府一切立场，自行撕碎九国公约与中苏不侵犯协议。和议成后，政府内受国人之攻击，外受日方之继续压迫，不出一二月，政府必不能维持。蒋亦以所言为是，其抗战决心，似未为最近德方之调停所摇动"。见林美莉编辑校订《王世杰日记》上册，1937年12月31日，第77页。
② 《国民政府宣言》（1937年12月20日），《中华民国史档案资料汇编 第五辑第二编 政治》（1），第149页。
③ 《徐永昌日记》第4册，1938年1月5日，第212页。
④ 《蒋介石日记》，1937年12月4、11、17日。

在强化政府、健全组织方面，蒋介石首先改组了政府机构。行政院是国民政府的政务处理中枢机构，1935年12月，蒋介石出任行政院院长，及至抗战开始后，蒋身兼军事委员会委员长和国防最高会议主席，各项军政事务日渐繁多，尤其是战时的紧急军务需要及时处理，势难兼顾，蒋有意将处理日常行政事务的行政院院长的职务让出，他选择的接任人选是时任行政院副院长的孔祥熙，同时将行政院的若干部门裁撤、归并、改组，以提高行政效率，适应战时需要。1938年1月1日，行政院改组，孔祥熙任院长，张群任副院长，陈立夫任教育部部长，张嘉璈任交通部部长（原铁道部和全国经济委员会的公路部门撤销，并入交通部），翁文灏任经济部部长（由实业部改组而成，原建设委员会、全国经济委员会的水利部门、军事委员会三部和四部撤销，并入经济部，资源委员会亦由经济部掌理），裁撤海军部（海军事务由海军总司令部管理）。[①] 国民党中有人认为："此次改组之主要意义在谋行政机关之合理化，蒋先生专任军事，孔之周游欧美，于经济帮助颇有所获，故畀以行政院长"。[②] 但蒋介石的这个决定颇为国民党内外所批评，因为孔祥熙在抗战开始后主和，他接任院长，使"外间颇疑政府倾向于妥协"，孔本人亦不避讳其"出任行政院院长，实非所愿，对大局似甚悲观"。[③] 而且，每逢政府开会讨论抗战事项，"会场中少不免又涉及伤兵、难民、交通、后方秩序诸问题。这几乎是每有会议必定提到的，并且照例有许多令人伤心叹息的报告。报告完了，必然以'中国哪得不亡'、'中国不亡是无天理'等等愤慨语做结束。今日说这种话最多的是孔副院长，其次是何应钦部长。说这话的人，仿佛自己不负一些责任。人人都这样说，到底亡国的责任要谁去负呢？"[④] 然对蒋介石而言，此举为"和战二派之调剂与运用，表里互用"，[⑤] 毕竟蒋也不能完全忽视国民

---

① 经过此次改组，行政院由9部3委员会1署，缩减为7部3委员会。1940年，增设农林部，内政部卫生署改行政院直隶，社会部由国民党中央党部隶属改为行政院隶属。1941年增设粮食部。1942年增设地政署。1943年司法行政部由司法院隶属改为行政院隶属。1944年增设兵役部、善后救济总署。见孔庆泰等《国民党政府政治制度史》，第483—495页。

② 《王子壮日记》第4册，1938年1月1日，第371页。

③ 林美莉编辑校订《王世杰日记》上册，1937年12月31日、1938年1月5日，第79页。

④ 陈方正编辑、校订《陈克文日记》上册，1937年12月7日，第139页。

⑤ 《蒋介石日记》，1938年1月1日。

党内的主和倾向，何况孔较他人（如口碑较好的宋子文）为听话，对蒋更可谓言听计从，所以他从来都是蒋夹袋中的首选人物，此番以孔接任行政院长，可以确保蒋的意旨被贯彻执行。①

不过，主战或主和或可被理解为政见不同，然对孔祥熙当政更不利的是，他在国民党内被认为施政庸碌无为，口碑一直不佳，其为人又比较高调而不避嫌疑，加以家财万贯，公私不分，颇为人厌。据行政院参事陈克文所记，"现时骂孔者多矣，外间对军则骂何（应钦），对党则骂陈（立夫），对政则骂孔。其实应负责者不止彼三人也。昨见伯勉，谓有人传，孔以一切公文交未满十六岁之女儿处理，言下愤极，谓尚未有开苞资格的臭丫头居然处理国事，我们尚何必再做此官耶？外间虽有此传说，但信否未知也。伯勉又言，最近孔以向美订购飞机之权授其子令侃，所得均速率最劣之旧机，每小时不过二百八十哩以下，航空界大愤，但终无法补救云云。孔常于会中叹云，'如此中国安得不亡'，自己所做不满人意之事多矣，不知亦念及此言否"。陈克文在这段日记中写下的不过是听到孔祥熙将公务交女儿处理的传闻，信否则存疑。可是几天之后，就在孔祥熙就任行政院长后召开的第一次院会中，"其女公子忽入会场陈事。孔指谓出席诸官长云，此我女儿，常为国家服务，翻译电报，代阅公文，未取国家一文报酬，外间竟有许多闲言，真是气人。散会后，众竞以不要钱的女儿为题，传播新闻。不知孔作此语时，亦想及其女儿身上罗绮与口中肥甘，果从何来也。国家设官授职，各有专司，孔氏又何以必须尚未成年之儿女过问公务耶"。② 这类在其他高级政务官避之唯恐不及的传闻，居然由孔祥熙

---

① 后来蒋介石还在日记中写下了他心目中的智囊团人选是，张君劢、胡适、王世杰、张嘉璈、张季鸾、张群、蒋廷黻、朱家骅、周鲠生、左舜生、傅作义。（《蒋介石日记》，1938年3月6日）值得注意的是，在这些人中，多数并非强硬主战派，而以主和派和温和派居多，其中非主流派及体制外的政客和学者又占了一多半，蒋的过往贴身近臣只有张群一人，而唯一的军人傅作义亦非黄埔出身的中央嫡系，于此可能反映出蒋介石当时希望对主和派有所安抚，从而使战的决策得为更多人尤其是上层人士所接受。但究其实，蒋介石真正用来做事的人仍不脱"自私"二字。以外界的观察，全国抗战开始之后，"政治的第一现象是family clique（家族集团）势力与日俱增"，"蒋夫人的气焰，一天比一天高"。（《傅斯年致胡适》，1938年6月20日，王汎森、潘光哲、吴政上主编《傅斯年遗札》第2卷，第675页）这里说的"家族集团"势力，无非宋美龄、孔祥熙、宋子文等人，而对外以孔祥熙为代表，内部则以宋美龄说话最有分量。

② 陈方正编辑、校订《陈克文日记》上册，1938年1月2、14日，第157、161—162页。

自己亲口证实，实在令人哭笑不得，难怪陈克文也感叹不已。不知这是孔出于私心的自大自恋，且以为有蒋之强力支持而无所谓，还是孔当真认为这是出于公心的为国服务，以致对外界之批评真心反感。但无论如何，以孔祥熙的如此认识如此做派，位居处理国家日常公务的行政院院长这样一人之下万人之上的高层岗位，给国民党和蒋介石带来的负面形象远远大于正面形象。但以蒋当时在国民党内的威权独裁地位，孔的下属和同僚即便有如此强烈的不满，多也只能私下发发牢骚，并不能改变蒋的决定本身，不过也埋下了不到两年后行政院即再度改组，孔祥熙不得不退任副院长的远因。

  在整顿与改变制度方面，蒋介石再度改变了军事委员会的组织和职能。1938年1月10日，国防最高会议召开常务委员会，决定改组军事委员会，根据其后公布的《修正军事委员会组织大纲》，"国民政府为战时统辖全国军民作战便利起见，特设军事委员会，直隶国民政府，并授权委员长，执行国民政府组织法第三条所规定之职权"；"委员长统率全国之陆海空军，并指挥全民，负国防之全责"。① 蒋介石任军事委员会委员长，阎锡山、冯玉祥、李宗仁、程潜、陈绍宽任副委员长，1928年国民党完成二次北伐、统一全国时的军事四巨头蒋、冯、阎、李再度会聚在军委会（当年底又增补李济深和宋哲元为副委员长）；军事委员会下设参谋本部（总长何应钦、副总长白崇禧）、办公厅（主任贺耀组）、侍从室（钱大钧、陈布雷、陈果夫分任一、二、三室主任）、参事室（主任王世杰）、调查统计局（即"军统"，局长贺耀组）、军政部（部长何应钦）、军令部（部长徐永昌）、军训部（部长白崇禧）、政治部（部长陈诚）、后方勤务部（部长俞飞鹏）、军法执行总监部（总监唐生智）、航空委员会（主任委员周至柔）、铨叙厅（厅长林蔚）、军事参议院（院长陈调元）等机构，并直接指挥各战区和陆海空军。经过这次改组，军事委员会过去的庞大机构有所减少和归并，功能较前有所收缩，原先合署办公的国民党中央宣传部、组

---

① 何应钦：《日军侵华八年抗战史》，台北，黎明文化事业公司，1982，第52～56页。根据1928年2月国民党二届四中全会通过的《中华民国国民政府组织法》，其第三条规定为：国民政府委员处理政务，以会议行之；日常政务由常务委员执行之。（荣孟源主编《中国国民党历次代表大会及中央全会资料》上册，第520页）因此，军事委员会在抗战时期实代行国民政府的上述职能。

织部、民众训练部等回归党务系统，经济社会方面的职责或撤销（第三、四部）或划归行政院有关部门统辖（资源委员会和农产、工矿调整委员会改隶经济部，贸易调整委员会改隶财政部，禁烟总会改隶内政部），军事委员会的功能以军事指挥为中心，集中在军政、军令、军训三大部，并新成立政治部（由第六部改组，并合并第二部及第五部而成），这一组织架构大体贯穿了抗战的全过程。

此次军事委员会的改组，除了强调其统领军事的功能之外，最重要的是新建政治部，负责军队的政治训练、国民的军事训练及战地服务和民众组织宣传，并且将国民党中央组织、宣传、民众训练部的有关职能交"由政治部行之，中央不过决定方针而已，各地党部亦归政治部指挥监督"。结果又引来国民党党务系统尤其是曾经长期主管党务系统的陈果夫陈立夫兄弟的不满，认为"陈诚军人也，如何能统辖党部之人员"。"不欲归制于政治部也。虽然此项办法系国防最高会议之决议，如严格执行，则整个的党将无所事事之。盖所谓办党者，今限制党部只能作经常之工作，一切有关战时之民众训练、宣传等均由政治部负责执行矣，则党之为党具何意义。"此时正值抗战军事的紧急时刻，军方因担负主要作战任务，黄埔系声势大张，加以"年来党务集（陈）立夫之身，以致有若干纠纷"。① 1938年1月1日行政院改组时，蒋安排长期主管党务的陈立夫担任教育部部长，即被国民党内有人解读为，这是要"立夫明白承认办党失败，卸去党的职务，专心致力于教育"。但是陈立夫并不甘心就此对党务完全放手，亟谋改变这个决定，并且提出或者修改决定，或者通过设联席会议等方式，限制政治部的权力。惟在国民党中央开会讨论时，汪精卫"报告曾以此案征求蒋先生意，彼意关于民众组织训练与宣传应由政治部负责"。政治部部长陈诚为国民党内新晋之少壮派领袖，此时正得蒋之信任，风头颇盛，他强硬表示："若干办党人员声名狼藉，非集中训练，统一意志，非不能努力工作，免去摩擦"。国民党中央组织部部长张厉生亦靠向陈诚，"以为本党至此，已不能尽党的责任，应明白承认以往之失败，应谋改弦更张之道"。陈立夫"则颇以为苦，虽少争辩，亦无结果"。最后仍"照蒋先生意思通过。是日立夫未

---

① 《王子壮日记》第4册，1938年1月11、12、20日，第379、384页。

出席，显示彼对此案之不悦"。①

蒋介石决定在军委会设立政治部，另外的意图是，适当容纳中共和体制外的各色人士于其中，这样既可体现国民党包容各党派共同抗日的精神，又可杜绝中共力量在抗战背景下伸张进入核心权力机构的可能。中共领导人周恩来和蒋介石的反对派邓演达的好友黄琪翔出任政治部副部长，著名的左翼文化人郭沫若出任政治部第三厅厅长，便可体现蒋的意图，当然，蒋也同时安插了国民党复兴社系统的中坚人物贺衷寒和康泽出任政治部第一、二厅厅长，以为平衡和牵制。对于周恩来的任职，在抗战初期国共合作比较顺畅的背景下，国民党内倒还不至于反对，但对于郭沫若的任职，国民党内则颇有反对声，陈立夫等党方干将均不赞同。当时陈诚正欲大显身手，希望利用郭沫若的名望和宣传鼓动力，对陈立夫等之反对甚不以为然，认为"此事关系本甚重要，本党政策之所系也"。而以王子壮的观察，此事"盖渊源于蒋先生之态度。党外人，尤其近来之共产党人高唱民主之口号，其意无非欲参加若干人与政府各方。此事中央虽不可必采，但近来蒋先生之态度逐渐向此方向进行毫无疑义。如此次政治部改组以郭加入之，盖亦为表示容纳各方之意耳"。"在蒋先生之意，均欲使其共同工作，化为本党之人员，非只容纳各派也。"王子壮同时认为："此事如为策略的，本无不可，但又恐至喧宾夺主。不过此事之关键，全系于本党自身有无办法，自己能有作法，得全国之拥护，即容纳各方亦无问题，反之若如现在之一筹莫展，纵无敌对亦将腐灭，此至严重之问题。"②

在召集将领会议、贯彻抗战决策方面，1938年1月11日，蒋介石在

---

① 《王子壮日记》第4册，1938年1月23、24日，第387页。张厉生进而认为："至果夫立夫对党的贡献与失败，均由于彼等狭隘之态度。自十五年迄廿年，是时党内派别纷如，蒋先生在党的地位又弱，经彼等辛苦支持，创立根基，未尝非蒋先生之功臣，但廿年本党逐渐团结，蒋先生已为全国之领袖，素与不睦者亦无间言。是时办党应适应蒋先生之政治环境，但立夫仍持其一贯之态度，不能展开局面，凡拥蒋者均予罗致，致党的方面日趋狭隘。去年抗战既起，蒋先生命立夫组织第六部，以黄埔之刘健群为副部长，其意在使立夫扩大局面，网罗各派，而铸于一炉，故将中央之组织训练两部亦并入之。但数月以来，毫无成绩，所派之人，仍不外彼之一小部分，故蒋先生再以陈诚为政治部长，继续负担此使命也……立夫先生如尚不撒手，则其尾大不掉，终有不了之势。如一般特务工作人员及党的干部，其骄横已成，不易收拾者也。"见《王子壮日记》第4册，1938年1月23日，第387页。

② 《王子壮日记》第4册，1938年1月13、23日，第380、387页。

紧邻华北抗战前线的河南开封，召开了第一、第五战区团以上军官军事会议，并发表《抗战检讨与必胜要诀》的主旨讲话。他在讲话中解释说：抗战"最后胜败的关键，就在战略和政略"。日本的战略是集中兵力先攻华北，但被我们的上海作战打破；日本的政略，"最初是想用不战而屈的方式，威迫利诱，使我屈服，后来看见计不得逞，就想动员他新式的陆海空军，遂行他速战速决的诡谋"。但是，即便日本侵占了上海、南京，"我们仍不屈服，仍要抗战下去，他这个速战速决的政略，就完全被我们打破"。他强调："今后我们唯有踏着已死官兵的血迹，继续抗战，坚持到底，不但要打破敌人速战速决的计划，而且要驱逐敌人于我们国境之外。"这次会议的主题是整肃军纪，因为在会前，第五战区副司令长官兼第三集团军总司令、山东省政府主席韩复榘，面对日军的进攻，未能坚决抵抗，反而放弃职守，率部从济南一直退到鲁西南，致津浦路北段和黄河防线门户大开，直接威胁徐州及中原地区的安全，令国民党内外大哗，也使蒋介石极为恼怒。蒋在这次会上特意说：一些高级将领，怀着一种保存实力的卑劣心理，不顾国家的存亡，不顾民族的生死，只是望风退却，带了部队步步后撤。会中，蒋和第一战区司令长官程潜、第五战区司令长官李宗仁、副参谋总长白崇禧商议后，下令逮捕应召前来参会的韩复榘，并于1月23日由国民政府下令，以韩复榘"违反战时军律"，褫夺其陆军二级上将军衔，交付军法审判。24日，韩复榘在武汉受军事委员会高等军法会审，以"不奉命令，无故放弃济南及其应守之要地，致陷军事上重大损失，处死刑，褫夺公权终身"。随后韩复榘被执行枪决，成为抗战期间因作战不力而被处死的最高级别将领。①

南京失守后，面对党政军最高领导机关向大后方的转移，在剧烈的动荡之中，蒋介石对高层军政机构的调整整顿，对军纪和抗战决策的强调执行，稳固了国民党的领导作用和执政地位，有利于继续贯彻抗战到底的决策，也使国民党在面对日本继续扩大侵略时可以对外一致。1938年1月，德国陶德曼调停最终失败，16日，日本近卫文麿内阁发表声明，声称："日本政府于南京陷落后，对于中国国民政府与以反省其态度之机会。而

---

① 朱汇森主编《中华民国史事纪要（中华民国二十七年一至六月份）》，第25—26、119、128页。

至今日，国民政府依然不了解日本之真意，策动抗战，对于东亚全局和平毫无顾虑。因此日本政府今后不以国民政府为对手，望真能与日本提携之新政府成立与发展，而拟与此新政府调整两国国交，并协力建设新中国。"① 此番"近卫声明"的发表，意在不宣战的情况下，否认中国的合法政府，并为制造傀儡政权预为张本，其公开声明"不以国民政府为对手"，使国民政府和蒋介石再无妥协交涉的退路，并且无异于对国民政府及蒋介石的公开蔑视与羞辱，使得国民政府内部除了汪精卫派的少数人后来畏于日本的"声威"并为其所诱惑之外，都和蒋介石站到了坚持抵抗的同一立场。蒋介石在得知日本"近卫声明"发表后，决定"拒绝倭寇媾和之条件，使主和者断念，稳定内部"，并认为日本声明"宣布不与国民政府作交涉对手而未明言否认三字，此乃敌人无法之法，但有一笑而已"。② 1月18日，国民政府发表声明，回应日本"近卫声明"。国民政府声明谴责"日本不顾一切，调遣大批陆海空军，攻击中国之领土，屠杀中国之人民"；"中国若干城市，尚在日军非法占领之中。人民之生命财产，皆被其任意摧残，解除武装之兵士，非战斗之人民，甚至无辜之老弱妇孺，皆被其任意残杀，至产业之毁掠，文化之隳坏，更难殚述"；重申"中国迫不得已，起而自卫，抵抗侵略，抵抗暴力"；宣示"中国政府于任何情形之下，必竭全力以维持中国领土主权与行政之完整，任何恢复和平办法，如不以此原则为基础，决非中国所能忍受。同时在日军占领区域内，如有任何非法组织，僭窃政权者，不论对内对外，当绝对无效"。③

日本"近卫声明"的发表，确乎暴露出日本武人和军部的狂妄，或许这来自近代以来日本和中国打交道的过程中屡屡"胜利"的经验，更由于中日战争开始以后，日军的步步推进而增加了日本如此做派的底气，但令日本没能想到的是，其强横和霸道，反而促成了中国内部面对外侮时空前一致的团结抗战。用当时中国舆论的话，日本此番是图穷而匕首现。"军

---

① 朱汇森主编《中华民国史事纪要（中华民国二十七年一至六月份）》，第85页。
② 《蒋介石日记》，1938年1月17日。日本此番声明发表时的内阁首相为近卫文麿。抗战胜利后，1945年12月17日，蒋介石"阅报得悉，日本战俘、七七时之首相近卫文麿，曾扬言非打至蒋某屈膝不休者，昨已自杀……是诚所谓天网恢恢矣"。见《蒋介石日记》，1945年12月17日。
③ 朱汇森主编《中华民国史事纪要（中华民国二十七年一至六月份）》，第99—100页。

阀日本要不战而胜中国，中国政府及国民则以武力捍卫其国家。军阀日本要以较小的军力使中国屈膝，中国政府及国民则全面抗战。军阀日本希望国民政府接受它的亡国条件，中国政府及国民则誓不屈服。这样军阀日本，一不能不战，二不能小战，三不能中途辍战，于是'图穷而匕首现'，公开宣言否认代表全中国四万万五千万人民公意、捍卫五千年民族生存的国民政府，而毫无廉耻的与它所手造的汉奸组织讲'提携'。"因此，中国舆论认为："这样军阀日本替中国对世界说明了两件事：第一，中国决不投降于强暴的日本；第二，国民政府便代表这种意识抗战到底。在这两种意义之下，在中国方面，因此斩绝一切妥协幻想，坚定意志，继续抗战下去。"① 由中国舆论所反映出的这样坚定的抗战意识，基本代表了当时中国官民比较一致的想法，也确乎超出了近代以来日本的中国经验和中国想象。因此，中国一方是新环境中的对外抗战，日本一方是旧意识下的以战逼降，双方遵循的关系路径大大脱离了近代以来中国对外关系的传统范式，而这又是民国成立以来尤其是五四运动和国民革命以来，中国内部官民共谋互动、连续不断的新兴民族主义成长的必然结果。从某种意义上毋宁说，中国的抗日战争，反映的是固守传统思维的日本与发生了新变化的中国的对抗，其进展与结局已经由不得日本单方面的压迫所可决定，然近代以来惯于对中国使用武力压迫的日本武人政客集团，当时还没有如此之远见卓识，充分理解其近邻的内部重大变化，仍然信奉和沉迷在过往以武力压迫而成功的经验之中，因此，从又一方面而言，"强"日本和"弱"中国之间发生的这场战争的持久格局于此已充分显现。

第二节 确定"抗战建国"方略

一 国民党临时全国代表大会的酝酿和召开

全国抗战开始以后，国民党军队虽然作战屡屡失利，但在战场上还是表现了英勇作战的精神以及不怕牺牲的气概，尤其是历时三个月的淞沪抗战，成为中国军队决不屈服于强敌的精神表征，"中国不会亡"成为当时

---

① 《东京的强暴宣言》，汉口《大公报》1938年11月18日。

多数中国人内心世界的坚定信念。① 惟作为执政党的国民党，虽号称党治，排斥其他党派的政治参与，但在抗战来临时，却表现为跟不上形势发展的步伐，蒋介石的抗战决策多为召集各方讨论做出，而未过多依赖党的系统，加以党内的某些"老同志"，自恃资格和地位，动辄对各种决策提出意见，遭到外界的诟病，使得党务系统成为国民党执政的党政军三驾马车中，似乎最为外界所不满及批评的一端。而与此同时，在国共合作的背景下，中共的影响却在不断扩大，更使国民党内出现了不少对党的批评。

对国民党的表现，蒋介石颇为不满，曾在国防最高会议"痛言，国民党程度低劣，有亡国之罪"。② 后又在招待留汉国民党中央执监委员的席上，"斥责数年来党部工作不力，以致我方军队所到之处，不见党部人员或党员之协助或存在"。③ 当然，这其中不排除当时负责军务的军事委员会和负责政务的行政院都在蒋介石的直接掌控之中，唯有国民党，蒋的权力有所不及，从而通过批评党务系统，为其完全掌控国民党预留张本。不过，其他不少国民党官员对党政军关系的观察和对党务系统的批评大体亦如是。时任军委会五部副部长的谷正纲说："我再也不愿谈党了"。行政院参事陈克文认为："战争中始终看不见国民党的活动，其他各党各派却乘

---

① 1937年10月底，在优势日军的压迫下，中国军队主力撤离上海苏州河北地区，然八十八师二六二旅五二四团团附谢晋元受命率领官兵400余人，在日军的炮火轰击和枪林弹雨中，从10月27日至30日坚守苏州河北的四行仓库，极大地鼓舞了当时的军心民心，成为淞沪战役期间中国军队英勇抗战的象征。在这期间，女童子军杨惠敏肩负着一面中国国旗，于暗夜中泅水渡过苏州河，送交守军。这面高高飘扬在四行仓库上空的中国国旗，激动了现场的上海市民，也激动了正在亲历战争、抵抗侵略的无数中国人。这是过去一直以来的说法。另据最新研究，杨惠敏泅水送去的国旗太小，又无旗杆，不合需要。后来飘扬在四行仓库上空的国旗，是应上海市政府秘书张廷荣而请，由上海商会团团长叶春年带领六位团员，连同旗杆、旗绳及三卡车各界支援的衣物食品，巧妙避开敌军火力，越过大桥，送进仓库。（孙玉芹：《民国时期的童子军研究》，人民出版社，2013，第255页）其后，由桂涛声作词、夏之秋作曲，创作了流传后世的经典抗战歌曲《歌八百壮士》：中国不会亡，中国不会亡，你看那民族英雄谢团长；中国不会亡，中国不会亡，你看那八百壮士孤军奋守东战场。四方都是炮火，四方都是豺狼，宁愿死不退让，宁愿死不投降。我们的国旗在重围中飘荡，飘荡……八百壮士一条心，十万强敌不敢当。我们的行动伟烈，我们的气节豪壮。同胞们，起来，同胞们，起来，快快上战场，拿八百壮士做榜样。中国不会亡，中国不会亡，中国不会亡，中国不会亡，不会亡，不会亡，不会亡……（为了对外宣传和迷惑对手的需要，当时称坚守四行仓库的官兵有800余人，故其在历史上以"八百壮士"而闻名）

② 李学通、刘萍、翁心钧整理《翁文灏日记》，1937年12月20日，第196页。

③ 林美莉编辑校订《王世杰日记》上册，1938年1月26日，第86页。

这中心势力削弱的时候，大事活跃。许多人仿佛都在说，国民党不成了，共产党快要起来了！"行政院参事张伯勉甚至说："政府改组，最好请毛泽东做行政院长，朱德做军政部长，他们的办法要多些。"并得到同为行政院参事的胡彦远、邓介松的附和。"这分明是自信心已经动摇了。"① 王世杰认为："近日党部受军队及其他方面之攻击甚烈，陈果夫、陈立夫甚愤慨。"② 当蒋介石向其颇为看重的智囊人物熊式辉"询战争前途"时，熊式辉答以"党务太差，毫无力量表现，尤于下属为然，宜其各党各派之活动如入无人之境，是诚可虑。若不加以整理，以后将更不堪"。③ 这些看法或多或少都影响到蒋介石对国民党的看法，因此，在国民政府迁都重庆、战事将要长期化之际，蒋介石筹备召开国民党全国代表大会，谋求对国民党有所改造，以使国民党作为党治架构的中心，发挥其在长期抗战中的领导作用。国民党元老、时任考试院院长的戴季陶认为："蒋先生之欲改组本党，原为必须，因党的前途已无出路，但改组如系扩张现局，容纳各方，在本党没有健全干部之时，尤为危险。因十三年之改组，即系因干部不行而增加生力军，但以后因为本部党同人之不努力，致党权旁落，于是有十六年之清党。在理此时很易完成干部之组织，但十年来泄沓沓益甚，卒能今日散漫不治之现象。如再开放，自必有很大之激荡与牺牲，或因此能磨炼出一部干才亦未可知。"④ 当然，蒋介石同时亦谋求通过大会而改组国民

---

① 陈方正编辑、校订《陈克文日记》上册，1937 年 12 月 9、23 日，第 140、147 页。
② 林美莉编辑校订《王世杰日记》上册，1938 年 1 月 26 日，第 86 页。
③ 《熊式辉日记》，1938 年 2 月 13 日，Hsiung Shi-hui Collection Portifolio, Manuscript and Rare Books Library, Columbia University, New York.
④ 《王子壮日记》第 4 册，1938 年 2 月 2 日，第 395 页。其实，据王子壮观察，"此次大会召集之目的何在，诸位元老迄尚未能明了。据叶（楚伧）先生所述蒋先生意在改组本党，但党的改组按以前总理十三年改组本党之际，系应时代需要，先行容纳共党分子，经过第一次代表大会加以法律上之承认，选其若干人为委员而已。若谓由党的本身，经大会决议容纳各派，似与党的系统上有不伦不类处，故究竟开会之目的何在，截至目前，恐只有蒋先生个人有一腹稿。不过诸位老先生之意以为，当此抗战紧张时期，一切当以抗战为旨归，蒋先生认为与抗战所必要之手段，此间诸人自无不赞成也。戴先生对于大会有一点颇坚持者，则以此次系第五次全国代表之临时代表大会，在理论上不应有超过五次大会之决议，凡第五次大会所决定不修改总章及所选之中央委员，不应再修改再改选。但此与蒋先生心目中之议案是否相合，殊为问题（如容纳各党派而无彼等之中委，事实上恐亦不易通过）。今姑不论此，他如一般人认为应该决定推蒋先生为本党总裁之议案，如不修改总章，此议恐即不易实现也。"见《王子壮日记》第 4 册，1938 年 3 月 22 日，第 422—423 页。

党的领导体系，进而掌控其最高权力，更便于个人独裁威权统治的建立。①不过，这方面的想法，蒋不便于自己公开说出，而是通过其他人尤其是国民党元老之口而表示出来。

国民党另一领袖汪精卫对于召开代表大会也有他自己的想法。当时的国民党最高决策机构中央常务委员会，实行的是常委制，并无理论上的领袖，汪精卫只能作为常委之一在党内活动，不能凌驾于其他常委之上。本来，国民党对于国民政府的最高政治指导机构中央政治委员会，由汪精卫担任主席，可以对国民政府的决策发挥作用，但国防最高会议的成立，实际上架空了中政会的权力。这样，汪精卫名义上虽然是国民党领导人之一，而实际上则并无直接的权力可供其发挥。汪精卫从来都是有强烈政治权力欲的领导人，他从国外休养中风尘仆仆回到国内，决不甘心做个政治花瓶，在各种会议上发个言讲个话而已。国防最高会议成立后，其下设国防参议会（见后述），作为政治咨询机构，汪精卫受命主持国防参议会的工作，便谋求扩大其功能，以其为基础，成立有较广泛代表性的民意机关，并且谋划以其代行立法院的功能，从而顺理成章地为自己谋得一席政治领导之地，而这样的举措又得经过国民党代表大会的通过。因此，虽然汪精卫明白，即便是国民党的中央组织架构改组，此时他也绝无可能越过蒋介石，成为国民党的最高领袖，但是能够通过代表大会成立由他掌控的政治组织，也不失为退而求其次之道，故汪精卫也是召开国民党代表大会的积极赞成者。

蒋介石、汪精卫之外，国民党内的主流意见也主张召开代表大会，决

---

① 大会召开前，蒋介石在 3 月 12 日曾经草拟了一份《党政制度改革意见》，提出："一、军事时期五院制暂停，以五院院长为最高国防会议常委；二、最高国防会议得以命令为便宜之处置；三、国民政府有紧急处分之特权；四、参政会于军事时期行使立法与监察二院之职权；五、推定全国各党派最高领袖，确定其负责领导与特许及干涉取缔之大权。中国目前非此不足以团结意志，集中力量，以支持长期抗战，而达到最后胜利之目的也。"（叶健青编《事略稿本》第 41 册，第 259—260 页）可见蒋不仅志在国民党的最高领袖，也志在全国各党派和国家的最高领袖，但因形格势禁，蒋的这个意见似未见在大会中提出。中共也反对国共两党合并的计划。据王世杰记载，"此次召集临时代表大会，原以决定本党与共产党之合并，暨民意机关设置两问题为目的。近日共党方既一再表示不能并入国民党（蒋先生曾有国民党及共产党均放弃其名称，另易他名之议），于是前一问题，一时迄今尚无解决方案"。见林美莉编辑校订《王世杰日记》上册，1938 年 3 月 8 日，第 98 页。

定抗战大计。王世杰认为:"中央所拟召集之临时代表大会,将讨论民意机关问题。此种问题之提付考虑,一在调和党外分子不平之气,一在预防华北伪组织假借民意名义,成立某种组织,以反抗党治。"① 据王子壮1938年1月底从国民党中央秘书长叶楚伧处所了解,"蒋先生决于最近召集代表大会,以改进目前之党务,惟以总章所限,召集必备一定之手续,只好举行临时全国代表大会,以第五次全国代表大会之代表为代表,地点在重庆,时间即在三月间,闻其目的在改组本党,使各党派之人悉行加入,以共同负党国之大任,本党之名义或亦将变更"。②

鉴于国民党内对召开代表大会以定抗战决策并改进党务的意见基本一致,但是召开正式的全国代表大会又有各项程序性问题和代表推举手续等难以在短时期内完成,故1938年2月3日,国民党中央常务委员会通过决议:定于3月29日召开国民党临时全国代表大会,讨论抗战时期本党组织应如何充实及进展,民众组织及训练应如何实施及推进,政治经济之设施应如何策进。③"代表即以五次全国代表大会之代表,拟由总数中互推三分之一,加以出席之中央委员,人数亦有三百余。各种应提代表大会之议案,在汉由汪先生召集各常委研究,随时请示蒋先生。"后又决定"即以五全大会之全部代表为临时全国代表大会之代表,不必再经互选手续"。④

当时,国民党中央党部和国民政府都已迁至重庆,但重要机关和实权人物基本停留在武汉处理抗战要公,在重庆开会符合法理,在武汉开会则符合实际,重庆与武汉间就此有所商讨。"临时代表大会开会地点,本定重庆,近以交通不便,且军事指挥机关既在武汉,指挥长官亦不便离开武汉,遂复拟改于武汉举行。但林主席森仍主在渝举行,则以代表大会,照党章须在中央政府所在地举行故也。"⑤ 后经往复商讨,重庆"诸老先生虽勉强允其在武

---

① 林美莉编辑校订《王世杰日记》上册,1938年2月4日,第89页。
② 《王子壮日记》第4册,1938年1月29日,第392—393页。另据王子壮的看法,"此次大会原意在容纳各方,但闻共党曾召集代表大会,不赞同加入国民党,于是性质一变,决议整理本党,并确定总裁制。党内公意自以蒋先生任本党总裁为名实相符……再于非常时期,汪先生极主张成立民意机关之国民参政会,同时有若干人则反对之,此事结果自有待于折冲。"见《王子壮日记》第4册,1938年3月26日,第425—426页。
③ 《"临时全国代表大会议题案"之决议》,李云汉主编《中国国民党临时全国代表大会史料专辑》(上),台北,中国国民党党史会,1991,第4、6页。
④ 《王子壮日记》第4册,1938年2月3、15日,第395、403页。
⑤ 林美莉编辑校订《王世杰日记》上册,1938年3月8日,第98页。

汉开会之请，但衷心不免不快，故林（森）主席决意不去，且有请辞国府主席之准备。戴（季陶）先生亦以临时代表大会绝无权修改总章及改选中委，否则对此会之本身发生疑义，亦拟不往"。① 最后决定在重庆举行大会开幕式，而在武汉实际举行大会的各项活动，以此迁就了双方的需求。

1938年3月29日上午，中国国民党临时全国代表大会在重庆举行开幕式，由国民政府主席林森主持，国民党中央常委丁惟汾代读了蒋介石的书面致辞。蒋在致辞中说："此次举行临时代表大会，最主要的目的，是要检讨我们过去的工作，尤其是抗战以来我们党和党员的工作，由于检讨的结果，来决定我们今后努力的方法，以增加抗战的力量，使我们这个肩负革命重责负有兴亡大任的本党，在这样艰难重大的时期中，能够担得起非常的使命。"蒋的致辞没有多谈正在进行的战争，而主要谈的是党务，提出大会所要讨论的"根本最重要的一件事，就是本党自身的改进"。他在致辞中用了不少的篇幅批评国民党，认为国民党"差不多已成为一个空的躯壳而没有实质了，党的形式虽然存在，但党的精神差不多是完全消失了！"其表现是，"党的基础异常空虚"；"只有党部存在而没有党员活动，也可以说只有党员而没有党的活动，我们只有文字上的党章而没有实在的纪律，只有议案而没有执行"；"党和党员不发生关系，党员和民众不发生关系"，"党员和非党员一般没有什么区别"；"多数的党员，大概都是意态消沉，生活松懈，兴趣淡漠，工作懒散，而且也同一般流俗一样耽安逸，讲享受，甚而至于争权利，闹私见"；"党在社会上不起作用，各级党部的委员及一般党员，都不能接近民众，既不知道民众的疾苦，也不知道解除民众的痛苦，党与民众隔离得很远……党在实际上不能够帮助民众，当然不能够领导民众"。这样的批评出自蒋介石之口，也不能不说有点振聋发聩。至于如何改革，"使我们的党恢复活力，恢复革命的精神"，蒋介石提出应"改善我们的组织，提高我们的纪律，加强我们的训练"，其实，这也不过是老生常谈，结果又落入他自己批评的俗套之中，即言语多过行动，而对于问题的揭露则总是大于改革的实际行动，实则于事无补。② 当

---

① 《王子壮日记》第4册，1938年3月14日，第418页。
② 王子壮过后曾有言："向之会议，偏重形式，决议各案，讨论时既未能认真，会后亦难期其必行，如是因循，盖有十年矣。"见《王子壮日记》第5册，1939年1月28日，第39—40页。

然，蒋介石在致辞中也说道："关于抗战大计以及政治军事与战时经济教育种种方面，当然要根据检查过去的结果，定出精详的方案来，共同努力以求其实现。"① 这才是本次大会的主题和期待解决的问题重点所在。

国民党临时全国代表大会3月29日在重庆开幕后，直到4月1日大会闭幕，都在武汉珞珈山的国立武汉大学内举行，并且为了避免日机空袭轰炸可能造成的损失，会议均在晚间举行。大会听取了叶楚伧所做党务报告，汪精卫所做政治报告，孔祥熙所做行政院报告和财政报告，何应钦所做军事报告，王宠惠所做外交报告，并就上述报告及各项议程有热烈的讨论，最后通过了有关政治、军事、经济、文教、社会等方面的一系列议案，如《拟请在已沦陷区域树立新政治机构案》《在抗倭战争中必须举国一致，一切建设以军事为中心，以期完成国军建设案》《为达成长期抗战之目的，必须一致努力推行兵役制度案》《关于党务改革案》《组织非常时期国民参政会以统一国民意志增加抗战力量案》《战时土地政策草案》《确定文化政策案》《请加紧实施国际宣传案》《改进战时县政机构促进行政效率以增抗战力量案》《工业政策实施大要案》《改善保甲制度，确定本党以保甲组训民众之政策，促进地方自治，以完成训政而利抗战案》《非常时期经济方案》《战时各级教育实施方案纲要案》等。这些议案基本以如何坚持抗战、赢得抗战为中心，着重于解决抗战时期一些亟待解决的问题。但是，除了一些议案，如党务改革案、建立国民参政会案等比较具体实际而有操作性外，多数提案还是显得比较"虚空"，比较难以付诸实践，从而也就于抗战大计不能起到其应有之作用，这也是国民党历次代表大会和中央全会通过的各种议案中一直存在的老问题了。②

二 《抗战建国纲领》的通过

国民党临时全国代表大会最重要的成果，是通过了《抗战建国纲领》。

---

① 《蒋介石在中国国民党临时全国代表大会上之开会词》（1938年3月29日），《中华民国史档案资料汇编　第五辑第二编　政治》(1)，第373—380页。
② 据王世杰观察，"会议时各种报告——党务及外交，极乏精彩。盖作报告之人，既已预知大会不会有何批评，其报告内容遂愈趋于形式。王亮畴报告外交时，极使会众厌倦，甚至有以铅笔敲桌促其速结者"。（林美莉编辑校订《王世杰日记》上册，1938年3月29日，第105页）于此也反映出国民党的会议往往形式大于内容的层面。

自1927年在南京当政之后，国民党自奉革命成功，一统天下，蒋介石也有开基立业之念，"建国"，包括国家统一、民族独立、民权政治、民生发展等方面的内容，便应是国民党的施政主旨和中心所在。惟在推倒北洋武人政权之后，国民党内各派争权夺利，纷争不已，乃至大打出手，被时人称为从旧军阀混战到新军阀混战。1930年中原大战结束之后，国民党内的武争告一段落，文争仍未止息，旋又因1931年以后的日本不断入侵，各种危机接踵而至，"建国"大计始终难以在和平稳定的环境中从容进行。不过，就在如此艰难的内外氛围中，从1927年到1937年全国抗战爆发前，国民党当政下的各种政治、经济、财政、法律、文教、社会事业的建设，仍然有所进展，并大体立下了后续发展的体制框架。或者可以说，如果不是日本侵略引发的战争，国民党的"建国"事业可能还有更多的进展。但是，战争又一次打乱了国民党早先的"建国"构想，如何在战乱中"建国"，再如何在注定持久化的战争状态下"建国"，并又在共产党成为有力竞争对手的情况下"建国"，维持国民党的垄断和独大的一党党治地位，成为国民党和蒋介石不能不面对的问题。还在卢沟桥事变刚刚发生，大战尚未开始之际，蒋介石已经考虑到"建国要在困难中实施，不可以倭患而中止建国工作也"；"建国工作进行不变，而且感觉兴味益浓，对倭寇有形无形间之恫吓，无所不用其极之手段，以我视之皆有不在意中也"。① 王子壮认为："今后苟能于战事方面支持长久，不致为敌人所屈服，我国转弱为强、复兴国家之机会亦在于此矣。"② 如同过后国民党中央之表述："战场中虽有重大之牺牲，而政治上并不收获相当之代价，则百年来空前之机会未免失之可惜。"③ 于此说明蒋介石和国民党领导层也都或多或少意识到，这场战争，如果从日本强加给中国的侵略战争的被动角度去观察，实为中国建设和民众生活之灾难，而如从中国奋起抵抗日本侵略的主动角度去观察，则又为唤醒民众、实现中华民族复兴之契机，其中关键又在于如何筹思运用。蒋介石的思考最终外化在国民党临时全国代表大会于4月1

---

① 《蒋介石日记》，1937年7月14日。
② 《王子壮日记》第4册，1937年8月2日，第214页。
③ 《国民党中央政治委员会致国防最高会议》（1937年8月26日），章伯锋、庄建平主编《抗日战争》第4卷（上），第121—122页。

日通过的《抗战建国纲领》之中。①

国民党临时全国代表大会通过的《抗战建国纲领决议案》，开宗明义即声明：

> 中国国民党领导全国从事于抗战建国之大业，欲求抗战必胜，建国必成，固有赖于本党同志之努力，尤须全国人民戮力同心，共同担负。因此本党有请求全国人民捐弃成见，破除畛域，集中意志，统一行动之必要，特于临时全国代表大会制定外交、军事、政治、经济、民众、教育各纲领，决议公布，使全国力量得以集中团结，而实现总动员之效能。

纲领总则突出了国民党和蒋介石对抗战的领导地位，强调"确定三民主义暨总理遗教为一般抗战行动及建国之最高准绳"；"全国抗战力量应在本党及蒋委员长领导之下，集中全力，奋励迈进"。这也是与此次大会确定的领袖制相一致者（见后述）。

《抗战建国纲领》提出了抗战时期应实行之各方面的具体政策纲要。

（1）外交。"本独立自主之精神，联合世界上同情于我之国家及民族，为世界之和平与正义共同奋斗"；"联合一切反对日本帝国主义侵略之势力，制止日本侵略，树立并保障东亚之永久和平"；"否认及取消日本在中国领土内以武力造成之一切伪政治组织，及其对内对外之行动"。

（2）军事。"加紧军队之政治训练，使全国官兵明了抗战建国之意义，一致为国效命"；"训练全国壮丁，充实民众武力，补充抗战部队"；"指导

---

① 在关于《抗战建国纲领》的讨论中，多数代表并未提出不同意见，唯有陶希圣认为："纲领是在野政党号召民众夺取政权的方法，在朝党要号召民众维系人心的方法，应该是政治成绩、施政大纲、法律命令等，如果也像在野党一样，订许多抽象的纲领，这是很不聪明的办法，因为纲领内容订得太低，就不能满足民众的欲望，订得太高，就不易实行，所以朝党发布纲领，不唯不能讨好，即就维系人心来说，也是无用"，因此，他认为"这一案实在是不必要"，建议"最好还是用宣言代替纲领"，并提出，如果要提出纲领，"每订一条纲领，应注意政治力量可能做到的程度，不然口惠而实不至，则非徒无益而又害之矣"。（《"中国国民党抗战建国纲领草案案"之讨论》，李云汉主编《中国国民党临时全国代表大会史料专辑》上，第347—348页）平心而论，考虑到国民党历来理论与实践脱节的老毛病，陶希圣的主张亦不为无因，但他的主张不适合当时的形势要求和代表的心理状态，故未得到多数代表的呼应。

及援助各地武装人民,在各战区司令长官指挥之下,与正式军队配合作战,以充分发挥保卫乡土捍御外侮之效能,并在敌人后方发动普遍的游击战,以破坏及牵制敌人之兵力";"抚慰伤亡官兵,安置残废,并优待抗战人员之家属"。

(3)政治。"组织国民参政机关,团结全国力量,集中全国之思虑与识见,以利国策之决定与推行";"实行以县为单位,改善并健全民众之自卫组织,施以训练,加强其能力,并加速完成地方自治条件,以巩固抗战中之政治的、社会的基础,并为宪法实施之准备";"改善各级政治机构,使之简单化,合理化,并增高行政效率,以适合战时需要";"严惩贪官污吏,并没收其财产"。

(4)经济。"经济建设应以军事为中心,同时注意改善人民生活。本此目的,以实行计划经济,奖励海内外人民投资,扩大战时生产";发展农村经济,奖励合作,调节粮食;开发矿产,树立重工业基础,鼓励轻工业经营,发展手工业;推行战时税制,统制银行业务;"巩固法币,统制外汇,管理进出口货,以安定金融";整理交通系统,增筑铁路公路,加辟航线;"严禁奸商囤积居奇,投机操纵,实施物品平价制度"。

(5)民众。"发动全国民众,组织农、工、商、学各职业团体,改善而充实之,使有钱者出钱,有力者出力,为争取民族生存之抗战而动员";"于不违反三民主义最高原则及法令范围内,对于言论、出版、集会、结社当予以合法之充分保障";救济战区难民及失业民众,施以组织及训练;加强民众之国家意识,"对于汉奸严行惩办,并依法没收其财产"。

(6)教育。"改订教育制度及教材,推行战时教程,注重于国民道德之修养,提高科学的研究与扩充其设备";"训练各种专门技术人员,与以适当之分配,以应抗战需要";"训练青年,俾能服务于战区及农村";"训练妇女,俾能服务于社会事业"。①

作为指导国民党战时施政和"建国"的基本政策纲要,《抗战建国纲领》既有对战前国民党施政的连续性和继承性,如强调国民党和三民主义的至高无上地位,也体现了国民党因应战时需要的新思考和战时执政的新

---

① 《抗战建国纲领决议案》(1938年4月1日),荣孟源主编《中国国民党历次代表大会及中央全会资料》下册,第484—488页。

路线，即突出坚持抗战的精神，并为此提出一系列施政要纲，如联合一切反对日本侵略的势力，否认伪政权，发动普遍的游击战，实行计划经济和战时统制，发动全国民众，注重战时教育，等等。与国民党过往通过的各种施政纲领的相对保守、脱离实际和大而化之的含糊其词相对照，此次通过的纲领确实比较进步、切合抗战实际而又不乏具体的可操作性，其中最突出的则在于政治路线的调整，如实行适度的政治开放，成立参政机关，推动地方自治，保障个人政治表达权利的合法化，等等。这些方面的内容，是战前和战时国民党体制外人士的一致要求，也是抗战开始后中共及其他党派向国民党提出并呼吁其实行的重要方面。因此，在"纲领"通过并公布之后，舆论的反映是积极的，中共及其他党派也是积极支持的。《大公报》认为："此次大会之特值称道者，为充分表现卫国建国的积极精神，而'抗战建国纲领'，就是此种精神之具体化。我们诵读一过，感觉其内容与半年来各方论者之志愿，大体相符，且有许多是当然必然的事实需要，无可论辩。这个纲领之宣布，一方可以更齐一全国同胞之意志，一方更可以打击敌阀屈服中国的迷梦。我们惟有希望政府必依此纲领，全力推行，则国民一定共同遵守。"[1] 原先反蒋的第三党认为，这是"国民党掌握全国政权以来最进步的一个决议"。[2] 中共中央则在下发各地的指示中提出，对于国民党代表大会的宣言与纲领应"立在主动地位，取积极赞助与拥护的态度，指出其基本精神同我党的主张是一致的"；"用一切方法推动其具体实施"；"赞助国民党的进步与扩大"。[3] 由此可知，《抗战建国纲领》基本呼应了全国抗战爆发后国内各方各界之关注及有待解决的一些急迫问题，适应了抗战形势的需要，也体现出国民党力图通过抗战而扩大建构其统治基础的政治意图。

但是，由于国民党的历史积淀和战时环境所限，《抗战建国纲领》仍然不够全面及完善，仍然没能满足国民党外各方的殷殷期望，以及国民党内各方的预期要求。纲领提出的政治开放度还是有限的，仍然强调国民党及其信奉主义的垄断性、独占性和排他性，通篇都没有明确回应其他政党

---

[1] 《全代会之决议及宣言》，汉口《大公报》1938年4月4日。
[2] 袁继成、李进修、吴德华主编《中华民国政治制度史》，湖北人民出版社，1991，第505页。
[3] 《中央关于对国民党临全大会宣言与纲领立场的指示》（1938年4月18日），《中共中央文件选集》第11册，第491页。

的合法化诉求，故战时其他党派的活动虽实际可为，然在法理上却又处在并不十分分明的"灰色"地带，这是国民党外各方还不满意的方面。① 纲领中的不少内容，虽然在理论上完全正确，但又格于种种因素的作用，没能落到实处，反映出国民党执政时期理论和实践脱节的固有问题。如关于惩治贪污和禁止投机囤积、实施物品平价的规定，宣传性大于实践性，以致到抗战中后期，出现了日渐严重的贪腐和投机行为，并因此而影响到国民党的统治基础和社会形象，这也是国民党内有识之士所忧心忡忡的问题。纲领最为可议的方面，是其主旨名为"抗战建国"，但没有明确提出"抗战建国"最终所要实现的目标究为何。从抗战的基本出发点——实现国家统一和民族独立的立场出发，纲领甚至没有提出抗战的最终目标究为恢复"七七"前之状况，还是恢复"九一八"前之状况，更不必说摆脱近代以来中国面对日本侵略时的不平等地位以及遭受的所有屈辱。因此，纲领中所言之"制止日本侵略"便多少显得有点宏大缥缈而不那么贴近实际。

以战争形势和内外国情所决定，抗战既为持久战，则在持久的战争状态中，军事固然重要，支持军事的政治经济社会面更为重要，因此，国民党提出抗战与建国并重，自无可非议，并且可以理解为其对于战争因应的正确决策，而在这次大会过后，国民党对外的宣传口号之一便是"抗战必胜，建国必成"。惟建什么"国"，如何在战争状态下建这样的"国"，又是对国民党的严重考验和挑战。② 由以后的历史发展进程观察，正是在这

---

① 其后召开的国民参政会，虽然包括了中共和其他党派的代表，但都是以经济、文化团体代表的身份参加会议，致各方并不满意。参见后述。
② 《抗战建国纲领》通过之后，行政院随之通过《抗战建国纲领实施方案》，从内政、外交、军政、财政、经济、教育、交通、蒙藏、侨务、赈济等10个方面，提出了具体的实施意见，包括内政方面，改善各级行政机构、设立省县参议会、加速完成地方自治条件；外交方面，促成国联与九国公约缔约国各项决议的实施、恢复国际法律、秩序、条约之尊严；军政方面，注重补充兵员、壮丁训练管理、发动游击战、抚恤救济、优待抗属；财政方面，推行战时税制、改进财务行政、统制银行业务、巩固法币金融；经济方面，尽力实现物资自足、经营公开、通筹合作、善为分配、开发运输；教育方面，促进战时教育、调整各类教育、实施特种教育、合理分配经费；等等。国防最高委员会秘书厅在拟定的《抗战建国纲领实施表解》中，将其分为"抗战"和"建国"两大部分，抗战部分，包括外交争取国际的声援，多求友，少树敌；军事讲求民族的武力，加强战斗力量、提高战斗精神。建国部分，包括国家的现代化，政治确立统一基础、增高行政效率，经济以国防为中心，以自给为原则；民众的现代化，实行全民动员、加强党的领导，教育发扬民族道德，提高科学技能。见李云汉主编《中国国民党临时全国代表大会史料专辑》（上），第554—610页。

方面，国民党交出的答卷并不令人满意，《抗战建国纲领》的多方面内容，并未在抗战中得以实现，国民党的"抗战建国"未成，国民党的统治地位在经过了这场战争之后不升反降，从而也预伏了国民党此后在国共角逐中失败的远因。

三 领袖独裁制的确立

国民党临时全国代表大会的另一项重要决定是实行领袖制，并由此确定了蒋介石在国民党内的至尊独裁地位。

国民党既实行以党治国，党的领导在其统治架构中处在至高地位，而在抗战开始后，国民党中常会的集体领导制无法适应形势的需要，① 中政会又基本停止活动，故就因应战时紧迫的形势而言，国民党党的领导中心何在确实有待明确。就实际而言，抗战开始后，在国民党、国民政府、军事委员会三位一体的党政军领导架构中，蒋介石通过军事委员会早已掌控了军权，并通过新建的国防最高会议，实际掌控着政权，② 惟在国民党党的领导方面，蒋介石只是国民党中央常务委员之一及国民党中央政治委员会副主席，不能完全控制国民党党的领导体系，③ 故蒋亦有改组国民党领导架构以利其完全控制国民党之意。还在大会召开前，蒋介石已就此有所考虑和布置，决定"对党不辞领袖"。大会开幕的当天，蒋在日记中写道："此时设立总裁，至少可表示本党不妥协之决心与敌以精神上之打击"；"提案多主张确定总裁，为抗战与党国计则有益，为个人计则有损也。"④ 前之说法体现了当时的实情和蒋的自信，因为在国民党领导层中，确实蒋在当时比较坚持抗战；后之说法则多少有些言不由衷之处，盖因总裁的独

---

① 1935年召开的国民党五大，确定中常会主席为胡汉民。1936年胡汉民逝世，1937年2月的国民党五届三中全会决定，中常会不设主席，实行常务委员集体负责制。

② 在当时，国民政府主席只承担礼仪性职责，并不负实际的政治责任。在国民政府下属的五院中，蒋介石任行政院长，实际掌控政权，而在1938年1月行政院改组后，蒋介石虽不再担任行政院长，但通过国防最高会议而可以"便宜"行事，仍然牢固地控制着政务决策权。

③ 国民党五大选出的中常委共有9人，除胡汉民已逝外，汪精卫、冯玉祥、邹鲁都是曾经的反蒋派，在政治上与蒋或貌合神离或若即若离；丁惟汾年事已高，不甚过问政务；叶楚伧与蒋的关系也不甚亲近；只有孔祥熙和陈立夫算是蒋的坚定同盟者和支持者。中政会委员25人，人多且杂，主席又是汪精卫，亦为蒋所不能完全控制。

④ 《蒋介石日记》，1938年3月25、29日。

断权力恰恰是蒋所孜孜以求的。

国民党临时全国代表大会通过的《对于党务报告之决议案》提出："自总理逝世以后，集团的重心始终未能有法定的建立，在事实上全国虽早有一致公认之领袖，而领导抗战建国之本党，反至今蹈故袭常，未有名实相符之规定。重心既未具体建立，以致所谓干部亦感散漫。中央既洞鉴乎此，授权于军事委员会委员长，对于党政统一指挥，以利抗战之进行，则本党尤应针对缺点，明确规定领袖制度，俾此革命集团有稳固之重心，更从而建立中央干部，商讨一切党政大计，以为领袖之辅弼。"① 以此为出发点，对于国民党领导体制的改变，其内容有多端。3月31日，大会通过《改进党务并调整党政关系案》，其中言及"回顾数年以来之党务，缺憾殊多，而党政关系，亦往往未臻圆满，若复讳疾忌医，将何以图振奋而尽职责。诚欲增强抗战之力量，必先整饬领导抗战之机构，而改进党务与调整党政关系，乃为急不容缓之图"。该案提出的党务改进与调整之原则为：一是确立领袖制度。"中央党部应在制度上明确规定全党之领袖，俾此革命集团有一稳固之重心。"二是设立青年团。"本党应以执政党之地位，训练全国青年，使人人信仰三民主义。故应设立青年团，将预备党员制取消。"（见后述）三是组织党部之原则。"地方党部在省采取主任委员制，在县采取书记长制，在区以下采取书记制，以补救通常委员制之缺点。"四是调整党政关系之原则。中央采取以党统政的形态，省及特别市采取党政联系的形态，县采取党政融化即融党于政的形态。对于政府、军队、国营工商业、学校中的国民党组织，贯彻党的意旨，推行党的政策；加强社会层面的国民党组织发展，运用党团策动。② 这些内容中最重要者即为领袖制的确立。

根据上案，国民党临时全国代表大会决定修改国民党总章，增设"总裁"专章，规定国民党设总裁和副总裁各一人，由"总裁"代行原总章中规定的"总理"之职权；由中央执行委员会选出常务委员9—15人，为决定党政大计之中央干部，在中央执行委员会闭会期间执行职务，对总裁负

---

① 《对于党务报告之决议案》（1938年3月31日），荣孟源主编《中国国民党历次代表大会及中央全会资料》下册，第500页。

② 《改进党务并调整党政关系案》（1938年3月31日），荣孟源主编《中国国民党历次代表大会及中央全会资料》下册，第476—478页。

责；另设秘书长，负责党的日常事务。①

国民党确立领袖制，名义上是加强领导中心，实际上则是确立并巩固蒋介石的领导地位，总裁的位置，实为蒋所量身定做。国民党元老居正"主张党代表大会之召集，应以推举蒋先生为国民党总裁，为其主要任务"，并"讽汪精卫先生自行谦退"。② 于右任亦提出："蒋先生既为本党之领袖，应于代表大会中推为总裁，军事方面应推为大元帅。"③ 他们的看法代表了国民党内大多数人的意见，实所谓形势使然也。④ 然是否设副总裁，尤以汪精卫能否出任副总裁，在国民党内的意见并不一致。蒋介石在会前已有考虑，"推汪为副"。⑤ 但在大会期间，"关于副总裁之设置，议场中颇有人表示不赞同者"。⑥ "如设总裁问题，代表中虽一致赞同，但关于应否设置副总裁，则议论不一，甚至有人临时提议不设副总裁，是有若干人对汪先生表示不满。会场空气如此，与原定蒋正汪副之议亦有未符。时丁（惟汾）先生为主席，无术挽救，乃由秘书长叶（楚伧）先生代为宣布表决，以赞成本党设正副总裁之议付表决，二者得以顺利通过。"⑦

设副总裁之议虽通过，但国民党内仍有不少人对蒋介石规划由汪精卫出任副总裁表示不满，再加汪精卫在会上提议扩大国民参政会的权力，由国民参政会取代立法院执行立法甚至人事同意权，更激起部分参会者出于维持国民党政治垄断地位而对汪的强烈不满，"集矢于汪"。陈果夫遂提议由投票方式选举副总裁，为的就是 CC 系可以控制选票，以此方式不使汪当选。叶楚伧看出陈之用心，担心汪精卫以得票少而落选，引发国民党内汪派或其他派系的反弹，故反对票选方式，改由主席团提名，大会起立通过。4月1日晚，由吴稚晖将蒋正汪副案提出大会说明，"语极动人，大意谓，十四年总理北上，病逝北平，距今十余年矣。蒋同志和汪同志是总理

---

① 《改进党务并调整党政关系案》（1938年3月31日），荣孟源主编《中国国民党历次代表大会及中央全会资料》下册，第479页。
② 林美莉编辑校订《王世杰日记》上册，1938年1月28日，第87页。
③ 《王子壮日记》第4册，1938年1月29日，第392—393页。
④ 据蒋介石日记所载，在他与汪精卫商议代表大会事项时，汪精卫对国民党设立领袖制颇不以为然，"彼实不愿有党魁也"。（《蒋介石日记》，1938年3月11日）对始终在与蒋介石争夺国民党最高领导地位而又时时不得意的汪精卫而言，有此想法倒也符合其心境。
⑤ 《蒋介石日记》，1938年3月25日。
⑥ 林美莉编辑校订《王世杰日记》上册，1938年3月31日，第105页。
⑦ 《王子壮日记》第4册，1938年3月31日，第429—430页。

最相信的，亲同子弟，总理去世后，经十余年之奋斗，本党始有今日，亦以两同志之努力为多。本党得今后，领导得人，必更能迈进，使国家民族同立于复兴之途也云。闻者大鼓掌，全体一致起立，由张治中领导，高呼万岁，热烈空气紧张异常"。① 大会全体通过推举蒋介石为国民党总裁，汪精卫为国民党副总裁。

国民党临时全国代表大会推举蒋介石为国民党总裁，并代行总理职权。据1924年国民党一大通过的《中国国民党总章》，总理职权有："党员须服从总理之指导，以努力于主义之进行"；"总理为全国代表大会之主席"；"总理为中央执行委员会主席"；"总理对于全国代表大会之决议，有交复议之权"；"总理对于中央执行委员会之议决，有最后决定之权"。② 其中最关键及最重要者为"最后决定之权"，也就是说，总理可以个人的意志，决定党的诸般政策大计，不得总理首肯，党的各项重要决定即无法付诸实施。在孙中山看来，这是为了应付改组前的国民党组织涣散、意见分歧的局面，由他以革命的名义，统一党的意志，实现革命目标。③ 但因此项规定之通过不过一年有余，孙中山即病逝于北京，故其实际对国民党的影响并不大。此次蒋介石以抗战的名义而得此权力，既有因应战时状态、集中权力、坚持抗战的需要，也有蒋个人对至高权力的追求，并通过这样的方式，使蒋介石成为孙中山之后国民党领导权的当然传承者，这是各方面形势发展演进之所导致的必然结果。

自孙中山逝世至国民党当政，国民党军权已为蒋介石所掌握，政权大半为蒋介石所控制，蒋已实际处在国民党执政的中心位置，基本掌控了军政大权。惟就法理而言，国民党党权则始终处在蒋介石、汪精卫、胡汉民所谓三巨头的争夺中，一直无法完全归于一人。即便蒋介石通过陈果夫陈立夫兄弟的CC系大体控制了国民党的组织系统，但因其历史渊源及现实关联，蒋多半被认为是军人而非党人，使得国民党党权不能集于蒋，结果造成军政权和党权的某种分离，这又与国民党的以党治国理念相违背，不

---

① 《王子壮日记》第4册1938年4月1日，第430页。
② 《中国国民党总章》（1924年1月28日），荣孟源主编《中国国民党历次代表大会及中央全会资料》上册，第25页。
③ 其实，早在1914年孙中山组织中华革命党时，便规定入党者须绝对服从其领导，并须按印立约，宣誓入党，由此导致了国民党内因对其有不同意见而分裂的局面。

是党指挥枪，而是枪指挥党。国民党五大之后，胡汉民逝世，汪精卫远游欧洲，国民党党权逐步开始了向蒋介石过渡的过程。全国抗战开始后，在国民党领导层中不少人对抗战信心不足、妥协倾向甚为浓厚的氛围中，蒋介石顺应时势，力排众议，整合内部，做出抗战决策并力予坚持，确实表现出较国民党内其他人对国内外大势有更高的眼界、更准确的判断、更有力的把握，起到了在国民党内的核心领导作用，并为国民党内外所首肯和拥戴。这样，经过十年有余的经营，蒋介石内有国民党多数干部的支持，外有领导抗战的声名和因应战时状态的实际需要，他成为国民党的领袖可谓水到渠成，无人可与争锋。此时此刻，即便是汪精卫这样具有历史声名、长期追随孙中山左右、为孙中山笔录遗嘱、自诩为"总理信徒"而又有强烈政治领袖企图心的人物，也只能承认现实，对蒋可以有腹谤而无法公开反对。从此以后，不仅在实际上，而且在法理上，蒋介石都成为国民党及其统治架构中说一不二、手握一票否决权的真正的独裁威权领袖，"党政军三方面的领导者更趋于所谓'法律人格一元化'了"。① 这样既有利于国民党形成稳固的领导核心和对抗战的坚持，但也使国民党的内外政策不能不俯蒋之意而难有民主的讨论，再加蒋介石个性的独断、固执和对小事细事的喜好，总裁手谕或手令满天飞，国民党的决策机制只能听命于蒋个人，逐渐固化僵化而失去应有的弹性。②

蒋介石出任国民党总裁，当时在国民党内也可以说是众望所归。如王

---

① 陈之迈：《中国政府》第1册，第118页。
② 大会结束后，蒋介石曾经在私下写道："总裁最后决定权不可常用，必万不得已或有多数反对意见时，乃偶一用之，若平时共同一致时，更不必用矣。领袖处事，未定之事应先洽商下问，既定之事则可授意或通告，使之明了意图也。"（叶健青编《事略稿本》第41册，第423页）但问题在于，蒋既有了最后决定权，无论他是否使用，国民党领导层的其他人在提出各种意见时，都不能不先考虑蒋是否能接受，以免做无用功，这就使国民党的各项决策趋向于服从蒋的意旨，更不必提那些本来趋炎附势、阿谀奉承之辈了。很快，各种对蒋介石的吹牛拍马、个人崇拜言论便充斥于官式场合和官方传媒，以致连蒋也认为有点肉麻和不妥，表示"对于党部服从最高领袖与领袖万岁之口号应令取消"。（《蒋介石日记》，1938年8月29日）不过，当这样的言论和口号四处充盈，并且使蒋习惯之后，所谓"取消"之类的话更多地也不过是了蒋的个人表白而已。事实上，自蒋介石出任国民党总裁之后，国民党内对蒋的个人崇拜之风便日渐发展，甚嚣尘上。1940年7月，国民党五届七中全会通过提案，"规定七七为全党党员效忠总裁之宣誓日，届时全国各级党部召集党员，举行宣誓，以加强抗战必胜、建国必成之决心"。（《拟请采取各项必要办法以充实党的基础加强党的统制案》，荣孟源主编《中国国民党历次代表大会及中央全会资料》下册，第647页）可以说，到了抗战中期，蒋介石的个人独裁统治已成为国民党统治架构的中心环节。

子壮所言："自总理逝世，党的重心失堕，以常务委员制维持党统者十三年矣。党制贵能集中运用，始能灵活，果于此悠久之长期，蒋先生已事实上形成本党之重心，各方对此亦毫无间言，乃于抗战艰危之今日，毅然而出领导本党，十三年本党改组以来最重要之大事也。于常务委员制之时，蒋先生不能不以个人为中心，组织所谓CC及黄埔系，但流弊所及，惟见到处摩擦，精力虚掷，党之破碎，此其一端。今既全党翕然在总裁一人之下，则总裁亦当以天下为公之心，对全党作公允之指示，于振作全党之人心，亦甚扼要也。且历观蒋先生之措施，最善利用矛盾律，即蒋先生所谓投身于极艰危之工作，作最大之努力，必能得极大之成功。如利用剿匪而发展江南之交通，更因共党之穿扰而统一西南与西北，最近以抗战而发展内地之工业交通是甚著者。今正于时局艰难之际，改组本党，正所以使负荷将来之巨任也。"① 不过，外界对此之反应，更多的是肯定此为蒋介石领导国民党坚持抗战的需要，如华北救国联合会会长张申府所言："我尝说，蒋先生只要发动抗战，全国必然景从。我深幸今日已经完全实现了。"② 因此，蒋介石自己也认为："自七七以后，全国上下在不变的国策之下，人心振作，民意集中。社会之风习，政治之气象，莫不丕然焕发。"③ 然在国民党内，即便是蒋介石之左右，也不认为领袖制可以完全解决国民党面对的诸般问题。蒋的亲信谋臣之一熊式辉与顾祝同、张治中、黄绍竑等共谈"党政关系调整案"，熊云："本党成立将近三十年，由革命党改为政党，现在却一不像美之共和民主等政党，二不像苏俄之共产革命专政党，三不像德意之纳粹党及法西斯党，实际并以上三种性质兼有而不俱全，以此来与民社等政党及凭借武力革命之共产党相周旋，一切政治施为，固难求其适应，我党政之未易调协，是所难免，盖党及政本身之活动亦无所遵循，故言党政关系之调整，当先确定一种性质适应中国现在需要的党？"④ 这些问题可能因为战争初期紧迫的战事所遮掩，但随着战事逐渐进入相持阶段则又不断浮出水面，成为国民党上下包括蒋介石在内所不能不考虑者。

蒋介石当选为国民党总裁，志得意满。他一方面表示："惶恐惭愧，

---

① 《王子壮日记》第4册，1938年4月2日，第431—432页。
② 马齐彬主编《国共两党关系史》，第656页。
③ 张其昀主编《先总统蒋公全集》第1册，台北，中国文化大学出版部，1984，第153页。
④ 洪朝辉编校《海桑集——熊式辉回忆录》，第221页。

明知责任重大,然不敢谦辞也";一方面又表示:"对总裁责任应当仁不辞,以救国与对外之道已无他法,此为最后一着,实与抗战增加实力不少,而且确定党国重心,无异与敌精神与其策略上一大打击也。"① 在大会进行过程中,中国军队正与日军在山东台儿庄激战,并在大会结束后的一周内全面反攻,将日军驱离台儿庄,获得声扬中外的台儿庄大捷,大大鼓舞了全国军民的抗战士气,也为刚刚成为国民党总裁的蒋介石挣足了脸面,从而使蒋的声望达到了抗战以来的新高峰。此时此刻的蒋介石,或可有充分的自信与可能,实现他的"抗战建国"理念。而汪精卫当选国民党副总裁,虽然貌似一人之下、万人之上,但他深知副总裁不过是个名分或摆设,并无什么特别的权力,却使他由此即便在名义上也位于蒋之下,甚至不及不设总裁时,他任国民党中政会主席,蒋任副主席,至少名义上在国民党内蒋还在他之下。所以,据当时人的现场观察,大会中"汪先生与蒋并立一处,面容惨白",② 可见其心情如何了。大会结束后,4月2日,蒋介石和汪精卫以国民党总裁和副总裁的身份,"于武昌省政府设茶会,招待全国代表大会代表及中央委员。汪即席演说,谓今后诸事,在决定前,各同志务各不避嫌怨,尽量提出意见,尽量讨论;决定后则一律遵照决定之政策助其实施。汪谓此即民主集权制之精神"。③ 汪精卫以"民主集权制"为由,以其多少带点酸味的话里话外,表示出对蒋介石领袖独裁地位的不甘与不满,或许于此亦埋下了过后他出走重庆投敌的远因之一。④

四 蒋介石的两次演讲

蒋介石在国民党临时全国代表大会期间有多次演讲,其中两次比较重要并值得注意的,是4月1日他在大会闭幕当天所做的两次演讲,其中之

---

① 《蒋介石日记》,1938年4月1日。
② 陈方正编辑、校订《陈克文日记》上册,1938年4月2日,第198页。不止是汪精卫本人的感受很差,而且在当时人看来,"汪先生已是一个装饰品"。见《傅斯年致胡适》(1938年6月20日),王汎森、潘光哲、吴政上主编《傅斯年遗札》第2卷,第675页。
③ 林美莉编辑校订《王世杰日记》上册,1938年4月2日,第106页。
④ 1938年12月汪精卫出走投敌后,长期追随汪精卫的甘乃光说:"汪先生此行恐不止共产党问题意见不合。这一年来,他在政府里固然没有甚么地位,即在党里,虽有副总裁之名,亦不过徒有其名,许多措施他从来不曾知道。这是大足以引起他的无名悲愤的。"见陈方正编辑、校订《陈克文日记》上册,1938年12月23日,第319页。

一为闭幕词,这是大会的规定动作。蒋在闭幕词中除了再次提出改进国民党的党务之外,还特别强调:"目前比较重要的问题,还是国内团结的问题。如果我们国家内部能够团结一致,始终不渝,我们就没有什么不能克服的困难,也没有什么可怕的敌人。"他认为:"这半年多以来,我们国内团结已有良好基础,现在的问题,就是如何巩固这个团结,造成统一的力量,为国家民族解当前的艰难,谋百世的福利,也就是本党如何领导全国团结各党派的问题。"为此,他提出:"本党是创造民国领导革命的唯一大党,对于国内各党派和全国国民,都要以先驱前导的地位,尽到提絜共进的责任。因此,我们一方面要豁达大度,尽量容纳,一方面要以大党的精神,负起责任,竭诚指导";"要拿'以大事小'的道理来对待各党各派……在三民主义最高原则之下,来接纳各党派人士,感应全国国民,使共循革命正道。"虽然在蒋的心目中,处理各党派的关系是"以大事小",国民党仍然处在老大的地位,但毕竟与过去完全不承认他党存在的做法显出了一些变化,反映出国民党在对外战争时期争取政治盟友的迫切需要。

  蒋介石还在闭幕词中特别用了一段话谈国共关系问题,称:"现在国内实在也没有多少党派,过去与本党有过斗争历史比较长久的自然是共产党。我知道各位同志关于今后如何对共产党的问题,一定有许多的意见,但我以为共产党过去因为不察国情,企图消灭本党,以致遭受许多事实的教训,他们察前思后,一定已经知道他以往为中国革命造成多少严重的错误,使中国革命力量无故受了多少的牺牲,他们当不是全没有理智的,现在中国的环境怎么样?国际形势怎么样?我想他们总能够度势识时,履行他对本党的宣言。以后他对本党的态度如何,虽然为本党同志和全国国民所应该深切注意,但是我们是当政的唯一大党,只要我们本党本身健全,能够负起抗战建国的责任,他们一定是要受本党的领导。所以这个问题的关键,完全要看本党同志今后能否自强自立,能否真正努力,由改造个人来改造本党,复兴本党。如果本党今后能日趋健全,日益充实,负得起革命建国的责任,不仅共产党要尊重本党,服从领导,国内现存一切党派都必然消融于三民主义之下,共同为完成国民革命而努力,丝毫没有问题!"[①] 这时

---

  ① 《闭幕词》(1938年4月1日),荣孟源主编《中国国民党历次代表大会及中央全会资料》下册,第510—512页。

正值日本大举侵华的进攻作战时期，也是国共实现二度合作之后关系最好的时期，蒋介石的上述表示虽然还有例行公事般的对共责备之声及强调国民党的领导地位，但其对共宣示的主旨比较温和，重点落脚在国民党如何实现自身改进的方面，也算是其当时意图"感化"和"融合"中共入国民党，以化解中共未来可能对国民党的威胁的"苦心"之所在了。

蒋介石在4月1日大会闭幕式当天的另一次演讲，以《对日抗战与本党前途》为主题，则系统阐释了国民党的抗战政策，提出了对于抗战前途若干值得注意的解读。蒋在这个演讲中提及当年孙中山所言之"恢复高台，巩固中华"、"断不能让高丽和台湾掌握在日本帝国主义者之手"、"以解放高丽、台湾的人民为我们的职志"等说法，并由此引申，特别解释了对于东北问题的看法。他说："有许多中外人士都怀着一种见解，以为东北问题如果当时能设法解决，这次中日战争，就可以不发生。"但是他强调："我们并不是不想解决东北问题……东北问题之不能解决，责任完全在日本"；"完全是由于日本军阀不讲信义，日本政府不能负责，解决之后，没有保障，因此当时就无法可以解决！后来卢沟桥事件发生，这个问题，就更无从提起了。"他还说道："不但是东北问题，就是其他中日之间的悬案，我也常常表示，只要经过正当合法的外交方式，只要无害于中国国家的独立生存，我都可以负责解决……可是日阀用心，和我们适得其反，我们除了以坚决抗战来觉悟其迷惘之外，就没有其他方法来求取东亚的和平，现在战争既起，就必须我们全国下定决心，增强团结，始终一致，不屈不挠，来贯彻我们抗战的目的！"因为九一八事变而失去东北，无论当时在东北当政的张学良有多少责任，都是令同为国家执政党的国民党及其领袖蒋介石不能不感觉难堪之事，尤其是在面对外界的公开批评之时。还在中日全面开战之前，蒋介石就曾在多个场合就国民党的政策有所解释有所辩白，而在战争开始之后，究竟这场战争最终要达成何等目标，是恢复卢沟桥事变之前的状态，还是恢复九一八事变之前的状态，也需要对国民党内外有所宣示，方才便于战争动员，使军队和民众都知晓，我们究竟为什么打这一战，打这一战要达成什么样的终极目标？国民党在战争开始之后，对于为什么打这一战的宣传比较广泛深入而能得到广大民众的认同，即不打这一战，就是中国国家和中华民族的灭亡，用通俗的话说，就是"亡国灭种"，所以必须打这一战。但是，对打这一战要达成什么样的终极目标,国民党在宣传上却有些含糊。在卢沟桥事变发生之后,国民党着重强调的是恢复卢沟桥事变前的状态,显然其中并未包含恢复东北主权,即便实现这个目标,也是恢复不完全的国家主权。淞沪抗战爆发以后,国民党反复强调的是"抗战到底",但这个"抗战到底"究竟意味着什么,抗战之"底"究竟何在,并没有特别清晰地说明。

就蒋介石在这次讲话中的论说而言,虽然提到了东北问题以及其他中日"悬案"需要在"无害于中国国家的独立生存"的前提下得到解决,但也未明言其具体内容究如何,什么状态是"无害于中国国家的独立生存",不似卢沟桥事变后的庐山谈话那般明确提出四点不可退让的底线主张,而孙中山"恢复高台""解放高丽台湾"等言论,似亦不能简单理解为收回台湾。故此,至少在国民党临时全国代表大会召开之际,似乎仍然不能认为国民党以及蒋介石对于抗战的终极目标已经有了明确的认识,这可能是个需要根据形势的变化而逐步发展演进的过程,而从中国的国力军力、经济社会状况、对外关系等方面去观察,这也是个可以理解的过程。① 换个

---

① 在大会闭幕演讲前,蒋介石在日记中对演讲主旨曾有记载,一处写道:"言和条件如仅以东北为限且有保障,则不惜一和;如敌果有和平诚意,若无制命伤之条件,以仅解决满洲问题为限,则不惜与之言和,然未到其时也。"这里的含义似乎是在东北问题上可以有退让,所以才有"不惜一和"的说法。另一处则写道:"敌国政府无权失信,若我放弃东北,徒长敌寇侵略之野心,永无和平之一日。"(《蒋介石日记》,1938 年 3 月 22、23 日)这里的含义又为不能放弃东北,否则便是"永无和平"。如何理解其中的矛盾之处? 其实,这不过反映出蒋介石的言论不时有相当感性之处,遣词用句未必都那么讲究,所以在蒋的日记中,"最好""最坏""最重要""最关键"等这样用"最"字的说法比比皆是,而"最"字一多,也就不成其为"最"了。因此,所谓听其言固然需要,但更多地则需要观其行,而在当时,蒋介石在行动上对于"抗战到底"确是非常坚持的,其中有对国内外大势的观察所得,也有蒋个人的认知和判断。他认为:"和战问题,降不如战,败不如亡,若我不降则我无义务,而责任在敌,否则敌得全权,而我全责,民不成民,国不成国,则存不如亡也。"(《蒋介石日记》,1938 年 3 月 23 日)由此出发,对于"抗战到底"究竟要达成什么样的终极目标,当时在蒋介石恐亦无确切的把握,也是个认识不断发展深化的过程,故他所言"只要于国有利,则一切和战责任我愿不顾一切,负责断行,但此非其时也"(《蒋介石日记》,1938 年 3 月 23 日),倒不失为其真实心态的反映。据王子壮的记载,1939 年 2 月国民参政会一届三次会议期间,东北代表王卓然、国民党代表褚辅成、中共代表林伯渠等提出《拥护蒋委员长十二月廿六日驳斥近卫廿二日声明抗战到底案》。他们"均主张发表宣言并表示抗战到底之意义,最应以收复东北四省为初步,俾恢复九一八事变以前之状态,则比较严重。盖以蒋先生在五中全会之解释,初步应以恢复平津为目的,盖此次抗战以七七卢沟桥事变为起因,故结果亦应以恢复七七以前之状态为结果,至完成抗战自尚应待进一步之努力也……此种解释究与最高当局

观察的角度，也可以说，日本军国主义企图征服中国而毫无顾忌的野心和狂妄，恰恰从侧面不断坚定着国民党和蒋介石的抗战决心，从而使中国在艰难的抗战历程中，逐步深化并最终确立了抗战的终极目标，不仅是恢复卢沟桥事变前的状态，而且是恢复九一八事变前的状态，直至恢复1895年《马关条约》签订前的状态，收回华北、东北、台湾等所有曾经丢失的国土。

蒋介石在这次演讲中还提到了国内的党派问题，他说："按理，在本党统治的政府之下，已不会有第二个党存在，更不会在三民主义以外更有第二个主义产生，为什么到现在还有其他的主义存在其他的党派发生呢？这个与其说别人树立党派不对，无宁反躬自省，承认自己不争气之所致！……唯其我们自身不能尽到责任，以致党没有力量，党的基础不能深植于民众中间，所以才有今日之现象，所以这件事情，应该反问诸己，而不能责怪他人。现在敌人压境，国家到了非常时期，本党以外别树党派的人，已经明白宣言愿意抛弃以往的政策，服从本党政府，愿为三民主义而奋斗，这种态度，可以说是革命者很好的态度。本党同志即应宽宏大度，从国家利益上着想，开诚接纳，俾能共同一致以对外。如果他们已有这样觉悟的表示，而我们还要再事根究，不但多事，亦徒然损失领导革命的尊严。我们应该在法律范围以内，容许他们的自由，在本党三民主义指导之下，统一他们的行动。集中全国的力量，来为国效命！只要我们自身不懈不惫，向前努力，使得三民主义的力量，一天天的发扬，即使还有小小的

之步骤有违"。（《王子壮日记》第5册，1939年2月17日，第68页）王世杰亦认为："主张认定九一八以前状态之恢复为抗战终止之期，此与蒋先生日前在五中全会之秘密表示（主张以七七事变以前状态之恢复为抗战中止之时）殊不一致。"（林美莉编辑校订《王世杰日记》上册，1939年2月17日，第182页）可见至少在王子壮和王世杰看来，收复东北是否作为抗战到底之终极目标仍有疑问。但其后蒋介石在会上报告，"申述'抗战到底'一词之意义，不可明白宣言之理由。全场获一深刻印象"。（林美莉编辑校订《王世杰日记》上册，1939年2月18日，第182页）蒋谈及"所谓抗战到底之解释，是否以恢复九一八以前之状态，事关军机，不宜轻易对外宣布，亦犹抗战以前所谓最后关头之认定，亦由余负责军事全责之观点，统察全局，加以确定，事关军机，尤不应事先宣布也。收复东四省，当然为国民政府之责任，不特此也，即收复台湾，使高丽独立，亦为政府之责任，但实施之际，要有步骤及计划，不应公然有所表示也"。（《王子壮日记》第5册，1939年2月19日，第73页）于此观察，又可知蒋心中有收复东北和台湾的规划，但既然不对外公布，不明白宣言，亦可谓蒋的决心至少此时还不那么确定，还在待机之中。

痕迹存在，亦必自然归于完全消灭！"① 此处的演说主旨与蒋在闭幕词的演说主旨是大体一致的，反映出抗战之初蒋介石对于国内党派问题的基本看法，即"对共党主感召而不主排斥；对各党派主联合，使之就范，而不加强制"。② 在这样的看法之下，无论是国共关系还是国民党和其他党派的关系，当时都还维持着大体良好的局面。

五 国民党临时全国代表大会的意义

1938年4月1日夜12时，国民党临时全国代表大会在完成各项议程，通过《临时全国代表大会宣言》后宣告闭幕。宣言首先声明："中国现正从事于四千余年历史上未曾有的民族抗战。此抗战之目的，在于抵御日本帝国主义之侵略，以救国家民族于垂亡；同时于抗战之中，加紧工作，以完成建国之任务"；号召"吾人当竭其全力，为国家民族争取生存与独立；同时根据三民主义，继续不断完成政治上、经济上之建设，俾中国获得自由平等于世界"；"吾人不能望于和平中谋建设，惟当使抗战与建设同时并行，是则救亡的责任与建国的责任，实同时落于吾人之肩上。惟望全国同胞，以一致之团结，为共同之负荷，使此捍御外侮复兴民族之使命，得以完全达到"。宣言回顾了若干年来的日本侵华史，解释了执政党和政府由"忍耐"而至"牺牲"的历程，提出抗战的目的是，"领土主权及行政之完整可以确保，自由平等之国家亦可由此以实现"，并宣示"吾人为达此目的，决不辞任何之牺牲"；"中国对于日本，既明示以抗战之目的，更本必死之决心，尽可能之努力，以赴此目的"；"并力以赴，不达目的，决不中止"。宣言两次提到"东北四省问题之合理解决"，但未明确解释"合理解决"的含义究为何。宣言表示：中国对外谋求和平正义，致力自由平等，遵守国际条约，增进国际友谊。对内贯彻三民主义，中国民族自求解放，中国境内各民族一律平等；增进民权，组训民众，实行地方自治，设立参政机关；奖进农村经济，复兴新兴工业，施行计划经济，奖励私人企

---

① 《对日抗战与本党前途》（1938年4月1日），《中华民国史档案资料汇编 第五辑第二编 政治》（1），第389—403页。
② 《蒋介石日记》，1938年3月25日。王世杰从旁之观察亦为，"关于共产党问题，蒋先生主张采宽容态度，逐渐导本党以外各党各派入于法律轨道，一面努力增进本党工作"。见林美莉编辑校订《王世杰日记》上册，1938年4月1日，第106页。

业。为了表示国内团结和国共合作的意义,宣言还特别说道:"(民国)十三年以后,更改造为中国国民党,集合全国有志之士,共同奋斗,使扫荡军阀,统一中国之工作,得以告成。凡此皆足证明,倘其主义及政策能适乎世界之潮流,合乎人群之需要,则必能得有志之士加入团体,共负责任,以期主义及政策之实现"。宣言最后声明:

> 临时全国代表大会谨以至诚至敬布告海内外之同胞,自今以后,更当本于宝贵之经验,加倍之努力,在共同信仰的三民主义之下,合四万万五千万人之心以为一心,合四万万五千万人之体以为一体,竭其忠诚,服从领导,使此至艰至巨之事业,至崇高至重大之使命,克底于成。①

在突出抗战意义、宣示抗战决心方面,《临时全国代表大会宣言》有坚定不移的表达,足可使国民党内外对抗战怀疑动摇者明晰国民党对抗战的坚持,有利于抗战时期的国家动员和民众动员,亦可使世界各国包括日本知晓中国抗战到底的决心,故其对外宣示的意义得到了充分的表述,这也是国民党召开此次代表大会的主要意义所在。蒋介石认为:"大会决议与宣言如果有力,则其效果不惟可使敌适可而止,当能使敌知难而退也。""团结党内,统一国内,使之坚强,是对敌国最大之打击。"②惟在如何实行"抗战建国"的政治改革和民权政治方面,宣言表述较为简要模糊,对于如何发展民主政治、保障人民自由,强调的是授权政府、集中力量、统一行动、国家至上,"杂然各殊之政党,亦必相约为政治的休战,以一人民之心思耳目"。就战争状态下的国内政治而言,此固有其合理性的方面,但也反映出国民党对于"抗战建国"规划的政治保守性一面,对于开放战时政治的顾虑,担忧影响其独断统治地位。宣言篇幅长达近万字,显得冗长拖沓,且文句不够明白晓畅,不利于在普通民众尤其是在广大低文化阶层中的普及和宣传。有意思的是,宣言中还特别用了两节篇幅论述抗战时期如何加强道德修养及如何推动科学运动,所谓"礼义廉耻,纲举目张";"物质与精神相贯通,理智与感情相贯通"。这些看上去正确合理而循规蹈

---

① 《临时全国代表大会宣言》(1938年4月1日),荣孟源主编《中国国民党历次代表大会及中央全会资料》下册,第461—476页。

② 《蒋介石日记》,1938年3月25、26日。

矩的文词，在血火拼杀的战争背景下，确实显得有些空洞，有些离题，有些令阅者不明所以，难以为一般民众所认知，甚而在彼时彼地，也未必是中产阶层和知识阶层的关注重心，于此亦反映出国民党领导层的精英特质及其政治语境，对于如何理解广大普通民众的所思所念所求所为，其实还是有相当距离的，① 即如蒋介石在大会开幕致辞中所批评的，"既不知道民众的疾苦，也不知道解除民众的痛苦，党与民众隔离得很远"。这也是可以解释国民党其后虽在抗战中付出甚多，然其政治地位不断相对下降的观察角度之一。

国民党临时全国代表大会的召开，凸显了在急迫的战争形势下，作为执政党的国民党对"抗战到底"的意志和决心，提出了"抗战建国"的路线和方针，确立了国民党的领导中心，呼应了社会各界与广大民众的关切，得到了广泛的关注和好评，在国民党史和抗日战争史上都具有重要的意义。国民党自身的宣传姑不论，国民党的政治竞争者中共，通过在武汉出版的《新华日报》，对此次大会给予了较高评价。《新华日报》社评认为："这次国民党临时全国代表大会是最近十年来国民党最有历史意义的一个会议，因为这次会议表现了国民党更向前的进步，对于抗战时期许多重要的国策，更确定基本的方针。"社论肯定了大会坚持抗战到底的方针，外交上的独立自主并联合反对日本侵略的势力，内政政策的重大进步，认为"这些政策都是争取抗战胜利必要的条件，须要用最大的力量，使之真正在有利于抗战与团结的原则之下，具体的实现起来"。社评表示："国民党这次临时全国代表大会的成就，正是中国继续抗战和争取胜利的重要步骤，我们深信这些进步的继续发展，这些成就的一一实现。"②

国家社会党领导人张君劢、中国青年党领导人左舜生分别致函蒋介石和汪精卫，对大会宣言及各项决议给予充分肯定，表示将"本精诚团结、

---

① 在国民党的党员构成中，军队党员占了大多数。但是，国民党军队党员多半采取集体入党的形式，与党的关系并不那么贴近，对党的主义等也无多少认识，国民党党员的核心构成其实来自以党政机关职员和学校教员为主体的公务或准公务员阶层，出身于社会下层的党员不多，农民党员更少，国民党的执政由此而在相当程度上表现出以都市精英阶层的利益诉求为其基本导向，而都市精英阶层并不占当时中国社会阶级构成的大多数，他们对国民党的态度因为各种因素的作用也不全然是服从和支持。王奇生因此认为："一个政党的生命力有赖于一个可靠的社会阶级基础和基本民众。国民党的失败，在很大程度上正是在于缺少这样一个可靠的民众和阶级的基础"。见王奇生《党员、党权与党争：1924—1949年中国国民党的组织形态》，上海书店出版社，2003，第122页。

② 《国民党临时代表大会的成就》，《新华日报》1938年4月4日。

共赴国难之意旨","万众一心,对于国民政府一致拥护","必本爱国赤诚,始终拥护",并望国民党继续扩大民主,体察民意,实施宪政。①

国民党临时全国代表大会结束后,4月6—8日,接续召开五届四中全会,就大会通过的各项议案做出具体的安排。"蒋、汪以正副总裁资格提出一案于大会,宣告党内绝对不许有任何'小组织'(即派系组织)。闻日前蒋先生已命令陈立夫等所组织之CC团体与黄埔团体,实行解散。"②全会推选丁惟汾、居正、于右任、戴季陶、孔祥熙、孙科、阎锡山、冯玉祥、叶楚伧、邹鲁、陈果夫、何应钦、李文范、白崇禧、陈公博为国民党中央常委,并任命了各部部长和秘书长,组织部部长张厉生,宣传部部长顾孟馀,社会部部长陈立夫,海外部部长陈树人,秘书长朱家骅。由此形成了国民党领导抗战的基本班底,这个班底大体包括了国民党党政军各方面和各派系的代表人物,而其为国民党内外关注者则是党务由朱家骅、组织由张厉生负责,朱家骅和张厉生都与陈果夫陈立夫兄弟的CC系有较深的渊源,但此时朱家骅已经渐与CC系分道扬镳,过后又兼任国民党中央执行委员会调查统计局局长("中统")和三青团临时中央干事会代理书记长,1939年改任国民党中央组织部部长,自成系统,权倾一时,与二陈兄弟争权夺利,势如水火;③而张厉生在1935年国民党五大后任组织部部长,此时正与陈诚的黄埔系打得火热,不惜以国民党中央组织部部长的身份"屈就"在陈诚之下兼任军委会政治部秘书长。④陈氏兄弟对于国民党

---

① 朱汇森主编《中华民国史事纪要(中华民国二十七年一至六月份)》,第386、404页。
② 林美莉编辑校订《王世杰日记》上册,1938年4月6日,第107页。4月29日,蒋介石以国民党总裁的身份对国民党员发布通令,强调:"本党适已改制,领导有人,时势既殊,步伐宜齐。嗣后本党以内再不得有所谓派别小组织,举凡以前种种小组织,应即一律取消,以期统一意志,集中力量。党基赖以巩固,国难乃可消弭。冀上以答总理付托之重,下以副万众属望之殷。如有阳奉阴违,或固执不改,定予从严制裁,以肃党纪。"见朱汇森主编《中华民国史事纪要(中华民国二十七年一至六月份)》,第412页。
③ 据康泽回忆,朱家骅主管国民党的组织系统后,几年间就将CC在各省市党部安插的主要负责人都更换完了,"CC对于朱家骅达到了非常痛恨和仇视的程度"。见潘嘉钊等编《康泽与蒋介石父子》,群众出版社,1994,第254页。
④ CC系因此对张厉生极其不满,攻击他"有失体统",与复兴社系统"沆瀣一气","把他攻击得体无完肤",但张厉生"全然不顾,甘于充当陈诚的幕僚长,协助他工作",并自称他和陈诚的关系早于和陈果夫的关系,实则是他"窥测陈诚将是蒋介石的继承人,预先拜佛烧香"。见胡梦华《国民党CC派系的形成经过》,柴夫编《CC内幕》,中国文史出版社,1988,第31页。

组织系统的控制因此而有很大松动,① 也体现了蒋介石作为高高在上的领袖对其属下分而治之、玩弄平衡、不使一家独大的策略。

第三节　扩大党政组织基础和政治参与

一　三青团的建立

为了因应抗战在政治、组织、动员等各方面的需要,国民党临时全国代表大会决定建立三民主义青年团,意图扩大国民党的社会基础,并为改造国民党而有所动作。

前已述及,全国抗战开始以后,国民党党务工作的表现不尽如人意,为国民党内外所不满,蒋介石因此而有改造国民党之意。蒋最初的计划颇为宏大,主旨在全面改造国民党,并吸纳中共,建立全国一个大党,由他出任这个党的最高领袖。而在这个计划未能实现之后,蒋介石则退而求其次,在通过临时全国代表大会对国民党组织架构做出若干改变之后,又决定成立三青团,在国民党党外建立新的组织,意图以此吸引青年人才的加入,扩大国民党的组织基础,以此刺激国民党的改造与新生。

三青团是个新的组织,但其并非完全新建,而是部分建立于国民党内小组织的合并与改造的基础之上。还在抗战开始之前,鉴于未来抗战的需要和小组织活动对国民党的负面影响,1937 年初,蒋介石即在考虑取消国民党内的各种小组织,另行成立新的统一组织,提高国民党的组织效能。据蒋介石日记的记载,他列出的 1937 年的大事之一,就是实现"力行社与青白社之归并"。② 其后,他在日记中多次提及整理力行社和力行社与青白社合并的考虑。根据三青团团史资料的记载,1937 年初,蒋介石"预见对日战争,瞬将爆发……而以积弱之中国,欲于全面长期抗战中,获致最后之胜利,必须使全国青年之意志与力量,有新的团结与集中,因决心创设三民主义青年团,组训全国青年"。1937 年 5 月,"为本团实际筹备工作

---

① 据王子壮言,"果夫等主张推蒋先生作总裁,并欲以戴(季陶)主党,因彼不干,举朱自代。由清党以后之情形论,是谓两陈最不得意,盖陈诚极反对彼等之作风,蒋先生亦只勉从"。见《王子壮日记》第 9 册,1944 年 9 月 10 日,第 365 页。
② 《蒋介石日记》,1937 年 1 月 1 日。力行社以黄埔系为中心,其外围称复兴社,青白社(又称青白团)以 CC 系为中心,两者均为国民党内的拥蒋秘密组织。

开始时期。迨抗战军兴,苏嘉国防线,被敌军突破,首都形势紧张,领袖深感青年团有从速建立,以加强国民革命继起力量之必要,乃于警耗频传日理万机之际,在总理陵园,约集并指定本党有关重要人员,对于成立本团各种计划,正式作初度商讨。嗣复每周集议,积极进行。迨南京撤守,领袖复于庐山牯岭,召集会议,同时加紧筹备组团工作。自统帅西迁武汉,复召集本党干部十余人,研究青年团之组织方式,干部选拔及成立时机等具体问题,并指定团章起草人。设立青年团之一切部属工作,此时大体告一段落"。①

在三青团的筹建过程中,国民党内对其组织方式及其名称有不同的意见。"一、主张在党内设青年部,以为不必另设青年团;二、以为青年团不必冠以'三民主义'字样;三、以为团的组织应与俱乐部相似。"② 这些意见多半反映出国民党内那些以党为正宗,并维持党之至高地位的人士的看法,而以青年团为国民党之下的一类组织,由后来党团矛盾的发展看,他们的意见其实不无道理。但此时蒋介石规划中的建团,恰恰是要在一定程度上甩开国民党而另起炉灶,以"新的力量之集中"而刺激国民党的改造和新生,并对自己的掌控力有充分的自信。③ 可是以后的事实却表明,三青团一旦作为新的组织另立于国民党外,便有了自身的独立性,即便是蒋作为说一不二的领袖,也无法完全控制其内在的扩张冲动和利益诉求,而这样的后果是当初建团时无法完全预期的,由此亦反映出历史演进的复杂性及其某种不可预知性。

---

① 《三民主义青年团团史资料》,《中华民国史档案资料汇编 第五辑第二编 政治》(3),第 718—719 页。据康泽回忆,三青团"最初酝酿的时候只有陈立夫、刘健群和康泽,连蒋介石共四人。每三天或一周开会一次,每次开会都是蒋介石召集的。第一次会是 1937 年 9 月中旬在南京中山陵园蒋介石别墅。他对我们说:'现在抗战已经开始了,过去秘密的小组织形式不合需要了,要来一个大组织,把党部的(指 CC)、同学的(指复兴社)和改组派(指汪精卫)都团结起来;并以此为中心,再求各党各派的团结和全国的团结'。"见康泽《三民主义青年团成立的经过》,《文史资料选辑》第 40 辑,中华书局,1963,第 197 页。

② 《三民主义青年团团史资料》,《中华民国史档案资料汇编 第五辑第二编 政治》(3),第 719 页。

③ 据康泽回忆,陈立夫曾经建议名称用"中国国民党三民主义青年团",蒋介石却表示:"有你这'中国国民党'几个字,人家就不来了。我看就是用三民主义来号召的好,用我的名义来号召的好。"见康泽《三民主义青年团成立的经过》,《文史资料选辑》第 40 辑,第 197—198 页。

1938年初，在筹备召开国民党临时全国代表大会的过程中，蒋介石也在考虑青年团的组织、性质、干部、政纲等问题。1月24日，蒋介石决定："组织青年团之时期正式发表当在大会之后，而以力行社为基础，当从速准备，先派辞修、立夫为干事"。① 鉴于三青团组建的基本班底来自力行社，2月初，蒋介石又召集力行社干部会议，在讲话中严厉训斥其"意见分歧，对内暗斗，各地社员幼稚，监察不严，指导无方，小组织小领袖欲，贪污招摇"等，以使他们能体会其意旨，遵行其指令。② 蒋在这次会上明确提出了建立三青团的主张："我们要统一或联合国内各党派，首先就要使本党自身加以整顿改造。前次中央已通过组织三民主义青年团，意思就是使本党以内的青年干部——如过去党部方面和力行社以及改组派两部分的青年干部都要联合起来，打成一片，立定一个重心，从新成立一个三民主义青年团。关于一切组织规章条件正在草拟中，因临时全国代表大会快要开幕，这个青年团的组织，是否在大会以前成立，抑在大会以后再行决定，现在还没有定夺！但在此期间，大家应开会多多商议，总要形成党内有一个重心，有一个精神，来管束支配指导一切。"③ 此后，蒋介石指定陈诚、陈立夫、贺衷寒、谷正纲、康泽等负责三青团的筹建事务。④

　　根据蒋介石的规划，1938年3月召开的国民党临时全国代表大会通过了《改进党务并调整党政关系案》，决定"设立青年团。本党应以执政党之地位，训练全国青年，使人人信仰三民主义。故应设立青年团，将预备党员制取消"。⑤ 随后，国民党五届四中全会在4月6日通过《三民主义青年团组织要旨案》，提出："为谋全国青年意志之统一，能力之集中，以充

---

① 《蒋介石日记》，1938年1月24日。
② 《蒋介石日记》，1938年2月4日。
③ 《对高级干部的期望》（1938年2月5日），秦孝仪主编《先总统蒋公思想言论总集》卷15，台北，中国国民党党史会，1984，第117页。
④ 《三民主义青年团团史资料》，《中华民国史档案资料汇编　第五辑第二编　政治》（3），第718—719页。另据陈敦正回忆，"青年团的筹划，蒋公曾指定陈果夫、陈立夫、曾养甫、贺衷寒、康泽、酆悌、周佛海等七人，进行专案研究。'三民主义青年团'名称，闻系由贺先生提出，于廿七年（一九三八）三月，复经五届四中全会，决议设置。"见陈敦正《复兴社、青白社、蓝衣社——一个复兴社参加者的自述与观察》，干国勋等《蓝衣社、复兴社、力行社》，台北，传记文学出版社，1984，第78页。
⑤ 《改进党务并调整党政关系案》（1938年3月31日），荣孟源主编《中国国民党历次代表大会及中央全会资料》下册，第476页。

实国民革命之力量起见,依照本党总章第五条之规定,设立三民主义青年团。"该案规定:青年团设团长一人,由国民党总裁兼任;设评议长一人,评议若干人,组织评议会;青年团干部由团长指派;青年团为公开团体。① 与国民党临时全国代表大会决定实行领袖制相适应,三青团也是完全在以蒋介石为领袖的格局下筹备成立的。

国民党临时全国代表大会结束后,开始了具体筹备组建三青团的过程。蒋介石决定先成立筹备处,指定筹备人员;"青年团之组织以职业分子、大中学毕业生与官兵警察、工人、保甲长为基础";"青年团训练切戒侦探、斗争、卑劣、妒忌等恶习,而以勤劳、服务、互助为主旨"。蒋介石一方面提出三青团组织中应重点包括"大中学毕业生",但又提出"学生不准许参加任何政治团体,颁行禁律,无论任何团体,如有此学生运动,应作内乱罪处置"。② 表明他还是意图以三青团统一全国的青年运动,并压制中共在青年中的活动空间。③ 5月初,蒋介石考虑了"力行社与青年团之连接方案与整顿方案"以及"青年团各省人选与方针",并在6月

---

① 《三民主义青年团组织要旨案》(1938年4月6日),荣孟源主编《中国国民党历次代表大会及中央全会资料》下册,第516—517页。国民党五届四中全会还曾经讨论过《三民主义青年团训练要旨》,其中说明:"三民主义青年团是在本党领导之下,为实现三民主义、复兴中华民族、建立独立自由之新中国而奋斗,为实行此次临代表大会所议决之宣言及抗战建国纲领而努力之集团……故其信仰则以三民主义为依归,其任务则以完成国民革命为目的,其政纲则以本党临全代表大会宣言及抗战建国纲领为准绳,其组织则采用有步骤的民主集权制。"要旨为国民党和三青团的关系专设一节,说明"三民主义青年团与本党的关系须缜密规定,以免形成对立或互相推诿,使工作效果为之减低,但若青年团完全成为本党之附庸机关,亦无以实现青年团之特殊使命……因此,二者之关系,必须按诸实际情况而决定"。要旨规定的党团关系原则为:(1) 在实现三民主义与完成国民革命之使命上赋有同一之责任;(2) 青年团遵奉本党政纲政策不另定政治纲领,但青年团为造成本党党员应具备条件之组织,而非在组织上统属的组织;(3) 青年团团员有年龄之限制,受训完毕后,自动升为国民党党员;(4) 青年团对于实际工作得在不抵触上项原则规定范围内自行决定;(5) 党员在规定年龄及条件下得自由加入青年团,并遵守其纪律,执行其决议;(6) 党与团共同担任之工作,由本党总裁决定其分工办法。(《三民主义青年团组织训练要旨》,见贾维《三民主义青年团史稿》,社会科学文献出版社,2012,第160—162页)此项要旨明确三青团为国民党领导下的组织,遵奉相同的主义和政纲,但又提出团非为党的"附庸机关",不是党"在组织上统属的组织",为党团关系留下了伏笔和隐患。不过,此项要旨未在全会通过,故其未见公开,亦未付诸实行。
② 《蒋介石日记》,1938年4月13、21、5月2、4日。
③ 蒋介石对三青团在学校和"防共"中的作用是相当看重的,他曾在日记中写道:"青年团对各学校加紧工作与防共"。(《蒋介石日记》,1940年1月27日)这句话的后半句被他自己涂掉了,是他感觉比较敏感,还是另有其他原因,待考。

初决定"青年团从速成立"。①

1938年6月16日，蒋介石发表《告全国青年书》，揭示成立三青团的意义为："求抗战建国之成功"，"求国民革命新的力量之集中"，"求三民主义之具体实现"，"应使此组织，成为网罗全国优秀热烈青年及革命分子之唯一组织"。为此，他要求入团青年应"积极参加战时动员"，"实施军事训练"，"实施政治训练"，"促进文化建设"，"推行劳动服务"，"培养生产技艺"。就蒋的上述要求而言，给国民党内外的印象，似更多在三青团的联络性、服务性和公益性而非其政治性，虽然蒋也提出了"中国今日所以作育青年者，只有示以一个国家、一个主义、一个努力方向之要义"，以此"寻求抗战建国之成功，三民主义之实现"，②但通篇文告的政治性并不十分强烈，与他在国民党临时全国大会的数次演说相比，与他建立三青团的初衷相比，是比较去政治化的，而这又与三青团过后的发展并不完全相一致。另一值得注意的方面在于，通篇文告的关键词可以说是"抗战建国"，同时多处提到了"三民主义"，却完全没有提及国民党（只在两处提到了"党国"），这在蒋介石的文告中不说绝无仅有，也并不多见。这至少说明，蒋介石当时似有意在三青团与国民党间有所区隔，而以三青团为新生力量，免受国民党中衰朽势力的影响和牵累，但又为三青团与国民党的关系留下了某种疑问，成为后来党团矛盾关系的隐忧所在。

也是在6月16日，《三民主义青年团章程》公布。③"该章程"共15章71条，以"团结革命青年，力行三民主义，捍卫国家，复兴民族"为三青团之宗旨；规定：18—38岁者可以入团，但干部及特许人员可不受此年龄之限制；入团时须举行宣誓；④团的组织系统分为中央、支团、区团、分团、区中队、分队；团长由国民党总裁兼任，总揽团务，决定一切；团员不得泄露秘密，于团外抨击本团及诋毁同志，不得加入其他任何党派，

---

① 《蒋介石日记》，1938年5月5日、6月5日。
② 《告全国青年书》（1938年6月16日），《中华民国史档案资料汇编　第五辑第二编　政治》（3），第724—729页。
③ 三青团团章的起草人初为谭平山、陈立夫、康泽等，复经陈诚主持讨论定稿，最后由蒋介石核定公布。
④ 入团誓词为："余誓以至诚，力行三民主义，服从团长命令，严守团章，执行决议，实践新生活信条，为国家尽忠，为人民服务，不辞劳苦，不惜牺牲，如违誓言，愿受最严厉之制裁，谨誓。"

不得发表有悖宗旨之政治主张,不得在团内有任何小组织。① 以此章程之规定,作为团长的蒋介石是三青团的最高主宰,从中央团部,直至支团、区团、分团的干部,都得由团长任命,这样的规定甚而超过了蒋在国民党内作为总裁的"最后决定权",因为国民党省以下组织的负责人毕竟还不必由总裁去直接任命,于此也可见蒋对三青团之看重。章程中最为吊诡之处,是通篇没有片言只字说明三青团和国民党的关系,那么,三青团究竟是作为国民党领导下的青年预备队,还是与国民党无甚关联的青年新团体,甚或国民党外某种形式的新党? 国民党与三青团关系的本质,是领导与被领导的关系,抑或平等平行的竞争关系? 至少在章程中并未给出明确的答案。② 如此一来,三青团和国民党的可见关联,就是国民党总裁兼任三青团团长,党团领袖合一,由蒋介石掌控而听命于蒋,却为三青团另立门户,与国民党相争创造了条件。如有论者谓:"蒋介石所设想的三青团是一个奉其为最高领袖、机构高度独立、并以复兴社为骨干的青年组织,其使命是'外求统一,内求复兴',以克服国民党组织的各种弊病,挽救国民党政权的危机。然而蒋介石所设想的这一组织模式,却包含着难以克服的内在矛盾,并立刻在实践中导致了预料不到的结果。"③ 或许此时蒋介石也没有完全意识到,三青团与国民党的关系不明确,其实是为国民党内中生代尤其是新生代官员提供了政治表现的舞台,使三青团成为他们批判国民党的衰朽并与党内握有权力的老一代分庭抗礼、争权夺利的合适

---

① 朱汇森主编《中华民国史事纪要(中华民国二十七年一至六月份)》,第572—580页。
② 国民党临时全国代表大会通过的有关成立三青团的决议,说是国民党"设立青年团",并取消国民党预备党员的规定,这可以被理解为三青团是国民党的下属组织或预备队。4月21日,国民党中常会通过《修正中央执行委员会组织大纲》,明确"中央执行委员会设三民主义青年团",在国民党中常会之下,与政治委员会、党务委员会、训练委员会为平行机构。(朱汇森主编《中华民国史事纪要(中华民国二十七年一至六月份)》,第398页) 如此,则团应从属于党。据陈立夫回忆,他在奉蒋介石之命拟订三青团团章时,担心"三民主义青年团如果不能顺利地运作,就会有国民党和三民主义青年团成为两个政党的危险。因此,在组织章程中明确规定了三民主义青年团是训练国民党党员的团体"。这样一来,"三民主义青年团是国民党的训练机关,是作为国民党的'学校',它不是和国民党相区别的组织。全部三民主义青年团团员到二十五岁时自动成为国民党党员。于是乎,青年团自然而然地不能成为一个独立的组织"。(〔日〕菊池一隆访谈《陈立夫谈三青团、CC系》,鉴岗译,《近代史资料》总97号,第186页) 但陈的做法不符合蒋介石的设想,没有得到蒋的首肯。
③ 贾维:《三民主义青年团史稿》,第158—159页。

阵地。

1938年7月9日，三民主义青年团在武昌宣布成立，蒋介石任团长，下有干事31人，常务干事9人，为陈诚、朱家骅、陈立夫、贺衷寒、张厉生、段锡朋、陈布雷、谭平山、谷正纲，陈诚任临时中央干事会书记长。① 干事会是三青团的日常领导机构，下设组织、训练、宣传、社会服务、经济、总务处及秘书、人事、计政、调查室。1939年7月，三青团又决定设立中央监察会，负责各项团务监察工作，由王世杰、朱家骅、陈布雷、邵力子、罗家伦任常务监察，王世杰任书记长。

二 党团矛盾的浮现及发展

三青团成立后，组织发展甚为迅速。三青团组织从零起步，到1943年3月一大召开前，在5年时间里，三青团已建有支团25个、区团27个，分团648个，区队4984个，分队25776个，还建有海外区团13个，分团12个，区队23个，分队88个，团员合计近55万人，② 而同期已有近50年历史的国民党（自1894年兴中会成立起），其党员数量也不过在200万左右，党团员数量之比不到4∶1，可见三青团组织扩张之速。同时，三青团还通过训练班、青年营等方式，发展组织，训练学员，不断扩大其影响力。不过，虽然国民党内外都有人对三青团抱以期待，三青团最初的发展也表现出一定的朝气和新意，但就三青团的组织构成而言，仍然重复着与国民党相同的弊病，即以都市公务员和学生为主，不能深入基层和民间，

---

① 三青团中央干事多出自黄埔系的复兴社和CC系党务系统的少壮人士，也有一些其他方面的人士，如前中共党人谭平山、航运巨子卢作孚、"七君子"之一章乃器等。因陈诚身兼数项军事要职，军务繁重，无法更多过问三青团的事务，1939年9月15日，蒋介石令朱家骅任三青团临时中央干事会代理书记长。1939年9月，中央干事会改组，干事增加为35人，另增候补干事15人。1940年9月，张治中接任干事会书记长。1941年11月，中央干事会干事扩大为49人，候补干事扩大为19人，并聘请9人为中央指导员。总体而言，其领导机构呈日渐扩大之势，蒋经国及更多的新生代干部成为中央干事，蒋经国也开始经由三青团这个平台逐步形成自己的政治班底。

② 《七年来团务工作总报告》，《中华民国史档案资料汇编 第五辑第二编 政治》（3），第705—706页。1943年3月29日至4月12日，三青团在重庆召开第一届全国代表大会。1945年抗战胜利前夕，三青团有支团25个、区团35个、分团995个、区队9915个、分队44122个，团员825479人。见《党务检讨报告》（1945年5月7日），秦孝仪主编《中华民国重要史料初编——对日抗战时期 第四编 战时建设》（4），台北，中国国民党党史会，1988，第414页。

从而也就无法真正在执政党和广大的基层社会民众间形成顺畅的沟通渠道，还是不能使执政党的执政落到实处。据统计，在1939年的三青团团员中，公务员占比高达70%，使得三青团的领导人也发出这样的疑问："试想以百分之七十的公务人员来构成三民主义青年团的中坚，不是和我们预期的原则相距太远了吗？"何况这些人"原来就有他们本身的行政组织，同时也有党的组织，用不着本团去组织他们，而事实上他们反成了我们的中心，这实在不能不指出是一个严重的缺憾"。① 此后，三青团开始注重发展学生团员，1943年，三青团团员中的学生占比达到了40%（其中不少人是集体入团），再加上占比近40%的军公教团员，仍使三青团的"发展只集中都市，未入农村"；不能"在中国植下巩固和深刻的社会基础"；"在今日广大的工农群众中，我们的同志分布力量太薄弱了"。② 还不仅如此，这些浮在表层的三青团员，不能深入基层，却反倒成了三青团领导层与国民党争权夺利的力量基础，成了党团矛盾中团方的依靠力量之所在，这样的结果确实有些反讽的意义。③

三青团的成立，在国民党的公开宣示中，是为抗战训练培育青年，以完成"抗战建国"的大业；而在蒋介石的心目中，或许更多的是为了创造新生力量，消除国民党的积弊，改变国民党的衰颓趋势，刺激国民党的新生；然就其实际运作而言，三青团的成立及其发展虽然也扩大了国民党的社会基础，对于动员和组织青年投身抗战起到了一定的作用，但也日渐凸显其与国民党的冲突，在一定程度上反而影响到国民党的统治体系及其统治基础的稳固，使党团矛盾成为困扰国民党和蒋介石的新问题。

加入三青团的不少是怀抱一定理想的青年人，而在当时的氛围中，国民党在青年中的影响并不大，名望也不高。据行政院政务处处长何廉称："国民党党风日下，增加了人们对国民党大失所望的气氛，年轻的一代瞧

---

① 张治中：《青年团工作的检讨与改进》（1941年7月1日），见贾维《三民主义青年团史稿》，第272页。
② 康泽：《五年来青年团组织工作之回顾与前瞻》（1943年7月15日），见贾维《三民主义青年团史稿》，第156页。
③ 据三青团监察会书记长王世杰所记，三青团经费，1942年较1941年增加一倍半有余，"徒然滥增团员，团员之质素既不佳，训练亦不得法"。见林美莉编辑校订《王世杰日记》上册，1941年10月29日，第386页。

不起国民党"。① 三青团的领导层也多半为国民党中生代尤其是新生代人物,他们与国民党的渊源不深,在国民党内也没有权势地位,故其天然对把持国民党权力的老辈人物有所不满,这样的组织格局,已经为党团矛盾埋下了伏笔。他们因为年轻而少顾虑,因为无权而少忌惮,因为资浅而少羁绊,同时怀有强烈的进取心和使命感,又因蒋介石的种种暗示甚或明示,而更鼓励了他们对国民党衰朽无能的不满与批评。② 再加三青团章程对党团关系规定的含糊其词,以及国民党内原先就有的各种复杂矛盾,国民党和三青团的关系自始便显得有点别别扭扭而不顺畅,再加国民党内各种复杂的派系和人际关系矛盾渗入三青团的筹建工作中,更加剧了党团间的矛盾冲突。已有论者注意到:"主观上,三青团团员多以国民革命的'新血轮'、'新生命'、'新细胞'等心态自命,客观上和处于被改革地位的国民党距离已远。团内温和者以新血轮意识有别于党,急进者所持新血轮意识则不啻形同分离意识,更有甚者,乃意欲取国民党而代之。"③

　　蒋介石在国民党临时全国代表大会决定取消党内各种小组织,三青团的成立或可为其结果之一,然因历史的渊源及负责筹备者康泽等人的出身,三青团与力行社(复兴社)仍有相当的传承关系。力行社(复兴社)最后一任书记长康泽受命负责三青团的组建工作,据他回忆,他曾请示蒋介石,"'是不是可以把复兴社的精神移植到三民主义青年团?'蒋十分肯定地答:'当然这么做。'""'各地三民主义青年团成立的时候,各地复兴社的同志是不是可以根据他们的志愿率先入团?'蒋也是肯定地说:'当然这么做。'"其后,蒋介石又指示以复兴社为三青团的核心,以康泽为三青

---

① 《何廉回忆录》,第200页。何廉自己就不是国民党员。
② 1938年9月,蒋介石在三青团中央团部纪念周发表演讲时说:"本来中国的革命,有中国国民党来领导,只要中国国民党能复兴,就不必另设青年团,即令有组织青年团的必要,亦可以附设于国民党以内。但是我们现在为什么要从新创立这一个三民主义青年团呢?就是因为我们国民党这几年来消沉散漫,成为积重难返的局面,不论精神纪律,都是异常衰颓,可以说党部都已变成了衙门,而党员已变成了官僚,无论如何设法改造,都不能彻底改造过来!在本党没有彻底改革以前,如果吸收青年进去,那只有害了青年,而无补于革命,所以要另外设立一个青年团,来组织一般有为的优秀青年,好使他们承担中国革命的事业!"(《对于青年团工作的检讨和感想》,1938年9月5日,秦孝仪主编《先总统蒋公思想言论总集》卷15,第474页)蒋如此这般的讲话,自然会鼓励三青团中那些批评国民党的意见和与国民党分离的意识。
③ 王良卿:《三民主义青年团与中国国民党关系研究(一九三八——一九四九)》,台北,近代中国出版社,1998,第100页。

团组织工作的重心。① 作为黄埔一期生而又地位并不高的康泽，本就有强烈的进取心和权力欲，此时有了蒋的授权，更是雄心勃勃，意图大干一场，随即与长期把控国民党组织系统的陈立夫产生了矛盾。此前，CC系的青白社被撤销，军事委员会改组，陈立夫已失去了对国民党组织系统的控制权，内心本已颇为不满，而康泽及其复兴社系统却借筹组三青团之机还魂，大肆扩张势力，使复兴社的人马在三青团的中层干部和各省分支机构中占据了优势。陈立夫在晚年回忆中说道："康这个人很有野心，他希望青年团是另外一个组织，和我的构想完全不同"；"他要成为青年团的领导人物，将来可取党而代之"；这使三青团和国民党"形式上竟变成了两个党，摩擦就开始了"。② 陈立夫毕竟在国民党内有深厚的基础，自然会动用其资源反对康泽，而两者间的矛盾也因此而由个人之争逐渐深化为党团矛盾。③ 而且党团关系本就并不十分明确，"团与党重复抵触之处甚多，因而力量抵消，摩擦丛生。加以党内日益发展的派系、人事的纠纷（当时团与党的摩擦事实上是黄埔系与CC的摩擦，更具体地说，是贺衷寒、康泽与陈立夫、陈果夫的摩擦），更使团与党的关系日趋复杂"。④

三青团成立不久，在其举办的青年干部训练班中，党团矛盾便已凸显。陈果夫的讲话，强调三青团应绝对服从国民党的领导，团员相当于国民党的预备党员；康泽的讲话，则对此嘲讽说，那"干脆就叫预备党员好

---

① 康泽：《三民主义青年团成立的经过》，《文史资料选辑》第40辑，第204—205页。康泽在三青团筹建过程中出力甚多，但他在三青团临时中央干事会组建时，并未进入常务干事之列，而是任组织处代处长（处长胡宗南），实际掌控三青团的组织系统。据康泽的同僚回忆，"康责任心颇强，魄力干劲亦足，康泽乃成了青年团中央组织的重心"。见蒋京《萧赞育先生访问记录》，台北，近代中国出版社，1992，第52页。
② 《成败之鉴——陈立夫回忆录》，台北，正中书局，1994，第226页。
③ 国民党中对康泽和三青团的不满，不仅仅是陈立夫个人，蒋介石属意出任三青团书记长的王世杰，对康泽亦有微词，他曾记道："青年团在过去一年间，诸事大半由康泽等主持，其训练方法，大都蹈袭共产党及秘密会社之故智，社会颇不信任。蒋先生今晚曾向团中干部人员痛加指责，并严令改正。"见林美莉编辑校订《王世杰日记》上册，1939年7月17日，第211页。
④ 《张治中回忆录》，文史资料出版社，1985，第336页。张治中回忆说："曾有CC的人向我说，'蒋先生既要我们搞这个组织，为什么又要黄埔学生搞那个组织？'蒋的初意以为两个组织可以并行不悖，没料到适成为摩擦纠纷的根源。他所以培植这两个组织，一方面是为了对付党内异己（如对汪精卫、胡汉民）争夺领导权，同时也是为了加强力量和共产党进行斗争。最初也许起了一些作用，但是以后完全出乎他意料之外，两派的摩擦纠纷，抵消了组织力量，涣散了组织纪律，终于不能利用这些小组织来巩固他的统治。"见前引书，第337页。

了，何必还要成立这样庞大的机构——中央团部来领导呢？"① 后来，康泽干脆在党政训练班的课堂上公开说，因为国民党"组织不健全"，"纪律不健全"，所以"要青年团以替代党"，结果引起党务系统的强烈反弹，认为"发生很大问题"，"谁怀疑党，当然党员要向他进攻"。② 如此一来，如时人所称，"党员看团员，好些是新起之敌，团员看党员，当作落伍分子"。③

即便是在黄埔系内部，对于三青团的认同也未必一致。康泽的顶头上司、三青团书记长陈诚与康泽可称同为黄埔出身，但保定军校毕业的陈诚是黄埔的教官和干部，而康泽不过是黄埔的学员，两人的出身层级不同，陈诚又是比较纯正的军人做派，对没有带过兵打过仗的康泽从事的带有特务色彩的秘密小组织活动不甚认同，陈之为人比较严峻寡恩，心胸不够开阔，不太能容人，故陈诚对康泽的印象一般，在三青团成立时，他便以康泽年轻资浅为由，反对康任组织处处长，而只能"代理"（组织处处长胡宗南实际并不管事）。但康泽自恃有蒋介石的授权和支持，把持权力，目中无人，自行其是，"老是越过陈诚，直接向委员长报告有关组织的事务"，④ 令陈诚颇为恼怒，使两者关系甚僵。康泽回忆说："一开始陈诚就和我搞不好，根本原因是，三民主义青年团以复兴社为核心的经过，他不知道；他在蒋介石面前争权，自然要嫉妒复兴社，反对以复兴社为三民主义青年团的核心。由于复兴社的内部事务，蒋介石比较地照我的意见办，所以陈诚就集中地反对我。"⑤ 陈诚与康泽的矛盾虽然更多地表现为三青团内部的权力之争，但与党团矛盾互为影响，使其更为复杂。结果是，"团与党的关系越不明确，越增加了国民党内部派系、人事的纠纷；国民党内部派系、人事纠纷越大，团与党的关系越坏"。⑥

三青团成立不久即开始凸显的与国民党的矛盾，不仅引起国民党党务系统的强烈不满，甚而使蒋介石也不能不出面表明态度。1939 年 3 月 30

---

① 陈开国：《青干班和青干校始末记》，《文史资料选辑》第 74 辑，文史资料出版社，1981，第 45—48 页。
② 王良卿：《三民主义青年团与中国国民党关系研究（一九三八——九四九）》，第 132 页。
③ 余森文：《从党的失败说到团的新任务——以团的社会运动来巩固党的政治运动》，见王良卿《三民主义青年团与中国国民党关系研究（一九三八——九四九）》，第 95 页。
④ 《何廉回忆录》，第 209 页。
⑤ 康泽：《三民主义青年团成立的经过》，《文史资料选辑》第 40 辑，第 205 页。
⑥ 《张治中回忆录》，第 336 页。

日，蒋介石在党政训练班毕业学员典礼式上，以《党与团的关系》为主题发表讲话，称："三民主义青年团就是中国国民党系统之下的三民主义青年团，简言之，他就是党的团，不是党以外对立的一个什么组织……大家不要以为团与党有什么特殊的区别，或者以为团是用来替代党的，其间有一种什么轻重消长的关系，这是绝对错误的观念！"① 蒋介石的态度也被团方所意识，"关于本团性质，最重要之点，即为党与团之关系"。② 三青团毕竟成立不久，力量基础还不够稳固，团方也希望有所改进，控制党团矛盾的烈度。1939 年 9 月，三青团中央团部发布了《对于各级团部工作方针之指示》，明确 "本团应使全体团员与全国青年，均深切认识本团乃团结青年及训练青年，使其能力行革命主义，捍卫国家，复兴民族之唯一的青年革命集团，亦即本党之新血轮、新细胞，而非一般人所谓政党"。③ 同年 12 月，三青团临时中央干事会书记长陈诚在党政训练班讲话时，又就党团关系特别有所说明。陈诚说道："目前有许多人不明白本团的性质，常常发生许多误解，有的以为本团是党外的政治组织，或用来代替党的一种组织；另外也许有人以为本团是专门从事政治斗争的一个党团。其实这些观念都是极端错误的。"陈诚就三青团的性质指出："青年团及本党组织系统之内的青年组织，在同一主义、同一领袖、同一使命之下，共同为革命而努力奋斗，所以党和团是整个的，是合体同命不可分的，它是'党的团'，而不是党以外的另一种组织，或和党对立的'团'。"但是，陈诚也认为："从本党与本团的组织系统上来讲，党部与团部都各有其一贯的系统，本党以政纲政策领导整个的团，但各级并行的党部与团部并不发生隶属的关系。"④ 陈诚

---

① 王良卿：《三民主义青年团与中国国民党关系研究（一九三八——一九四九）》，第 134 页。后来，蒋介石还引用外人的话批评三青团，认为 "青年团不如国民党"；"往往本身应作的工作，不实在去作，而不属于他本身的工作，反而逾越范围，而去干涉人家。惟其不守范围，所以就要侵犯他人的范围，就不免处处牵制人家，因此弄得权限不分，责任不明，而一切争权夺利之心，亦因此而起"。（蒋介石：《对政治部、青年团干部训词》，1940 年 8 月 22 日，转引自贾维《三民主义青年团史稿》，第 178 页）事实上，这也表明蒋介石对三青团的某种失望之情。
② 《三民主义青年团中央干事会工作报告》，转引自贾维《三民主义青年团史稿》，第 156 页。
③ 《本团对于各级团部工作方针之指示》（1939 年 9 月），转引自贾维《三民主义青年团史稿》，第 171 页。
④ 《陈诚关于三民主义青年团之宗旨及今后团务推进方针对党政训练班第五期学员的讲稿》（1939 年 12 月 4 日），《中华民国史档案资料汇编　第五辑第二编　政治》（3），第 733 页。

的讲话说明，三青团由国民党领导、在国民党之下的性质已经被团方所认知，但是，三青团仍被认为具有其独立的组织系统而与国民党并不发生隶属关系。组织的独立是最具有实质性意义的独立，因此，团方仍然可以此为由发展其组织，扩大其影响，而不需要听从国民党的指令。

为了解决党团间的矛盾，1940年11月25日，国民党中常会通过《确定党与团之关系办法》，明确规定：（1）团应服从党的领导，党应扶助团的发展。（2）党的工作注重与政治相配合，团的工作注重与教育相配合，但党与团之工作，应互相配合，力避重复抵触。（3）在同一地区有党与团之组织者，党不征收未满25岁者入党；现有之团员，年岁已满25岁以上者，一律介绍入党；现有之党员，年龄未满25岁者，一律划入青年团，保留其党籍。（4）党之活动范围注重社会，各种民众团体内之团员，在民众运动领导方面，参加党团组织，由党部统一领导。（5）团之活动范围注重青年学生，各级学校党部，不征收学生为党员，青年运动及童子军、少年团，并由团领导。（6）在同一地区之党部与团部，应经常举行工作会报，以增进党与团工作之密切联系。（7）党员与团员，均应亲爱精诚，不得互相攻击或诋毁，否则以违反纪律严处。①

虽然有了上述貌似严格严厉的规定，但并未从根本上解决党团矛盾关系。因为，"就三青团与国民党的关系而言，三青团一方面以派系身份投入党内政治竞争，为党内派系政治的参与者（中央层级尤是）；一方面则以自主性组织的身分同国民党时相颉颃，为国民党的有力政敌（地方为最）。这种模棱两可的双重面向，使得党团关系长期陷于低迷，三青团的形式地位亦始终无定；唯对于团方干部参与政治而言，则此双重面向反成有力护盾，颇有依违之利便"。② 1942年1月3日，蒋介石又给国民党中央秘书长吴铁城、组织部部长朱家骅、三青团书记长张治中、组织处处长康泽下达手令，称："现在各地党与团间仍不断发生摩擦，以致减弱本党之力量，反授异党以机会，言之殊堪痛心。若长此以往，团部不仅无益于党，而徒为党部之蠹，则团部不如取消，以免贻患于将来。以后不论任何地区之团务工作，皆应秉承当地党部之指导，绝对不

---

① 瞿韶华主编《中华民国史事纪要（中华民国二十九年七至十二月份）》，台北，"国史馆"，1994，第593页。
② 王良卿：《三民主义青年团与中国国民党关系研究（一九三八——一九四九）》，第444页。

许有与党部发生摩擦或斗争之事。"① 不过，蒋介石的手令也不能解决问题，党团矛盾非但没有缓解，反而愈演愈烈，乃至出现了恶性化的趋势，对本已是国民党顽疾的党内派系斗争，可谓雪上加霜，不仅远远未能达其建立之初衷，而且加剧了国民党的内耗，不利于国民党统治基础的稳固。此后，随着蒋经国进入三青团领导层，小蒋在老蒋的庇护之下，通过三青团的平台，纠合自己的派系人马，迅速崛起为三青团内又一个新贵权势集团，不仅使党团矛盾不得解决，而且更增加了三青团内部矛盾关系的复杂性。

1945年5月，吴铁城在国民党六大做党务报告时，仍表明"党与团的连系，无论从工作方面看，从精神方面看，还不能完全满意。虽然经过不少次的研究，制定种种办法，收效亦有限"。② 可以说，三青团自其建立起，其与国民党的矛盾竞争关系便如影随形，相伴相生，直到1947年国民党和三青团的合并，才以三青团组织消亡的方式，而使党团矛盾得以最终化为无形。

三 扩大政治参与的改革

自国民党成为全国的执政党之后，其排斥其他党派政治参与而由一党垄断执政的"党治""训政"体制架构，便颇为社会各界所诟病，不时引发社会舆论的批评。1936年，国民党主导制订"五五宪草"，开始准备由"训政"向"宪政"的过渡，然1937年开始的全国抗战，又打断了这个过渡进程，尤其是在战争初期日军大举进攻、中国奋起抗战的炮火硝烟中，在国民政府的政治中心由南京而武汉再重庆不断迁移的动荡状态下，原定在1937年11月召开国大制定宪法之举更不可能提上议事日程。③ 但是，

---

① 《蒋介石致朱家骅、张治中、康泽》（1942年1月3日），秦孝仪主编《中华民国重要史料初编——对日抗战时期　第四编　战时建设》（4），第445页。
② 《党务检讨报告》（1945年5月7日），秦孝仪主编《中华民国重要史料初编——对日抗战时期　第四编　战时建设》（4），第415页。
③ 1937年10月2日，国民党中常会决定："本年十一月十二日召开之国民大会，因各种选举之代表尚未完全选出，已当选之各代表，多在前方后方担任抗敌重要工作，势难集合，应予延期举行，由国民政府另行定期召集。"见秦孝仪主编《实施宪政》，台北，中国国民党党史会，1977，第129页。

抗战开始以后，国民党感觉到动员广大民众和社会力量支持抗战的重要性，而在这方面的有效做法，则是扩大政治民主和政治参与，使社会各界的政治关注度和参与度有合理的出口，从而在社会面稳固国民党的统治基础，再加中共在政治方面提出的各项竞争性主张，更使国民党感觉在一定程度上扩大政治民主和政治参与的急迫性与重要性。因此，国民党临时全国代表大会决定召开国民参政会，便成为国民党在战时实施政治改革的重要表征。

早在1931年"九一八"和1932年"一·二八"之后，因日本侵略东北和上海而面临"国难"的政治危机之时，国民党就曾有召集国民参政会并以此集合民意的设想。1932年4月11日，在洛阳举行的"国难会议"，决议在"宪政未实施以前，提前设立中央民意机关，定名为国民代表会"。① 同年12月19日，国民党四届三中全会通过《定期召集国民参政会，并规定组织要点，交常会切实筹备，以期民意得以集中，训政早日完成案》，提出在1933年内召集国民参政会，以训政时期约法为基础，讨论国是。② 1933年2月23日，国民党中常会通过《国民参政会组织法》，提出"国民政府于训政时期为征采全国国民公意，设立国民参政会"；会员160人，其中150人由各省市职业团体、蒙古、西藏、海外华侨选举，10人由国民政府就全国各界富有学术资望者聘任；职权为审议政府交议之预算、宣战、媾和案及其他重要事项，并得向政府提出法律案及政治设施建议，咨送政府依法处理；会员任期一年，必要时可延长；每年开会两次，会期一个月；会员的言论和表决对会外不负责任，会员非经许可不得逮捕或监视。③ 3月2日，国民党中常会又通过《国民参政会选举法》，决定会员分配为：各省职业团体109名，各市职业团体21名，蒙古6名，西藏6名，海外华侨8名；有选举权之团体为农会、工会、商会及职业团体、教育会、大学、独立学院及自由职业团体；当选人应从事该界业务5年以上，采用间接选举制，以简单多数票当选。④ 依上述两法之规定，国民参政会

---

① 朱汇森主编《中华民国史事纪要（中华民国二十一年一至六月份）》，第561页。
② 荣孟源主编《中国国民党历次代表大会及中央全会资料》下册，第181页。
③ 《国民党政府政治制度档案史料选编》上册，第683—685页。
④ 《国民党政府政治制度档案史料选编》上册，第686—687页。

是在职业代表制的基础上，建立社会精英政治参与的途径，但是，国民党规划的由"训政"而"宪政"之途径，是经由国民大会制定宪法，因此是继续维持"训政"而召开国民参政会，还是为了实行"宪政"而召开国民大会，国民党内外的意见都不一致。"由于如果召集国民大会后，是否仍须召集国民参政会，发生了疑义，于是召开国民参政会一事便停下来了。此后数年间，大家不再提起此事。"① 也有论者认为："如果有了民意机关，反映出全国人民蕴蓄着的抗日情绪，日本必将借口更予我以难堪，而我国是时抗日的准备又尚未完成，不能即起而应战。这是中央所以一再踌躇的根本原因，虽则在人民方面对于此中的苦衷不能谅解，并以中央不即召集民意机关为反对民主政治的表现"。② 然此时关于国民参政会的讨论和有关规定，对抗战时期国民参政会的召开及其职权功能的实现具有延续性的意义。

全国抗战开始后，以弱对强、集合民意、全民抗战的动员需要，使得扩大社会各界政治民主参与的呼声又一次高涨。国民党召开国防联席会议，即有听取地方势力代表者意见的含义在其中，而如何听取体制外的党派及社会人士的意见，也摆上了国民党的议事日程。

扩大政治参与的最初形式是国防参议会。国民党设想在国防最高会议下，"设国防参议会，以容纳党外分子（从前曾反对政府之人民阵线份子与共产党人，预定将以参议会容纳之），至于政府原有五院机构，拟于战时亦暂不更变"。③ 国防参议会的组成人员，包括中国共产党的毛泽东（未出席）、周恩来、林伯渠、秦邦宪，中国青年党的曾琦、李璜、陈启天，国家社会党的张君劢，大学校长蒋梦麟（北京大学）、梅贻琦（清华大学）、张伯苓（南开大学），政治派别人士黄炎培（中华职教社）、沈钧儒（救国会）、邹韬奋（救国会）、梁漱溟（乡村建设派）、晏阳初（平民教育派）、徐谦（前国民党中常委），社会知名人士胡适、傅斯年、罗文幹、施肇基、马君武、蒋方震（蒋百

---

① 马起华：《国民参政会——战时中央民意机构》，孟广涵主编《国民参政会纪实（续编）》，重庆出版社，1987，第593页。
② 陈之迈：《中国政府》第2册，第259页。
③ 林美莉编辑校订《王世杰日记》上册，1937年8月11日，第31页。

里）、陶希圣等。① 国防参议会议员"几全为党外人员，共产党及国家主义派之领袖均被邀"；但"参议会只是建议机关，暂时且不向外公开"。②

自1937年8月中旬起，国防参议会定期开会，③ 每周一次或两次，多由汪精卫主持，"主要听取政府有关报告和战争情况介绍，讨论政府交议的事项，征询有关事宜。参议会也可书面或口头提出建议或提案，由汪精卫转呈政府，但所有提案、决议都须经国防最高会议最后决定。因此，国防参议会虽'含有团结各党派来参加抗战大计，共同为国努力的意思'，被视为'国民参政会的胚胎'，但由于范围极小，人数有限，只具咨询性质，且有很大的随意性。因此，建立一个有各方面政治力量参加的，具有'不仅建议和对政府咨询作用，而且能有商量国是和计划内政外交的权力'的参政机构，已经迫在眉睫"。④

1938年3月底，国民党在武汉召开临时全国代表大会，讨论抗战建国大计。3月31日，汪精卫在会上说："鉴于值此非常时期，必需团结全国力量，广集全国之思虑与见识，以利国策之决定与推行，所以制定国民参政会组织法大要，召集国民参政会"。⑤ 对于召开国民参政会，扩大政治参与、强化社会动员，国民党内并无异议，但对于国民参政会的地位和职能，国民党内却有明显的不同意见。还在大会召开之前，国民党领导层内

---

① 国防参议会的组成人员各说不一。王世杰记载为16人（林美莉编辑校订《王世杰日记》上册，1937年8月17日，第33页），《中华民国史事纪要》记载为19人（朱汇森主编《中华民国史事纪要（中华民国二十六年七至十二月份）》，第419页），《中国新民主主义革命史长编》记载为20余人（李新、陈铁健主编《中国新民主主义革命史长编·全民抗战　气壮山河（1937—1938）》，第394页），沈云龙认为有25人（朱汇森主编《中华民国史事纪要（中华民国二十七年七至十二月份）》，第38页）。此处据《中华民国史事纪要》和《中国新民主主义革命史长编》综合而得。
② 林美莉编辑校订《王世杰日记》上册，1937年8月17日，第33页。
③ 王世杰记国防参议会的首次开会日期为8月17日（林美莉编辑校订《王世杰日记》上册，1937年8月17日，第33页），但《中华民国史事纪要》记其成立日期为9月9日（朱汇森主编《中华民国史事纪要（中华民国二十六年七至十二月份）》，第419页），惟以实际论，国防参议会在8月中旬成立的可能性更大。
④ 李新、陈铁健主编《中国新民主主义革命史长编·全民抗战　气壮山河（1937—1938）》，第394页。据王子壮记载："最高国防会议中有关于国防参议会扩充名额，使各省均派一二人为代表案，汪（精卫）以列案不对，大肆咆哮，且对于秘书加以辱骂……汪先生虽已五十余岁，但其易冲动，则如青年，所谓能遇事容容，汪先生殆不知之"。见《王子壮日记》第4册，1938年1月6日，第375页。
⑤ 《"国民参政会组织法大要案"之讨论》，李云汉主编《中国国民党临时全国代表大会史料专辑》（上），第240页。

部便有不少讨论，意见颇为纷歧，其中关节又在于参政会和立法院的关系。国民党内有人主张参政会可以有议决法律、预算、大赦、宣战、媾和案以及其他重要国际事项之权，如此，则与立法院的职权重合。① 但"立法院现尚存在，参政会如成立，院会之间权限问题，颇不易解决"。② 大会期间，这又成为"讨论之最激烈者"。因为原先的国防参议会"其权限仅有建议咨询之权，与此会之人意有未足，拟代行立法院之职权而停立法院"。如照此议，则国民参政会将代替立法院而成为准国会，无异颠覆国民党在党治架构下实行的五院制施政体制，故其引起国民党"正统派"的强烈反弹。汪精卫当然是非常认同扩大参政会权限的，因其虽被蒋介石规划出任国民党副总裁，但并无其他党内外实职（他任主席的国民党中政会在抗战开始后已停止活动），有类政治花瓶，故亟谋政治出路，而由国防参议会到国民参政会，由汪精卫主其事顺理成章，自可以此作为政治舞台，发挥其纵横捭阖的功用。③ 但是，汪精卫亦深知此案引起的争议之大，恐难得通过，"乃于原案中提出调停之法，即由参政会与立法院共同行使立法权，是代表中以其不伦不类，颇多攻击，甚有主张撤销原案者。经戴（季陶）先生正色说明，此系中央之提案，经郑重考虑而提，组织权限有可议处，尽可交回从新研究，但此组织应使通过，承认其原则，众无异议。关于组织及权限交中央执行委员会妥订法规"。④

1938 年 3 月 31 日，国民党临时全国代表大会通过《组织非常时期国民参政会以统一国民意志增加抗战力量案》。该案首先强调："民族国家在此危急存亡千钧一发之际，欲求国事万几，算无遗策，允宜遍集天下贤才、民众领袖，共襄大计，以济事功……兹当抗日战争爆发，国民大会既难召集，则设置国民参政会，以统一民众意志，增加抗战力量，似不可缓。"有关国民参政会的具体构成及其功能职权，该案提出：（1）国民参政会的会员，中央就原当选国民大会各省市各职业团体代表召集三分之一

---

① 《国民参政会组织法大要》，李云汉主编《中国国民党临时全国代表大会史料专辑》（上），第252页。
② 林美莉编辑校订《王世杰日记》上册，1938 年 3 月 8 日，第 98 页。
③ 蒋介石在会前"草拟党政制度改革意见"，其中设想"军事时期五院制暂停，以五院院长为最高国防会议常委"；"参政会于军事时期行使立法与监察二院之职权"。见叶健青编《事略稿本》第 41 册，第 259—260 页。
④ 《王子壮日记》第 4 册，1938 年 3 月 31 日，第 429—430 页。

充任之,再分为三组,每组任期一年,并由中央聘请专家会员若干人,其数额不得超过前项会员总数的四分之一;(2)国民参政会的职掌,抗战时期政纲政策之初步决定权,预算决算之初审权,对行政院院长、副院长及各部部长行使同意权,其他有关国家大计之建议权、质询权,其前两项职权仍须送请中央党部为最后之决定;(3)国民参政会对行政院院长、副院长及各部部长人选如不同意时,得另提人选,如第二次所提人选仍不得同意时,应移送中央党部解决;(4)国民参政会之建议及质询事项,如行政院认为无法执行,或国民参政会认为不满意时,得移请中央党部解决;(5)抗战停止,国家恢复常态或召集国民大会时,国民参政会应即解散。大会通过决议:在非常时期,应设一国民参政会,其职权及组织方法,交中央执行委员会详细讨论,妥定法规。① 以该案的规定,参政员的人数较1933年《国民参政会组织法》的规定有所增加,尤其是聘任专家会员的人数有了大幅度增加,体现出国民党借此笼络社会精英,扩大社会认同和执政基础的意图。该案最具意义的规定是,参政会不仅可以初步决定政纲政策、审查预算决算、建议质询国家大计,而且可以对行政院院长、副院长和各部部长行使同意权,虽然这些方面的最后决定权仍属于国民党中央党部,但该项规定实际使参政会可以表达其对于政府政策和预算尤其是政府组成人员的赞否意见,对国民党长期排斥党外人士的政治参与、习惯于一党垄断执政权自己说了算的做法具有很强的冲击性。联系到抗战胜利以后,在1946年的政治协商会议中,国民党和党外各方争执的焦点问题之一,仍为行政院是否要对立法院负责和国民政府主席是否保留用人权,由此观之,1938年国民党临时全国代表大会通过的有关国民参政会权限的规定,使参政会有了准国会的地位和作用,确实具有相当的进步性。

然而,也正是因为上述规定的通过,在国民党内引起很大的争议。3月31日,汪精卫在国民党临时全国代表大会讨论时说:"国民参政会是否为民意机关,严格的说不能认为是纯粹民意机关,因为民意机关,必定要依照选举法,由人民投票选举的代表组织。"但是,汪精卫还认为,国民参政会"虽然非完全的民意机关,但也能表示人民的意思,因为他是团结

---

① 荣孟源主编《中国国民党历次代表大会及中央全会资料》下册,第504—506页。该案是在胡健中等36人连署提案的基础上制定的。

全国力量、集中全国思虑的机关，所以也是表示民意的机关"。"这可以说是能表现多数国民意见的机关，而且不是一个顾问机构，因为他具有国策决定和推行的性质。"① 4月5日，国民党中央党部召开谈话会，"对于国民参政会问题讨论甚多。在汪（精卫）先生之意，以现有之国防参议会只有建议咨询之权，当此举国一致对外抗战之时，殊觉不足，似应使国民有一实际参与政治之机会，故拟以立法权界之，与立法委员共同行使。至其产生方法，原案由各省市政府及中央国防会议各提出若干人，由中央作最后之圈定。此外有胡健中代表所提，即以国民大会代表为参政会员。究以何者为佳，应加讨论。会内议论甚多，对于共同行使立法权一点，似均不赞同。最后由吴稚晖、张溥泉两先生共同提出一书面的修正案，对于职权方面，认为仍以限于咨询为妥。戴（季陶）先生……以书面表示意见，谓参政会之职权以少付与为是，再则此会与国民大会无涉，不应以国民代表充任云"。② 负责起草《国民参政会组织条例》草案的王世杰认为："将已经选出之国民代表大会代表，择选一部分，组织国民参政会者。此实极端不明政理之论。"③ 随后举行的国民党五届四中全会，对此也有不少争论。对于《国民参政会组织条例》，"最初蒋、汪原主将立法院并入该会，其职务亦即移归该会。嗣以孙哲生自欧来电表示不赞同，遂仍维持立法院。以是该会组织与职权又有变更"。④

4月7日，国民党五届四中全会通过《国民参政会组织条例案》，4月12日由国民政府正式公布。《国民参政会组织条例》规定：国民政府在抗战期间，为集思广益，团结全国力量起见，特设国民参政会；抗战期间，政府对内对外之重要施政方针于实施前应提交参政会决议，经国防最高会议通过后，依其性质交主管机关制定法律，或颁布命令行之；参政会得向政府提出建议案，有听取政府施政报告暨向政府提出询问案之权；参政员任期一年，必要时得延长一年；参政会每3个月开会一次，会期为10天，必要时得召开临时会或延长会期，参政会休会期间设驻会委员会，由参政

---

① 《"国民参政会组织法大要案"之讨论》，李云汉主编《中国国民党临时全国代表大会史料专辑》（上），第240—241页。
② 《王子壮日记》第4册，1938年4月5日，第433页。
③ 林美莉编辑校订《王世杰日记》上册，1938年4月5日，第107页。
④ 林美莉编辑校订《王世杰日记》上册，1938年4月8日，第108页。

员互选15人—20人组成，任务为听取政府报告及决议案实施经过；参政会会议出席人数为参政员总额的1/2以上；现任官吏不得为参政员；参政会置议长、副议长各一人，由国民党中央执行委员会选任。

根据《国民参政会组织条例》的规定，参政员总额为150名，其分配：（甲）由曾在各省及行政院直辖市公私机关或团体服务三年以上、著有信望人员中选任88名；（乙）由曾在蒙古、西藏地方公私机关或团体服务、著有信望，或熟谙各该地方政治社会情形、信望久著人员中选任6名（蒙古4名，西藏2名）；（丙）由曾在海外侨民居留地工作三年以上、著有信望，或熟谙侨民生活情形、信望久著人员中选任6名；（丁）由曾在各重要文化团体或经济团体服务三年以上、著有信望，或努力国事、信望久著人员中选任50名。

参政员的选任程序为：首先是候选人推荐。各省市人选，由各省市政府及党部联席会议，按其名额加倍提出；敌占区省市由国防最高会议按其名额加倍提出；蒙藏及海外人选，由蒙藏委员会、侨务委员会按其名额加倍提出；文化、经济团体人选，由国防最高会议按其名额加倍提出。其次是候选人资格审查。候选人经推出后，由国民党中央执行委员会参政员资格审议会审议，国民党中央执行委员会决定最终人选。各地方参政员名额分配为：江苏、浙江、安徽、江西、湖北、湖南、四川、河北、山东、河南、广东各为4人，山西、陕西、福建、广西、云南、贵州各为3人，甘肃、察哈尔、绥远、辽宁、吉林、新疆、南京、上海、北平各为2人，青海、西康、宁夏、黑龙江、热河、天津、青岛、西京（西安）各为1人。①

---

① 《国民参政会组织条例》，四川大学马列教研室编《国民参政会资料》，四川人民出版社，1984，第5—8页。其后，《国民参政会组织条例》经数度修订，总的倾向是，参政员名额不断增加，推选方式由遴选向票选过渡，会期延长，职责有所扩展。参政员名额，第一届，1938年6月决定，文化经济团体名额增加50人（总额100人），总额为200名；第二届，1940年9月决定，增加各省市名额2人，文化经济团体名额18人（总额118人，为参政会存续期间该项名目参政员最多的一届），总额为220名；第三届，1942年3月决定，大幅度增加各省市名额（总额164人），减少文化经济团体名额（总额60人），总额为240名；第四届，1944年9月决定，总额增至290名，其中各省市199人，蒙古西藏8人，海外8人，文化经济团体75人，1947年1月决定再增加44人，总额增至334名。参政员的推选方法，自1940年9月起，已成立临时参议会的各省市，由临时参议会票选或通信选举产生，驻会委员增加为25人；自1944年9月起，驻会委员增加为31人。参政会会期，自1939年4月起，改为每6个月开会一次；自1944年4月起，会期增加为每次14天。参政会职责，自1940年9月起，增加组织调查委员会，调查政府委托考察

国民党五届四中全会通过的《国民参政会组织条例》，维持了国民党临时全国代表大会通过的有关组织国民参政会决议案的基本内容，但也有明显的变化。一是取消了由原当选之国民大会职业团体代表中召集参政员的规定，改由各省市和中央选任。这一改变大体是合理的，因为国民参政会和国民大会的性质和功能原本不同，而且战前选举的代表亦无法完全适应战时变化的情况。改动后的规定，凸显了以社会精英为基础的各界职业团体和知名人士的政治参与，有助于通过他们反映民意、联络社会各阶层共同投入和支持抗战，但其组成成员基本没有占人口大多数的社会下层人士如工农阶层的代表，其代表的广泛性仍是有限的。二是取消了参政会对于政府预算决算的初审权。预算决算是政府施政的重要内容，而且牵涉到施政的具体方面，具有相当的机密性和敏感性，故国民党不希望参政会介入如此"实"的内容。相比之下，让参政会听取政府施政报告，并讨论政府政纲政策，其实更在于坐而论道，显得有点"虚"。三是取消了参政会对于政府组成人员的同意权。政府的组成人员完全由国民党决定，其他党派无权置喙，这是国民党当政之后的"党治"、"训政"统治架构所决定

事项；自1944年9月起，增加对国家预算的初审权。（见前引书，第9—28页）就理论而言，参政员名额的增加和推选方式的改变，有助于扩大参政会的代表性和民主性，然就实际而言，却又非如此简单。蒋介石的意图是，"使民主机关国民参政会完全由各省参议会选出，而不令各反动派借民意机关代表名义在内捣乱……使参加者更为华耀，但可不使其彰明反对党国也。"（《蒋介石日记》，1941年12月18日）以此排挤中共和其他党派的政治参与。王世杰原本主张参政员改由民选产生，但后来也认为："此时完全改由民选（党中有主张将全部参政员改由省参议会选举者）亦有许多不便，盖党外之人势不易当选。"（林美莉编辑校订《王世杰日记》上册，1940年9月17日、1942年1月18日，第295、406页）时人认为，"此种革新，表面上一似民选代替官圈，实际则各省候选名单，事先已由政府指定，并电令各省参议会照单填写，更由国民党地方党部严加监视。"（《昆明文化界致国民参政会电》，1945年7月1日，章伯锋、庄建平主编《抗日战争》第3卷上，第196页）青年党领导人陈启天认为："从形式上说，选举名额逐届加多，而遴选名额逐届减少，似乎更近于民主。不过战时的各省市参议会，多为国民党所控制。非国民党人要在各省市参议会竞选参政员，几乎不可能。所以参政会每届改组的结果，总是国民党人数加多，而非国民党人数减少。因此使人觉得参政会的分量和声光，一届不如一届"。（陈启天：《寄园回忆录》，台北，台湾商务印书馆，1965，第183页）参政员遴选方式的改变，又造成国民党内和各地方有不少人以参政员为肥缺而争相竞选的现象，据王子壮记，"参政员争者太多……各省因选举而推翻原有参政员甚夥，自不能不予补救，由中央名额内产生，然各方提出者，仍车载斗量，诚不知将来有若干人之失望。据余所知，友人之运动此事者，实达数十百名也"。见《王子壮日记》第6册，1940年11月4日，第310页。

的，也是国民党最看重的关键性权力之一，故取消参政会对于政府组成人员的同意权并不奇怪，倒是在国民党临时全国代表大会通过的有关决议案中列入这项权力显得有些"超前"。① 关于参政会的职责尽管有上述变动，但是，国民参政会的成立毕竟还是抗战初期国民党放宽政治控制、争取全国民心、调和各方不同意见、集中力量动员抗战的重要举措之一，在当时仍然得到各方普遍的积极评价。《大公报》认为："此会之运用，不但可以巩固抗战时期的团结，且足表示战后政治的归趋……此会是发挥民权主义的精神，而树将来宪政的基础，也就是民主政治的道路。"②

6月21日，国民政府公布第一届国民参政员名单，其中多为社会各界精英人士。各省市代表中包括江苏的张一麐、冷遹，浙江的褚辅成、周炳琳，安徽的梅光迪、陶行知，江西的王造时，湖北的孔庚，湖南的仇鳌、杨端六，四川的张澜、胡景伊，河北的王葆真，广西的林虎，吉林的莫德惠，南京的陈裕光，上海的陶百川，天津的张彭春，青岛的杨振声。遴选代表包括各党派、各界别、各方面的人士，其组成为：国民党23人，中共7人（毛泽东、③秦邦宪、陈绍禹、董必武、林伯渠、吴玉章、邓颖超），中国青年党7人（左舜生、李璜、曾琦、余家菊、陈启天等），国家社会党7人（张君劢、张东荪、罗隆基、梁实秋、徐傅霖、江庸等），第三党2人（谭平山、章伯钧），救国会4人（沈钧儒、史良、邹韬奋、杜重远），职教派1人（黄炎培），乡建派2人（梁漱溟、晏阳初），无党派7人（颜惠庆、蒋百里、施肇基、胡适、傅斯年、罗文幹等），旧国会议员5人（章士钊、彭允彝、张耀曾、刘哲等），教育界18人（张伯苓、张申府、钱端升、吴贻芳、张奚若、张忠绂、陈豹隐、许德珩等），宗教界1人（于斌），金融实业界6人（陈光甫、钱新之等），新闻出版界5人（成舍我、陈博生、王云五、陆费逵等），海外侨领2人（胡文虎、陈嘉庚），身

---

① 由现有史料，可知国民党高层在临时全国代表大会前曾经考虑过由国民参政会替代立法院的职能，而未见其讨论国民参政会有人事同意权，故临时全国代表大会通过的有关决议为何列入参政会的人事同意权，有待研究。
② 《国民参政会的诞生》，汉口《大公报》1938年6月18日。
③ 毛泽东在国民参政会一届一次会议召开时，"因齿病及琐务羁身，未能亲聆"。（《国民参政会资料》，第89页）以后毛泽东也从未出席过国民参政会会议，但始终是国民参政员，而周恩来只是第四届参政员。

份不明者 3 人。① 汪精卫任议长,② 张伯苓任副议长,王世杰任秘书长,彭学沛任副秘书长。

四 国民参政会的召开

1938 年 7 月 6 日,时值全国抗战开始一周年纪念前夕,国民参政会第一届第一次大会在汉口隆重开幕。议长汪精卫在开幕词中称:"在此伟大而艰难的抗战中,非'政府有能'不能应付时局,非'民众有权'不能使政府集中全国的心力物力,以供抗战建国之用";"抗战建国需要民众力量,尤其是需要将这些民众力量集中起来,施以训练,加以领导";"国民参政会的最大努力,便在如何担负起这重要的使命!"③ 在 10 天的会期中,参政员听取了行政院院长孔祥熙的政治总报告和军政部部长何应钦、内政部部长何键、外交部部长王宠惠、教育部部长陈立夫、财政部部长孔祥熙、交通部部长张嘉璈、经济部部长翁文灏、政治部部长陈诚就各自主管

---

① 沈云龙:《国民参政会之由来及其成果》,朱汇森主编《中华民国史事纪要(中华民国二十七年七至十二月份)》,第 42—43 页。因为参政员的多重身份,其界别划分难以一概而论。邹韬奋认为,在第一届参政员中,国民党和无党派各为 89 人,各占 44.5%(无党派中的相当一批人倾向国民党),其他 5 个党派共 22 人,占 11%。另据研究,在第一届参政员中,教育界有 59 人,政界有 54 人,党务有 37 人,这三类参政员为最多。(邹韬奋:《第一届国民参政会亲历记》、马起华:《国民参政会——战时中央民意机构,孟广涵主编《国民参政会纪实(续编)》,第 413、594 页)当国民党"审阅各方所推荐之国民参政会候选人名单"时,王世杰主张:"政见不同者应从宽罗致,操行有亏者(尤其是'贿选议员'之类)则不可任其滥入。"而随着抗战相持阶段的到来和国共矛盾的发展,国民党更注重不使亲共人士出任参政员。1942 年 7 月,在讨论第三届参政员人选时,救国会的沈钧儒、王造时、史良"均不在圈定之列",王世杰"力请予以维持,未生效"。见林美莉编辑校订《王世杰日记》上册,1938 年 5 月 30 日、1942 年 7 月 24 日,第 116、446 页。

② 1938 年 12 月,汪精卫出走投敌。此后,国民党内有人推孙科或邵力子接任议长,也有人推张群任议长,但蒋介石"不欲为左右袒,故自兼"。(林美莉编辑校订《王世杰日记》上册,1939 年 1 月 19 日,第 176 页)1939 年 2 月,国民参政会召开一届三次会议,选举蒋介石为议长。1941 年 3 月,国民参政会第二届会议将议长制改为主席团制,蒋介石、张伯苓、左舜声、张君劢、吴贻芳当选为主席团成员。事先王世杰向蒋进言,"请其勿任该会主席团主席委员",蒋应允。(林美莉编辑校订《王世杰日记》上册,1939 年 1 月 19 日、1940 年 10 月 9 日,第 176、300 页)1942 年 10 月,国民参政会三届会议主席团成员为蒋介石、张伯苓、吴贻芳、莫德惠、李璜。1945 年 7 月,国民党参政会四届会议主席团成员为张伯苓、王世杰、吴贻芳、莫德惠、李璜、江庸、王云五。

③ 秦孝仪主编《中华民国重要史料初编——对日抗战时期 第四编 战时建设》(1),第 202—206 页。

领域所做的报告。可以说，行政院主要部门的负责官员几乎是倾巢而出，参加会议，听取质询和建议，"各参政员询问时态度之恳挚与各长官之谦诚接纳详细答复，均给予全国国民以极良之印象"。① 王宠惠和孔祥熙"报告外交与财政，甚为详尽，即带秘密性之事实亦均坦然言之，盖参政员中对于王、孔两公颇多微词，故两公发言特别详尽，以冀减少反感"。② 报告和询问是参政会会议期间的重头戏，以后的历次参政会会议，大抵沿袭了这样的模式。

国民参政会首次会议通过的决议案多达百余件，其在政治上最为重要者是《拥护抗战建国纲领案》。该案由参政员分别提出的3项提案合并而成，其中包括中共参政员陈绍禹等67人提出的《拥护国民政府实施抗战建国纲领案》，陈绍禹还在发言中代表中共"表示热烈拥护政府抗战建国之政策，以中华民族整个力量，摧毁暴敌阵线"。最后通过的提案声明："拥护民国二十七年四月中国国民党临时全国代表大会所通过之抗战建国纲领。切望国民政府制定实施办法，督促各级政府，切实施行。同人当随全国国民之后，依据此项纲领，在最高统帅蒋委员长领导之下，努力奋斗，以取得抗战最后之胜利，而达到建国之成功。"该案交付表决时，"全体一致起立通过，掌声雷动，历数分钟不止。此为国民参政会最有意义最有重要性之表示"。③ 会议期间，抗战前线激战方酣，武汉已成为中日两军攻防之重点，"保卫大武汉"的口号响彻云天，在共同的抗战目标之下，国民党和中共及各党派在会内外维持着大体良好的政治合作。参政会秘书长王世杰认为，中共"极主团结"，"连日国民参政会讨论各案时，共产党参政员与其他参政员，力避冲突，盖中央以团结相号召，共党亦认团结为必要也"。但是，国共双方的政治立场和见解毕竟还是有不同，谈到坚持抗战，两党可以保持一致，但说到扩大政治民主和政治参与等，两党则差异尽显。王世杰记道："参政会讨论关于政治结社之某案，争执颇久。缘共产党颇思该党取得合法地位，更便于活动故也。实际上共产党之公开活动，自抗战以来，并未被禁止。不过政府既未许其立案，则除在陕北等处

---

① 《国民参政会第一次大会记录》，章伯锋、庄建平主编《抗日战争》第3卷（上），第169页。
② 林美莉编辑校订《王世杰日记》上册，1938年7月11日，第127页。
③ 《拥护抗战建国纲领案》（1938年7月12日），《国民参政会资料》，第90—91页。

而外，该党尚未能公然在其他各处设置分部耳。"而当参政会"讨论对德意外交问题，马乘风（国民党员）发言，谓大家不当以'苏联为祖国'，共党陈绍禹认为侮辱，严厉抗议，一时几致决裂。事后经予调解始罢"。① 随着抗战进入相持期，国共两党对于国内政治的不同看法日渐凸显，这样的矛盾冲突越往后越多，参政会也就更多成为斗争的舞台而非协商的场所。

参政会首次会议通过的有实际意义、有可操作性、有助于抗战期间动员民众、推进民主政治的建设性意见，是有关设立地方民意机关的提案，如青年党领导人曾琦等提出的《克期设立省县市参政会案》、王造时等提出的《设立省以下各级民意机关案》、许德珩等提出的《拟请从速设立省县及县以下民意机关案》、程希孟等提出的《设立各级地方民意机关建设案》等。曾琦等的提案强调"地方民意机关之设立，已为全国舆论之共同要求"；提出"宜斟酌实际情形，先行克期成立省县参政会，俾人民于省县政治，得有发言机会，借收官民合作、整理地方之实效"；实施办法则参照国民参政会的功能权责而办。② 这些提案的通过，推动了国民党在省县市地方成立临时参议会，从而为地方民主政治的推进起到了积极的作用。

7月15日，国民参政会一届一次会议在通过大会宣言后闭幕。大会宣言誓言："中国民族必以坚强不屈之意志，动员其一切物力、人力，为自卫，为人道，与此穷凶极恶之侵略者长期抗战，以达到最后胜利之日为止。"③ 大会选出驻会委员25人，其中有国民党的陶希圣、孔庚、邓飞黄、范予遂，中共的董必武、秦邦宪、陈绍禹，国社党的张君劢、罗隆基，青年党的左舜生、曾琦，救国会的沈钧儒，乡建派的梁漱溟，知名人士胡适、蒋百里、傅斯年等。④

国民参政会的召开，表现了团结抗战、共赴国难的精神，尤其是在推动民主政治方面，取得了若干的成果，基本是成功的，并得到了当时各党

---

① 林美莉编辑校订《王世杰日记》上册，1938年7月1日、13日、10日，第124、127、126页。据王世杰日记，会前曾"郑重面告蒋先生，务趁此时期宣告中外，郑重表示，吾国政治动向，为民治主义，决非反民治的法西士主义或马克思主义，以期国际间表同情于我之民主国家，增其对我之友感。余并请蒋先生申告，国民参政会之参政员，在会议中有绝对言论自由"。见前书，1938年6月18日，第121页。
② 陈正茂编著《曾琦先生年谱》，第145—146页。
③ 《国民参政会首次大会宣言》（1938年7月15日），《国民参政会资料》，第94页。
④ 《国民参政会资料》，第55页。

派及社会舆论的肯定。有论者谓:"国民参政会虽不能与各国民主议会相比,但它成立于对日抗战之初,国民党及国民政府亟谋全国团结,一致抗日,故邀集国内一般名流学者及各党派领袖人物,借以博访周咨,共商大计……凡所建议,颇为朝野所重视,而参政员的社会地位及声价,又远在当时立法院立法委员之上。"① 参政会在其存续期间,尤其是在抗战初期的第一届参政会期间,确实通过公开发声和讨论,发挥了集合民意、发扬民主、共赴国难、团结抗战的作用。参政员左舜生的评价从比较全面的角度解读了参政会的作用,他认为:

> 就参政会的职权论,固然去现代进步的民主政治还有十万八千里,然就吾人在当时运用此仅有之职权所生的影响,则吾人虽欲否定此八年余参政会之继续举行,说它不是中国民主政治实现的初步,却不可得。参政会共有决议、建议、询问、调查四种权限(调查权是三十年第二届所补充的),把这四种权限连贯使用,乃居然对于监督政府一点,发生了相当的作用。

其中,决议权"虽多少近于形式",但政府的施政方针毕竟需要拿出来报告,如有不当,也可以修改和补充,如果政府不接受,"即很难取得参政会的决议,而使这方针成为不确定";建议权"范围是相当广泛的",只要参政员认为有必要者,"几乎无一不可建议",虽然"政府仍可置之不理",但如经参政员多数提出,又得舆论的有力支持,"政府却也不敢忽视";询问权"更增加了参政会的权威不小","是政府中人所最头痛的。每次大会进行到询问一阶段的时候,无论是行政院长或各部部长,几乎无一不诚惶诚恐,唯恐答复一不得当,即与他们个人颜面有关,甚至像宋子文、孔祥熙在当时那样炙手可热的人,一经知道有几十位参政员要向他们提询问,便变得黯然无色";调查权,军风纪调查团和川康经济调查团"均具有相当成绩"。②

---

① 沈云龙:《国民参政会之由来及其成果》,朱汇森主编《中华民国史事纪要(中华民国二十七年七至十二月份)》,第46页。
② 沈云龙:《国民参政会之由来及其成果》,朱汇森主编《中华民国史事纪要(中华民国二十七年七至十二月份)》,第45—46页。

但是，和左舜生同为青年党参政员的陈启天对参政会的评价则有别于左舜生，他认为："参政会对于团结抗战的任务并未十分完成，不过大体还算不错。至于参政会集思广益的任务，也多少完成了一点。"不过，因为参政会毕竟不具有实质性的权力，会期间隔长，时间短，"除报告询问外，难有多时间从容讨论，未免有点草率耳"。① 再如：

> 参政会讨论和询问的问题，多属于行政院的职掌。因此每次参政会开会，总有不少的参政员对行政院长表示不满。不过参政会对行政院长没有弹劾权，也没有不信任投票权，自然无法决定行政院长的去留。只有利用建议权和询问权略略表示意思。然犹恐伤面子，影响团结，所以关于行政院长的个人问题，系用参政员联名函件的形式，秘交政府，而不在参政会内公开提出讨论……多数参政员为职权所限，也莫可如何！因此当时有人做了一首歌谣讽刺参政员，如下：参政员好威风，半年只有十天凶！②

左舜生和陈启天对国民参政会的观察和评价，前者较为积极，后者略显消极，但两者均有其出发点和真实性，或以两者的观察角度有别，故评价亦有别，于此或亦可观察参政会的多方面特质。③

---

① 陈启天：《寄园回忆录》，第184—185页。
② 陈启天：《寄园回忆录》，第182页。陈启天此处所称的行政院院长当为孔祥熙，参政会也确实对孔有强烈的批评，但孔祥熙任行政院长的时间为1938年1月至1939年11月，此后孔改任行政院副院长，惟因其实际主管行政院的工作，加以对亲信下属比较放任，故参政员的批评矛头仍然指向他。据陈克文回忆，"每一次参政会开会都有攻击老孔的言论，其中傅斯年、周炳琳、钱端升尤为厉害。"（陈方正编辑、校订《陈克文日记》上册，1939年9月15日，第455页）正因为如此，孔祥熙在国民党中常会中曾经"反对召集参政会，其议论至为幼稚，态度尤不佳。"见林美莉编辑校订《王世杰日记》上册，1940年9月23日，第296页。
③ 国民党当政官员，对于参政会的询问虽有紧张感，但过后则多不以为然，更不必说真把这些询问当回事去落实了。参政会秘书长王世杰在参政会一届二次会后"致电蒋先生，告以参政会事，宜劝政府各院部会长官虚心忍耐，以诚恳之态度与诸参政员相处；其所议决各案，择其可行者迅予实行"。但是几年过后，在国防最高委员会审查参政会议案时，粮食部部长徐堪"对参政会冷嘲热笑，目参政会为妆饰品，令人闻之不可耐"。所以王世杰才有言："参政会能否有贡献，要看我们是否真心扶植民治。"见林美莉编辑校订《王世杰日记》上册，1938年11月8日、1942年12月12日，第157、473页。

国民参政会在其存续期间,共召开了4届13次大会。① 虽其成员在不断增加,然其社会影响有下降之势,盖因在战争初期紧迫形势催生下的全民团结抗战的激情过后,进入相持阶段以后,参政会中的党派政治矛盾及其他矛盾便逐渐凸显。随着国共两党在抗战相持期中矛盾关系的发展,两党各以参政会作为政治斗争的阵地,直至1941年初因为"皖南事变"的爆发,中共参政员全体缺席二届一次参政会。其后,中共参政员虽恢复出席,但出席人数减少为只具有象征性意义的一二人,显见中共对参政会的作用也不再如过去那般看重,1945年以后的第四届参政会的历次会议,中共参政员都不再出席。其他党派及一些社会知名人士参政员,本希望通过参政会表达自己的政治诉求,扩大自身的政治参与,追求民主宪政的实现,但随着国民党人在参政员中所占数额的不断增加,国民党日渐将参政会作为体现执政党"民主"的工具,而非通过参政会实际扩大党外人士的民主参与,这些体制外人士对参政会也渐失兴趣。青年党的参政员陈启天认为,在朝的人想的是意志集中、力量集中,而在野的人想的是扩大民主和政治参与,推动"参政会成了战时民主宪政运动的摇篮"。然第一届参政会为民主气氛最浓期,第二届为最淡期,第三届之后又由淡转浓,"不过自参政会内民主气氛最淡时期起,战时民主宪政运动的重心,遂渐次移向参政会外了"。②

其实,国民党在抗战开始后召开国民参政会,固有集合民意、支持抗战的考虑,但也不愿使国民参政会的作用过大,从而影响国民党的"党治"根基。早在参政会成立前,有关其职能的争论,已经反映出国民党内

---

① 继首次会议之后,1938年10月28—11月6日召开一届二次会议(自此至1946年的会议均在重庆举行),1939年2月12—21日召开一届三次会议,1939年9月9—18日召开一届四次会议,1940年4月1—10日召开一届五次会议;1941年3月1—10日召开二届一次会议,1941年11月17—26日召开二届二次会议;1942年10月22—31日召开三届一次会议,1943年9月18—27日召开三届二次会议,1944年9月5—18日召开三届三次会议;1945年7月7—20日召开四届一次会议,1946年3月20—4月2日召开四届二次会议。1946年11月15日,国民党在南京召开制宪国大,12月25日通过《中华民国宪法》,并决定自1947年12月25日开始实行,此后开始了由"训政"向"宪政"的过渡,作为"训政"时期准民意机关的国民参政会也因此而完成其历史使命。1947年5月20日至6月2日,国民参政会在南京召开四届三次会议,这是其历史中的最后一次全体会议。1948年3月28日,国民参政会正式结束其10年的历史。
② 陈启天:《寄园回忆录》,第186页。

对参政会扩权可能影响国民党统治稳固的警惕性,从而取消了参政会对于预算的审查权(1944年后赋予此权)和用人的讨论权,余下的对于政纲政策的讨论仅是讨论而已,因其决定权在国防最高会议和后来的国防最高委员会以及国民党中常会,推翻交议的政纲政策案在"法律上这是不可能的";询问则"以书面答复者为多,不能引起多少讨论";建议案又太多,内容多数太空洞,太过琐屑。① 参政会先后提出并通过的提案多达数千项,但因其没有法定的约束力,绝大多数不过是纸面文字,难以落到实处。甚而在参政会的构成人选方面,国民党也刻意回避了"党派"的选项,而代以"经济、文化团体"的提法,长此以往,外界对于经由参政会而扩大民主的期待自然受到影响。

参政会中政治光谱偏左翼方面的人士对参政会的批评更多,邹韬奋的观察是:"民意机关应该是由民选而来的,参政会根本不是民选组成的,所以说不上民意机关,但是号称'国民参政会',又似乎是民意机关。无论如何,国民参政会总比国防参议会进一步。""但是既为'请客',要请谁其权全在主人,所有究竟谁'著有信望'或'信望久著',全由主人自由决定。说句公道话,第一届国民参政会中所请到的'来宾',虽在实际上到会的数目中几有四分之三是'主人'的'家里人'(主人是国民党,国民党参政员当然是'家里人'),但是当名单公布的时候,一般社会上留心政治的人们所得到的印象还不算坏,因为人选里面确包括了多少为民间所信任的人物。""在职权上虽很有限,远比不上什么民意机关应有的职权,但是只须发出'请帖'的主人对于'来宾'的建议,真在事实上把它切实地实行起来,那对于'非常时期'的国事还是可能发生相当效果的。因此在最初有许多被'请'的朋友都感到相当的兴奋"。但是,参政会中的建议可以分为四类,"最能一帆风顺的是'主人'已在做或已决定做的事情,而虽未做而已拟定形式的事情,装上提案的方式,在会中提出来"。如拥护抗战建国纲领案。"其次可以风平浪静中通过的是关于比较空洞、八面玲珑、不致得罪任何方面的提案。"如节约运动计划大纲之类。"其次可以不致引起麻烦的提案是关于广泛的开发资源的提案,如开发工业农业之类,多开几个工厂,多辟几处农场,都是好事,对各方面都没有丝毫妨

---

① 陈之迈:《中国政府》第2册,第262—264页。

碍。""最困难最麻烦的当然是关于改善政治的提案，或指出实际的错误而欲加以纠正或改变的提案，这种提案无法不得罪任何方面，无法八面玲珑。"比如增进民主、废除书报审查的提案。①

即便如此，国民党对参政会的政治作用仍不能完全放心。1940年以后，国民党不仅通过各种"选举"的方式，压缩参政会中非国民党参政员尤其是左倾参政员的数量，② 不断扩大国民党参政员的数量（第四届参政员中的国民党员人数已超过了总数的4/5），而且在参政会设立指导员，组织党团干事会，将党员参政员分小组活动，要求他们注重在参政会中的党团运用和纪律、联络和通信方法、活动和发言方式、情报刺探等工作，以确保国民党对参政会的控制。③

不过，尽管有其不足，但作为战时民主的实践，国民参政会自有其相当积极和正面的意义，表现出战时中国政治的新局面。参政会扩大了社会精英人士和体制外人士的政治参与，使国民党外的其他党派公开而合法地登上政治舞台，表达自己的看法，并通过他们反映民意，使下情上达，上令下达，上下沟通，有助于在战时体现全民一致、对外抵抗的坚定性，也可以使当时的执政党国民党通过这样的方式而在一定程度上扩大自己的执政基础和代表性，并为此后民主政治的发展提供必要的经验和范例。故时人有论："参政会的性质，不同于一般国家的议会，亦非行政咨议机关，而实介乎议会与咨议机关之间。""无论国民参政会将来是否继续存在，其在抗战时期所留下的经验，于吾国民治制度前途，决不会漫无影响。"④ 此诚为持平之论。

---

① 邹韬奋：《第一届国民参政会亲历记》，孟广涵主编《国民参政会纪实（续编）》，第412—416、421—422页。据王子壮记载，"关于图书杂志原稿审查办法，经参政会通过撤销，汪有照办意，而蒋来电毅然主张绝对不准撤销。"（《王子壮日记》第4册，1938年12月20日，第600页）最后的决定当然得照蒋意而行。
② 据王世杰记载，1940年12月，他在参加第二届参政员资格审查时，"会中对于党外左倾分子如王造时等，颇有主张去之者，余力持不可"。（林美莉编辑校订《王世杰日记》上册，1940年12月10日，第313—314页）但是，王造时虽然是第二届参政员，却未能成为第三届参政员。
③ 《国民参政会党团组织草案》，孟广涵主编《国民参政会纪实（续编）》，第238—239页。
④ 王世杰、钱端升：《比较宪法》下册，商务印书馆，1943，第246页。

五 国防最高委员会的成立

全国抗战开始以后,国民党党政军统治架构几经改组,大体确立了以蒋介石为领导中心的战时统治体系,其运作亦基本正常,支持了艰苦的战争进程。惟自1938年10月25日武汉失守,国民政府首脑机关全部迁移至重庆,战争渐入持久状态,形势又有新的变化。

武汉失守前后,国民党内"和平"声浪又起,"外间盛传和议"。汪精卫、孔祥熙等"均倾向于和平",孙科则"力称决不可和",但"一般人对于抗战前途之疑惧","空洞的主张不足以镇定人心",而"当局者均无计划"。不过,"汪、孔虽倾向于结束战事,然因日人表示坚持以蒋先生下野为先决条件,亦不敢公然作议和之主张"。11月1日,在国民参政会会议中,"共产党陈绍禹等提出一案,拥护蒋先生继续抗战之宣言,并指斥一切言和者为国贼汉奸。陈嘉庚来电亦有同样词句。会场中颇有纷扰"。可见和或战的争议已经影响到参政会,形成"纷扰",是国民党领导层不能不正视并解决的问题。此时蒋介石"对继续抗战方针,持之极坚"。当孔祥熙"表示和议亦当考虑,并以敌人由桂攻黔为可惧为言,蒋先生坚称半年内不可稍涉犹豫,与日人谈妥协,惟政府对于后方政治经济建设,应立即确定一年半或两年计划"。①

正因为国民党领导层内部存在着和战纷争,使蒋介石又开始考虑调整并改组机构,确保其抗战决策的顺利贯彻。1938年12月18日,国民党副总裁汪精卫自重庆出走,19日飞抵越南河内,29日发表"艳电",公开打出"和平"旗号,虽然于国民党的抗战立场不无影响,但在客观上反而加强了蒋介石因坚持抗战而在国民党内外赢得的地位,并坚定他调整机构、更全面地掌控党政军权力的决心,其可见之结果就是国防最高会议改组为国防最高委员会。

1939年1月21—30日,国民党在重庆召开五届五中全会,讨论汪精卫出走之后的机构改组及人事补缺等问题。"有人主张设大本营以容纳行政院及各部会",但王世杰向蒋介石建议:"此时不宜削减机构,缘日方方

---

① 林美莉编辑校订《王世杰日记》上册,1938年10月24、26日,11月1日,12月9日,第154—155、164页。

谓我渐成'地方政权',我不宜为不必要之变更,授敌人以宣传之口实。"结果,"此次中央全会,对于政治机构之改变,只是将原来之国防最高会议,改为国防最高委员会。此会不设副主席,为统一党政军之指挥机关,代行中央政治委员会职权。因为如此,原来中央政治委员会主席问题与原来国防最高会议副主席问题(该两席原均由汪先生担任)均可不讨论。实际上国防最高委员会之构成与职权,与原来国防最高会议,初无甚大之差别"。① 大会宣言提出:"在后期抗战开始,生死存亡所系之关头,尤宜组成中央党政军统一指挥之机构,使全国党政工作均与军事相切合,以收共同行动之效,故特设置国防最高委员会,以统一党政军之指挥。"②

国民党五届五中全会通过的《国防最高委员会组织大纲案》,决定将国防最高会议改组为国防最高委员会,其组织大纲规定:"中央执行委员会于抗战期间设置国防最高委员会,统一党政军之指挥,并代行中央政治委员会之职权。中央执行委员会所属之各部会及国民政府五院、军事委员会及其所属之各部会,兼受国防最高委员会之指挥。"国防最高委员会设委员长一人,由国民党总裁担任;"国防最高委员会委员长,对于党政军一切事务,得不依平时程序,以命令为便宜之措施"。国防最高委员会委员组成为:国民党中央执行委员会常委、中央监察委员会常委,国民政府五院院长、副院长,军事委员会委员,以及由委员长提出经国民党中常会通过者;委员长指定其中11人为常务委员。为便于具体工作的执行,国防最高委员会设执行委员,可列席常会,其成员包括国民党中央党部秘书长及各部部长、训练委员会主任委员、中政会秘书长,国民政府文官长,行政院秘书长、各部会长,军事委员会参谋总长、副参谋总长、各部部长、军事参议院院长、军法执行总监、办公厅主任、航空委员会主任、海军总司令,总动员委员会主任委员、副主任委员,战地党政委员会主任委员、副主任委员等;常会每周召开一次,全体会议由委员长定期召集。③

1939年2月7日,国防最高委员会正式成立,委员长蒋介石,常务委员11人为:孔祥熙(行政院院长)、孙科(立法院院长)、居正(司法院

---

① 林美莉编辑校订《王世杰日记》上册,1939年1月18日、2月3日,第176、180页。
② 《第五届中央执行委员会第五次全体会议宣言》(1939年1月29日),荣孟源主编《中国国民党历次代表大会及中央全会资料》下册,第548页。
③ 《中华民国史档案资料汇编 第五辑第二编 政治》(1),第47—48页。

院长)、戴季陶(考试院院长)、于右任(监察院院长)、王宠惠(外交部部长)、何应钦(参谋总长兼军政部部长)、白崇禧(副参谋总长兼军训部部长)、陈果夫(国民党中常委)、邹鲁(国民党中常委)、叶楚伧(国民党宣传部部长),其中政方6人、党方3人、军方2人,以后国防最高委员会常委的构成也大体保持了这样的格局。

国防最高委员会的成立,是国民党和国民政府战时领导体制的深化,先前的国防最高会议,虽然具有国防最高决策机关的地位,但其多半位于联系地位而不具有执行功能,并且其在法理上仍对国民党中央政治委员会负责,而中政会又在国民党中常会之下,因之国防最高会议的"最高"地位并不那么凸显。经过改组成立的国防最高委员会,其地位明确在国民党中央各部会、国民政府和军事委员会之上,并代行中政会职权,决策与执行合一,使得党政军指挥的统一在法理上落到了实处,各项重大决策和立法、人事任免等,都须经过国防最高委员会的讨论决定,尤其是国防最高委员会委员长的地位,"则非从前政治委员会的主席或常务委员所可比拟"。① 而法理上排在国防最高委员会之上的唯一机构,则是"党治"架构中不可逾越的国民党中执会及其日常决策机构中常会,但此时蒋介石已出任国民党总裁,且具有"最后决定权",由蒋介石以国民党总裁的身份出任国防最高委员会委员长,并可"便宜行事",体现了"党治"架构中国民党的至高地位,在领导关系上不再有违和之处,也有利于提升战时领导和指挥的效率。时人认为:"国防最高委员会的职权比之以前的国防最高会议要较为隆重。它除了承袭了国防最高会议的职权,及代行中央政治委员会的职务以外,党政军三方面都受它的统一指挥……同时,它可以不受平时法律的约束,以命令为便宜的措施。""它不但是一个联系的,并且是一个执行的机构。"②

当然,国防最高委员会体制和实践中存在的问题也如同过去国防最高会议乃至国民党治下其他许多机构存在的问题具有相似性,即"许多琐碎的事情仍然要待它来作最后的决定"。更兼以蒋介石"后来也不常到会去主持,军政大计也不一定在这个会议上作最后的决定,故它渐次的也成为

---

① 王世杰、钱端升:《比较宪法》下册,第217页。
② 陈之迈:《中国政府》第1册,第120页。

一个党政军的联系机关……国防最高委员会最大的作用仍在党政军三方面的密切联系。鉴于过去这三方面脱节的情形，它的联系工作自有足多者。然而它的职务因此遂办了许多与国防没有直接关系的事情，有的极为琐碎"。① 国防最高委员会名为"国防最高"，但其处理的事务，关系国防者却很少，多半是些具体而琐碎的行政事务。如果与过去的国民党中央政治委员会相比较，"单就常务会议出席列席人员的数额与人选而言，其与历来之政治委员会并无重大的不同。所不同者几乎只是名称。设立国防最高委员会以代替政治委员会的原意，本在求决议之迅速及机密，实际上，此种意旨，似乎并无贯彻……至于国防最高委员会执行职务的实际情形，则与政治委员会并无多大分别，所不同者，一则前者的事务较繁于后者，二则前者的秘书厅比后者的秘书处更为庞大而有力"。② 曾任国防最高委员会秘书长的张群，以自己的亲身经历认为：国防最高委员会"实施之后，大家总以为定可以真正建立一个有力的战时体制，谁知事实上所表现并不尽然。原因是在这个时期之内，在军事上，固然是战时，一切希望配合战时的需要；然而在内政上，则仍为训政时期，又不能不遵守约法的规定。行政院既受到约法的拘束，则训政时期约法所付与它的职权和政务处理的程序，它是没有法子不照着来实行。因此，很多事情虽经过国防最高会议的决定，等到要实行起来还是无法照办，当然争取时效的目的也很难达到。在这种形势之下，国防最高委员会事实上几乎又退回到中央政治委员会的地位，仅仅只能代替中央政治委员会的职权，而没有能发挥统一党政军的力量"。③

权势随人而流转，这是国民党统治时期国家施政难以避免的弊端。尽管蒋介石在国防最高委员会也可以"便宜行事"，但总须经过一些程式化的讨论，这是作为独裁者、习惯随意发手令的蒋所不喜乃至厌恶的，他更习惯以军事委员会委员长的身份，通过侍从室直接发号施令，更为便利，更不需要经过什么讨论。④ 而一旦蒋不去主持国防最高委员会的会议，其

---

① 陈之迈：《中国政府》第1册，第122页。
② 王世杰、钱端升：《比较宪法》下册，第217页。
③ 刘维开：《国防最高委员会的组织与人事初探》，胡春惠主编《纪念抗日战争胜利五十周年学术研讨会论文集》，香港，珠海书院亚洲研究中心，1996，第293页。
④ 陈立夫曾在国防最高会议直言："意见不同不足为异，但蒋决定者，应一致办理。"见李学通、刘萍、翁心钧整理《翁文灏日记》，1937年12月10日，第192页。

地位和作用及其"最高"决策的有效性便随之下降，而成为一个办事机构。这是后人研究国民党统治时期的民国历史时不能不注意的方面，也可以说是纸面规定和具体实践之间的差异。貌似"最高"的机构，未必能起到"最高"的作用，而名义上不过是处科级的组织，却有着外人所不知的能量。于此方可以理解，为什么如钱大钧、林蔚、贺耀组、张治中这些将军级的军人，陈果夫这样的曾任国民党中常委、组织部部长的政治重量级人物，不过"屈就"为军事委员会委员长侍从室的处主任。

蒋介石出任国防最高委员会委员长之后，除了国民政府主席这个不具有实质性权力的"最高"职位仍由国民党的"老同志"也是"老好人"的林森担任之外，其他党政军的"最高"职位，全都集于蒋之一身。就蒋对抗战的坚持而言，这或是有利的；就提高战时施政效率而言，似亦为有利。但随之而来的问题是，蒋介石兼职太多，① 分身无术，又高高在上，不信任部属，习惯于直接过问政事而不问其大小，以手令指挥部下行事，如此之多的兼职，便造成不分轻重缓急，手令满天飞，看似提高施政效率，实则影响施政效率。常为蒋提供咨询意见的吴鼎昌（时任贵州省政府主席）认为："中央殊少能真正襄助领袖者，熟悉领袖性情者，每以迟字拖字诀相应付，领袖条谕太多，又无人为之衡量审度，计划实现，考核结果，故政治经济等事业，尚无大进步可言。"另一常为蒋提供咨询意见的熊式辉（时任江西省政府主席）曾向蒋多次进言："领袖只宜以思想领导干部……只须于决定政策时，烦领袖心力；选拔干部时，烦领袖心力。不宜日理万机，陷于事务主义之深坑……事事躬亲，终必俱误……一等人用组织，二等人用人，三等人用手，深愿总裁垂意及之。"他还提出八项具体建议："1. 总裁处无人敢直言，亦无可以为友之人转告外间消息。总裁手谕即有不可行者，亦唯唯诺诺不肯冒犯威严，直陈不可行，只拖延时日任其久忘。2. 动感人才缺乏，其实位之不得当，用非其才……3. 机关重复，因人设机关。4. 言综核名实，实最不能综核名实。5. 言分层负责，实最不能分层负责。6. 言要用幕僚长制，实际最末用到幕僚长制。7. 重

---

① 蒋介石时任中国国民党总裁、三青团团长、国防最高委员会委员长、军事委员会委员长、中央训练团团长、中央军校校长，1939 年内又兼任国民参政会议长、四联总处理事长、行政院院长，并有其他若干兼职，如十多所专门军校的校长、四川省政府主席等。

组织，实际并未运用组织。8. 不重政策决定，只在事务竞求。"① 就连在重庆的外国人，也"莫不持有悲观之论，以为政治、经济有危险，具体指陈我政府毛病甚多，其最大者则为（一）总裁事事管而对大事每都不能彻底，（二）孔副院长事事不管，对经济财政尤属听其自然，危险最大"。② 不过，蒋介石从来都不认为这是自己的问题，而是一味指责下属无力无能，无人为其分忧，③ 照旧独揽大权，个人专断，从而不能不影响到国民党的决策施行效率，许多事议而不决，决而不行，行而无效，这成为国民党统治时期行政决策机制的顽疾。④

六 行政院院长再度易人

1938 年 1 月行政院改组，由孔祥熙出任院长，但这不是个众望所归的决定。孔祥熙在抗战开始后倾向"主和"，为坚持抗战派所反对；孔治政多年，并未表现出特别精明强干处，却被认为有些庸碌无为；孔最为人所诟病者，为其长期经商致富，从政后与商界的关系仍说不清道不明，被许多人认为有贪腐之嫌；再加孔为人高调，对下放任，不知收敛，更为众所不喜。久而久之，孔祥熙在不少人眼中形成了比较偏负面的固定形象，自他出任行政院长后，此一负面形象又经众人之口而被不断放大，从而不能不影响到他的执政权威性。

行政院参事陈克文在抗战开始后便在日记中多次记载了同时期孔祥熙的若干高调腐败事实。如在孔祥熙就任行政院院长后，将行政院警卫大队的编制从 120 人遽然提高到 500 人，年预算从不及 2 万元遽然提高到近 30 万元。陈克文感叹："孔院长时代何以便需要这许多的'御林军'呢？"另据财政部某高级职员对陈克文"谈财部腐败情形。愤言云，只要孔氏一家，便足亡国而有余。孔氏左右所谓副官随从一类人物不下百余人，彼等气焰比较任何人都可怕。此次由京迁汉，轮船舱位都为此辈及其家属占据，财部职员无敢正视此辈者。途中汽车夫膳费每餐五元，犹嫌无下箸

---

① 《熊式辉日记》，1941 年 3 月 20 日，4 月 4、10 日。孔祥熙此时已改任行政院副院长。
② 洪朝辉编校《海桑集——熊式辉回忆录》，第 279 页。
③ 抗战刚刚开始之际，蒋介石便抱怨："除妻之外无一人能为余代负一分责，代用一分心。"其后又曾言："内外军政皆不得其人，不能不令人悲愤……作中国首领之苦痛，无论何国恐无此种情形也。见《蒋介石日记》，1937 年 8 月 3 日、1939 年 9 月 2 日。
④ 抗战胜利以后，1946 年 3 月国防最高委员会撤销。

处，谓为不禁此薄遇，推桌毁器，大骂随行之科长，科长亦无如之何"。① 对于孔祥熙在购买军火中的舞弊事，王世杰亦有记载谓："近来中外人士对中央信托局（孔为董事长）购买军火，指摘殊甚，谓有不少舞弊情事。宋子文似亦有电告知蒋委员长。孔氏在会议中力为辩护。"② 对此，虽然有些人考虑到蒋介石对孔祥熙的袒护而保持沉默，但仍有如中央研究院历史语言研究所所长兼北京大学教授傅斯年这样的知名学者，不畏蒋之权威，始终对孔之作为不以为然，乃至大加抨击，并以长函致蒋，责孔"甚力"。③ 傅斯年还曾联合友人致函蒋介石称："自才能论之，孔院长未堪行政院长之大任也……于国家大事只是枝节应付，并无政策。其用人则一由爱憎，罔分贤不肖。""自信望言之，孔院长实为国人所痛恶也。夫国民之指责孔院长，大体言之，不外纵容其夫人、儿子如何如何敛钱耳……且孔氏一家生活之奢侈，一门举动之豪华，固不能不蒙物议。""自用人言之，孔院长未能明识大体也。""准以孔子礼教，孔院长持身治家至少可谓失检也……位愈高乃愈骄纵。""孔院长之身兼各职，皆不胜任，固为等之定见，亦为全国之公言。"④ 后来孔祥熙在行政院任上遭遇多次"倒孔"风潮，实为其来有自，傅斯年亦为主力之一。

国民参政会的成立，为"反孔"和"倒孔"提供了公开的出口。参政员中有不少人为社会知名人士兼体制外人士，不屑于孔之作为者甚多，因为不处在政治经济负责岗位，故批评没有多少顾虑，也不太担心孔可能有的报复，更有傅斯年这样的"倒孔"健将，他们在会上放言高论，猛烈"批孔"，使孔祥熙本已不佳的形象更大受影响。1938 年 7 月，在第一届参政会的首次会议中，参政员"对孔庸之长行政院极表不满，而思提案攻击者，此部分人并主张以宋子文代"。⑤ "国民参政会特别审查会对孔极表不满，责其不负责，没办法、欠庄重。会后傅斯年言：在此形势下，在外国只有孔辞职或解散参政会！"⑥ 孔对此虽然恼怒，但碍于会议气氛，又不便

---

① 陈方正编辑、校订《陈克文日记》上册，1938 年 1 月 13、14 日，第 161—162 页。
② 林美莉编辑校订《王世杰日记》上册，1938 年 2 月 16 日，第 92 页。
③ 林美莉编辑校订《王世杰日记》上册，1938 年 3 月 4 日，第 97 页。
④ 《傅斯年等致蒋介石》（1938 年 7 月 12 日），王汎森、潘光哲、吴政上主编《傅斯年遗札》第 2 卷，第 683—687 页。
⑤ 林美莉编辑校订《王世杰日记》上册，1938 年 7 月 3 日，第 125 页。
⑥ 李学通、刘萍翁心钧整理《翁文灏日记》，1938 年 11 月 6 日，第 282 页。

发作，只能应付，但参政员并不因此而放过孔。

10月28日，参政会一届二次会议开幕的当天，孔祥熙"出席报告财政。报告后，参政员中对于政府救国公债办理情形，共外间关于政府将延展烟（鸦片）禁之传说，有严重之询问。午后孔约参政会茶会，席间专说笑话，有识者不免腹非"。可见孔内心里对参政员的批评是颇不以为然的，也正因为如此，参政员对孔更为不满。王世杰记道："傅斯年等二十余人将以私函致送蒋先生，反对孔庸之长行政院。闻彼等已拟就函稿。""有五十余人联名，致一密缄于蒋委员长，其内容闻系指述孔庸之院长不孚人望，并责备外交部长。傅孟真等欲请秘书处转递该函，予告以该函既系密封，秘书处不明内容，故不便转递。旋即将该函退回傅孟真。至彼等是否自行投递，则不得而知。""闭会前，会中讨论今后抗战工作方策，多数人颇不满于孔院长。孔院长在会场中亦悻悻然。"11月9日，孔祥熙在参加最高国防会议时，"以参政会同人颇多表示不满，微露消极之意"。①

蒋介石当然知道孔祥熙的外部形象及其实际作为，也曾抱怨"庸之对外失信可叹"；"庸之徒有财政，而不注重整个政治，一与商讨财政，彼即愤气怒色相加，凡重要事机皆秘，而惟恐我知道，我亦乐得不知，一任彼之所为，而彼今以你是领袖之言相加，是全将余助他之好意误会，可痛"。蒋还担心"孔之言行轻重失当，几使人人怨恨，殊为可虑"；"孔对舆情太恶"。但蒋与孔有良好的个人关系，对孔的听话办事更是欣赏备至，孔又是他提名出任行政院院长，因此于情于理，蒋对孔总是比较担待，比较维护，不愿多加责备，甚而私下反思自己"对孔何时现鄙嫌之色与严厉之声，应切戒之"。② 所以，对于参政会和国民党内对孔的批评声浪，蒋介石颇为不满，"闻之甚不悦"。③ 参政会一届二次会后，"蒋先生来渝当众训话，公然称赞孔办财政之完善，在此期间已无有能出其右者"，④ 等于是为孔公开站台表示支持。

但是，蒋介石为孔祥熙的辩护，并不能完全消除参政员对孔的不满，

---

① 林美莉编辑校订《王世杰日记》上册，1938年10月28、30日，11月5、6、9日，第155、157—158页。
② 《蒋介石日记》，1938年3月19日，1939年7月19日、8月25日及26日、9月2日。
③ 林美莉编辑校订《王世杰日记》上册，1938年7月3日，第125页。
④ 《王子壮日记》第4册，1938年12月20日，第600页。

每次参政会开会，孔都成为参政员批评的对象，并且这种批评效应放大到会外，更使孔的任职实际成了国民党的负面资产。1939年2月的参政会一届三次会议，"傅孟真等所提公务员回避法（暗责孔院长引用亲属），罗钧任等所提反对以权位为酬庸之具案，为具有批评性"。1939年9月的一届四次会议，"参政员中对孔庸之院长多表不满。此实目前最为一般人注意之问题"。"傅斯年等四十人，将向大会动议，请政府重行考虑财政部部长及行政院院长人选，盖即对孔庸之表示不信任。孔庸之于今日持一自沪来电，出示若干参政员，电中指参政员中有受汪精卫指使者，参政员中对孔益不满。"① 一届四次会议期间，蒋介石莅会时照例为孔辩护，"会中对财政部长（孔祥熙）无理攻击，余乃以正言评判，抗战之功，多在财政，以指示众人，乃无词，政客官僚之无心肝，国难至此，尚以私利私见为重，可叹！"② 据翁文灏记，"对孔财政询问案宣读后，蒋起立谓：参政员应知抗战环境，统一后一年余即抗战，实行至今，全靠财政。参政会应平心静气讨论，不宜误会，对财政询问当用书面答复……（如此凌厉态度，压制正当询问以护孔，实非领袖所宜出，深为国家前途忧慨！）孔仍口头答复，语无伦次"。③ 另据陈克文记，"听说昨日蒋委员长又为老孔的缘故，向参政员解释一场，说抗战两年，财政当局的劳绩实在很大。平心而论，孔办财政并不算坏，所以受人攻击者，还是中央银行和贸易委员会那班人做出来的事。孔待属员素来厚道，不肖之徒便借此做出许多不理人口的事来了"。④

参政会对孔祥熙的不满，也在国民党内引起呼应，国民党高层中有不少人，或因派系和个人原因，或出于对国民党内外形象之考虑，对孔祥熙的行为做派都有异议，连带对蒋介石对孔祥熙的维护亦为不满。王子壮认为："孔之用人，据一般人批评，确有若干之不当，以其甫及二十之长子，主持关系国家前途重大之贸易信托局，少年得志，凌驾一切，外间且攻击其弊窦丛生，尚有若干事实举发于蒋先生。此事涉国家且为彼之亲属，理

---

① 林美莉编辑校订《王世杰日记》上册，1939年2月22日，9月11、14日，第183、222、223页。
② 《蒋介石日记》，1939年9月30日。
③ 李学通、刘萍、翁心钧整理《翁文灏日记》，1939年9月14日，第371页。
④ 陈方正编辑、校订《陈克文日记》上册，1939年9月15日，第455页。

宜从严彻查，纠正错误。但蒋先生于到重庆之初，举行纪念周训话之余，盛称孔之办理财政卓有成绩，至外间有若干之攻击，经调查结果，或无其事，或系低级人员之错误，轻轻一句，顿消前失。以蒋先生之聪明，当知派员调查一己亲属之不易，负此调查之责者，岂有不尽力弥缝之理，情领者诿诸小职员，余则悉予以粉饰。果有此情节，应予重罚，今亦信之，淡焉不理，实非善处事理、振奋人心之道。于此情势之下，果有一二被处罚者，亦将自怨其非当局之至亲而已。处此乱世，信赏必罚，极端重要，蒋先生固屡言之，何行之不笃耶？"①他们甚而在私下里讨论过换马的可能性。陈诚、白崇禧等军方领导人，"原拟联名请蒋先生兼行政院院长，意在对孔表示不满，因程潜不主张用书面条陈，遂作罢"。这些不满的动向也为孔祥熙所感知，他曾明白告人，"谓彼意行政院长宜改请蒋先生复任，云云，似感不安。"②

　　国民党内外对孔祥熙的强烈不满，自不能不为蒋介石所关注，衡情度势，蒋也不得不考虑更动孔职务的可能性。1939年11月12日，国民党五届六中全会在重庆开幕，蒋介石在会议期间，思前想后，考虑："一、财政部应否自兼及其利害如何，其利在集中统一与肃清贪污，整顿财政，其害在业务太多太繁，又恐不能专心整顿，与人口实，对外关系如何；二、子文加入行政院何部；三、减轻庸兄责任，免受冤屈。"③但是，蒋又不放心将如此重要的岗位交由别人坐，哪怕是其另一姻亲宋子文，也不能为蒋所放心，最终蒋决定改组行政院，由自己兼院长，但不更动其他部会人选。会上，"孔氏谦冲为怀，终觉为因应抗战建国需要，仍以由蒋总裁总揽行政，更足使政治军事统一指挥，是以正式向六中全会提议，请选任蒋总裁为行政院长，以期指挥便利，策应敏捷。大会以孔氏提议，情词恳切，理由正大，乃通过选任蒋总裁为行政院长"。行政院副院长张群随之请辞，由孔祥熙任行政院副院长，"辅佐领袖，以亲庶政"。④

　　1939年11月20日，孔祥熙辞任行政院院长，由蒋介石担任。但蒋之换孔，并非对孔有多少不满，而主要是担心外界对孔的批评于国民党不

---

① 《王子壮日记》第5册，1939年1月28日，第39—40页。
② 林美莉编辑校订《王世杰日记》上册，1939年11月11、16日，第234—236页。
③ 《蒋介石日记》，1939年11月18日。
④ 朱汇森主编《中华民国史事纪要（中华民国二十八年七至十二月份）》，第602页。

利,有让孔暂避风头之意,甚至让孔"免受冤屈"。然事实上,蒋的兼职甚多,行政院事务管不过来,孔仍可以副院长的身份,代蒋主管行政院的工作,只是名义上不在头号首长的地位,对于有些批评可以理直气壮地不理不睬。而以国民党内当时的议论,对孔担任财政部部长也很不满意。据王世杰记,五届六中全会闭幕后,在国民党高层的聚会中,蒋介石表示"行政院各部人选拟均不更动。余殊以为虑,因谓今后最大危机恐在财政、经济,盼蒋先生注意。因座人众,余遂不便直说财政部人选须更动"。王世杰和国民党中不少人属意的财政主管人选为宋子文,但宋"拒绝担任财政部部长,系因蒋先生不肯解除孔庸之所任中央银行总裁之职"。再因其时法币发行已达36亿元,较战前的14亿元多出一倍半有余,通货膨胀之象已显,"故宋对于财政前途亦极疑虑"。① 只是对于这些担心和疑虑,蒋介石并不以为然,没有做出更动的决策。此后,蒋介石在行政院院长之位任职直至1945年6月(1944年12月由宋子文代理),使国民政府行政中枢的领导人选在抗战时期得以稳定,也使蒋成为国民政府时期连续任职和接续任职时间最长的行政院院长。

---

① 林美莉编辑校订《王世杰日记》上册,1939年11月24、28日,第237—238页。

第三章
战时政治的多重面相

为因应全国抗战的需要，国民党也在行政和地方层面进行了一定的改革。行政改革以实行"三联制"为中心，地方改革则重在实行"新县制"，建立地方参议会。进行这些改革，都是为了增加行政和地方的活力，动员更广泛的力量投入抗战，并在中国正式对日宣战后，通过实行总动员，为抗战积聚全国性力量。但是，国民党政纲政策的宣示性往往大于执行力，并且由于其基层组织力量的欠缺，很难真正在地方推广有成效的改革，这些改革也多半是雷声大雨点小，最终不了了之。全国抗战时期，国民党中央政府和地方当局的关系仍然复杂多变，作为抗战大后方中心的四川与中央的关系尚且颇为微妙，边远的云南与中央的关系则更显若即若离，这都使得国民党中央下决心以强力方式收编地方，从而加强了中央对地方的控制。

第一节　地方政治改革

一　新县制的推行

全国抗战开始之后，中国军队抵抗之英勇顽强与在战场上的接连失利相并存，这就使得中国无论何方的政治力量及其领袖人物都认识到，这场战争只能是持久战，如何坚持并打赢这场持久战，才是他们真正需要考虑和解决的问题，这其中的关键在于能否动员民众支持战争，而如何做到有效的民众动员，又牵涉地方治理的诸般问题，而这恰恰是国民党统治的软肋。中国地域广大，人口众多，各地情况千差万别，战争开始后，无论是前方还是后方，战区还是敌后，都面临着种种新的情况，国民党本就缺乏基层组织尤其是农村基层组织网络，使其地方治理缺少可靠而有力的支撑，作为抗战大后方的西南、西北各省，又是国民党原先统治力较为薄弱的地区，如何在战时实现对地方的有效治理，为持久抗战提供基本的支持，确为国民党面临的难题之一。为此，国民党做出了若干地方政治改革举措，其主旨在于强化地方行政管理，适度扩大政治参与，以强化行政管理为战争提供地方支撑，以扩大政治参与调动地方士绅和民众支持抗战的积极性。

从秦代行郡县制以来，县就是中国地方区划的基本单位，历两千年而无大变，可见其适应性和稳固性。县级单位，具有承上启下之功能，上承省之命令，下连区乡行政，上传下达，上下连通，在中国地方发展中起到了无可替代的枢纽作用。抗战以前，国民党的统治大体伸展到县级单位，但并不深入与稳固，地方行政机构是"省庞大而县弱小，县以下则尤空虚，致有宝塔倒树之讥"。"抗战以来，如征兵、征粮、征工、募债、劝储等重要政令，及各项地方自治事业之推行，几莫不以乡镇公所为基层执行之中心。原有单弱组织，实不足以负荷如斯重任。"① 当战争最初的疾风暴雨转向长期持久之际，如何加强对县乡镇地方的控制，动员地方人力物力资源支持抗战，为"抗战建国"打造地方性基础和持久的动员力，改变地方散漫分治的局面，并扩展中央对地方的管控，削弱并瓦解地方豪强势力基础，不使地方豪绅势力与地方军事势力相结合，滋生新的地方军阀力量，从而影响中央决策的实行，成为国民党不能不考虑的重要方面。

1938年3月，国民党临时全国代表大会通过的《抗战建国纲领》，明确提出，以县为单位，"加速完成地方自治条件，以巩固抗战中之政治的、社会的基础"。② 大会还通过《改进战时县政机构、促进行政效率、以增抗战力量案》，着重地方机构适应战时需要，实行行政军事化，从而为地方县政的改革提供了自上而下推动的前提条件。③

1938年4月8日，蒋介石在国民党五届四中全会做《改进党务与调整党政关系》报告，提出"必须注重于县以下的党务和政治的推进"。为此，

---

① 内政部编《各省实施〈县各级组织纲要〉成绩总检讨》（1943年9月），章伯锋、庄建平主编《抗日战争》第3卷（上），第444页。蒋介石甚至有"严禁县长吸烟"的要求，可见当时县及县以下基层的真实治理状况究竟如何。见《蒋介石日记》，1939年6月24日。
② 《抗战建国纲领决议案》（1938年4月1日），荣孟源主编《中国国民党历次全国代表大会及中央全会资料》下册，第486页。
③ 李云汉主编《中国国民党临时全国代表大会史料专辑》（上），第280页。

他要求必须使政府与党部完全打成一片，必须使党与民众完全打成一片，必须使党的工作与地方民众所有自卫自治以及公共福利的事业完全打成一片，运用党团的力量从各方面去推动，使自治和自卫的能力同时养成。蒋介石还拟出县以下党政机构关系草图，说明其中改革和创制的要点，"中心主旨，是要将党政工作和人民自治事业打成一片，并充实乡镇一级的工作力量，以便于运用和推进"。①

行政院随后通过《抗战建国纲领实施方案》，提出修正县组织法，充实县政府组织，设立各级民意机关，扩大乡镇区域及其组织，实行融党于政等措施，为地方政治改革预为布置。②

根据蒋介石的指示，经过国民党中央的研讨和规划，1939年9月19日，国民政府颁布《县各级组织纲要》。纲要分列总则、县政府、县参议会、县财政、区、乡镇、乡镇民代表会、乡镇财政、保甲、附则，共10章60条，具体规定为：(1) 县为地方自治单位，按面积、人口、经济、文化、交通状况分为三等至六等；县以下为乡镇，乡镇内之编制为保甲；在县域内居住满6个月或有住所1年以上并年满20岁者为县公民，有选举、罢免、创制、复决权。(2) 县长职权有：受省政府监督办理全县自治事项，受省政府指挥执行中央及省委办事项；县政府设置民政、财政、教育、建设、军事、地政、社会各科，县长及县行政人员之考试、甄审、训练、任用、考核、罢免依法律之规定；县政府设县政会议，每两周开会1次，议决事项为提出于县参议会之案件及其他有关县政的重大事项。(3) 县设参议会，由乡镇民代表会选举参议员，每乡（镇）选举1人，并得酌加依法成立之职业团体代表，但其名额不得超过总额的30%；县参议会自选议长，暂不选举县长。(4) 县财政收入为土地税一部、溢额田赋、中央划拨补助之印花税的30%、土地改良物税、营业税一部、县公产收入、县公营业收入、其他依法许可税捐；所有国家及省事务经费由国库省库支给，不得就地筹款开支，收入不敷之县由省库酌量补助；县政府应建设需要，经县参议会决议及省政府核准，得依法募集公债；县财政由县政府统收统支，县预算决算交县参议会议决，再由县长呈省政府核定，必要时由县长

---

① 李云汉主编《中国国民党临时全国代表大会史料专辑》（上），第527—528页。
② 李云汉主编《中国国民党临时全国代表大会史料专辑》（上），第556页。

先呈省政府核准施行。(5) 区以15—30乡镇为划分原则，区署为县政府辅助机关，代表县政府督导办理乡镇行政及自治事务；区署设区长1人，指导员2—5人，分掌民政、财政、建设、教育、军事等事项；区署所在地得设警察所，执行地方警察任务；得设建设委员会，聘请声誉素著之人任委员，为乡村建设之研究设计协助建议机关。(6) 乡镇划分以10保为原则，不得少于6保或多于15保；设乡镇公所，乡镇长、副乡镇长任职资格为：经自治训练及格者、普通考试及格者、曾任委任职以上者、师范学校或初中以上毕业者、曾办地方公益事务著有成绩者；乡镇设民政、警卫、经济、文化股，设主任1人，干事若干人，并须有1人专办户籍；乡镇长任期2年，可连选连任，并兼任乡（镇）中心学校校长及壮丁队队长；乡镇自行举办事项应经乡镇务会议议决。(7) 乡镇民代表会由保民大会选举，每保代表2人。(8) 乡镇财政收入为：依法赋与之收入、公有财产收入、公营事业收入、补助金、经乡（镇）民代表会决议征收并经县政府核准之临时收入；乡镇财政收支由乡镇公所编制预算，呈县政府审核，编入县预算。(9) 保甲，保编制为10甲，不得少于6甲多于15甲；设保办公处，保长副保长由保民大会选举，县政府备案，任职资格为：师范学校或初级中学毕业或有同等学力者、曾任公务人员或在教育文化机关服务一年以上著有成绩者、曾经训练及格者、曾办地方公益事务者；保长任期2年，可连选连任，并兼任保国民学校校长、壮丁队长；保设干事1—4人，分掌民政、警卫、经济、文化事务；保民大会每户出席1人；甲编制以10户为原则，不得少于6户多于15户；甲长由户长会议选举，乡镇公所备案；甲设户长会议，必要时得举行甲居民会议。①

与《县各级组织纲要》相对应，其后在1941年8月9日公布的《乡镇组织暂行条例》是新县制改革在基层地方的进一步发展和深化。条例共计9章70条，规定（与《县各级组织纲要》基本重复者从略）：(1) 县公民应赴乡镇公所举行宣誓，誓词为："誓以至诚，奉行三民主义，拥护国民政府，服从最高统帅，履行公民应尽之义务，分担抗战建国之大业"；然后经登记，有行使选举、罢免、创制、复决权。(2) 乡镇民代表会，由本乡镇保民大会各选举代表2人组织，其职权为：议决乡镇概算、审核决

---

① 《国民政府公报》渝字第189号，1939年9月20日。

算,议决乡镇公有财产及公营事业之经营与处分,议决乡镇自治规约,议决本乡与他乡相互公约,议决乡镇长交议及本乡镇公民建议事项,选举或罢免乡镇长,选举或罢免本乡镇之县参议员,听取乡镇公所工作报告并提出询问事项,其他重要兴革事项;乡镇民代表任期2年,可连选连任,主席由代表互选;乡镇民代表会每3个月开会1次,遇有特别事故或代表1/3以上请求时,得举行临时会议;乡镇民代表会公开举行,须有过半数者出席,出席者过半数同意,决议方为有效;乡镇民代表和乡镇长可向会议提案,本乡镇公民有10人以上连署,也可向会议建议;乡镇长向乡镇民会议报告经办事项并答复代表询问;会议议决事项与现行法令抵触者无效;会议决议案送乡镇长执行时,如延不执行或执行不当,得请其说明理由,如仍不满意时,得请县政府核办;乡镇长对于决议案认为不当,得请复议,对于复议结果仍不满意,得请县政府核办;县政府对于决议认为有违三民主义或国策情事者,得请省政府核准后解散重选。(3) 乡镇务会议讨论决定事项为:自行举办事项、中心工作实施事项、县政府委办事项、乡镇民代表会议决案、提交乡镇民会议案、出席人员提案、10人以上连署之建议;每月开会1次,必要时得召集临时会议。(4) 保民大会,每户1人出席,议决本保规约、人工征募事项、保长交议或5人以上连署提议事项、选举罢免保长副保长、选举罢免乡镇民代表会代表、听取保办公处报告并提出询问事项、其他重要兴革事项;每月开会1次,保长或20户以上请求时可开临时会议。(5) 保务会议,每月开会1次,讨论决定事项大体同于乡镇务会议。(6) 甲设户长会议,由各户户长组织,职权为选举罢免甲长、政令执行、户口稽查、清洁卫生、兴革事项,每月开会1次。①

以国民党的说法,"过去县各级组织不健全的主要毛病有五:事权不集中,县地位未确定,财政未上轨道,法令过于繁杂,不切实际需要"。"新县制的产生就是来医治这些毛病,求得地方自治的进步的。它针对着中国现在的实际情形,规定了它的内容,一扫过去积弊。因为它有这样大的意义,所以他本身具有五种特性,就是:统一性,需要性,单纯性,伸缩性,连环性。"尤其强调统一性,统一事权,统一县的地位,统一区域划分,统一机关设置,统一财政,统一用人标准。"县的一切都趋于统

---

① 《国民政府公报》渝字第386号,1941年8月9日。

一了。"① "新县制，是改造基层政治机构，完成地方自治，准备实施宪政的政治建设工作，其中心任务，是推进地方自治。"而在此之外更现实的改制意义是，"要保证抗战胜利，就要民众出钱出粮出力来支持抗战"；"为使人民能自动起来办理如何出钱出力来支持抗战"，"必须实行新县制"。② 县及乡镇组织纲要和条例，为实施新县制的基本指导方针，其与"旧"制比较的"新"之所在，主要是从地方自治的要求出发，赋予县及县以下单位更大的自主权力，实行在民意和民选基础上的地方自治，便于地方资源的动员；地方实行行政、教育、军事合一的一体化组织建构，县、乡镇的政府机构得以充实，保甲组织得到重视；同时划分中央和省与县级地方的财政收入边界，明确县级地方财政的自收自支原则。这样可以使县及县以下单位在战时实现独立自主的施政，并为国民党规划的"宪政"之路打造地方基础。新县制尤其注重地方治理的自治性和自主性，在乡镇及以下层级规定了民众所有的选举、罢免、创制、复决权，同时注重地方的社会发展，尤其是文教卫生事业的发展。如果新县制能够落到实处，不失为对县及县以下地方行政的重大改革，有利于中国的现代化转型。然而，新县制的实施，如同国民党当政时期的许多改革，仍然是看上去很美，而无法落在实处，很大程度上，只具有形式的意义，而缺乏实际的成效。再加国民党地方组织和统治的薄弱，新县制改革，在某种程度上反为地方豪绅把持地方政务、扩展自身势力提供了民意的包装和法理的依据，所谓地方自治框架下的基于民意和民选的民主政治，距其真正的实行，仍然有着漫长的距离。更不必说，国民党出于垄断权力和把持政治的需要，在地方层面也未必能够真正放开自治的空间，三民主义、国民政府、最高领袖等，仍然是新县制下的地方施政所必须遵奉和拥戴的基本政治原则，而且县长不能民选，仍为上级委派，并可以否决有违三民主义原则和国策的乡镇选举结果，为国民党管控县及县以下地方政治留下了法理依据。

1939年12月，国民政府行政院颁布《县各级组织纲要实施原则》，要求各地自1940年起自上而下普遍推行新县制，并在3年内基本完成，包括

---

① 《新县制之特性》（1940年1月23日），秦孝仪主编《中华民国重要史料初编——对日抗战时期 第四编 战时建设》（2），第2034—2035页。

② 韦永成：《新县制的认识》，转引自忻平《论新县制》，《抗日战争研究》1991年第2期。

依照新制充实县政府、调整区署、改组乡镇公所、成立乡镇学校及乡镇壮丁队、甄选保长、编制地方预算等工作。① 自1940年起，新县制先后在四川、西康、云南、贵州、广西、广东、福建、浙江、江苏、安徽、江西、湖南、湖北、河南、山东、陕西、甘肃、宁夏、青海、山西、绥远21省实行，基本囊括了除新疆、西藏之外的后方各省以及冀察之外的战区各省。②

新县制的实施，首先需要各省根据各自的情况划定县等，以方便此后各项规定的具体实行。因各省情况不同，划定的县等级及其数量亦有差别，如四川、陕西、甘肃、宁夏、青海省将县划分为6等，河南、广东省划分为5等，湖北划分为4等，福建、云南划分为3等。县等划定后，各县的机构设置亦各有别。根据《县各级组织纲要》的规定，县下属机构最多可以设置7个科，但在实际上，几乎没有县级单位将7科设置完备，一般情况下，县设民政、财政、军事、教育、建设5科或民政、财政、教育、军事4科（设地政和社会科的县比较少），也有不少县（如广东、陕西的五六等县、云南的二等县、青海的一二等县）只设民政、财政、教育3科，最少的如青海，三四等县只设民政、教育2科；③ 乡镇公所的设立一般比较完备，乡镇中心学校和保国民学校的设立则视各地情形而定，四川、河南、陕西90%以上的乡镇设立了中心学校，四川的保国民学校达到了每两保有1校；乡镇医务所的设立则不及学校，县医院的设立还不普遍，广西全省只有7所县医院（另有县卫生院和医务所），福建各县则均设有卫生院。④

---

① 《县各级组织纲要实施办法三原则应注意事项》，章伯锋、庄建平主编《抗日战争》第3卷（上），第427—428页。

② 不仅冀察战区，在其他战区，因为战争和国共斗争的影响，新县制的推行也受到很大影响。对于战区的县级行政，国民党比较注重其在战争状态下的实际功效，而不能使其完全受制于既有制度和规章。1938年5月5日，行政院公布《战区各县县政府组织纲要》，规定战区县长"以富有军事学识及县政经验之干员充任为原则"；"有关抗战之重要任务、遇事机紧急时，得由县长先办后报"；"凡与抗战无关之机关或事业，得由县长斟酌情形核准裁并"；区乡镇长由县长遴选充任并呈报备案；原有之壮丁队、警察队、民众自卫团等集中编为国民自卫总队，由县长兼任司令；县治受侵时，可设立行署，辖境无法行使职权时，可以迁移适当地点设临时办事处。见孔庆泰等《国民党政府政治制度史》，第612—613页。

③ 青海县分六等，但地处偏远，地广人稀，五六等县有可能不分科设县政机构。

④ 《行政院关于各省实施新县政情形报告》（1941年12月），章伯锋、庄建平主编《抗日战争》第3卷（上），第436—443页。

新县制实施的进程不一,"各省有特殊情形之县份可延期实施,或暂不实施,并非强制一律施行"。在原定3年的期限内,不少地方并未完成基本的改革。大后方的中心区域四川,有22个县申请延期完成;在实施新县制的16个省1316个县(局)中,有210个县(局)未能同步进行;"苏、鲁、晋、绥等省情形特殊,虽曾定有计划,自难尽付实施"。而"三年完成之限,仅指县各级组织纲要之实施。至于各项事业之进度,由省政府斟酌各县地方情形,分别规定,自不在三年完成之范围以内。中央虽续有《地方自治实施方案》之颁行,而未定完成期限,各省尽有伸缩余地"。按1943年9月国民政府内政部的检讨,新县制实施三年多的成效主要在下列各端。

其一,充实基层组织。"充实县政机构,使县政府科室人员之设置,能与实际之需要相配合,俾克负执行国家政令办理地方自治之重任。""除充实县政府之组织外,同时尽人力财力之可能,以建立乡镇之一级,扩大其编制,健全其干部,使之成为基层政治组织之重点。"共调整县政府组织1106县,成立乡镇公所30470处,尚有各种横的组织,如合作社、卫生所、国民兵队、中心学校、造产委员会、调解委员会暨各种民众团体,以为之辅。"故新县制下之乡镇,其充实之程度较往日之联保,实不可以道里计,不仅树立地方自治之基础,且对于抗战亦有莫大之贡献。"

其二,加强干部训练。计成立省训练团21个,区训练班26个,县训练所743个,训练干部逾90万人。"于树立奋迅之风气,提高工作之效率,已获莫大之裨益。"

其三,促进民权行使。一面由中央制定各种条例;一面督促各省从事实际的准备,办理公民登记,举办公职候选人检核,举行甲户长会议,成立保民大会。1943年5月开始施行《县参议会组织暂行条例》《县参议员选举条例》《乡镇民代表选举条例》,以便在准备工作完成后次第成立乡镇民代表会及县参议会。计有13省成立保民大会,321县设立临时参议会。

其四,提高民智水准。"人民智识水准之提高,为一切施政之基本条件。民权主义之实施,民主政治之运用,尤以教育之普及为其成功之关键。"新县制采政教合一之精神,以政治之力量,推动教育,以教育之方法,改进政治。计成立乡镇中心学校23318所,保国民学校172335所,在学儿童已达 2000 万以上。

其五，厉行民众组训。以国民兵队为组训人民之核心，受训国民兵达 1650 万人。

其六，改善人民生活。新县制期以清理地方公产、厉行乡镇造产，而裕经费来源，减轻民众负担，同时推行合作制度，厉行新生活运动，救济抚恤，修筑道路。计设立卫生院 811 处，分院 137 处，卫生所 1158 处。①

以内政部上项检讨报告所言，新县制实施貌似成绩斐然，然究其实，则不无浮夸虚饰之处。还在全国抗战发动之初，就有人言："所有保甲组织、壮丁训练，均属有名无实，故一到非常时期，弱点遂完全暴露。大概过去之所谓新政，内容都是如此，不切实，慕虚名，上下相欺，实为中国政治根深蒂固之病。"② 以抗战时期的地方情形论，此言非为虚。各地新县制的推行进度有别，"以各县地方教育程度、地理交通、经济生产及乡村人才种种之差异，平均发展，极感困难"。③ 而完成者又多为表面文章，"每多趋重于数量之扩张，而忽略其质的增进，致实施成绩质量每多不能相称"。④ 更有许多地方根本没有进入改革进程。新县制的具体工作包括编查户口、规定地价、开垦荒地、实行造产、整理财政、健全机构、训练民众、开辟交通、设立学校、推行合作、办理警卫、推进卫生、实行救恤、厉行新生活，可谓无所不包。⑤ 何况改革中需要付出大量的人力物力成本，干部不足和经费短缺，是推行新县制的省份普遍的抱怨。许多自治事业，诸如教育和卫生的改善，需要花费不少钱财，在中央无力支付而又面临日渐严重通货膨胀的情况下，地方所能开拓的财源有限，不足以支持所有改

---

① 内政部编《各省实施〈县各级组织纲要〉成绩总检讨》（1943 年 9 月），章伯锋、庄建平主编《抗日战争》第 3 卷（上），第 443—446 页。另据研究，1943 年，在四川的 144 个县中，有 137 个县实施了"新县制"，全部成立了县临时参议会，还成立乡镇民代表会 4462 个，保民大会 74947 个。见〔日〕笹川裕史、奥村哲《抗战时期中国的后方社会——战时总动员与农村》，林敏、刘世龙、徐跃译，社会科学文献出版社，2013，第 154 页。

② 陈方正编辑、校订《陈克文日记》上册，1937 年 12 月 3 日，第 137 页。

③ 《对于政治报告之决议案》（1941 年 4 月 1 日），荣孟源主编《中国国民党历次代表大会及中央全会资料》下册，第 685 页。

④ 内政部：《各省实施新县制推行地方自治成绩总检讨》，《民国档案》2005 年第 3 期，第 42 页。

⑤ 《新县制之实施》（1940 年 2 月 13 日），秦孝仪主编《中华民国重要史料初编——对日抗战时期 第四编 战时建设》（2），第 2038—2042 页。

革，兼以新设机关层出不穷，施政章则一改再改，地方改革的积极性大受影响。① 因此，国民党中央不能不对"新县制"改革完成的时间表一推再推，原本应在1942年底基本完成的改革，直到1945年战争结束仍未完成，从而使主要为因应战争而实行的新县制改革由战时拖到了战后，由起初的轰轰烈烈，至后来的无声无息，直到1949年国民党在大陆统治结束时，这项改革可谓不了了之。

进而论之，如以新县制的各项规定，县以下之乡镇、保、甲的政权组织，概由民选决定，体现了"主权在民"的原则；县的政权组织，虽然沿袭现行法律的规定，县长不由民选，但因为县参议会的设立，对于县政执行形成一定的外部制约，亦可理解为实行民选之前的过渡办法。总体而言，由此形成的新县制架构，着重通过一定的程序，实行地方民主自治，抑制绅权，增加民权，并强调加强国民教育和卫生改善，提升国民素质，如果能够贯彻实行，有利于基层社会的现代转型和底层民众国家、民族、民主意识的养成，改变中国基层社会长期形成的散漫疲沓、各自为之之弊，也有利于国民党的统治权力向基层社会的渗透。就其实行过程而言，或多或少也取得了一定的成效，对于抗战时期的民众组织和民众动员起到了一定的作用。

但是，问题在于，在广大地域内实行新县制这样需要牵涉广大基层及民众的改革，仅仅依靠纲要、条例等纸面文字的规定，是难以真正落到实处的，必须有强有力的组织督导方能推动，这又多少使新县制处在某种悖论状态中，即推行新县制是为了实行地方自治、减少外来干预，而要让新县制落到实处又不能不有强力督导、加大外来干预。为了动员地方资源支持抗战，建立地方统治基础，并与中共竞争，国民党需要加强地方干预；而为了卸脱地方依赖的包袱、多取少予，并以"民主""自治"示人，国民党又需要减少地方干预。各地情形不同，战区后方有别，以统一的模式推广新县制，本身就面临着许多困难。而且新县制增加充实了各级机关的组成与功用，② 从

---

① 蒋介石后来也意识到实行新县制不能操之过急，故考虑"新县制举行之程序应调整，以集中人力财力，举办急务要政"。见《蒋介石日记》，1942年10月25日。
② 黄绍竑在国民党五届十中全会发言时称：抗战时不宜并建国，中央应省开支，新机关太多，民政、建设二厅无事可做。见李学通、刘萍、翁心钧整理《翁文灏日记》，1942年11月25日，第834页。

加强地方治理的角度有其必要性,但也难免增加"吃财政饭"的人员编制(较战前增加了一倍左右),加上各种事业的举办,在在都需要花钱,在国家财政投入有限的情况下,只能从地方索取,从而也就增加了地方财政负担,地方官吏再通过各种方式将此转嫁给地方士绅尤其是广大农民,不能不引起地方士绅和农民的强烈不满、抵制乃至反抗,结果,本为加强国民党地方控制力和统治力的新县制改革,反又在一定程度上减弱了国民党的地方控制力和统治力。这样的改革初衷与改革成效间的矛盾和反差,在国民党统治期间,不是第一次,更不是最后一次。

更重要的是,国民党基层组织的薄弱和干部队伍的严重缺乏,① 使得县以下的所谓地方自治,基本只能依赖地方乡绅,依赖这些乡绅的"好心"与"善心",而这其实是靠不住的。因此,在新县制名义下实行的所谓地方自治,便又成了地方士绅尤其是豪绅自说自话的政治游戏,其实际成效十分有限。而且因为在"新县制"的架构下,扩大了地方权力,并实行政治、教育、军事的一体化管理,反而强化了地方劣绅自奉在"法理"和"民意"基础上的权势,使得改革初衷与其实际成效相背离。尤其是在地方最下层的保甲层级,基本缺少自上而下的有力控制与督导,只能听任有权有势的地方士绅"自治",再与地方的血缘、亲缘、宗族、人际关系等相掺杂,其与新县制提出的建立在充分民选民意表达基层上的地方自治非为一事。结果,基层政权"多为旧势力所把持,一为土豪劣绅,多凭恃经济或政治之优势地位,飞扬跋扈,以包揽一切。一为地痞流氓多依非法

---

① 国民党员的数量本就不多,在全国人口中的占比甚小,而且大半集中在军队。战前在国民党 165 万党员中,军队党员有 101 万,占比近 60%。战争结束时在国民党 687 万党员中,军队党员有 423 万,占比超过 60%。军队党员多采集体入党的方式,绝大多数人其实并不知晓为何入党,更不必说对于主义的信仰和参加组织活动的积极性了。其余党员又多集中在都市的行政、文教机关,"农村分子为数不多",下层组织"多数犹不免只具形式而无工作,或有工作而不甚紧张",基层力量实在是有限。(《对于党务报告之决议案》,1939 年 11 月 20 日,荣孟源主编《中国国民党历次代表大会及中央全会资料》下册,第 595—596 页)"各省的很多县份没有设立党部,而各县的区党部区分部也不多。以至过去各县党政工作的联系与运用多没有办好,而以党治国也没有具体实现。"及至抗战后期,农村党员在非军队党员中的占比明显提高,甚而在 1945 年新入党党员中的占比达到了 40%,但这"并不代表国民党的社会基础的扩大,而是下层党部放任征求党员的结果",何况还有不少地方劣绅以"农民"的名义被征集入党,结果造成"上层臃肿,中层隔阂,下层虚弱"的严重问题。见崔之清主编《国民党政治与社会结构之演变》下编,社会科学文献出版社,2007,第 1285、1288、1165、1311、1345 页。

结合为背景,多敲诈人民,鱼肉地方"。① 之所以如此,"盖待遇微薄,责任繁重,地位甚低,有钱有势者不屑为,有学有才者不肯为,有德有品者不忍为,忠实笃厚者不敢为,上者中者既不可得,必须求其下者劣者焉"。故有人谓:"今日之政治黑暗恶浊,不在省,不在县,完全在乡镇保之基层中"。②

其实,在实行地方自治的名义之下,新县制更为现实的功用在于动员地方资源支持抗战。本来,这是无可厚非之举,也是坚持抗战的题中应有之义。但问题在于,要完成征兵征粮征调以及各项改革指标,在地方资源有限的情况下,地方官吏只能以行政手段搞名目繁多的层层滥征和摊派。因此,在新县制的架构下,强调基层保甲的作用,依靠保甲办理征兵征粮等战时事务,"放任下级机关酌量自筹","各县地方摊派"应运而生,"种类繁多,数额庞大"。据1942年四川18县的调查,各种以"抗战建国""公共事业"为名目的摊派多达240种,超过正税额的二三十倍,最高的超过275倍。如此高的负担依赖保甲长群体征收,而保甲长群体良莠不齐,"能廉洁奉公、克尽厥职者,为数究不甚多"。③ 据戴季陶言,地方保甲长"人多无赖,于勒索敲诈不一而足。有不随者,故意验不及格,往返苛求,民怨已极。故一般人有被迫不过,惟有入租界之说。所谓租界,系流而为匪,官力所不及也"。④ 国民党中央亦承认:"地方之土豪劣绅、地痞流氓,阻碍法令,乡镇保长不敢惩治";"家中有为大官者之父兄子弟,横行乡里,依势欺人,弁髦法令,乡镇长亦无可如何";"恶劣之乡镇保长,滥用职权,违反法令,营私舞弊,枉法贪赃,横摊乱捐,鱼肉百姓,真如小朝廷土皇帝一样"。⑤ 如此一来,又放大了征兵征粮过程中的强

---

① 吴雯:《民国时期新县制推行失败原因探究——以江西省为例》,《江西社会科学》2006年第10期。
② 《严令党政军民各机关法团负责人员必须忠诚遵循一切法令执行一切议案积极推进各种政务以奠定国家建设之政治基础案》(1941年4月1日),秦孝仪主编《革命文献》第80辑,台北,中国国民党党史会,1979,第158页。
③ 见忻平《论新县制》,《抗日战争研究》1991年第2期。
④ 《王子壮日记》第4册,1938年12月10日,第593页。戴季陶所言是"新县制"改革前的情况,但实行"新县制"改革后的情况并无改变,甚或更严重。
⑤ 《严令党政军民各机关法团负责人员必须忠诚遵循一切法令执行一切议案积极推进各种政务以奠定国家建设之政治基础案》(1941年4月1日),秦孝仪主编《革命文献》第80辑,第157页。

迫性和不平等性，有权有势有钱者极力逃避义务，底层弱势群体则逃无可逃，更遭到底层民众的抱怨和不满，从而又不利于国民党统治向基层的渗透和扩展。

正因为新县制实施过程中的种种弊端，内政部在新县制检讨报告中承认："苟一切准备工作尚未完成，即行普遍成立乡镇民代表会及县参议会，则所谓地方自治，所谓民主监察制度，恐不仅有流于有名无实，暨被地方少数不良分子操纵之虞。"① 这些"不良分子"作为保甲长乃至乡镇长而成为一方之"主"，并获得上方赋予的权力，不仅鱼肉乡邻，成为广受诟病的负面形象，而且打着"抗战"和"党国"的旗号，败坏着执政党和政府的声誉。蒋介石也承认："现在一般乡镇长和保甲长，往往操一乡一镇执行政令之权，普通派工和征兵，都是由他们经手，所以一般恶劣贪残非，就可以凭借机会，勒索穷户。对于一般有钱有势的人，不仅有力可以不必出力，有钱也可以不必出钱，而对于无势贫民，则苛派滥索，毫无顾恤。"② 如此而言，不能说以新县制为代表的地方政治改革是很成功的。有研究者认为，当时的土豪劣绅"无所不在，影响极坏"；"乘机窃取各种公职，成为乡村政权的主流"。③ "新县制下的保甲、乡镇，是为了对农村基层实施有效的统治而由上至下人为建立起来的组织。从战时动员的必要性出发，新县制在给保长、乡镇长下达严苛的任务指标的同时，也赋予了其实质性的权力。可以想象，在一个原本缺乏自律性的组织中，突然出现一批权力者，其中的许多人变成'暴君'。"在新县制下的地方选举中，"以往与政治无缘的众多住民被卷入的选举战，就轰轰烈烈开展了起来。在这

---

① 内政部编《各省实施〈县各级组织纲要〉成绩总检讨》（1943年9月），章伯锋、庄建平主编《抗日战争》第3卷（上），第445页。
② 张其昀主编《先总统蒋公全集》第2册，第1433—1434页。为此，蒋介石特别要求在保长和学校校长、教员中征求国民党党员。（《蒋介石日记》，1939年2月4日）结合"新县制"改革中要求乡镇长和保长兼任学校校长，以及对于乡镇和保办学的重视，亦可知国民党有意通过"新县制"改革，以学校作为乡间联络枢纽，力求打破乡绅对乡间权力的垄断，而发展其乡间基础的考虑。后来蒋介石又强调："基层党务经费应以加倍为标准，而以县党部书记为县长，区党部书记或中心学校长兼乡长；政治基层机构（合作社、卫生处长等）学校教员校长必须与党务配合，担任党务工作，为党服务。"见《蒋介石日记》，1942年11月21日。
③ 〔美〕杜赞奇：《文化、权力与国家：1900—1942年的华北农村》，王福明译，江苏人民出版社，1992，第238页。

种场合,各种各样的'关系'都被利用起来,收买、胁迫和赤裸裸的暴力等一切违法手段,也都被用上了"。"这就是实行'新县制'以后,各县地方派系团体蜂起,哥老会社组织大大发展,权力斗争空前加剧的主要原因。""新县制实施的最迫切的目的是为了征兵、征粮。然而,该制度也从根本上动摇了社会的根基。"①

如果从另外一方面观察,作为国家和社会治理的终端末梢环节,地方基层的乡镇长和保甲长承担的职责和任务几乎无所不包,加之战时的特殊情况,仅仅是完成急迫的征兵征粮任务已经是不堪负担,再要求这些地方基层行政人员能够体谅时艰,一心为政,而完全不顾及本乡本土利益乃至个人的一些私利,有时确也有些难乎其难,这是那些高高在上而不很了解基层实情的上层高官不太能够体会到的方面。已有论者注意到,基层保甲长群体事繁责重,却往往吃力不讨好,收入低下,因而社会地位不高,常为人所轻视,职责与权力、收入与地位都处在失衡状态,并不能随心所欲,更不能为所欲为。这"不单是保甲长的人选问题,而且是一个制度问题"。② 因此,如何更为客观平实地讨论战时情境下地方政治的发展及地方制度的功用得失,仍待后来者的多方面深入研究。

二 地方参议会的建立

在推动地方民主政治和扩大政治参与方面,考虑到国民党内外的改革呼声,与中央层级国民参政会的设立相配合,国民党随后也开始在地方推动建立参议会制度。

1938年4月国民党临时全国代表大会通过《抗战建国纲领》,其后行政院据此通过《抗战建国纲领实施方案》,提出"渐次设立各级民意机关","使能代表民意,促进省政"。③ 其实,这也是当时国民党党外人士的希望和要求。1938年7月,青年党领导人曾琦在第一届国民参政会提出《克期设立省县市参政会案》:各级地方民意机关之设立,已为全国舆论之

---

① 〔日〕笹川裕史、奥村哲:《抗战时期中国的后方社会——战时总动员与农村》,第94—95、158—159、86页。
② 沈成飞:《抗战时期广东国统区保甲长群体研究》,《抗日战争研究》2009年第4期。
③ 《抗战建国纲领实施方案》,李云汉主编《中国国民党临时全国代表大会史料专辑》(上),第556页。

共同要求，良以吾国政治愈下层愈待振刷，民间意见愈下层愈遭漠视，卒至政令纷纭，一至下层统皆搁置，政府意旨，无由贯彻，民间情意，无从上达，历史上官民相克之情，未尽消泯，合作之效难彰，而人民之力量亦莫由发挥，于抗战前途，殊为不利，谓宜斟酌实际情形，先行克期成立省县参政会，俾人民于省县政治，得有发言机会，借收官民合作、整理地方之实效。提案提出省县参议会的设立办法是：

一、各省县市分别设立省县市参政会。二、省县市参政会会员应兼采地域代表制与职业代表制，地域代表占全额三分之二，职业代表占全额三分之一。三、省县市参政会会员任期三年，每年用抽签法改选三分之一。四、省县市参政会会员须为各该省县市公民，并非现任官吏，而又于政治上学术上或社会上卓著成绩者始得充任。五、省县市参政会于各该省县市之地方事项，对各该省县市政府有建议质问之权。各该省县市政府发布单行法规或增加人民负担时，须事先征求参政会之同意。六、各省县市参政会除作战地带外，限于二十七年底一律成立。①

根据曾琦、王造时、许德珩等相关提案，国民参政会通过《拟设省县参议会推进行政完成自治案》，提请国防最高会议议定施行。②

第一届国民参政会召开后，国民参政会秘书长王世杰也向蒋介石进言，"省县设参议会案，为此次国民参政会一般极重视之案，务于可能范围内实施，或先从川、黔等后方省分实施亦可。蒋亦以为是"。王世杰认为："后方各省，政治既昏暗因循，党部复无力量；省参议会之设置，虽不经由普通选举，但如能罗致地方开明而有信望之人，于省政之推进当有不少益处。"③ 1938年8月，国防最高会议法制专门委员会拟订《省市参议会组织条例原则草案》，请张群、叶楚伧、王世杰、朱家骅、邵力子等草拟条文，向国防最高会议提出。1938年9月21日，国防最高会议通过

---

① 陈正茂编著《曾琦先生年谱》，第145—146页。
② 秦孝仪主编《中华民国重要史料初编——对日抗战时期　第四编　战时建设》(2)，第1823—1824页。
③ 林美莉编辑校订《王世杰日记》上册，1938年7月19日、9月1日，第128、139页。

《省临时参议会组织条例》及《市临时参议会组织条例》。

《省临时参议会组织条例》规定：（1）"国民政府在抗战期间为集思广益、促进省政兴革起见，特设省临时参议会"。（2）参议员遴选资格为，年满25岁，受过中等学校教育，具有所在省籍贯，并在该省公私机关团体或文化经济团体服务2年以上著有信望者；分配比例为，在地方住民中遴选6/10，文化经济团体中遴选4/10；现任官吏不得任参议员。（3）参议员遴选方法为，每县市遴选1人，由县市政府征询党部及地方团体意见后加倍提出于省政府；文化经济团体人选由省政府及省党部联席会议加倍提出，汇总后呈行政院再转呈国防最高会议（后来的国防最高委员会）决定；国防最高会议可以在不超过总额2/10的数额内另选若干参议员。（4）省参议会的职权为，省政府重要施政方针于实施前应提交参议会决议，但在参议会休会期内，遇有特殊紧急情形，须为紧急处置时，应呈行政院核准，并在参议会下次会议时报告；参议会可对省政兴革提出建议、听取省政府施政报告、提出询问；省政府对于参议会通过的议案，如认为不能执行，应提交复议，如经出席参议员2/3多数通过，省政府除呈经行政院核准免予执行外，应予执行。（5）参议员任期1年，必要时由省政府呈准行政院得延长1年。（6）参议会每6个月开会1次，会期2周；须有超过半数者出席，有超过出席者半数通过，决议方为有效；参议会休会期间设驻会委员会，由参议员互选5—9人组成，任务为听取省政府各种报告及参议会决议案之实施经过。（7）参议会设议长、副议长各1人，由行政院遴选，国防最高会议决定。《市临时参议会组织条例》的规定大体与省临时参议会的规定相当。① 以当时各省的实际情形，省临时参议会的名额人数为：江苏、湖南、四川、河北、山东、河南、广东各50名，安徽、湖北各45名，浙江、江西各40名，山西、福建、广西、云南各35名，陕西、贵州各30名，甘肃、辽宁、吉林、新疆各25名，察哈尔、绥远、西康、青海、宁夏、黑龙江、热河各20名。②

以上项条例的规定，省临时参议会的组成和功用，与国民参政会大体相当，主要目的是通过一定的方式，扩大地方人士的民主政治参与，调动

---

① 《国民政府公报》渝字第87号，1938年9月26日。
② 各省参议员的名额后来续有增加，增加数额为四川50名，新疆35名，西康、陕西、安徽各5名，山西、甘肃、广东各3名。见孔庆泰等《国民党政府政治制度史》，第628页。

他们的政治积极性，为国民党的"抗战建国"创造更有利的政治和舆论氛围。但省临时参议会的本质仍为咨询，而非决策，而且参议员的产生非为选举而是遴选，保留了国民党对议员产生的最后决定权，说到底，其政治象征意义大于实际政治功用。时人认为："与其说它是省市代议性质的普通民意机关，无宁谓为省市过渡性质的战时民意机关"；"不过一方面表示政府对于民意的尊重，一方面确立民主政治的省市基础而已。当然，还说不上是省市真正的普通民意机关。"①

1938年12月28日，行政院通令，各省临时参议会应在1939年成立。1939年1月，国民党五届五中全会通过《对于政治报告之决议案》，提出"在抗战期间，为集中人民意见，推动地方行政计，对于省市临时参议会，允宜依照已备之法令，加以督促，俾克早日实现"。②其后，各省市临时参议会陆续设立。

1939年，四川、广东、广西、福建、安徽、湖北等省临时参议会先后在省府和临时省府所在地成都、韶关、桂林、福州、立煌、恩施成立。作为战时首都所在地，重庆市参议会也在1939年成立。1944年12月5日，行政院修订公布《省参议会组织条例》和《省参议员选举条例》，不再用"临时"字样。③到抗战胜利前夕，后方各省基本已陆续成立临时参议会，但也有河北、山西、山东、江苏等省，因为地处日本侵略的最前线，并受到国共斗争的影响，省临时参议会的成立屡经波折（直至1944年7月，江苏省参议会尚未成立），并有国共各自省级参议会并存的状况出现。④大体

---

① 陈盛清：《论省市临时参议会》，《东方杂志》第35卷第23号，1938年12月1日，第23—28页。
② 《对于政治报告之决议案》（1939年1月29日），荣孟源主编《中国国民党历次代表大会及中央全会资料》下册，第555页。
③ 孔庆泰等：《国民党政府政治制度史》，第628页。
④ 抗战时期，在国共合作的格局之下，中共力争各项合法的政治权利，既为扩大自身的政治存在，凸显政治领导力，也为与国民党争夺战时乃至战后主导权的需要，在根据地成立各级参议会便是其中环节之一。国民党则极力否认中共根据地成立参议会的权利和可能，并且不批准这些参议会的成立。1939年1月17日至2月4日，陕甘宁边区参议会召开第一届会议，国民政府即要求："陕甘宁各省参议会均已定期成立，该边区各县可参加各该省参议会，不能单独召集"。（《国民政府行政院复国民参政会函》，1939年2月3日，孟广涵主编《国民参政会纪实（续编）》，第274页）1940年7月31日，中共在山东根据地主导成立山东省临时参议会（山东是中共在抗战时期唯一一个基本是在单一省份建立并以省名命名的根据地），成立宣言声明："鲁省党政当局处此危局，不思团结抗战，

而言，省级临时参议会的成立，为战时民意提供了表达的窗口，参议会关注的议题，也多与抗战和民生相关，如征兵征粮、救灾赈济、教育卫生等，对于在地方层面监督政府施政和揭露贪赃枉法行为起到了一定作用，于抗战中的民众动员还是有利的。但是，省级临时参议会的组成多为地方上层人士，真正出自地方基层者甚少，又牵涉地方派系纠葛和国民党内部纷争等复杂方面，影响到他们对于民生疾苦的注意和解决。①而且参议会的功能定位于咨询机构，权力有限，不少议案本就脱离实际，通过的议案又缺少强制力，不能落实，在扩大民主政治和地方自治方面取得的成效也因此而有限。

在省级临时参议会陆续成立后，成立县参议会的呼声也日渐高涨。1939年2月，曾琦在国民参政会一届三次大会又提出《克期成立县参议会案》，认为"最近各省参议会即将次第成立，而各县参议会之创设尚遥遥无期。窃以民主政治之基础应建筑于下层，而县乃为下层之最重要单位，欲求政府意旨与民间情意之相通，各县参议会之设立，实觉刻不容缓，当此实行全民总动员之际，下级民意机关之功用尤大。拟请政府限期于半年以内成立各级民意机关，以完成民主政治之体系，而利全民总动员之实施"。②因为种种原因的作用，国民党此时也需要党外方面的支持，故对县参议会的成立采取了较为积极的态度。

根据早先的规定，在新县制实施两年以上的县，可以成立参议会，未实施新县制和未成立参议会者，以县行政会议代行参议会职权。随着新县制改革的推行，1941年8月9日，国民政府公布《县参议会组织暂行条例》

抵御暴敌，乃竟纠合落后阶层、顽固分子，制造摩擦，阴谋分裂，嫉贤害能，反对进步……竟不顾中央法令，漠视民众要求，今已历一年有半，既未成立，更无召开之准备。但山东人民决不能因人之渎职，而置救亡图存及中央法令于不顾，乃本国府之法令，就敌后之情势之需要"，成立参议会。由各地区代表300余人中选出参议员81人，以范明枢为议长，马保三、刘民生为副议长，8月8日宣誓就职。参议会提出当前的奋斗目标为，各级参议会必须成立，各级政权必须民选，非法捐税必须废除，减租减息必须实行，经济进攻必须粉碎，生产运动必须扩大，国民教育必须提倡。见《山东省临时参议会宣言》（1940年8月28日），《中华民国史档案资料汇编　第五辑第二编　政治》（1），第940—942页。

① 以四川省为例，在抗战时期三届省参议员中，大学文化程度者占比都在一半左右，具有党务、行政、军事经历者占比又在一半左右，可见其精英主导的特质。见丁成明、胡金玉主编《抗战时期的四川——档案史料汇编》（上），重庆出版社，2014，第98—99页。

② 陈正茅编著《曾琦先生年谱》，第151页。

和《县参议员选举条例》。根据《县参议会组织条例》的规定，县参议会为全县人民代表机关；职权为议决地方自治、县预算决算、县单行规章、县税县公债、县有财产经营与处分、县长交议事项并建议县政兴革事项、听取县政府施政报告及提出询问事项、接受人民请愿和其他法律赋予的职权；经县参议会议决的预算、决算、单行规章等，须报省政府备案；议决事项不能与中央法令相抵触；县参议会的决议案咨请县长执行，如县长延不执行或执行不当，得请其说明理由，如仍不满意时，得报请省政府核办；县长对于参议会决议案，如认为不当，得附理由送请复议，对于复议结果如仍认为不当，得呈请省政府核办；省政府对于参议会决议案，认为有违反三民主义或国策情事者，得开明事实，咨由内政部转呈行政院核准后予以解散重选；县参议员的任期为3年，可以连选连任；县参议会议员由乡镇民代表会选举，并得加选依法成立之职业团体代表（不超过总数的30%）；县参议会每3个月开会一次，会期3—7日，议长由参议员互选，参议员对本身有利害关系提案不得参与表决，言论和表决对外不负责任，除现行犯外，未经参议会许可不得逮捕拘禁。

根据《县参议员选举条例》的规定，县参议员的选举资格为年满25岁的本县公民，公务员、军警、学生不能参选，校长、乡镇长、党部人员可参选；区域选举，每乡镇选举1人，乡镇过百的县，得数乡镇合选1人，未满7个乡镇的县则至少选出7人，由乡镇民代表会选举（乡镇民代表的选举资格与县参议员大体相同）；职业选举，每一职业团体为一单位，自由职业团体合为一单位，职业团体会员实际从业满3年者可参选，有权参选的职业团体为农会、渔会、工会、商会、教育会及自由职业团体，采初选复选制或直接选举制；选举实行当场无记名投票，即日开票，结果报县政府查核，舞弊、违法、经法院判决确定者为无效选举。①

根据上两项条例的规定，县参议会已经比较具有地方自治和地方民主的特质，可基本称为民意机关。参议员经由选举产生，参议会可以讨论并议决预算、公债、地方规章等，较国民参政会和省级参议会的咨询性质，在实现地方自治和民主方面可谓迈进了实际的一步。当然，县参议员的选

---

① 《县参议会组织暂行条例》《县参议员选举条例》，《中华民国史档案资料汇编　第五辑第二编　政治》（1），第960—967页。

举仍采乡镇民代表会的间接选举制，县长不能民选，国民党仍然保留了对县参议会组成的控制权和对县级人事的决定权，而且如果省级政府认为县参议会通过的决议"有违三民主义或国策情事"，可以报请解散重选，或者可以理解为，这是当时国民党在其"党治"架构下为地方自治和民主划出的底线。

即便如此，国民党对于县级地方选举可能产生的失控后果仍然相当关注，在推动县级参议会成立的同时，也在极力推动县参议会组成的"党化"进程。原本县参议员由乡镇民代表会和职业团体选举产生，然 1943 年 3 月国民党中常会决定，再由行政院发出训令，将县参议员产生办法，改为由县党政秘密会议根据选举结果提出应选名额的加倍人数，再由省政府省党部特别小组会决定最终人选，使得原本就不是经由完全自主直接选举产生的县参议员，其后的产生过程更受到国民党的直接控制，较之原先的做法明显退步。王宠惠认为："县参议会之地位，已非参议机关，而为地方自治之权力机关；其选举制度又系采用间接选举，易被人操纵，有改进必要。"①

1943 年 10 月，行政院拟订《限期成立各省县参议会实施纲要》，要求省县参议会在 1944 年全部成立，沦陷区在收复后一年内成立，提出方针为：贯彻民权主义精神，完成宪政基层建设，推行新县制，促进地方自治，充实建国力量；推行事项为：清查户口，严密保甲，健全职业团体，加强国民教育，厉行新生活，修筑道路，办理地方警卫。纲要特别提出，县参议员及乡镇民代表人选应由县党政秘密会议决定，予以运用，并报省政府和省党部特别小组备案；县参议员应为本党忠实同志，未入党者应尽量介绍其入党。蒋介石得报后，于 11 月 2 日复电指示："如何运用党的基层组织力量指挥选举，以避免不良分子之操纵，应特别注意研究。"② 行政院随后在《成立县以下民意机关办法与步骤》中又特别规定，县以下国民党党部的工作为：对于候选人切实普遍调查、考试、核验，合格者如未入党，必须设法介绍其入党，对于党籍之候选人应特别联系，并指示其如何

---

① 《王宠惠呈蒋介石》（1942 年 7 月 10 日），秦孝仪主编《中华民国重要史料初编——对日抗战时期　第四编　战时建设》（2），第 2187 页。
② 《限期成立各省县参议会实施纲要》《军委会代电》（1943 年 11 月 2 日），《中华民国史档案资料汇编　第五辑第二编　政治》（1），第 971—973 页。

指导人民运用选举。① 广西省政府曾经提出,广西县级选举办理顺利,一旦改用新法,颇易引起不良观感,要求继续沿用成规,结果得到的回复是:应仍照中央规定办理。② 可见国民党中央对于加强地方基层的控制还是颇为上心的。③

不过,在国民党对于县级地方参议会选举的干涉指导之外,仍然存在其他的问题。如"地方知识分子对于县政多持冷淡态度","知识分子愿意参加热心研究民权初步者,恐不多见";"县参议会参议员候选人比较尚不少,而乡镇民代表大会代表候选人则异常寥落,一般心理对于乡镇工作之冷淡已可想见"。其原因是,有身份者不愿受考;年龄较长者不愿随同青年共事,皆愿自办私事;检复考试手续较繁;乡镇民代表地位不高,有虚荣心者不愿自居次等;等等。④ 以时人言是"贤者不为,为者不贤。自好者裹足,不肖者滥竽"。这些问题的存在,与新县制推行过程中地方出现的问题有相似性,结果又造成地方劣绅把持参议员的选举或推选,原本的"民选"实又成为"绅选",而这些经由"选举"产生的民意机关,因为国民党的控制和其他种种原因,在实质性监督行政权力方面的作为有限,而在与行政当局勾连、谋地方派别乃至个人私利方面的行为倒时有所闻,其代表"民意"的功能,某种程度又转换为代表"绅意",距离真正能够

---

① 《成立县以下民意机关办法与步骤》,《中华民国史档案资料汇编　第五辑第二编　政治》(1),第973—975页。
② 《国民党中常会决议案》(1943年7月26日),《中华民国史档案资料汇编　第五辑第二编　政治》(1),第975页。
③ 以四川为例,根据99个县市呈报的4814位参议员的履历统计,国民党员占比为67.26%,三青团员占比为0.15%,非国民党和三青团员占比为10.39%,其余未详者占比22.2%,国民党占据绝对优势。(丁成明、胡金玉主编《抗战时期的四川——档案史料汇编》上,第104页)不过相比较对民意机关的控制,国民党更注重在基层保甲的组织发展,以便更有力地与中共竞争。还在1940年初"新县制"开始实行不久,国民党中央组织部和国民政府内政部即联合发文,要求在"保甲内应尽量发展本党组织",保甲长"应以本党党员充任为原则,未入党者,设防介绍其入党。国民学校校长同";"特殊地带,如陕北等地保甲长必须以党员充任,并负责侦查异党活动,随时具报上级党政机关核办";中统"各地之情报网或特工人员,应与当地保甲长中之忠实同志(事先须经过严密考查)设法取得密切联系";"上级党政机关,对于保甲长之思想行动,应注意考查,如发现有错误者,应立予纠正或惩办"。蒋介石批复:"奉谕照办,希查照,并切实推行。"见《内政部、中央组织部致国民精神总动员总会》(1940年1月),《中华民国史档案资料汇编　第五辑第二编　政治》(1),第104—105页。
④ 《建议政府从速设法完成并充实地方各级民意机关案》(1944年2月9日),《中华民国史档案资料汇编　第五辑第二编　政治》(1),第977—978页。

代表民意而发挥民主监督功能作用的民意机关,仍有漫长的跋涉途径。国防最高委员会曾向行政院发文,指出:"各地方土劣势力年来以谷价高昂有增无减,县参议会为其把持者实不在少。今推行县民选举,更为彼辈之大好机会,将来与县长朋比把持,必为推行宪政之严重打击。更有若干少年新近,挟团体之力,有时胆大妄为之处,过于旧式土劣。在此推行宪政之始,似宜加意防范,必使地方民意机构有代表人民之实,而无把持操纵之弊,事关重要,应请政府注意,并详定办法以防之。"但如何防止此等弊端,说法则不一而足,有谓加强教育者,有谓各党派公开竞选者,有谓自治与官治分离者,有谓训练公正人士分派地方者,还有谓确立警察制度者。① 这些说法或均有其理,但均非短时可办有成效者,结果又落入过往的纸面文字循环的老套。

根据内政部政务次长张维翰1943年11月在7个省份视察地方政治改革的报告,这些省份县级参议会的成立概况为:(1)广西,按1936年公布的《村街民大会规则》和1942年公布的《村街长选举规程》,分2期实现县级参议会选举,1939年1月开始成立县临时参议会,1943年12月大体完成。1944年各县参议会由临时改为正式。(2)湖南,1943年成立10县2市临时参议会,1944年7月52县市成立临时参议会,1945年1月成立全部乡镇民代表会。(3)广东,1943年10月有66个县成立保民大会18271个,占全省31197保的60%;1944年基本成立乡镇民代表会和县临时参议会,1945年各县参议会由临时改正式。(4)江西,1943年成立各县临时参议会,但参议员人选不够。(5)福建,1944年1月成立各县临时参议会,年内由临时改正式,有县参议员候选人4140人,乡镇民代表候选人57328人。(6)浙江,1944年成立各县参议会,但有些代表资格超期,只能先当选再检核。(7)贵州,38个县的临时参议会在1944年1月成立,全省各级候选人123202人,包括县参议员、乡镇民代表及乡镇长、保长,检核合格者1558人,复审者2500人,两者合占候选人总数的不过3%强。报告认为:"县各级民意机关,自可按其步骤,逐次普遍成立。惟实地抽查乡镇民代表会及保民大会开会时,状况一般,出席者于开会秩序尚多未

---

① 《国防最高委员会秘书厅致行政院》(1944年10月5日),《中华民国史档案资料汇编 第五辑第二编 政治》(1),第990—993页。

能熟习，而民权初步及四权行使之训练尤感缺乏，除就地各予指导促进外，似应妥筹简易切实之训练办法，遵照加紧办理，以免虽经成立，亦仅徒具形式。又候选人之检核，因需要人数众多，而地方合格之人士又不踊跃参加，故各省中有不得不由县政府代为声请者，亦恐未必易于足额，似应请会商考试院，妥筹救济办法。"① 另据统计，至1944年4月，在后方17省实施新县制的1103个县中，已成立临时参议会的有530个县，约占总数的48%；在29497个乡镇中，成立乡镇民代表会11305个，约占总数的38%；在342301个保中，成立保民大会297476个，约占总数的87%。② 县乡级民意机关成立的占比不超过半数，情况仍然不甚理想。

实际上，上述说法在一定程度上仍为纸面文章。1943年9月，国民党五届十一中全会通过决议，要求县及县以下各级民意机关限期在当年底"一律完成"。1944年5月，国民党五届十二中全会通过《限期完成地方自治确立宪政基础案》，再次要求于1945年底以前"各县市民意机关应一律完成"；"保民大会及乡镇民代表会，应依法实施选举，其完成自治条件者，得举行县市长选举"；"地方自治条件，应规定最低必要之标准，于二年以内完成"。③ 既有如此说法，显见仍有不少地方没有成立县及县以下的民意机关。直到抗战胜利，这些要求仍未能完全落实，而已建立者的实际成效如何，则又为可以深入讨论的问题。

三 党政关系的纠结与困境

实行新县制，成立地方民意机关，扩大地方政治参与，国民党在战时的这些施政所为，理论上应为进步，然其实际成效的有限性，其中或反映出国民党在地方施政的某种困境。要有效地治理地方，先得对多半仍沉浸在传统社会中的地方施以有力地组织、动员、改造，但国民党的组织力无法达致此等目标，而且与社会舆论反对"党治独裁"的呼声有些相悖，国

---

① 《内政部关于张维翰视察广西等七省设立县各级民意机关情形报告书致行政院呈》（1944年3月11日），《中华民国史档案资料汇编 第五辑第二编 政治》（1），第979—985页。
② 《行政院关于成立县各级民意机关之工作报告》（1944年4月），秦孝仪主编《中华民国重要史料初编——对日抗战时期 第四编 战时建设》（2），第2190页。
③ 《对于政治报告之决议案》（1943年9月11日）、《限期完成地方自治确立宪政基础案》（1944年5月25日），荣孟源主编《中国国民党历次代表大会及中央全会资料》下册，第838、888页。

民党转而以推行地方自治，扩大民主参与，解决自身组织力不足的困难，企图加强对地方的控制，但这又只能依靠地方强势阶层，反而扩大了这些阶层的能量，甚而"征兵征粮，这些工作只有土劣才办得了，地方官吏为了交差不能不与土劣联络，以致造成现在情势"。① 究其实，其根源仍在于国民党组织力的缺乏，尤其是在地方基层。

控制地方政治，首要是加强国民党的地方组织及其活动。对此，国民党是有认识的。1938年国民党临时全国代表大会通过的《改进党务并调整党政关系案》，提出"地方党部在省采取主任委员制，在县采取书记长制，在区以下采取书记制，以补救通常委员制之缺点"；调整党政关系之原则，省及特别市采取党政联系的形态，县采取党政融化即融党于政的形态。根据该案的规定，党政联系或融党于政的具体操作方式是，省党部委员每月开常会一次，省党部省政府每月开联席会议一次，省党部主任委员应出席省政府会议，县党部书记长兼任地方自治指导员，协助县长指导地方自治筹备事宜。② 从中不难看出，在省级，党政关系处在平行地位，党不能领导政，只能联系政，在指导政务中所起的作用实际有限；在县级，则是政大于党，党不仅不能领导政，甚而还得协助政。因此，在蒋介石以国民党中央领袖的身份独揽党权、在中央层级以党统政之时，国民党各级地方组织的运作只能采取党政联系或融党于政的形态。据国民党的解释，这样做的目的，在省级，"一为在党取主任委员制，以求事权之集中；一为实行党政联席会议，以沟通双方之意思。在前者，主任委员在原则上必须专任，然后可以专心致志以规划党务，推进党务；在后者，必须恪遵中央法令，严格履行，开诚布公，以求党的政策之遂行"。在县级，"其真义乃在使党政合为一体，而非欲消灭党的组织与工作也。故今后之县以下各级党部，对外宜改取秘密方式，以加强其活动力；对内则当力求党员选举、罢免等权之实施，俾能自尊其在党内固有之地位"。③ 其实，如果撇开这些纸面文字的冠冕堂皇不说，国民党治下地方政治运作的实质是，政务机关始

---

① 《国防最高委员会秘书厅致行政院》（1944年10月5日），《中华民国史档案资料汇编 第五辑第二编 政治》（1），第992页。
② 《改进党务并调整党政关系案》（1938年3月31日），荣孟源主编《中国国民党历次代表大会及中央全会资料》下册，第476—478、481—482页。
③ 《对于党务报告之决议》（1940年7月6日），荣孟源主编《中国国民党历次代表大会及中央全会资料》下册，第629—630页。

终居于地方执政的中心地位，党部机关则被视为"冷"衙门。所以，国民党的"党治"体系架构，很大程度是虚名大于实际，浮在表面而非深入基层，这是国民党的组织形态及其历史演进尤其是其代表的精英阶层的利益基础所决定的。① 甚而国民党还曾明文规定："党部对于政府及民众团体之关系，不直接发生指导与监督之关系，但应与同级政府机关切实联系，推动民众，实现本党政策，推行政府法令，并应注重使党员参加下层工作，从工作中发生领导作用。"② 党对政不能"指导"与"监督"，而只能"联系"与"推动"，党的领导作用确实难以体现。

在实行新县制的过程中，为了加强国民党的基层统治力，1939年国民党中常会第124次会议通过并秘密颁发了《县各级党政关系调整办法》，规定在县以下逐级健全组织，乡镇设分部，保甲设小组，与行政层级统治相吻合，所谓"层层节制，逐级运用"。另外，县党部监察委员会下设各级党员监察网，"对于执行部及党员为负责之监察与纠举"。同时明确地方党政职责之分。在新县制的实施中，地方党部负宣传与促进的责任，地方政府负执行的责任，使地方党政相结合，"完全打成一片"，以求改善地方的党政关系。国民党还要求在地方大力发展党员，认为"当此共党在各地极力活动的时候，本党如不能尽量吸收各地优秀分子入党，发展党员，则本党将一天天衰弱，前途非常危险"。蒋介石提出，在新县制实施后，国民党党员总数要"扩充五分之一"；中央委员"每人至少要征求六人入党"；"尤其是担任下级自治工作的各地乡镇保甲长尽量吸收入党"，因为"惟有保甲长都是本党忠实的党员，革命的力量才有确实的基础"。③ 国民党中央还规定，省党部主任委员应由国民党中执委出任，县党部书记长由省党部呈请中央指定，以加强对地方党部的控制力。

不过，即便如此，国民党的组织在省级尤其是县级的作用仍然有限。曾任国民党贵州省党部主任委员的黄宇人回忆道："各省市党部对地方政

---

① 据国民党中央的统计，1942年国民党共有县级党部1258个，其中完成选举呈报中央者仅73个，33402个区分部中，不能按期开会，或未能召集开会者，占比高达68%。（《对于党务报告之决议案》，1942年11月27日，荣孟源主编《中国国民党历次代表大会及中央全会资料》下册，第781页）由此可见其基层组织的状况究如何。
② 《确定县各级组织问题》（1939年6月16日），秦孝仪主编《中华民国重要史料初编——对日抗战时期 第四编 战时建设》(2)，第1968页。
③ 转引自忻平《论新县制》，《抗日战争研究》1991年第2期。

府的施政，完全不能过问。如果有所批评而酿成所谓党政纠纷，党部还可能被改组。"① 语虽有些偏激，但也不无事实根据。即便是经过一番党政关系的调整，国民党中央过后也承认："体察各地情形，党政对立之现象虽已逐渐消除，而分工合作之效能迄未充分发挥，地方政府对于同级党部之关系，仍极疏远而不能融洽一体，同时地方党部对于如何领导民众，推动社会，协助政府，亦未克善尽其职责。"为此，1941年4月1日，国民党五届八中全会通过蒋介石特别交议案，提出：省县党部，除依据总章"稽核同级政府之施政方针及政绩是否根据本党政纲及政策"外，对其下一级行政机构，应根据中央颁布或核定之政令，协助督导，并监察其实施；督导监察之行使，如行政主管人员为党员时，以党部名义行之，如其为非党员时，则由党部通知政府办理；省党部省政府联席会议，党政双方对下级干部人员如发现有成绩低劣不能称职，或违背党政协调原则，以致阻碍党务与政令之推行者，得相互检举，提出联席会议，公同评判，并商决其处分；省党部主任委员与书记长及委员，应与担任省政府主席、秘书长、厅长及委员之党员划编为一特别小组，直隶省党部实施党团办法，县级亦依照同样办理；省党部对于担任下级行政职务之党员，得调查登记，并考核其工作，被调查考核之党员，有报告工作概况及答复查询之义务，考核结果成绩优良者，予以奖励，如发现有违反本党政纲政策，而又不接受指导者，严予党纪处分，并商请省政府惩处之。② 1942年11月，国民党五届十中全会又决定："省党部并应慎选少数健全之县党部集中力量，推行主义以为示范。其书记长以最优秀之同志充任，并得兼任县长。""地方党务工作同志成绩优良而志愿从政者，省县负政治责任之同志应尽量引用"。③ 这些规定的目的，无非在于提升地方层面的国民党党权，使其能够在地方党政关系中具有一定的领导地位。

虽然有了上述规定，但实际效果难如其意，党在县及县以下地方基层的作用仍远不及政，"县党部限于人力财力，党务工作难以开展，组训及

---

① 黄宇人：《我的小故事》，香港，吴兴记书报社，1982，第291页。
② 《增进各级党部与政府之联系并充实本党基础案》（1941年4月1日），荣孟源主编《中国国民党历次代表大会及中央全会资料》下册，第696—698页。
③ 《党务改进案》（1942年11月27日），荣孟源主编《中国国民党历次代表大会及中央全会资料》下册，第791页。

领导民众工作，更谈不到，因此党离民众日益疏远，党之威信日益衰落"。尤其是国民党员中的县以下农村基层党员的比例太低，不能形成国民党在地方基层开展工作的强有力组织支撑。据时人言，党员中"农民分子更是太少了，因此党的影响与势力，只能在城市的上层可以看到，农村中是很难找到党的势力的微弱影响，我们不但在农民中很难找到党员，并且在一切农民运动负责人员中，在地方自治工作人员中，在农民文化教育负责人员中，以及农民经济建设负责人员中，都不容易看到党员的踪迹"。而且，"本来少数在农村做事的党员，从他入党起，有许多人便是想把入党看成到城中找差事的一个工具。因此，一个原来在乡村很纯良的知识分子，他不加入党，还能在乡村安心工作，一入党以后（其实在乡村中便很不容易找到入党的机会），便常常梦想到那高高在城市中的县党部、省党部，以及中央党部去工作，或者希望他的上级党部能因为同志的关系，而在城市的机关中介绍相当的位置。因此农村党员不但不能增加，而且不断地向都市转移的现象，不惟很难形成党在农村中细胞的发展，并且增加城市知识分子过剩的严重性"。在此情况下，何以发挥国民党在基层的领导作用。

由于地方党部人员缺乏，经费很少，许多人"生活费亦无确切之保证"，加之地方党务人员素质低下，"把办党当着占有特殊的地位"，"几变成新的劣绅与新的官僚"，故"一般群众乃轻视党部，致使党务推行甚感困难"，甚至连党员也"大抵重政轻党"，"使从前县党部活动的范围多局限于县城一隅，很少发展到乡镇保甲的下层基础"。地方党部及基层组织"大都无形停止活动"，"党员对党，简直不觉得有何种关系"。而地方党部力图揽权，在地方事务处理上与地方政府"产生很多摩擦"，互相攻讦、互相拆台甚至斗殴之事屡屡发生。① 在这些纠纷中，地方党部因其势弱而受到沉重打击，地方行政官员则往往"厌恶党部的监督，与绅豪的嫉视党愤恨党，乃气味相投，所以多数的县长，都成了恢复绅豪权势的原动力"。②

再就国民党统治时期的各省市党政机构负责人观察，出任行政领导者多为社会的知名人物，而出任党务领导者多半不为人所熟知，更不必说军权的独立性和特殊性了。广东省政府主席兼省党部主委张发奎认为："近

---

① 粟显运：《新县制的理论》，转引自忻平《论新县制》，《抗日战争研究》1991年第2期。
② 《川沙党务概况》，转引自忻平《论新县制》，《抗日战争研究》1991年第2期。

年来各省党部主任委员虽多由省主席兼任，但此仅为人事上之融合，组织上尚无法定关系，非但不能使党的力量推动政府，而反使党部成为省政府的附属机关。"① 故如论者所云："在法理上高于一切的党权，实际上若无其他军政实职相依托，便难免落空。原来党权并非真正高于一切，而是附冀于政权和军权之上"。"地方党部与地方政府分别自成系统，自上而下，双轨并行，互不统属。党管党，政管政，党政分离。""地方党部被置于次要和无足轻重的地位，最终沦为地方政府的附庸。"②

对于党政脱节、政大于党的危害性，国民党也不无认识。1941年4月1日，国民党五届八中全会通过中央组织部提交的《加强政府机关内党的组织及活动案》，认为"过去本党在各级政府机关中虽均有党员分布，惟以组织松弛，力量涣散，未能发生重大作用，驯至党与政府机关完全脱节，党员一入政府机关，即无形与党脱离"。该案提出："今后应加强本党在政府机关之组织与活动，即在各级政府机关内普遍建立党部，并采用由党部指挥在机关中服务之党员，由在机关中服务之党员各自在其工作岗位上，将本党政纲政策及一切决议案表现为实际的设施之方式，以求本党主义之实现。"为此，"在政府机关内服务之党员，应绝对服从该机关党部的命令，出席党的各种会议，执行党部所分配之工作，不得规避，否则以违反党纪议处"；"在政府机关服务之党员，如有违反主义、政纲、政策之言行，该机关内党的组织应予切实纠正，或向上级党部检举"；"政府机关内党的组织，应经常将各该政府机关内职员素质及工作情况，随时告知主管人员，主管人员亦应用其职权所及，协助党务之进行"。③ 仅就这些规定的文字含义，即可知这些本应实行的规定，其实在政府内部未必都能实行，于此亦可知国民党组织在政府机关中的真实地位究如何。如果说在中央层级，国民党的组织力毕竟还有人事和经费运用可以保障，而在地方层级，既缺少实际的行政岗位安置国民党员，又缺少财政经费对国民党活动的支持，国民党组织力的低落，完全是可以想见的。

---

① 崔之清主编《国民党政治与社会结构之演变》下册，第1251、1168、1252页。
② 王奇生：《党员、党权与党争：1924—1949年中国国民党的组织形态》，第165、198页。
③ 《加强政府机关内党的组织及活动案》（1941年4月1日），荣孟源主编《中国国民党历次代表大会及中央全会资料》下册，第695—696页。蒋介石国民党在五届八中全会致辞时特别提到，"中央及地方用人应尽量用党员，不得已方在党外觅人"。见李学通、刘萍、翁心钧整理《翁文灏日记》，1941年3月31日，第639页。

国民党地方统治的软弱无力，并不因新县制和扩大地方政治参与的改革而有根本的改观，其缘由多在于国民党的组织力薄弱，而其组织力薄弱的缘由，除去人事和财政运用的欠缺之外，又与国民党的精英特质相关联。国民党的组织构成和政策取向多半偏向于都市资产－精英阶层，并经由党内官僚阶层而传达表现，对于地方基层社会尤其是农村地方基层社会，国民党官僚层基本上缺乏了解与对策，甚而可能也不屑于去了解并制定相应的对策。① 如果说，这样的国家治理取向在中日全面战争爆发前还可以维持大体正常且不无成就的运转，然在中日全面战争的背景下，面对最广大底层民众的诉求和心理，过去与这些民众很少有交集的精英官僚层显而易见的有些茫然无措和应对无力，反映出的结果就是上下之间的脱节。不能说国民党高层对此完全没有认识，所以才有《抗战建国纲领》的制定。但是，还是因为国民党的组织力不够，基层渗透严重缺乏，能够满足"抗战"的紧迫需求已然不易，至于"建国"这样的远大目标，大概不是国民党多数中下层干部所了然于心并加以关注的事。对比中共力量在抗战时期的迅速崛起，其着重点在根据地的建设，其关键在于对社会底层的渗透、扩张、组织、改造，既适应战时的需要，又能为最终的建政建国打下坚实的基础。而能够做到这一点，在于中共强有力的组织网络建设提供的充分的基层干部保障，方能够适应中国这样底层民众犹如汪洋大海般的前现代社会。这些大概都不是理论的或简单的精英式民主路径或参与路径所可解决者。国共两党力量在抗战时期彼降此升的过程，或可为后人认识那些不发展的传统大国的现代转型路径提供有意义的多样化参照。

---

① 1941年11月26日，蒋介石在国民参政会二届二次大会致辞中说："财政经济诚可忧虑，但中国为农业国，民众生活并不较战前为苦，且相当加优，故不必由忧虑而悲观。"（李学通、刘萍、翁心钧整理《翁文灏日记》，1941年11月26日，第715页）蒋介石既如此认知，便可知当时国民党领导人心目中的农村究为何，而这与中共大力发展农村根据地，在农村基层的深耕细作，形成鲜明的对比。其实，国民党内也不是没有人认识到类似问题的严重性。张治中即说："许多地方治安不好，一有乱子，便归咎中共的煽动，其实以现在政治经济情形，没有中共也要出乱子。在民国以前没有共产党，历史上常常有农民暴动的事发生。把所有变乱的原因都归结于共产党的煽动，这是自己逃避责任。"（《在蒋介石身边八年——侍从室高级幕僚唐纵日记》，1941年4月24日，群众出版社，1991，第204页。以下简称《唐纵日记》）问题在于，这种认知不能成为国民党高层的共识，也就无法落实在国民党的为政政策方针中。

第二节 行政改革与战时动员

一 推行行政三联制改革

国民党自当政以后,组织力薄弱,而又各项机构庞杂,冗员众多,施政效率不高,常为其党内外所诟病。进入战争时期,这方面的问题仍然存在,并在战争状态下更为凸显,一些国民党中央反复督促解决的问题,在实际运行时,效果仍不尽如人意,如新县制的实施,尤其是征兵征粮这样有关战争能否持久的急迫问题,在具体实践中都难以适应战争的需要。为此,蒋介石在抗战中期提出实行"行政三联制",从设计、执行、考核这三个环节出发,希图以环环相扣的行政管理方式,提高施政效率,更有利于解决战时施政的诸般问题。

蒋介石对于行政三联制颇为在意,1940年初即将其列为该年要做的大事之一,随后,又在日记里多次提到实行行政三联制,包括为其拟订各项制度纲要、发表讲演、推动工作等。①蒋认为,这是"十余年来的经验及研究所得的结果"。② 1940年3月4日,蒋介石在中央人事行政会议发表演讲,提出"讲求推进业务的方法,实行设计、执行与监察(考核)三联制度,及工作竞赛办法,鼓舞工作热诚,完成建国使命"。③ 当年7月,国民党召开五届七中全会,通过蒋介石交议之《拟设置中央设计局统一设计工作并设置党政工作考核委员会以立行政三联制基础案》,提出:"凡政治经济之设施,必须经过设计、执行、考核三者之程序。不有精密之设计,无以利事业之推行,不有切实之考核,无由察执行之进度。且在计划实施之际,尤贵有因时改进之宜。举凡人事经费诸端,皆为事业成亏所系。故设计、执行、考核三部分工作,尤须随时随地相济相成。"认为:"我国近年以来建设事业日繁,中央党政各机关亦有各种设计人员或组织之设置,惟无整个之体系,遂鲜分工合作之效能,且乏通盘筹划之功用。至于考核工

---

① 《蒋介石日记》,1942年1月1日,2月23日,3月2日,9月28、29日,10月1日,11月20日。
② 陈之迈:《中国政府》第1册,第124页。
③ 秦孝仪主编《总统蒋公大事长编初稿》卷4(下),台北,中国国民党党史会,1978,第508页。

作，除其上级主管机关外，别无综核之司，相互之间缺乏联系，遂至一切设施，进度迟滞，成效难期"。为此，"拟设置中央设计局，主持全国政治经济建设之设计及审核，下设各种专门委员会，将现有各项设计组织，及中央政治委员会之各种专门委员会合并于内，以收人才集中之效，并由中央设计局主持预算之审定，使计划与预算不致分离；另设置党政工作考核委员会，主持党政机关工作经费人事之考核，与中央设计局确切联系，以矫设计执行考核分立之弊，树行政三联制之基，举近代计划政治、计划经济之实，庶可收综核名实之效，而应抗战建国之要求"。① 从此，行政三联制作为一项制度设计，进入实施阶段。

以蒋介石的规划，实行行政三联制的意义在于："一、行政三联制就是行政道理的主要部分。二、要懂得行政的道理，就是知道政治与行政的分别……要达成万能政府，就要首先实行行政三联制。三、行政三联制分作计划、执行、考核三方面，但在意义上是有其相互之关系。四、过去行政上对于三联制毫不注意的缺憾，1. 各计划不是集中在一大原则下制定出来，2. 各计划不能互相联系，3. 计划与执行不生联系，4. 不注意考核就无法知道已行的程度。"因此，"行政三联制是计划政治计划经济实施的基础，大家要努力求其实现"。②

所谓行政三联制，"即是计划、执行、考核三联制"，就是将行政工作分为设计、执行、考核这三个不同的阶段。行政工作由创意设计始，经过对设计方案的执行，由考核评估执行的成效，改进其中的不足，完成由设计到执行再到考核的全过程，并开始下一次的设计、执行、考核的过程，使其建立有机的联系，最终形成处理行政事务的高效率，以此矫正过往行政工作事前没有计划，政出多门，事中各自为政，执行不力，事后缺乏考核，放任自流，最终则效率低下、难见成果之弊，或可谓全局性的制度建设。1943 年 5 月 26 日，蒋介石在行政三联制检讨会上曾经这样表述过他的看法："我所以要提倡行政三联制的原因，简单一句话，就是要使我们行政效率提高，也就是要使我们政治达到迅速确实的两大目的。因为要求迅速，所以事前必须有设计，而后进行时能够有条不紊。事后必须有考

---

① 秦孝仪主编《革命文献》第 80 辑，第 59 页。
② 薛月顺编《事略稿本》第 44 册，台北，"国史馆"，2010，第 651—656 页。

核，而后各级机关更能够勤奋从事，限期成功。也因为要求确实，所以设计、执行、考核三部分必须密切相连，设计的计划必须使执行方面行得通，行得实在，同时执行的结果，经过考核以后，把得失利害长短发现了出来，又可以作为下届设计的张本。所以行政三联制的作用，完全是积极的，而不是消极的。行政三联制的精神，在一个'联'字。设计、执行、考核三部分，不是三个分立的部门，而是整个过程中的三个阶段，也是行政体制中的三个方面。"①

根据蒋介石为实行行政三联制的规划，首先是强调设计的重要性，并将设计与预算密切结合，以预算经费控制各部门的工作。为此成立中央设计局，专事各项设计工作。在执行环节，党政军现有各机关都是执行机构，但蒋介石强调分级负责，各负其责，并以幕僚长制度，为领导首长分担工作职责，避免领导首长管事太多，且事无巨细，无所不管，有碍工作效率。在根据设计而完成各项工作之后，再由专门机关进行考核，确定某部门和某领导的实际政绩。为此成立党政工作考核委员会，负责各项考核工作。"这三方面虽然分开，但在意义上是有其相互关系的，尤其是三者联系上整个的作用极其重要。""这个联系的机关就是国防最高委员会。"②

行政三联制的设计环节，由中央设计局负责。根据其组织大纲，直属国防最高委员会，"主持国家建设之设计及审订各类计划与预算"；总裁由国防最高委员会委员长兼任，另设秘书长主持日常工作；下设审议会、政治计划委员会、经济计划委员会。③ 蒋介石特别强调："中国主管官不守常规不懂计划与预算联系的原理"，"缺乏全盘的考虑，即所谓整个计划无法制成"。所以，他要求凡事都得有计划，不仅是有经济计划、国防计划，行政也要有计划。④

行政三联制的考核环节，由党政工作考核委员会负责，亦直属国防最高委员会。根据其组织大纲，"考察核定设计方案之实施制度，并执行党政机关工作经费人事之考核"。考核工作分为年度政务考核及事务考核，

---

① 《总裁对行政三联制检讨会议之训示》（1943年5月6日），章伯锋、庄建平主编《抗日战争》第3卷（上），第471—472页。
② 陈之迈：《中国政府》第1册，第124页。
③ 《中华民国史档案资料汇编　第五辑第二编　政治》（1），第85—87页。
④ 陈之迈：《中国政府》第1册，第124—127页。

前者为"根据既定政策考核某种事业整个之成败",后者为对工作、经费和人事的具体考核;考核方法采分级考核制,着重上级机关对下级机关的考核,再由党政工作考核委员会总其成。委员会成员由国防最高委员会推定,包括国民政府五院院长,国民党中执会、中监会和国防最高委员会的秘书长。①

蒋介石认为:"我们党政工作之不能进步有两个最主要的原因":一是"由于过去我们每兴办一种事业,没有具体的计划";二是"过去我们对一切党务政治工作没有考核,或虽有考核亦是阳奉阴违,毫不实在"。所以,他对中央设计局和党政工作考核委员会的成立寄予厚望,认为"这两个机关成立以后,对于今后党务与政治,实负有起死回生的责任,而今后党国之安危与革命之成败,亦全系于这两个机关之能否发挥功效与尽其职责以为断"。② 也有人认为,中央设计局是"介于党政之间"的"政治建设的参谋部"。③

不过,行政三联制的实行,其成效实在是有限。1942年11月,国民党五届十中全会就行政三联制的实施通过决议,认为三联制之"联"字"未能完全确实办到",行政计划"未能如限编送","行政下级机关对上级之命令未能切实遵行",总之,"于行政效率未见显著进步"。而改进之方法,无非"一面如何宣扬此种制度之作用与精神,使咸能发生奉行之信心;一面克服困难,切实推行"。④ 实际主持行政院工作的孔祥熙认为,行政三联制的毛病在于,"一是多犯敷衍门面的毛病","二是多犯不相联系的毛病","三是多犯铺张夸大的毛病",结果,"字面所写的多与实际不符,或者连十分之二三都做不到"。⑤ 孔祥熙所言当为实情,不过,这也不是行政三联制一家之弊,国民党当政时期的行政管理及其体制之弊,积重难返,大体亦可作如是观。据国民党党内人士的观察,"行政三联制系总裁所坚决主张,因之设立设计局及党政考核委员会,以严密设计及考核,

---

① 陈之迈:《中国政府》第1册,第127—128页。
② 陈之迈:《中国政府》第1册,第129页。
③ 张希哲:《记抗战时期中央设计局的人与事》,章伯锋、庄建平主编《抗日战争》第3卷(上),第463页。
④ 《对于行政三联制实施成绩之总检讨及党政工作考察报告之决议案》,荣孟源主编《中国国民党历次代表大会及中央全会资料》下册,第799—800页。
⑤ 徐矛:《中华民国政治制度史》,上海人民出版社,1992,第328页。

并订立赏罚标准。成立四年,非不工作,而考核结果从未予以奖惩,于是对此考核渐趋漠视矣。现在一切制度,大体均如是也"。蒋介石后来也发牢骚说:"外人发明东西立刻见效,余发明行政三联制已有四年,迄未收效,不能不责吾人工作之迟钝。以如此态度,如何能以使外人看得起。"①

再以蒋介石寄予厚望的两个机构而言,中央设计局在1940年冬成立,其主要工作主要是依据蒋介石的指示,拟订各种重要计划方案,如战时三年建设计划、西北十年建设计划、十年国防计划、战后五年国防及经济建设计划等,以及每年的年度计划和预算,并设立东北和台湾委员会,研究战后接收东北和台湾的规划方案。但是,设计局机构设置的核心——审议会和预算委员会迟迟未能成立。"现在该局所负的是一种特殊的任务,就是编拟几种大的计划。"② 结果,"设计局除了经常性的工作及蒋委员长手令指示办理的工作之外,便较少主动规划的设计工作"。③ 再就考核而言,党政工作考核委员会"最大的部分是根据中央及各省市党政机关每年的工作报告来加以考核"。④ 如果结合孔祥熙所言之"敷衍门面""不相联系""铺张夸大"的毛病,依据各部门的工作报告考核,所得的结果完全可想而知。所以,所谓行政三联制,"设计"是空洞无物的设计,"执行"仍然重复过去的老套,"考核"成了徒有其表的虚应故事,行政三联制也就以轰轰烈烈起始,而以无声无息告终。蒋介石承认:行政三联制"推行的成效,没有能达到预期,主要的原因还在于我们分工合作的精神没有发挥,相互间的联系也不够密切。"⑤ "新县制、三联制皆未著成效,然进行与督促未懈,如何使之具体化,而不致有名无实,此应特加注重也,人事制度与会计制度,亦开始实施,但未见成效。"⑥

其实,行政三联制推行的成效不彰,不过反映出国民党施政的一些固

---

① 《王子壮日记》第9册,1944年10月31日,第436页;第10册,1945年3月14日,第99页。
② 陈之迈:《中国政府》第1册,第124—125页。
③ 张希哲:《记抗战时期中央设计局的人与事》,章伯锋、庄建平主编《抗日战争》第3卷(上),第466—471页。
④ 陈之迈:《中国政府》第1册,第128页。
⑤ 《在行政三联制检讨会上的讲话》(1943年5月26日),章伯锋、庄建平主编《抗日战争》第3卷(上),第471—472页。
⑥ 《蒋介石日记》,1943年12月31日。

有弊端。在抗战的大背景之下，军事第一，行政改革只能理解为战局相对缓和状态下的"建国"之举，本就并非十分急迫的任务，未必得到各级官员的高度认同，而"三联制"这样文乎乎的说法，其内涵究如何，大概也很难通过国民党高官那些文绉绉的书面语体表达而得到广大下层官员的真心理解和民众的内心呼应。再加蒋介石个人独裁、大权独揽的处事方式，更无法使行政三联制落到实处，蒋介石其实应该对此负很大的责任。

蒋介石在论述行政三联制时说，行政工作应该实行幕僚长制，分层负责，责任专一，功过分明，"事务的处理，不必通通由长官一人来决定"，"不特可以避免推诿卸责之弊，而对于事务的处理，不必再重重叠叠去批核"。他还批评行政官员一种是什么事都不理，一种是什么事都理，而这样"就会使到自己的精神完全消耗在琐屑事务上，而不知道其本机关所应注重推行的中心工作，并且使其部下无责任可负，而不能发展其才干"。①但是，说归说，做归做，蒋介石自己就是"什么事都理"的代表，本应就是他自己最大的批评对象。曾经在蒋介石侍从室工作的张治中回忆道：

> 蒋对军队的统率，向来采集权于一身的办法，养成习惯已久，所以部队将领就有一种反映：部队接到蒋委员长电报，先看电尾是哪一个机关主办的，如"中正手启"是要特别注意的，如是"中正侍参"（即侍从室主办的）也还重视，但如是其他部门主办的电报，就要看情形来决定遵行的程度了。所以军令部、军政部甚至后方勤务部，有时为求命令有效，也要用"中正手启"名义发电。这种个人集权、机构无权的特殊现象，坏处甚多，决难持久，我曾想尽力加以纠正，并曾建议撤销侍从室。无如积重难返，迄未做到，我认为这是以后军事失败种种原因之一。②

蒋介石为什么不愿放权？撇开其他因素不论，重要的是他基本不相信

---

① 陈之迈：《中国政府》第2册，第92、94页。
② 《张治中回忆录》，第299—300页。不过，蒋介石并不认为他个人集权，他在1942年11月召开的国民党五届十中全会上特意说："手令并未过多，往往言意见，提交注意，且加'如何'二字。"见李学通、刘萍、翁心钧整理《翁文灏日记》，1942年11月25日，第834页。

别人和下属能做事，因此，事无巨细，大包大揽。在蒋介石日记中，充斥着对他人不信任的记载，充斥着无人可用的抱怨，充斥着对自己事事都管的自负，似乎国事政事，离了他就无法运转，而其他人则都是庸碌无能之辈。① 这也是独裁者的典型心态。一些曾在蒋介石身边任职的国民党高官对此也都啧有烦言。陈果夫认为："集权而不能用人，集事而不能信人者，个人苦，组织坏。"② 张嘉璈认为，蒋介石"管事太多，不择巨细，因此忙，忙则急，急则谩骂，用人不重职责，用机关不重制度，故无组织效力耳。"长期在蒋身边工作的陈布雷认为，国民党干部对蒋"不敢直陈"，蒋"对干部接见机会太少，接见外宾较勤（不注意干部，又责备太甚，人当然不知所从，彷徨无所依归）"。③ 陈布雷还曾对人发牢骚说："委座处理政治，如同处理家事，事事要亲自处理，个人辛苦固不辞，但国家大政，不与各主管官商定，恐将脱节。"④ 如果说上述言论还是私下耳语，蒋未必听得到，那么蒋介石颇为信任的干将陈诚则干脆致书于蒋，反映出他们的共同看法："然事事躬亲，操心过度，实损健康。伏恳总其大纲，其他分别任贤授权，以专责成。又近年来钧座常代人任过，虽为盛德，但偶一过

---

① 据蒋介石自记，抗战开始后，他曾在一日内"手拟令稿，处理大小事件约三千余言"。（《蒋介石日记》，1937年8月3日）在这样的心态下，蒋认为只有他自己能做事，而别人都做不好事，故兼职无数，从中央级的党政军各项最高职务如国民党总裁、三青团团长、国民政府主席、行政院院长、军事委员会委员长、国防最高委员会委员长，到省部级的事务性主管如党政工作考核委员会主任、中央设计局总裁、外交部部长（兼任）、四川省主席，再到礼仪性职务如国民参政会议长、各全国性协会理事长等，以及几乎所有中央级军校的校长，乃至需要高度专业技能且与蒋的日常工作素不搭界的金融主管如四联总处理事长、教育主管如中央大学校长等。可想而知，在如此众多的兼职状态下工作的蒋，究竟能有多少时间处理这些任职的具体事务，然其又不愿放手让别人去做这些事，结果只能是误事而已。何况，以如此状态任职，亦不合规矩和常理，以致出现在公务呈报程序上由中央大学校长蒋介石呈教育部部长陈立夫再呈行政院院长蒋介石再呈国民政府主席蒋介石的滑稽情景。但是，蒋介石自己并不以为然，相反总是抱怨别人不得力，不能做事，甚而说："大家都是这样，我有什么办法？我只有一个人决心累死算了！"见《张治中回忆录》，第385页。
② 《陈果夫日记》，1938年1月18日，《近代史资料》总131号，第175页。
③ 《熊式辉日记》，1943年4月27、28日。
④ 《唐纵日记》，1944年8月15日，第451页。在侍从室工作的唐纵还对国共两党的不同做法做了比较，认为："共产党的做法，每一首长最大任务为掌握干部、掌握政策，而不在于文牍事务之躬亲，一切为了干部，进而要求干部的一切。干部对于个人生活不必费力，一切生活由公家负担。此种办法，甚得要领。如果一个机关首长，不能掌握干部，不能掌握政策，虽劳无益。"见前书，1943年11月25日，第392页。

当,有时亦致因私误公,是非莫白,无以昭示大信于国民之前也。"① 不过,蒋介石虽偶也表示接受这样的意见,但实则发号施令依然如故。在蒋介石成为国民党说一不二的最高独裁者的体制框架之下,蒋的这般心态与作为,注定使其下属不能负责也不敢负责。② 战时国民党统治力的下降,体制性因素和蒋个人独裁的因素兼而有之,孰轻孰重,孰令致之,或需要更深入的研究。

二 总动员的实施

中日战争爆发之后,中国军队虽然进行了英勇的抵抗,但大片国土沦丧的事实,所反映出的中国军力国力之弱,日本军力国力之强,亦为国人所体认,由此生发出的看法亦不尽相同。有人认为:"中日战事自开始之时,即已非中日二国单纯之比力";"中国前途之悲观,若果有之,似在内而不在外。政治是否清明?人事(尤其在高位者)是否已适当?政治效率是否已提高?后方建设是否已竭尽能力与可能?战事幸而胜利,建国之基础仍未巩固,此忧国者之所日夜焦虑者也。"③ 这种看法有其出发点,也反映出一方面的事实。其实,作为执政的国民党提出的"抗战建国"论,既可理解为战争时期稳固其执政地位的需要,亦可理解为对社会普遍关切之回应。随着战事进入相持阶段,在中日双方军事战线相对稳定的情况下,国民党更多地开始关注与持久抗战相关的问题,总动员就是其中的重要方面。

总动员的概念含义甚广,在直接关系战争的人力物力动员之外,精神动员亦可谓其应有之义。战争爆发后,一方面是激于民族情感和义愤的全民抗战、拼死抵抗的高昂精神士气,一方面是战争不利时的精神颓唐、意

---

① 《陈诚呈蒋介石》(1944年7月20日),何智霖编《陈诚先生书信集——与蒋中正先生往来函电》下册,第461页。

② 越是亲近蒋介石的国民党高官,越是感觉与蒋相处之不易,并有"伴君如伴虎"之感。据王子壮的观察,"蒋先生之喜怒原无一定。如青年团代表大会时,曾演话剧清宫外史,蒋先生连观两晚,甚加赞美,且请演员吃饭,但事后则痛加责骂,为何演亡清史实,而不表演革命事迹,致张道藩身任宣传部长,而不能继续任事。道藩曾表示,愈与总裁接近,愈不好作事,相当疏远,乃能保持相当的客气。是言非虚,余亦有此项感觉"。见《王子壮日记》第8册,1943年11月12日,第440页。

③ 《张忠绂致胡适》(1938年8月24日),《胡适来往书信选》中册,第673页。

气消沉，乃至丧失民族气节。汪精卫叛逃事件的发生，当年那个"慷慨歌燕市，从容作楚囚，引刀成一快，不负少年头"的大义凛然的正面形象轰然倒塌，骤然转变为向入侵者低眉顺眼、献媚勾结、引狼入室的负面形象，固然原因可以有多种解释，但与其对战争前景的悲观估计而失去精神支撑也是有很大关联的。在汪精卫叛逃不久，蒋介石和国民党发动"国民精神总动员"运动，也就有了有的放矢的现实意义。

1939年3月12日，蒋介石发表《为实施国民精神总动员告全国同胞书》，认为"当前国运之危殆，强寇之猖狂，既由吾人以往精神行为之颓惰散漫，因而召此不良之结果"；要求国人"悲愧奋发，急起直追，共同努力于民族之固有道德，一致发挥总理之革命精神，集结于国家至上民族至上，军事第一胜利第一，意志集中力量集中三个共同目标之下，扫荡萎靡腐败之障碍，养成蓬勃奋发之朝气，各竭其能，各尽其职，以戮力奋斗于抗战建国之大业"。①

在蒋介石发表《告全国同胞书》的同一天，国民政府发布《国民精神总动员纲领及其实施办法》，谓："前期抗战，军事与精神并重；而第二期即后期之抗战，则精神尤重于军事。非提高吾全国国民坚强不屈之精神，不足以克服艰危而打破敌人精神致胜之毒计。"因为"现代战争为全民动员之战争，故不仅应动员国内一切之物质与人力，亦必动员全国国民之精神，而动员全国国民之精神以充实抗战之国力，不仅在于发动而尤贵于组织，必以有组织之精神，发挥有组织之人力，利用有组织之物质，方足以适应国家当前之需要"。因此，"国民精神总动员，则其涵义应为集结全国国民之精神于简单共同之目标，使全国国民对自身皆确立同一的救国道德，对国家皆坚定同一的建国信仰，而国民每一分子皆能根据同一的道德观念为同一的信仰而奋斗牺牲是也"。纲领确立的国民精神总动员目标为：国家至上民族至上，国家民族利益高于一切；军事第一胜利第一，"一切之思想行动，均应绝对受国家民族军事利益之支配"，"务须确立必胜之信念，达成最后胜利之目的"；意志集中力量集中，"除殚思竭力于如何巩护国家求取胜利以外，应无暇有其他思维，亦必不暇有其他

---

① 秦孝仪主编《中华民国重要史料初编——对日抗战时期　第四编　战时建设》(4)，第579页。

行动"。①

根据国民精神总动员实施办法,在中央层级设精神总动员会,由国防最高委员会委员长兼会长,各相关部会长官任会员,秘书长具体负责办理各项会务,审定工作计划,考核工作成效;地方层级在各省市县设动员委员会,作为国民精神总动员的执行机关,同时设精神总动员协会,作为民间组织,协助动员委员会工作;举行国民月会,宣读动员誓词,讲解国民公约。国民公约的内容为:不违背三民主义,不违背政府法令,不违背国家民族的利益,不做汉奸和敌国的顺民,不参加汉奸组织,不做敌军和汉奸的官兵,不替敌人和汉奸带路,不替敌人和汉奸探听消息,不替敌人和汉奸做工,不用敌人和汉奸银行的钞票,不买敌人的货物,不卖粮食和一切物品给敌人和汉奸。誓词内容为:"我们各本良心宣誓:遵守国民公约,绝对拥护国民政府,服从蒋委员长领导,尽心竭力,报效国家,倘有背誓行为,愿受政府的处分。谨誓。"②

在抗战的背景与环境中,国民精神总动员纲领提出的各项要求自然有其正当性与合理性的方面,然在抗战阵营实际存在不同党派并有不同政治主张的情况下,对这些要求又可以做不同的解读,被各方做不同的利用,从而引起政治的纷争。纲领提出"欲卫护国家之自由与独立,其先决条件,则为军令政令之绝对统一";进而要求"不违反国民革命最高原则之三民主义,不鼓吹超越民族之理想与损害国家绝对性之言论,不破坏军政军令及行政系统之统一,不利用抗战形势以达成国家民族利益以外之任何企图"。③ 其间虽未明言,然其针对中共、要求中共"绝对统一"于国民党的意图亦一望可知。蒋介石对此说得就更为直白。他说:"今天我们仍要运用这个规约,特别提倡同一理想与同一目标的重要,来造成全国一致的舆论和国民共同的心理,以促起共产党的觉悟,只要全国的舆论一致,国民的心理一致,则共党的野心就不难摧破,其阴谋就不难抑制。大家要知道,军事的力量无论怎样雄厚,不能消灭政治上和思想上的斗争,我们要

---

① 秦孝仪主编《中华民国重要史料初编——对日抗战时期 第四编 战时建设》(4),第583—590页。
② 秦孝仪主编《中华民国重要史料初编——对日抗战时期 第四编 战时建设》(4),第597—601页。
③ 秦孝仪主编《中华民国重要史料初编——对日抗战时期 第四编 战时建设》(4),第583—590页。

求得全国真正的统一，只有从全国舆论和国民心理上来努力，要使他们在理论上、思想上彻底觉悟，绝不违反国家民族的利益，而后一切荒谬的宣传与恶意的煽动都无所施其技。必须这样，才能达到目的。至于军事上的剿灭还是出于不得已的下策！尤其本党为执政的党，更要以此为唯一的方针，非到最后关头，决不轻用武力，而要用政治的办法，阐扬我们的主义，发挥我们的理论，用理论来领导全国同胞，来统一全国的意志。"①

正因为国民党对精神总动员解读的两面性，中共对此也采取了两面应对的方针。"在党内解释纲领的两面性，一方面为抗日的，这是基本的，另一方面是防共的"；"基本上拥护此纲领，运用与发挥其中一切积极的东西"；"一面反对防共分子的观点，一面反对反民族分子的观点"；"对纲领中某些两面性的条文与说明给以我们的明确解释，批评其中所包含的缺点，打击一切利用这些缺点进行防共和反八路军新四军反陕甘宁边区等活动的阴谋，指出这种阴谋是违反团结抗战国策违反纲领的基本精神的"。② 1939年5月1日，毛泽东在延安各界实行国民精神总动员大会上演讲，在代表中共拥护国民精神总动员的同时指出："在抗战中间，就是要纠正一切不利于抗战的错误思想。首先是汪派托派的汉奸思想，反国家反民族的思想，一定要纠正。其他一切不利于抗战的思想，也要纠正，例如有些人说，'马克思主义不是三民主义的好朋友。'这种话对不对呢？完全不对的。孙中山先生明明白白的指示过：'马克思主义是三民主义的好朋友。'现在这些人违背孙先生的指示，说两个主义不是好朋友，这是反对统一战线的思想。所有这些错误思想，统统要纠正，统统要取消，才能使我们有坚定正确的政治方向。"③ 显然，中共对国民精神总动员的解读，与国民党并不完全一致，一个被国共两党各自解释的纲领性文件，是然无法在战争中达致其最大限度效果的，不独抗战时期的国民精神总动员如是，其他一些牵涉党派政治分歧的纲领性文件亦如是，这是战时中国特定的政治环境所决定的。再加国民党固有的言论大于行动的行事方式，国民精神总动员

---

① 《党员对于国民精神总动员之责任》（1941年4月1日），秦孝仪主编《先总统蒋公思想言论总集》卷18，第106页。
② 《中央关于国民精神总动员的指示》（1939年4月5日），《中共中央文件选集》第12册，第45—46页。
③ 毛泽东：《国民精神总动员的政治方向》，章伯锋、庄建平主编《抗日战争》第3卷（上），第159页。

也就不脱以轰轰烈烈起始、以无声无息收场的虎头蛇尾式的运动模式。

1941年12月7日，日军袭击美国在夏威夷群岛的太平洋舰队司令部所在地珍珠港，① 太平洋战争爆发，美国参战，成为中国的盟国，中国从此摆脱长达四年有余的独立抗日局面，成为国际反法西斯同盟国阵营的重要成员。随后，中国对日正式宣战，国民党和蒋介石并决策实施"国家总动员"。

1941年12月15日，在太平洋战争爆发后的第一时间，国民党在重庆召开五届九中全会，蒋介石在开幕致辞中说："我中国抗战与世界反侵略战争业已联成一片，此诚我中国转危为安、转败为胜重要之时机。"而"吾人欲增强战斗力量，克尽我在世界战争中之责任，必须举国家之全力而充分发挥之。所谓国家之全力，不外表现于军事、政治、经济与社会各方面。然此四年半以来，我国之政治、经济与社会，皆未能达到战时理想之要求……我国家精神物质上所有之力量至少有一半以上、或十分之八九尚未能充分发挥"；"自全面抗战发动以来，中央即提倡全国总动员，然过去四年工作之成效，迄未达到吾人之理想"。为此，蒋介石提出"进一步实行全民动员"，称"今后如何动员全国所有之人力、物力与地力，使其效果得以充分发挥，如何推动我社会、政治、经济，使其完成现代化之标准，实为本届全会最大之任务"。全会对于蒋的"训示""一致接受，确认此为当前最重要之根本政策"，并在全会宣言中宣示："自今伊始，必当加强全国总动员，使每一个国民皆克尽其对于战斗之任务，每一物资皆能增其对战斗之效用。"②

12月23日，国民党五届九中全会通过《加强国家总动员实施纲领案》，提出："现代战争，乃国家总力之决斗，必须集结全国任何一人一物，悉加以严密组织与合理运用，使成为一坚强之战斗体系，以保持战力之雄厚，贯彻战争之胜利。"因此，"自应把握时机，彻底加强全国总动员工作"。纲领提出10项举措：（1）总动员要达成的目标是：全国人民力量

---

① 日军袭击珍珠港为当地时间1941年12月7日，中国时间为12月8日，故对此时间的表述，历史资料中根据不同的语境有7日和8日两种说法，本卷兼用两种说法，请读者自鉴。

② 荣孟源主编《中国国民党历次代表大会及中央全会资料》下册，第727—730、737、734页。

充分发挥，合理使用；士兵之粮秣、械弹供应无缺；土地之使用竭尽其利；一切物力之补充，继续不匮；全国人民之生活能维持健康之水准。（2）各公私机关团体及所有国民，直接间接皆有其本位之战斗任务，不得稍有规避，并应铲除一切自私自利与苟且偷安之行为。（3）公私从业人员及技术人员，皆应对其业务锐意振作，提高工作效率，增进物质生产。（4）无论何人，其劳力之所获或其所有之物资，除供给其本人及其他节约合理之需要外，应悉为国家战斗之用，并应尽量提供政府征购或借用，不得私做无益消耗或囤积隐藏之行为。（5）全国土地应受国家之统制，由政府调整其分配，支配其使用。（6）生活必需品之物价，以能适合国民经济与维持健康水准为原则，应由政府负责管制，绝对不许有违法抬价之行为，无论何人均有严切奉行并检举违法之义务。（7）运用金融之权力完全属于国家，人人有遵行政府金融政策、巩固法币信用之义务，并不得对金融做无助于战斗事业之运用。（8）全国人民应切实服从军令政令，并依法令规定有使用其体力、物力、财力于前方后方一切有关战斗活动之义务。（9）海外侨胞应一律遵从政府指示，各在当地贡献人力物力，负担应尽责任，协助友邦，共同打击敌人。（10）中央应设置全国总动员机构，综理推动各项动员业务。①

根据国民党五届九中全会的决议，1942年3月29日，国民政府公布《国家总动员法》，以达"战时为集中运用全国之人力物力，加强国防力量，贯彻抗战目的"。《总动员法》将军用器材、粮食被服、卫生器材、运输器材、建筑器材、电力燃料、通信器材等列入总动员物资，将有关总动员物资的生产、修理、支配、供给、输出、输入、保管以及民生用品专卖、金融通信情报业务、伤兵难民救护救济、工事构筑、教育训练宣传、征购、防空等列为总动员业务，在该法实施后，于必要时，实行政府指导、管理、节制或禁止；人民和团体应协助总动员事项，限制调整就职退职受雇解雇及工资，禁止封锁工厂、罢工、怠工，厘定地主和佃农的关系；对货币流通与汇兑加以限制，管制银行、信托公司、保险公司等资金运用，限制进出口；限制报馆、通讯社、报纸、期刊，限制人民的言论、出版、著作、通讯、集会、结社权；并规定，凡征用改造人民土地及其建

---

① 荣孟源主编《中国国民党历次代表大会及中央全会资料》下册，第745—747页。

筑物，对于人民因国家总动员而受到的损失，予以救济和赔偿；对于违反或妨害国家总动员法令和业务者，得加以惩罚。① 蒋介石认为："全国总动员法已发布，此乃为抗战期中重要法令之一也。"②

以《总动员法》的各项规定，其核心在于因应战争状态的需要，实行政府对社会活动的全面统制。6月22日由国民政府公布的《国家总动员法实施纲要》规定："国家总动员法之使命，在于集中全国人力、物力，达成军事第一、胜利第一之目标，其方法为增加生产，限制消费，集中使用，因而管制物资之生产、分配、交易、储存乃至征购、征用，实属急要之图。"③ 而其施行范围则比较集中于经济领域，其他层面涉及的并不很多。实际上，以国民党当时的施政和社会治理水平，真要实行对社会各个层面的全面统制未必能够做到，而且在战争爆发之后，法理上没有实行总动员，并没有影响战争的进行，在战争初期的非常情况下尚且如此，而在战争进入相对缓和的状态下，与其说此时有实行总动员的必要性，不如说这是在中国加入同盟国阵营之后对继续坚持对日战争的对外宣示。

《总动员法》规定，"设置综理推动机关"负责总动员的执行，而具体业务"仍由各主管机关管理执行"。为此，4月20日，国防最高委员会第82次常务会议通过《国家总动员会议组织大纲》，决定在行政院设置国家总动员会议，作为总动员业务的最高领导机构，负责策划国家总动员有关人力、物力、财力之统制运用，并推动其业务；审查行政院所属各主管机关国家总动员有关之方案计划与法令；协调行政院所属各主管机关国家总动员工作之执行，并考核其成绩；联系非行政院所属各机关国家总动员有关之工作。5月1日，国家总动员会议正式成立，主席由行政院院长蒋介石兼任，委员分指派和聘任两种，其中指派委员包括行政院各部部长、行政院秘书长、行政院政务处处长、四联总处秘书长等，聘任委员包括中央党部秘书长、国防最高委员会秘书长、军事委员会参谋总长及副参谋总

---

① 《国民政府公报》渝字第452号，1942年3月29日。据6月29日公布的《妨害国家总动员惩罚暂行条例》，规定违反《总动员法》的案件由军法机关审判，处罚程度自罚金、拘役、有期徒刑直至死刑。见《中华民国史档案资料汇编　第五辑第二编　政治》（1），第183—185页。
② 《蒋介石日记》，1942年4月4日。
③ 《国家总动员法实施纲要》（1942年6月22日），《中华民国史档案资料汇编　第五辑第二编　政治》（1），第175—182页。

长、军令部部长等。国家总动员会议设军事、人力、财力、物力、粮盐、运输、检查、文化组,分任各项研究审核及建议等工作。① 以总动员会议的设置及其使命和构成而言,显见其更像设计机构,而非国家总动员状态下的具有高度执行力的决策和执行机构。略而言之,国民政府在抗战时期实行的"总动员",实际并不具有其通常所应具有的那般意义,所以,反映在历史中的"总动员"便有些模糊,有些难以聚焦。

第三节 战时状态下的地方实力派②

一 欲迎还拒:四川与中央的矛盾关系

1927年国民党在南京登台执政,次年完成北伐,推倒北洋军阀控制的北京政府,实现了全国统一于国民政府治下的局面。然而这种统一多半只具有名义和对外的意义,国民政府中央对地方的控制力,在相当长的时间里实际非常有限,东北、西北、西南、华北各地,基本在地方实力派的手中,不在南京国民政府的有效控制之下,再加上国民党内复杂的派系斗争,即便是国民党赖以起家北伐的根据地——广东,都不听命于南京政府。蒋介石主导的南京国民政府,除了对外代表中国,具有外交谈判订约权之外,③ 在国内能够真正实际控制的地域,不过是长江下游和东南的数省而已,所以,才有国民党各派争夺实际控制权的所谓新军阀混战。1930年的中原大战之后,国民党内的派系军事争夺告一段落,南京政府的地方控制力有所增强,但随后日本入侵东北并向华北扩张,东北固然脱离了南京政府的管辖范围,华北也在日本的策动和压力下,有滑向"自治"的趋

---

① 《国家总动员会议组织大纲》(1942年4月25日),《中华民国史档案资料汇编 第五辑 第二编 政治》(1),第171—174页。各省市县设动员会议,在国家总动员会议和地方政府之下进行动员工作。
② 新疆在盛世才的统治下自成山头,与重庆国民政府和国民党中央的关系复杂微妙,亦为牵涉战时地方政治和大后方安定的重要影响因素之一,但新疆因其地理位置和历史背景,受苏联影响较大,与中苏外交关系有直接牵连,战时新疆问题由本书第5卷"战时外交"集中论述。
③ 即便是外交权,南京政府亦不能一统天下。"九一八"之前的东北,张学良在很大程度上可以决定对日、对苏的外交因应,而新疆的对苏外交,也不是南京政府可以说了算的,新疆地方当局有很大的自主权。当然,这种状态并非南京政府所乐见,而是南京政府力有不逮的结果。

势。另外，为了因应日本的入侵和扩张，南京国民政府开始筹谋备战，加强对地方的控制，国民党内的政治争斗在日渐严峻的日本威胁下也有收敛，全国抗战爆发前，南方长江流域及华南省份是南京政府能够较为稳固控制的地区，并且将势力伸入西南，控制了贵州，进入了四川。全国抗战爆发后，在一致抗日的大环境下，地方实力派都表示了对抗战的拥护，并从军事、政治等各方面积极支持抗战。但是，1938年武汉失守之后，战局趋于相对平缓，战事进入长期化、持久化状态，而国民政府迁都重庆，其原有统治空间大幅度压缩，对于资源等之需求却大幅度上升，原先处在半独立状态的西南西北各省，一方面是中央抗战的依靠，一方面又企图尽量维持自己的独立性，在全民抗战之初被高昂的抗战热情遮蔽的种种问题遂开始浮出水面，国民政府与地方实力派之间的矛盾张力，便在战争的背景下，进入颇为微妙的状态。① 虽然在蒋介石心目中，"有钱能使鬼推磨"，他在战前解决地方分立问题的不二法门往往是用钱收买，辅以军事压力，而在战争开始后，他在这方面的思维方式仍一以贯之，认为只有"不惜经费"，"军阀只要多给其权利，动之以正义则可矣"；"财政与军权在握，则对内不必顾虑"；"只要军队能掌握不动，则其他皆可权变"。② 这样的做法在一般情况下确也有其成效，但又不能解决所有问题，战时国民政府与地方实力派之间，便处在既大体同心抗战，又各有各的利益考量而不无矛盾的复杂关系之中。

四川是战时国民政府治下的大后方中心省份。由于四川的地域关系，在1937年全国抗战开始之后，从未受到日军的地面进攻侵凌，而无论是就地域面积、人口数量，抑或经济社会发展水准，四川在战时对于国民政府的重要性都一时无两，是长期抗战赖以坚持的主要基地。1937年12月，国都南京沦陷之后，国民政府迁都重庆，并于1939年5月将重庆划为行政院院辖市，1940年9月明令定为陪都，脱离了四川省的管辖，但即便如此，四川作为大后方最重要的中心省份仍当之无愧。所以，蒋介石对四川极为看重，在准备迁都重庆时曾有言："以四川为基础，可再抵抗三年，

---

① 如果按美国学者易劳逸的看法，"1938年底，蒋介石及其政府就不得不退入国民党统治最薄弱的大西南。在那儿，封疆大吏们对中央政府充满着猜疑、敌视和戒备之心"。见〔美〕易劳逸《蒋介石与蒋经国》，王建朗、王贤知译，中国青年出版社，1989，第12页。
② 《蒋介石日记》，1937年10月25日、11月4日，1938年2月5日。

必得胜利。"① 稳固地控制四川,成为国民政府战时内政措置的重要方面。

问题在于,四川地处西南,长期处在地方军阀的控制之下,国民党和国民政府对川政可谓鞭长莫及,而且四川的军阀派系颇为复杂,虽内斗不断,而大体能一致对外,中央政府也不易通过扶植某个军阀力量的做法去控制川政。1935年以后,由于"追剿"长征北上红军的需要,中央军进入四川,国民党的力量也随之伸入四川,但离完全控制川政仍有相当之距离。全国抗战爆发后,四川地方实力派激于爱国义愤和民族情感,支持国民党和南京国民政府的抗战决策,毅然出兵参加抗战,四川民众积极踊跃支持抗战,川军将士和四川民众的牺牲奉献,为抗战胜利做出了不可磨灭的重要贡献。但是,这也并不意味着原先中央和地方关系中的矛盾纠葛就此消失无痕,相反,随着国民政府迁都重庆,中央与地方的关系由间接而直接,同时大量的党政军机关及其工作人员和战区难民涌入四川,四川地方承受着更大的经济社会压力,战事渐入持久阶段后,中央和地方关系中的矛盾也难免在酝酿发展,并不时表现得外在而激烈。

全国抗战开始之后,四川军人首领、省政府主席刘湘领兵出川参加抗战,并担任第七战区司令长官,不过,其表现不及李宗仁、白崇禧的桂系将领那般积极,显得有点前后瞻顾,并与山东的韩复榘等地方势力有所勾连,引起蒋介石的不快,在日记中居然以颇为直白的文词咒道:"川刘与共党及各反动派勾结,其人私心自用,最无智识,死期当不远矣。"② 刘湘对蒋介石以"中央"和"老大"自居而号令群雄亦有怨言,曾对人说:"蒋先生以若辈为小孩子,国家大计均置于其个人腹中,决不提出商讨,且不表示,但若辈自视则并非小孩,何以蒋先生如此对待?言下深致不满。"③ 双方关系在抗战的大背景下虽不至于公开破裂,但磨合也有些艰难。为此,蒋介石一直在考虑"对刘态度与行动"及"四川问题解决之时期"。当南京沦陷、国民政府迁都重庆已经成为事实之后,四川的重要性更为凸显,1938年1月,蒋介石不断在思考如何因应南京失守后的情势变化,认为应"集中兵力,改造川黔,奠定基础,重新革命";考虑"万一武汉失陷,退守川黔,则国内变化与倭寇压迫之推想";"此时应急筹进可

---

① 李学通、刘萍上、翁心钧整理《翁文灏日记》,1937年11月16日,第185页。
② 《蒋介石日记》,1937年10月14日。
③ 蔡德金编注《周佛海日记全编》上编,1937年11月17日,第94页。

以战、退可以守之道"。为此,需要考虑四川省政主持人的调整,当然最好是能够"和平处置"。①

正在蒋介石密集考虑调整四川省政之时,1938年1月20日,领兵出川参加抗战的四川省政府主席刘湘(兼第七战区司令长官、川康绥署主任)逝世。蒋介石当天得报后写道:"晚得刘湘病故之报,甚悲,但从此四川可以统一,抗战基础实矣,未始非国家之福。"② 其后,蒋又写道:"刘湘逝世,四川得以完全统一于中央,抗战基础大定,此皆足以慑服倭寇,转危为安之机也。"③ 于此可见,蒋之"甚悲"不无"作秀"的表示,而其强调"统一",视刘湘之死为"国家之福"毋宁是其真实的想法。④

---

① 《蒋介石日记》,1937年12月2日,1938年1月1、2、11日。
② 《蒋介石日记》,1938年1月20日。
③ 叶健青编《事略稿本》第41册,第80页。
④ 关于刘湘之死的原因,曾经有多种说法,如劳累疾病而死、被蒋介石派人毒死或被蒋处置韩复榘吓死等。刘湘患病住院早为外间所知,并非秘密。刘湘病逝的前一天,蒋介石"闻刘湘病重,甚念"。(《蒋介石日记》,1938年1月19日)刘湘病逝当天上午,蒋前往医院探望,当晚刘湘即逝,从而引来蒋介石"未始非国家之福"的感慨。刘湘与韩复榘等地方势力有所勾连也是事实,其实这也是各地方势力为了发展或自保的常见之举。然韩复榘不战而退之举触怒了蒋,下令扣押、审判并处决了韩,无论蒋的真意如何,在当时全民抗战的大背景下,此举也未引起太多的非议,想来对刘湘或亦有所触动。据康泽回忆,"蒋介石在开封把韩复榘扣留枪决后,即打电报到汉口,叫何应钦把这件事情告诉刘湘。何应钦在第二天上午到医院去看刘湘,把扣留并枪决韩复榘的原因和经过告诉他,谈了很多的话,何应钦离开医院以后,下午刘湘吐血大作,当晚就死了。"(潘嘉钊等编《康泽与蒋介石父子》,第81—82页。康泽的回忆时间有误,韩复榘是在1月11日在开封被扣押,随后押解至汉口,而他被审判处决,已经是在刘湘逝世之后的1月24日了,但康泽回忆的大体内容应为可信)因此,刘湘之死因,或有多种因素的作用,更可能的是在听闻韩复榘等事后,触动其内心隐秘,致病情加重而故,但"吓死"说可能有些夸张,"毒死"说迄无据可证。值得注意的是,刘湘之死在国民党高层引起的反应与蒋介石大体相同,多半是"窃喜"大于"明悲"。徐永昌认为,刘湘之死"昭示吾人者,国家似已渐有生机,天不拟亡中国,吾人奈何自亡之"。(《徐永昌日记》第4册,1938年1月26日,第221页)陈克文也写道:"四川军阀刘湘病死汉口万国医院。人人见面,都道是国家一件幸事,与山东军阀韩复榘最近之被扣留查办,一样的民心称快。刘湘病死偏在今年今日,在川兵参加作战之后,而又在军事政治重心之汉口,则亦可谓死得其时,死得其所矣。韩复榘视之当叹不如刘之有幸也。闻韩被扣留后,曾发觉有与刘勾结之事实。又刘病本已稍可,闻韩被扣而加重云云。得诸传闻,不知信否。鲁韩、川刘、湘何(何键),素以雄视一方,不听中央命令称。今刘死,韩拘,何亦已离湘,中央统一之势,当更为巩固,惜已恨其过晚。"(陈方正编辑、校订《陈克文日记》上册,1938年1月21日,第166页)如此共同之反应,亦可说明刘湘之死在国民党高层引来的外在之"悲"与内在之"幸"的反差,足见历史表象之下的复杂纠葛。

就在刘湘逝世的次日，蒋即"决定四川军政方针"，① 22日国民政府任命张群为四川省政府主席。

张群时任行政院副院长，富有从政资历，为人温和练达，与蒋介石的私人关系甚好，被认为是蒋身边的亲信谋臣之一。而且张群是四川人，蒋介石意图以此缓和川人可能的反对，因为他也明白四川军人不会轻易接受外人在四川当政，所以，他也注意到"四川统一后内部恐惧心应设法消弭"。② 但蒋此举"统一"四川省政的意图太过急迫显然，不能不引起四川地方势力的强烈反弹，③ 何况他们中的不少人（如王陵基、邓锡侯、潘文华等）也在力图接替刘湘去世留下的位置。22日当晚，刘湘的部属"以刘湘新故，中央即命张群主川，实属趁火打劫，意图宰割四川，即在成都全城张贴标语，组织游行示威，表示反对"。川军17位旅长过后又联名致电蒋介石，要求收回对张群的任命。④ 此时国民政府迁都重庆不过一月，前线战事紧张激烈，四川军人敢于公开抗命，也是看准了"正在全民抗战期间，蒋无力也不敢对四川用兵，只要我们一致反对，他就没有办法"。⑤ 果不其然，为了稳定后方，不使事态扩大，蒋介石在研究"四川反张风潮及其背景"之后，尤其是注意到"四川刘派与人民阵线联系，应慎防"，⑥ 决定做出必要的让步。1月28日国民政府通令在张群未到任前，由四川省政府秘书长邓汉祥代理省政府主席。⑦ 蒋并致电四川将领，表示"中央措置川事善后，自必一秉至公至正之方针，审酌国家与地方之需要，并顾兼筹，以期裨益抗战全局"。⑧

---

① 《蒋介石日记》，1938年1月21日。
② 《蒋介石日记》，1938年1月22日。
③ 过后蒋介石也曾反省，四川风潮"此乃心急之过，应戒之"。见《蒋介石日记》，1938年2月28日。
④ 韩信夫、姜克夫主编《中华民国大事记》第8卷，第5743页。
⑤ 刘文辉：《走到人民阵营的历史道路》，三联书店，1979，第14页。
⑥ 《蒋介石日记》，1938年1月25日、27日。
⑦ 王子壮认为："刘湘既没，中央即发表张群为省府主席，以其为川人也，而刘湘之部属则公然表示反对，以张为亲目派借口，封建势力之鸱张，致中央不得不屈予迁就，于是使顾祝同坐镇重庆，贺国光驰赴蓉城，以事疏通，此事犹未解决。但目前中央既不便撤销张群之命，以自损威信，尤不能听彼等将领之擅作主张，大势所趋，暂由现在之邓秘书长代行若干时，再图善后之策也。"见《王子壮日记》第4册，1938年2月5日，第397页。
⑧ 朱汇森主编《中华民国史事纪要（中华民国二十七年一至六月份）》，第139页。

此次风潮暂时平息后，蒋介石反省自己处置川事，"乃心急之过，应戒之"。为了进一步稳定川局，蒋决定"川情只有缓和处之"；"川局似以缓处为宜"；"对川事暂从放任，勿必急之"；"以消极处之"。① 3月2日，国民政府任命四川将领、重庆行营副主任兼第二十二集团军总司令邓锡侯为川康绥靖公署主任；4月27日，任命四川将领、第二十九集团军总司令王缵绪为四川省政府代主席（8月1日真除省政府主席），四川将领、第二十八集团军总司令潘文华为川康绥靖公署副主任，四川将领、第五军团军团长刘文辉兼重庆行营副主任，对四川地方实力派有所抚慰。但是，蒋之根本目的，仍在由中央完全掌控四川，"西南由自我主持，川事岳军"。② 因为在蒋的心目中，"若中央掌握四川，果能建设进步，则统一御侮更有把握矣"；故应"力求四川建设与安定，则根本巩固，无论对内对外，皆可独立无惧"；"积极整顿四川，统一西南，巩固后方，为今日惟一之要务"。③

接任川省主席的王缵绪，在四川军人中"本无力量"，只是因为"资望较高"，而被四川军人将领接受，而蒋介石之所以选择王缵绪，是因为王的政治立场在四川地方军人领袖中比较靠近国民党。王缵绪曾经公开表示："现在四川即是中央，今后中央叫我们做什么，我们就做什么。中国只有一个党，一个主义，我们除此之外，不知其他。我们只有一个领袖，即如本人亦只知服从蒋先生，国家前途，成败利钝，全由蒋先生做去。"④ 这样的表态自然为蒋介石所乐见。不过，王缵绪投靠蒋介石、排挤四川其他地方派系势力的所作所为，引起四川地方军人实力派的强烈不满。据同为四川将领出身、后任西康省政府主席的刘文辉回忆，"王缵绪平日之为人，利欲熏心，反复无常，怕他出卖地方倒向蒋那一边去，乃将省主席职位给他，使之安心跟着我们走。谁知此人本性难移，一经与蒋挂钩即被收买，把我们的反蒋内幕通通向蒋告密；任省主席后的所行所为，又复处处与我们对立，充当蒋介石在四川的代理人。我们当然不能容忍"。⑤ 加以四川地方和国民政府中央之间围绕各种具体问题一直存有矛盾，他们"埋怨

---

① 《蒋介石日记》，1938年1月31日，2月11、14、18、28日。
② 《蒋介石日记》，1938年7月29日。
③ 《蒋介石日记》，1939年3月4日，5月22、31日。
④ 周开庆：《民国川事纪要》第2册，台北，四川文献研究社，1972，第56页。
⑤ 刘文辉：《走到人民阵营的历史道路》，第15页。

中央对四川不公平：他们没有人在中央任职；中央对四川予取予求；四川在中央连发言权也没有；他们反对现主席王缵绪；中央说他们军人干政，不肯接纳他们意见。中央失了许多地，穷无所归，来到四川，为甚么不尊重四川的意见，四川人一朝气忿起来，出以激烈行动，则中央将到何处去"。① 为此，1939 年 8、9 月间，四川军人将领又以种种理由联合发起"驱王"运动。

"驱王"运动的发生，说明四川政局仍然不稳，存有隐忧，蒋介石为此烦闷不已，自记道："四川军阀又要争夺私利，目无中央，目无外患，痛愤无已。此为内乱内讧，虽为川事，实最严重。""外患至此，尚有军阀如此作恶，愚鲁无识之徒，不可以包容为也。"他一方面决定对"川将领应先晓以是非利害而以诚感之，对于王之是非优劣自当秉公查明，以明赏罚，并可诉之公论民情，决不能以少数军人之喜怒而即点涉大员，以坏纪纲"；另一方面干脆决定，四川省政不再假手他人，"川事决自兼代"，"以求不致溃决"，认为"川政非由我自兼决不能安定"。② 在蒋身边工作的唐纵认为，这是"杜后方军人觊觎政治之门。别是非，明曲直，无有出其右

---

① 陈方正编辑、校订《陈克文日记》上册，1939 年 9 月 18 日，第 456—457 页。因为战争的需要，四川确实在人力物力等各方面对持久抗战有巨大的支持和贡献，但也正因为此，四川各界承担着巨大的社会压力，并且因为国民党的治理能力不够，而使战争中的征兵征粮征税等一些方面的负面效应被不断放大，再传导到民间，使四川对国民党和蒋介石的抱怨之声四起。刘湘的外甥、川康绥署参谋处长周从化认为，"国家抗战致累及川省地方涂炭"。(《徐永昌日记》第 5 册，1940 年 7 月 25 日，第 374 页) 陈克文记载四川人对战争的反应："这战事打不下去了罢，前方无法抵御了，这个仗不能到四川来打的。四川的老百姓现在对委员长的观念坏透了。这样的情形，再不讲和，不止是牺牲了国家的命脉，也恐怕内部会有变乱的。"(陈方正编辑、校订《陈克文日记》上册，1940 年 9 月 5 日，第 618 页) 加以四川偏处西南，对外交通不便，地域环境较为封闭保守，战时在重庆生活的国民党高官多感到四川"地方彩色太重，犹三十年前之头脑"。(洪朝辉编校《海桑集——熊式辉回忆录》，第 223 页)"四川云南诸省，以与外界交通多隔绝，地方人之地方观念甚深。中央政府与各地机关西迁后，此种地方观念之继续存在，颇为一切设施之障碍。"(林美莉编辑校订《王世杰日记》上册，1938 年 8 月 14 日，第 134 页) 一些川人"地方之见极深"，"仅知有省不知有国"。(《徐永昌日记》第 5 册，1940 年 7 月 25 日，第 374 页) 在这种人文环境下，四川地方实力派利用川人对战时大量涌入的外来者（当时被称为"下江人"）的不满而向中央争权争利亦为其出于维护自身利益之所需。

② 《蒋介石日记》，1939 年 8 月 11、13、17、19 日，9 月 19 日。据刘文辉回忆，"一九三九年，蒋又旧事重提，要张群继王缵绪为四川省主席，我们再给顶回去，蒋无可奈何，只有亲自来兼领"。见刘文辉《走到人民阵营的历史道路》，第 14 页。

者。委座此种处置，诚令人赞佩无既也"。① 但是，更多的国民党高官对此其实不以为然，因为以蒋的国家领袖之尊，去屈就一个省主席，实在有点不成体统。在蒋介石决定改组四川省政府的当晚，行政院秘书长魏道明"很不以为然，跑去和院长（孔祥熙）谈了一回。回来依旧不能变更，命令到底发出去了"。② 徐永昌认为："川将领之无理驱王，置之不理者最善，以有功者代之亦可，而蒋先生自己决定兼代，乃策之最下者。"③ 张治中回忆说："当蒋要兼理四川省主席时，我们都不赞成。而蒋仍然兼了。我们都不了解：为什么蒋一定要自兼四川主席呢？做得好，是应该的；做得不好，损失威信。我曾经当面讲过，蒋的答复是：'因为没有人。'"④ "没有人"可做事，是蒋一贯的想法，因此也就只能自兼，但即便如此，蒋也知道"四川纠纷虽熄，然而其事未了也"；"川事复杂不定，殊为可虑，此乃为一切问题中之根本，故外交无论如何吃紧，仍以此为念也"。⑤

9月19日，国民政府下令由蒋介石兼理四川省政府主席，川事暂告平复。10月7日，蒋介石亲往成都，接任省主席职。当天他写道："兼理川政如期视事，此为基本安危之关键，从此抗战建国之基业，只要能勤慎努力则大定矣。"而在事实上，以蒋的任职之多，且有更重要的国家层级的职务，他不仅无法长期兼顾四川省务，即便是成都也不能久留（他在一年多的兼职时间中只到过成都两次），四川省务多半由省政府秘书长贺国光处理。其实，以四川的地方政治环境和国民党的地方治理能力，即便是蒋介石亲自处理四川省务，也未必能够事事如愿。对于蒋的兼任，四川地方军人将领在当时情况下虽不便公开"硬抗"，但"软磨"之举亦不为少，以至蒋在兼任四川省政府主席之后，曾多次抱怨说："川政几乎无法可施也，奈何。""四川习俗环境太劣，政治复杂，顾忌太多，如何使之改革上进，思之痛苦艰难，甚于抗战也。"因此，"宽严皆非，轻重两难，惟有置之缓图以观其后也"。⑥ 王

---

① 《唐纵日记》，1939年9月15日，第98页。
② 陈方正编辑、校订《陈克文日记》上册，1939年9月19日，第457页。
③ 《徐永昌日记》第5册，1939年10月17日，第189页。
④ 《张治中回忆录》，第301页。
⑤ 《蒋介石日记》，1939年8月26日、9月16日。
⑥ 《蒋介石日记》，1939年10月7日、1940年5月4日及5日、11月7日。徐永昌甚而有"向地方看，川魔不肃清，阎李不离晋桂，国家不会承平"的愤激之语。见《徐永昌日记》第5册，1940年4月12日，第308页。

世杰从旁之观察是:"四川省政府之风潮,近虽因蒋先生自兼省主席稍见缓和,然无知自私之四川旧军人仍图挣扎……似仍未能解决一切。"① 如就实际论,蒋介石恐怕也未必真心愿意在这个岗位上长待下去,只是一时不能摆平四川的地方势力,无法换人,所以也只能暂兼下去。

在蒋介石兼任四川省政府主席期间,他通过各种部署,加强中央对四川的控制,一直在为张群最终接任此职做工作。1940年5月,蒋再次到成都,召见四川军政长官训示,"首先评判各级负责人之心理,还是旧时(封建)心理,一切风俗习惯,毫无进步"。② 继之"对各厅长痛切训诫,此次到省所见所闻,无一事可比较满意者,川省恶习之深,思之痛心"。③ 而就在蒋到成都期间,据翁文灏记载,"闻邓(锡侯)、潘(文华)、刘(文辉)曾集议,不愿蒋兼川省主席而愿还政川人"。④ 而且,四川耆绅和参议员也在公开场合或要求蒋能多理川政或要求另选贤能接任川政。他们提出:"四川地大物博人众,百端待举,尤殷望蒋兼主席能分配公余时间,或一月一次,或二月一次,按期来蓉,主持川政,则四川前途之发展,当更无限!且亦合乎政治重于军事,后方重于前方之意。""委座兼理川政,川人极为感戴,但委座日理万机,过于劳苦,仍希望另选熟悉川情为川人所爱戴者,专任其职。"⑤ 在此情况下,蒋一方面感觉四川的省政调整大体到位,地方实力派不会再兴大的风浪;一方面也感到不能在这个岗位上长期兼任,搞得上下皆怨,从而在兼任省主席一年之后决定卸任,交由张群接任。

1940年11月15日,国民政府任命张群为四川省政府主席。这次调整,因为方方面面已经做了很多工作,四川地方实力派也没有再表示强硬的反对。蒋介石在事后写道:"川省主席问题顺利解决,此为三年来不了之大问题,能获得如此结果,实如释重负,故此为最乐之一事也。"⑥ "四川省主席问题悬而未定,故抗战基础尚未巩固,尤以川人好谣,时用忧

---

① 林美莉编辑校订《王世杰日记》上册,1939年10月18日,第169页。
② 《唐纵日记》,1940年5月8日,第129页。
③ 《蒋介石日记》,1940年5月9日。
④ 李学通、刘萍、翁心钧整理《翁文灏日记》,1940年5月7日,第458页。
⑤ 《各方建议》《四川省临时参议会第二次大会决议案录》,引自黄天华《川康实力派与抗战时期的中国政治》,中国社会科学院近代史研究所博士后研究报告,2013年。
⑥ 《蒋介石日记》,1940年11月30日。

虑。卒于十一月间岳军主川，得以顺利解决，此不仅四川局部之幸事，而实为抗战全局成败所系之关键也。"当然，他也明白："建设四川，统一西南，重整国军，皆未能实施，今务必于此三者特加注意焉。"① 所以，当蒋介石询熊式辉"对大局意见"时，熊认为"中国此后问题有二，一为共产党，二为四川政治。余对愚见，以为物腐虫生，只须中央最高政府健强，无懈可击，共党不足虑，四川政治亦易使上轨道也"。②

四川省政府换马之后，四川与中央的关系，明面上已然理顺，实际上却仍然是暗流涌动，地方势力始终对中央有所不服与不满。用蒋介石的话说是："中国真正统一了么？我们只要看一看实际政治状况，就可断定中国实际上还是没有统一……不仅对于地方的行动，中央不能干涉，甚至地方常以军事的实力威胁中央，以命令式的方法来要挟中央。""当今中国的病源就是地方割据，中央法令不行。"③ 以至到了1941年，蒋介石在重庆国民党中央党部的公开演讲中声色俱厉地表示："四川为中央之四川，非谁人之四川。满清三百年之天下，尚且可以推翻，尚有何可惧！"④ 1943年年中，陈克文还记载说："这半年来四川的残余军阀，仍不断的假借粮食和其他问题，鼓动反对中央的风潮，鄂西大捷以前形势尤为恶劣。""鄂西大捷之后风潮虽稍见和缓，反对粮食征实数额仍未稍戢。"⑤ 1944年，日军发动"一号作战"，是年年底一度攻至贵州独山，重庆震动。唐纵向蒋介石报告："川人怨怼，隐患堪虞"；向蒋建议"沟通中央地方关系"，"表示与四川共存亡之决心"。蒋表示："对调整地方人事，更换张主席事不赞成，意谓非张主席更不行"。⑥ 就是在这样的矛盾纠葛之中，四川与中央的关系，磕磕碰碰，一路走到了抗战胜利，但无论如何，四川地方尤其是四川民众对抗战胜利做出的巨大贡献，是当时人和后人都加以充分肯定的。

---

① 蔡盛琦编《事略稿本》第45册，台北，"国史馆"，2010，第282—284页。
② 《熊式辉日记》，1941年6月3日。
③ 转引自忻平《论新县制》，《抗日战争研究》1991年第2期。
④ 《唐纵日记》，1941年6月17日，第214页。
⑤ 陈方正编辑、校订《陈克文日记》下册，1943年6月13日，第725页。
⑥ 《在蒋介石身边八年》，1944年12月8日，第476页。

二 滇局演变：蒋介石强力解决龙云

地处中国西南边疆的云南，山高路远，民族混居，中央政府的控制力往往不及于此。民国新创，政治动荡，军事强人应时而起，唐继尧在北京政府治下的泰半时间里主宰着云南省政，可谓民国时期的第一代"云南王"。1927年春，出身彝家的龙云在"二六政变"后迅速崛起，成为云南的新主人，俨然成为第二代"云南王"，对南京中央政府处于半独立状态。

1937年7月全国抗战爆发后，随着战事的发展，中国军队在沿海步步失利，政治军事重心逐渐向西南转移，地处大后方的云南，地位日形重要，又是中国在战争初期的重要对外联络通道。龙云一方面下令滇军出滇，参加抗战，并在省内动员，支持抗战；另一方面，出自控制地方实权的本能和敏感，龙云"对中央军入滇借词推托延后"，[①] 不愿意让渡自己控制地方政治经济的实利。蒋介石则在国民政府退守四川并因此而得以基本控制了四川之际，力图进一步控制云南，奠定更稳固的后方统治基础。不过，云南较四川地处更为偏远，如果说四川还可以理解为中国的内地，那么云南确实已经是中国的边疆了，国民党的力量更为鞭长莫及。而且云南地方派系以龙云为领袖和中心，不似四川那般派系林立、四分五裂，省政一直牢固地控制在龙云之手，蒋介石很难插手，国民党中央政府与龙云的关系因此变得复杂而充满矛盾，一方面，双方似乎上下分际，彼此尊重，龙云还被任命为军事委员会委员长昆明行营主任，统辖云南军政大权；另一方面，双方实际上又互有戒心，各有想法，尤其是在处理有关云南实际利益的问题时更是如此。但是，蒋介石也无法像对四川那样，派自己人去云南任职，而只能以监视的态度，对待龙云在云南的所为，力求其不溢出一定的范围和底线。龙云则充分利用自己所处的特殊环境，与蒋介石抗衡，始终保持了云南的独立性，但他也具有现实性的品格，避免触及蒋介石的底线，并派兵出征，支持抗战。因此，蒋介石和龙云在抗战时期的关系，虽然内里有强烈的张力，积怨甚深，但外在维持着大体的平和，双方都能在民族大义、共同抗日的底线下，知晓进退的限度所在。为了稳定与龙云的关系，蒋介石还曾令何应钦转告龙云，在云南的中央部队，"无论

---

① 《蒋介石日记》，1941年8月4日。

驻在何地，皆由志舟主任全权指挥与负责部署，中央绝不干预……中央与云南无论公私早已相依为命，而况在此抗战生死关头，更无异辞"。①

但是，蒋介石和龙云之间毕竟利益不同，追求有别，蒋希望的是由中央政府统一云南，龙要的则是维持云南的半独立地位，而除了对云南省政的控制与反控制之争之外，导致蒋龙关系恶化的因素还有两个，一是龙云与汪精卫的关系，一是龙云与中共的关系。

1938年12月，汪精卫携部分国民党高官出走越南河内，他出走前的最后一站是昆明，龙云事先是否知道汪的行程并与汪有所讨论，道路纷传，引起了蒋介石的高度重视，因为云南处在四川之后方，又是当时中国国际交通命脉滇缅公路之所在，云南如果不稳，将直接影响四川和大后方的安危，从而不能不为蒋所关注。

还在汪精卫投敌前，蒋介石对龙云的态度就有不满，在日记中记载说："滇龙态度可怪"，"滇龙态度为抗战以来惟一不力而且妨碍也"。汪精卫出走前，龙云的态度已有传言，所以，蒋在日记中又记载须注意龙云对"汪之谣诼"的"态度与心理"。当汪精卫出走已成事实并发表"艳电"公开投敌后，蒋介石随即表示，云南动态"不可忽视"，有意"召龙来渝"，"设法改变"龙之心理。他认为："滇龙对汪态度不明，此事关系重大，成败存亡全系于云南，惟一之后方，不可不察也。"② 直到1939年4月13日，龙云主动致函蒋介石，明确表示："与汪氏素无往还，此次短期接触，已稔知其为人，既不磊落光明，又不忠厚安分，在其艳电发出后，职未加以攻击，犹本古人薄责于人之义，未肯论其短长，且各方正攻击汪氏，亦不必再下井投石，亦即遵钧座宽厚待人，不咎既往之旨，为留余地。"同时表白："滇省与我公同一命运，在此敌人力图分化，汪氏被敌利用之时，吾辈军人，不论何种职责，惟有立定脚跟，不为利害所动，恪遵既定国策。"③ 蒋才似乎松了一口气，认为"滇龙态度已表以对中央之忠诚"，"云南情形进步，此于内部局势之转机甚有关系也"。1942年5月，

---

① 吴伯卿、林养志编注《蒋委员长中正抗战方策手稿汇编》（2），台北，中国国民党党史会，1992，第198—199页。
② 《蒋介石日记》，1938年6月14、22及12月5、17日，1939年1月19日。
③ 秦孝仪主编《中华民国重要史料初编——对日抗战时期 第六编 傀儡组织》（3），第115—116页。

当云南局势因缅甸战事而处在紧张关头时，汪精卫离开南京赴伪满洲国"访问"，蒋介石认为，于此"可断龙与汪已无关系，否则在此云南急迫之时，如汪逆与龙有联络，则汪似无暇离宁，故以此一点对滇之内部无足顾虑，则不患敌犯滇也"。① 从此，蒋介石日记中不见对龙汪关系的记载，似乎已消除了对龙云联汪的担忧，而龙云虽与汪精卫有不错的关系，同情汪精卫的一些做法，是汪精卫出走前后极力拉拢的对象，但终能坚守抗战立场，没有倒向汪精卫，于抗战西南后方的安全稳定自有其功。

另外一件令蒋介石忧心不已的事，是龙云与中共的关系。全国抗战开始后，国共再度联手合作，但蒋介石对中共的发展于国民党统治可能形成的影响和冲击始终抱持高度的警惕，并对一切与中共有关的重要人与事亲自过问和处理。全国抗战爆发后，中共确实加强了对龙云的统战工作，在昆明派驻代表联络龙云；通过交换密码，沟通龙云与延安的电台联系；设立《新华日报》昆明营业处，组织学生运动；等等。② 所有这些活动，当然都得到龙云的首肯，想必也经由各种情报渠道为蒋所得知，因此，蒋在日记中记载，"对陕北中共与滇龙应加注意"；③ 惟因时机未至，其"对滇方针亦以忍垢含羞处之，以待其变化也"。④ 考虑到云南稳定的重要性，蒋还是克制了自己的冲动。

1941年太平洋战争爆发，随之中国军队出师援缅，日军进攻滇西，云南由抗战后方而成为前线，地位日形重要，国民党中央因此而加强了控制云南工作的力度，龙云亦无法再推拒中央军入滇。1941年，昆明防守司令部成立，中央军进驻昆明，蒋介石认为"五年来统一川康滇之计划到此方得实现"。1943年和1944年，中国远征军司令部和陆军总司令部相继在昆明成立，数十万精锐部队云集云南，在准备对日反攻作战的同时，也使蒋介石有了解决云南问题的底气，自认为"中央军队在滇已能镇压一切，彼狡猾之猡决不敢明白叛变"。⑤

自抗战中期开始，在蒋介石日记中，已经看不到蒋曾经有过的对龙云

---

① 《蒋介石日记》，1939年4月16、29日，1942年5月9日。
② 参阅龙云《抗战前后我的几点回忆》，《文史资料选辑》第17辑，中华书局，1961；赵振銮《龙云和蒋介石的合与分之我见》，《云南历史研究集刊》1983年第2期。
③ 《蒋介石日记》，1941年4月13日。
④ 《蒋介石日记》，1944年4月25日、1942年7月17日。
⑤ 《蒋介石日记》，1941年12月31日、1944年4月25日。

的关心和看重，而是充斥着对龙的不满和指斥，甚而是与蒋国家领袖身份未必相符的发泄。如指责龙"狡狭鄙陋，夜郎自大"；甚或径以轻蔑的口气称呼出身彝族的龙云为"猡"或"猡猡"，对其"不能不用威以制之，仅用德怀，则必不呈也"。① 与此相对应，蒋介石提出："注意统一川滇之时机与先后次序"；"非巩固川滇以后，不能言恢复东北与一切失地，此为抗战惟一之基本政策"。② 蒋介石解决云南问题的急迫心情表露无遗。

　　国民党中央及蒋介石的强势和压力，有些表现于外，有些蕴含于内，但无论外在与内里，久经政治风浪的龙云不会完全没有察觉。在全民抗战的大环境之下，龙云很难对国民党中央以"抗战"为辞而加强控制的举动示以明显的抗拒；但作为当政十余年、手握重兵的军事强人，他也不甘轻易就范。因此，他只能通过其他"政治正确"的方法增强自己的力量与名望，使蒋介石在处理云南问题时心有所忌，难以下手。从抗战中后期开始，当龙云感到自身统治地位受到威胁时，对于在昆明的西南联大学生和教工以及民主同盟等参与的民主运动即采取眼开眼闭的态度，以此引以为对国民党中央政府的抗衡力。龙云的有意放纵，使云南的民主运动一时风起云涌，并使昆明有了"民主堡垒"的声誉。③ 龙还加强了与中共和西南川康地方人士的联系，彼此声援。1944年底，龙云秘密加入民盟。④ 据罗隆基回忆，龙曾指定缪云台为代表，罗代表民盟，加上中共在昆明的地下负责人，组成秘密委员会，讨论团结西南几省实力派反蒋的问题。⑤ 中共还向龙云提出10条建议，重点在于与川康合作，与中共合作，与民主人士合作，互相支援，防范限制中央军，增强实力，独立自主。⑥

---

① 《蒋介石日记》，1940年8月31日、1942年3月4日、1943年2月21日。
② 《蒋介石日记》，1941年8月18、20日。
③ 有论者认为："熟知龙云的人谁也不会相信他的这种自由开放，除了逢场作戏，给自己捞取一个政治上主动有利的面具之外，还会有什么他念。"见〔美〕易劳逸《蒋介石与蒋经国》，第31页。
④ 龙云加入民盟时，在宣誓誓词后，将入盟书和誓词当众焚毁。他也不参加民盟的公开活动，不出席组织生活会议，但在经济上支持民盟，在人事安排上给予方便。见谢本书《龙云传》，四川民族出版社，1999，第209—210页。
⑤ 罗隆基：《从参加旧政协到参加南京和谈的一些回忆》，《文史资料选辑》第20辑，中华书局1961，第208页。
⑥ 南方局党史资料征集小组编《南方局党史资料·统一战线工作》，重庆出版社，1990，第358页。

龙云的这些举动，更引起蒋介石的忌恨。1943年9月，国民党召开五届十一中全会，蒋介石于会中邀集孔祥熙、戴季陶、何应钦、陈诚、白崇禧等商讨"本党对共态度之决议草案"，龙云亦被邀参加讨论。当蒋征询诸人意见时，戴季陶和王宠惠"均称甚美"，而"龙云似不甚赞同，但不作明白表示"。① 难怪蒋介石后来恨恨地说："最近证明，龙云与共匪已沆瀣一气，互相为图，该獠与中央难堪至今已极"；"云南龙云态度跋扈，殊堪深虑，当切实处理也"。蒋遂下决心以强力剥夺龙云在云南的当政地位。②

进入1945年，蒋介石对云南问题及龙云的态度已"忍无可忍"，从而加快其最终解决的运思和部署。3月4日，蒋介石在日记中详尽写下了对于解决云南问题步骤和方法的考虑：云南省政问题应设法解决，研究解决之道，甲、人选；乙、时机；丙、部署；丁、宣传；戊、心理与社会关系不能不密切注意。为此，蒋介石决定亲往昆明巡视，有所部署，而蒋在昆明期间，龙云的态度十分冷淡，在3月20日蒋到昆明时，龙居然称病而不出迎，使蒋"甚觉奇异"。龙云在与蒋会见时，非但不谦恭执礼，反而提出中央军撤出昆明和滇西问题，令蒋痛感"滇龙之轻侮冷酷，实为意料所不及"。蒋在结束此次巡视时写下感想称：

> 龙云之骄横不道，殊非想像所能及，狺狺之终为狺狺也，夜郎自大乃意中事，无足为奇。彼之行态实已自知其末日将至，横竖总为时代所淘汰，故毫不有所顾虑。据卢汉言，彼故作此态，时时予中央以难堪，无论整编军队或中央政策，彼必持反对，特使外国军官知中央不能统御也。地方以丧失国家威信为得计，盖彼于此时只要中央动摇，抗战失败，使内外交迫，无法维持革命政权时，彼乃可以自保也。

或许蒋介石此次巡视昆明，是希望就近观察龙云，这也是调整蒋龙关系的最后机会，而龙云的态度只能使蒋下定撤换他的决心。7月19日，蒋

---

① 林美莉编辑校订《王世杰日记》上册，1943年9月9日，第145—146页。
② 《蒋介石日记》，1942年6月30日。

介石决定:"滇龙之处置不可再缓,应速决定步骤。"21日又表示:"最近要务,第一为滇事之解决";"对滇龙之不法行动应彻底解决"。① 可以认为,蒋介石此时已经做出了解决龙云的最终决定。

同样是军事强人出身的蒋介石深知,让拥有军权的龙云主动下台困难重重,因此,对于解决云南问题,蒋介石自始即立足于武力。1945年7月,蒋介石召见昆明防守司令杜聿明,要他做好在云南进行军事解决的准备,并再三叮嘱杜"要守秘密,要慎重"。② 接着,蒋介石多次召见滇籍国民党中央执行委员李宗黄,明确告知:"志舟(龙云)行为特殊,连年阻挠抗战,我都念在他的前功,曲予优容。可是长此以往,对他过于纵容,恐怕他自己也很难善始善终。所以现在决定请伯英兄(李宗黄)回滇,接任他的云南省政府主席和省党部主任委员两职,假如志舟能够听命,那就调他到中央来另畀职位,否则就应该予他以相当的制裁。"蒋要求李"严守秘密,积极从事准备"。③ 蒋介石还对滇籍老资格政界人士、时任考试院副院长的周钟岳(惺庵)透露了他的决策,俾使其对龙云私下有所劝说:"滇省为国际交通要道,关系战事甚大,故设警备、防守等司令部,以资防护,而志舟力加反对。吾对志舟,关于地方情形,事事皆可体谅,至国家要政,必须执行,政府纪纲,必须维护,不能因志舟之不愿或反对,而遽予取消。"④

就在蒋介石秘密策划调整龙云职位、解决云南问题之际,日本宣布投降,随之而来的接收,为蒋解决云南问题创造了难得的契机。根据盟军最高统帅部的指令,越南北纬17度线以北地区由中国军队接收,蒋介石随即部署由云南将领、第一方面军司令卢汉率部赴越接收,从而也带走了龙云的基本部队。由于赴越接收是体现中国胜利的荣耀之举,龙云和滇军将士自然乐于从命,云南又毗邻越南,得地利之便,外界亦不会对派云南军队前往越南接收做过分解读,此举恰恰体现了蒋介石的用心所在,因为"这些军队开拔以后,龙云在实际上已被剥夺了兵权,仅有九千正规部队和各

---

① 《蒋介石日记》,1945年3月4、20、24、28、31日,7月19、21日。
② 杜聿明:《蒋介石解决龙云的经过》,《文史资料选辑》第5辑,第37页。
③ 《李宗黄回忆录》第4册,台北,中国地方自治学会,1972,第204—207页。
④ 周钟岳:《惺庵回忆录四编》,《云南文史资料选辑》第8辑,云南人民出版社,1965,第166页。

县的杂牌民兵，留下来供他调遣"。①

9月27日，蒋介石携宋美龄以"短期休养"名义出巡西昌，对外摆出一副优游姿态，实际却是"研究对滇龙处理之步骤"，"专心筹划滇事……指示准备处理要领，修正令稿与计划完毕"。②宋子文曾主张对滇事慎重考虑并缓行，蒋介石则云："决心已定，若不于此时撤龙，则今后共毛如回延叛乱，或东北问题不顺时，则更难撤换矣。要在乘此内政渐安时，先将西南基础奠定，而后建国平乱、对内对外皆有运用余地。"③

10月2日，空军副总司令王叔铭和李宗黄等飞抵昆明，会同杜聿明秘密部署一切。同日国民政府发布命令，免去龙云的云南省政府主席职，调任军事参议院院长，任命卢汉为云南省政府主席，未到职前由新任云南省政府委员兼民政厅厅长李宗黄代理；蒋介石同时下令撤销军事委员会委员长昆明行营、昆明警备司令部、昆明宪兵司令部，免去昆明行营主任兼陆军副总司令龙云职，其原属部队均归昆明防守司令部指挥。2日晚至3日晨，杜聿明按计划行动，将国民政府令送交龙云，同时出动军队，控制昆明各要地。因杜部事先早有计划和演练，且兵力与火力均占优势，龙部很快被制服，龙云则于事起后，从公馆仓促避入五华山省府，拒不接受解职令，杜聿明因为有蒋保证龙生命安全的指示，也不能放手进攻，双方形成僵持局面。

昆明事变的消息传到越南后，在滇军中引起相当的震惊、不满和激愤。"有的要求卢汉下令打回去，有的要求连名发电，强求蒋收回成命，还有的说应忍辱负重，以待时机。"④卢汉与龙云为表兄弟之亲，在云南军界长期共同打拼，共存共荣，关系非同一般。不过，"卢汉之于龙云，既不免'功高震主'；龙云之对卢汉，亦不免有戒心"。⑤"龙、卢谊属至亲，同乡同学，多年袍泽，风雨同舟，龙掌滇政，卢为功臣，利害相关，始终如一。"但卢对龙任用亲属不满，"暗中斗争，还是厉害的"。卢汉对滇局

---

① 朱汇森主编《中华民国史事纪要（中华民国三十四年十至十二月份）》，第32页。
② 《蒋介石日记》，1945年9月29、30日。
③ 《蒋介石日记》，1945年10月2日。
④ 张第东：《回忆六十军起义前后》，《抚顺文史资料选辑》第8辑，辽宁人民出版社，1986，第106页。
⑤ 范承枢：《卢汉任省主席的经过》，《文史资料选辑》第86辑，文史资料出版社，1983，第69页。

变化的反应,"环境困难,固属实际,但对龙有意见,也不为无因"。① 然而,卢汉即便考虑有所行动亦非易事。蒋介石安排卢汉率军赴越接收时,为了防止滇军异动,在滇军两个军(第六十军和第九十三军)而外,还摆了中央军两个军(第五十二军和第六十二军),且驻地与滇军互相牵制,滇军实际上难以自由行动;越南与云南的交通虽有铁路和公路,但公路路况一般,铁路为窄轨,运量有限,大军难以在短时间内迅速调动回滇;滇军装备与战斗力均不及中央军,事先又无准备,即便能够回滇,亦难轻言胜利;滇军正在越南接收,如骤然脱离接收地,势将影响接收进程及中国的国际形象;何况龙云的调令已发,对外公布,木已成舟。故卢汉权衡利弊,"力排众议,告诫部属,千万不可轻举妄动"。为了稳住卢汉,蒋介石亦有周密布置,除了任命卢为云南省政府主席,以安其心,并在10月3日派王叔铭到河内,带去给卢的亲笔函:

> 抗战胜利,国家急需统一军令政令。为加强中央,巩固地方,特任志舟为军事参议院院长,调中枢供职,以全志舟兄晚节。并委兄为云南省政府主席,委李宗黄为民政厅长,在兄未到任前,由李宗黄代理。盼晓谕所属,以安众心。并望在越受降事竣,来渝一叙。②

在蒋介石的软硬兼施之下,卢汉在越南按兵不动,龙云所期待的滇军回师未成事实。

龙云解职的消息虽然已经公布,但龙拒不受命,杜聿明力主强硬对龙,以逼其就范,而李宗黄担心事态扩大后难以收场,主张先与龙云相商。10月4日,李宗黄和云南省政府委员胡瑛同去五华山见龙说项。据李宗黄回忆,"龙云面色铁青,身穿便装,从内室步出相迎,仿佛是他受了莫大的委屈,愤懑之情,溢于言表"。李宗黄将蒋介石致龙云的亲笔函交龙,又替蒋解释说:"蒋主席这一次改组云南省政府,对你来说,纯粹是出于一片爱护成全的至意。蒋主席不愿你徒作一位地方领袖而已,他希望你能成为中枢的一员,参赞戎机,为建国工作多尽点力。"同时言及龙云

---

① 赵振銮:《龙云和蒋介石的合与分之我见》,《云南历史研究集刊》1983年第2期,第69—70页。

② 转引自谢本书《龙云传》,第226页。

关心的实事，称："你离开昆明以后，所有的一切公私事件，完全由我负责。说得更清楚一点，你的亲戚朋友和部属，就等于是我的亲戚朋友与部属，你的财产也如同我的财产一般，必定多方保全，决不使其稍有疏虞。"在解职不可避免的情况下，龙云随后说道："既然你肯作此保证，那么我就听从你二位的劝，服从中央命令"，表示三天后可以成行。①

昆明事态的进展，亦使蒋介石松了口气。他在4日记道："未得昆明确报，所属不知道通信之重要与时间之注意，因之消息迟滞，不胜沉闷。直至晡时，乃接昨夜所发各电，获悉大体平定，龙已遵命就范，但尚无如期来渝之表示也。"②然龙云一日不离昆，云南局势就一日不得平稳，故蒋介石最关心的是龙云何时离昆。5日，蒋电杜转龙："致兄手书谅达。请兄速遵中央明令，即将省政交李代主席，军事概交杜总司令接管，如期飞渝，宣誓就职，以正视听，万勿滞迟行期，致误前途。中为公为私，皆不能不负责成全，务希勿稍迟延，致失中央国人之望也。"③蒋介石对龙云步步紧逼，不敢大意，必欲其就范而后已，实际也反映了蒋此时的担忧和真实心态。

10月5日，行政院院长宋子文和陆军总司令何应钦衔蒋命飞到昆明劝驾，对外表示政军两方高层对龙云的尊崇，给足了龙云面子，在外无援兵、内有高压的情况下，大势已去的龙云最终表示遵命解职，前往重庆。6日，龙云由宋子文和何应钦陪同，离开昆明飞抵重庆。他在对外发表的公开谈话中对其几日来的作为解释道：

> 云自来认定国家必须统一，于主持滇政十余年中，始终拥护中央国策，服从领袖。在抗战期间，发动云南人力、物力贡献国家，以期早收抗战胜利之功。日本投降以后，整军建国工作尤为繁重，奉蒋主席令调，入长军事参议院，参赞戎机，而行营省府各机关亦奉令调整。云拟交代清楚即行来渝，适承宋院长、何总司令昨日飞昆邀约，故提前于今午飞渝，今后更当一本初衷，秉承中枢及元首之领导，努

---

① 《李宗黄回忆录》第4册，第210、215—216页。
② 《蒋介石日记》，1945年10月4日。
③ 《蒋介石致杜聿明电》（1945年10月4日）、《蒋介石致杜聿明转龙云电》（1945年10月5日），《筹笔》，藏台北"国史馆"，第15757、15758号。

力建国。①

当天昆明解除戒严,恢复正常秩序。次日,李宗黄以省府委员兼民政厅厅长接任省府代主席。

1945年10月15日,龙云在重庆宣誓就任军事参议院院长。作为国民政府主席的蒋介石,在监誓时特意对其表示推重,称:"龙院长在过去八年中,在云南维护后方重要基地,拥护抗战,拥护中央,煞费苦心,其功不可磨灭。今到中央就任军事参议院院长,责任更加重大,希望龙院长努力完成未来使命。"龙云也只能就势下台阶,在答词中称:"龙云向在地方担任工作,此次奉调军事参议院院长,始来中央。顷承主席及监督委员训示各点,自当敬谨接受,努力遵行。还望主席各位僚友,随时予以督促指导,以免陨越,是所至幸。"② 不过,这样虚情假意的官样文章并不能掩饰龙云在重庆落寞无奈的事实。龙云出任军事参议院院长,名义上位高权重,实则为无所事事的闲差,而且失去了云南的实职,他对此当然是怨恨在心。龙云曾对来看他的蒋介石说:"我在你的领导下服务很久了,自问对你、对国家、对地方都没有什么对不起的。改组一个地方政府,调换职务,这原是很普通的事情,但是不采用正常方式,而用这种非常手段,未免过分,这样做,恐对国人留下不良影响。"蒋对此只能虚应故事,称:"我的指示不是这样的,这是杜聿明搞错了,要处罚!"③

为了缓和龙的怨气,并对外有所交代,10月13日,蒋介石约杜聿明和关麟徵谈话,他对杜说:"你解决龙云对国家是立了功,可是得罪了龙云,你应该为国家背过。我表面上先公布将你撤职查办的命令,实际上是调升你到东北去当保安司令长官。"④ 16日,杜聿明以"对于昆明防守部队,管束不严,防务处理颇多失当"为由,被予以免职处分,⑤ 由关麟徵出任云南警备总司令。次日,杜聿明被任命为东北保安司令长官。由昆明事变而引起的波澜,至此暂告平息。

---

① 朱汇森主编《中华民国史事纪要(中华民国三十四年十至十二月份)》,第79页。
② 朱汇森主编《中华民国史事纪要(中华民国三十四年十至十二月份)》,第267页。
③ 龙云:《抗战前后我的几点回忆》,《文史资料选辑》第17辑,第64页。
④ 杜聿明:《蒋介石解决龙云的经过》,《文史资料选辑》第5辑,第51页。
⑤ 朱汇森主编《中华民国史事纪要(中华民国三十四年十至十二月份)》,第283页。

龙云去职，标志着国民党中央政府统一了云南省政，蒋介石对此颇为看重，认为"云南龙云问题已如期解决，此乃全国统一与西南国防及建设前途最重要之基本大事"。① 国民党高层也多认为此举"消灭西南割据危机"，"对于大局裨益匪浅"；"西南方面大致可无后顾之忧"；"此当为委座最近苦心策划之一件大事，其决然下此英断，全为国家之利益"。②

就中央与地方关系而言，云南本为国民党中央政府治下的一省，却长期保持着半独立状况。就事论事，此等状况非谓合理。故国民党中央政府调动龙云的职务，就其出发点而论并无不妥。但衡以民国时期不少军事强人割据地方的实情，国民党中央将龙云解职的得失所在又非如此简单。事实上，龙云离职后，蒋介石格于各方关系考量，仍不能不变更初衷，将原定李宗黄接任云南省政的方案改为由卢汉接任云南省政府主席，表示出向现实的妥协。卢汉主政之后，云南仍然在相当程度上独立于国民党中央政府，卢还与龙云保持着私下的接触与关系，而蒋介石被内战牵制，也无力对云南再施重压，其撤换龙云、统一云南的目的并未完全达到。更有甚者，蒋介石不惜以武力威胁撤换龙云之举，不仅使龙积怨在心，成为他此后与中共合作、坚定投身反蒋运动的缘由，而且亦警示卢汉是否面临同样的命运。昆明事变对其后云南政局的发展和主政者、当事者、亲历者的心态及其作为都有深远的影响，成为以后滇军一八四师潘朔端部 1946 年 5 月在东北海城、六十军曾泽生部 1948 年 10 月在东北长春、卢汉率部 1949 年 12 月在云南举事的远因。由此观之，蒋介石解决龙云之举，得失未可一概而论，何况一次本应为"正常"的调职行动，却因为种种原因几近演变为公开的武力"逼宫"，给国民党和蒋介石都带来了很大的负面影响。

---

① 《蒋介石日记》，1945 年 10 月 6 日。
② 《唐纵日记》，1945 年 10 月 13 日上星期反省录，第 547 页；《王子壮日记》第 10 册，1945 年 10 月 7 日，第 333 页；《陈布雷先生从政日记稿样》，1945 年 10 月 4 日，台北，东南印务社，无出版时间，第 802 页。

第四章
中共的抗战建政

中共在全国抗战时期经历了全面崛起的过程。中共为因应抗战需要而提出的抗战路线，着重在实行全面抗战，亦即在抗日的同时，通过建立根据地并充分发动群众，实行中共领导下的政治、经济、文化和社会等全方位的改革，为通过抗战实行全国建政打下坚实的基础。中共抗战路线的底定经历了一个过程，毛泽东在其中起到了突出的作用。毛泽东在全国抗战时期提出的新民主主义革命理论，适合中国国情，并通过实践的反复检验，发展为中共的新民主主义革命路线、方针、政策，指导中共革命走向成功之道，毛泽东亦经此成为中共党内公认的领袖。

第一节 中共抗战路线的提出及其底定

一 洛川会议与"抗日救国十大纲领"的提出

1937年7月7日卢沟桥事变爆发之后，由起初的貌似地方性事件，急速发展为全国性的战和抉择，并使当时中国的所有政治力量都面临着新形势下的政治决策及自身定位问题，中国国民党如此，中国共产党同样如此。如果说执政的中国国民党的首要选择是是否发动抗战，那么一直主张发动抗战的中国共产党的首要选择则是如何进行抗战。

卢沟桥事变发生之初，中国军队虽然开始调动北上，南京国民政府和蒋介石也表示了空前强硬的态度和主张，划出了中国立场的底线，但是中日双方仍在谈判交涉，国民党和国民政府内部还有意见分歧，形势走向尚不明朗，地处陕北一隅的中共，一方面是收集各种信息，研究局势发展，以确定合适的抗战路线方针政策；另一方面是推动国共合作的早日实现，尤其是党、军队和边区的合法化，希望以此为契机，走上政治前台，扩大自身影响，发挥更大作用。在蒋介石"庐山谈话"发表之后，中共中央书记处7月21日下发对党内的指示，认为"南京政府与蒋介石氏对于此次事变表示了前所未有的强硬态度"，"但是否已最后放弃暂时妥协的企图则尚属疑问"；中共的总任务是，争取积极抗战和全国抗战的实现，反对一切丧失领土主权的妥协。为此，中共在7月23日就卢沟桥事变发表第二次宣言，公开提出自己的主张和八项办法，要求对日实行武装抵抗、动员全国抗战、进行政治改革、实现国共合作，"要求南京中央政府采取一切具体办法来满足全国人民的希望与要求，来贯彻七月十七日蒋介石先生所宣布的抗日方针"。① 8月9日，中共中央领导人张闻天在延安主持召开中央各部门负责人会议，张闻天在报告中认为："目前形势的发展，将必然从现在局部的应战的形势转变为全国性的抗战"；同时提出抗战八条纲领以及处理同国民党关系的五条原则，重点在坚持同国民党合作，既"反对急躁病"，又"反对满足、迁就的投降倾向"。② 毛泽东则提出："抗战已经开始，准备抗战的阶段已经结束"；认为"国民党转变已大进一步，离彻底转变还远"；但是，"蒋介石的抗战决心是日本逼起来的，应战主义是危险的"。他提出："还要估计到特别的情形，防人之心不可无，应有戒心，保障红军之发展扩大！"强调"红军应当是独立自主的指挥与分散的游击战争"，反对"急躁病"和"适应国民党的适合主义"；"保持组织的独立性、批评的自由"。③ 当时在延安主持中共中央工作的主要是毛泽东和张闻天，他们的讲话，在对于抗战形势的观察基本一致的前提之下，张强调推动全民抗战的早日实现，毛则强调中共的独立自主，表明坚持推动全民抗战与独立自主发展将是贯穿全部抗战历史时期的中共总路线。

7月底，华北战事扩大并激烈化，北平、天津相继沦陷。其后上海局势紧张，南京政府召开国防会议决策发动抗战，中共领导人周恩来、朱德飞抵南京与国民党协商。8月13日，淞沪战事爆发，国民党决策抗战。就

---

① 《中央关于目前形势的指示》（1937年7月21日）、《中国共产党为日本帝国主义进攻华北第二次宣言》（1937年7月23日），《中共中央文件选集》第11册，第291—298页。
② 张培森主编《张闻天年谱》上卷，第482—483页。
③ 金冲及主编《毛泽东传（1893—1949）》下卷，人民出版社、中央文献出版社，1996，第461页。张闻天在这次会上提出的八条纲领的内容，大体同于7月23日中共就卢沟桥事变发表的第二次宣言中提出的八项办法，而毛泽东又将此扩大为十条纲领，从而奠定了此后中共提出的抗日救国十大纲领的基本内容。

在13日，中共中央政治局召开常委会，讨论最新的形势发展，张闻天认为："南京政府与资产阶级差不多全部转到抗战，现在已到了一个新的阶段的开始——抗战阶段"。① 形势的发展，使国共合作和全国抗战已成定局，中共面临着1927年国共破裂之后的最大转变，亟须决策并布局新形势下的工作。13日的会议决定由张闻天起草党的决议，以供下次中央会议讨论通过，作为新时期的工作指导。②

8月22—25日，中共中央在陕北洛川冯家村召开政治局扩大会议，这是全国抗战爆发之际，中共召开的决定全盘工作方针的最重要的一次决策会议。出席会议的有张闻天、毛泽东、周恩来、博古、张国焘、凯丰、彭德怀、朱德、任弼时、关向应、贺龙、刘伯承、张浩、林彪、聂荣臻、林伯渠、徐向前等中共党和军队的高级领导人，除了远在莫斯科的王明、康生、王稼祥，在新疆的陈云、邓发，在太原的刘少奇，在南方根据地的项英等因未在陕北而没有出席之外，这次会议是全国抗战爆发之初出席人数最为齐全的中共高层决策会议。③

洛川会议的议程为政治任务、军事、国共关系三大主题。张闻天做政治形势与方针的报告，认为以蒋介石为代表的国民党中派"是起决定作用的"，而他们"开始有了抗战的决心"，这是"最大的进步"，但"南京政府的抗战是被逼的"，所以就表现为"消极抵抗，政府包办，缺乏积极性，没有坚持动员的方针，一切显得很紊乱"。张闻天特别强调："要使大家了解抗战是一个持久的战争，中共应起决定的作用。只有中共在抗战中取得领导权时，抗战胜利才能得到保障，才能使抗战胜利后完成民主共和国的任务。"他还在发言中说："南京发动的抗战是全国性抗战的开始，是有历

---

① 张培森主编《张闻天年谱》上卷，第485页。
② 8月18日，张闻天和毛泽东联名致电正与国民党交涉的博古、林伯渠、周恩来、叶剑英及在前线的彭德怀和任弼时，告知有关红军改编及与国民党合作等问题须在中央会议讨论决定，通知在前线的红军高级将领参加会议。见《洛川会议将讨论重大军事问题》（1937年8月18日），《毛泽东军事文集》第2卷，第32页。
③ 当时的中共中央领导机构成员为：中央政治局常委周恩来、张国焘、张闻天、陈云、毛泽东、博古、王明，中央政治局委员（政治局常委之外）王稼祥、任弼时、康生、项英、彭德怀、张浩，中央政治局候补委员刘少奇、朱德、邓发、凯丰、关向应，中央书记处书记毛泽东、张闻天、博古、周恩来、张国焘、项英。见中共中央组织部、中共中央党史研究室、中央档案馆编《中国共产党组织史资料》第3卷（上），中共党史出版社，2000，第28—30页。

史意义的，应给以充分的估计"；"我们总的方针是使政府的抗战发展为全民族的抗战，动员一切力量争取抗战的胜利……那末如何使抗战取得胜利，现在这个问题大家都仰望着我们，这就要我们拿出办法来。我们与其他党派的论争以及争取群众的关键也均在于此。因此指出胜利道路的问题是争取领导权的基础，而新的抗日十大纲领，就是争取胜利的具体道路！"他提出"反对'左'的急躁病"及"防止右的尾巴主义、投降主义的倾向"，"在任何情况下都不要失掉自己的立场，不要轻易相信人家"；强调"要尽量扩大我们的力量，至少要保存我们的力量。在指挥问题上应是独立自主的原则……作战方面主要是游击战争，总的是：赚钱则来，不赚钱不干"。①

毛泽东做军事问题和国共关系问题报告，指出"我们的方针最基本的是持久战，不是速决战"；红军的基本任务是：创造根据地，钳制与消灭敌人，配合友军作战（战略支援任务），保存与扩大红军，争取民族国民战争领导权；战略方针是，"独立自主的山地游击战争（包括有利条件下消灭敌人兵团与在平原发展游击战争，但着重于山地）"；作战原则是，"分散以发动群众，集中以消灭敌人，打得赢就打，打不赢就走"。关于国共关系，毛泽东强调：我们是继续有原则地让步，保持党和红军的独立性，应吸取1927年大革命失败的教训，"独立性是组织的、政治的独立问题两方面"。②

周恩来在发言中介绍了与国民党交涉的情况，提出了对抗战的持久战估计，认为红军的作战方针"还是运动游击战好"，强调党的军事战略方针必须绝对遵守，使国民党的战略不至束缚我们的战略方针。③ 朱德在发言中提出：红军的使用"应是积极的，向前的，发展的"；"只有积极的活动，才能发展抗战"；"持久战，主要是发动广大群众，军事上是发动广大游击战争。"他还强调在统一战线中应该"争取独立性，我们是主导体"；"我们要谨防扒手！但过分防了也会限制自己。看清楚，我们自有办法"。④

---

① 《在洛川会议上的发言》（1937年8月22日）、《在洛川会议上的报告》（1937年8月24日），张闻天选集编辑组编《张闻天文集》第2卷，中共党史出版社，1993，第338—349页。
② 金冲及主编《毛泽东传（1893—1949）》下卷，第463—464页。
③ 《周恩来年谱（1898—1949）（修订本）》，第386页。
④ 金冲及主编《朱德传》，人民出版社、中央文献出版社，1993，第400—401页。

彭德怀"基本上同意毛泽东的报告",认为"游击战与运动战是密切不可分开的"。① 任弼时在发言中提出:"两党的合作是代表不同的阶级","且在斗争中",要争到"更彻底的合作",还要经过斗争;抗战"是长期的战争","红军要保持战争的领导,一方面要发挥我们特长,一方面要保持我们的力量","所以还是独立自主的山地运动游击战"。②

洛川会议的参加者,对于抗战的持久战特性,对于中共应在战争中发挥领导作用,坚持独立自主的发展等,有基本一致的看法,但对于中共领导的军队在抗战中的作战方针,显然有不同的意见,即是以山地游击战为中心,还是以运动游击战为中心,前者体现了在敌强我弱的情况下扬己之长避己之短、着重未来发展的思路,后者则以配合当时的正面战场作战、凸显中共军队的抗日勇气和精神、以打胜仗鼓舞军民士气为考量。③ 其实,当时红军尚未完成改编出动,④ 还未在战场上与日军交手,对于如何打这场战争有不同的思路和考量是完全正常的、可以理解的,所以虽然在会上对战争的打法有不同意见,但参会者也都没有特别坚持己见,对红军改编出动后的实际作战方针为前线指挥员保留了一定的灵活度。⑤ 及至八路军其后在平型关作战取胜,表明运动游击战的可行性,但同时八路军在此战中付出了较大的损失代价,也使多数将领认识到,毕竟八路军的实力有限,与日军硬碰硬的打法未必是持久作战的取胜之道。对于作战方针的不

---

① 王焰主编《彭德怀年谱》,人民出版社,1998,第179页。
② 《任弼时年谱》,第345—346页。
③ 总体而言,当时在前方的中共军队将领对作战都比较积极,"确有一些军事干部对洛川会议确定的'独立自主的山地游击战'的原则抱有不同的看法,渴望打大战,打硬仗,主张把运动战和游击战结合起来,配合国民党军队打几个胜仗,这样既可振奋我们的斗志,又可以扩大中国共产党在全国的影响"。见李志英《博古传》,当代中国出版社,1994,第286页。
④ 正是在洛川会议召开期间,8月22日国民政府公布红军改编命令,25日中共中央发表红军改编命令。
⑤ 据参加会议的聂荣臻回忆,"在这次会议上,讨论时间比较长、议论比较多的,是八路军出征以后的作战方针问题。在讨论这个问题时,曾经出现过不同意见"。"讨论来,讨论去,最后还是统一到毛泽东同志提出的作战方针上来了。不过,毛泽东同志也考虑到讨论中的不同意见,把关于作战方针的提法作了一些变更,使之更全面、更科学了。这就是:基本的是独立自主的山地游击战,但不放松有利条件下的运动战。当然只提山地游击战,似乎也窄了一点。所以,我们出师华北之后不久,又改成了:基本的是游击战,但不放松有利条件下的运动战。"见《聂荣臻回忆录》中册,解放军出版社,1984,第340、342页。

同意见逐渐在实践中趋于统一，敌后游击战方才成为中共军队在抗战时期的基本战略战术。①

洛川会议通过了《中央关于目前形势与党的任务的决定》，认为"南京政府在日寇进攻与人心愤激的压迫下，已经开始下定了抗战的决心。整个的国防部署与各地的实际抗战，也已开始。中日大战不可避免"；"中国的政治形势从此开始了一个新的阶段，这就是实行抗战的阶段"。决定指出："在这一新阶段内的最中心的任务，是动员一切力量争取抗战的最后胜利。"强调"今天争取抗战胜利的中心关键，是在使国民党发动的抗战发展为全面的全民族的抗战"。为此，要求全党"应该克服一切困难，为实现本党所提出的争取抗战胜利的十大纲领而坚决奋斗。坚决反对与此纲领相违背的一切错误方针，同时反对悲观失望的民族失败主义"；号召"共产党员及其所领导的民众与武装力量，应该最积极的站在斗争的最前线，应该把自己成为全国抗战的核心，应该用极大力量发展抗日的群众运动。不放松一刻工夫一个机会去宣传群众、组织群众、武装群众，只要真能组织千百万群众进入抗日民族统一战线，抗日战争的胜利

---

① 平型关战役前后，中共中央代表周恩来、八路军和中共华北军分会领导人朱德、彭德怀、任弼时、贺龙、关向应，中共北方局书记刘少奇等云集太原，他们互相没有隶属关系，对有些问题的看法也不尽一致。刘少奇认为，华北地区的正规战已经结束，要广泛地准备游击战争，扩大八路军，建立根据地；华北军分会领导人则认为，国民党增派部队入晋，阎锡山对山西抗战持积极态度，如果八路军积极影响和配合国民党军，以主力寻求运动战相机击敌，以少数兵力分散发动游击战争，这个地区可以作长期坚持华北抗战以及反攻日军的基地。双方认识有一定差异。为此，他们曾经发生争论。后来，任弼时在延安整风时承认，他们当时"对国民党进步估计过高"，对"自己力量估量过大"，本质是"轻敌"。毛泽东认为，主要是对洛川会议精神宣传不够。（金冲及主编《刘少奇传》上册，中央文献出版社，1998，第280页；章学新主编《任弼时传》，中央文献出版社、人民出版社，1994，第410页）1937年10月8日，华北军分会发出指示，认为"巩固山西，实现反击敌人，改变华北战局之可能是存在的。这种前途的争取，成为我们当前最中心的政治与战略任务"；提出"必须反对一切民族失败主义的情绪与认为华北局势无法挽救的宿命论"。（吴殿尧主编《朱德年谱（新编本）》中卷，中央文献出版社，2006，第689页）据杨尚昆回忆，"这是任弼时起草的，其中也就反映了太原时一部分党的领导同志与少奇同志对形势分析的不同意见。10月17日，毛泽东同张闻天致电前方：'军分会10月8日指示文件有原则错误，望停止传达。'当时给人的印象，是这个文件的大方针错了。后来，毛主席在1937年12月召开的政治局扩大会议上作了说明：'洛川会议战略方针是对的，与太原军分会（即华北军分会）精神不相冲突，但公开批评中央是失败主义是不对的，因怕中央不同意而不报告中央是不好的。'可见问题在于'民族失败主义'的提法和它是否针对中央这两点上"。见《杨尚昆回忆录》，第175—176页。

是无疑义的"①。

洛川会议的最重要意义在于提出"抗日救国十大纲领"：（1）打倒日本帝国主义（对日绝交、驱逐日本帝国主义出中国、反对任何动摇妥协）；（2）全国军事的总动员（实行全国抗战、采取独立自主的积极作战方针、发展抗日游击战争、实现抗战军队的平等待遇）；（3）全国人民的总动员（实现言论出版集会结社自由、废除束缚人民爱国运动的旧法令、释放爱国的革命的政治犯、开放党禁、动员人民武装人民）；（4）改革政治机构（召集人民代表的国民大会、通过民主宪法、选举国防政府、吸收各党派团体革命分子、实行地方自治）；（5）抗日的外交政策（与一切反对日本侵略的国家订立同盟及抗日军事互助协定、拥护和平阵线、反对德日意侵略阵线）；（6）战时的财政经济政策（有钱出钱、扩大国防生产、发展农村经济、提倡国货、禁绝日货、取缔奸商、反对投机）；（7）改良人民生活（改良工农职员教员军人的待遇、优待抗日军人家属、废除苛捐杂税、减租减息、调节粮食）；（8）抗日的教育政策（实行以抗日救国为目标的新课程、实施普及的义务的免费的教育方案、实行全国学生的武装训练）；（9）肃清汉奸卖国贼亲日派巩固后方；（10）抗日的民族团结。"在国共两党彻底合作的基础上，建立全国各党各派各界各军的抗日民族统一战线，领导抗日战争，精诚团结，共赴国难。"②

洛川会议决定根据形势的要求改组中共中央革命军事委员会（中央军委），新组建的中央军委成员为毛泽东、周恩来、朱德、彭德怀、任弼时、叶剑英、林彪、贺龙、张浩、刘伯承、徐向前，毛泽东任主席，朱德、周恩来任副主席。③ 中共中央军委的改组，其成员包括了当时中共部队的主要领导人，构成了抗战时期中共军事指挥的基本领导班底，而毛泽东在其中起着核心的作用。

---

① 《中央关于目前形势与党的任务的决定》（1937年8月25日），《中共中央文件选集》第11册，第324—326页。

② 《中国共产党抗日救国十大纲领》（1937年8月25日），《中共中央文件选集》第11册，第327—330页。与"抗日救国十大纲领"的提出相适应，中共在其后提出了一系列与之相关的政策措施。抗战中期，中共又提出抗日根据地的十大政策：对敌斗争；精兵简政；统一领导；拥政爱民；发展生产；整顿三风；审查干部；时事教育；"三三制"；减租减息。（《抗日根据地的十大政策》，1943年10月1日，《毛泽东文集》第3卷，人民出版社，1996，第66页）详见后述。

③ 《中国共产党组织史资料》第3卷（上），第65—66页。其后，王稼祥在1938年11月、刘少奇在1943年3月被增补为中央军委副主席。

面临全国抗战发动之后的新形势，在基本统一的思想认识指导下，洛川会议为中共确定了抗战时期的基本路线，其着重点除了实现总动员和全面抗战之外，尤其强调政治改革和民众参与，体现出中共作为当时的非执政党与执政党国民党的政治竞争性意识。抗战的发动在客观上为中共提供了政治活动的大舞台，即便是在国共合作、共同抗日的前提下，两党之间的政治竞争不仅不可能泯灭，而且反因合作所提供的共同平台而显得更为直观和直接，更需要两党领导团队的殚精竭虑及运筹帷幄。洛川会议恰恰体现出中共核心领导团队在经过十年战争的残酷考验之后，当面对突发事件引起的全盘形势变化之际，能够审时度势，衡情量己，高屋建瓴，以超前的眼光和政治意识，结合现地的情势演进，提出新形势下的新路线，既使己方立于爱国民族战争的新高度，又可能推动形势向未来于己有利的方向发展，以争取民心和民众拥戴为中心，将民族战争与革命建政建立起逻辑演进的紧密联系。虽然中共完整的新民主主义革命路线还待未来的发展，洛川会议通过的各项文件提出的政策方针的具体内容也有待未来的落实，但从中还是可以使人感受到中共对于这场战争的布局自始即有的长远考虑，尤其是对政治、经济、社会宏观面向的思考。比较之下，这恰是国民党领导团队所欠缺的方面，此时此刻，他们的思考包括蒋介石在内多还集中在如何因应与日军作战的具体战术问题，缺少对于政治大格局变化的新思考。直到隔年之后的国民党临时全国代表大会，才提出《抗战建国纲领》，提出抗战时期的政治总路线，而因其与中共早先提出的"抗日救国十大纲领"有相当的重合度，从而在体现国民党的领导力和争取民心方面让中共着了先鞭。

　　洛川会议之后，中共军队改编问题解决，八路军向华北出动，国共两党合作宣言发表，中共重新获得政治上的合法地位。全国抗战的爆发，为中共获得了在抵抗外敌入侵大环境之下前所未有的发展契机，在此情况下，中共全党和全军全力投入抗战，因为只有全力投入抗战，才能为自己赢得足够的发展环境和空间。洛川会议出现的对中共部队参战后的军事战略战术的不同意见，在其后八路军的参战实践中也得以逐渐解决。1937年10月，八路军一一五师副师长聂荣臻在师主力转移后，奉命率该师一部留在晋察冀边区，开展游击战争，创建敌后抗日根据地。[1] 八路军主力部队向敌后运动并创建

---

[1] 周均伦主编《聂荣臻年谱》上卷，人民出版社，1999，第205—206页。

敌后抗日根据地逐渐开始成为中共军事工作的中心内容。然而，由于全国抗战的发动，毕竟牵涉全盘形势的变化，其间之发展又很复杂，中共内部对于一些问题的看法，仍然需要调适，仍然未能完全一致，不仅是对军事战略战术的认识有差异，在洛川会议中并未有什么争论的政治路线尤其是国共关系和统一战线问题，也成为中共高层内部的争执所在，而这多半是因为王明自苏联返国后对于中共抗战路线提出的若干主张所引起的。

二 王明归国与十二月政治局会议的召开

1937年11月29日，中共驻共产国际代表王明、康生和中共驻新疆代表陈云自新疆乘飞机到达延安。王明是1931年初中共六届四中全会时进入中共领导层的，当年底即赴苏联，任中共驻共产国际代表团团长。王明的政治主张早先偏向于"左"，有许多脱离中国实际也不利于中共发展的高调式、冒险式的政治主张，他赴苏之后，继续通过共产国际等渠道遥控在国内的中共中央的工作。1935年以后，随着苏联对国际形势观察及其政策的变化，王明也开始随之提倡建立统一战线和国共合作。不过，无论王明的政治主张如何，因为他长期远离国内的政治现场，缺乏实际政治斗争历练，他的主张理论色彩远胜于实践效应，他在中共领导层的人脉关系和实际影响也有限。只是此次王明返国，有共产国际执行委员会委员、主席团委员、书记处候补书记的头衔，被理论上还是共产国际支部又渴望得到苏联支持，以实现自身大发展抱负的中共领导层所看重，① 而王明个人少年得志（这时不过33岁），未受过什么挫折，自负有共产国际派遣的"背书"，②

---

① 中共领袖毛泽东此时对于王明的返国也颇为看重，他在延安机场致欢迎词时，用诗意的语言，称王明是"从昆仑山上下来的'神仙'"，"我们敬爱的国际朋友"，"你们回到延安是一件大喜事，这就叫做'喜从天降'。"见郭德宏编《王明年谱》，社会科学文献出版社，2014，第348页。

② 1937年8月10日，共产国际总书记季米特洛夫（G. M. Dimitror）在书记处会议讲话时指出："此时需要在党的政策上，党的策略上，从这一发展方向作出一百八十度的转变。"为此，"需要有对国际形势很有研究的新人来帮助中共中央。中央本身也需要帮助"。"关于党中央，它的组成人员，它的机构以及它周围的人还能否进行工作的问题，这是一个十分严肃的问题。这里确实需要赶紧尽一切可能来加强党的领导"。（《季米特洛夫在共产国际执行委员会书记处会议上的讲话》，1937年8月10日，《共产国际、联共（布）与中国革命档案资料丛书》第18卷，中共中央党史研究室第一研究部译，中共党史出版社，2012，第2—3页）季米特洛夫的这番讲话，并未明言王明回国后的使命，但王明自己的领会，显然是负有"帮助"和"加强"中共领导的责任。

给人以"钦差大臣"的印象,更加重了他的个人身份地位筹码,一时间似乎成了中共领导层中众星捧月式的中心人物。

在洛川会议之后,王明返国到延之前,对于国共关系问题,中共领导层一方面是大力推动两党合作,争取中共更大的合法化发展;一方面是强调中共在两党合作中的独立自主,警示党内无原则合作的右倾危险。8月27日,中共中央政治局召开讨论统一战线问题的常委会,张闻天在发言中强调警惕"右倾投降"的危险,认为"目前投降主义的危险在增长。统一战线愈发展,右倾危险性愈要增长,这是因为统一战线本身就包含右倾危险"。① 9月1日,毛泽东在延安中央一级积极分子会议报告中提出是"资产阶级追随无产阶级,还是无产阶级追随资产阶级(国民党吸引共产党,还是共产党吸引国民党)"的问题,认为"右倾机会主义即投降主义——即将成为全党的主要危险"。② 25日,中共中央在下发的有关参加政府问题的指示中,提出"在原有红军中苏区中及一切游击区中,共产党绝对独立领导之保持,是完全必要的。共产党员不许可在这个问题上发生任何原则上的动摇"。③ 10月13日,张闻天和毛泽东又联名致电中共在国统区工作的领导人,认为"只知同国民党统一,处处迁就他的要求,而不知同他的错误政策做斗争"的倾向在增长,而"民族统一战线不但不取消对于国民党的错误政策进行批评与斗争,而且只有在这一基础上,才能使统一战

---

① 《右倾投降主义的危险在增长》(1937年8月27日),《张闻天文集》第2卷,第350页。
② 《中日战争爆发后的形势与任务》(1937年9月1日),《毛泽东文集》第2卷,第9—10页。
③ 《中央关于共产党参加政府问题的决定草案》(1937年9月25日),《中共中央文件选集》第11册,第345—347页。在红军改编为八路军的过程中,国民党力图插进一脚,提出派李中任政治部副主任,乔树人、萧御寰、李德、李克庭为驻八路军总部和三师联络参谋。对此,1937年9月1日,毛泽东、张闻天致电周恩来、朱德等,指示:"高级参谋前方实行挡驾,不许踏进营门一步。理由是南京应该信任红军,不应该破坏红军,外面传说高级参谋是康泽等派来破坏红军的,因此不敢欢迎。如改为联络参谋,并改派红军同意之人选,则不拒绝。"(张培森主编《张闻天年谱》上卷,第491—492页)9月2日,朱德在一二〇师誓师大会讲话时特别说:"现在国共合作了,我们工农红军改编成国民革命军第八路军。为了消除各阶层的疑虑,我们可以穿统一的服装,戴青天白日帽徽,同志们思想不通,甚至有的高级干部思想也不通,这个心情我们理解。毛主席说了,红军改编,统一番号,是可以的,但是有一条不能变,就是一定要在共产党的绝对领导之下。"见吴殿尧主编《朱德年谱(新编本)》中卷,第664页。

线充实巩固起来,使之继续前进"。① 11月12日,毛泽东在延安中国共产党活动分子会议上做报告,强调指出:"党内的主要危险倾向,已经不是'左'倾关门主义,而转变到右倾机会主义,即投降主义方面了";"必须尖锐地提出谁领导谁的问题,必须坚决地反对投降主义"。毛泽东还就统一战线问题提出了自己的看法:"在一切统一战线工作中必须密切地联系到独立自主的原则。我们和国民党及其他任何派别的统一战线,是在实行一定纲领这个基础上面的统一战线。离开了这个基础,就没有任何的统一战线,这样的合作就变成无原则的行动,就是投降主义的表现了"。② 此时在延安主持中共中央工作的毛泽东和张闻天,对这个问题的看法是一致的。③

王明到延安之后,情况发生了变化。12月9—14日,中共中央政治局在延安开会,参加会议的有政治局委员张闻天、毛泽东、王明、康生、陈云、周恩来、博古、彭德怀、项英、张国焘,政治局候补委员凯丰、刘少奇,这也是全国抗战爆发后,中共政治局委员出席人数最为齐全的一次会议。④ 会议日程为政治报告、组织问题、南方游击战争,讨论的中心是政治问题。

张闻天在会上做政治报告,指出:"中国的抗战还只是政府片面的抗

---

① 《关于克服对国民党的投降主义倾向的指示》(1937年10月13日),《中共中央文件选集》第11册,第365页。
② 《上海太原失陷以后抗日战争的形势和任务》(1937年11月12日),《毛泽东选集》第2卷,人民出版社,1991,第391—394页。
③ 当时在前方的刘少奇也主张"防右",他对薄一波说:"主要的注意力应该放在防右上。当形势不利于我们前进的时候,要善于等待,不要冒险前进;但当客观形势的发展,是来潮,是高潮,就不要再等待,就要大胆前进。现在,要按照洛川会议精神,努力使自己成为抗战核心,不怕打破阎锡山的框框,要确实掌握领导权。只有我们的力量壮大到足以控制局面,合作才能继续下去。"(薄一波:《七十年奋斗与思考》,中共党史出版社,1996,第238页)1937年10月,周恩来和刘少奇电示在前线的八路军政治部主任任弼时和副主任邓小平:在敌占区,"共产党与八路军以自己的名义,公开直接去领导群众";在后方,"共产党与八路军应努力争取公开地位与公开直接动员群众的权利";"公开批评一切同盟者的错误,反对统制民众运动的自杀政策";扩大与深入政治宣传,动员群众,扩大民族革命统一战线运动,并成为领导者和组织者;"一切共产党员在群众运动中,要完全依靠党的主张去领导群众运动,不许在群众中模糊党的主张";"不要使群众只看见八路军看不见党"。见《周恩来刘少奇致任弼时邓小平等电》(1937年10月27日),中国人民解放军历史资料丛书编审委员会编《八路军·文献》,解放军出版社,1994,第85页。
④ 未参加会议的政治局委员是王稼祥、任弼时、张浩,政治局候补委员是朱德、邓发、关向应,其中除王稼祥在莫斯科、邓发在新疆之外,其他几位都在前线。出席这次会议的政治局成员较洛川会议还多一人。

战","目前是青黄不接的危急关头","克服危机的出路,只有抗日左中派的联合","我们的中心便是要联合中派蒋介石的力量"。报告认为洛川会议的决定"是正确的",应"抓住抗日为中心,巩固抗日民族统一战线的基础,我们不能因为民主与民生等问题而放松抗日这一中心问题";但又强调"我们在统一战线中须要保持我们的独立自主性","不要在民族革命浪潮中淹没在浪潮中,而是要在民族革命浪潮中保持独立性,使我们在大海中不会淹死"。① 张闻天的报告基本延续了洛川会议以来中共的政治立场和主张。

紧随张闻天的报告,王明做了《如何继续全国抗战和争取抗战胜利呢?》的报告,报告的调子与张闻天有明显的差别。王明认为,抗战以来,国民政府已经"开始执行中国国防政府的任务","开始成为全中国统一的政府","已经开始民主化";提出建立"统一指挥、统一纪律、统一武装、统一供给和统一作战计划的真正全中国统一的国家军队"。他认为,继续抗战和争取抗战胜利的最主要条件,是"在全中国抗日民族统一战线基础上,达到全中国统一的国防政府之建立,全中国统一的国防军队之创造";因此,"巩固和扩大抗日民族统一战线是决定一切的条件",要巩固和扩大国共合作,建立统一抗日民主的政权,建立统一的国防军队,国共两党应"共同负责,共同领导,共同奋斗,互相帮助,共同发展";"在国民政府基础上建立真正全中国统一的国防政府","在现有军队基础上建立和扩大全中国统一的国防军"。②

在王明的书面报告大纲之外,还有个口头报告,他在口头报告中,对于抗战形势和中共的任务有更多的阐释,并且多半集中在国共两党关系和统一战线问题。王明认为:"目前的中心问题是如何争取抗日战争的胜利。如何巩固统一战线,即是如何巩固国共合作问题。我们党虽然没有人破坏国共合作,但有同志对统一战线不了解,是要破坏统一战线的。"继而王明提出:"在统一战线中两党谁是主要的力量?在全国政权与军事力量上要承认国民党是领导的优势的力量。我们不能提出要国民党提高到共产党

---

① 张培森主编《张闻天年谱》上卷,第528页;金冲及:《从十二月会议到六届六中全会——抗战初期中共党内的一场风波》,《党的文献》2014年第4期。
② 《如何继续全国抗战和争取抗战胜利呢?》(1937年12月9日),《王明言论选辑》,人民出版社,1982,第536—545页。

的地位,共产党也不能投降国民党,两党谁也不能投降谁。现在不能空喊资产阶级领导无产阶级或无产阶级领导资产阶级问题,这是将来看力量的问题,没有力量空喊无产阶级领导是不行的,空喊领导只有吓走同盟军。"王明认为:"蒋介石是中国人民有组织的力量。如果不联合蒋介石,客观上等于帮助日本";"过去提出国民党是片面抗战,是使他们害怕。要提出政府抗战很好,要动员广大人民来帮助,不要提得这样尖锐,使人害怕"。在军事战略和组织方面,王明认为:"没有统一的国防军与统一的正规军是不能战胜日帝的,游击战争不能战胜日本。""要改造旧军队,这是不策略的口号。""我们要拥护统一指挥,八路军也要统一受蒋指挥。我们不怕统一纪律、统一作战计划、统一经济,不过注意不要受到无谓的牺牲。红军的改编不仅是名义改变,而且内容也变了"。总之,"今天的中心问题是一切为了抗日,一切经过抗日民族统一战线,一切服从抗日。现在我们要用这样的原则去组织群众"。①

王明当时虽是中共政治局常委,但在中共的组织体制中,与其他常委是平级平等的,并无最高领导权,他的特殊身份在于其与共产国际的关系,是共产国际执委会成员,又新自莫斯科归来,行前得到斯大林(J. V. Stalin)和季米特洛夫的接见和指示,② 令其自我感觉良好,自认身负领导使命,所以他的讲话确实有点居高临下,显得盛气凌人,用的都是他惯常所用的全称肯定句式,而少有商量的口吻,实际并不太符合他当时

---

① 金冲及主编《毛泽东传(1893—1949)》下卷,第506—507页。王明书面报告大纲的文字比较正式严谨,口头报告则多少显得有些随意,那些后来引起争议的言论,很多出自他的口头报告。

② 在王明离开莫斯科之前,1937年11月14日,季米特洛夫在共产国际书记处会议讲话,着重提出:由于共产党力量弱小,因此在国共统一战线中不要提谁占优势、谁领导谁的问题,应当运用法国共产党人组织人民阵线的经验,遵循"一切服从统一战线"、"一切经过统一战线"的原则,努力从政治上影响国民党,做到共同负责、共同领导、共同发展,不要过分强调独立自主。11月11日,斯大林在会见王明时,要求中共全力以赴地坚定国民党蒋介石长期抗战的决心。论者认为,共产国际之所以有这样的看法,是因为他们对中国的实际情况过于隔膜,过高地估计了执政的国民党的力量,主要期望由它所领导的政府和军队来抗击日本侵略军,因此,生怕中国共产党同国民党的关系紧张起来,会使国民党退出抗日执政。这种完全脱离实际的主观臆断,却成了当时共产国际对中国问题关心的焦点所在。(金冲及主编《毛泽东传(1893—1949)》下卷,第505—506页)因此,王明在中共政治局会议提出的主张,其实并无太多个人的创见,而是对共产国际指示的机械落实,不过用了王明式的繁复的语言表达了出来。但是,还应该注意到,共产国际和斯大林的讲话其实并未完全偏向于一面。8月10日季米特洛夫的讲话,提到了

在中共中央领导成员中比较年轻且刚在国外归来、不太了解国内情况的身份,也易引起其他人的反感。① 王明的报告虽然也说到中共军队的"独立性"和"革命传统",说到"巩固和增强共产党的领导",但是比较明显地强调与国民党的合作,强调"统一",强调一切经过统一战线。王明甚而公开点名批评刘少奇在华北山西前线的所为说:"我们对政权问题,不要提出改造政权机构,而是要统一的国防政府。""行政制度在山西等地区不能建立与特区同样的政策,要同样用旧县政府、县长,不要抗日人民政府的。少奇写的小册子提得太多"。② 点名批评这样的举动,在如此高级别

应该警惕"蒋介石的手腕和权术","他的包围策略","党和党的干部堕落、从思想上解除武装的危险性"。对于共产国际执委会书记处10月10日的决议(其中说到"特别重要的是坚定不移地实行抗日民族统一战线政策,尽力全面加强这一战线,把它看作是战胜日本军阀的一个最重要条件"),斯大林认为,这个决议"已经过时。这就是人们坐在办公室里想出来的东西!""现在对于中国共产党来说,最基本的是融入全民族的浪潮并参与领导。""中国共产党人从一个极端走到了另一个极端,过去是没收一切,现在是什么都不没收。""中国人应当用什么方法与外部敌人进行战斗,这是决定性的问题。当这场战斗结束时,就会出现他们应该用什么方法进行内战的问题!"见《季米特洛夫在共产国际执行委员会书记处会议上的讲话》(1937年8月10日)、《共产国际执行委员会书记处决议》(1937年10月10日)、《季米特洛夫同斯大林在克里姆林宫谈话的简要记录》(1937年11月11日),《共产国际、联共(布)与中国革命档案资料丛书》第18卷,第561—563、2—3、10、13—14页。

① 据参加会议的张国焘回忆,"王明当时俨然是捧着上方宝剑的莫斯科的'天使',说话的态度,仿佛是传达'圣旨'似的,可是他仍是一个无经验的小伙子,显得志大才疏,爱放言高论,不考察实际情况,也缺乏贯彻其主张的能力与方法。他最初几天的表演就造成了首脑部一些不安的情绪"。见张国焘《我的回忆》第3册,现代史料编刊社,1981,第424页。

② 金冲及主编《刘少奇传》上卷,第299页。"少奇写的小册子",指的是刘少奇署名"陶尚行"发表的《抗日游击战争中各种基本政策问题》,其中提出"改造原来一党专政的政府成为人民的抗日政府","原来的政治机构必须实行民主的改造","这种政府应该是地方的民族统一战线的政府"。其后,刘少奇又在为中共北方局起草的决定中明确提出:"我党已是华北最大的政党,八路军具有游击战争的特长,华北抗日游击战争的领导责任,就自然落在我党身上";"我党在华北就是要进一步独立自主地去领导游击战争","我党应以华北最大政党的资格出来建立统一战线的民主的抗日政权与新的抗日武装部队"。(《抗日游击战中的若干基本问题》,1937年10月16日;《独立自主地领导华北抗日游击战争》,1937年11月15日;《刘少奇选集》上卷,第88—89、94—96页)当时,刘少奇以北方局书记的身份,在山西领导中共在华北尤其是在山西的工作。他力主扩军建党,发动游击战,建立根据地。时任山西牺盟总干事、与中共多有联络共事的梁化之对此颇为不满,"向其干部表示,今后在山(西)抗战,只能依靠中央势力,如果依靠八路军,则不特将引起中央不满,且有极大危险,因八路军处处扩张自己势力,收编游击队"。"刘少奇这种大刀阔斧的独立自主工作方式,一方面受到阎锡山的敌视……一面在党内也引起一些不同意见"。见金冲及主编《刘少奇传》上卷,第298页。

的会议上，有其敏感性，也显示王明在政治上的不够谨慎。

虽然如此，因为王明的身份有些特殊，背后似乎有共产国际的支持，与会者一时不明情况，又是在战争初期的环境下，多数人有感于日本侵略之亟，也在思考如何挽救中国的危局，更好地因应战争的环境，而统一战线和国共关系是其中最为重要的方面之一。故此接下来的发言，成了对王明报告的表态和讨论，无形中使王明的报告似乎成了会议的主旨报告。

周恩来在发言中认为，从山西的情况来看，由于没有实行抗日高于一切的原则，而把独立自主提得太高，所以党内、军内和各地都有不利于抗战、不利于统一战线的思想、言论及行动；主张应当公开指出与纠正统一战线中的错误，使友党更信任和佩服我们。①

"博古也是同意王明的观点的，他之所以同意王明的观点并不奇怪。因为他将共产国际看得十分神圣，对共产国际的意见是十分尊重的。而这一次王明归国，曾得到斯大林和季米特洛夫的指示，使他更为坚信不疑。何况与会大多数人员同意王明的观点呢？"②

彭德怀对王明的政治主张未表态，但他同意对山地游击战为唯一作战方针的批评，提出八路军"在战略上应该是运动游击战，但应用上要利用山地打游击战"。③

在会上发言的不少领导人都就统一战线工作在不同程度上做了自我批评。如说："抗战以来对国民党本质上的转变估计不足"，"我们强调独立自主，便走到与统一战线对立起来"；"对抗日问题没有抓住这一基本问题，常常拿民主、民生与抗日问题并列起来，甚至强调起来"，"只着重批评国民党片面抗战一定要失败"；"在党方面，把独立自主提得太高"，"把独立自主发展到各方面，妨碍统一战线"；等等。④

因为王明的点名批评，"刘少奇在会上受到了许多人点名或不点名的

---

① 《周恩来年谱（1898—1949）（修订本）》，第401页；珏石：《周恩来与抗战初期的长江局》，《中共党史研究》1988年第2期。
② 李志英：《博古传》，第287页。
③ 王焰主编《彭德怀年谱》，第189页。后来彭德怀在1945年的华北工作座谈会上谈到十二月会议时说："对游击战争的了解是逐渐的"，"十二月会议同意了王明的东西，但坚持军队中领导权是我们的，这是对的"。同前书，第299页。
④ 金冲及：《从十二月会议到六届六中全会——抗战初期中共党内的一场风波》，《党的文献》2014年第4期。

批评",说他"过分强调独立自主","把独立自主提得很高,把整个问题都提到独立自主",这会妨害统一战线。有鉴于此,刘少奇在发言中,检查自己"抗战以来对国民党本质上的转变估计不足","认为现在的政府、军队不改造不能取得抗日战争的胜利","因此,产生把片面抗战与全面抗战对立起来";"同时,由于大革命的痛苦教训,怕上国民党的当,因此,便强调独立自主"。他为自己辩解说:"我们所说的独立自主,不是破坏统一战线的,是尽量争取合法地位做起来的,一方面自己做,一方面利用合法";"我写的小册子是按最高的要求写的,是按我们要做的,而不是按目前能做的条件做的";今后要"避免过分的刺激国民党,对国民党要客气些"。但是,刘少奇仍然坚持"一切经过统一战线的口号须要具体解释",不能成为"一切经过"蒋介石和阎锡山;要以共产党为领导来团结一切抗日的势力与阶层,建立抗日统一战线的政权。①

王明的发言虽未指名,但他批评的多数内容是毛泽东的主张,因此,"毛泽东在会上的处境十分困难"。由于王明的身份,也由于实际的情况,毛泽东处在守势,他没有公开反对王明的意见,而且在发言中表示同意王明所说的,"抗战发动后对国民党的转变估计不足",提出统一战线工作"总的方针要适合团结御侮","目前应该是和为贵";"使国共合作,大家有利",对国民党"委曲求全,仁至义尽";"我们要在政治上有号召,在做的时候要经过国民党来做,向国民党建议"。当然,毛泽东对于自己的基本主张还是坚持的,不过不是用反驳王明的方式,而是用正面阐述的方式说出来。他认为:"团结御侮是我们的基本方针,执行这个方针是内外一致、切实执行的";强调"在统一战线中,要了解'和'与'争'是对立的统一";"国民党与共产党谁吸引谁这个问题是有的,不是说要将国民党吸引到共产党,而是要国民党接受共产党的政治影响";"如果没有共产党的独立性,便会使共

---

① 金冲及主编《刘少奇传》上卷,第299—301页。毛泽东对刘少奇在这次会上受到的批评和刘的发言,显然印象深刻。刘主张的"独立自主"发展,也与毛的看法相一致。此后,刘显然得到毛更大的信任。1938年3月23日,在中共中央政治局常委会上,毛泽东建议刘少奇留中央指导华北工作(直到当年11月刘任中原局书记,才离开延安前往河南),或可理解为这种信任的表现。将近一年以后,在1938年9月底至11月初召开的中共六届六中全会期间,毛泽东在会议结论中还特别说道:"刘少奇同志说的很对,如果所谓'一切经过'就是经过蒋介石和阎锡山,那只是片面的服从,无所谓'经过统一战线'。"见《统一战线中的独立自主问题》(1938年11月5日),《毛泽东选集》第2卷,第539页。

产党低到国民党方面去"。毛泽东坚持"八路军与游击队应当使成为全国军队的一部分,但是要政治上的区别";"红军的战略方针是独立自主的山地游击战,在有利条件下打运动战","洛川会议战略方针是对的"。①

在会议的总结发言中,张闻天肯定了洛川会议以来的统一战线和独立自主的路线和方针,但"对国民党转变估计不足"的"缺点"做了检讨。②

会议决定增补王明、陈云、康生为中央书记处书记,明确中央实行集体领导,日常来往电报的处理分工为,党为张闻天,军为毛泽东,统战为王明;决定由项英、周恩来、博古、董必武组成中共长江局,负责南方各省党的工作;由周恩来、王明、博古、叶剑英组成中共代表团,负责同国民党谈判。③

1937年12月的中共政治局会议,表现出中共领导层在全国抗战发动初期对于一些问题的不同看法,其中心如彭德怀所言,"相同点是抗日,不同点是如何抗法"。④ 王明的主张较为偏向于与国民党合作抗日,强调统一战线中国共两党的"共同"性,在当时的情况下有些脱离实际,因为国民党和将介石还是坚持垄断政治权力,意图"溶合"中共,并无意与中共讲求"共同"性;但其初衷或可理解,因为当时国民党对抗日确实比较积

---

① 金冲及主编《毛泽东传(1893—1949)》下卷,第507—508页;金冲及:《从十二月会议到六届六中全会——抗战初期中共党内的一场风波》,《党的文献》2014年第4期。毛泽东过后说:"十二月会议上有老实人受欺骗,作了自我批评,以为自己错了。""我是孤立的。当时,我别的都承认,只有持久战、游击战、统战原则下的独立自主等原则问题,我是坚持到底的。"(金冲及主编《毛泽东传(1893—1949)》下卷,第509页)胡乔木认为:"王明刚回国时,在1937年12月的中央政治局会议上表现得不可一世。对王明的这种表现,毛主席一时有点摸不着头脑,没有多说话,但还是坚持了他原来的正确主张。"见《胡乔木回忆毛泽东(增订本)》,人民出版社,2014,第45页。
② 张培森主编《张闻天年谱》上卷,第528—529页。
③ 张培森主编《张闻天年谱》上卷,第529页。据《张闻天年谱》和《陈云年谱》的记载,这次政治局会议确认中共政治局常委为9人,即张闻天、毛泽东、王明、康生、陈云、周恩来、张国焘、博古、项英。(张培森主编《张闻天年谱》上卷,第529页;朱佳木主编《陈云年谱》上卷,中央文献出版社,2000,第214页)《毛泽东年谱》和《周恩来年谱》则无相关记载。据《中国共产党组织史资料》第3卷的记载,中共政治局常委是7人,即周恩来、张国焘、张闻天、陈云、毛泽东、博古、王明。(第29页)中共代表团和长江局领导成员到武汉后,鉴于两者成员大致相同,为方便工作,在12月23日决定,将两者合并,对外为中共代表团,对内为长江中央局,王明任书记,周恩来任副书记。中共中央对上述决定一直未明确批示,但长江局的工作实际上已经开展。见李志英《博古传》,第289页。
④ 《彭德怀自述》,人民出版社,1981,第224页。

极，就在会议期间南京失守，更可能使与会者感觉需要对国民党给予更大的配合与支持，以鼓励其坚持抗战，所以，"王明的这一理论对中共党内产生了重大影响，这同一些领导人满怀抵抗日本侵略的热情、想打胜仗、强调运动战、对中日战争的长期性认识不足、对国民党的军队又估计过高的思想正相吻合"。① 毛泽东的主张比较坚持中共的独立自主，强调统一战线中国共两党的"差异"性和共产党独立发展的重要性，这是从中国实际和中共革命的定位以及与国民党前度分合的历史经验中得出的认识。而且，毛泽东对抗战全局的观察和中共发展的思考，并非局限于抗战本身，还结合到中共的全盘革命战略，是民族战争论和阶级战争论的有机结合。毛泽东认为，在抗日民族统一战线中，应"扩大和巩固左翼集团"（共产党率领的群众，包括无产阶级、农民和城市小资产阶级），"争取中间集团的进步和转变"（民族资产阶级和上层小资产阶级），"坚决地反对民族投降主义"（大地主大资产阶级的右翼集团），"争取中华民族和劳动群众的解放"。所以，在毛泽东看来，坚持中共在抗日民族统一战线中的独立自主，"是把抗日民族革命战争引向胜利之途的中心一环"。② 坚持独立自主，并非毛泽东的临时起意，而是他一贯的主张。③

---

① 金冲及主编《刘少奇传》上卷，第300页。这是彭德怀在中共七大发言中对当年会议的认识。
② 《上海太原失陷以后抗日战争的形势和任务》（1937年11月12日），《毛泽东选集》第2卷，第395—396页。
③ 1937年10月，毛泽东在《目前抗战形势与党的任务报告提纲》中这样说："统一战线的基本条件是抗日，'抗日高于一切'，民主民生均在其次。"统一战线的内容是：各党各派的抗日合作；统一的国防政府；统一的国防军；统一的民众团体。不是一党一派的政府、军队与民众团体的包办。"统一战线内各党各派合作的目的是：'互相帮助，互相发展'，不是谁领导谁。"在统一战线中，"提出适当的要求与口号，不要太高太左"。但同时，毛泽东提出："统一战线内部的矛盾与摩擦不可避免，只能减弱不能消灭，应在发展抗日运动与抗日高于一切的原则下解决与和缓内部矛盾与摩擦。""统一战线中两条路线斗争，反对投降主义与关门主义。"（《目前抗战形势与党的任务报告提纲》，1937年10月，《毛泽东文集》第2卷，第52—53页）问题的关键不在说法，而在做法。在毛泽东的思想中，统一战线非为一般性的策略，而是战略性的举措；非为一时之举，而为长久所为；是以知己知彼的观察，在不同时期根据不同情况做出不同的决策；不仅是对外，也是对内；总的原则就是，把自己的人搞得多多的，把对手的人搞得少少的。只有这样，才能保证在任何时候任何情况下都能立于不败之地。所以，独立自主是毛泽东在任何情况下都特别强调的中心点。而王明此时强调的统一战线，理论上貌似正确，但是，强调"统一"和"服从"而不强调独立自主的统一战线，在毛泽东看来，不能完成中共革命的战略任务，因此或可谓，王明并不真正明白统一战线的真谛究为何。

不过，毛泽东的看法在当时并未被中共领导层全盘接受，从洛川会议以后有关军事战略的争执，发展到十二月政治局会议的政治战略争执，毛泽东实际处在少数地位。但是，毛泽东的长处恰在其既坚持自己的主张又可以有适当的妥协，也就是理想主义和现实主义、原则性和灵活性的结合。当十二月会议期间多数人倾向于王明的看法时，毛泽东并未针锋相对，而是耐心等待，等待实践的说服力。①

三 三月政治局会议前后

1937年十二月中共政治局会议之后，中国的抗战进入新的阶段。国民政府宣布迁都重庆，继续坚持抗战；国民党筹备召开临时全国代表大会，决定抗战方略，抗战民气高昂；日本仍未放弃以战迫和的企图，侵华日军以武汉为中心，在各条战线推进，正面战场面临着相当的压力。在此背景下，国共两党的矛盾有了较大的缓解，中共代表团在武汉与国民党方面频频接触，讨论两党合作大计。中共政治局会议的争论，因为毛泽东的隐忍，亦未在中共领导层中继续扩散。在当时的集体领导体制下，中共中央领导人各负其责，张闻天着重党务和日常事务，毛泽东着重军事和重大事务，周恩来在国共两党关系方面发挥着重要作用。

从延安到武汉之后，王明的表现颇为活跃。1937年12月25日，王明起草并公开发表了《中共中央对时局的宣言》，强调"团结全民族抗日力量的根本方策，在于巩固和扩大抗日民族统一战线，而巩固和扩大民族统一战线的中心环节，则为巩固国共两党的亲密合作"；表示中共主张"巩固和扩大全中国的统一的国民革命军……使我国在持久抗战中，有统一指挥、统一纪律、统一武装、统一待遇、统一作战计划的足够数量的有新式武装的和政治坚定的国防军队"，"充实和加强全中国统一的国民

---

① 当然，毛泽东对十二月会议的结果和王明的表现是不满意的，过后他认为："抗战初期，十二月会议就是一次波折。十二月会议的情形，如果继续下去，那将怎么样呢？有人说他奉共产国际命令回国，国内搞得不好，需要有一个新的方针。所谓新的方针，主要是在两个问题上，就是统一战线问题和战争问题。在统一战线问题上，是要独立自主还是不要或减弱独立自主；在战争问题上，是独立自主的山地游击战还是运动战。"见《关于第七届候补中央委员选举问题》（1945年6月10日），《毛泽东在七大的报告和讲话集》，中央文献出版社，1995，第231页。

政府"。① 1938年1月，王明公开发表《挽救时局的关键》，重申挽救时局的关键在巩固和扩大抗日民族统一战线，首先是国共两党的亲密合作；主张"以抗日与否来划分友敌的最主要标准"，"抗日高于一切，一切服从抗日"；批评"有时把其它问题与抗日问题并列，以致模糊了今天民族统一战线的主要目标，有时甚至把抗日问题看得比其它问题为次要，以致引起抗日民族统一战线营垒中的许多不应有的摩擦或裂痕"；提出了一些巩固和发展抗日民族统一战线的具体主张，如协商和通过抗日民族统一战线共同纲领，成立由国共两党代表组织的协商和计议各种问题的组织，在军事、政府、民运各方面巩固和扩大合作的范围和程度，"以便达到巩固和扩大全中国统一的国民革命军，加强和充实全中国统一的国民政府"。② 这个宣言和这篇文章，实际公开了王明在中共政治局会议的主张，也体现了王明式的工作特色，好发声，热衷于写文章做报告，进行理论阐释，然往往脱离实际，遇到顺利的境遇，或许可能成就一番事业，遇到不顺的境遇，则又可能是袖手旁观，难以解决真问题。

虽然中共政治局会议并未就王明的主张做出政治决议，但是王明的主张还是产生了一定的影响，而且因为中共领导层在传达政治局会议精神时并未说明其间出现的意见分歧，使听取传达者认为这是中央的精神，可能又在某种程度上扩大了王明主张的影响力。③ 1937年12月19日，张闻天在中共党的活动分子会议做《目前抗战的形势与党的任务》报告，重复了王明的一些主张，如在国民党中"不应去分左中右派"，抗战应由国共两党"共同领导"、"共同负责"，强调统一战线高于一切。④ 22日，张闻天在会议总结时说，因为有陈独秀投降主义的教训，十年残酷斗争的影响，只看到苏区和红军以及缺乏远见，"在这时局演变中我们的工作还比较不

---

① 《中共中央对时局宣言》（1937年12月25日），《中共中央抗日民族统一战线文件选编》下册，第81—82页。这个宣言经过长江局的讨论，但未得中共中央的回复批准即发表，王明后来也承认，宣言"在词句上是太让步了"。见郭德宏编《王明年谱》，第364页。
② 《挽救时局的关键》（1937年12月27日），《王明言论选辑》，第546—554页。
③ 张闻天后来说："我们对于王明同志等某些错误的斗争，在这个时期内始终限制在中央内部。在公开的刊物上、会议上，我们并没有限制过他们宣传。他们在武汉《新华日报》上的一些重要文章，我们《解放》周刊上一律照登。"见程中原《张闻天传》，当代中国出版社，2000，第465页。
④ 张培森主编《张闻天年谱》上卷，第530页。

适应，对某些地方，或有某一点过分了一点"；对友党应主要从积极方面提出建议，对国民党的派别不要扩大，促成团结，但他也重申"党的路线是正确的"，不能放弃"党的独立性"这一基本原则。① 同一天，张闻天在中共政治局常委扩大会议做总结发言时说：要使每个干部了解统一战线不是只是让步，而是为了与国民党靠拢，使国共更团结，基本问题是用统一战线重新教育干部。目前的实际工作也要根据统一战线，使政府及群众组织都适合于统一战线。② 作为当时在中共中央负总责的领导人，张闻天的看法无疑是会被中共各级组织接受的。③

考虑到形势和大局，毛泽东对王明的主张没有公开反对，并且也强调了统一战线的作用。12月17日和24日，毛泽东在给八路军将领的指示中说："对华北各友军尤其对阎及各县地方政权，地方绅士，必须保持好的友好关系，一切须求合法与统一，减少摩擦，团结。""各地对于统一战线存在的弱点，某些同志狭隘的观点与方式的机械，在邻近边区的统一战线区域内，引起了与友党友军及地方政府的某些摩擦。这种情形的继续，是可以影响抗日的团结的。为达到扩大统一战线的目的，在共同负责、共同领导、互相帮助、互相发展的口号下，与各统一战线的地方工作当局协商，群众工作的进行，必须注意尽量取得他们的同意与合作，从抗战利益出发，说服他们采纳我们的意见与建议。万一不能同意时，不应勉强，而应暂时让步"。④ 20日毛泽东还致电朱德、彭德怀等，指示说目前部队扩大甚快，枪饷两缺，且与阎锡山方发生严重矛盾，亟应停止扩军，收回各部队，驻各处之八路军工作人员一切须在统一与各部范围内工作，坚决照17日电及此之原则通令全军执行。⑤

---

① 《关于十二月会议讨论总的结论》（1937年12月22日），《张闻天文集》第2卷，第376—378页。
② 张培森主编《张闻天年谱》上卷，第533页。
③ 1938年2月5日，刘少奇和杨尚昆致函张闻天，谓：目前我们及八路军与阎锡山的关系正是很紧张的时候，阎已经有几道命令向我们警视。也正在此时，我们传达了中央最近的决定，在各方面进行了一些必要的转变，上述现象也就很快地纠正过来了。见中共中央党史研究室编《杨尚昆年谱》上卷，中共党史出版社，2007，第293页。
④ 《关于华北我军应坚持统一战线政策的指示》（1937年12月17日）、《关于红军在友军区域内应坚持统一战线原则的指示》（1937年12月24日），《中共中央抗日民族统一战线文件选编》下册，第60、78页。
⑤ 《杨尚昆年谱》上卷，第287页。

王明主张影响到的更多是中共在国统区的统战工作（尤其是以武汉为中心的大城市统战工作），也或多或少对中共建立根据地的实际工作有些影响。1937年12月16日，朱德、彭德怀等发出《关于减少摩擦巩固抗战团结问题的训令》，指出："巩固民族统一战线，始终是我们工作的中心与方针。在山西方面的地方工作中，必须注意尽量取得与山西当局及地方政府、民众团体与附近友军的协同与合作。须从抗战利益说服其采纳我们意见与建议，万一不能同意的，不应出于勉强，而应让步，求得再继续的说服，善意的批评。群众的要求中，使其能采纳而后实现。同时我们应检查与纠正我们某些'左'的急性病与幼稚，甚至违反路线的行为。"训令规定，各部队暂时停止突击扩兵，改正对友军的关门主义，避免直接干涉地方事务。①

在中共第一个敌后抗日根据地——晋察冀根据地建立之初，正值王明提出他的有关统一战线的主张。1937年10月12日，中共北方局电示留守五台山的聂荣臻筹建晋察冀边区政府。11月8日，聂荣臻报告毛泽东、朱德等：阎锡山对我军的做法表示不满并加以阻挠，"我们决心本着党的抗日纲领和党的一切政策，放手做去，不因阎之不满……（建立）晋察冀区

---

① 吴殿尧主编《朱德年谱（新编本）》中卷，第725页。1938年春，彭德怀在八路军三四三旅团级以上党的活动分子会上传达政治局会议精神时，复述了王明的主张，即"一切经过统一战线，一切服从统一战线"。彭的传达说，抗战以来的经验教训是，"对国民党的基本转变认识不够（由不抗日转到抗日，由剿共转到联共等等），使国共合作的程度没有得到应有的进步"；"对国民政府开始起到国防政府的作用，国民革命军开始起到国防军队的作用估计不够，因而对友军的团结赞扬与帮助不够，加之强调独立自主的结果，也引起了一些不必要的摩擦，反而给了亲日分子以分裂统一战线的口实"；"把民生与民主的口号与抗日的口号并列起来，有时没有把握住'抗日高于一切'的原则……有时过分强调民主民生的结果，反而造成一些不必要的摩擦"；"对于在统一战线中保持对友党友军的批评态度的原则，在运用上欠审慎，因而引起一些刺激与反感"。他还说道：共同纲领基本上是采用我党提出的十大纲领，但不是马上能够完全实现（不可能），而是逐渐地争取实现；对友党友军的好处，应鼓励与发扬，而不是只宣传自己的好处。至于怎样扩大与巩固统一战线，应"在国民政府与国民革命军的基础上，建立统一的国防政府与国防军队"；在政府坚持抗战、许可各党派联合参加的情况下参加政府；"一切行政制度仍须保持旧有形式，但须帮助其进步"。（彭德怀：《目前抗战形势与争取抗战胜利的方针》，1938年春，中共中央书记处编《六大以来》上册，人民出版社，1980，第913—920页）1945年2月，彭德怀在延安召开的华北地方军队同志座谈会报告时，坦承华北党受了王明路线的影响，但未执行；对国民党提"互相帮助，互相发展"，未分析具体对象。6月彭德怀又在会上做检讨："对自内战到抗战之严重的政治转变，精神上没有准备。"见王焰主编《彭德怀年谱》，第295、299页。

的政权正在准备中"。11月16日，周恩来、刘少奇电示聂荣臻："应即进行统一战线的民主政权的改造与建设"，"立即筹备边区政府的成立"。十二月政治局会议之后，12月17日，毛泽东电示聂荣臻："必须坚持抗日民族统一战线的政策……尤其荣臻所在之晋东北地区，事同一律，不应立异，一切需取得阎（锡山）之同意。"随后，聂荣臻让拟议成立的边区行政委员会主任宋劭文向阎锡山呈请批准成立边区临时政府。1938年1月14日，晋察冀边区临时行政委员会成立，31日经阎锡山转呈国民政府行政院正式批准。但在1月28日，王明等致电中共中央，反对成立晋察冀边区政府。2月1日，聂荣臻致电朱德等，认为如按王明意见，"我们当放弃独立自主的方式"，这样我们"便为他人做嫁衣裳"。他们只能向中共中央请示如何行事。①

尽管如此，身处抗战前线的中共将领，在面对发展的前景和"一切服从"之间可能出现的矛盾时，更可能倾向于发展而非"服从"，这是基于他们对日本侵略的应然反应和长期革命斗争经验所致。在红军时代各根据地分散发展和自身力量比较弱小的环境下，发展自己的力量，几乎是他们本能的追求，不如此就不能生存。更由于王明在中共军队中的人脉和影响力都有限，领导中共军事工作的毛泽东更偏向于发展，王明的主张对于八路军的实际影响是很有限的。②

---

① 周均伦主编《聂荣臻年谱》上卷，第205、208、210、214、217—218页。1月28日，王明等长江局领导人致电中共中央书记处，对1月14日晋察冀边区行政委员会向全国发通电事提出意见：（1）关于我军在华北驻区遵守形式上维持原有的政权形态实际上政权在民众手中之原则，政治局会议上已有讨论，此次所采取的已成事实方式，通电逼蒋阎承认，对全国统一战线工作，将发生不良影响。（2）以边区出面，在客观上帮助"抗战胜利后是共产党天下"的谣传。（3）通电不从临汾发出而从延安，更增加对国民党之刺激。提议：甲、以后务须避免此种工作方式。乙、对此事应首先设法取得阎百川（阎锡山）之谅解。然后由阎批准，再经过阎呈报中央。丙、最好不用边区名称。（郭德宏《王明年谱》，第375页）2月3日，刘少奇和杨尚昆致电朱德和彭德怀，告知王明等来电说，晋察冀边区行政委员会成立，惹人注意，有人说，八路军到一处即组织一处边区；王建议设军区，以聂荣臻为司令，并向阎锡山呈请委任。刘少奇和杨尚昆认为，边区行政机构应任其存在，但今后可不再以边区名义对外宣传。见《杨尚昆年谱》上卷，第293页。
② 新四军领导人项英曾经提出："一切工作的发展，都要经过统一战线，反过来，工作就不能发展"；"在统一战线中，无论做什么群众工作，必须采取合法的手续、方式才能发展，否则如果像从前一样，工作就不能发展。"后来有人认为，这是项英重弹王明"一切都要经过统一战线"的老调。不过，就现有资料，并不能说明项英受到王明很多直接的影响。作为政治局委员、长江局成员、东南分局（东南局）书记、新四军军分会书记，项英并非

不过，形势的发展并不如王明的设想。王明的主张虽然在中共党内得到了基本肯定的回应，却在国民党方面基本没有得到正面的回应。对于王明就改善国共关系提出的若干意见，蒋介石和国民党的反应可谓不疼不痒，态度消极，相反，国民党坚持"一个党、一个领袖、一个主义"的主张，不接受中共提出的两党合作方式，反共活动仍继续存在。①加以还有其他时局因应方面的问题，长江局遂在2月间两次向延安中共中央建议召开政治局会议，讨论有关问题，得到中共中央的同意。②

1938年2月27日至3月1日，中共中央政治局在延安召开会议，讨论抗战和国共合作的有关问题。出席会议的政治局委员有毛泽东、王明、张闻天、周恩来、康生、任弼时、张国焘和政治局候补委员凯丰。③2月27日，

王明的直接下属，并没有听从王明主张的必要；而且王明的工作重心是在武汉与国民党打交道，与新四军工作的直接交集并不多；何况，项英是中共老资格领导人，又是红军主力长征后留在南方坚持三年游击战争的中共最高负责人，经历过血与火的考验，有其相当之自信，也未必真能认可王明的毛躁与浮夸。项英的看法，更可能是他所处的环境所造成。新四军军部位于皖南第三战区所在地，各方面需要与国民党的协调较多；新四军军长叶挺非中共党员，新四军的内部关系较为复杂；也不排除项英对战时国共关系的认知偏差；等等。诸种因素致其"对统一战线中独立自主原则执行不坚决，对合法的手续方式考虑多，对斗争的方面强调少，对自主的发展强调不够，使一些部队的活动和发展受到影响"。（王辅一：《项英传》，中共党史出版社，1995，第335—336、420页）这是大体持平之论。

① 1938年1月17日，刚刚在汉口创办一周的中共《新华日报》营业部被国民党方面指使社会闲杂人员捣毁。其后，在武汉出版的国民党系统的报刊，刊登多篇文章，鼓吹国民党的"一党专政"。2月10日，《新华日报》发表王明起草的《毛泽东先生与延安新中华报记者其光先生的谈话》，批驳国民党方面的言论，强调民主和各党派结成统一战线的重要性。王明等曾告知中共中央："此稿所以用泽东名义发表者，一方面使威信更大，另方面避免此地负责同志立即与国民党起正面冲突，不过因时间仓促及文长约万字，不及事先征求泽东及书记处审阅，请原谅。"（郭德宏编《王明年谱》，第377—378页）文章批驳国民党的观点符合中共的意图，但未经毛泽东同意即署其名发表，使毛很不满意，认为王明是自说自话，目无中央，加以在这前后王明种种自行决定的举措，使毛泽东对他更没有好感。

② 《周恩来年谱（1898—1949）（修订本）》，第412—413页。长江局向中共中央的建议，虽然是请示中央的决定，但语气带有不容置疑的含义，毛泽东说："长江局先打一个电报，规定议事日程，决定某某人要回长江局工作，这种态度我不满意。"（珏石：《周恩来与抗战初期的长江局》，《中共党史研究》1988年第2期）当时在长江局工作的有王明、周恩来、博古、项英4位政治局委员，而在延安的政治局委员也只有张闻天、毛泽东、陈云、康生4人，其他政治局委员，任弼时、彭德怀、张浩在前线工作，王稼祥在莫斯科，张国焘在1938年4月叛逃国民党。这可能使王明认为，长江局是中共领导的半壁江山，有些忘乎所以的感觉。

③ 政治局委员陈云、博古、王稼祥、项英、彭德怀、张浩和候补委员刘少奇、朱德、邓发、关向应因各种原因未出席，实际出席人数刚过政治局成员的半数，如果算上候补委员，则未过半数。

王明在会议报告时再次肯定上年的十二月政治局会议,说道:"我感觉前次政治局会议的方针是正确的,但统一战线的基本政策在党内的教育不够,没有许多新的论文解释。其次是前次政治局会议没有写成一个决议,同时对国民党提议的意见也没有写出来,这是政治上的损失。"对于国民党提出的军令政令统一,王明认为:"国民党现在提出只要一个军队,我们也不能反对这个口号。现在大公报认为国家要有超党派的国家军队。关于统一军队问题,需在党内外进行教育";"现在边区要开放党禁,允许国民党的公开活动,现在特区不允许国民党活动是不好的";"八路军新占领的区域还是中华民国的一部分,还是服从中央政府的"。① 显然,王明报告的主旨基本延续了他在上年十二月政治局会议的看法,比较强调和国民党合作的方面。

张闻天的看法与王明则有明显的区别。他认为:"合作中是存在着两党争取领导权的问题","目前阶级斗争的形式更复杂了";"我们无论何时不要忘记要与国民党合作,但也必须时时保持戒心";"我们一方面要保持与国民党的合作,同时也要发展自己的力量,在巩固国共两党合作原则下求得我党力量的巩固与扩大"。"要大量发展党","依靠军队来开辟根据地"。② 但是,张闻天的看法在会上并未得到多数的呼应。

毛泽东虽然不同意王明的看法,但内外环境使他仍需要等待。他在会议发言中并未与王明的看法发生正面冲突,而是着重军事,"只讲军事问题",强调"中国抗战最后是必然胜利的,但如何取得最后胜利是没有解答的,这是人人都要知道的问题"。不过,毛泽东也意识到,以王明的态度,在处理国共关系时可能摇摆不定,未必适合在外独当一面,因此在会议结束前,毛泽东说:"王明同志在今天的形势下不能再到武汉去。"但他的看法未得到多数支持,会议表决以5票赞成通过王明继续去武汉工作一个月的决定。③ 显然,此时在中共高层内部,对于处理抗战时期的国共关系、对于统一战线与独立自主的认识、对于抗战军事战略中的运动战与游

---

① 金冲及:《从十二月会议到六届六中全会——抗战初期中共党内的一场风波》,《党的文献》2014年第4期。
② 《继续抗战与国共关系》(1938年2月28日),《张闻天文集》第2卷,第387—389页。
③ 金冲及:《从十二月会议到六届六中全会——抗战初期中共党内的一场风波》,《党的文献》2014年第4期。

击战的关系等问题，还存在着不同看法。① 说到底，是中共领导层对如何处理挽救国家危亡的民族战争的急迫现实考量与实现中共革命建政的终极目标之间的关系，还未能形成完全一致的看法，在当时那样的环境下，这又是可以理解的。毕竟日本侵华所造成的内外环境变动之剧烈，是中共过往所没有遇到的情况，制定与此等情势发展变化相适应的路线、方针、政策，需要有观察、调适、实践的过程。然也正因为如此，当时过境迁，形势的发展验证了毛泽东早先看法的正确时，便显出毛泽东在中共领导层内的高瞻远瞩和未雨绸缪。毛泽东之所以能够在人才济济的中共领导团队中脱颖而出，成为中共众所公认的领导人，与他的战略把握洞见和运思实践能力是分不开的。而当中共在抗战初期的政治军事战略尚未完全成形、领导层内尚有不同看法之时，毛泽东只能以其沉稳和创见，期待形势的演进，能够说服他的同事，最终同意他的看法。②

1938年3月的中共政治局会议结束后，王明回到武汉，公开发表《三月政治局会议的总结》。文章先说中共政治局"对目前时局和党的工作问题的意见完全一致"；继而表示目前的任务是，"建立真正统一的、政治坚定的、战斗力强的国民革命军"，也就是统一的国家军队，实现统一指挥、统一编制、统一武装、统一纪律、统一待遇、统一作战计划、统一作战行动；在作战中"确定和普遍地实行以运动战为主、配合以阵地战、辅之以游击战的战略方针"。文章又表示："国民党现在在政府和军队中均居于领导地位"，"陕甘宁边区政府是中华民国的地方政府之一，服从统一的中央

---

① 1938年3月的中共中央政治局会议之后，任弼时受命前往莫斯科，向共产国际汇报有关情况。4月14日和5月17日，任弼时两次向共产国际提交汇报大纲，汇报中共在抗战后的情况，其中提到共产国际的指示，提到1937年12月政治局会议之后统一战线的情况，提到"过分强调了独立自主"的缺点，提出"抗日高于一切"，"一切服从抗日"，但并未提到"一切服从统一战线"，"一切经过统一战线"。见中央统战部、中央档案馆编《中共中央抗日民族统一战线文件选编》下册，档案出版社，1986，第104—113、121—133页。

② 自1937年12月的中共政治局会议到1938年9月的中共六届六中全会期间，毛泽东在中共领导层内"处在少数甚至孤立的地位"。他对去看他的李维汉说："我的命令不出这个窑洞"。（李维汉：《回忆与研究》上册，中共党史资料出版社，1986，第443页）胡乔木认为："王明1937年第二次回国，又是作为共产国际的代表，对毛主席的领导大有取而代之的味道。"（《胡乔木回忆毛泽东（增订本）》，第67页）因此，毛泽东在这段时间较少就中共的抗战政治路线问题发表意见，而用了较多时间埋首研究和著述，写出了他指导中共抗战军事战略的名篇《抗日游击战争的战略问题》和《论持久战》。

国民政府";各地的群众团体也"应向政府机关登记,并接受政府的领导","以达到群众运动和群众组织的统一"。文章强调,共产党对于国民党"抱着诚挚的友谊,充满着热烈的希望";"必须有全国统一的政府","我们不仅在现在努力维护领导抗战的统一政府,即在将来抗战更困难更复杂的局面之下,我们也是竭力赞助统一政府的"。①王明的这篇文章,沿袭了他到武汉以后的工作基调,强调国共合作,强调政治和军事的"统一",强调军事上的运动战和阵地战。在中共党内没有达成共识的情况下,不仅将他个人的意见以政治局意见的方式公之于众,②而且再次反映出他的好发言论、言行不够谨慎、以个人意见凌驾于组织之上的弱点,这在强调严明组织纪律、个人服从组织的中共内部,确有为人所诟病所不满之处。

　　王明在武汉工作时期,常常做些目无延安中共中央之举,更令在延安的中共中央领导人很不满意。3月底至4月初,国民党召开临时全国代表大会,王明在会前起草了《中共中央对国民党临时全国代表大会的提议》,提出巩固和扩大各党派团结、健全民意机关、动员和组织民众的要求。中共中央收到王明草拟的提议后,认为其没有完全反映中共的政治主张,遂另外发出《中共中央致国民党临时全国代表大会电》,提出基于"抗日救国十大纲领"的八条意见。但是,王明不待中共中央的同意,即将其起草的提议在3月24日送交国民党,并在收到中共中央的电报后,致电中共中央称:"我们根据政治局决议原则所起草的致国民党临时全国代表大会政治建议书于廿四已送去,国民党临时代表大会昨夜已闭幕,你们所写的东西既不能也来不及送国民党,望你们在任何地方不能发表你们所写的第二个建议书,否则对党内党外都会发生重大的不良政治影响。"③ 以这样的口吻和决绝的语气,对中央表示自己的意见,实在是有违下对上的组织原则

---

① 《三月政治局会议的总结——目前抗战形势与如何继续抗战和争取抗战胜利》(1938年3月11日),《王明言论选辑》,第566—593页。
② 3月政治局会议并未做出若何决议,故王明发表此文,多少有些以他个人意见强加于中共中央的含义。
③ 《中共中央对国民党临时全国代表大会的提议》(1938年3月1日)、《中共中央致国民党临时全国代表大会电》(1938年3月25日)、《长江局关于对国民党临全大会建议问题致中央》(1938年4月2日),《中共中央文件选集》第11册,第481—488页。

和正常态度，也不能不引起在延安的中共中央领导人对王明看法的变化。①

不仅止于此，王明当时与在延安的中共主要领导人毛泽东的关系显然也并不十分协调。6月，毛泽东写出其指导抗战军事战略的名篇《论持久战》，但是当中共中央电示长江局在《新华日报》发表该文时，却被王明以文章太长而拒绝，后来只能以单行本的方式面世，时效性受到一些影响。② 8月6日，毛泽东还就他致国民参政会召开的贺电原稿与武汉《新华日报》发表时的不一致处致电王明等，谓："致参政会贺电，《新华日报》改易了一些文句，与我发致该会的及在解放报发表的不符，对外显示了一点分歧，似不甚妥。尔后诸兄如有意见请先告后方，以便发时一致。"③ 可见毛泽东对王明的自说自话非常之不满。④

王明此时在武汉仍然沿袭了他过去对抗战的一些看法。1938年6月，在武汉保卫战的紧要关头，由王明等联合署名，发表了《我们对于保卫武汉与第三期抗战问题底意见》。作为当时领导抗战的政治中心，保卫武汉和坚持抗战的重要性毋庸置疑，这篇文章后来在中共党内引起的争议，不在于保卫武汉和坚持抗战的必要性，而在于将保卫武汉提高到决战意义的抗战"中心环节"，提出以阵地战和拒敌于"进入武汉的门户之外"的方式进行武汉保卫战，并且在如何坚持抗战方面，重复了王明的一些政治主张，引起中共中央的关注和忧虑。8月6日，在延安的中共政治局成员联

---

① 有学者认为，这"反映了王明目无中央、颐指气使、飞扬跋扈的作风，也表现出他争夺领导权的野心。这样的文电在党的历史上除张国焘闹分裂的一些文电外，尚不多见。这个责任主要应由王明承担"。见珏石《周恩来与抗战初期的长江局》，《中共党史研究》1988年第2期。
② 郭德宏编《王明年谱》，第411页。1941年10月，毛泽东在与王明谈话时曾对此事提出批评，王明承认他对文章有点不同意见，但未明言对文章未发表的责任问题。1949年3月中共七届二中全会期间，有人就此再次批评王明，他则完全推脱责任，"说什么好像他是同意发表的，不同意的只是别人"。见前书，第412页。
③ 中共中央文献研究室编《毛泽东年谱（1893—1949）》中卷，中央文献出版社，2013，第85页。
④ 后来王明承认，武汉时期他"在客观上形成半独立自主"，并解释"这个作风是我过去在国外单独发表文件做惯了，没有像毛主席那样慎重"。（郭德宏编《王明年谱》，第419页）有论者认为："王明的所作所为，确实与他在莫斯科形成的工作作风有相当关系。但不可否认，心理多少有些扭曲的这位前共产国际执行委员在政治上未必没有某种野心。像他一面表示希望'使（毛）威信更大'，一面暗中请在武汉的苏联人把他对毛泽东《论持久战》的批评意见转达到莫斯科去，就足以说明他内心其实并不真心尊重毛的领袖地位。"见杨奎松《毛泽东与莫斯科的恩恩怨怨》，江西人民出版社，1999，第77页。

名致电在武汉的长江局领导成员,提出:

> 保卫武汉,重在发动民众,军事则重在袭击敌人之侧后,迟滞敌进,争取时间,务须避免不利的决战,至事实上不可守时,不惜断然放弃之。①

不过,随着日军步步进逼武汉,前方战事日渐紧张,武汉撤守只是时间问题,中共在武汉的工作亦不能不开始部署转移,王明的政治活动自然难以继续。何况,"蒋介石对王明的一套根本不感兴趣。蒋介石并不认为王明是共产国际派来的什么大人物,有什么分量。所以王明搞的那一套在武汉完全碰壁"。② 这样,就为中共抗战政治路线的调整提供了契机,中共六届六中全会随之举行。直至此时,王明仍然强调对国民党工作的重要性,建议中央全会在武汉或西安举行,但是,他前此的工作并没有在国民党方面引起更多的呼应,他的工作实绩不彰,已经使他失去了再做如此要求的资本和底气,中共中央并未接受他的意见,中央全会自然只能在中共根据地的中心延安召开。

四 六届六中全会与中共抗战路线的底定

从1937年12月的中共中央政治局会议,到1938年9—11月的中共中央政治局会议和六届六中全会,其间大约有一年的时间。在这一年中,紧迫的全面的战争进程笼罩着中国,由此而成为所有政治、经济、外交、社会变动的大背景,捍卫民族独立成为所有中国人至高无上的使命,对此,无论是当时执政的国民党,还是过往致力革命的共产党,都需要有在新形

---

① 《我们对于保卫武汉与第三期抗战问题底意见》(1938年6月15日),《中共中央文件选集》第11册,第854—884页;《我们在抗战过程中的总方针》(1938年8月6日),《毛泽东军事文集》第2卷,第359页。后来周恩来在中共七大报告时曾经这样说:"当时在武汉工作做领导工作的同志,我也在内,着重在相信国民党的力量可以打胜仗,而轻视发展我们自己的力量;在战争上强调运动战,轻视游击战。"见《论统一战线》(1945年4月30日),《周恩来选集》上卷,第197页。
② 《胡乔木回忆毛泽东(增订本)》,第45页。当时在武汉的一些国共两党之外的人士,对王明的印象似乎也不很好。梁漱溟回忆说:"我初遇之于武汉,当时他对蒋记国民党的态度忽左忽右,传为笑柄。""陈虽气盛而身躯则短,在参政会场发言,有时或纵身跳跃起来。"见郭德宏编《王明年谱》,第420页。

势下的新思考、新路线和新政策。中共对战争的因应，就其军事和政治的战略层面而言，应该说大体是迅捷而恰当的，中共全党从内战时期以武装反抗国民党为中心的阶级斗争路线，转入抗战时期以抵抗日本入侵为中心的国共合作的抗日民族统一战线的路线，大体亦是顺利而富有成效的。尤其难得的是，在战争初期各方面错综复杂、瞬息万变的过程中，中共领导层能够因时度势，既坚持了联合国民党共同抗日的国共合作的统一战线，又能独立自主地向敌后发展，保持自己的政治独立性，由此开辟了未来发展的广大空间，确实表现出中共在历经十年艰苦奋斗和艰难曲折之后所达到的成熟度。

但是，在中共全力投身抗战的过程中，中共领导层内部，对于抗战的政治和军事战略，也未必完全一致，也是有讨论有争论，有各种不同意见的，毕竟这是与内战完全不同的大格局与大变化，怎样因应这场猝然爆发的战争、这样形势巨变的格局，有不同的争论和分歧的意见是完全可以理解的，政治军事战略策略的调整和改变也不是那样轻而易举的。在战争初期日军大举入侵的环境下，面对如此危局，中共党内军内包括领导层内对于与国民党合作、配合正面战场、以正规战运动战阻止日军的步步入侵，确实抱有相当的期待，这也是可以理解的。王明在回国后提出的一些主张，显然并非完全是他个人的见解，而是在中共党内得到一定的呼应。中共因应抗战的军事政治路线和战略战术决策确实有个适应和调整的过程。不过，随着战争的发展进程，到1938年秋，武汉失守已不可避免，正面战场将由激烈攻守的战略防御阶段转入相对平缓的战略相持阶段，而国民党在坚持抗战的同时，始终不愿在政治上进一步开放，与中共结成完全平等的联合阵线。形势的发展变化，客观上使中共内部原有的不同意见趋于接近，对日持久战、游击战的军事战略和对国民党独立自主、有合有分的政治战略，开始成为中共领导层的共识。正是在这样的背景下，中共中央决定在延安召开政治局会议和六届六中全会，以进一步凝聚全党共识，确定中共在抗战时期的路线、方针和政策。

1938年9月14—27日，中共首先举行政治局会议，作为六届六中全会的预备会。参加会议的政治局委员和候补委员有12人（毛泽东、张闻天、王明、康生、朱德、项英、王稼祥、周恩来、博古、陈云、刘少奇、彭德怀）。1938年7月刚从苏联回国的王稼祥，首先传达了共产国际的指示，其主旨是："国际认为中共的政治路线是正确的，中共在复杂的环境及困难条件下真正运用了马列主义。"指示提出："中共在统一战线中的任务，是要发展与巩固统一战线……国共两党关系主要是共同去反对主要敌人，今天任何一个党派去反日都是没有可能取胜的。中共只有在抗战中努力，才能使人民更加拥护。"指示强调："在中国，抗日统一战线是中国人民抗日的关键，而中共的团结又是统一战线的关键。统一战线的胜利是靠党的一致与领导者间的团结。"季米特洛夫还特别对王稼祥交代说："在今天的环境中，中共主要负责人很难在一块，因此更容易发生问题。在领导机关中要在毛泽东为首的领导下解决，领导机关中要有亲密团结的空气。"① 作为国际共产主义运动的中心领导者，共产国际的意见，对于在理论上仍为国际支部的中共而言，是具有相当影响力的。后来周恩来曾经对此专门有说明：

> 这个时期，中国党由毛泽东同志当家了，但是共产国际对我们中国党还有影响。主要的问题是第二次王明路线。一九三七年年底王明从共产国际回来，说他跟斯大林谈过话。他打着共产国际的招牌，提出"一切经过统一战线"，说国民党和共产党都是中国优秀青年的总汇。王明回来后，主持了长江局，蒙蔽了一批人，搞了第二次王明路线。第二次王明路线虽然时间不长，但对北方，对新四军，对上海，都有影响。第二次王明路线与共产国际不无关系。斯大林信任王明，季米特洛夫和王明的关系也好。后来我去莫斯科对季米特洛夫谈王明的错误，季米特洛夫听了还表示惊讶。遵义会议后，毛泽东同志的领导在我们党内形成了一个新的局面。党的六届六中全会批判王明，很多干部逐渐觉悟了，王明就逐步地孤立了。当时蒋介石也不要王明，连个部长都没有给他当。毛泽东同志说，要是给他一个部长当，也许

---

① 《国际指示报告》(1938年9月)，《王稼祥选集》，第138—142页。据王稼祥回忆，在王明、康生从苏联回国前，11月13日，他们和王稼祥一起去见季米特洛夫，"季米特洛夫对王明说：你回中国去要与中国同志关系弄好，你与国内同志不熟悉，就是他们要推你当总书记，你也不要担任"。在王稼祥从苏联回国前，季米特洛夫"在我要走的那一次，他向我和任弼时同志说了一番语重心长的话。他说：应该告诉大家，应该支持毛泽东同志为中共领导人，他是在实际斗争中锻炼出来的。其他人如王明，不要再去竞争当领导人了。"见徐则浩《王稼祥传》，当代中国出版社，1996，第296页。

情形更坏。①

在政治局会议期间,朱德、项英、周恩来、博古、刘少奇、高岗分别代表八路军、新四军、中共代表团、长江局、北方局、陕甘宁边区做了工作报告,张闻天、王明、陈云、康生做了专题发言。

9月20日,王明在发言中主张在抗战中实行持久战、运动战、游击战的军事战略,创造抗日根据地;在国共合作中,"保持中共在政治上组织上的独立性","中共应进行两条战线的斗争",要"保持革命警惕性",同时,他也谈到了抗战中的"统一"问题。② 这些看法说明,根据新的形势发展,王明适当调整和改变了自己过去在军事上过于强调正规战和保卫大城市以及在国共合作中过于强调"统一"的主张。

9月24日,受政治局委托,毛泽东做了题为《抗日战争与民族战线的新阶段新形势与党的任务》的主旨报告。毛泽东在报告中充分肯定了共产国际的指示,总结了抗战以来中共的工作,提出党的任务是坚持抗战、坚持持久战、坚持统一战线,以团结全国力量,准备反攻。他在报告中特别论述了统一战线问题,提出:"统一战线下,统一是基本的原则,要贯彻到一切地方、一切工作中,任何时候、任何地方,不能忘记统一。同时,不能不辅助之以斗争的原则,因为斗争正是为了统一,没有斗争不能发展与巩固统一战线。适合情况的斗争是需要的,对付顽固分子,推动他们进步是必要的。"③

毛泽东的报告得到与会者的拥护,周恩来说:"我完全同意国际指示与泽东等同志的报告。""我们拥蒋抗日、拥护三民主义是巩固统一战线的政治基础,但我们必须在保持党的独立性的原则之下。"④

中共政治局会议的召开及取得的一致意见,为随后召开的中央全会奠定了基础。9月29日至11月6日,中共扩大的六届六中全会在延安举行,参加会议的中央委员和候补中央委员有17人,中央各部门和各地区的领导

---

① 《共产国际和中国共产党》(1960年7月14、15日),《周恩来选集》下卷,第311—312页。
② 郭德宏编《王明年谱》,第425页。
③ 转引自金冲及主编《毛泽东传(1893—1949)》下卷,第516页。
④ 金冲及:《从十二月会议到六届六中全会——抗战初期中共党内的一场风波》,《党的文献》2014年第4期。

干部有 30 余人。这是 10 年前中共六大召开之后，出席人数最多、开会时间最长的一次中共中央全会。9 月 29 日，张闻天在全会开幕词中说："在我们今天开会的时候，国际形势和国内形势都是非常紧张的。国际上和平阵线和侵略阵线进行着激烈的斗争，国内武汉的抗战正处在最紧急的关头。我们是处在抗战的新阶段前面。如何使我们在中国民族抗战中发挥先锋作用，坚持已经进行了一年三个月的抗战，并增强我们的力量，这是这次全会要讨论的问题。"①

因为武汉保卫战正值关键时刻，周恩来需要立即回武汉处理各项紧急事务，故他先在 9 月 30 日报告统一战线工作，提出统战的 12 条原则，强调坚持抗战高于一切，坚持党在政治上的独立性，实现三民主义，认定国民党为主要合作对象等。②

10 月 12—14 日，毛泽东受中共中央政治局的委托，做了《论新阶段——抗日民族战争与抗日民族统一战线发展的新阶段》的报告。他首先说：抗日战争开始以来的进程证明，抗战是长期的不是短期的，因而战略方针是持久战而不是速决战；抗战能够取得最后胜利，悲观论没有根据；支持长期战争与取得最后胜利唯一正确的道路，在于统一团结全民族，力求进步与依靠民众，借以克服困难，争取胜利，而不是其他。

毛泽东在报告中充分肯定了国民党在抗战中的作用，谓："抗战的发动与坚持，离开国民党是不能设想的"；在"抗日战争的进行与抗日民族统一战线的组成中，国民党居于领导与基干的地位"；所以，"我们认为国民党有光明的前途"。但是，毛泽东也警示道："国民党中还存在着一些守旧分子，障碍着国民党进步的速度与程度……他们是反对国民党进步，反对国民党发展，甚至主张妥协的，如果这些分子占据优势，那中国的民族解放事业就要受到极大挫折，所以值得严重注意。"

抗日民族统一战线的有关问题是毛泽东报告的重点。他提出，抗日民族统一战线的特点是，全民族抗日的、长期性的、不平衡的、有军队的、有十五年经验的、大多数民众尚无组织的、三民主义的、处于新的国际环境的，因此，"深刻地研究与认识上述这些特点，才能采取恰当的政治上

---

① 《张闻天选集》，人民出版社，1985，第 224 页。
② 《周恩来年谱（1898—1949）（修订本）》，第 429 页。

的政策与工作上的态度"。统一战线总的任务应该是：坚持抗战，坚持持久战，巩固与扩大统一战线，以便克服困难，停止敌之进攻，准备力量，实行我之反攻，达到最后驱逐敌人之目的。

对于统一战线中的国共关系，毛泽东的报告提出了长期战争与长期合作的主张，因为战争的长期性决定合作的长期性，战争中的合作决定战争后的合作。为此，报告表示："拥护蒋委员长，拥护国民政府，拥护国共合作，拥护全国团结，反对敌人所施任何不利于蒋委员长、国民政府、国共合作与全国团结的行为"。"统一战线以国共两党为基础，而两党中又以国民党为主干，我们承认这个事实。因此，我们是坚决拥护蒋委员长及其领导下之国民政府与国民党的，并号召全国一致拥护。承认与拥护这个主干而又同时发展各党，是互相联系并不互相冲突的。"在当时武汉保卫战的态势不利，武汉面临失守危局，国民党内的妥协主张有所滋长，各方对如何坚持抗战不无疑虑的情况下，毛泽东的报告代表中共做出的表示，具有强烈的现实意义。

不过，毛泽东肯定国民党在抗战中的作用，肯定国民党在抗日民族统一战线中的作用，并不表示他完全肯定国民党在抗战中的所作所为，尤其是，他完全不同意所谓"一切经过"或"一切服从"统一战线的说法，而是特别强调共产党在统一战线中的独立自主。毛泽东的报告中有一节的主题就是"中国共产党在民族战争中的地位"。他提出，共产党应发挥"先锋的与模范的作用"，"必须保持加入统一战线中的任何党派在思想上政治上与组织上的独立性"；"否认独立性，只谈统一性，这是背弃民权主义的思想"。"统一战线中，独立性不能超过统一性，而是服从统一性，统一战线中的独立性，只是也只能是相对的东西。不这样做，就不算坚持统一战线，就要破坏团结对敌的总方针。但同时，决不能抹杀这种相对的独立性，无论思想上也好，政治上也好，组织上也好，各党必须有相对的自由权。""在今后新的抗战形势中，政治上反对右的悲观主义，将是头等重要的。但同时，反对'左'的急性病，也仍然要注意。在统一战线问题上，党的组织与民众组织问题上，则须继续反对'左'的关门主义倾向，以便实现长期合作，发展党，与发展民众运动。但同时，无条件的合作，无条件的发展，这种右倾机会主义倾向也要注意，否则也就要妨碍合作，妨碍发展，而变为投降主义的合作与无原则的发展了。"①

11月5日和6日，毛泽东在会议结论中，又就统一战线中的独立自主问题做了较为全面的阐释。他说："为了长期合作，统一战线中的各党派实行互助互让是必需的，但应该是积极的，不是消极的"；"用长期合作支持长期战争，就是说使阶级斗争服从于今天抗日的民族斗争，这是统一战线的根本原则……在民族斗争中，阶级斗争是以民族斗争的形式出现的，这种形式，表现了两者的一致性。一方面，阶级的政治经济要求在一定的历史时期内以不破裂合作为条件；又一方面，一切阶级斗争的要求都应以民族斗争的需要（为着抗日）为出发点。这样便把统一战线中的统一性和独立性、民族斗争和阶级斗争，一致起来了。"阶级斗争论和民族斗争论在毛泽东这里是统一的而非分裂的，这又基于毛泽东对唯物辩证法的理解和运用。毛泽东还说："在敌后，只有根据国民党已经许可的东西（例如《抗战建国纲领》），独立自主地去做，无法'一切经过'……中国的情形是国民党剥夺各党派的平等权利，企图指挥各党听它一党的命令。我们提这个口号，如果是要求国民党'一切'都要'经过'我们同意，是做不到的，滑稽的。如果想把我们所要做的'一切'均事先取得国民党同意，那末，它不同意怎么办？国民党的方针是限制我们发展，我们提出这个口号，只是自己把自己的手脚束缚起来，是完全不应该的。"这是毛泽东对战争初期中共如何处理与国民党关系的看法，其中也包括了对王明看法的批评。毛泽东的结论是：

> 总之，我们一定不要破裂统一战线，但又决不可自己束缚自己的手脚，因此不应提出"一切经过统一战线"的口号。"一切服从统一战线"，如果解释为"一切服从"蒋介石和阎锡山，那也是错误的。我们的方针是统一战线中的独立自主，既统一，又独立。②

---

① 毛泽东：《论新阶段——抗日民族战争与抗日民族统一战线发展的新阶段》（1938年10月12日至14日在中共扩大的六中全会的报告），《中共中央文件选集》第11册，第557—662页。
② 《统一战线中的独立自主问题》（1938年11月5日），《毛泽东选集》第2卷，第537—540页。

毛泽东的报告和结论表明，在统一战线和国共关系方面，中共高层基本达成了共识，曾经的意见不一趋于意见一致，毛泽东既坚持在统一战线中与国民党合作又坚持中共独立自主的主张显然得到了党内多数的支持。

10月15日，张闻天在全会的报告着重谈到统一战线问题。他说，统一战线内部"包含着敌对阶级，敌对党派"，"在进步中包含着严重的斗争"。既如此，则所谓"一切服从"和"一切经过"自然缺乏必要的根本的基础。他认为，统一战线的中心力量是国共两党，中心问题也是两党的问题。因为"过去的长期的斗争，又在两党间造成了很深的成见与鸿沟；共产党方面怕国民党'反水'；国民党方面怕共产党'争夺领导权'；相互间存在的互相防范与警戒；特别是国民党的'联共'与'反共'政策的矛盾性。而在共产党手里，也有武装与政权。这些均是摩擦的来源"。对于统一战线的形式及其特点，张闻天认为，统一战线在形式上是不平等的，合法权在国民党手里，共产党承认国民党的统治地位；同时，统一战线在政治上也是不平等的，共产党政权与军队是先进的，国民党则是政治落后和缺乏远见的，政治上国民党要接受共产党的主张，因此，共产党的力量，一般的发展比国民党要快，国民党的力量则削弱了（如敌后）。在这种情况下，共产党要善于把握总路线，坚持统一战线，坚持长期合作，总是把抗日放在第一位，从大处着眼，不急于在形式上求平等，而是善于在不平等的形式下壮大自己，同时尊重国民党，帮助国民党，不在国民党中发展共产党，使之安心。对于统一战线中的国共关系，张闻天提出："避免不必要的摩擦，不怕进行必要的摩擦，不必要的摩擦不可有，必要的摩擦不可无。"斗争"要有软有硬，有退让有进攻，但以防卫为主要形式。软到不丧失自己的立场，硬到不破坏统一。注意软硬的'分寸'"。他批评"将自己创造的力量，不在八路军新四军中去求合法，而交给友党人'加委'与指挥中去求'合法'，结果一定上当，自己不能指挥，反为人家指挥来反对我们"。因此，他强调"在统一战线中保持党的独立性，反对投降主义的倾向"。① 张闻天的这些看法，与毛泽东是一致的，而且应该说，自洛川会议以后，对于抗战时期中共的政治军事路线

---

① 洛甫：《关于抗日民族统一战线的与党的组织问题》（1938年10月15日），《中共中央文件选集》第11册，第667—672、687、700页。

的提出与调整，张闻天更多的是与毛泽东相一致的。作为当时在中共中央负总责的领导人，张闻天与毛泽东的基本一致，对于中共抗战路线的底定起着重要的作用。

10月20日，王明在六中全会做报告。因为事实已经说明他过去的意见不完全切合实际，所以他在报告中对其以往的主张也有一定的修正。他认为："抗日民族统一战线一方面有广大力量和长期存在发展前途，另方面包括有内部严重的斗争，而且只有在经过适当的斗争中才能巩固才能发展。"他还说，民族解放运动的统一战线中，绝不能取消阶级斗争，只能够改变阶级斗争的方式及和缓阶级斗争的程度；同时，无产阶级与民族资产阶级的民族统一战线运动的本身中，就含有极严重的阶级斗争。他又说，不能完全随国民党的意志为转移，同时也不能走得离国民党太远；提议不能过高到现在国民党根本不能接受的东西，也不能过低到只是国民党所想的那样。他提议，中共应明确声明，诚心诚意地拥护蒋委员长，承认蒋委员长是中华民族抗战建国的领袖，我们不参加国民政府，不在国民党军队中组织党的支部，不在国民党员中征收共产党员。他仍然坚持了他对抗战时期国共关系的基本判断，即"抗日高于一切，一切服从抗日"；"一切为着抗日民族统一战线，一切经过抗日民族统一战线"；"一切服从抗战利益，一切为着抗战胜利"。① 不过，因为王明在武汉时期的工作实绩不彰，国民党并未在国共关系方面做出太多让步，还尽力限制共产党的发展，使得王明主张的"一切经过"和"一切服从"在很大程度上失去了说服力，影响力大不如前，在中共高层中没有得到以往几次会议那样的响应。② 无论就名义还是就事实，毛泽东的报告都是全会的主旨报告，而王明的报告不过是全会的报告之一。

实际上，不仅仅是因为王明的政治主张，更由于王明不少自说自话、目无中央的举止，在这次全会前后，中共党内高层已经出现了对王明的批评甚至追责的呼声。为此，在王明报告过后，毛泽东曾经特意说了一段

---

① 《目前抗战形势与如何坚持持久战争取最后胜利》（1938年10月20日），《王明言论选辑》，第594—639页。

② 后来张闻天在延安整风时说："六中全会在毛泽东同志领导下，实质上推翻了王明路线。王明这时候碰了三个钉子（一个是蒋介石的钉子，一个是中央内部的钉子，一个是王稼祥同志从国际带回的钉子），所以气焰也小些了。"见程中原《张闻天传》，第479页。

话，对王明不无卸责或保护之意。他说："团结的要点是政治上的一致。此会上一切主要问题无不是一致的，这就保证了全党的团结。"王明"完全同意各报告"，"王明在部分问题中说的有些不足或过多一点，这是在发言中难免的。这些问题已弄清了。王明在党的历史上有大功，对统一战线的提出有大的努力，工作甚积极，他是主要的负责同志之一，我们应原谅之"。① 可见，毛泽东当时对王明的态度还是善意的、正面的，后来毛泽东在中共七大还曾就六中全会对王明的态度说："在六中全会的文件上，在六中全会的记录上，看不出我们尖锐地批评了什么东西，因为在那个时候，不可能也不应该提出批评，而是从正面肯定了一些问题，就是说在实际上解决了问题。"②

但是，为了避免再出现王明那样擅自主张、自说自话的情况，六届六中全会通过《关于中央委员会工作规则与纪律的决定》和《关于各级党部工作规则与纪律的决定》，明确规定："中央委员会的决议与文件，凡未经决定发表或向下级党部传达者各中央委员不得向会外任何人泄露"；"各中央委员不得在中央委员会以外对任何人发表与中央委员会决定相违反的意见，亦不得有任何相违反的行动"；"各中央委员如果没有中央委员会、中央政治局及中央书记处的委托，不得以中央名义向党内党外发表言论与文件"。强调中共的组织原则是个人服从组织，少数服从多数，下级服从上级，全党服从中央。"党的一切工作由中央集中领导，是党在组织上民主集中制的基本原则，各级党的委员会的委员必须无条件的执行，成为一切党员与干部的模范。"③ 在就制定这些文件做说明时，刘少奇提出："工作

---

① 金冲及主编《毛泽东传（1893—1949）》下卷，第519—520页。毛泽东对王明的肯定，也得到了张闻天的呼应。张闻天在会议报告中特别说道："要实事求是，不要神经过敏，太多'原则性'。对某种错误不要引申、推测、发展，制造倾向。不要把个别同志一地一时的错误思想，冠以左倾右倾的帽子。在斗争中要坚持，但不要急性病，不要张惶失措。一种思想上的某种夸大与不及，在思想过程中是任何人也免不了的。只有在当许多错误的思想中贯穿了一定的思想方向，不肯随时纠正时，才成为倾向。"见洛甫《关于抗日民族统一战线的与党的组织问题》（1938年10月15日），《中共中央文件选集》第11册，第703页。
② 《第七届中央委员会的选举方针》（1945年5月24日），《毛泽东在七大的报告和讲话集》，第163页。
③ 《中共扩大的六中全会关于中央委员会工作规则与纪律的决定》、《中共扩大的六中全会关于各级党部工作规则与纪律的决定》（1938年11月6日），《中共中央文件选集》第11册，第760—769页。

的分散，容易发生领导同志中的关系不好，这值得我们很大的注意。同时要提高各级党部的团结。好在现在全党在政治上没有什么分歧的意见。如何团结呢？我想在组织上、党规上保证党的团结。个人服从组织，少数服从多数，下级服从上级。"① 此后，在中共内部确实没有再出现像王明那样，未经请示批准即以个人名义发布党的重要主张和对这些主张提出个人意见的情况。

中共六届六中全会通过的《政治决议案》，"完全同意政治局在这一时期的政治路线和具体工作"。肯定在中共中央的领导下，"在极艰难复杂的条件之下，顺利的完成了有历史意义的政策转变"。决议提出中共在抗战时期的任务："国共长期合作，保证抗战建国大业的胜利，为三民主义的新中华民国而奋斗"。决议还决定：不在国民党及其军队中建立共产党的秘密组织，表示拥护三民主义，拥护蒋委员长，拥护国民政府的诚心诚意。决议强调："必须正确地开展两条战线上的斗争，去反对危害党、危害统一战线、危害抗战事业的'左'右不正确的倾向……乱加同志以'左'右倾机会主义帽子的错误，必须严格的纠正。"②

六届六中全会再度确认了毛泽东在中共领导层的核心地位。1935年的遵义会议，毛泽东重返中共领导核心，在军事决策和政治决策方面都发挥着越来越重要的作用。不过，直到全国抗战爆发，张闻天还是在中共中央负总责的领导人，中央政治局和书记处会议，仍由张闻天主持召开。王明返国之后，挟共产国际之威，提出一些自己的主张，与毛泽东明显有别，且其为人高调张扬，自说自话，不无成为中共最高领导人的心态，一时间令延安中共中央和毛泽东个人在中央核心的地位都受到影响。及至六届六中全会的召开，实践发展的过程，证明了毛泽东的主张更切合战争与中共的实际，更有利于中共未来发展及其远大目标的实现，再加共产国际对毛泽东领导地位的明确肯定，使得毛泽东真正成为中共领导层的核心领袖。这也是中共历史发展的选择和时势造就的结果。彭德怀在全会发言中说："领袖是长期斗争经验总结的，是长期斗争中产生的。毛泽东的领导地位

---

① 金冲及主编《刘少奇传》上卷，第336页。
② 《中共扩大的六中全会政治决议案》（1938年11月6日），《中共中央文件选集》第11册，第751—758页。

是由正确的领导取得的。"① 虽然全会并未改选中央领导机构，但是，张闻天在会上已经说到"中央主要领导者毛泽东同志的极高威信"，② 中共政治局委托毛泽东做全会政治报告，也是对毛泽东领袖地位的确认。③

后来经过延安整风运动，毛泽东在中共七大明确批评了1937年十二月会议至六中全会时期的"错误倾向"。④ 因此，中共六届六中全会的意义，用毛泽东的表述，是纠正了"这类错误思想，即不要求国民党洗脸，而是说它那个脸漂亮得很，我们的脸上都是灰，比不上它，至多和它差不多。时时拥护国民政府，事事拥护国民政府，处处拥护国民政府，就是这类错误思想的一个标准的口号。这样的东西是错误的"。⑤ 这"是一个重要的关键，没有六中全会，今天的局面不会有这样大。"所以"是决定中国之命运的"。⑥ 中共六届六中全会，确认了洛川会议提出的以"抗日救国十大纲领"为基础的抗战政治路线和在实践中得到成功的以持久战、游击战为中心的抗战军事战略以及在抗日民族统一战线中坚持完全独立自主的方针，特别是通过对毛泽东在中共中央领导核心地位的确认，使得这些路线、战略和方针在未来的执行和运用不再出现新的不确定性。由此亦可言，通过六届六中全会的召开，中共的抗战路线得以底定。

---

① 金冲及：《从十二月会议到六届六中全会——抗战初期中共党内的一场风波》，《党的文献》2014年第4期。
② 洛甫：《关于抗日民族统一战线的与党的组织问题》（1938年10月15日），《中共中央文件选集》第11册，第722页。
③ 1943年张闻天在延安整风笔记中说："我现在反省我在六中全会上没有坚持的推举毛泽东同志为中央总书记，是我的一个错误。""在六中全会时，关于此问题，我确曾向毛泽东同志提过，当时他不主张提这个问题。"也有其他人向张提出同样的提议，张也没有提交会议讨论。既然毛要张名义上仍"负总责"，张闻天也就"没有表示坚决让位的态度"。但是，张闻天表示："六中全会期间我虽未把总书记一职让掉，但我的方针还是把工作逐渐转移，而不是把持不放。自王明同志留延工作后，我即把政治局会议地点，移到杨家岭毛泽东同志处开。我只在形式上当当主席，一切重大问题均由毛主席决定，特别是在七、八月政治局会议之后（所谓'神仙会议'），我实际上是做了宣传教育部门的工作。"见张培森主编《张闻天年谱》上卷，第555页；程中原《张闻天传》，第473、481页。
④ 《对〈论联合政府〉的说明》（1945年3月31日），《毛泽东在七大的报告和讲话集》，第98页。
⑤ 《在中国共产党第七次全国代表大会上的口头政治报告》（1945年4月24日），《毛泽东在七大的报告和讲话集》，第115页。
⑥ 《第七届中央委员会的选举方针》（1945年5月24日）、《关于第七届候补中央委员选举问题》（1945年6月10日），《毛泽东在七大的报告和讲话集》，第163、231页。

第二节 中共抗战建政的理论和实践

一 新民主主义革命理论的提出

全国抗战时期，对于中共而言，不仅是革命实践的重大转变，也是革命理论的发展过程。中国共产党人既重视实践，也重视理论；既认为"实践的观点是辩证唯物论的认识论之第一的和基本的观点"，也肯定以"对于客观规律性的认识去能动地改造世界"的重要性。[①] 中共在抗战时期的革命实践，从建基于工农阶级专政的、武装割据的、建立苏维埃政权、反抗大地主大资产阶级专政和国民党统治的阶级性武装斗争，转变为建基于全国各民族各阶级各阶层的大团结、以抗日民族统一战线为基础、联合国民党及所有抗日力量、反抗日本帝国主义侵略和殖民地统治、捍卫民族独立国家主权的民族性自卫战争。对于这样的革命实践转变，如何进行理论的阐释，建立与之相适应的理论解释体系，并以这样的理论体系指导实践，同样是中共在抗战时期面临的重要任务。尤其值得关注的是，不是中共党内所有人，哪怕是党内高层领导人，都能认识到这种实践转变过程的意义，在抗战初期一度出现"左"的或右的倾向，便是对实践转变认识不到位的结果，从而凸显出建立新的革命理论指导的重要性。因此，在战争进入相持阶段、军事指导不像战争初期那样急迫的情况下，毛泽东在延安用了相当的精力从事理论著述，以建立中共对于这场战争以及革命的阶段性和全局性的理论认识和理论指导。毛泽东曾经引用列宁的话说："没有革命的理论，就不会有革命的运动。"可见毛泽东对理论以及理论对于实践指导意义的高度重视。

革命的性质及由此而导致的革命过程、革命领导、革命特点乃至革命的方方面面，首先决定于革命发生的历史背景和历史环境。熟读中国史书而又接受了马克思主义历史观和解释论的毛泽东，就是从中国历史入手，建立对于中国革命的认识。1939年10月，毛泽东在《〈共产党人〉发刊词》中论述道："由于中国是半殖民地半封建的国家，政治、经济、文化

---

① 《实践论》（1937年7月），《毛泽东选集》第1卷，第284、292页。

各方面发展不平衡的国家,半封建经济占优势而又土地广大的国家,这就不但规定了中国现阶段革命的性质是资产阶级民主革命的性质,革命的主要对象是帝国主义和封建主义,基本的革命的动力是无产阶级、农民阶级和城市小资产阶级,而在一定的时期中,一定的程度上,还有民族资产阶级的参加,并且规定了中国革命斗争的主要形式是武装斗争。"这样的论述较以往更为清晰明快地提出了中国的社会性质以及由此而决定的革命性质、革命对象、革命动力、革命形式等问题,非常适合中共对党员的革命理论教育。同时,毛泽东还在此文中提出了中共领导中国革命的三个基本问题是,"统一战线问题,武装斗争问题,党的建设问题",因此,"统一战线,武装斗争,党的建设,是中国共产党在中国革命中战胜敌人的三个法宝"。① 武装斗争的重要性已经在以往的革命实践中被毛泽东反复论述,并在中共党内得到了高度共识,毛泽东在此新的贡献是,将统一战线提到了极端重要的位置,这不仅是对过去"左"倾路线时期"唯我独革"、"唯我独尊"、盲目排斥革命同盟军的拨乱反正,而且是基于对中国社会特性的深刻认识而得出的结论,即中国社会是"两头小、中间大",因此必须关注中间阶级和中间势力,必须团结大多数;同时毛泽东对党的建设的强调,也是建立在对如何保持党在中国革命中的领导地位的深刻认识,并为以后的整风运动打下了理论基础。

在1939年12月发表的《中国革命和中国共产党》一文中,毛泽东对前述问题的认识和论述又进了一步。他写道:中国革命的性质是推翻帝国主义和封建主义的民族民主革命,无产阶级是革命最基本的动力,贫雇农、中农、小资产阶级也是革命的动力。但是,中国的"资产阶级民主主义的革命","不是旧式的一般的资产阶级民主主义的革命,这种革命已经过时了,而是新式的特殊的资产阶级民主主义的革命";"我们称这种革命为新民主主义的革命"。毛泽东在此明确提出了"新民主主义"的概念,从而与资产阶级的"旧民主主义"革命做了完全的区隔。新民主主义革命,"一方面是替资本主义扫清道路,但在另一方面又是替社会主义创造前提"。一言以蔽之,新民主主义革命,就是"无产阶级领导之下的人民

---

① 《〈共产党人〉发刊词》(1939年10月4日),《毛泽东选集》第2卷,第604—606页。

大众的反帝反封建的革命"。它的目标和前途不是资本主义,而是社会主义。①

1940年1月9日,毛泽东在陕甘宁边区文化协会第一次代表大会做了题为《新民主主义的政治与新民主主义的文化》的讲演。这个讲演稿发表在2月15日延安出版的《中国文化》创刊号,2月20日,又在延安出版的《解放》周刊第98、99期合刊发表,题为《新民主主义论》。② 这是毛泽东一生理论著述中最具有开创性的篇章之一,是他有关新民主主义革命的起源、性质、目标、路线、方针、政策等之集大成论述,也是毛泽东思想体系的重要组成部分。

毛泽东在《新民主主义论》的开篇提出了"中国向何处去"的命题,然后提出"我们要建立一个新中国"。"新中国",当然是对"旧中国"而言,那么,旧中国旧在何处? "旧中国"是殖民地(日本占领区)、半殖民地、半封建的社会,以及由此体现的旧政治、旧经济和旧文化。这是当时中国的国情,也是中国革命据以进行的社会环境。中国革命的目的就是要改变这样的社会形态,革命的对象就是帝国主义和封建主义,革命的目的就是建立中华民族的新政治、新经济和新文化,概括而言,就是建立一个"新中国"。

毛泽东随后论述了建立"新中国"的阶段论。第一步,是进行资产阶级民主主义的革命,现在还未完成,这也是世界资产阶级民主主义革命的一部分。但是,在俄国十月革命之后,因为无产阶级的壮大和社会主义国家苏联的诞生,反帝革命已经成为新的世界无产阶级社会主义革命的一部分。这个革命的客观要求是为资本主义的发展扫清道路,但是,因为殖民地半殖民地国家资产阶级的软弱性和妥协性,这个革命只能由无产阶级领导,建立的是新民主主义社会,是为社会主义的发展扫清道路。在"两个革命阶段中,第一个为第二个准备条件,而两个阶段必须衔接,不容横插一个资产阶级专政的阶段";但也不能"毕其功于一役","那就是空想,而为真正的革命者所不取的"。这就是五四运动以后"现时中国革命的历史特点。在中国从事革命的一切党派,一切人们,谁不懂得这个历史特

---

① 《中国革命和中国共产党》(1939年12月),《毛泽东选集》第2卷,第633—650页。
② 以下引文均见《新民主主义论》(1940年1月),《毛泽东选集》第2卷,第662—709页。

点,谁就不能指导这个革命和进行这个革命到胜利,谁就会被人民抛弃,变为向隅而泣的可怜虫"。

在论述了革命的阶段论之后,毛泽东重点阐述了新民主主义社会的诸般特点。

新民主主义的政治,由无产阶级领导,以农民、知识分子和小资产阶级为基本力量,联合民族资产阶级,建立既非资产阶级专政的资本主义共和国,也非无产阶级专政的社会主义共和国,而是几个革命阶级联合专政的共和国。通过实行真正普遍平等的选举制,由各级人民代表大会行使权力。这个共和国的国体,是各革命阶级联合专政;政体是民主集中制。"这就是新民主主义的政治,这就是新民主主义的共和国"。

新民主主义的经济,就是实行节制资本,平均地权,耕者有其田。操纵国计民生的大银行、大工业、大商业应为国家所有,国营经济是国民经济的领导力量,但并不禁止一般性的私营经济的发展。

新民主主义的文化,"一句话,就是无产阶级领导的人民大众的反帝反封建的文化",是民族的、科学的、大众的文化。

毛泽东在文中驳斥了右的、建立资产阶级专政的资本主义之路的看法,因为国际国内环境都不容许中国这样做,而且因为"新民主主义的政治、经济、文化,由于其都是无产阶级领导的缘故,就都具有社会主义的因素,并且不是普通的因素,而是起决定作用的因素";同时也驳斥了在当时就走无产阶级专政的社会主义之路的"左"倾空谈主义,因为在反帝反封建的任务没有完成以前,"社会主义是谈不到的"。中国革命必须分两步走,第一步是新民主主义,第二步才是社会主义,"而且第一步的时间是相当地长,决不是一朝一夕所能成就的。我们不是空想家,我们不能离开当前的实际条件"。

在论述了新民主主义革命的具体方面之后,毛泽东总结说:"新民主主义的政治、新民主主义的经济和新民主主义的文化相结合,这就是新民主主义共和国,这就是名副其实的中华民国,这就是我们要造成的新中国。"

最后,毛泽东用他惯有的浪漫主义的诗意的语言,为这个将要诞生的新中国欢呼说:"新中国站在每个人民的面前,我们应该迎接它。新中国航船的桅顶已经冒出地平线了,我们应该拍掌欢迎它。举起你的双手吧,新中国是我们的。"①

通过这一系列的理论著述，毛泽东以其对中国历史尤其是近代中国历史的谙熟分析和对中国现实的精到把握，总结了中国革命正反两方面的经验教训，系统地、完整地阐明了新民主主义的理论、路线、方针、政策等内容，包括建立新民主主义共和国的政治、经济、文化内涵和特征，勾画出中共将要领导建立的这个新共和国的蓝图，不仅对中共全党领导革命具有指导性意义，而且对当时的社会各界、对中间阶级阶层和中间势力也有相当的吸引力，呼应了他们的现实关切。这是毛泽东对马克思主义革命理论的重大发展，是毛泽东思想形成的重要标志，尤其是他创造性地将马克思主义理论与中国国情相结合，实现了马克思主义理论的中国化。从此以后，新民主主义革命，便成为中共领导的革命的标志和定性；新民主主义革命路线，也是中国共产党领导革命的重要指南。

抗战时期，毛泽东不仅重视理论建设，也很重视理论在实践中的运用。理论固然重要，但是，理论如何运用于实践并得到良好的结果，才是检验理论正确与否的最重要标准。毛泽东在他的重要理论著述《实践论》中写道："理论的基础是实践，又转过来为实践服务。判定认识或理论之是否真理，不是依主观上觉得如何而定，而是依客观上社会实践的结果如何而定。真理的标准只能是社会的实践。实践的观点是辩证唯物论的认识论之第一的和基本的观点。"②

注重实践对理论的检验，其重要环节在于如何在实践中运用理论，而在毛泽东看来，理论落到实践的环节，很大程度上就在于理论指导下的政策和策略的运用。抗战时期，毛泽东也重点论述了政策和策略对于中国革命的重要性，并发展出一整套极具成效、堪称炉火纯青的政策和策略主张。

抗战时期，毛泽东论述的政策和策略重点在于，"发展进步势力、争取中间势力、反对顽固势力"，"这是不可分离的三个环节，而以斗争为达到团结一切抗日势力的手段"。

发展进步势力，就是发展无产阶级、农民阶级和城市小资产阶级的力量，放手扩大八路军和新四军，广泛地创立抗日根据地，发展共产党的组织。

---

① 《新民主主义论》（1940年1月），《毛泽东选集》第2卷，第662—709页。
② 《实践论》（1937年1月），《毛泽东选集》第1卷，第284页。

争取中间势力，就是争取中等资产阶级（民族资产阶级）、开明绅士（地主阶级左翼）、地方实力派（有地盘的实力派和无地盘的杂牌军），作为反帝同盟军，共同抗日。

顽固派，就是大地主大资产阶级的势力，其中又分为降日派和抗日派。抗日派具有两面性，既抗日又反共，因此，既有可能争取他们留在抗日统一战线里，又要做思想上政治上军事上的坚决斗争，"这就是我们对付顽固派两面政策的革命的两面政策，这就是以斗争求团结的政策"。毛泽东指出："同顽固派斗争，是团结一切抗日力量、争取时局好转、避免大规模内战的不可缺少的手段"。但是，国民党不等于顽固派，应团结国民党中的中间派和进步派。同时，又必须注意遵循一定的斗争规则，第一是自卫原则，人不犯我，我不犯人，人若犯我，我必犯人，这是斗争的防御性；第二是胜利原则，不斗则已，斗则必胜，利用矛盾，各个击破，这是斗争的局部性；第三是休战原则，适可而止，这是斗争的暂时性。总体而言，"斗争是团结的手段，团结是斗争的目的。以斗争求团结则团结存，以退让求团结则团结亡"。

政策和策略的运用，其重点还在于争取中间势力，因为在毛泽东看来，左右两翼都有其革命和反革命的坚定性，唯有中间势力是需要下大工夫去争取的。所以，毛泽东重点论述了如何争取中间势力的问题。他指出："中间派的态度是容易动摇的，并且不可避免地要发生分化；我们应当针对着他们的动摇态度，向他们进行适当的说服和批评。"同时，必须在一定的条件下才能争取他们，即我们有充足的力量，尊重他们的利益，对顽固派做坚决的斗争并一步步取得胜利，没有这些条件，中间势力就会动摇，或者成为顽固派的同盟军。"在中国，这种中间势力有很大的力量，往往可以成为我们同顽固派斗争时决定胜负的因素，因此，必须对他们采取十分慎重的态度。"毛泽东还强调："知识分子的作用是不可忽视的……争取一切进步的知识分子于我们党的影响之下，是一个必要的重大的政策。"[①]

充分认识中间阶级和中间势力在中国的重要性和他们对中共领导新民主主义革命胜利的重要意义，对他们采取积极争取的态度和相应的政策，是抗战时期中共的政治路线有别于战前"左"倾路线盲目排斥中间阶级和

---

① 《目前抗日统一战线中的策略问题》（1940年3月11日），《毛泽东选集》第3卷，第744—752页。

中间势力的重要方面,也是中共在政治上不断趋于成熟从而不断取得发展的重要表现。对于这方面的路线和政策,中共领导层是有高度共识的,抗战时期,中共政策的重点就在于克服"左"倾路线的影响,落实抗日民族统一战线的政策和策略,争取最广大的民众都来投身抗日。

1940年10月,中共中央在给各根据地领导人的指示中指出:"许多地方犯有极左错误","其结果是缩小了我之社会基础,引起中间势力害怕,给日寇汪逆与顽固派以争夺群众团聚反动力量的机会。待错误形成,再去纠正,已使我们受到极大损失"。因此,"必须预防下级执行政策时冒犯过左错误","必须懂得左倾错误是当前主要危险,必须及时检查下级工作,纠正过左行动……此事望你们尖锐的提起全党全军注意,切勿等闲视之"。① 随后毛泽东也指出,因为过去不认识革命性质和长期性的特点,产生许多过左的政策,如经济上消灭资产阶级(过左的劳动政策和税收政策)和富农(分坏田),肉体上消灭地主(不分田),打击知识分子,肃反中的"左"倾,政权工作中共产党员的完全独占,共产主义的国民教育宗旨,过左的军事政策(进攻大城市和否认游击战争),白区工作的盲动政策,党内组织上的打击政策等。他明确提出:"目前党内的主要危险倾向,仍然是过左的观点在作怪。"应该实行政权组织的"三三制",劳动政策切忌过左,加薪减时不应过多,既减租减息又交租交息,按收入纳税,保障人民权利,发展生产,奖励民营企业,发展抗日的大众的文化,等等有利于团结人民抗战的政策。"各项统一战线中的策略原则和根据这些原则规定的许多具体政策,全党必须坚决地实行。"②

正是因为有了新民主主义的革命理论为指导,又有了与之相适应的政策和策略,同时注重理论与实践的结合,中国共产党及其领导的革命事业才能在抗战时期获得大发展,并为中共未来的革命事业开创了广阔的前景与现实的可能。

二 根据地的施政改革

全国抗战爆发后,通过广泛开展敌后游击战争,建立抗日根据地,中

---

① 《中央关于防止执行政策中左倾错误的指示》(1940年10月18日),《中共中央文件选集》第12册,第518—519页。
② 《论政策》(1940年12月25日),《毛泽东选集》第2卷,第762—769页。

共治下的地域面积和人口有了相当的扩展。从1937年的陕北根据地，发展到1945年的19块根据地，近百万平方公里，1亿人口。① 在这些抗日根据地中，中共实行了有别于战前苏维埃时期的一整套新的政治、经济、社会层面的路线、方针和政策，从而形成了以新民主主义为标志的独特的根据地治理模式。这样的治理模式，不仅适用于抗战时期，取得了相当的成效，奠定了中共战时发展的社会基础，而且中共总结其中的经验，修正其中的不足，使其不断发扬光大，又为战后赢得与国民党政争提供了有力的支持，直至为1949年中共在全国范围内的胜利和建政提供了可靠的基础。可以说，抗战时期中共在根据地的建政实践，是中共通过武装斗争夺取全国政权的革命征程中具有承上启下作用的关键一环。因此，"敌后抗日根据地的建设，决不只是抗日的问题，也不单纯是一个武装斗争的问题，它包括着民主政治的建设，政权机构的改革，经济政策的规划，人民生活的改善，文化教育事业的发展等各个方面的内容。它既是对一个旧社会的改造，又是对一个新社会的开创，具有建设新民主主义新中国雏形这样一个广泛而深刻的性质"。②

全国抗战爆发前苏维埃时期的中共建政实践，建基于工农阶级专政，以土改为中心，在苏区通过剥夺地主阶级的参政权，保障贫苦农民的政治地位和翻身感，成为中共革命的阶级基础和基本的支持力量。抗战时期，为了适应反抗日本侵略的全民族抗战的需要，最大限度地调动民众的抗日积极性，中共调整了政治路线，在各根据地的施政方针，基本是"以反对日本帝国主义，保护抗日的人民，调节各抗日阶层的利益，改良工农的生活和镇压汉奸、反动派为基本出发点"。③ 与苏维埃时期相比，中共这时的施政追求，在团结全民一致抗日的大前大背景之下，不止是关注工农阶

---

① 这19块根据地是：陕甘宁、晋绥、晋察冀、冀热辽、晋冀豫、冀鲁豫、山东、苏北、苏中、苏南、淮北、淮南、皖中、浙东、广东、琼崖、湘鄂赣、鄂豫皖、河南。见《毛泽东选集》第4卷，第1146页。
② 《聂荣臻回忆录》中册，第459—460页。
③ 《抗日根据地的政权问题》（1940年3月6日），《毛泽东选集》第2卷，第743页。还在红军长征到达陕北之后，根据形势的变化，毛泽东即指出："我们的政府不但是代表工农的，而且是代表民族的……不但代表了工农的利益，同时也代表了民族利益。……这是因为日本侵略的情况变动了中国的阶级关系，不但小资产阶级，而且民族资产阶级，有了参加抗日斗争的可能性。"见《论反对日本帝国主义的策略》（1935年12月27日），《毛泽东选集》第1卷，第158页。

级的利益,也要关注其他社会阶层尤其是社会中间阶层的利益,较前显得更有广泛的代表性和相当的灵活性。

抗战时期中共在根据地的施政,以陕甘宁边区为代表,先后在1937年6月、1939年4月、1941年5月公布了《民主政府施政纲领》16条、《陕甘宁边区抗战时期施政纲领》28条、《陕甘宁边区施政纲领》21条,集中体现了中共在抗战时期的施政方针和政策,明确这是"根据孙中山先生的三民主义、总理遗嘱及中共中央的抗日民族统一战线原则"而提出的,尤其是1941年的施政纲领,根据形势的发展,提出"三三制"、保障抗日人民的人权、改进司法制度、厉行廉洁政治、保证土地所有权和减租减息、发展农工商业、调节劳资关系、实行合理税收、尊重知识分子等各项政策。① 如胡乔木所言,这个纲领"更加全面也更加鲜明地体现了中国共产党团结抗战的基本路线和边区建设新民主主义社会的基本方针",其中"大部分内容都是毛主席审阅初稿时重新改写的,可以说,这个文件的主要作者是毛主席。它的制定和发布,不论在陕甘宁边区建设史上,还是在整个中国革命史和毛泽东思想发展史上,都占有重要的位置"。②

不止是陕甘宁边区,抗战时期中共创建的根据地都实行了一整套有别于国民党统治区的政治、经济、文教和社会政策。晋察冀根据地的创建者聂荣臻这样写道:"我们在创建抗日根据地的过程中,执行了一整套正确的方针、政策和策略。这一整套政策,涉及的范围相当广泛,不仅有总的政策,还有各方面的具体政策。包括减租减息政策、统一战线政策、知识分子政策、两面政权政策、除奸政策,等等。""这一整套政策的基本内容,从实质上讲,就是在一致抗日的前提下,一方面要照顾到各阶级各阶层的利益,另方面又要保证改善基本群众的生活条件和在政治上享有民主权利。"同时,"每一个抗日根据地的建立,不只是拖住敌人、配合正面战场作战的问题,也是在为实现这个宏伟目标,进行广泛的实践,为下一步的革命进程,为日后建立新中国,打下多方面的基础,积累丰富的经验。从一定意义上来说,根据地的建设具有未来新中国的雏形这样一种性

---

① 《陕甘宁边区施政纲领》(1941年5月1日),《中共中央抗日民族统一战线文件选编》下册,第570—573页。
② 《胡乔木回忆毛泽东(增订本)》,第121—136页。

质"。① 从这个角度去理解，对于中共在抗战时期根据地的施政变革当有更全面的认识。

中共在根据地的施政，与前相比最大的变化，是停止实行土地改革政策，"凡地主土地在苏维埃时代未没收的，不再没收，土地所有权仍属地主"。② 土地政策改为减租减息，这是"为了最大限度地团结各阶层抗日，同时又使基本群众的生活得到初步改善"；"是兼顾到各阶层利益的稳妥措施"。用聂荣臻的形象说法，这就是"挤牛奶"，而不是"吃牛肉"。"'吃牛肉'，把地主的土地统统分光了，一下子就吃完了，这当然很痛快，但是，以后你还吃什么呢？不光群众吃饭困难，我们部队也会没饭吃。'挤牛奶'，今天挤一点，明天挤一点，贫苦农民的生活可以得到一些改善，对封建剥削势力也没有根本消灭它，农民高兴，地主、富农也可以接受。另外，'吃牛肉'，把土地过早地分给贫苦农民，一切负担就要全部摊派在农民身上，要收税，要征收公粮。农民还没喘过气来，猛然增加沉重的负担，反而对我们不满了。我们暂时不分土地，一步一步地改善贫苦农民的生活，一方面使农民得到喘息，一方面又使他们对将来寄予希望，清楚革命的任务还没有完成，抗日的热情保持长久不衰。我们在这个问题上讨论来讨论去，大家统一了认识，一致的看法是：不能吃牛肉，还是挤牛奶好，这是合乎民族利益和各阶层利益的，便于将各阶层团结起来，一致抗日。"③

减租减息的政策调整，重点在减租减息，"以争取基本农民群众"，但也"规定农民有交租交息之义务，保证地主有土地所有权"；④ 既重在支持

---

① 《聂荣臻回忆录》中册，第573—574、579页。
② 林伯渠：《陕甘宁边区政府对边区第一届参议会的工作报告》（1939年1月），陕西省档案馆、陕西省社会科学院编《陕甘宁边区政府文件选编》第1辑，档案出版社，1986，第130页。
③ 《聂荣臻回忆录》中册，第462、470页。
④ 《抗日根据地应实行的各项政策》（1940年12月23日），《毛泽东文集》第2卷，第320页。这项政策在贫苦农民中曾引起一些不理解，中共做了很多解释工作。例如在晋察冀根据地，"阜平县减租以后，农民不交租，引起地主很大不满。要了解减租交租是一个完整的政策，如果农民不交租，政府又向地主抽税，这样地主就会不满意的。在群众斗争中要教育群众，使他们了解民族利益与阶级利益是一致的，长远利益与目前利益要适当的照顾"。见刘澜涛《晋察冀边区的群众工作》（1945年1月），《晋察冀抗日根据地》史料丛书编审委员会、中央档案馆编《晋察冀抗日根据地》第1册（下），中共党史资料出版社，1989，第983页。

农民的要求，又能在一定程度上照顾到地主的利益，对于抗战时期中共在农村建立稳固的根据地具有重要的意义。以中共的总结，这项政策"获得了广大群众的拥护，团结了各阶层的人民，支持了敌后的抗战。凡在比较普遍比较认真比较彻底的实行了减租减息，同时又保障交租交息的地方，当地群众参加抗日斗争与民主建设的积极性就比较高，而且能够保持工作的经常状态，安定社会的生活秩序，那里的根据地就比较巩固。但是这一政策，在许多根据地内还没有普遍的认真的彻底的实行。在有些根据地内，还只在一部分地方实行了减租减息，而在另一部分地方，或则还只把减租减息当作一种宣传口号，既未发布命令，更未动手实行。或则虽已有政府发布了法令，形式上减了租息，实际并未认真去做，发生了明减暗不减的现象。在这些地方，群众的积极性不能发扬，也就不能真正将群众组织起来，造成热烈抗日的基础。在这些地方，抗日根据地就无法巩固，经不起敌人的扫荡，变成软弱无力的地区。但是在另外若干地方，则又犯了某些'左'的错误，虽然这种错误只发生在一部分地方，并且经过中央指示后已经大体纠正了，但是还有引起各地同志加以注意的必要"。① 为此，在抗战进入相持时期的艰苦阶段以后，与实行"三三制"和"精兵简政"等政策调整相适应，"在详细研究各地经验之后"，1942年1月28日，中共中央发布《关于抗日根据地土地政策的决定》，"将我党土地政策作一总结的决定"，提出了中共在抗战时期有关土地政策的大政方针。

其一，中共抗日民族统一战线的土地政策的出发点是：(1) 承认农民（雇农包括在内）是抗日与生产的基本力量。故党的政策是扶助农民，减轻地主的封建剥削，实行减租减息，保证农民的人权、政权、地权、财权，借以改善农民的生活，提高农民的抗日与生产的积极性。(2) 承认地主的大多数是有抗日要求的，一部分开明绅士并是赞成民主改革的。故党的政策仅是扶助农民减轻封建剥削，而不是消灭封建剥削，更不是打击赞成民主改革的开明绅士，故又须实行交租交息，保障地主的人权、政权、

---

① 中共中央此前曾经指示："要防止农民的报复性与下级干部小资〈产阶〉级的疯狂性，容易走得过左。要避免发生如晋西北、冀南、鲁西等区域，在反顽固斗争中走到'无地主不顽固，无顽固不汉奸'乱打乱杀乱没收，把地主都逼往敌区顽区，与我尖锐对立的现象。"见《中央关于建立与巩固华中根据地的指示》（1940年11月1日），《中共中央文件选集》第12册，第544—545页。

地权、财权，借以联合地主阶级一致抗日；3. 承认资本主义生产方式是中国现时比较进步的生产方式，而资产阶级特别是小资产阶级与民族资产阶级，是中国现时比较进步的社会成分与政治力量，富农的生产方式是带有资本主义性质的，富农是农村中的资产阶级，是抗日与生产的一个不可缺少的力量。故党的政策不是削弱富农阶级与富农生产，而是在适当改善工人生活条件之下，同时奖励资本主义生产与联合资产阶级，奖励富农生产与联合富农，对富农的封建性质剥削实行减租减息后，同时须实行交租交息，并保障富农的人权、政权、地权、财权。只有坚持这些基本原则，才能巩固抗日民族统一战线，才能正确地处理土地问题，才能联合全民支持民族抗战，一切过左过右的偏向，都是不能达到这个目的的。

其二，实行抗战时期中共的土地政策，必须按照上述原则做适当的处理，农民和地主的合理要求都必须满足，但都应服从于整个民族抗战的利益；党与政府的工作人员，不是站在其中的某一方面，而是根据上述基本原则，采取调节双方利益的方针。（1）三三制政权，就是调节各抗日阶级内部关系的合理的政治形式，必须坚决地认真地普遍地实行；（2）政府法令应有两方面的规定，不应畸轻畸重。一方面，要规定地主应该普遍减租减息，不得抗不实行；另一方面，又要规定农民有交租交息的义务，不能抗不缴纳。一方面，要规定地主的土地与财产所有权仍属于地主，依法有出卖、出典、抵押及做其他处置之权；另一方面，又要规定当地主做这些处置时，必须顾及农民的生活。一切有关土地及债务的契约的缔结，须依双方自愿，契约期满，任何一方有解约的自由。

其三，如何实行减租减息和交租交息，一方面必须严惩官僚主义，严格检查工作，反对右倾观点；另一方面，必须明确解释党的政策，使党内和农民都不局限于眼前的狭隘的利益，而应把眼前利益与将来利益联系起来，把局部利益与全民族利益联系起来。

与这项决定同时发布的还有有关减租减息的政策解释。

有关减租的规定是：（1）地租应较战前租额减低25%（游击区的减租可以宽松到只减10%）；（2）地租不得预收，多年欠租应予免交；（3）遇有争议时实行调解，但政府有最后决定权；（4）永佃契约应保留，鼓励签订5年以上的长期契约，契约期满时，出租人有处置自由，但须于3个月前通知承租人，承租人有再租或购买的优先权；（5）承租人2年内无故不耕或力能付租而故意不付者，出租人有收回土地之权。

有关减息的规定是：（1）战前的借贷，以1分半为计息标准，如付息超过1倍者，停利还本，超过2倍者，本利停付，抗战后的借贷听任民间自行处理，政府不应规定过低息额；（2）债权人不得因减息而解除借贷契约，债务人亦不得在减息后拒不交息，债权人有依法追诉债务之权；（3）抗战后的借贷，债务人到期不能付息还本，债权人有依约处理抵押品之权；（4）如有债务争议问题，由政府调处、判处。①

若干特殊规定是：（1）罪大恶极之汉奸的土地应予没收，归政府管理，租给农民耕种，被迫当汉奸的土地不应没收，以示宽大；（2）逃亡地主的土地不得没收，无人管理者由政府代管，招人耕种，并保存其应得地租，代交田赋公粮，俟原主回家时，将土地和地租一并发还；（3）族地、社地、学地、宗教土地等维持原状，公荒地由政府分配给抗属、难民、贫农开垦，并归其所有，私荒地应先尽业主开垦，如业主无力开垦时，政府得招人开垦，土地所有权仍属于原主，但开垦用有永佃权。②

抗战时期中共实行的以减租减息为中心的土地政策，相较于苏维埃时期的激进土改政策，看似有所后退，但是适应了动员全民、一致抗日的形势要求，充分体现了实事求是的精神和原则性与灵活性的有机结合，而且，减租减息的土地政策，并非完全不动封建剥削，而是限制封建剥削，以便在未来形势变化时再实行土改，消灭封建剥削，又体现了革命阶段论的特点。这项政策的实行，不仅受到广大贫苦农民的欢迎和支持，使他们成为中共建立和发展根据地的基础力量，而且也在相当程度上缓解了地主士绅和有产阶级对共产党建政的担忧和抗拒，从而消减了中共在建立尤其

---

① 有关减租减息的具体问题，中共中央还规定："减租是减今后的，不是减过去的，减息则是减过去的，不是减今后的，大体上以抗战前后为界限。"在减息问题上，"应当允许农民清算旧账（包括算公帐与算私帐），以此作为发动群众的手段"。抗战爆发以后，"是借不到钱的问题，不是限制息额的问题。各根据地，都未认清这个道理，强制规定今天息额不得超过一分或一分半，这是害自己的政策。今后应该听任农村自由处理，不应规定息额。目前农村只要有借贷，即使利息是三分四分，明知其属于高利贷性质，亦于农民有济急之益。"见《中共中央关于如何执行土地政策决定的指示》（1942年2月4日），《中共中央文件选集》第13册，第299页。

② 《中共中央关于抗日根据地土地政策的决定》（1942年1月28日），《中共中央文件选集》第13册，第280—289页。

是巩固抗日根据地的过程中所可能遇到的阻力。①

减租减息这项照顾到各阶级各阶层利益的政策，虽然是以比较温和平缓的方式进行的，但在其实行过程中也非一帆风顺，也会遇到中共党内"左"的或右的阻碍，遇到农村中地主士绅和有产阶级或明或暗、或显或隐的抗拒和阻挠，需要中共通过提高其干部队伍的思想认识和政策水准，以及组织和发动农民，进行各种形式的斗争，才能将减租减息真正落到实处，收到实效。在那些过往中共革命从未波及、没有经过减租减息的地区，即便是温和的、比例有限的减租减息政策，也仍然使地主士绅和有产阶级失去其既得利益和真金白银，也会引起他们的反对甚至反抗，需要通过一定的斗争甚至激烈的斗争，才能使这项政策得以贯彻。为此，1942年2月，中共中央发出了有关土地政策实施过程中的步骤和方针的指示。

（1）基本精神是先要能够把广大农民群众发动起来，如果群众不能起来，则一切无从说起。在群众真正发动起来后，又要让地主能够生存下去。

（2）对于地主阶级，必须采取先打后拉、一打一拉、打中有拉、拉中有打的策略方针。当群众还未发动起来时，必须积极帮助群众打击地主的反动，确立群众力量的优势，使地主阶级感觉除了服从我们的政策便不能保持他们的利益，便无其他出路。在这种时候，畏首畏尾，束缚群众手足，就是右倾错误。

（3）在群众已经充分发动起来之后，能够及时地说服群众，纠正过左行动，给予地主以交租交息及政治上的"三三制"，保障地主的人权、政权、地权、财权，使其感恩怀德，愿与我们合作，达到团结抗日之战略目的。

---

① 即便是对于投敌汉奸地主的土地，中共也实行了比较稳重的政策，"罪大恶极的大汉奸的土地财产"可以没收，但须经特委、旅、专员以上党政军机关共同商决并报上级，"须经当地政权之正式判定并出布告"；"而不应没收一切当了汉奸的反共顽固分子的土地财产"；"为争取伪军反正抗日，所以一切伪军官长的土地概不没收"；全家逃亡的普通汉奸或地主的土地财产由政府暂时代管租给农民，俟其返回重新抗日时即退还；抗日军队及政权的经费来源，老区主要依靠税收、公债及救国公粮，新区依靠募捐及合理负担，"反对以打汉奸作为财政主要出路，反对在敌占区任意没收和罚款等之错误办法"。见《中央关于在敌后地区没收大汉奸土地财产问题的指示》（1940年7月31日），《中共中央文件选集》第12册，第426—427页。

(4) 实行政策的过程，一般须经过酝酿斗争、实行斗争（打）、团结抗日（拉）这三个阶段，所有这些，都是为着执行联合抗日这个战略方针的总过程中，应该极力注意的策略阶段。

中共中央认为，实行土地政策中的过左错误这时已经大体纠正，①"目前严重的问题，是有许多地区并没有认真实行发动群众向地主的斗争，党员与群众的热气，都未发动与组织起来，这是严重的右倾错误。这种错误，不但在较差的根据地中，是严重存在着，就是在最好的根据地中，亦有一部分区域尚未实行减租减息与发动群众斗争。因此，目前应当强调反对这种右倾"。② 于此亦可知，减租减息的土地政策，并非不经斗争甚或激烈斗争即可顺利推行的。减租减息与土地改革，内容虽然不一，但达致目的的途径和手段仍然有其相似性，温和平缓的方式也只是相对而言的。

在中共中央的部署下，各根据地都通过加强党的领导、充分发动群众的方法，实行了减租减息的土地政策，并根据各地不同的情况而有所调整和变通，在实践中取得了很大的成效，稳定了农村民心，促进了农业生产，改善了农民生活，成为抗战时期中共在根据地施政并保障根据地巩固和发展的基础性政策。"这种政策可以说是边区农村经济发展的最基本的原动力。凡是减了租的地方，广大人民的抗战与生产积极性都大大增加了。"③ 以中共在华北最早建立的晋察冀根据地为例，经过减租减息，"封建势力大大削弱，群众基本上翻了身，地主富农负担相当大，农民清算斗争很厉害。这时期地主不仅承认抗日政权，而且只要求生存权利、政治权利有保障，农会权威极高……边区阶级关系起了一大变化，全根据地面目为之一新"。"农民中贫农向中农发展，中农占百分之五十至六十，形成两头小中间大的阶级关系。"④

---

① 过左错误表现在，"减租减息后，佃户根本没有缴租，或者毫无理由的不按期缴租，债户根本停止偿还本息，而且以极坏的态度去对待地主"。见彭真《在中共中央北方分局扩大干部会议上的报告》（1940年9月1日），《晋察冀抗日根据地》第1册（上），第426页。
② 《中共中央关于如何执行土地政策决定的指示》（1942年2月4日），《中共中央文件选集》第13册，第295—298页。
③ 王稼祥：《晋察冀边区的财政经济》，李良志、李隆基主编《同盟抗战 赢得胜利》，上海人民出版社，1995，第198页。
④ 刘澜涛：《晋察冀边区的群众工作》（1945年1月），《晋察冀抗日根据地》第1册（下），第974—976页。

在中共新民主主义革命路线由理论到实践的过程中，抗战时期减租减息的土地政策，以渐进的方式，广泛而深入地改变着根据地农村的经济和社会结构，为中共未来实现彻底的土地改革和新民主主义革命的胜利奠定了重要的基础。

除了实行减租减息的土地政策之外，中共还在根据地实行了一系列具有社会改革意义的善政，如建立廉洁政府、[1] 组织农民生产、改良农业技术、提高妇女地位、提倡自主婚姻、发展文化教育、救济饥民灾民等，从而使根据地民众能够实际体验到一个不同于过往的新社会。总之，根据地"新政府暂时不必向外面发宣言通电，不要对外宣传过甚，以免刺激人家，但新政府在本区内应即发布各种布告法律命令提高自己威信，以完全新的姿态在人民面前出现"。[2] 实行这些政策的着眼点在深入群众，发动群众，"认真的研究群众生活，群众情绪，群众要求"，体贴群众意愿，满足群众要求，"在不同的环境，不同的时间，不同的具体口号之下，一步一步的组织他们，教育他们，领导他们改良生活，发动他们的积极性"，[3] 从而获得最广大群众的支持，奠定巩固和发展根据地的社会基础。

中共还特别注重根据地的基层组织建设，要求"将最大多数群众一步一步的组织于工会，农会，妇女团体，青年团体，儿童团体及民众武装团体（自卫军少先队）之中，为参加抗日改善生活提高文化而斗争"。[4] 如晋察冀根据地，覆盖晋、察、冀、热、辽5省的119个县，有1600万人，而在中共领导下的群众团体，如农会、工会、妇救会、青救会、童子军（儿童团与少先队合并）、抗敌后援会等，约有300万人，占总人口的近20%，

---

[1] 陕甘宁边区行政长官的津贴不过每月5元，县长每月3.5元，一般工作人员只有1-1.5元，同时严惩贪污腐败的行为。根据《陕甘宁边区惩治贪污条例（草案）》的规定，对公职人员贪污的惩处力度随贪污数额而递增，贪污数额100元以下者处徒刑或苦役，贪污数额1000元以上者处死刑。（艾绍润、高海深主编《陕甘宁边区法律法规汇编》，陕西人民出版社，2007，第88—89页）边区清涧县张家畔税务局长肖玉璧即因贪污3000余元被处死刑。

[2] 《关于冀南新政府成立后的工作指示》（1938年8月20日），《中共中央文件选集》第11册，第541页。

[3] 《中央关于深入群众工作的决定》（1939年11月1日），《中共中央文件选集》第12册，第192页。

[4] 《中央关于深入群众工作的决定》（1939年11月1日），《中共中央文件选集》第12册，第192页。

其中阜平县人口的75%、8岁以上人口的90%都在各种组织中；一般地区有组织人口占比为40%，应组织而没有组织的群众多在敌占区、游击区及新开辟地区。在根据地，民兵也发挥着重要的作用，"人民自己握有武装，阶级关系更加转变，地主削弱，民兵威信大大提高，其地位不亚于农会"。① 中共根据地民众的组织性，远远高于国民党统治区，不仅确保了根据地在中共领导下的社会稳定和发展，而且原本松散的乡村基础社会被有效地动员和组织起来，再通过中共由上而下的集中统一的领导，由中心到末梢，如身使臂，可以充分发挥根据地的各种内在潜力，对于中共领导的革命未来的发展直至最后的成功，也是有力的支持。

抗战时期中共在其治下的各根据地实行的一系列建政、施政举措，是在新民主主义的革命路线和政治路线指导下，通过全党上下的努力奋斗而达成的。这些建政、施政举措，既考虑到现实中战争时期的特殊性，又着眼于战后未来更长远的革命目标，形式与内容统一，目的和手段一致，在实践中取得了极大的成功，不仅使根据地得到了大发展，而且为未来的革命斗争奠定了坚实可靠的基础。如同有研究者所论，中共"在战争中确实进行了根本的革命，尤其是乡村社会和政治的变革"。他们"在村、县建立了新的政权"；"小农经济已成为经济生产的主要形式，这也改变了社会和政治相互作用的其他方面"；"党组织最终变得更团结、更复杂，不仅扩大了社会吸引力，而且扩大了党，尤其是建立了重要的农村基地"；"抗战期间的经验产生了数千干部"；"中共一个村一个村地逐步获得了拥护"。②

三 普选制的实施与参议会的建立

抗战时期根据地政治实践的独创性和实践性，以建立广泛的、包容各阶级各阶层的民主参与为中心，首先是在各根据地实施普选制并建立参议会制。

还在西安事变之后、全国抗战爆发之前，中共在和国民党就第二次国共合作的有关问题进行谈判时，已经提出了实行普遍的民主选举的主张，

---

① 刘澜涛：《晋察冀边区的群众工作》（1945年1月），《晋察冀抗日根据地》第1册（下），第974—976页。
② 〔澳〕大卫·古德曼：《中国革命中的太行抗日根据地社会变迁》，田酉如等译，中央文献出版社，2003，第261—279页。

要求年满 20 岁的国民，无论其财产、文化、性别、民族、信仰等，均应有选举权和被选举权，一律取消圈定和指定的办法，实行彻底的普遍平等直接无记名投票的选举制度。① 随后，中共身体力行，"首先在西北广大地区，实施抗战和普选的民主政治，作为全国民主政治之先导……特区民主政治的实施，在巩固和开展全国统一战线的基础上，这是国共合作迅速走上新的阶段的推力"。②

1937 年 5 月，《陕甘宁边区议会及行政组织纲要》和《陕甘宁边区选举条例》颁布，在边区"实行最适合于抗战的彻底的民主制度"，主要内容是：各级议会议员由选民以普遍、直接、平等、无记名投票的方式，依人口比例选举产生，凡年满 16 岁的边区公民，除卖国者、被剥夺公民权的罪犯和精神病患者外，无论其阶级、党派、职业、男女、宗教、民族、财产、文化程度，均有选举权和被选举权；政府对议会负责，由议会选举、任命、罢免各级行政长官，批准政府预算和各项建设计划，决定征收地方捐税及发行地方公债，创制、复决单行法规；等等。③ 孙中山先生当年所倡导的人民应拥有的选举、罢免、创制、复决四权，在边区的制度设计上得以体现，边区议会既是民意机构，又是权力机关，体现了中共在根据地政权建设设计中的独创性，且有别于国民党在国统区后来实行的参议会制度。④ 后来当选陕甘宁边区参议会议员的徐特立说：我们"就是要打破历史上形式主义的民主议会，建立真正有革命意义的，敢言而且敢做的议会，树立民族独立民权自由的基础"。⑤

---

① 《中央关于修改国民大会组织法与选举法的通知》（1937 年 4 月 11 日）、周恩来：《我们对修改国民大会法规的意见》，《中共中央文件选集》第 11 册，第 185—186、207—210 页。

② 毛泽东：《关于八路军应积极参加特区大会选举问题的指示》（1937 年 11 月 13 日），《中共中央文件选集》第 11 册，第 392 页。

③ 《新中华报》1937 年 5 月 23 日。1939 年《陕甘宁边区选举条例》修订时，将选举人和被选举人的年龄均改为 18 岁。后来建立的其他根据地参议会的选举办法及其职权也大体同于陕甘宁边区。

④ 晋察冀边区行政委员会对参议会等的解释是："边区参议会、县议会、区代表会、村民代表会都是人民代表机关，都是权力机关，都是行使选举、罢免、创制、复决四权的权力机关。一句话，基本上都是把立法与行政统一起来的政权机关，政府为其组成部分。"见《晋察冀边区行政委员会关于胜利完成各级选举的指示信》（1940 年 6 月 24 日），《晋察冀抗日根据地》第 1 册（上），第 352 页。

⑤ 徐特立：《边区参议会应有的任务》，《解放日报》1941 年 11 月 1 日。

全国抗战开始之后，中共在各根据地都实行了普选制和参议会制。①为了推动普选制和参议会制的发展，中共认为："民主的第一着，就是由老百姓来选择代表他们出来议事管事的人"。选举"是老百姓行使自由的头一桩事，我们要发展老百姓的自由，就得大量宣传，耐烦诱导，使每个老百姓都能凭着自己的意愿去进行参政，选举代表"。"我们反对那说老百姓文化低，不够讲民主，须要经'训'的胡说。但我们承认老百姓管理国家，要在实行管理中来练习。选举运动，是选举人和被选举人一齐上大课。"②这样普遍、直接、平等、自由的民主选举方式，使得根据地的广大民众得以行使自己的民主权利，秉承自己的自由意志，选举政权机关，并监督政权机关，可谓多少年来的破天荒之举，得到根据地民众的广泛拥护和支持。"事实说明了人民是需要民主，而且善于运用自己的民主权利的，一切反对民主的借口，都被事实粉碎了。"③同时，也只有"尽力作到乡、区、县政权真正民选，才能使政权从豪绅地主手中转移到广大抗日民众手中"。④通过这样由村、乡、区、县直至根据地大区层级的各级民选方式，也有利于中共将组织体系扩展到乡村基层，发动群众，打破千百年来的士绅统治格局，重塑以中共党的领导为中心的基层政权体系，并为中共新民主主义革命的成功奠定广大的社会基础。

1937年、1941年、1945年，陕甘宁边区先后进行了三次普选，选出了各级参议会，参选率都达到了选民人数的80%—90%，具有广泛的代表性。1939年1月17日至2月4日，陕甘宁边区第一届参议会在延安召开，边区政府主席林伯渠做报告，选举高岗为议长。根据条例的规定，参议员任期为3年，每年开会1次，必要时得召集临时会议；在参议会闭会期间，设常驻委员会，由常驻议员代行议会职权，监督边区政府的行政工作。边区参议会之下，县、乡均设有参议会，村设村民委员会，与各级政府机构相配套，议行合一，决定各项地方事务，形成完整的制度体系。

---

① 全国抗战爆发后，国民党决定在后方各省建立参议会，中共亦因此相应将陕甘宁边区议会改称参议会，并在其后各根据地建立参议会。
② 《陕甘宁边区政府为改选及选举各级参议会指示信》，《新中华报》1941年1月30日。
③ 中央档案馆编《陕甘宁边区抗日民主根据地·文献卷》下册，中共党史资料出版社，1990，第19页。
④ 《王稼祥关于对地主阶级政策的报告》（1939年1月31日），《中共中央抗日民族统一战线文件选编》下册，第214页。

在中共提出"三三制"政权（即共产党员、进步人士、中间派各占三分之一）的原则后，① 各级参议会也被要求实行相应的"三三制"原则。陕甘宁边区第一届参议会的参议员基本是中共党员，临时请了8个非党人士参加，"多数仍怀疑是请客作用，装饰门面，十分顾忌，不敢说话。存在他们心中想解答的问题，是我们能否言行一致，上下一致，公平断案，公平负担，保障他们的人权财权。他们特别忧虑将来不幸国共分裂时，我们是否仍要打土豪分田地"。② 1941年5月的边区第二届参议会选举，中共要求实行"三三制"的比例，但是，参议会是由普选产生的，而选举结果并不能保证参议员的比例构成达到"三三制"的原则，特别是在中共建政时间较长的老区，共产党参议员尤其是县及县以上参议员的当选比例一般都比较高。③ 在4万多名乡级参议员中，党派团体比例是，共产党占35%，群众团体占40%，绅士名流占20%，国民党占5%，大体符合"三三制"的比例。④ 但在县参议员和边区参议员的比例构成中，共产党员占了一半左右，不少党外人士落选。在边区参议会到会的219人中，中共为123人，国民党为24人，其他人员为72人。中共总结认为，这是因为"极大多数干部党员在思想及工作习惯上仍保持过去党政不分，把持包办的精神"；"对会议的一切准备工作做的不充分"，"未事先保证三分之二的党外人士当选，党员以多为胜，不注意质量"；"极大多数党员不善于与党外人士实

---

① 有关施政方面"三三制"的论述，请见下目。
② 《西北局对陕甘宁边区第二届参议会工作总结》（1941年12月4日），中共延安市委统战部组编《延安时期统一战线史料选编》，华文出版社，2010，第314—319页。
③ 以山东根据地为例，在工作基础好的地区，党员当选的比例较高，因为"共产党已在广大人民中建立了威信，故不觉其多"；而在工作基础较差的地区，党员当选比例仍然较高，因为"由于环境的恶化，实际情形，多半是共产党员在那里艰苦奋斗，坚持工作"。因此，"既然要人民民主自愿投票选举，谁也不能够勉强人民完全按照我们的主观意图凑足数目字呀！""三三制既是一个政治纲领，不是法律上的规定，而各地的政权机关与民意机关又都是由普选产生，那么选举的结果就不一定完全符合于三三制。怎样来坚决执行三三制的号召呢？这就要依靠各级政府与参议会的筹备会加以适当调整。"见黎玉《山东抗日民主政权工作三年来的总结与今后施政之中心方案》（1943年8月20日），山东省档案馆、山东社会科学院历史研究所编《山东革命历史档案资料选编》第10辑，山东人民出版社，1983，第245—246、317页。
④ 例如，陕甘宁边区的吴堡县和绥德县，共产党员占乡议员的1/4，清涧县则占1/3。在一般情况下，共产党议员超出比例的被要求退出，而不足比例的则维持不变。见《绥德等三县乡政府大部选出》《从民主运动中看到了什么？——清涧乡选概况》《吴堡竞选中党保证好人当选》，《解放日报》1941年7月28日，10月30、31日。

行民主合作,处处表示自以为是,盛气凌人,不愿倾听别人意见"。因此,"非党候选人很多未能当选。这不能不是这次选举运动的重大缺点,这不能不妨碍各党派及无党派进步人士参加边区民意机关之活动与边区行政之管理,为了补救这一缺点,边区政府已决定聘请落选的非党候选人(计有46位)为边区参议会正式议员"。再由"各县党委指定专人代表边区政府将此决定转达各非党候选人,详细说明我党实行'三三制'的决心与诚意。"在参议会9位驻会委员选举中,谢觉哉等6位共产党参议员申请退出,使驻会委员的共产党员数量严格限制在1/3。这样做的结果,使"边区内部各阶层人士对我观感改变,促进了内部团结,并且能吸收许多很好的非党人才来参加政府工作……我们在政权中的共产党员不能再党政不分,一意孤行,把持包办,必须耐心的去和非党人士商量,必须更慎重严肃的处理问题。我们的工作,不仅有党内的自我批评,而且有党外人士的批评"。①

其他根据地的情况也有和陕甘宁边区相似之处。晋察冀根据地1940年的选举,县参议员中,共产党员占55%,进步分子占26%,中间分子占19%;区参议员中,共产党员占48%,进步分子占41%,中间分子占11%。② 后来中共聘请非党人士百余人为边区参议员,"基本上补救了这个缺点"。在边区参议会7个驻会参议员中,只有2人是中共党员,国民党驻晋察冀联合办事处主任郭飞天也当选为驻会议员,有的士绅反映:"想不到有许多共产党以外的人士当选,更没有想到郭飞天当选"。③ 1943年8月山东省参议会召开一届二次会议,有共产党参议员17人、候补参议员8人因超过1/3的比例而提出辞职。④

为了在选举中实现"三三制"的原则,中共在实践中进行了不断的探

---

① 《西北局对陕甘宁边区第二届参议会工作总结》(1941年12月4日),《延安时期统一战线史料选编》,第314—319页;梁星亮、杨洪、姚文琦主编《陕甘宁边区史纲》,陕西人民出版社,2012,第208—209页。
② 谢忠厚、肖银成主编《晋察冀抗日根据地史》,改革出版社,1992,第205页。
③ 《中共中央北方分局关于晋察冀边区第一届参议会的总结》(1943年1月24日),河北省社会科学院历史研究所等编《晋察冀抗日根据地史料选编》下册,河北人民出版社,1983,第295—296页。
④ 《山东省临时参议会一届二次议员大会始末记》,《山东革命历史档案资料选编》第11辑,第78页。

索和改进。如在选举前通过协商的方法，各方联合提出候选人；利用共产党的组织和威望，做群众的工作；在选举后实行共产党员退出及增聘党外人士的方式，以保证"三三制"的比例落到实处。这样的模式，实际就是协商民主、多党合作、全民参政的民主实现方式，并在实践中逐渐完善，成为中共治下各根据地所普遍实行的基本政治制度。

当然，在"三三制"的实践过程中，也有另外的情况出现，表现为根据地的一些共产党员过于迁就其他方面，在实践中产生了负面的影响。例如晋察冀根据地，为了在选举中实现"三三制"的规定，"有的地方在选举中采用了反民主的强迫命令方式或其他违犯选举法的办法，以操纵选举"，这"是违反民主精神和最易使党失掉群众的办法"。为此，根据地中共党组织提出，在边区参议员选举中采用联记名投票，有计划地推动中间分子的领袖活动竞选，充分利用群众团体提出中间分子的候选名单，以推动"三三制"的实行。①

在山东根据地，"有些为了'三三制'，不慎重，不考察，随便拉入不好的上层，过去是右的，各县参议员、政府委员，拉了一些高利贷、甚至曾经是恶霸进来……有些县区，曾因参议会喊'左'了，就放松了减租减息。有些为了迁就'三三制'，政府中党员骨干也不得参加委员会了"。②这是因为"我们有很多同志，还没有深刻认识参议会的作用最主要的是在于通过它去扩大党的政治影响，更广泛的去团结各抗日党派、各阶层的广大群众在我党周围，以及进行某些不可避免的党外的政治斗争"。说到底，根据地的参议会，还是在共产党领导下的民主议事机关，不应是"超党派的、负责调整党政军民关系的机关"。③

虽然在实践中还有不足之处，普选制和参议会制在中共领导下的各根据地的广泛实行，确为中共在政治上的一大创举。此举不仅大大扩大了根据地民众的民主参与度和政治动员度，提升了广大民众对抗战和共产党的

---

① 彭真：《在中共中央北方分局扩大干部会议上的报告》（1940年9月1日），《晋察冀抗日根据地》第1册（上），第444页。
② 《罗荣桓、黎玉致毛泽东》（1944年8月12日），《山东革命历史档案资料选编》第12辑，第331页。
③ 黎玉：《六年来群众工作概括总结》（1943年10月），《山东革命历史档案资料选编》第11辑，第104—105页。

支持度及满意度,① 从而使中共能够在十分困难和复杂的情况下,领导根据地的坚持和发展,而且是对中共新民主主义革命的政治和政权理论的实践检验,并且取得了良好的成效。

四 "三三制"政权建设

全国抗战开始前,中共只在陕甘宁地区有自己的稳固根据地,建立了政权。全国抗战爆发后,随着八路军和新四军进军敌后,陆续建立各抗日根据地,建立根据地政权的问题也提上了中共的政治日程。在抗日根据地刚刚成立之际,中共对根据地的政权形式曾经考虑过实行"形式上维持原有政权形态,实际上政权在民众手中的原则"。② 根据地政权也有各种各样的表现形式,有些并不以正式的政权形式出现,而以中共实际掌握组织的方式出现,如山西"牺盟"掌权的县份,多数实际是在中共的掌握下;有些则并不更动国民政府的原有政权体制,但以中共人员或靠近中共的进步人士担任行政职务,行使行政职权。

不过,形式的发展很快改变了这样的局面。1938年1月,八路军进军华北后稳定占据的第一块较大地域——晋察冀边区的149名代表(代表39个县的1200万人),召开军政民代表大会,通过统一全区的军事、行政、

---

① 在根据地的普选中,经过中共的政治动员,乡村农民对于政治参与表现了较高的积极性,对于选举的过程和结果也相当看重,"当着候选名单公布以后,每个乡村都热烈地参加讨论,有的批评某人对革命不积极,某人曾经反对过革命,某人曾经贪污过,某人曾经是流氓,某人曾吸食鸦片等等。有的选民则公开涂掉其名字,有的则到处宣传某人的坏处等等……至于那些平日对抗战工作努力的分子,在选举中都当选了"。(林伯渠:《陕甘宁边区政府对第一届参议会的工作报告》,引自郭德宏《中共抗日根据地政权建设的特点和历史经验》,《历史教学》2005年第9期)针对乡村民众文化水平普遍不高的状况,不少乡村选举不采取投票的方法,而采取灵活多样的选举方式,如投豆、画圈、画杠等,选出自己心仪的人选。"这些方法,是人民的发明,是我们民主政策实行的又广泛又真实又深入的反映。在根据地人民文化水平很低,不会写字不会认票的情况下,又要实行民主制度,我们创造了新方法克服了许多困难"。(《晋冀鲁豫边区政府关于选举工作中几个问题的补充说明》,韩延龙、常兆儒编《中国新民主主义革命时期根据地法制文献选编》第1卷,中国社会科学出版社,1981,第312—313页)经过民主选举,乡村民众的政治意识和民主意识有了很大的提高,在陕甘宁边区,"在参议会中最受责难的是乡政府工作太不民主,乡上一切负担动员工作,都是由支部书记召集会议决定后,命令群众执行,群众非常不满这种秘密会议决定一切的办法。"见《西北局对陕甘宁边区第二届参议会工作总结》(1941年12月4日),《延安时期统一战线史料选编》,第318—319页。

② 《周恩来年谱(1898—1949)(修订本)》,第411页。

财政经济、文化教育、民运工作等决议案,并选举产生晋察冀边区临时行政委员会,以宋劭文为主任委员、胡仁奎为副主任委员。① 这是中国共产党独立自主领导的、在敌后根据地建立的第一个具有战略性的大区级的政权,在抗战时期的中共建政史上具有重要的意义。随后,根据形势的发展和根据地范围的扩大,中共在自己建立的各根据地,陆续建立了各级政权机构,其大体架构是在具有战略性的根据地(边区)建立类似省级的政权,其下建立县、乡级政权,而在战略性根据地政权和县乡级政权之间,也可以视情形在战略性根据地政权之下建立管理若干县份的"行署"或"专署"及在县之下管理若干乡镇的"区署",② 这样的管理形式设计,与当时国民政府治下的行政区划和政权机构设计,有其相似性,从而维持了在国共合作格局之下的相对统一,但是,行署、专署、县、乡的区域划分,根据中共管辖的区域不同和实际的需要,与过往的区域划分,也有不少相异之处,更关键的是,这些根据地政权,完全是在中共独立自主的领导之下,不受国民党和国民政府的领导,实行的是中共制定的政治、经济、文教、社会政策。通过这样的建政实践过程,不仅为中共在抗战时期的大发展奠定了强有力的支撑,而且为战后中共在各根据地建政范围的扩大和实践的深入乃至中共在1949年以后的建政和执政提供了宝贵的经验和基本的干部队伍。

中共特别注重根据地的政权建设,因为"政权建设是关系根据地能否生存的根本大计"。"先是通过由上而下的改造各级旧政权,然后由下而上的开展民主大选举,对边区政权特别是基层政权进行了全面彻底的改革,真正实现了民主政治,获得了人民群众的支持和拥护。"政权"这面大旗一竖,就使广大群众和各种抗日力量有了坚强的依靠……至于贯彻各种政策法令,掌握财政经济,进行文化教育工作,动员群众参军参战,都必须有一个职能健全的政府机构,而不能只由军队出面。从长远来看,新生的革命根据地还要为未来新中国的建设积累经验,更必须锻炼人民掌握政权

---

① 黄修荣编著《抗日战争时期国共关系纪事》,中共党史出版社,1995,第299页。
② 据统计,抗战时期中共领导下的行政公署有24个,专员公署104个,县政府678个。(李良志、李隆基主编《同盟抗战 赢得胜利》,第178页)再以山东根据地为例,1940年,建有区政府257个,县政府79个,专署8个,主任公署1个,县议会41个,专区参议会8个,行政区参议会1个,省参议会1个。见朱瑞《山东工作报告》(1940年11月),《山东革命历史档案资料选编》第6辑,第132—133页。

的能力"。①

中共领导的敌后抗日根据地的政权，都是在中国共产党的领导之下，但也与抗战时期的全国政治形势和国共合作的统一战线相适应，包容了中共之外其他各阶级各阶层各界别的政治代表人物，可以理解为是在全民族共同抗日大格局之下的统一战线的政权形式，既有别于过往苏维埃时期的工农阶级专政，也与国民党排斥其他党派政治参与而由其独家垄断的政治体制有别。用毛泽东的话说，"这种政权，是一切赞成抗日又赞成民主的人们的政权，是几个革命阶级联合起来对于汉奸和反动派的民主专政"。② 这种政权形式得到了根据地民众和社会各界的认同，曾经到过根据地考察的各界人士包括外国人士，也对中共治下的根据地政治生态有相当正面的评价。

随着抗战形势的变化，尤其是在抗战中期以后，日军对根据地的压力逐渐加大，国共合作也不似抗战之初那般密切，国民党对中共的限制日甚一日，中共根据地面对的内外环境越发严峻。中共的估计是："大资产阶级的投降方向与无产阶级、小资产阶级及中产阶级的抗战方向两方面展开日益明显日益严重的斗争。由于国内抗日进步势力克服投降倒退的力量还不足，就使得投降与倒退的危险依然严重地存在着，依然是目前时局中的主要危险。"③ 这就需要更广泛地团结各阶级各阶层的广大人群，扩大抗日民族统一战线的社会基础，共同因应形势的要求。而且，也是在此前后，毛泽东提出了引领中共革命的新民主主义的政治路线，其中明确提出新民主主义的政治应该实行各革命阶级联合专政，中共在根据地建立的政权，"带着推动全国建立统一战线政权的性质，为全国观感之所系，因此，必须谨慎地处理这个问题……过左和过右，均将给予全国人民以极坏的影响"。④ 正是在这样的背景下，中共在抗战中期提出了根据地政权组成的"三三制"原则。

1940年3月6日，毛泽东为中共中央起草对党内的指示，明确提出：

---

① 《聂荣臻回忆录》中册，第576—577页。
② 《抗日根据地的政权问题》（1940年3月6日），《毛泽东选集》第2卷，第741页。
③ 《中央关于目前时局与党的任务的决定》（1940年2月1日），《中共中央抗日民族统一战线文件选编》下册，第369页。
④ 《抗日根据地的政权问题》（1940年3月6日），《毛泽东选集》第2卷，第741页。

"根据抗日民族统一战线政权的原则,在人员分配上,应规定为共产党员占三分之一,非党的左派进步分子占三分之一,不左不右的中间派占三分之一。"这就是习称的"三三制"政权,其中共产党员(代表无产阶级与贫农)、非中共的左派进步分子(代表小资产阶级)、不左不右的中间派(代表中等资产阶级即民族资产阶级与开明绅士)各占约1/3。除此之外,"对于共产党以外的人员,不问他们是否有党派关系和属于何种党派,只要是抗日的并且是愿意和共产党合作的,我们便应以合作的态度对待他们"。毛泽东认为,做这样的人数比例限制是必要的,否则就不能保证抗日民族统一战线的落实,应"力避过右和过左的倾向。目前更严重的是忽视争取中等资产阶级和开明绅士的'左'的倾向"。为此,毛泽东还特别强调:

> 上述人员的分配是党的真实政策,不能敷衍塞责。为着执行这个政策,必须教育担任政权工作的党员,克服他们不愿和不惯同党外人士合作的狭隘性,提倡民主作风,遇事先和党外人士商量,取得多数同意,然后去做。同时,尽量地鼓励党外人士对各种问题提出意见,并倾听他们的意见。绝不能以为我们有军队和政权在手,一切都要无条件地照我们的决定去做,因而不注意去努力说服非党人士同意我们的意见,并心悦诚服地执行。

针对党外人士的参政特点,毛泽东还指出:"对参加我们政权的党外人士的生活习惯和言论行动,不能要求他们和共产党员一样,否则将使他们感到不满和不安。"① 毛泽东这样提出问题,并非无的放矢,而是具有现实的针对性,因为党外人士的情况比较复杂,不仅是言论行动和中共未必完全一致,即使是生活方面,诸如多妻多妾、抽吸鸦片等也可能是实际存在的情况,但是,只要他们主张抗日并且不反共,就是共产党应该争取的同盟者。

不过,毛泽东和中共提出建立的"三三制"政权,并不是放弃共产党的领导地位,而是改善共产党领导的必要途径。所以,毛泽东也提出:

---

① 《抗日根据地的政权问题》(1940年3月6日),《毛泽东选集》第2卷,第742—743页。

"必须保证共产党员在政权中占领导地位,因此,必须使占三分之一的共产党员在质量上具有优越的条件。只要有了这个条件,就可以保证党的领导权,不必有更多的人数。所谓领导权,不是要一天到晚当作口号去高喊,也不是盛气凌人地要人家服从我们,而是以党的正确政策和自己的模范工作,说服和教育党外人士,使他们愿意接受我们的建议。"同时,"人员数目的分配是一种大体上的规定,各地须依当地的实际情况执行,不是要机械地凑足数目字。最下层政权的成分可以酌量变通,防止地主豪绅钻进政权机关"。[①] 如何保持共产党的领导地位和领导力,社会下层是基础,所以毛泽东特别注重社会下层的政权建设,而且越到基层,情况越复杂,地主豪绅的实际影响力可能越大,也就越需要通过共产党对政权的实际掌握,保持共产党的领导力,而不是机械地要求人数比例的限制。中共在这方面是下了大力的,不仅推动根据地的三级(省、县、乡)政权和组织的建设,而且作为根据地的行政末梢——村级政权和村支部的建设,也得到相当的重视,这与1927年毛泽东领导"三湾改编",建立中共直接领导的武装力量时就提出"支部建在连上"一脉相承。中共不仅在军队中所有连级单位,而且在其他方面相当于连级的单位,都建立起党组织,确保党的领导落到实处,恰恰是在这方面,体现了共产党的领导力和对领导力的看重。

对于基层政权建设如何实行"三三制"原则,中共党内的看法基本是一致的,即越到基层,越需要加强党的领导。彭德怀在中共七大发言时总结说:"村级政权的'三三制'不宜过于强调。只有基本群众的优势得到巩固,人民武装(民兵)建立起来了,从教育中,从实践中,干部群众取得了掌握政权的经验,这时,注意村级'三三制',才是对的。"[②] 曾任陕甘宁边区政府秘书长的李维汉认为,边区和县政权要强调实行"三三制",乡级则不必机械地实行"三三制",只照顾党与非党联盟就可以了,因为"乡村的人民主要是农民和其他劳动人民,农民由地主代表,于理不通,于情不合"。"在乡政权不宜吸收许多地主阶级的代表参加,而应由农民自己选择他们所信任的能不损害他们的根本利益的人参加,防止硬拉'开明

---

① 《抗日根据地的政权问题》(1940年3月6日),《毛泽东选集》第2卷,第742—743页。
② 《在中国共产党第七次全国代表大会上的发言》(1945年4月30日),彭德怀传记编写组编《彭德怀军事文选》,中央文献出版社,1988,第191页。

绅士'凑数,脱离农民群众,束缚他们的手足,这就是实事求是。"① 中共中央也明确要求"注意在区村级的区长村长一定要是党员与进步分子,才能真正保障基本群众利益,防止地主阶级的操纵"。②

就各根据地的具体情况而言,乡村政权的情况确实比较复杂。在山东根据地,县政权的共产党员数量比例最大,鲁西有些县甚至达到了百分之百,但乡村干部的共产党员比例多数少于1/3,有些乡村不过5%—10%,甚至没有共产党员。因为在乡村,地主士绅还有很大的势力,又是人情社会,人际关系复杂,工作任务繁杂,③ 在共产党的组织还没有深入乡村、社会改革还没有大力进行的情况下,"多数党员与贫农均不愿当村长,现有村长绝大多数贪污与受地主豪绅操纵的事实,证明上层政权还不善于与非党人士合作,下层政权还未彻底改造"。山东的中共党组织也认识到:"村乡政权改造过的最少,成分最坏,教育最差,而一切政令行不通的也就在乡村政权,贪污浪费腐化最严重、最多的,也就在乡村政权,所以改造与教育乡村政权干部,是今天政权的最中心工作。"中共山东分局因此提出:"村乡长人选,在成分上以工农、革命知识分子为主"。④ 对于"三三制"政权的建设,中共实际更强调上层政权的"三三制"对中间势力的示范和拉动效用,而在下层政权,则更强调共产党的领导并实行社会改革,以争取最广大民众的支持。但是,实践的结果往往有时有些偏差,中共力量在下层还不能完全掌握乡村政权,而在上层中间势力代表的政治参与度又不够。这是需要在实践中努力解决的问题。

"三三制"政权原则的提出,其实还不仅仅在于其对于各方面人员比

---

① 李维汉:《回忆与研究》下册,第517—518页。
② 《中央关于建立与巩固华中根据地的指示》(1940年11月1日),《中共中央文件选集》第12册,第543—544页。
③ 在晋察冀根据地,"战时的工作,单讲支差,已经千百倍于平时,再加上办保甲、发展生产、征收公粮、推销公债、指挥坚壁清野等等,尤其吃不消。因此,当选而坚辞、就职而叫苦的村长,到处皆是。这样,要想村政权发挥大的作用,事实绝不可能"。见《晋察冀边区行政委员会关于村选举的指示信》(1939年1月25日),第219页;《晋察冀抗日根据地》第1册(上),第219页。
④ 《中央对鲁西和冀鲁豫边区工作的指示》(1941年7月)、陈明:《山东抗日民主政权目前中心工作》(1940年11月11日),《山东革命历史档案资料选编》第7辑,第206页;第6辑,第49—50页。晋察冀根据地也明确规定:"村长、区长等必须是党员或进步分子。"见彭真《在中共中央北方分局扩大干部会议上的报告》(1940年9月1日),《晋察冀抗日根据地》第1册(上),第444页。

例的规定，而牵涉到中共在抗战时期对于根据地建设大政方针和如何体现中共领导地位的把握，以至于新民主主义革命路线的理论和实践。在"三三制"政权的原则提出前，对于根据地政权的性质，中共内部曾有这样的意见："在政策上是统一战线的，而在其阶级实质上应该是工农小资产阶级的政权"。中共中央则明确否定了这样的看法，认为这样"对我们对抗日都是不利的"，并将根据地政权的性质定义为"几个革命阶级联合的政权"，"以工农小资产阶级为主，同时又不拒绝进步的中产阶级分子及进步绅士参加的政权，这样形式与内容便是一致的"，从而与"国民党政权则是大资产阶级与地主联合的政权"相区隔，体现出更广泛的代表性和包容性。①"三三制"政权的原则提出之后，在实践中得以不断地发展完善。1941年5月1日，中共陕甘宁边区中央局颁布《陕甘宁边区施政纲领》，明确规定中共党员只占选举候选人名单和行政机关成员的1/3，将"三三制"政权的组成原则以政纲形式加以确定，"三三制"成为抗战时期中共各根据地实行的基本政治制度。

以中共根据地的政治中心陕甘宁边区为例，"三三制"政权的建设，在陕甘宁边区得到最早和最普遍的落实。1939年，"第一届边区参议会的参议员差不多是清一色的共产党员，只临时聘请了少数的党外人士"。②1940年4月，陕甘宁边区政府发布《关于新区行政工作之决定》，要求"各级参议会与政府委员，必须包括各阶级各抗日党派与无党派之成分"，"无论任何一政党之党员所占议员或委员之总数不得超过三分之一"。③1941年1月，边区中央局发出《关于彻底实行"三三制"的选举运动给各级党委的指示》，要求"边区自乡村起可以彻底的实行'三三制'"，"仔细的有步骤的大胆的选举非党进步人士到政府机关为行政人员"。④但是由于种种原因，实际执行的结果，乡级政权大体达到了要求，在县级政权和边区政权的中下级干部

---

① 《中央关于抗日民主政权的阶级实质问题的指示》（1940年2月1日），《中共中央抗日民族统一战线文件选编》下册，第373—374页。
② 《陕甘宁边区民主政权与三三制（报告纲要）》（1944年），中央档案馆、陕西省档案馆编《中共中央西北局文件汇集（1944年）》甲5，编者印表，1994，第446页。
③ 陕西省档案馆、陕西省社会科学院编《陕甘宁边区政府文件选编》第2辑，档案出版社，1987，第174—175页。
④ 中共延安地委统战部、中共中央统战部研究所编《抗战时期陕甘宁边区统一战线和三三制》，陕西人民出版社，1989，第413—414页。

中，中共仍占较高比例。至于边区政府，在中共中央和西北局的直接督导下，基本保证了"三三制"的比例。11月6—21日，边区第二届参议会召开第一次大会，在选出的18位政府委员中，中共委员为7人，超过了"三三制"的比例，为此，中共委员徐特立退出本届政府，另选非中共人士担任委员。当时担任边区政府副主席的李鼎铭、参议会副议长安文钦、教育厅副厅长贺连城、建设厅副厅长霍子乐等，都是民族资产阶级和开明士绅的代表。据统计，有3592名非中共人士在陕甘宁边区担任乡长和科长以上的行政干部，① 从而基本保证了其在各级干部中的数量比例。

为了推动"三三制"政权的建设，推动与党外人士的团结合作，中共需要下大力着手解决的，还是"以我为主"的习惯性的"左"的倾向，因为"党内认识不一致，思想有分歧，自然要影响到实践，实际上也发生了影响"。"'凑数'就成为相当普遍的现象，'左'倾情绪也赞成凑数的办法，'三三制不过摆摆样子，对外好影响……拉几个上层人物凑凑数吧'。"② 非中共人士参政后得不到应有的尊重，有职无权。所以，中共中央就实行"三三制"发布的指示中，明确要求"纠正在执行统一战线政策中的左倾错误"。诸如，"不执行各阶级联合政权的原则，对中央建立'三三制'政权的指示怠工"。"要求中间分子有进步分子一样的表现，不承认中间分子的地位。对非党干部表示不信任，不接近，没有同非党干部共同工作的习惯"。③ 毛泽东还特意到陕甘宁边区第二届参议会第一次会议发表演说，批评"一部分共产党员，还不善于同党外人士实行民主合作，还保存一种狭隘的关门主义或宗派主义的作风"。他强调说："共产党员必须倾听党外人士的意见，给别人以说话的机会。别人说得对的，我们应该欢迎，并要跟别人的长处学习；别人说得不对，也应该让别人说完，然后慢慢加以解释。共产党员决不可自以为是，盛气凌人，以为自己是什么都好，别人是什么都不好；决不可把自己关在小房子里，自吹自擂，称王称霸。除了勾结日寇汉奸以及破坏抗战和团结的反动的顽固派，这些人当然

---

① 《中国共产党组织史资料》第3卷（上），中共党史出版社，2000，第103页。
② 《陕甘宁边区三三制的经验及其应该纠正的偏向》，《林伯渠文集》，华艺出版社，1996年，第370—380页。
③ 《中央关于目前形势与党的政策的决定》（1940年7月7日），《中共中央抗日民族统一战线文件选编》下册，第431页。

没有说话的资格以外，其他任何人，都有说话的自由，即使说错了也是不要紧的。国事是国家的公事，不是一党一派的私事。因此，共产党员只有对党外人士实行民主合作的义务，而无排斥别人、垄断一切的权利。"他坦诚地向到会的党外人士说："共产党并不是一个只图私利的小宗派、小团体。不是的，共产党是真心实意想把国事办好的。但是我们的毛病还很多。我们不怕说出自己的毛病，我们一定要改正自己的毛病。"①

经过政策的调整，在各级政府机关中中共与非中共人士的关系有了相当的改变。非党人士"一般的比以前更靠拢共产党，也敢于说话，对我们有赞扬，也有批评"；"怀疑情绪消失了，一部分人表示愿意出来担任工作"。②据李维汉回忆，"在一个时期内，我们和这些中间人士的关系，一度搞得不十分好，把李鼎铭当客人待，形式上客客气气，事实上对他的职权并不尊重。而他对是否有职有权，则非常重视"。李鼎铭对此表示消极和不满，开会不发言，文件不划行。他告诉李维汉："任职后，政府开会要我主持时，只临时给我一个条子，什么都不跟我谈，我怎么办？政府下达命令、指示，要我划行，有的内容事先我一点也不知道，怎么办？现在同级把我当客人，下级把我当傀儡。党上有包办，政府不能决定政策。我这个副主席也不想干了。"李维汉即和边区政府主席林伯渠商量，此后各厅处轮流向李鼎铭汇报工作，每次政务会议前都汇报会议内容，文件先向李鼎铭说明内容，取得他的同意，平日和他多接近、多谈心、多交换意见。结果，"这样做，李鼎铭很高兴，态度完全变了。不作客人，而作主人了。不讲'你们党上'，而讲'我们团体'了"。③边区参议会副议长谢

---

① 《在陕甘宁边区参议会的演说》（1941年11月6日），《毛泽东选集》第3卷，第809—810页。
② 《陕甘宁边区民主政权与三三制（报告提纲）》（1944年），《中共中央西北局文集汇集（1944年）》甲5，第451—452页。
③ 李维汉：《回忆与研究》下册，第522—526页。李鼎铭曾说："实行'三三制'，把数字提出来是很容易的，但主要的却在贯彻'三三制'的精神"。（《边府委员会第一日》，《解放日报》1942年4月7日）1943年1月29日，西北局秘书长贾拓夫召集李鼎铭等举行座谈会，传达西北局高干会的经过与决定，听取他们的意见。李鼎铭等听后都很振奋，一致表示愿与共产党关系更亲密起来，希望以后凡不是中共党内问题，都能事先与他们商谈，同时对过去关于此类问题向他们谈得不够也表示了某些意见。2月初，任弼时批示：以后凡经政府通过执行的重要政策，可以先与他们交换意见，然后提出。见《任弼时年谱》，第439页。

觉哉对"三三制"解释说:"什么叫领导?领导就是带路的意思(毛泽东语),党的主张符合各个阶级的利益,他知道跟着我们党来有好处;其次,党员很积极、有信义,站在一切斗争的前头,他知道跟着我们党员走不会吃亏。少数人带路走在前,多数人在后面跟着,从没有带路人要比跟着走的人多的道理。靠人多强迫人家跟着走,那是押送,不是带路。"① 1942年冬,西北局高干会议批评了在"三三制"问题上的形式主义错误,批评有人认为"三三制"过时了,对党外人士疏远了。1943年3月,边区政府又提出:"今后应当继续为贯彻三三制而努力,而对已得之成绩则尤应使之更加充实、更加巩固"。②

在"三三制"政权之下,不仅保证了中共的领导地位,③而且争取了中间阶级和阶层及其政治代表力量的支持,使中共根据地内各阶级各阶层的不同利益诉求得到合理的、充分的照顾,根据地的内部团结得以巩固,并且可以此批评国民党排斥其他党派政治参与的独裁统治;④同时推动了中共新民主主义革命的政治理论、路线、方针、政策的形成,并付诸实践的检验,对于中共革命的最终成功具有重要的意义。实际上,"三三制"政权原则的最重要意义,是对中间阶级和中间势力的争取,而他们的态度和立场所向,不仅对于抗日战争的胜利具有重要的意义,更对于中共领导革命最终夺取全国政权的胜利具有重要的意义。毛泽东曾经多次说:"须知中国社会是一个两头小中间大的社会,共产党如果不能争取中间阶级的群众,并按其情况使之各得其所,是不能解决中国问题的。"在中国社会,

---

① 谢觉哉:《三三制的理论与实际》,转引自陈瑞云《论抗日战争时期解放区的政权建设》,《史学月刊》1982年第2期。
② 中共延安市委统战部组编《延安时期统一战线研究》,华文出版社,2010,第171页。
③ 中共党员大约占根据地人口总数的5‰,并具有高度的组织性,再通过各种外围组织,如青年团、农会、工会、妇女会、儿童团等,形成党领导的严密而有效的组织网络架构。"有了严密组织和有效动员的结合,即便是在抗战期间以统一战线为出发点,以'三三制'为人事准则的抗日民主政权中,党同样能对它进行有效的控制。"见李里峰《革命政党与乡村社会——抗战时期中国共产党的组织形态研究》,江苏人民出版社,2011,第51、94页。
④ 周恩来解读"三三制"的意义在于:一是"共产党不一定要在数量上占多数,而争取其他民主人士与我们合作。任何一个大党不应以绝对多数去压倒人家,而要容纳各方,以自己的主张取得胜利"。二是"各方协商,一致协议,取得共同纲领,以作为施政的方针。"(《一年来的谈判及前途》,1946年12月18日,《周恩来选集》上卷,第253页)这两点都是针对当时国民党的施政作为。

"无产阶级和地主大资产阶级都只占少数,最广大的人民是农民、城市小资产阶级以及其他的中间阶级。任何政党的政策如果不顾到这些阶级的利益,如果这些阶级的人们不得其所,如果这些阶级的人们没有说话的权利,要想把国事弄好是不可能的"。① 而这又是中共在抗战之前的革命斗争中尤其是在"左"倾路线的影响下,没有完全解决的问题。所以,毛泽东指出:"如果我们能以正确政策争取民族资产阶级,在抗日民主方面与我们合作,在国共斗争方面保持中立,则不仅对孤立大资产阶级有极大帮助,且使我们的新民主主义政策得以开始在全国注目之地区具体实现,对于目前阶段整个革命进程是有帮助的。"② 刘少奇亦指出:"如果在根据地内很好地推行各阶层联合的民主政治,推行三三制等,具有全国性的政治意义,具有新中国雏形的政治意义,足以影响与推动全国、特别是战后的民主运动的话,那末我们就要下决心,务必在今后把民主政治、三三制等切实推行,非达到可能的高度不可。""我们就应该以极大的注意和切实而广泛的工作去争取中间势力站到我们这一方面来,或在斗争中守善意的中立。而且我们的目的,不只是要中间势力在今天能对我们守中立或倾向我们,主要的是要使他们在战后为新中国的斗争中能赞助我们或善意中立。我们今天争取中间势力的工作,主要是为战后斗争做准备的。目标应该放远些。"③ 这又表明中共领导层力图通过实行"三三制"政权等政策,大力争取中间势力的支持,既关注抗战时期的当下,又着眼于战后中国的未来。所以,"三三制""既不代表共产党领导的消退,也不代表背离过去。它代表最重要的一步是扩大各界的支持和利用他们的行政和领导技巧。与国民党形成鲜明的对照,共产党通过'三三制'表明他们有能力与无党派人士分享权力和共同有效地工作"。④

---

① 《关于打退第二次反共高潮的总结》(1941年5月8日)、《在陕甘宁边区参议会的演说》(1941年11月6日),《毛泽东选集》第2卷,第783页;第3卷,第808页。
② 《毛泽东关于争取民族资产阶级问题致周恩来、叶剑英电》(1940年10月14日),《中共中央抗日民族统一战线文件选编》下册,第475页。
③ 《克服困难,准备反攻,为战后建立新中国创造条件》(1942年7月20日),《刘少奇选集》上卷,第225、230页。
④ 〔美〕马克·赛尔登:《革命中的中国:延安道路》,魏晓明、冯崇义译,社会科学文献出版社,2002,第167页。

五 "精兵简政"的提出和实行

随着中共根据地各项建设事业的发展,根据地的党政军机关亦日渐庞大,财政负担日渐增长,而抗战中期以后,一方面是日军对根据地的"扫荡"和压迫成为常态,并实行残酷的"三光政策",严重破坏了根据地的生产力;另一方面是国民政府对中共根据地的财政补助逐渐减少,并且在1940年底中断。① 财政来源在大幅度减少,依靠财政供养的军队尤其是党政机关人员的支出一时却不能相应减少,两者之间的矛盾凸显,财政状况恶化,甚至危及根据地的生存。毛泽东在陕甘宁边区高级干部会议报告时这样说:"我们曾经弄到几乎没有衣穿,没有油吃,没有纸,没有菜,战士没有鞋袜,工作人员在冬天没有被盖。国民党用停发经费和经济封锁来对待我们,企图把我们困死,我们的困难真是大极了。"② 再加中共长期处在战争环境,习惯于以战争方式解决问题,党内懂财政经济的人才不足,毛泽东认为,各根据地"最差最无秩序最未上轨道的是财政经济工作",如不加整顿发展,"必遭破产之祸"。③ 如何解决根据地的财政来源成为中共需要应对的急迫问题。

据李维汉回忆,陕甘宁边区的财政,通过捐款、捐助、国民党发饷等方式得到的外援性财政收入,1938年占比为52%,1939年为86%,1940年为75%,但自1941年起,国民党发放的军饷完全断绝,财政收入锐减。同期陕甘宁边区的脱产人员,从1937年的1.4万人增加到1941年的7.3万人,其中主要是军队;中央规定脱产人员占比为3%,当时达到了5.4%;1937年征收公粮为总产量的1.28%,1941年则达到13.8%。④ 1940年12月到1941年3月,物价指数从716涨到2224,上涨

---

① 1940年11月19日,国民政府军政部军需署有关人员面告八路军西安办事处副处长李华,奉军政部部长何应钦命令,"从本日起,停发给十八集团军经费,即十月份欠发的二十万元也一律停发"。28日,朱德、彭德怀、叶挺、项英联名致电蒋介石提出抗议:"现前方将士饥寒交迫,如果停发经费,势必置之死地。"要求蒋取消停发经费之命令,但未得回应。见《任弼时年谱》,第388页。
② 《抗日时期的经济问题和财政问题》(1942年12月),《毛泽东选集》第3卷,第892页。
③ 章学新主编《任弼时传》,第442页。
④ 李维汉:《回忆与研究》下册,第501页。1940年,陕甘宁边区全年的收入为800万元,但支出将达2500万元,为收入的3倍有余。见《任弼时年谱》,第384页。

了2倍有余。① 人民负担加重，反应强烈。②

针对边区财政的困难局面，1941年11月，李鼎铭等11位参议员在陕甘宁边区参议会二届一次会议提交了关于"精兵简政"的提案，提议在人民困苦、资源薄弱之状态下，欲求不因经济枯竭而限制军政发展，亦不因军政发展而伤害经济命脉，唯有政府彻底计划经济，实行精兵简政主义，量入为出，制定预算，以求得相依相助、平衡发展之效果。其内容为军队实行精兵主义，加强战斗力，淘汰老弱残废滥竽充数等现象；政府实行简政主义，以人少事精、胜任职责为原则，避免机关庞大、冗员充塞、浪费人力财力等现象。该提案在参议会引起热烈的讨论，"多数议员认为这是一个有远见卓识的提案，应尽快实行；但也有些议员认为，时值救国紧急关头，敌人正以大量兵力向我进攻，在这种情况下搞精兵简政，岂不等于束手就擒？甚至有人怀疑李鼎铭等人的动机是否纯正"。不过，毛泽东对这个提案非常重视，认为这个办法"恰是改进我们的机关主义、官僚主义、形式主义的对症药"。李鼎铭的提案因此得到与会者多数的赞成，最终被通过，交边区政府"速办"。③

如何解决中共面临的困难局面，实行"精兵简政"，绝不仅仅是陕甘宁边区的问题，中共高层对此有着清醒的认识。早在1940年8月，中共中央即明确提出，各根据地脱产人员的比例占总人口的比例不能超过3%，

---

① 张冰：《科层困境与国家建设的中国出路——以延安时期党的一元化领导体制为中心》，《广东社会科学》2015年第1期。
② 陕甘宁边区的干部，开始时认为同国统区相比，人民负担不算重，但后来慢慢地认识到，公粮收重了。当时有次打雷，打死了一个干部，有人说怎么不把毛泽东打死。毛泽东不但不去追究，反而进一步研究为什么有这种意见。于是就提出精兵简政，发展生产。（《胡乔木回忆毛泽东（增订本）》，第30页）后来毛泽东在中共七大做报告时还专门提到这件事："一九四一年边区要老百姓出二十万担公粮，还要运输公盐，负担很重，他们哇哇地叫。那年边区政府开会时打雷，垮塌一声把李县长（延川县代县长李彩云——引者注）打死了。有人说说，唉呀，雷公为什么没有把毛泽东打死呢？我调查了一番，其原因只有一个，就是征公粮太多，有些老百姓不高兴。那时确实征公粮太多。要不要反省一下研究研究政策呢？要！……延安人民对我们是什么态度？我说就是'敬鬼神而远之'。为什么会这样呢？因为他们觉得共产党虽然很好，他们很尊敬，但是加重了他们的负担，他们就要躲避一点。"见《在中国共产党第七次全国代表大会上的口头政治报告》（1945年4月24日），《毛泽东在七大的报告和讲话集》，第133—134页。
③ 《胡乔木回忆毛泽东（增订本）》，第145页。

其中文武比例应为 1 比 2。① 随着根据地困难的加重，李鼎铭的提案，恰好在这样的时机，通过这样的方式，提出了中共面对的大问题，引起了向来注重抓典型带全面的毛泽东及中共领导人的高度重视。11 月 18 日，陕甘宁边区参议会通过李鼎铭的提案，12 月 6 日，中共中央机关报《解放日报》即以《精兵简政》为题发表社论，论述其意义所在。12 月 17 日，中共中央下发有关根据地工作的指示，明确提出："为进行长期斗争，准备将来反攻，必须普遍的实行'精兵简政'……'精兵简政'，节省民力，是目前迫切的重要的任务……务求全部脱离生产人数不超过甚至更少于居民的百分之三。""指示"将"精兵简政"的意义提到了相当的高度，要求"我党政军均应了解，假若民力很快的消耗完，假若老百姓因为负担过重而消极而与我们脱离，那末不管我们其他政策怎样正确，也无济于事"。②

为了解决各根据地对"精兵简政"的迫切性认识不足的问题，中共领导人做了多方面的工作。1942 年 8 月，毛泽东在给各地的指示中将此提到了根据地存亡的高度：

> 伴随着极端残酷斗争，根据地缩小必然要到来，而且可能很快到来，这一点如不预先计及，将来必要吃大亏。在此情形下，不论华中华北，都不能维持过大军队，如愿勉强维持，必难持久，一九三四年下半年中央苏区的经验我们不应忘记……明年必是非常困难的一年，其困难程度为目前许多人所不能想象，高级领导机关必须预为计及。内战时还可以有长征，现在则绝不能有长征。如使根据地民力财力迅速枯竭，弄到民困军愁，便有坐毙危险。现在华北、山东须下绝大决心实行彻底的精兵简政，否则到了明年必不能维持。③

可见毛泽东对"精兵简政"的迫切性看得相当之重。毛泽东还以其惯

---

① 《中央关于各抗日根据地内节省人力物力坚持长期抗战的指示》（1940 年 8 月 20 日），《中共中央文件选集》第 12 册，第 470 页。
② 《中央关于太平洋战争爆发后敌后根据地工作的指示》（1941 年 12 月 17 日），《中共中央文件选集》第 13 册，第 264—265 页。
③ 《下绝大决心实行彻底的精兵简政》（1942 年 8 月 4 日），《毛泽东军事文集》第 2 卷，第 684 页。

常的、通俗易懂的幽默性文字表达"精兵简政"的必要性:"气候变化了,衣服必须随着变化……目前根据地的情况已经要求我们褪去冬衣,穿起夏服,以便轻轻快快地同敌人作斗争"。他还举孙悟空对付铁扇公主的谋略和"黔驴技穷"的成语为例说:"我们八路军新四军是孙行者和小老虎,是很有办法对付这个日本妖精或日本驴子的。目前我们须得变一变,把我们的身体变得小些,但是变得更加扎实些,我们就会变成无敌的了。"① 刘少奇则说:

> 如果根据地内的人民负担过重,超过了人民所能负担的能力,足以破裂我们与根据地内人民的联系,足以引起根据地外的人民畏惧与拒绝我党我军的领导,足以引起人民对共产党领导战后新中国的怀疑的话,那末我们就要切实减轻人民的负担……如果人民负担的能力,不够养活我们的话,那我们就应实行严格的精兵简政。②

"精兵简政",在"精兵"方面,主要是减少主力军,扩大地方军及人民武装,在某些最困难的区域,实行全部武装地方化;在"简政"方面,主要是减少党政机关和脱产人员的数量,使组织精干,分工合理,精简上层,充实下层,提高效率。③ 事实上,在李鼎铭的提案提出之前,中共已经认识到问题所在,开始就减少冗余机关和人员有所布置。王稼祥在1941年11月17日的中央政治局会议上说:军事系统实行精兵简政是可能办到的;工作要实事求是,不要铺张,如排演大戏等花费很大,今后要减少;可以减少很多人员,不要百事俱兴,结果一事无成,有些事情可以不办,裁减机关。④ 而在此之后,"精兵简政"成为中共在一段时期内带有战略性的工作中心之一,各根据地都进行了相应的工作部署,成立由党政军负责人主持的整编委员会,以达到"精简、统一、效能、节约和反对官僚主义

---

① 《一个极其重要的政策》(1942年9月7日),《毛泽东选集》第3卷,第882—883页。
② 《克服困难,准备反攻,为战后建立新中国创造条件》(1942年7月20日),《刘少奇选集》上卷,第224页。
③ 《中央革命军事委员会关于抗日根据地军事建设的指示》(1941年11月7日)、《中央书记处办公厅关于总结精兵简政经验的通知》(1942年4月22日),《中共中央文件选集》第13册,第212—213、376—378页。
④ 徐则浩:《王稼祥传》,第368—369页。

五项目的"。① 1942年12月，中共中央又决定："没有实行精兵简政的地方立即着手研究，实行精简，已经实行了的地方再加审查，凡不彻底的地方，须彻底来一次大大的痛快的精简（不是小小的不痛不痒的）"。"军队在抗战期间原则上不再补兵"，"全军准备在明年至后年缩小一半（全军五十七万准备缩至二十余万），量小而质精，更有战斗力"。"地方党政民学大大缩减，一人兼做两人、三人、四人之事，大批干部人员及知识分子派到区乡去，派到空虚而需要的部门去，派到接敌区游击区敌占区去。尤其是知识分子须令经过下层锻炼。"② 于此可知中共对"精兵简政"工作下的大决心。

"精兵简政"在中共中央所在的陕甘宁边区得到了较好的贯彻执行。陕甘宁边区1939年人口为200万人，脱产人员为4万人，占比为2%；1941年人口下降为140万人，脱产人员却上升为8万人，占比增加到近6%。③ 从1941年底到1942年底，连续进行了三次精简工作。政府系统从11500人减至7500人，裁减了1/3；直属机关从35个减至22个，裁减了1/3还多，专署及县府机关裁减了一半。1941年延安动员民力6万个，1942年下降为2.8万个，减少过半。④ 机构和人员的减少，直接带来的就是百姓负担的下降。1937年，陕甘宁边区粮食收获量为111.6万石，征收公粮1.4万石，占比不过为1%略多，亩均为0.16升；1941年收获145万石，征收20万石，占比为13.8%，亩均为1.66升，百姓的负担比例上升了10倍有余。而在"精兵简政"之后，1945年的公粮征收量下降到12万石，亩均征收量下降到0.87升，大约较"精兵简政"前下降近半。⑤

---

① 《抗日根据地的经济问题和财政问题》（1942年12月），《毛泽东选集》第3卷，第895页。
② 《中央关于加强统一领导与精兵简政工作的指示》（1942年12月1日），《中共中央文件选集》第13册，第466页。
③ 《胡乔木回忆毛泽东（增订本）》，第146页。胡乔木与李维汉引用的数字有差异，但不影响总体比例的计算。
④ 李维汉：《回忆与研究》下册，第505—508页。李维汉认为，精简工作也有不足，表现为过分集中，合并小学。再有就是走回头路，"精简后好了一阵，随后又恢复了老样子。""比如，机构又有增设，人员又有膨胀，制度又有废弛，统一又有削弱，效能又有下降，浪费又有抬头。尤其严重的是，在领导作风方面，官僚主义的残余显然大量存在，并有滋长趋势。"同前。
⑤ 李蕉：《征粮、哗变与民主建政：抗战初期陕甘宁边区治理方式的变革》，《党史研究与教学》2014年第5期。

但是，在地方各个根据地，"精兵简政"经历了一个反复的过程，考虑到对日作战以及根据地发展的需要，地方根据地的领导人希望保留更多的军队甚至扩大军队的编制也是可以理解的。在晋察冀根据地，据聂荣臻的报告，"中央精兵简政指示，军队中曾已执行，但检讨起来还作得很不够，还没有引起我各级干部严重注意，还没有对精兵简政之精神深刻认识"。直到1943年8月，晋察冀根据地的脱离生产人员占比仍然过高，中共中央电示聂荣臻："毫无疑义，你们应实行精简，在这个政策上迟疑不决，就将遇到不可克服的困难。你们现在只有九十万人口的比较巩固的根据地，其他能收公粮的九十万人口是处在游击区中，而你们连马匹折合计算，尚有八万多人脱离生产，这是决不能持久的。目前你们应即下决心减去三万只留五万，其中文武比例，应是文一武四……如果明年更困难，再准备从五万中减一万。"① 1941年，晋察冀根据地的脱产人员（包括部队和机关人员）占总人口的5%，民众税收负担量为平均收入的15%。经过1942年的精简，脱产人员占比仍超过3%。后又经1943年和1944年的两次精简，政府人员由2000人大幅度减少为500人；撤销了冀中和北岳区党委，建立工作委员会，作为办事机构；各群众组织统一改组整编，脱产人员减少一半；部队缩小编制，并将其中一部分调往延安，总兵力减少了40%。经过几次"精兵简政"，晋察冀根据地的脱产人员占比最终下降为3%，人均负担平均减少一半。②

在华中根据地，1942年5月，陈毅致电中共中央，认为"华中人力物力之调征，并未达到饱和点"，"相当的扩充仍属必要而且可能"，提出在一年内将华中主力部队8万人和地方部队4万人各发展到10万人的雄心勃勃的计划。为此，毛泽东在8月初复电陈毅："这个总数是太大了……华中情形虽略有不同，但总方向是相同的。此事请你预加考虑，到年底或明春作一通盘计划，达到精简目的为盼。"在中共中央的督促下，华中局在9月26日通过《关于精兵简政的通知》，要求在全区进行深入的政治教育与动员，使党政军民一切干部和群众了解其意义；分期实施精简计划，提高部队质量和行政效率，爱护、培养和节省民力；"今冬工作中心任务就是

---

① 《晋察冀应下决心实行精简》（1943年8月5日），《毛泽东军事》第2卷，第703页。
② 《晋察冀抗日根据地史》，第387—389页。

精简工作，必须切实执行"。①

与"精兵简政"实现节流目标相对应的，是通过发展生产、解决供给的大生产运动实现开源的目标。

全国抗战开始之后，随着根据地的发展和财政供养人员的增加，外援受制于各种因素，毕竟不那么可靠，中共已经注意到通过自力更生的方式解决供给和财政问题的意义。1939年，陕甘宁边区开荒104万亩，增加粮产20万担，牛羊百万头；4万个在职人员的生产，平均保障了3个月的粮食供应，其中军委直属机关和后方留守部队的生产，平均解决了2个月的粮食、1套夏衣、全部冬季鞋袜，并能大体维持菜蔬肉食的供给。以此为范例，中共要求在职人员实行多样性生产，着重于生活改善，以保障2个月粮食为限度。②

当根据地面临更为严峻的财政经济困难时，1940年2月1日，中共中央发出关于财经工作的指示，指出"支持长期战争与巩固抗日根据地的一个不可分离的工作是财政经济工作……必须明白，没有认真的财政经济工作，我们将遇到绝大困难"；要求"一切在职人员，在不妨碍战斗，不妨碍工作，不妨碍学习的条件下，均应参加生产运动"。③ 2月10日，中共中央和中央军委又联合发出关于开展生产运动的指示，提出"斗争已进入更艰苦阶段，财政经济问题的解决，必须提到政治的高度"；为此，应"开辟财源，克服困难"。指示要求，巩固地区应进行农业、商业、手工业生产，普遍发展喂猪种菜等事业，"达到改善生活，克服困难，节省公费之目的"；不巩固地区，应组织军民生产协作，由军队帮助农民耕作，农民则供给驻军一定比例的粮食；行止无定的部队，应利用战斗间隙，普遍无代价地帮助农民劳动，与群众打成一片，取得农民对军队自愿与踊跃输助。指示提出"一面战斗，一面生产，一面学习"的口号，"以自力更生的精神，战胜物质困难"。指示还要求"部队经营商业必须取慎重态度，要有统一的组织与管理，规定营业范围，红利支配，严密监督，不可放任，否则可能促成政治上的蜕化，干部的腐化，资本主义影响的生长，危

---

① 刘树发主编《陈毅年谱》上卷，第377、385—386、388页。
② 《中央财政经济部关于1939年陕甘宁边区生产运动总结的通报》（1940年2月3日），《中共中央文件选集》第12册，第278—280页。
③ 《中央关于财经工作的指示》（1940年2月1日），《中共中央文件选集》第12册，第266页。

险性很大"。①

延安时期，毛泽东"很强调经济工作"，②认为"经济建设一项乃是其他各项的中心，有了穿吃住用，什么都活跃了，都好办了，而不要提民主或其他什么为中心工作"。③毛泽东还不无幽默而颇为睿智地说："我们不能饿着肚子去'正谊明道'，我们必须弄饭吃，我们必须注意经济工作。离开经济工作而谈教育或学习，不过是多余的空话。离开经济工作而谈'革命'，不过是革财政厅的命、革自己的命，敌人是丝毫也不会被你伤着的。"④为此，毛泽东在延安时期系统阐发了坚持抗战、巩固和发展根据地所应采取的经济政策，其着重点在于通过发展经济、保障供给的方法，达到自己动手、丰衣足食的目的。毛泽东指出："发展经济，保障供给，是我们的经济工作和财政工作的总方针。但是有许多同志，片面地看重了财政，不懂得整个经济的重要性"。"决定财政的却是经济。未有经济无基础而可以解决财政困难的，未有经济不发展而可以使财政充裕的"。"财政困难，只有从切切实实的有效的经济发展上才能解决。忘记发展经济，忘记开辟财源，而企图从收缩必不可少的财政开支去解决财政困难的保守观点，是不能解决任何问题的"。这是非常符合生产和消费关系的本质规律的看法。在特殊的情况下，节流固然很重要，如当时所实行的"精兵简政"，但是更重要的在于开源，不发展生产，仅仅在节流上打主意、想办法是保守的做法，也不适应发展的要求。所以，毛泽东说："我们渡过了困难。这不但是由于边区人民给了我们粮食吃，尤其是由于我们下决心自己动手，建立了自己的公营经济。边区政府办了许多的自给工业；军队进行了大规模的生产运动，发展了以自给为目标的农工商业；几万机关学校人员，也发展了同样的自给经济。军队和机关学校所发展的这种自给经济是目前这种特殊条件下的特殊产物，它在其他历史条件下是不合理的和不可理解的，但在目前却是完全合理并且完全必要的。"⑤

---

① 《中央、军委关于开展生产运动的指示》（1940年2月10日），《中共中央文件选集》第12册，第289—290页。
② 《胡乔木回忆毛泽东（增订本）》，第36页。
③ 《关于总结财经工作经验给谢觉哉的信》（1941年8月22日），《毛泽东文集》第2卷，第370页。
④ 《关于发展军队的生产事业》（1942年12月），《毛泽东军事文集》第2卷，第692页。
⑤ 《抗日时期的经济问题和财政问题》（1942年12月），《毛泽东选集》第3卷，第892页。

为了在特殊环境下发展生产、改善生活，毛泽东还提出了许多颇有见地的看法。如在发展集体生产之外，"奖励一切个人（军队除外）从事小部分农业和手工业的个人业余生产（禁止做生意），以其收入归个人所有"。"把共产党员为着供给家庭生活（农村党员）和改善自己生活（机关学校党员）以利革命事业，而从事家庭生产和个人业余生产，认为不光荣不道德的观点，是错误的。在有根据地的条件下，不提倡发展生产并在发展生产的条件下为改善物质生活而斗争，只是片面地提倡艰苦奋斗的观点，是错误的"。① 毛泽东的这些看法，不仅论述了当时发展生产、解决财政困难的直接目的，而且关系到如何理解共产党革命的远大目标，如何理解共产党人自身在革命中的追求。说到底，解放生产力，充分发展生产，改善民生，实现最广大人民的民生幸福，应该是也必然是中共革命的远大目标之一。毛泽东曾经明确说："一切空话都是无用的，必须给人民以看得见的物质福利……我们的第一个方面的工作并不是向人民要东西，而是给人民以东西。我们有什么东西可以给予人民呢？就目前陕甘宁边区的条件说来，就是组织人民、领导人民、帮助人民发展生产，增加他们的物质福利，并在这个基础上一步一步地提高他们的政治觉悟与文化程度。"毛泽东还批评说："对于某些同志说来，他们还是一个脱离群众的官僚主义者，因为他们只知道向群众要东西，却不知道或不愿意给群众一点东西，引起群众讨厌他们。这个问题非常重要，希望大家十分注意，并向全党宣传这个道理。"②

1942年以后，在各根据地都开展了以自己动手、丰衣足食为目标的大生产运动。在陕甘宁边区，王震率一二〇师三五九旅对南泥湾的开垦在大生产运动中闻名遐迩。"边区的军队，今年凡有地的，做到每个战士平均种地十八亩，吃的菜、肉、油，穿的棉衣、毛衣、鞋袜，住的窑洞、房屋，开会的大小礼堂，日用的桌椅板凳、纸张笔墨，烧的柴火、木炭、石炭，差不多一切都可以自己造，自己办。我们用自己动手的方法，达到了丰衣足食的目的……我们的机关学校，今年也大进了一步，向政府领款只占经费的一小部分，由自己生产解决的占了绝大部分；去年还只自给蔬菜百分之五十，今年就自给了百分之一百；喂猪养羊大大增加了肉食；又开

---

① 《开展根据地的减租、生产和拥政爱民运动》（1943年10月1日），《毛泽东选集》第3卷，第911—912页。
② 《经济问题与财政问题》（1942年12月），《毛泽东文集》第2卷，第467—468页。

设了许多作坊生产日用品……军民两方大家都发展生产,大家都做到丰衣足食,大家都欢喜。"① 1943 年,陕甘宁边区军民开荒百万亩,粮食除自给外有余粮 22 万石;植棉 15 万亩,产量可供军需民用的一半;党政机关、部队、学校的生产自给率达到 64%。② 正是在这样的背景下,毛泽东才能自信地说:"带普遍性的整风运动和生产运动,曾经分别地在精神生活方面和物质生活方面起了和正在起着决定性的作用。这两个环子,如果不在适当的时机抓住它们,我们就无法抓住整个的革命链条,而我们的斗争也就不能继续前进。"③

第三节　整风运动的开展

一　整风运动的酝酿和开始

全国抗战开始之后,一方面是中共在敌后的快速发展和根据地的建立,一方面是中共党员队伍的急速扩大,新党员的大量发展。大量的新党员,既为中共党的队伍带来了新的活力,也带来了新的问题,需要中共将提高他们的思想理论水平、锻造他们的革命意志摆到重要的位置,因为在相当程度上,可以说他们决定着中共的未来。同时,在全国抗战爆发后,中共党内尤其是党内高层对于如何看待这场战争以及国共合作、如何发挥共产党在这场战争中的地位和作用,也是有不同看法的,需要在党内真正统一思想,建立共识,以引领下一步的发展。再者,中共虽然在长征中通过在遵义会议更换领导的方式,解决了紧迫的军事问题和组织问题,落脚陕北之后,又通过一系列的政治举措,解决了如何通过抗日民族统一战线实现抗战并坚持抗战的问题,但是,对于战前的"左"倾政治路线尚未进行彻底的清算,思想上仍然有不同的认识。这些都决定了中共有在党内进行思想上、政治上、组织上的进一步学习、清理、整顿的必要性。

在 1938 年召开的中共六届六中全会上,毛泽东就号召全党要联系中国

---

① 《组织起来》(1943 年 11 月 29 日),《毛泽东选集》第 3 卷,第 929—930 页。
② 章学新主编《任弼时传》,第 517 页。
③ 《论军队生产自给,兼论整风和生产两大运动的重要性》(1945 年 4 月 27 日),《毛泽东选集》第 3 卷,第 1107—1108 页。

实际学习马克思主义,指出:"马克思主义必须和我国的具体特点相结合并通过一定的民族形式才能实现。马克思列宁主义的伟大力量,就在于它是和各个国家具体的革命实践相联系的。对于中国共产党说来,就是要学会把马克思列宁主义的理论应用于中国的具体的环境。成为伟大中华民族的一部分而和这个民族血肉相联的共产党员,离开中国特点来谈马克思主义,只是抽象的空洞的马克思主义。因此,使马克思主义在中国具体化,使之在其每一表现中带着必须有的中国的特性,即是说,按照中国的特点去应用它,成为全党亟待了解并亟须解决的问题。洋八股必须废止,空洞抽象的调头必须少唱,教条主义必须休息,而代之以新鲜活泼的、为中国老百姓所喜闻乐见的中国作风和中国气派。"①

1939年8月,中共中央做出《关于巩固党的决定》,指出:"在思想上政治上组织上巩固党,成为我们今天极端严重的任务,成为完成党的政治任务的决定因素"。而"巩固党的中心一环,就是加强党内马克思列宁主义的教育,阶级教育与党的教育","以切实提高干部的政治水准与工作能力"。因此,"必须在党内开展正确的思想斗争,保证党内思想上的一致,提高党的铁的纪律,保证党的行动上一致";"尽一切的努力来巩固党的组织,严密党的队伍,把党团结得象一个人一样"。②

在战争进入相持阶段之后,中共在延安和各根据地有了相对稳定的环境和较为充裕的时间,为这样的学习、清理、整顿提供了现实的可能性。正是在这样的背景之下,中共在全党开展了一次大规模的整风运动,而这次整风运动的结果,不仅对战争时期的中共发展,而且对战后时期的中共革命,乃至新中国成立后的中共执政,都产生了深远的影响。

整风运动是从加强对马克思主义和中国革命历史的学习开始的。1940年1月,中共中央下发指示,要求"全党干部都应当学习和研究马列主义的理论及其在中国的具体运用","依据由浅入深由中国到外国的原则",开办初级(中国近代革命史,中国革命与中国共产党,社会科学常识)、中级(联共党史,马列主义)、高级课程(政治经济学,历史唯物论与辩证唯物论,近代世界革命史);"各级党的组织必须把干部教育放在党的重

---

① 《中国共产党在民族战争中的地位》(1938年10月),《毛泽东选集》第2卷,第534页。
② 《中央政治局关于巩固党的决定》(1939年8月25日),《中共中央文件选集》第12册,第155—158页。

要工作的地位上来，经常给以检查，指导和帮助"。① 毛泽东身体力行，在此前后潜心理论研究，发表了以《中国革命和中国共产党》《新民主主义论》为代表的理论著述，以实事求是为准则，系统阐释了新民主主义革命的理论，体现了中国共产党人对于中国革命性质、过程、方法、前途的独立思考，为整风运动的顺利进行奠定了坚实的基础。

毫无疑问，作为当时中共实际的领袖，毛泽东是中共整风运动最重要的推动者和领导者，他的思考在很大程度上决定了这场运动的走向。1941年3月，毛泽东在文章中写道："没有调查就没有发言权"，"有许多人，'下车伊始'，就哇喇哇喇地发议论，提意见，这也批评，那也指责，其实这种人十个有十个要失败。因为这种议论或批评，没有经过周密调查，不过是无知妄说。我们党吃所谓'钦差大臣'的亏，是不可胜数的。而这种'钦差大臣'则是满天飞，几乎到处都有。"② 毛泽东此语，实际已经暗含了对当年"左"倾路线领导人不了解中国国情、到处瞎指挥而给革命带来重大损失的批评。

1941年5月，毛泽东在延安干部会上做了《改造我们的学习》的报告，批评"不注重研究现状，不注重研究历史，不注重马克思列宁主义的应用。这些都是极坏的作风。这种作风传播出去，害了我们的许多同志"。他们不是"理论和实际统一"，而是"理论和实际分离"；不是有的放矢，而是无的放矢，"无实事求是之意，有哗众取宠之心"。毛泽东认为："这种反科学的反马克思列宁主义的主观主义的方法，是共产党的大敌，是工人阶级的大敌，是人民的大敌，是民族的大敌，是党性不纯的一种表现。大敌当前，我们有打倒它的必要。""要有目的地去研究马克思列宁主义的理论，要使马克思列宁主义的理论和中国革命的实际运动结合起来，是为着解决中国革命的理论问题和策略问题而去从它找立场，找观点，找方法的。"③ 毛泽东在此提出了加强学习而又改造学习的问题，而其中关键在学以致用，实事求是。

1941年7月1日，中共中央政治局通过《关于增强党性的决定》，要求全党"用自我批评的武器和加强学习的方法，来改造自己使适合于党与

---

① 《中央关于干部学习的指示》（1940年1月3日），《中共中央文件选集》第12册，第227—228页。
② 《〈农村调查〉的序言和跋·序》（1941年3月17日），《毛泽东选集》第3卷，第791页。
③ 《改造我们的学习》（1941年5月19日），《毛泽东选集》第3卷，第797—801页。

革命的需要"。① 随后在中央及各根据地成立高级学习组，拉开了整风运动的序幕。

1942年2月1日，毛泽东在延安中共中央党校开学典礼做题为《整顿党的作风》的报告，"整风"成为这次报告也是这场运动的主题词。毛泽东在报告中提出整风的内容就是："反对主观主义以整顿学风，反对宗派主义以整顿党风，反对党八股以整顿文风，这就是我们的任务。"随后，毛泽东分析了这些问题的表现形式："我们党内的主观主义有两种：一种是教条主义，一种是经验主义。他们都是只看到片面，没有看到全面。"教条主义将马克思列宁主义"看成是死的教条，这样就妨碍了理论的发展，害了自己，也害了同志"；经验主义"以自己的经验为满足，那也很危险"。"但是在这两种主观主义中，现在在我们党内还是教条主义更为危险"。因为"教条主义容易装出马克思主义的面孔"吓唬人。"直到现在，还有不少的人，把马克思列宁主义书本上的某些个别字句看作现成的灵丹圣药，似乎只要得了它，就可以不费气力地包医百病。这是一种幼稚者的蒙昧，我们对这些人应该作启蒙运动。那些将马克思列宁主义当宗教教条看待的人，就是这种蒙昧无知的人。对于这种人，应该老实地对他说，你的教条一点什么用处也没有。"

宗派主义则分党内和党外。党内宗派主义的表现是，闹独立性和个人第一主义，闹名誉，闹地位，闹出风头，表现在局部和全体、个人和党、外来干部和本地干部、军队干部和地方干部、军地和军队、地方和地方、工作部门与工作部门、老干部和新干部等方面；党外的宗派主义，就是"喜欢对党外人员妄自尊大，看人家不起，藐视人家，而不愿尊重人家，不愿了解人家的长处"。

毛泽东批评说："一切宗派主义思想都是主观主义的，都和革命的实际需要不相符合，所以反对宗派主义和反对主观主义的斗争，应当同时并进"；"所以我们要在党内发动一个启蒙运动，使我们同志的精神从主观主义、教条主义的蒙蔽中间解放出来"。但是，在整风的过程中，有两条宗旨必须注意，惩前毖后，治病救人，"对以前的错误一定要揭发，不讲情面"；

---

① 《中央关于增强党性的决定》（1941年7月1日），《中共中央文件选集》第13册，第147页。

但是目的"像医生治病一样，完全是为了救人，而不是为了把人整死"。①

一周之后，毛泽东又在延安干部会上讲演，特别提出反对党八股的问题。在这次讲演中，毛泽东以辛辣的语言、生动的文风，对党八股做了严厉和尖锐的批判。他归纳了党八股的八大罪状：空话连篇，言之无物；装腔作势，借以吓人；无的放矢，不看对象；语言无味，像个瘪三；甲乙丙丁，开中药铺；不负责任，到处害人；流毒全党，妨害革命；传播出去，祸国殃民。他用"懒婆娘的裹脚，又长又臭"形容党八股之令人生厌，主张把它们"赶快扔到垃圾桶里去"，并且号召"一定要把党八股和教条主义等类，彻底抛弃"。②

在对主观主义、宗派主义、党八股进行了严厉的批评之后，毛泽东特别强调的是："对于马克思主义的理论，要能够精通它、应用它，精通的目的全在于应用。"③

毛泽东的几次报告，从理论和实践相结合的高度，提出了整风运动的意义、目的、方法和过程。在毛泽东的报告过后，整风运动在中共全党逐步开展，其大体的步骤和方式是：首先对中央决定和毛泽东的报告"深入的研究，热烈的讨论，先把这些文件的精神与实质领会贯通，作为自己的武器……每人都要深思熟虑，反省自己的工作及思想，反省自己的全部历史"。然后，各部门的负责人"应有准备有计划的来领导这一研究讨论过程……着手检查本部门及每个干部的工作"。再有，"讨论及检查的方式，应以上面领导和发扬民主同时并重，不可偏废……在讨论中要发展争论，在规定检查期间，不管是正确的或错误的意见，都得自由发表，不得加以抑制。但领导方面应善于注意把错误意见引导到正确的方向上去，不得将错误意见变成结论"。

学习文件的时间为机关三个月、学校两个月，检查工作的时间由各机关学校自定；各单位可以出墙报，有非党人员的机关，应一道进行讨论和检查；学习检查的范围为干部及能阅读中央文件者包括学校的学生；讨论和检查的最后结论，须由上级机关批准，重要者须得中央批准。中共特别强调，整风的目的，是"认真的切实的整顿学风、党风、文风，改造工作，团结干部，团结全党。一切与此目的相违反的言论及行动，都是不正

---

① 《整顿党的作风》（1942年2月1日），《毛泽东选集》第3卷，第811—828页。
② 《反对党八股》（1942年2月8日），《毛泽东选集》第3卷，第830—845页。
③ 《整顿党的作风》（1942年2月1日），《毛泽东选集》第3卷，第815页。

确的。因此，讨论与批评的态度，应该是严正的、彻底的、尖锐的，但又应该是诚恳坦白的、实事求是的、与人为善的态度，而一切冷嘲暗箭、诬蔑谩骂、捕风捉影、夸夸其谈，都是不正确的"。①

以毛泽东的几次报告为发端，以延安为中心，中共领导下的各根据地都开始进行全面的整风运动。②

二 对"左"倾路线的清算

中共整风运动是全党性的思想教育运动，但开展运动的重点在干部，而其中重点的重点，又在中共党的高级干部，因为只有他们才是领导中共革命的真正核心，他们的思想认识和革命实践，决定着中共革命所能达到的高度和成功度，而且根据中共的组织原则，个人服从组织、少数服从多数、下级服从上级、全党服从中央，也充分说明了中共中央在领导中共革命中的核心地位所在。所以毛泽东说："整风，主要是整高级干部（犯思想病最顽固的也是这些干部中的人），将他们的思想打通"。③ "只要把他们教育好了，下级干部的进步就快了。"④ 1935年1月的遵义会议，在长征途中的危急状况下，大体从组织上解决了中共的军事领导和指挥问题，毛泽东由此回到中共的领导核心层，但是，对于导致中共革命遭受重大挫折的政治路线和政策方针等问题，在当时的情况下，并未有也不太可能有深入的讨论和明确的结论。中共中央落脚陕北之后，形势发展很快，有诸多急迫的问题需要解决，也不能有充足的时间和精力讨论过去的问题。全国抗战开始之后，迅速发展、变化万端的战局，牵扯中共领导层的几乎全部精

---

① 《中共中央宣传部关于在延安讨论中央决定及毛泽东整顿三风报告的决定》（1942年4月3日），《中共中央文件选集》第13册，第363—367页。
② 整风运动的重点在整顿主观主义、宗派主义、党八股这"三风"，而非一般性的工作整风，核心在认识历史、转变思想、政治一致，"是党在思想上的革命，是彻底转变工作作风和团结全党最重要的问题"。但是，据中共西北局向所属党委发出的公开信所言，整风开始时，有个别同志走了弯路，他们不从整个党的历史上、思想上、领导上去看问题，只是从待遇、婚姻、娱乐等技术问题和事务问题去找"三风"，而又以绝对平均主义和极端民主化方式来进行揭发和反对，这有害于整顿三风、改造工作、团结干部和团结全党，要切实加以纠正。见《任弼时年谱》，第425页。
③ 《争取在抗战胜利后与国民党建立和平局面》（1943年1月25日），《毛泽东文集》第3卷，第2页。
④ 《胡乔木回忆毛泽东（增订本）》，第188页。

力，用于指导战争中的各项问题。只有到了战争相持阶段，战局相对平稳，战线相对稳定，中共领导的各根据地才有了这样的可能性，投入相当的时间和精力，进行整风运动，尤其是在高级干部中的整风。为了未来抗战领导的需要以及召开中共七大的准备工作，1941年初，中共七大代表（其中多数是中共各级领导干部）从各根据地集中到延安，也为中共高级干部的集中整风创造了有利的条件。

中共高级领导干部的整风，在一定程度上不同于基层的整风，除了学习文件，提高认识，检讨工作，纠正主观主义、宗派主义、党八股作为"三风"的一般表现之外，有相当部分的精力集中在检讨中共党的政治路线和党的历史方面，尤其是对1931年初中共六届四中全会到长征时期政治路线的检讨。在1935年遵义会议召开后通过的有关决议中，只是指出了"过去党在军事领导上的错误"，而"党中央的政治路线无疑义的是正确的"。① 过去中共实行的"左"倾政治路线未能得到清算，对于中共因应抗战的新形势，制定新政策，实现新发展，仍会有消极的影响，包括中共中央和毛泽东在抗战开始后指出的若干"左"的错误，事实上与过去政治路线的惯性也不无关系。而"左"倾路线的代表人物如王明，既未能认识过往的错误，又在抗战初期表现出右的倾向，也影响到中共在战时若干方面的发展，并在党内高层引起不同的意见和争论。② 这些都说明，中共有必要在整风运动中在领导层进行集中整风，以解决对于历史问题的认识，实现思想的统一，步调的一致，形成对于中共指导现实和未来发展的政治路线的高度共识，以实现中共革命的宏大目标。

---

① 《中央关于反对敌人五次"围剿"的总结的决议》（1935年2月8日），《中共中央文件选集》第10册，第453、474页。
② 1940年3月，集中反映王明过去"左"倾观点的代表作《为中共更加布尔塞维克化而斗争》在延安出了第三版，王明在"序言"中提出将其作为学习党史的材料，并认为"不能把昨日之是，一概看作今日之非；或把今日之非，一概断定不能作为昨日之是"。（郭德宏编《王明年谱》，第459页）王明的说法和做法，牵涉如何认识历史问题，而如何认识历史，又关系对现实问题的认识和决策，这对于中共整风运动的开展有着直接的影响。胡乔木认为，因为王明这本书的重版，"他搞的一套究竟是对还是错，就成了一个问题了。这就要算历史帐，才能搞清楚。"（《胡乔木回忆毛泽东（增订本）》，第45—46页）因为"毛泽东深知，王明的言行有明确的政治意图，前有古人，后有来者，决不是空穴来风、无的放矢"，"毛泽东决定予以反击，首先是向全党揭露王明错误思想的历史渊源"。见郭德宏编《王明年谱》，第460页。

1940年12月，毛泽东在为中共中央起草的对党内的指示中明确指出："土地革命的后期，由于不认识中国革命是半殖民地的资产阶级民主革命和革命的长期性这两个基本特点而产生的许多过左的政策……适和第一次大革命后期陈独秀领导的右倾机会主义相反，而表现其为'左'倾机会主义的错误……而这两个极端的政策，都使党和革命遭受了极大的损失。"①毛泽东的论断，将王明等在抗战前推行的路线定义为"左"倾机会主义，从而将中共高层的整风导向为对历史问题的认识和政治路线的检讨，也使整风不限于思想认识的提高，而是具有了强烈的现实意义。②

1941年9月10日至10月22日，中共中央在延安连续召开五次政治局扩大会议，③开始了中央领导层的整风运动。到会的政治局委员有毛泽东、任弼时、王稼祥、王明、朱德、张闻天、康生、陈云、凯丰、博古、邓发，列席的有在延安的部分中共高级干部李富春、杨尚昆、李维汉、陈伯达、高岗、林伯渠、叶剑英、王若飞、彭真。

毛泽东在9月10日的会上做了主报告。他批评说："过去我们的党很长时期为主观主义所统治，立三路线和苏维埃运动后期的'左'倾机会主义都是主观主义。苏维埃运动后期的主观主义表现更严重，它的形态更完备，统治时间更长久，结果更悲惨。这是因为这些主观主义者自称为'国际路线'，穿上马克思主义的外衣，是假马克思主义。"他认为："遵义会议，实际上变更了一条政治路线。过去的路线在遵义会议后，在政治上、军事上、组织上都不能起作用了，但在思想上主观主义的遗毒仍然存在。"他指出："要实行两条路线的斗争，反对主观主义和宗派主义，反对教条主义和事务主义"；但是，要"打倒两个主义，把人留下来。反对主观主义和宗派主义，把犯了错误的干部健全地保留下来"。④

---

① 《论政策》（1940年12月25日），《毛泽东选集》第2卷，第762—763页。
② 毛泽东这时已经认为"土地革命后期"中共犯的错误是"左"倾路线错误，但因为中共党内对此仍有不同认识，所以，毛泽东在为中共中央起草指示时"只好妥协，没有讲这一时期是路线错误"，"没有急于统一思想认识"。因此，胡乔木认为："即使是在党的高级干部中，在1941年，也还有一些人对这条'左'倾错误路线缺乏正确的认识，甚至根本否认有过这么一条错误路线。"在这种状况下，"毛主席认为有必要首先在党的高级干部中开展一个学习和研究党的历史的活动，以提高高级干部的路线觉悟，统一全党的认识"。见《胡乔木回忆毛泽东（增订本）》，第190—191、45—46、176页。
③ 除了10月22日的会议之外，其他四次会议都在9月召开，因此一般称为九月政治局会议。
④ 《反对主观主义和宗派主义》（1941年9月10日），《毛泽东文集》第2卷，第372—375页。

毛泽东报告之后，先后有28人次在会上发言，都表示拥护毛泽东的报告。

作为"左"倾路线的领导人之一，张闻天首先发言。他检讨说："过去我们对苏维埃后期的错误没有清算，这是欠的老账，现在必须偿还"；"要作彻底的清算，不要掩盖，不要怕揭发自己的错误，不要怕自己的癞痢头给人家看"；过去的路线是错误的，政治上是"左"倾机会主义，军事上是冒险主义，组织上是宗派主义，思想上是主观主义与教条主义，"这些错误在五次反'围剿'中发展到最高峰，使党受到很严重的损失。我是主要的负责人之一，应当承认错误"。①

"左"倾路线的又一领导人博古发言说："1932年至1935年的错误，我是主要的负责人……我过去只学了一些理论，拿了一套公式教条来反对人家……这次学习会检查过去错误，感到十分严重和沉痛。我现在有勇气研究自己过去的错误，希望在大家帮助下逐渐克服。"②

同样是"左"倾路线的领导人王明，虽然在发言中同意毛泽东的报告，承认1932—1935年是"路线错误"，但又强调四中全会的路线是正确的，路线错误的最主要负责者是博古，而他并不同意博古和张闻天等的做法，"王明的表现使与会者普遍感到不快"。③

九月政治局会议，初步梳理了1931年中共六届四中全会之后的历史，

---

① 张培森主编《张闻天年谱》上卷，第658—659页。据张闻天回忆，毛泽东在整风期间对他的批评，"听了虽然不舒服，但我仍然承认了自己的错误"。见前书，第658页。
② 《胡乔木回忆毛泽东（增订本）》，第196页。
③ 《胡乔木回忆毛泽东（增订本）》，第199页。王明不仅不承认自己过去有错误，而且在10月7日毛泽东、王稼祥、任弼时和他谈话时，又提出许多原则问题，认为抗战以后中共的方针"是错误的"，"太左了"，"要与大资产阶级弄好"。10月8日，王明在中共中央书记处会议发言，全面阐述了自己的政治主张，认为"我们与国民党的关系弄得更好些是有必要的，而且是可能的"；批评毛泽东的"新民主主义论"只说联合中产阶级，未说要联合大资产阶级，"新民主主义只是我们奋斗的目标，今天主要是共同打日本，我们今日还不希望国民党实行彻底的民主共和国"。关于统一战线问题，认为"有些地方执行政策是左了，有些斗争是可以避免的"。关于武汉时期的工作，说他"与中央也是一致的，但个别错误是有的"；"在客观上形成半独立自主"。王明的发言引起与会者的一致反对，毛泽东也批评了王明在武汉时期的错误，"我们认为王明的观点太右了，对大资产阶级让步太多了，只是让步是弄不好的"。毛泽东提出在政治局会议讨论王明提出的问题。随后，王明声称自己有病，不能参加政治局会议。（郭德宏编《王明年谱》，第488—492页）王明的这些表现使他在中共领导层内部更为孤立，也使中共领导层对以王明为代表的"左"倾错误路线的认识更趋一致。

对于这一时期的"左"倾路线错误基本形成了共识，也为中共领导层进一步的整风打下了基础。但是，因为主观和客观两方面的因素，九月政治局会议对于"左"倾路线的清算还是初步的，中共高层对于历史问题的认识也还有不尽一致处。同时，九月政治局会议还提出了两个重要问题，对后来的历史决议产生了较大影响。一是提出经验主义是主观主义的一种表现形态；二是提出刘少奇是白区工作正确路线的代表，陈云、任弼时、康生等都在发言中提到刘少奇对白区工作的贡献。① 陈云特别提出，有些干部位置摆得不适当，要补课或正位。如刘少奇将来地位要提高。②

在九月政治局会议期间，为了推动在高级干部中的整风运动，"提高党内高级干部的理论水平与政治水平"，9月26日，中共中央决定成立高级学习组，以中央、中央局、中央分局、区党委或省委委员、军队主要负责人、高级机关某些职员、高级学校某些教员为范围，集中了约300人参加（其中延安占1/3），"以理论与实践统一为方法……研究马恩列斯的思想方法论与我党二十年历史两个题目，然后再研究马恩列斯与中国革命的其他问题，以达克服错误思想（主观主义及形式主义），发展革命理论的目的"。延安及各地高级学习组统归中央学习组管理指导，中央学习组以中央委员为范围，由毛泽东为组长，王稼祥为副组长。高级学习组的学习内容，"第一步均以列宁主义的政治理论与我党六大以来的政治实践为范围"。学习材料主要为列宁的《共产主义运动中的"左派"幼稚病》、季米特洛夫在共产国际七大的报告以及毛泽东主持编纂的《六大以来》等文件。③

---

① 《胡乔木回忆毛泽东（增订本）》，第197—198页。
② 朱佳木主编《陈云年谱》上卷，第327页。
③ 《中央关于高级学习组的决定》（1941年9月26日）、《中央学习组关于各地高级学习组学习内容的通知》（1941年11月4日），《中共中央文件选集》第13册，第205—206、211页。整风运动的重要学习文件《六大以来》，是在毛泽东主持下编辑的一套中共中央在六大以后通过的文件选集，"把这些文件编出来，说那时中央一些领导人存在主观主义、教条主义就有了可靠的根据"。"主要是把两条路线点明，从四中全会开始产生了党内的第三次'左'倾错误路线。"后来，毛泽东还就"左"倾路线时期中共中央通过的9个文件，写下了长达5万多字的批判性文章（"九篇文章"），并起草了《关于四中全会以来中央领导路线问题结论草案》。前者"集中揭露了以王明为代表的第三次'左'倾路线的错误内容、性质及危害等"，"阐明了解决中国革命一些基本问题的正确原则、策略和方法，在某些方面丰富和发展了马克思主义的思想理论"；后者阐述了"左"倾路线的具体内容、表现特点和形成根源及其思想形态、政治形态、军事形态和组织形态，分析

1941年10月13日，中共中央书记处工作会议决定组织"清算党的过去历史委员会"，有毛泽东、王稼祥、任弼时、康生、彭真参加，以毛泽东为首；组织"审查过去被打击干部委员会"，有陈云、高岗、谭政、陈正人、彭真参加，以陈云为首。①1942年5月21日，中共中央政治局决定成立中央总学习委员会（总学委），以毛泽东负总责，康生副之，领导全党的整风学习。②参加中央总学委的党政军民各方面的工作同志混合编为10个小组，由毛泽东、朱德、任弼时、王稼祥、凯丰、陈云、博古、邓发、李富春、康生分任组长。③中共高级干部的整风工作有序展开。

经过对"左"倾路线的历史及其表现和危害的梳理与检讨，进一步批判"左"倾路线错误的必要性为中共领导层所认识。1943年8月，毛泽东在中央党校二部开学典礼讲话时，公开点出"王明、博古、洛甫（张闻天）教条宗派"，危害最大，应在全党揭露，对犯错误的"将一军"，要全党揭露，但是也提出，我们只"整"思想，不把人"整死"，是治病救人。④其后，从1943年9月7日开始，中共中央政治局在延安召开扩大会议，继续讨论党的路线问题。⑤"由于王明认为抗战以来党的路线错了，这次会议在继续深入揭发批判苏维埃运动后期的错误路线的同时，着重讨论抗战时期党中央的路线是非。"参加会议的政治局成员有毛泽东、刘少奇、任弼时、朱德、周恩来、陈云、康生、彭德怀、张闻天、博古、邓发，

其特点，总结其历史教训，指出"这条路线是在思想上、政治上、军事上、组织上各方面都犯了严重原则错误的，集各方面错误之大成，它是形态最完备的一条错误路线"。胡乔木认为："'九篇文章'尖锐、泼辣，毛主席个人的喜、怒、嘲、骂跃然纸上，情绪化色彩甚浓。这个'草案'则是理性的升华。毛主席控制住了自己的感情，对'九篇文章'的内容进行了梳理和提炼，比较全面、系统、深刻地总结了党的历史经验教训，为科学地评价六届四中全会以后的中央领导路线提供了一个很好的文件基础。"但是，因为条件还不成熟，这两个重要文件当时都未公开。见《胡乔木回忆毛泽东（增订本）》，第48—49、212—217、226、232页。

① 徐则浩编著《王稼祥年谱》，中央文献出版社，2001，第309页。
② 1942年6月22日，中共中央书记处工作会议决定，今后总学委会议与书记处会议合并举行。1943年10月5日，中共中央书记处会议决定，总学委以毛泽东为主任，刘少奇、康生为副主任，胡乔木为秘书。见《毛泽东年谱（1893—1949）》中卷，第381、388、474页。
③ 徐则浩编著《王稼祥年谱》，第325页。
④ 张培森主编《张闻天年谱》下卷，第702—703页。
⑤ 这次政治局会议原准备开五次会，隔一天开一次，但后来改变了计划，整风检查与党史学习穿插进行，断断续续开到年底，实际上直到六届七中全会才完全结束检查，但一般仍称为1943年九月政治局会议。见《胡乔木回忆毛泽东（增订本）》，第283页。

共 11 人；列席者有在延安的中共党政军负责人李富春、杨尚昆、林伯渠、吴玉章、彭真、高岗、王若飞、李维汉、叶剑英、刘伯承、聂荣臻、贺龙、林彪、罗瑞卿、陆定一、孔原、陈伯达、萧向荣、胡乔木，共 19 人。因为历史环境和国共关系的变化以及王明个人的态度，① 这次会议"在言词上要比 1941 年九月会议尖锐，涉及的人更多一些，会议的空气有时也紧张一些"。②

参加这一时期政治局会议的中共领导人对王明在抗战时期的错误进行了批评。

朱德发言说：抗战以后的王明路线表现在几个问题上，如不要领导权、投降大地主、大资产阶级，一大堆统一等。只要谁放手发展自己的力量，他就说你破坏统一战线，我有些不高兴。他不要政权，忽视八路军，忽视游击战争，对自己看不起。相反，他对蒋介石看得起，把他看得又大又好，说成是中国唯一，雄才大略。在党内，王明目无中央，以代表国际来指挥中央自居，对书记处闹独立性，在党内关系上采取一打一拉的手法。"总之，对外一切服从，对内独立自主。""我们的革命家务，他也没有出过力。搞掉革命的家务，当然不伤心。结果只有跑到大资产阶级营垒去，可惜蒋介石太蠢了，不要他！"③

---

① 王明始终不认为自己有错误，他曾向从外地回到延安的刘少奇和张闻天宣传"中央路线有错误的观点，并要他们主持公道"。7 月 13 日和 8 月 30 日，毛泽东在中共中央政治局会议上，批评王明在抗战初期的错误是"右倾机会主义"、"投降主义"，"他的思想是大地主大资产阶级在党内的应声虫"；提议举行中央政治局会议讨论抗日时期党的路线问题。这是 1943 年 9 月中共中央政治局会议召开的背景。亲历其事的胡乔木认为："毛主席的这些认识，就对蒋介石国民党的评论来说是正确的，就对王明错误的批判来说也是无可非议的，但是由于对抗战初期跟着王明犯错误的一些领导人的情况没有强调做具体的历史分析，因而有的批评也失之偏颇。"见《胡乔木回忆毛泽东（增订本）》，第 282—285 页。

② 《胡乔木回忆毛泽东（增订本）》，第 282—283 页。杨尚昆也回忆说，这次会议"气氛相当紧张"，"会上也出现了'左'的偏激情绪，有人把教条宗派说成是反革命集团，说王明是特务，让他讲怎样出卖党的利益。也有人向毛主席提出：教条宗派面目已经统统暴露了，现在的问题就在经验宗派，它的危害也很大。"（《杨尚昆回忆录》，第 211 页）权威的《毛泽东传》写道："有些过去受过错误打击的干部对那些犯了'左'倾错误的干部也进行过火斗争，使有些人在毫无思想准备的情况下被揪上台去交待问题，有的甚至被轰出会场，一度造成十分紧张的气氛。"见金冲及主编《毛泽东传（1893—1949）》下卷，第 665 页。

③ 金冲及主编《朱德传》，第 533—534 页。

叶剑英发言说：王明的错误是对蒋估计太高，对我们的力量认为太小。他是急功好义，出卖阶级利益。他还有造成派别篡夺中央的企图。他在武汉时期，造成武汉与延安对立，说外边中央干部占多数。故意压低毛主席在全国的影响。武汉时期对中央的态度是犯上作乱的，企图夺取中央的领导。王明是卧在统一战线椅子上睡觉，身在毛营心在蒋，用幻想把自己催眠了。他说抗战营垒中不要分左中右各派，不要有独立性。他的原则是只帮助别人，不帮助自己。①

博古发言说：武汉时期有两条路线，一条是毛泽东为首的党的正确路线——布尔什维克路线；一条是王明在武汉时期的错误路线——孟什维克的新陈独秀主义。这条路线，只看见国民党抗战的一面，忘记了它反动的一面，只看见并夸大它变化的方面，忘记了它不变的方面；对八路军，不敢大胆深入敌后，不敢大胆扩充，华中、华南失去许多机会；对根据地，不建立政权，一切要合国民党的法；对国民党不敢批评；对抗战，强调运动战，忽视游击战，对持久战基本观点是不同意的。②

毛泽东在会上多次发言，批评"左"倾路线的错误。在11月13日的发言中，毛泽东严厉批评王明、博古等，"顶着国际和马列招牌，欺骗全党，全党要从这个骗局中解放出来"。他提出抗战时期王明的原则错误是，速胜论，运动战，对国民党只要团结不要斗争，组织上闹独立性。他也强调："我们的目的是揭发路线错误，又要保护同志，不要离开这个方向。"③10月14日，毛泽东在西北局高干会批评王明错误时说："我们党已有二十二年三次革命的经验，不能再容许王明路线占领导地位了。"④

在重点批评王明教条主义宗派的同时，这一时期的政治局会议，也批评了经验主义宗派。9月13日，毛泽东指出，党内有教条主义和经验主义两个宗派，"反掉这两个具体东西，党才能够真正的统一"。⑤10月6日，毛泽东又指出：整风学习的目的是打碎两个宗派，教条宗派是头，经验宗派是脚。教条宗派是经验宗派的灵魂，故克服前者，后者再加马列，事情

---

① 《叶剑英年谱》上卷，第401—402页。
② 金冲及主编《毛泽东传（1893—1949）》下卷，第659页。
③ 金冲及主编《毛泽东传（1893—1949）》下卷，第663页；《毛泽东年谱（1893—1949）》中卷，第481页。
④ 《毛泽东年谱（1893—1949）》中卷，第475页。
⑤ 金冲及主编《毛泽东传（1893—1949）》下卷，第660页。

就差不多了。这些宗派也可以说无组织系统，但有思想方法、政治路线为纲领。我们打碎的方法，是改造思想，以马列为武器，批判自己，批判别人。书记处提议，在整风期间，凡参加学习者，人人有批评自由；对任何人、任何文件、任何问题都可以批评。我们希望各人扩大自己头脑中的马列根据地，缩小宗派的地盘，以灵魂与人相见，把一切不可告人之隐都坦白出来，不要像《西游记》中的鲤鱼精，吃了唐僧肉，打一下，吐一字。只有内力、外力合作，整风才会有成效。毛泽东还特别强调，整风是一个大的自我批评，就是以斗争求团结，我们是要把党斗好，不是斗翻；这次整风要避免党史上的错误斗争方法，要以马列主义主义自我批评方法来惩前毖后，治病救人。① 11月13日，毛泽东还在发言中说明："所有经验宗派的人，与教条宗派是有区别的，大多数是被欺骗的，不觉悟的。他们常常被教条宗派利用'共产国际'、'马恩列斯'的外衣和威逼利诱所蒙蔽，所迷惑。"②

10月24日，刘少奇在西北局高干会做《关于党的历史问题》讲演，提出"抗战后党内存在有两条路线，一条是以王明为代表的对大地主大资产阶级的投降主义路线，另一条是以毛主席为代表的正确路线"。王明路线表现在抗战的速胜论，统一战线中忽视独立性，战略上主张运动战，党内闹独立性，"长江局的路线不论什么都是所谓统一战线的……不是党的。这是和蒋介石共产……结果就是'赔了夫人又折兵'"。刘少奇同时批评了经验主义宗派，指出："党内还有另一部分人，是经验宗派赞助他们。""我们主要的是要打击教条宗派，但经验宗派也要打散，目的是在于破坏教条宗派及经验宗派，建立马列主义的统一的党。""在政治上反对投降路线，在组织上要打散这两个宗派，在思想上要反对教条主义与经验主义，毛主席的正确路线与方针，我们应当扶起来贯彻全党。"③

1941年9月的政治局会议，周恩来因在重庆负责南方局工作而未能参加。1943年7月，周恩来回延安，参加了9月以后的政治局会议。他在发

---

① 《胡乔木回忆毛泽东（增订本）》，第290—291页。
② 金冲及主编《毛泽东传（1893—1949）》下卷，第663页。
③ 金冲及主编《刘少奇传》上卷，第499—500页。《刘少奇传》的著者认为："刘少奇的讲话对帮助广大干部正确理解毛泽东的正确路线起了一定作用，但其中也有些过激的言词。"同前。

言中批评王明说：王明路线的本质是党外步步投降，党内处处独立。在形势估计上，是速胜论、外援论；战略思想是外援论、唯武器论；统战工作是投降主义，中心是放弃领导权，取消阶级教育和党的独立宣传；在党的关系上是把党作为私人工具，与延安中央闹独立性。归纳起来，就是"抗战中的机会主义，统战中的投降主义，党的问题上的取消主义"。① 周恩来以严于律己的精神，在发言中多次检查自己的不足之处，抗战初期"对游击战争的战略地位认识不足，没有充分坚持统一战线中的独立自主和对王明的机会主义有容忍和退让的地方"。权威的《周恩来年谱》编者认为："在这次整风运动中，周恩来也曾受到不公正的和过火的指责与批评。他在检查中，曾说了一些过分谴责自己的话。"②

作为整风运动最主要的批评对象，王明"因病"基本没有参加各次学习，但他向中共中央表示："完全放弃我自己的那些意见"，"一切问题都以党的领袖毛主席和中央大多数同志的意见为决定"；关于武汉时

---

① 《胡乔木回忆毛泽东（增订本）》，第298页。周恩来在中共七大发言时总结说："武汉时期的错误也是不懂得这个领导权的问题。那时有一种解释，说只要抗战就是统一，说蒋介石的政府已经是统一的政府，蒋介石的大资产阶级的政府已经开始民主化，人民已经得到充分自由。这就是说，大资产阶级也很好，很民主，很统一，也就是承认大资产阶级的领导权，因而在政策上也就不要民主改革，不要改善民生……武汉时期放弃领导权，还表现在不重视敌后的发展，不主张建立敌后政权，主张一切经过统一战线。假若这个统一战线是我们领导的，当然很好。但实际上，国民党并不承认我们的领导。他所承认的统一战线，就是把我们领导的队伍统一到他的军令、政令里去。所以一切经过统一战线，实际上就是一切经过国民党的军令、政令……不是把国民党的主张提高到我们的主张上来，而是把我们的主张降低到国民党那方面去，也就是争取领导权上犯的右倾错误。"见《论统一战线》（1945年4月30日），《周恩来选集》上卷，第219页。

② 《周恩来年谱（1899—1949）》（修订本），第581页。据杨尚昆回忆，抗战初期，山西成立的民族革命战争战地总动员委员会，由续范亭任主任，是中共的统一战线与阎锡山合作的产物，"但延安整风时有人'清算'这个问题，认为这是投降机构，并追查责任，追到刘少奇、周恩来两人，最后把这个责任全落到周恩来同志一个人的头上。这当然是不公平的"。（《杨尚昆回忆录》，第178页）胡乔木回忆说："在会上，一些同志对洛甫、恩来等同志的整风检查提意见，有一些偏激之词。有的说：……经验宗派的危险还未过去，因此仍是最危险的人物。这样的发言，无疑加剧了会议的紧张气氛。再加上康生这样的人不断地煽风点火、推波助澜，因此，第二阶段的会议有党内斗争过火的偏向……像上述过火的批评，过高的'上纲'，给检查者以较大的精神压力，这对于后来的党内斗争产生了不好的影响，是一个应当总结的教训。"（《胡乔木回忆毛泽东（增订本）》，第298—299页）1944年底，陈毅致函毛泽东，认为教条宗派"有领袖有纲领，有具体组织形态，形成党内的小党，霸占了全党的领导机关，对党危害最大，这些已大白于党内，从这方面看，经验宗派是不能与其匹敌，而是甘为驱策的，弼时同志不主张平列，这对"。见《任弼时年谱》，第474页。

期的错误,"感谢毛主席和中央各位同志指示出我的这些错误和缺点";表示"愿意尽我力之所能,对自己过去的思想言行加以深刻的检讨……重新学起,改造自己的思想意识,纠正自己的教条宗派主义错误,克服自己的弱点"。①

经过整风运动的深入学习和检讨,中共党内高层对王明的"左"倾路线和右倾错误,形成了高度共识;② 对毛泽东有关中国革命的思想在理论和实践上的意义,也形成了高度共识。这对于以毛泽东为核心的中共领导集体的形成和对当时及未来中国革命的领导,起到了重要的作用。③

三 整风中的"审干"及整风运动的结束

中共一向重视党的建设,重视对党员的思想教育,尤其是注重干部队伍的建设。用毛泽东的话说:"政治路线确定之后,干部就是决定的因素。"④ 说到底,中共党的领导体现在路线和政策,而路线和政策的贯彻执

---

① 郭德宏编《王明年谱》,第557页。1943年11月,任弼时受毛泽东的委托去看望王明,对他说:要了解毛主席和党中央对犯错误同志的方针,完全是治病救人,是为了党。现在提出两条路线,并不是对王个人过不去,而是对着王所代表的错误思想路线,是要把全党干部、党员在思想上弄通。见《任弼时年谱》,第453页。

② 在后来通过的《关于若干历史问题的决议》,考虑到各种因素,在对王明的"左"倾路线错误做结论时,并未对王明的右倾错误形成结论,而是说"关于抗日时期党内的若干历史问题,因为抗日阶段尚未结束,留待将来做结论是适当的。"(《毛泽东选集》第3卷,第970页)据李维汉回忆,"有同志提议要对王明在抗日战争初期的右倾机会主义路线给予批判,毛泽东说,现在抗日战争还没有结束,谁是谁非还不能作结论。"直到1947年12月,毛泽东在陕北米脂县杨家沟中央政治局扩大会议做《目前形势和我们的任务》的报告,"不指名地批判了王明在抗日战争时期的右倾思想是和陈独秀投降主义相类似的思想。"见氏著《回忆与研究》下册,第478页。

③ 1944年12月,陈毅致信毛泽东说:"在几年整风弄清路线原则之分歧后,作大度的自我批评,讲团结对外,这足以教育一切人……只有自己批评以打通思想而团结对外才是于党于己的有益办法……别人的批评反对,其中事出有因,查无实据者有之,而自己过与不及两种毛病则所在多有,那种'寡人之于国也尽心焉耳矣'的自己条条做到的态度,实在要不得。"毛泽东复函说:"你的思想一通百通,无挂无碍,从此到处是坦途了。随时准备坚持真理,又随时准备修正错误,没有什么行不通的。每一个根据地及他处只要有几十个领导骨干打通了这个关节,一切问题就可迎刃而解。整个党在政治上现在是日渐成熟了,看各地电报就可以明了。"(刘树发主编《陈毅年谱》上卷,第436—437页)中共的整风运动也引起了蒋介石的注意,他曾在日记中记道:"共党整顿三风二十二种之学术文件设法检呈研究。"见《蒋介石日记》,1943年7月25日。

④ 《中国共产党在民族战争中的地位》(1938年10月14日),《毛泽东选集》第2卷,第526页。

行，取决于组织力的高低，组织力则落实在干部队伍的得力与否，因此，中共路线的贯彻执行，需要在强有力的组织推动下，由广大干部付诸实践的过程。于此即可理解中共对干部队伍建设的重视。

全国抗战开始之后，中共在发动抗战和建设根据地的过程中，赢得了敌后民众的拥护，并且吸引了不少城市青年的关注，党的队伍迅速扩大，党员人数剧增。到整风运动开始时，中共党员数量已有80万人，其中绝大多数是在抗战以后加入的新党员。这些新党员有高昂的抗日热情，也有纯洁的革命理想，但是，他们中的不少人是以热情和理想投身中共，没有经受过长期的艰苦的历练，没有接受过系统的马克思主义理论熏陶，其中的农民党员难免一些农村旧式封建习气，来自都市的党员包括知识分子党员又难免一些不切实际的高高在上的想法，都不利于中共加强对革命的领导。而且，中共对于加入组织的严肃性和纯洁性要求甚高，这些新入党的党员，也难免在过往的个人历史中有这样那样的问题需要说明和改正。中共中央认为："正因为在短时期内党得着了猛烈的发展，所以党的组织很不巩固，在征收新党员的工作中是有严重的错误与缺点存在的。"表现为追求党员数量，不经详细审查，投机分子混入党内，"使党的组织之无产阶级先锋队的作用和党的组织之巩固程度大大受到损害"。[①] 因此，中共在整风运动全面开始之后，由加强学习、进行思想理论教育、深入检讨历史，转入对干部的审查，以纯洁党的队伍，也是顺理成章之举。

还在整风运动大规模开始之前，1940年8月，中共中央即发出审查干部的指示，指出："干部的政治品质是否纯洁，和干部的工作是否分配恰当，这对于保障党的路线之执行，是具有决定意义的……对于干部的审查、考察与教育，成为巩固我党的一个极关重要的工作。在这方面的疏忽，是可以造成极端严重的恶果的。"为此，"中央指出我党过去在审查与考察干部方面是注意得不够的，而要求全党今后加以严重的注意"。这就要求"仔细考察每一个党的干部在政治上对党的忠实程度、工作能力、长处和弱点"；"按照每个干部的品质和能力，来恰当的统一的布置和配备干部，使每个干部能够发挥自己的长处"；同时，也应"防止因审查干部而

---

① 《中央政治局关于巩固党的决定》（1939年8月25日），《中共中央文件选集》第12册，第155—158页。

造成干部在工作中不安的情绪"。①

在整风运动的学习、检讨和总结告一段落后，1943年春，审查干部和清理队伍开始成为整风运动的重要内容。1943年3月，毛泽东在中共中央政治局会议明确指出："整风既要整小资产阶级思想，同时也要整反革命"；"在延安，年内要完成审查干部、清洗坏人的工作"。② 4月3日，中共中央做出决定：在今后一年中，"继续开展整风运动"，"主要斗争目标，是纠正干部中的非无产阶级思想与肃清党内暗藏的反革命分子"。③

对于审干工作，中共中央专门成立了反内奸斗争委员会，由刘少奇任主任，康生、彭真、高岗为委员。毛泽东在延安中央党校二部开学典礼讲话时犀利地说："你们参加整风以后，一只眼睛就亮了；参加审查干部以后，另一只眼睛也亮了。两只眼睛都亮了，还有什么革命不可能胜利呢？"④

但是，审干工作也出现了一些问题。据时任毛泽东秘书、亲历整风和审干的胡乔木回忆，"负责审干工作的同志往往把干部队伍不纯的状况作了过分严重的估计。一个时期，似乎'特务如麻，到处皆有'，把一些干部思想上工作上的缺点和错误，或者历史上未交代清楚的问题，都轻易地怀疑成政治问题，甚至反革命问题，不少单位违反政策规定，仍然采用'逼、供、信'，使审干工作出现了严重的偏差。特别是在1943年7月15日，专门负责审干工作的中央总学委副主任、中央社会部部长康生在延安干部大会上作深入进行审干的动员报告，提出开展'抢救失足者运动'以后，混淆敌我界限的错误进一步扩大，造成了大批冤假错案。审干运动实际上变成了'抢救运动'。在延安，仅半个月就挖出了所谓特嫌分子1400多人，许多干部惶惶不可终日"。⑤ 叶剑英向中央负责同志提出：延安哪有这么多特务呀？如果这样的话，那延安还能不能存在？这样搞法不行。康

---

① 《中央关于审查干部问题的指示》（1940年8月1日），《中共中央文件选集》第12册，第444—447页。
② 《胡乔木回忆毛泽东（增订本）》，第277页。后来毛泽东又说："整风是思想上清党，审干是组织上清党。"同前。
③ 《中共中央关于继续开展整风运动的决定》（1943年4月3日），《中共中央文件选集》第14册，第29页。
④ 《在中央党校第二部开学典礼上的讲话》（1943年8月8日），《毛泽东文集》第3卷，第62页。
⑤ 《胡乔木回忆毛泽东（增订本）》，第279页。

生为此十分恼怒，说叶剑英右倾，同时又制造借口，两次剥夺了他参加中央政治局扩大会议的权利。① 从前线回到延安参加整风的北方局书记杨尚昆后来也回忆说："至于'抢救运动'，那就'抢救'得没有边了！"1943年7月15日至8月5日，中直机关被"抢救"的占干部总数的26%，知识分子集中的陕北公学占53%。② 后来邓小平曾说："在那种异常紧张的战争环境中，内部发现坏人，提高警惕是必要的。但是，脑子发热，分析不清，听到一个口供就相信了，这样就难于避免犯错误。从客观上说，环境的确紧张。从主观上说，当然也有个没有经验的问题。"③

审干运动中的偏差很快被毛泽东等中共领导人所注意并予以纠正。8月5日，中共中央总学委下发的文件中明确提出"延安对失足分子的抢救运动亦已告一段落"。④ 虽然审干工作仍在继续，但在延安，疾风暴雨式的、造成不少冤假错案的"抢救运动"实际只进行了20天左右。8月15日，中共中央发布《关于审查干部的决定》，指出："我党在整风中审查干部，并准备进一步审查一切人员，不称为肃反，不采取将一切特务分子及可疑分子均交保卫机关处理的方针，而采取首长负责，自己动手，领导骨干与广大群众相结合，一般号召与个别指导相结合，调查研究，分清是非轻重，争取失足者，培养干部，教育群众的方针"；"希望各地同志研究采用，并依据你们的具体环境，创造你们自己的经验"。⑤ 其后，"由于坚持不杀一人，不断进行复查、甄别、平反，分别情况作出实事求是的结论，对受到冤屈的同志赔礼道歉，因而没有发生大的危害，没有形成大的乱子"。⑥ 后来毛泽东说："抢救"，我有些怀疑，乱子就出在此，以后不可再

---

① 《叶剑英年谱》上册，第400—401页。
② 《杨尚昆回忆录》，第215、219页。
③ 《对起草〈关于建国以来党的若干历史问题的决议〉的意见》（1980年10月25日），《邓小平文选》第2卷，人民出版社，1994，第301页。
④ 《中央总学委关于进行一次国民党的本质及对待国民党的正确政策的教育问题的通知》（1943年8月5日），《中共中央文件选集》第14册，第85页。
⑤ 《中共中央关于审查干部的决定》（1943年8月15日），《中共中央文件选集》第14册，第89、95页。这9条方针早在7月1日就由毛泽东提出，在《防奸经验》第6期登载。7月30日，毛泽东在给彭德怀的电报中再次提出这9条方针。现在又由中共中央文件加以明确肯定。
⑥ 《胡乔木回忆毛泽东（增订本）》，第281页。

用。① 他还多次在公开场合对审干中出现的问题主动承担责任，"搞错了的，摘下帽子，赔个不是"；审干反特"发生许多毛病，特别是在'抢救运动'中发生过火……错误是夸大了问题方面"；"这些错误谁负责？我负责，因为发号施令的是我。我赔一个不是"。②

审干工作中的波折，只是整风运动中的插曲，而就其总体评价而言，整风运动无疑在中共革命史和中共党建史上，都具有历史性的意义。通过整风运动，中共解决了如何将马克思主义理论和中国革命实践相结合的问题，形成了中国化的马克思主义——毛泽东思想，并成为中共的指导思想；通过整风运动，中共党的队伍有了很大的改变，党员的思想认识和实践能力都有了很大的提升；通过整风运动，中共形成了以毛泽东为核心的、高瞻远瞩的、朝气蓬勃的、强有力的、稳定的领导集体。总之，通过整风运动，中共领导中国革命走向胜利的根本依靠——实事求是、群众路线、独立自主以及其领导核心团队，完全得以确立，从而为中共在抗战中的坚持和胜利，尤其是为中共领导中国的新民主主义革命走向最终的胜利，确定了坚实的基础和可靠的条件。所以，在后来中共六届七中全会通过的《关于若干历史问题的决议》中这样论及整风运动的意义："毛泽东同志所领导的全党反对主观主义、宗派主义、党八股的整风运动和党史学习，更从思想根源上纠正了党的历史上历次'左'倾以及右倾的错误……我党经过了自己的各种成功和挫折，终于在毛泽东同志领导下，在思想上、政治上、组织上、军事上，第一次达到了现在这样高度的巩固和统一。这是快要胜利了的党，这是任何力量也不能战胜了的党。"③

1944年4月，毛泽东在延安高级干部会讲演，对于整风运动与干部的关系说："应使干部对于党内历史问题在思想上完全弄清楚，同时对于历史上犯过错误的同志在作结论时应取宽大的方针，以便一方面，彻底了解我党历史经验，避免重犯错误；又一方面，能够团结一切同志，共同工作……这次处理历史问题，不应着重于一些个别同志的责任方面，而应着

---

① 章学新主编《任弼时传》，第514页。
② 《毛泽东年谱（1893—1949）》中卷，第517、553、580页。1944年1月，毛泽东在中共中央书记处会议说：过去延安重视知识分子，不重视工农分子，"抢救运动"以来，又走到完全不相信知识分子。现在应估计大多数知识分子是好的。见《毛泽东年谱（1893—1949）》中卷，第491页。
③ 《关于若干历史问题的决议》（1945年4月20日），《毛泽东选集》第3卷，第970页。

重于当时环境的分析,当时错误的内容,当时错误的社会根源、历史根源和思想根源,实行惩前毖后、治病救人的方针,借以达到既要弄清思想又要团结同志这样两个目的。对于人的处理问题取慎重态度,既不含糊敷衍,又不损害同志,这是我们的党兴旺发达的标志之一。"关于历史问题,毛泽东指出:"对于任何问题应取分析态度,不要否定一切……我们许多同志缺乏分析的头脑,对于复杂事物,不愿作反复深入的分析研究,而爱作绝对肯定或绝对否定的简单结论……今后应该改变这种状况。"毛泽东总结道:"过去的宗派现在已经没有了。目前剩下的,只是教条主义和经验主义思想形态的残余,我们继续深入地进行整风学习,就可以将它们克服过来。"①

1945年4月20日,中共六届七中全会原则通过《关于若干历史问题的决议》,②指出:"为了学习中国革命的历史教训,以便'惩前毖后,治病救人',使'前车之覆'成为'后车之鉴',在马克思列宁主义思想一致的基础上,团结全党同志如同一个和睦的家庭一样,如同一块坚固的钢铁一样,为着获得抗日战争的彻底胜利和中国人民的完全解放而奋斗……对于这十年内若干党内历史问题,尤其是六届四中全会至遵义会议期间中央的领导路线问题,作出正式的结论,是有益的和必要的。"决议提到了1927—1928年的第一次"左"倾路线、1930年的第二次"左"倾路线,着重批判了从1931年六届四中全会到1935年遵义会议时期,以王明和博古为代表的第三次"左"倾路线,认为"它在思想上、政治上、军事上、组织上表现得最为充分和完整,在全党影响最深,因而其危害也最大"。决议分析了第三次"左"倾路线在政治上、军事上、组织上、思想上的表现形式和内容,提出其社会根源"反映了中国小资产阶级民主派的思想","是一定的社会历史条件的产物"。要克服这些错误思想,"必须深入马克思列宁主义的教育,提高全党对于无产阶级思想和小资产阶级思想的鉴别能力,并在党内发扬民主,展开批评和自我批评,进行耐心说服和教育工作,具体地分析错误的内容及其危害,说明错误之历史的和思想的根源及

---

① 《学习和时局》(1944年4月12日),《毛泽东选集》第3卷,第937—940页。
② 1944年5月10日,中共中央书记处会议决定成立党内历史问题决议准备委员会,由任弼时负责召集。这个决议先后由任弼时、胡乔木拟稿,张闻天修改,然后由毛泽东7次亲笔修改或主持修改,形成最后的定稿。见《胡乔木回忆毛泽东(增订本)》,第306—320页。

其改正的办法"。决议最后总结说:"党正是在克服这些错误的斗争过程中而更加坚强起来,到了今天,全党已经空前一致地认识了毛泽东同志的路线的正确性,空前自觉地团结在毛泽东的旗帜下了。以毛泽东同志为代表的马克思列宁主义的思想更普遍地更深入地掌握干部、党员和人民群众的结果,必将给党和中国革命带来伟大的进步和不可战胜的力量。"①

以中共六届七中全会的召开及其通过的《关于若干历史问题的决议》为标志,具有重要而深远的历史意义的中共整风运动基本结束。

四 毛泽东领袖地位的最终确立

如同《关于若干历史问题的决议》所说,"党在奋斗的过程中产生了自己的领袖毛泽东同志"。② 正是在延安整风期间,毛泽东在中共党内的核心领袖地位从形式到实质都被完全确立了。

1935年遵义会议以后,毛泽东回到中共中央的领导核心,成为政治局常委,但他更多的是担任紧迫的军事指挥决策者,中共中央则由张闻天负总责。中共中央到达陕北以后,张闻天仍负总责,主持召开政治局和书记处会议,但毛泽东在中共中央的领导地位已经形成,对政治决策的发言权越来越大,这是由他在一系列重大事件和政治决策中表现出的远见卓识及其在实践中的成功所决定的,越来越多的中共高级干部认同和信服毛泽东

---

① 《关于若干历史问题的决议》(1945年4月20日),《毛泽东选集》第3卷,第952—999页。王明曾给六届七中全会去信,"以一个第三次'左'倾路线开始形成的主要代表的地位",表示"对于七中全会根据毛泽东同志的正确思想和正确路线以及近年来全党同志在整风运动与党史学习中的认识,而作出的对各次尤其是第三次'左'倾路线在政治上、组织上、思想上所犯严重的错误的内容实质与其重大的危害以及产生此种错误的社会的和历史的根源底分析和估计完全同意和拥护"。信中说:"我之所以犯教条主义的'左'倾路线的错误,也不是偶然的,这是由于丝毫不懂马克思主义理论及基础,完全不懂中国社会和中国革命的实际情况,全不研究中国的政治、军事、文化的历史事实和历史经验,以及简直不懂国际经验和民族传统的结果。尤其是由于没有群众工作经验和没有群众观点,以及小资产阶级社会出身的劣根性作祟的结果。"见郭德宏编《王明年谱》,第579—580页。

② 《关于若干历史问题的决议》(1945年4月20日),《毛泽东选集》第3卷,第952页。决议对毛泽东的领袖地位和革命功绩有高度的肯定,毛泽东在六届七中全会原则通过决议时说:决议把许多好事都挂在我的账上,我的错误缺点没有挂上,不是我没有而是没有挂,为了党的利益没有写上,这是大家要认识清楚的,首先是我。孔夫子七十而从心所欲不逾矩,我即使到七十岁,相信一定也会逾矩的。见《毛泽东年谱(1893—1949)》中卷,第591页。

的领导。经过了1937年十二月政治局会议以后的一些波折，到了1938年11月的中共六届六中全会闭幕时，毛泽东在中共党内全面的领导地位已经基本得到确认，并得到共产国际的认可。虽然在此之后，直到1942年1月张闻天率队去绥德和晋西北考察期间，中共中央政治局和书记处会议仍由张闻天主持，但实际上毛泽东无疑已居于中共政治决策的核心地位。①

1941年7月30日，中共中央政治局会议讨论改革中央机构的问题，决定"为使中央有若干同志能经常集体处理日常工作，除每星期召开一次政治局会议外，中央书记处应有一种人数不多的会议"。8月27日，中共中央政治局会议决定，由在延安的政治局委员毛泽东、任弼时、王稼祥、王明、张闻天、陈云、凯丰组成中央书记处工作会议，每周开会两次，其中毛泽东、任弼时、王稼祥必须参加；由任弼时任中共中央秘书长，李富春任副秘书长；书记处及政治局的会议议程由秘书长负责提出。② 9月26日，中共中央书记处工作会议通过《中央书记处的任务和组织条例》，规定中共中央书记处的职责是，秉承中央政治局的决定，办理中央的日常工作；负责召集中央政治局会议，准备会议议程并报告工作；负责把政治局和书记处的决定通知全党或有关部门执行并检查执行的结果。③ 随着书记处工作会议的组成及其职责的规定，毛泽东的地位更为重要，张闻天也正在逐渐"淡出"中央会议主持人的地位。

整风运动开始之后，随着对"左"倾路线批判的深入，中共中央领导机构的改组也成为势在必行之举。④ 1943年1月12日，在中共中央政治局

---

① 胡乔木认为："从组织上说，中央书记处由张闻天负责，但由于毛主席的领袖地位在遵义会议，特别是六届六中全会后已得到全党公认，并且也为包括国民党在内的各界和国际舆论所确认，因此，在党的工作上，闻天同志有事都征求毛主席的意见，很少独自决定问题……全党的重大方针、政策，还是由毛主席拿主意，作决定。"见《胡乔木回忆毛泽东（增订本）》，第272—273页。

② 《任弼时年谱》，第404、406页；章学新主编《任弼时传》，第463页。

③ 《任弼时年谱》，第408页。

④ 毛泽东后来在1943年10月的中共中央政治局会议上说："现在的中央是以王明、博古时代为基础的……只有少奇同志和我是受他们反对的，其他是拥护王明、博古路线的。要改造中央，就非经过各种步骤，使大家觉悟成熟不可。"胡乔木认为，这时"对这条错误路线负有较大责任的同志，很难在中央书记处继续工作"。张闻天1942年初离开延安外出调查研究，博古早已不负主要责任，王明称病不出席任何会议，周恩来又常驻重庆，"这种状况长期继续下去势必影响党的工作。因此，调整中央领导机构的问题提上了议事日程"。见《胡乔木回忆毛泽东（增订本）》，第290、272—273页。

会议上，刘少奇提议，中央日常工作由书记处负责。3月20日，中共中央政治局会议通过《中共中央关于中央机构调整及精简的决定》，规定："中央政治局担负领导整个党工作的责任，有权决定一切重大问题"；"凡重大的思想、政治、军事、政策和组织问题，必须在政治局会议上讨论通过"。"书记处是根据政治局所决定的方针处理日常工作的办事机关，它在组织上服从政治局，但在政治局方针下有权处理和决定一切日常性质的问题。"会议推定毛泽东为政治局和书记处主席，书记处由毛泽东、刘少奇、任弼时组成，书记处"会议中所讨论的问题，主席有最后决定之权"。在中央政治局和书记处之下，设立宣传委员会和组织委员会，宣传委员会由毛泽东、王稼祥、凯丰、博古组成，毛泽东任书记；组织委员会由刘少奇、王稼祥、康生、陈云、张闻天、邓发、杨尚昆、任弼时组成，刘少奇任书记；增补刘少奇为中央军委副主席（朱德、周恩来、王稼祥已任副主席）；对各地方工作实行分工负责，其中王稼祥负责华北、刘少奇负责华中、任弼时负责陕甘宁和晋西北、陈云负责大后方、杨尚昆负责敌占区，直接向书记处负责。①

1943年3月中共中央领导机构的调整，目的"在于使中央机构更加简便与灵活，使事权更加统一与集中，以达到更能增强中央的领导效能"。②将中共中央处理日常工作的责任赋予书记处，书记处成员集中在延安，更为方便、更有时间讨论各项问题并进行决策，有助于提高决策效能。这次中共中央领导机构调整最重要的意义，是明确了毛泽东在中共领导集体中的核心地位，而这个核心领袖地位的形成，是中共党内对他在长期革命斗争尤其是抗战以来的斗争中所表现出的政治敏锐度、决策预见性、领导决断力和实践成效性的充分认可。在整风期间，中共有不少高级领导人谈到

---

① 《毛泽东年谱（1893—1949）》中卷，第430—431页；《任弼时年谱》，第440页。参加这次会议的刘少奇在会上提出，书记处"设一个主席，两个书记，书记是主席的助手"。（《刘少奇年谱》上卷，第415页）"这里需要注意的是：毛泽东作为主席而具有'最后决定权'的是'书记处会议所讨论的问题'，而书记处是根据政治局所决定的方针处理日常工作的办事机关，一切重大问题必须由政治局会议讨论通过。有的研究工作者以为，这个《决定》给予了毛泽东在整个党的工作中一切重大问题上的'最后决定权'，这是由于过分粗心或以讹传讹而产生的误解。"见金冲及主编《毛泽东传（1893—1949）》下卷，第650页。

② 《毛泽东年谱（1893—1949）》中卷，第430页。

他们对毛泽东领袖地位的认识过程。

朱德说:"我们党在二十多年奋斗中已经产生了自己的领袖,这就是毛泽东同志,这是在历史过程中锻炼出来的。不但在中国,而且世界上都承认他是中国共产党的领袖。"他称赞道:"毛泽东办事脚踏实地,有魄力、有能力,遇到困难总能想出办法,在人家反对他时还能坚持按实际情况办事;同时他读的书也不比别人少,但他读得通,能使理论与实际合一。实践证明,有毛泽东领导,各方面都有发展;照毛泽东的办法办事,中国革命一定有把握胜利。我们这次学习,就要每人学一套本事,主要学好毛泽东办事的本事。"①

陈云说:过去我认为毛泽东在军事上很行,在《论持久战》以后,我了解到毛泽东在政治上也是很行的。抗战后,对毛主席有了更多的了解,认识到他是中国革命的旗帜。"中国共产党已成立二十多年,经历了各种严峻考验,有成功,有失败。现在看来,最大的成绩就是我们党培养出了一个领袖,他就是毛泽东同志。"②

张闻天在"整风笔记"中写道:"毛泽东同志,不但是我党政治家、军事家,而且是理论家的这个观点,也就是在这个时候建立的。我对毛泽东同志心悦诚服的感觉,也是从此时发展起来的。"③

任弼时在整风学习中说,过去在中央苏区时,认为毛泽东"有独特见解,有才干";但又认为他"轻视理论"。1938年到莫斯科及回国后,读了《论持久战》《新民主主义论》,又看到毛泽东在处理国共关系、领导整风运动以及对各种政策之掌握,对毛泽东则完全"爱戴佩服",而且"认识到他一贯正确是由于坚定的立场和正确的思想方法"。④

正因为中共党内高层对毛泽东的领袖地位已经形成了高度共识,毛泽东成为中共领导核心中的领袖人物,可谓是水到渠成,理所当然。

刘少奇在中共领导层地位的变化,也是这次中共中央领导机构调整的重要方面。如胡乔木所言,"1943年3月中央机构的调整表明,少奇同志在党内实际上已上升为第二把手了"。刘少奇在六届四中全会增补为政治

---

① 吴殿尧主编《朱德年谱(新编本)》中卷,第1118、1143页。
② 朱佳木主编《陈云年谱》上卷,第328、331、341页。
③ 张培森主编《张闻天年谱》下卷,第706页。
④ 《任弼时年谱》,第453页。

局候补委员,在中共党内的地位原本并不高,且受"左"倾路线的打击。长征到达陕北后,刘少奇受命前往华北,恢复中共的工作,取得了很大的成效。全国抗战开始后,在中共内部一些有争论的重要问题上,刘少奇都支持了毛泽东的主张,并在担任华北局书记、中原局书记和新四军政委期间,对华北和华中的工作领导有方,屡有建树,使毛泽东对他相当倚重。整风运动开始后,毛泽东在对"左"倾路线进行批判时,对刘少奇有很高的评价。他在"九篇文章"中,将刘少奇列为"我党在国民党区域工作中""正确的领袖人物","刘少奇同志的见解之所以是真理,不但有当时的直接事实为之证明,整个'左'倾机会主义路线执行时期的全部结果也为之证明了"。① 1942年1月,中共中央决定在华中新四军工作的刘少奇回延安参加七大,当年底刘少奇回到延安,随后成为中共中央领导核心的一员。

整风运动期间,不仅毛泽东的领袖地位得以确立,"毛泽东思想"的概念也被提出并被确立为中共革命的理论指南和实践指导。② 1943年7月8日,王稼祥发表《中国共产党与中国民族解放的道路》,指出:"中国民族解放整个过程中——过去现在与未来——的正确道路就是毛泽东同志的思想,就是毛泽东同志在其著作中与实践中所指出的道路。毛泽东思想就是中国的马克思列宁主义,中国的布尔什维主义,中国的共产主义。""以毛泽东思想为代表的中国共产主义,是以马克思列宁主义的理论为基础,研究了中国的现实,积蓄了中共二十二年的经验,经过了党内党外曲折斗争中而形成起来的。""中国共产主义,毛泽东思想,便是马克思列宁主义

---

① 《刘少奇年谱》上卷,第386页。胡乔木认为:"毛主席在延安时期的讲话和文章中,对中央领导同志作这样高的评价是很少的。这足见毛主席对少奇同志是多么倚重。"(《胡乔木回忆毛泽东(增订本)》,第275页)毛泽东在整风时还说过:"刘少奇是犯错误较少或最少的一个"。见《我的一生——师哲自述》,人民出版社,2001,第156页。
② "毛泽东思想"作为理论概念的形成经历了一个过程。1937年以后,毛泽东在延安对于理论问题的深入思考和重要贡献,在中共党内引起了很大的反响,中共领导人和理论工作者有人开始使用毛泽东的"理论"、"毛泽东同志的思想"、"毛泽东主义"等概念。1943年4月,中共中央宣传部代理部长凯丰致信毛泽东,反映党内一些同志提出要宣传毛泽东的思想。毛泽东在复信中说:"我的思想(马列)自觉没有成熟,还是学习时候,不是鼓吹时候;要鼓吹只宜以某些片断去鼓吹(例如整风文件中的几件),不宜当作体系去鼓吹,因我的体系还没有成熟。"(《致何凯丰》,1943年4月22日,《毛泽东书信选集》,人民出版社,1983,第212页)但是,在中共党内,对毛泽东思想作为理论体系的认识还是逐渐成为共识。

与中国革命运动实际经验相结合的结果","这是引导中国民族解放和中国共产主义到胜利前途的保证"。① 在王稼祥文章发表的前二天，刘少奇也发表了《清算党内的孟什维主义思想》，使用了"毛泽东同志的思想"和"毛泽东同志的思想体系"两个提法。1943 年 7 月 11 日，中央总学委将刘少奇和王稼祥的文章，列为干部和群众学习的参考文件。"在这之后，毛泽东思想这一概念逐渐为党内许多同志所接受和使用。"②

毛泽东思想，承继了马克思主义的基本点，但又根据中国的国情和革命的实践，对马克思主义有重大发展，新民主主义革命理论、统一战线理论、武装斗争理论、党的建设理论等，都是这些发展的重要方面。作为理论体系的毛泽东思想，并不仅仅是毛泽东个人的思想，其中也包含了中共其他领导人的思想贡献，是中共全党集体智慧、理论创见、革命实践的结晶，而毛泽东无疑又在其形成过程中做出了最重要的贡献。抗战时期担任毛泽东秘书的胡乔木说，毛泽东"有些认识最初也并非正确无误。他也有情绪激动、看法不周、思想反复的时候。但是他有一个极大的优点，能集思广益，博采众长，知错即改，缜密比较，科学概括，最后形成并提出更为全面、更为正确的思想观点或重大决策，从而他的这些认识或决策既体现了党的集体智慧的结晶，又在汲取别的同志正确意见的基础上高于别的同志的思想认识"。③

经过整风运动，不仅在中共中央形成了以毛泽东为核心领袖的领导集体，以毛泽东思想作为中共的指导思想，而且中共也强调在各根据地加强党的领导，建立由上而下的各级领导核心，确保与中央统一步调，做到下级服从上级、全党服从中央。

鉴于在各根据地存在的一些问题，如"统一精神不足，步伐不齐，各自为政，军队尊重地方党、地方政权的精神不够，党政不分，政权中党员干部对于党的领导闹独立性，党员包办民众团体，地方主义，门户之见等等"，1942 年 9 月 1 日，中共中央做出决定，要求在各根据地加强中共党的一元化领导。

政治方面，"每个根据地有一个统一的领导一切的党的委员会（中央

---

① 《王稼祥选集》，第 340—353 页。
② 徐则浩：《王稼祥传》，第 377 页。
③ 《胡乔木回忆毛泽东（增订本）》，第 119 页。

局、分局、区党委、地委)";"中央代表机关(中央局、分局)及各级党委(区党委、地委)为各地区的最高领导机关,统一各地区的党政军民工作的领导";"各级党委的性质与成份必须改变","它的成份,必须包括党务、政府及军队中主要负责的党员干部";上级党委的决议、决定或指示,下级党委"均须无条件的执行"。

军事方面,"主力军必须执行各级党委的决议、决定与各级政府的法令";"主力军的军事措施,如军事行动布置及戒严令等等,地方党政民机关必须遵照执行";"如有争执,首先应当就地协同解决,并将争论及解决经过报告上级,反对各个组织只是向上告状,而不在本地当面商谈解决问题的办法"。

政权方面,"党委包办政权系统工作、党政不分的现象与政权系统中党员干部不遵守党委决定、违反党纪的行为,都必须纠正";"党对政权系统的领导,应该是原则的、政策的、大政方针的领导,而不是事事干涉,代替包办";"下级党委无权改变或不执行上级参议会及政府的决定与法令","党对参议会及政府工作的领导,只能经过自己的党员和党团,党委及党的机关无权直接命令参议会及政府机关,党团必须服从同级党委,但党团的工作作风必须刷新,不是强制党外人士服从,而是经过自己的说服与政治工作"。

民众团体方面,"党、政府、军队不应直接干涉民众团体内部的生活,党对民众团体的领导,经过自己的党员及党团,但党民不分、包办、清一色的现象,必须纠正。"

决定强调:"下级服从上级,全党服从中央的原则之严格执行,对于党的统一领导,是有决定意义的。各根据地领导机关在实行政策及制度时,必须依照中央的指示。在决定含有全国全党全军普遍性的新问题时,必须请示中央,不得标新立异,自作主张,危害全党领导的统一";"各级党委及政府军队民众团体中的党员负责同志,不得中央许可,不得发表带有全国意义和全党全军意义的宣言谈话及广播"。

12月1日,中共中央在有关加强统一领导的指示中,又明确规定:"在军区、分区两级建立领导核心,军区建立领导一切的区党委、或中央分局"。"书记是领导中心"。"每一军区,每一分区,必须承认一个比较优秀一点的同志为领导中心,不应谁也不服谁,闹到群龙无首。各中央局、中央分局,要着重地注意培养所属各军区、各分区领导核心的建立,告诉他们如何自觉的形成这种核心"。①

所以,这时的中共,不仅在中央有以毛泽东为领袖的最高领导核心,而且在各根据地也形成了各自的地方性领导中心,既可以在"全党服从中央"之下,协调一致,共同奋斗;也可以在"下级服从上级"之下,各自为战,独立发展。这样既有高度集中统一又有相当灵活自主的决策机制和干部配备,为中共在抗战时期和抗战以后的大发展及其最终的胜利,奠定了可靠的组织基础,准备了充实的干部队伍。

1943年6月1日,毛泽东给彭德怀去电说:

> 抗战还须准备三年,彼时中国情况如何,深堪注意。我党应在此三年中力求巩固,屹立不败。对敌应用一切方法坚持必不可少之根据地,反"扫荡"反"蚕食"之军事斗争与瓦解敌伪之政治斗争均须讲究最善方案。对国民党应极力避免大的军事冲突,使彼方一切力量均用在对敌上。对人民除坚持"三三制"外,应以大力发展农业、手工业,如人民(主要是农民)经济趋于枯竭,我党即无法生存。为此除组织人民生产外,党政军自己的生产极为重要。对党内政策,一是整顿三风(应坚持一年计划),二是审查干部(清查内奸包括在内),三是保存干部(送大批干部来后方学习)。如能实施上述各项,不犯大错,我党即可立于不败之地。②

此电充分说明,在抗战中期的政策调整和整风审干的进行之中,毛泽东对中共革命前程所拥有的自信。后来的历史发展也充分证明了毛泽东和中共值得拥有这份自信!

---

① 《中共中央关于统一抗日根据地党的领导及调整各组织间关系的决定》(1942年9月1日)、《中央关于加强统一领导与精兵简政工作的指示》(1942年12月1日),《中共中央文件选集》第13册,第426—436、465—467页。

② 《在今后三年中应力求巩固屹立不败》(1943年6月1日),《毛泽东军事文集》第2卷,第698—699页。

第五章
战时国共关系的起伏波折

全国抗战时期的国共关系，随着内外形势的发展而变化。全国抗战之初，为应对日本的全面军事进攻和国家危亡之局，国共一致对外，关系较为密切，政治、军事形成合作之局。随着日本进攻势头的减缓，抗战进入相持阶段，抗战路线之争渐起，政治分歧在国共关系中所起的作用不断上升，两党间的政治、军事摩擦亦日渐滋长，乃至发生武装冲突，并导致皖南事变的悲剧。但是，日本侵略的外部环境，决定着国共两党的合作关系。终全国抗战的全过程，国共两党虽然斗争不断，关系发展起伏波折，但始终维持着合作大局。兄弟阋墙而外御其侮，是面对外敌入侵时中国各派政治力量坚守的底线。

第一节　国共关系的波动

一　全国抗战初期的国共关系

1937年7月，在日本的全面侵华从根本上威胁到中华民族的独立生存和中国作为现代国家的自主发展的危急状态下，国共两党以及中国的各种政治力量捐弃前嫌，携手合作，共同抗日，掀开了波澜壮阔的全国抗战大幕。毫无疑问，国共两党的合作，在全国抗战开始以后的国内政治格局中，占据着中心位置，而国共两党关系的好坏，也在相当程度上影响着国内政治和抗战的全局走向。

1937年8月到9月，随着红军的改编和国共合作宣言的公布，国共两党第二次合作得以成立。此后，因为日军咄咄逼人的大举进攻，国民党领导下的军队被迫步步后退，国民政府亦由南京迁武汉再迁重庆，在这种状况下，紧迫的政治、军事形势使国民党不能不集中精力予以应对，而暂时无暇顾及其他政治问题,何况国民党此时也迫切需要共产党对它的支持,在政治上采取了较过去相对开放的态度;在共产党方面,这时也比较肯定国民党的抗战努力,将刚刚改编组建的八路军和新四军主力出动敌后,以全力发动敌后抗战,建立根据地,并大力支持国民党当局各种有益于抗战的举措。抵抗日军的大举进攻是关乎民族存亡的头等大事,国民党积极努力,共产党全力支持,双方关系以合作为主轴。因此,国共两党在抗战初期尤其是国民政府驻留武汉时期的关系处在两党第二次合作成立后的最好时期。

然而,因为国共两党的阶级基础和政治路线有别,对抗日战争的路线、方针、政策、战略和战术亦有别,两党的分歧和矛盾不可能完全消除,并已在合作成立的过程中不时显现出来,何况两党间过去的分裂乃至十年内战的记忆和阴影并不是那么容易化解的。尤其是国民党方面,既有过往"剿共"的历史阴影,又难以完全放下历史的包袱,不能以平等的态度看待两党关系,因此在国共双方总体合作的大格局之下,有些具体的矛盾纠葛是很难完全避免的。而且,作为执政党的国民党,不愿放弃自己的政治垄断地位,总想在合作中从思想上消融共产党,最好是在组织上化两党为一党,以长久维持国民党的政治垄断地位。有鉴于此,共产党方面特别强调国共双方平等合作,坚持合作中的独立自主,坚持党、政权和军队的独立性,并在独立自主中发展。因此,随着日本侵略压迫烈度的变化和国共两党力量的消长,国共两党间这种既合作又冲突的矛盾关系,便与抗战的过程共始终,或紧或松,或张或弛,紧张时不至于完全破裂,松弛时也不至于一团和气。说到底,国共关系的变化来自日本侵略导致的中国政治环境变化之外因,而非两党具有共同的阶级基础、政治追求、政纲政策之内因,因此,两党关系在抗战中的和而不分、既和又分、分而不断、磕磕碰碰、唇枪舌剑,乃至个别时期的剑拔弩张是难以避免的,也是完全可以理解的。

就国共两党而言,全国抗战时期的第二次合作与北伐战争和国民革命时期的第一次合作,其最大的不同是,北伐时期的合作是有共同纲领和共同组织、两党融为一体的高层次、紧密型合作,抗战时期的合作则是没有共同纲领和共同组织、双方通过随时协商解决具体问题的各层次、松散型合作。① 国共第二次合作，既非双方有共同政治纲领约束的党内合作，也非双方在共同政治纲领下的党外合作，而是在一致抗日的大前提下，遇事协商、临时约定的合作，双方在各自掌管的区域自行其政，具有相当的不确定性。当抗战形势紧张时，合作则较为巩固，而当抗战形势缓和时，合作则可能出现问题。在这种情况下，双方在合作中的交涉渠道和交涉人选便显得颇为重要，因为事情都是由人做的，尤其是没有共同纲领和共同组织的合作，交涉人的意志、决心、态度、做法、手段等，往往会起到至关重要的作用。毫无疑问，蒋介石和毛泽东是国共两党各自把握合作全局、决定合作走向的决策人物，但是，与共产党方面基本由周恩来出面负责对国民党的交涉相比，国民党方面的对共交涉，却是人选不定，前后不一，②加以其官僚式的刻板僵硬做派和蒋介石独裁的决策体制，往往不能适应形势发展变化的要求。共产党方面，早在第一次国共合作时期，周恩来就是活跃于两党合作一线的重要角色，谙熟两党历史，在国民党领导层中亦有广泛的人脉，其后又长期在中共决策层工作，既有观照全局的能力，又有办事妥帖的特点，既坚持原则，又讲究灵活，在复杂的环境中，处事游刃有余，其人又温文尔雅，风度翩翩，周到细致，关怀体贴，非常适合做人的工作。中共方面长期由周恩来负责对国民党的交涉及统战工作，实在是知人善任，所得其人，相较国民党方面变化不定的交涉人选当然是技高一筹。

还在全国抗战爆发之前，国共两党酝酿成立第二次合作的谈判中，蒋介石便提出由两党共组"国民革命同盟会"的方案，其意图是最终将两党合并为一党，由他掌控一切。但是，蒋的方案被中共拒绝。③ 中共主张两党平等合作，而非两党融为一体。

全国抗战爆发，国共两党实现第二次合作。此时中共最关心的是，如何制定共同的政治纲领，以及建立合作的组织协调机构，俾使两党合作循规有序而行。1937 年 12 月 21 日，王明和周恩来在武汉见蒋介石，提出成立两党关系委员会、决定共同纲领、成立民意机关、改造扩大部队等问

---

① 中共曾在国共第二次合作成立之初提出双方起草共同纲领的主张，但为国民党方面所搁置，未能形成文字。
② 国民党方面介入国共协商较多的主要有张冲、王世杰、张治中、邵力子等人，共产党方面，1943 年周恩来离开重庆回延安之后，主要由董必武负责。
③ 《中共中央关于与蒋介石第二次谈判情况向共产国际的报告》（1937 年 6 月 17 日），《中共中央抗日民族统一战线文件选编》中册，第 514—516 页。

题。关于此次会面,据周恩来的报告,"所谈极好",蒋介石"想的也不过如此,对我们所谈完全同意。彼也认为外敌不足虑,他欲前进困难愈多,军事虽失利,并不足虑,只要内部团结,胜利定有把握"。① 但蒋介石缺乏"照此做去"的决心和步骤,在内心里,他其实并不愿意国共两党处在完全平等的地位,只是在日军侵占南京、抗战大局十分严峻的情势下,蒋还需要中共的支持,故采取了表面敷衍、实际限制的态度。

这时的国共关系由一个形式上的两党委员会处理,国民党由陈立夫、张冲、康泽等负责,共产党由王明、周恩来、博古等负责。但是,因为蒋介石的态度,这个两党委员会既无可靠的组织形式,也无太大的作为,最后不了了之。据蒋介石自己记载,他改造国民党的计划是,"容纳各派组成大党",以此解决对共产党"包容之彻底办法"。② 1938年2月,蒋介石在对国民党高级干部演讲时说:"我们国民党的态度对于其他各党派,还是要求他们加入本党,从新造成一个大党"。③ 2月10日,他又在会见周恩来时表示:不限制各方对主义的信仰,无意取消各党派或不允许其存在,惟愿溶成一体。周恩来说明:党不能取消,只有从联合中找出路。④ 在当时的情况下,蒋也只能自认"对共党宜宽缓","对共党主感召而不主排斥"。⑤

---

① 《陈绍禹、周恩来等关于与蒋介石谈判情况向中央的报告》(1937年12月21日),《中共中央抗日民族统一战线文件选编》下册,第61页。蒋介石在当天的日记中记载了此次会见的情况,认为"此时对共党应放宽,使之尽其所能也"。此前,蒋还提出"以全局设计应暂使能与共党合作者共同抗倭似为相宜",并"应与共党从速谈判开始"。见《蒋介石日记》,1937年12月21、10日。

② 《蒋介石日记》,1938年1月30日、2月3日。

③ 《对高级干部的期望》(1938年2月5日),秦孝仪主编《先总统蒋公思想言论总集》卷15,第112页。据王世杰记载,"共产党之活动,颇使蒋先生不满。汪先生尤为愤恨。因此,蒋、汪一面拟由中央组织一'艺文编译会',纠合党内外人士,与共产党作对抗的宣传;一面蒋先生仍拟促共产党并入国民党。邵力子日前曾受命与周恩来(共党首要人物之一)商共产党并入国民党事。周认为彼等如同意于此项办法,必致内部流血,且于国民党亦无益处。故此事势难实现"。当时在国民党内部,汪精卫派和CC派都激烈反共,倾向联共的邵力子等是少数派,所以王世杰的观察是,"目前内部问题,以共产党之处置为极大难题"。见林美莉编辑校订《王世杰日记》上册,1938年2月6日、3月3日,第89、97页。

④ 《周恩来年谱(1898—1949)(修订本)》,第412页。

⑤ 《蒋介石日记》,1938年2月11日、3月25日。即便在此"宽缓"之时,蒋介石也未完全放弃对中共的警惕和限制。1938年1月20日,蒋致电湖南省主席张治中称:"闻共党分子徐特立等,在湘为恶意宣传,诋毁本党,应严加监视,对于共党秘密组织,更应切实取缔。湘省为抗战主要地区,决不容其他党派乘机破坏,削减抗战力量,是为至要。"见叶健青编《事略稿本》第41册,第73页。

中共则更倾向于按照第一次国共合作的模式，"建立一种包括各党派共同去参加的某种形式的民族革命联盟，即由各党派、各团体拟定一统一战线纲领，作为各方宣传鼓动共同遵守的方针；同时由各方代表组成一由上而下的（即中央与地方）统一战线组织，以规划抗日救国的大计，调解各党派、各团体间的关系。而参加此联盟之各党派，仍保存其政治上和组织上的独立性"。至于"统一战线组织形成的方式，采取各党派、各团体选派代表组织各级组织的方式，或恢复民国十三年至十六年第一次国共合作的方式，或拟定其他的办法和方式"。① 但是，国民党对此毫无兴趣，双方在这方面始终谈不到一起去。

1938 年 3 月底 4 月初，国民党召开临时全国代表大会，通过"抗战建国纲领"，并决定成立三民主义青年团。蒋介石对三青团的成立，一方面希望以此新团体冲击国民党的旧习气，一方面也不无以此拉拢共产党、溶合共产党，最终实现其制造新的大党的企图。还在三青团成立前，陈立夫即向中共提出在国共两党之外共同组织双方都可以参加的三青团。这时国共关系的气氛较好，周恩来在 2 月间出任新成立的军事委员会政治部副部长，② 刚自日本归国的著名左翼文化人郭沫若出任政治部三厅厅长，③ 由三厅主持的抗战文艺和宣传活动在武汉一时间搞得轰轰烈烈，颇有成效。国民党临时全国代表大会通过成立三青团的动议后，中共起初也持"积极赞

---

① 《中共中央对国民党临时全国代表大会的提议》（1938 年 3 月 1 日），《中共中央抗日民族统一战线文件选编》下册，第 87 页。
② 1937 年 9 月 25 日，中共中央决定中共党员一般不参加国民党一党专政的中央政府及地方政府，但在武汉时期的全国热烈抗战气氛中，中共长江局认为，对国民党有关机构的改组，可以"一般地采取赞助的立场"，并以开诚合作的态度，努力使这些机关达到"抗战分子的加强和亲日力量的削弱"，特别在军委会及其各部和国防工业方面，"应积极进行直接帮助的工作"。对于周恩来出任政治部职，长江局认为，政治部属军事系统，为推动政治工作，改造部队，坚持抗战，扩大共产党的影响，周可出任该职务；如屡推不干，会使蒋介石、陈诚认为共产党无意相助，使反对国共合作者的意见得到加强，因此"主张有条件的干"。中共中央经过讨论同意了长江局的意见。（中共武汉市委党史研究室：《抗日战争初期中共中央长江局史》，中共党史出版社，2011，第 103—104 页）这也是全国抗战期间，共产党人在国民党军政机关中唯一的任职。
③ 据王子壮记，"闻张道藩自汉口来云，关于政治部中使郭沫若担任宣传事，与陈诚曾经讨论，立夫等均不赞同。陈冠谓何以不赞同郭之担任宣传，彼固善于宣传也，此事关系本甚重要，本党政策之所系也。此事依余测之，盖渊源于蒋先生之态度……如此次政治部改组以郭加入之，盖亦为表示容纳各方之意耳。见《王子壮日记》第 4 册，1938 年 1 月 13 日，第 380 页。

助的态度"，以"推动国民党进步"。① 但是，三青团是国民党的下属组织，而国共两党对中共党员在抗战中是否以及如何加入国民党的讨论一直未有结果，而且对三青团的性质、组织形式、入团条件、活动方式等，国共显有不同理解。国民党力图将三青团打造为国民党一党专政和蒋介石个人独裁统治架构下的封闭性青年组织，② 中共则希望三青团成为国共合作中的统一战线组织，并发挥自身在青年运动中的领导作用。国共双方在三青团组织方面的合作动议也因此而只能停留在纸面上。1938年10月14日，武汉失守前夕，蒋介石在会见周恩来时说，三青团章程可以改变，中共党员可加入，并要周先找三青团领导人商谈。③ 但是，武汉失守之后，随着抗战军事转入相持阶段，国民党的对共政策趋向收缩和保守，共产党员加入三青团及使三青团成为国共合作的统一战线组织的设想最终未能实现。

武汉时期，日军的进攻步步进逼，面对紧迫的战争形势，国共两党暂时搁置了分歧，双方合作大体处在良好状态。1938年6月3日，在重庆的国民党中央监察委员会开会讨论，决定"恢复"部分中共领导人的国民党党籍。④ 国民党中监会此举是根据国民党临时全国代表大会的决定，因政治关系开除党籍者，可撤销其处分。在会中讨论时，中监会秘书长王子壮认为"共党问题较为困难，彼等尚有组织，如不同意我党之恢复，予以否认，又将如何。吴先生云，我们不问共党与否，昔为叛党而开除（原案系通缉拿办），今彼等既宣言服务三民主义，即可恢复，至个人同意与否，我们不必去管他"。林森和张继等均附和吴稚晖之意，结果议案通过。⑤

国民党中监委决定"恢复"部分中共领导人的国民党党籍，被中共中

---

① 《中央关于国民党临全大会后的策略问题致长江局电》（1938年4月27日），《中共中央抗日民族统一战线文件选编》下册，第115页。
② 三青团团章规定其成员"不得加入其他任何党派"，并接受国民党总裁的领导。
③ 《周恩来年谱（1898—1949）（修订本）》，第432页。
④ 这些被"恢复"国民党党籍者共26人，其中有毛泽东、周恩来、林伯渠、董必武、吴玉章、叶剑英、邓颖超等中共领导人，也有已经脱离中共的陈独秀、张国焘等人。
⑤ 《王子壮日记》第4册，1938年6月3日，第463页。此事事前既未和中共商议，发表前亦未征得中共同意，显然有点强人之举，吴稚晖意图显示国民党对中共的"包容"和中共对国民党的"服从"。王子壮"往谒吴稚晖先生，彼以为没有什么，我们是大公无私的，对于拥护三民主义的一律恢复，彼自甘暴弃，背反他们自己的宣言，更足以显示彼等之无聊，中央方面可以不必管他，如果他发表声明，我个人可以发表一个谈话。吴先生即亲笔写一谈话交付中央社，盖吴先生以为此足以见共党之无理，然与中央之威信究有若干之损失也"。同前书，1938年6月4日，第463—464页。

央认为是"国民党公开容共的表示",是其"在徐州失守后前进一步的表示","不论国民党此举还含有何种阴谋,我们应慎重警惕,但对于国民党这种基本进步的行动,我们应表示欢迎,应积极利用之,以求得国共合作之进步,而不应采取消极拒绝的态度"。中共中央指示在武汉的长江局,在保持自身独立的条件下,"应公开表示接受国民党恢复毛周等国民党党籍的决定,指出这是国共合作的进步,是国民党十三年孙中山容共遗教的恢复与执行,是挽救目前危急时局的重要步骤",认为"这样做,对于我们与全国均有利益"。① 而国民党中央高层尤其是蒋介石显然对重庆中监委如此自说自话的做法不以为然,蒋本来就反对中共的党内合作提议,更不愿在此时被中监委方面推着走。国民党中宣部部长邵力子告周恩来:"此事未得武汉同意即发表颇荒谬,蒋且电渝质问",要重庆方面取消此议。② 据王子壮记载,6月6日,"汉口中央发表一新闻,关于监委会议决恢复党籍者,认有未妥,认为有应就恢复党籍者本身加以考虑,已电重庆监委会查询等语……又陈布雷先生奉总裁谕,亦电余查询经过。余因草一复电,请吴(稚晖)张(继)两先生加以核正。吴先生意认为,不必多说,只说明经过,以后请中央执委会先将应恢复者加以注明,再送由监委会讨论,俾免错误等语……此事系吴先生主之,所以出此,盖亦有因。在吴之意,未尝不愿一试共党之态度"。③ 结果,国民党中央通讯社发文,说此案"例由监察委员会送由执行委员会通过以后,方能确定执行。执行委员会如认有重行考虑之必要,亦可依例复议";所列恢复党籍人员,"各人性质不同,有应就其自身之立场予以考虑者,有应依临时全国代表大会决议案予以回复党籍者","现已由执行委员会秘书处函电详询,俟得复电后,当再由中执会常会依例提出会议,分别讨论,然后决定"。④ 其后,国民党中央执行委员会取消此案,中共部分领导人被"恢复党籍"的动议再无下文。

虽然武汉时期的国共关系相对较好,但是,在没有共同纲领和组织下的合作,毕竟有别于北伐时期第一次合作的广度和深度,而且,国民党内

---

① 《抗日战争初期中共中央长江局史》,第636页。在武汉的中共长江局得知此事后,因其事先未告知中共,亦未征得中共意见,认为这是国民党中监委元老的"好意",但又认为他们"糊涂",故向国民党方面表示拒绝,并向中共中央发电请示。同前书,第635—636页。
② 郭德宏编《王明年谱》,第405页。
③ 《王子壮日记》第4册,1938年6月6日,第464—465页。
④ 转引自《抗日战争初期中共中央长江局史》,第636页。

对共产党和国共合作的疑虑及反对始终存在,尤其是汪精卫派和 CC 系更是如此。1937 年 11 月,汪精卫在国防最高会议言说:"宜取消二口号:(一)国共合作,(二)非联俄不能抗日,非容共不能联俄。"① CC 系的国民党候补中执委萧铮认为:"如此打下去,非为中国打,实为俄打;非为国民党打,实为共产党打也。"② 1938 年 12 月,在国民党酝酿召开五届五中全会时,汪精卫和朱家骅向蒋介石"询及共产党入党事,并均表示可虑"。蒋介石则"仍未切实表示态度"。③

1938 年 10 月的武汉失守,标志着日军的战略进攻达到顶点,战线得以基本稳定,中日双方进入战略相持阶段。在一年多的时间里,被紧迫的军事作战牵制并且在不断迁移中的国民党及国民政府党政机关,终于落定重庆,得到了喘息之机,而过往被军事作战掩饰的政治问题逐渐浮出水面,国共关系尤其在其中占据了重要位置。

武汉失守之后,国民党筹备召开中央全会,以确定下一步抗战方略。此时蒋介石仍不忘溶共产党于国民党之心,而其实质,"应不使其取得合法地位,为目前要点"。④ 1938 年 12 月 6 日,蒋介石在重庆会见周恩来,提出两党最好合成一个组织,如全体做不到,可否以部分中共党员加入国民党而不跨党,又说如果此点可谈,拟约毛泽东到西安面谈。周恩来告:国共终究是两个党,我们不强求跨党,如时机未到,可采用他法;加入国民党,退出共产党,这是不可能和做不到的;少数人退出共产党而加入国民党,不仅失节失信仰,而且于国家有害无益。见周的回答如此明确,蒋即表示:既如此就不必约毛泽东谈了。⑤ 12 日,蒋介石又会见王明、周恩来、博古、吴玉章、董必武等中共领导人,他在谈话中声称:"共产党员退出共产党,加入国民党,或共产党取消名义将整个加入国民党,我都欢迎,或共产党仍然保存自己的党我也赞成,但跨党办法是绝对办不到。我的责任是将共产党合并国民党成一个组织,国民党名义可以取消,我过去打你们也是为保存共产党革命分子合于国民党,此事乃我的生死问题,此

---

① 李学通、刘萍、翁心钧整理《翁文灏日记》,1937 年 11 月 5 日,第 182 页。
② 蔡德金编注《周佛海日记全编》上编,1937 年 10 月 6 日,第 79 页。
③ 林美莉编辑校订《王世杰日记》上册,1938 年 12 月 11 日,第 165 页。
④ 《蒋介石日记》,1938 年 11 月 19 日。
⑤ 《周恩来年谱(1898—1949)(修订本)》,第 436—437 页。

目的如达不到，我死了心也不安，抗战胜利了也没有什么意义，所以我的这个意见，至死也不变的。""至死不变"这样的表述，或可说明蒋对两党合并实即维持国民党一党垄断执政之执着。蒋还认为："共产党不在国民党内发展也不行，因为民众也是国民党的，如果共产党在民众中发展，冲突也是不可免，三民主义青年团章程如果革命需要可以修改，不过这是枝节问题。根本问题不解决，一切均无意义。"周恩来等明确告蒋：国共合并"做不到"，如跨党办法不行，则可采取其他方式合作。蒋答"其他方式均无用"。双方谈话形成僵局。当晚蒋派国民党谈判代表张冲见周恩来等，"说委员长他太率直，并非说不合并只要分裂，请不要误会"。①

直到 1939 年 1 月国民党五届五中全会召开前夕，蒋介石约周恩来谈话，又提"统一两党事"，当周告以"不可能"之后，蒋仍坚持要周电延安请示，并声称汪精卫出走"更是两党团结的好机会，即暂不赞成统一也要有新办法"。② 周恩来报告延安之后，中共中央指示说："对蒋所谓一个大党问题，我们决定给他一原则上拒绝的电，以打断蒋此种念头。"为此，中共中央 1 月 25 日致电蒋介石，明示："两党为反对共同敌人与实现共同纲领而进行抗战建国之合作为一事，所谓两党合并，则纯为另一事。前者为现代中国之必然，后者则为根本原则所不许。共产党诚意的愿与国民党共同为实现民族独立、民权自由、民生幸福之三民主义新中华民国而奋斗，但共产党绝不能放弃马克思主义之信仰，绝不能将共产党的组织合并于其他任何政党。此不论根据抗战建国之根本利益，根据两党长期合作之要求，根据中国社会历史之事实，根据三民主义中民权主义之原则，以及根据孙中山先生之遗训，都非如此不可。"③ 大概是知道了中共的坚定态

---

① 《陈绍禹、周恩来等关于一个大党问题与蒋介石谈判情况向中央的报告》（1938 年 12 月 13 日），《中共中央抗日民族统一战线文件选编》下册，第 183—184 页。有关这次会见的情况，未见蒋介石日记的记载，亦可见蒋对在日记中写什么不写什么还是有选择的。
② 《周恩来关于与蒋介石谈判情况及意见向中央的报告》（1939 年 1 月 21 日），《中共中央抗日民族统一战线文件选编》下册，第 192 页。
③ 《中央关于拒绝所谓一个大党问题给周恩来的指示》（1939 年 1 月 22 日）、《中共中央为国共关系问题致蒋介石电》（1939 年 1 月 25 日），《中共中央文件选集》第 12 册，第 5、17—18 页。在拒绝与国民党合并的同时，为安其心，周恩来亦致函蒋介石，声明："中共六中全会特决定不再在国民党及国民党军队中发展党员，如国民党容许中国共产党员加入国民党及青年团兼为党员团员，则中共党员名单可公开交出，以保证相互信任。且中国之大，无组织群众之多，中共更愿在某些省区减少发展，以示让步，但最基本的保证，

度,此后蒋介石未再提起国共两党合并以建立所谓一个大党之事。① 国共两党的合作,"没有成文,不要固定,遇事协商,解决两党有关之问题。但这种形式太不密切,许多问题不能恰当的及时得到解决。例如许多大政方针之推行,下级摩擦问题之调整,都因没有一种固定组织,让它延缓下去,所以这种办法对于长期合作是不利的"。②

既然合并共产党到国民党的意图未能实现,那么国民党对共产党的态度自亦有所变化,由合并转而压制,由"溶共"不成转而实行"限共",而其根本点都在于不使共产党的发展威胁到国民党的地位。1939年1月21—30日,国民党在重庆召开五届五中全会,会上限共、防共、反共的声浪明显抬头。李宗黄等在提案中说:"异党假借抗战之名,阴分壁垒,分化统一,破坏团结,谋夺政权,已造成党国莫大隐忧。究其原因,实因本党各级党部、各级政府,尚未树立政治上社会上之伟大力量所致。政治方面无论矣,党务方面尤以过去仅注意城市工作,在农村中则缺乏基础,致党脱离民众,遂予异党以活动之机……外患如是之亟,内忧复如是之深。睹此情形至为惶惑。"提案建议:"广泛的宣传我主义,扩大我组织,深入农村,深植本党势力,以宣传对付异党之宣传,以组织对付异党之组织,始克清除隐患,完成抗建伟业。"③ 格于形势,蒋介石在会上的表态没有明说,只说:"对于共产党问题,表示我党不再采取武力摧残或斗争之手段;但须以严正之态度处之,共产党有不当之行为当纠正指责之。吾党尤不可

还在一方面,中共绝无排挤或推翻国民党之意图,另一方面国民党在钧座领导之下,突飞猛进,必然日益巩固其政权之领导,则对中共部分之发展又何足惧。"(《周恩来关于一个大党问题给蒋介石的信》,1939年1月25日,《中共中央文件选集》第12册,第8页)后来毛泽东也就此特别解释说:"从大局看,停止与撤退是有利益的,否则将因此一事妨碍大局,破裂统一战线。不争取中国军队,革命不能胜利,而争取目前主要的是从事政治上,若组织党则妨碍政治争取。"见毛泽东《反投降提纲》(1939年6月10、13日),《中共中央文件选集》第12册,第128页。

① 事实上,当时国民党内多数人不赞成采行国共第一次合作那样的方式,尤其反对中共保留自己的组织。陈诚在和周恩来谈话时即称:"中共问题根本办法——在取消组织,因凡有组织者,无不有摩擦冲突。"(林秋敏、叶惠芬、苏圣雄编辑校订《陈诚先生日记》第1册,1939年4月17日,台北,"国史馆"、中研院近代史研究所,2015,第228页)所以,蒋介石坚持两党合并、取消中共组织的做法在国民党内是得到多数支持的。

② 毛泽东:《论新阶段》(1938年10月12—14日),《中共中央文件选集》第11册,第629—630页。

③ 《深植本党势力于广大之农村以防异党潜滋暗长危害党国》(1939年1月),《八路军·参考资料》(1),第399页。

重蹈民十五、十六年之覆辙,有任何人,利用共产党;且决不能接受共产党最近所提跨党之办法。"他还特别强调:"联俄与容共原非一事,即过去亦然,皆系适遇到一起……总理容共是因国民党干部腐老,容共所以谋自新也。吾人应明了联俄不是附带容共(过去为自新,现在为抗日)。"① 会议通过的宣言亦称:"吾人绝不愿见领导革命之本党发生二种党籍之事实"。②

但是在公开声明而外,国民党对于共产党活动的防范和限制在不断强化。1939年1月国民党五届五中全会召开前,蒋介石在日记中频繁写到他对共产党活动的担忧:"对共党态度须加注意与研究";"目前急患不在敌寇,而在共党到处发展";"注意:共党动态与防制策略";"注意:共党发展甚速,其势已浸凌日汹"。③ 五届五中全会可谓国民党对共政策的一个转折,即由寄望"溶合"转为强调"防制"。之后,国民党中央秘书处下发《防制异党活动办法》,明确共产党为"异党",认为共产党能够长足发展的主要原因,在于国民党"组织工作之不健全,而予人以可乘之机";提出"以组织对付组织"的方法,防制共产党的活动。拟采取办法,在积极方面有10项,如在民众组织团体中加强国民党的领导,教育行政机关及公立大中学校教职员应多派国民党员充任,私立学校应有国民党的组织,尽量吸收青年加入国民党,多选国民党员担任保甲长,发展乡村中的国民党组织,在"异党"活动最烈之区域实行联保连坐法,"使人民不敢与异党份子接近而受其利用"。在消极方面有13项,如对于"异党"非法活动严格防制,未经呈准不得擅自组织武装,不得宣传阶级斗争及鼓动抗租抗税罢课罢工,社团立案后方准活动,未立案者切实取缔,已立案者如发现有行为不轨的"异党"分子应取消其资格并强制其服务机关开除其职务,军政机关及学校不准擅自延用"异党"分子,加强新闻报刊图书邮电检查并防制"异党"分子渗入各该行活动,健全国民党的组织领导,定期会商,呈报中央。为了避免此项办法公开后引起中共的反对和抗议,办法中特别

---

① 林美莉编辑校订《王世杰日记》上册,1939年1月26日,第178页;《徐永昌日记》第5册,1939年1月26日,第9页。
② 《第五届中央执行委员会第五次全体会议宣言》(1939年1月29日),荣孟源主编《中国国民党历次代表大会及中央全会资料》下册,第547页。
③ 《蒋介石日记》,1939年1月5、6、11、16日。

规定，"应以绝对保守秘密为原则"，各种有关文件"尽量避免书面传递之方法"，"各机关拟具对策时亦应根据地方事实环境，立言不可辄用中央口气，或翻印中央所颁布之原则"。①

国民党实行的《防制异党活动办法》，着重于对共产党的党与党斗争的层面，而由军方在1939年6月拟订的《共党问题处置办法》，则针对中共提出的划定区域、扩大军队编制等要求，更着重于提出对共产党斗争的具体办法。其中提及"对共党虽仍应抱与人为善之态度，但对其非法活动与无理要求，必须严厉取缔或拒绝，断不可迁就退让，再事姑息，否则，适足以演成严重之局势"；要求"处理各地共党问题，我党政军步调必须完全协同一致，且特别着重层层负责与执法以绳，即凡共党违反法令与破坏统一等事件，各级均当依照法令，随时随地予以处分而纠正之"。"处置办法"提出的具体处置原则是：

军事方面：军政军令统一于中央，不得要求划给区域，绝对不准自由招募、征粮，根据地政权由战区司令长官和党政委员会决定，向八路军新四军派遣联络员，不得任意设置后方联络处。

党务方面：以三民主义为最高原则，纠纷取决于领袖，共产党不得有公开或秘密组织，共产党员不准服务于部队机关及军事性质的学校、交通、产业机构，不得设立报纸杂志书店。对共产党员，"上层注重理性之

---

① 《中国国民党中执会秘书处密订"防制异党活动办法"电》（1939年4月），《中华民国史档案资料汇编 第五辑第二编 政治》（2），第21—24页。1939年6月8日，蒋介石在日记中写道："对共明言各点；甲、共党应正式宣布表示取消共党之组织与活动，必须名实一致乃可准其存称；乙、否则如不愿取消或不遵法令不顾大局一如过去行动，乃为妨碍抗战亦即增加敌军势力，此种责任应由共党负之，我中央不能长此坐视；丙、中央决不受人压迫与欺侮。"蒋的想法反映在国民党通过的种种加紧"防制"共产党的办法中。惟因国民党的组织力有限，其"防制"办法的成效亦有限。据徐永昌记载，"日前在何（应钦）寓会谈八路军问题，某某君皆报告过去分行各机关之'防制异党活动办法'，每见张贴于乡村墙壁之上，即该办法由省行之于县，县行之于区，区行之村，村长即张贴于街口或路角之壁上云云。由此感到今日之开会忙，所以敷衍事也，村乡壁上冷冷之令文，所以完事也。官吏多在鬼混，人民只好胡涂。"（《徐永昌日记》第5册，1940年1月2日）不过，当陕甘宁边区政府主席林伯渠在重庆向蒋介石当面询问"防制异党活动办法"时，蒋称"此办法并未经批准"。何应钦也告叶剑英，军事委员会并未颁发这个"办法"。可见当时蒋介石还不愿意将此事公开化。见《军统局局长贺耀组副局长戴笠呈蒋介石》，1939年12月11日；《何应钦上蒋介石签呈》（1940年1月6日），秦孝仪主编《中华民国重要史料初编——对日抗战时期 第五编 中共活动真相》（1），第336页；（4），第223页。

折服,以严正对之;中下层当予以事实上之打击,以严厉对之"。

行政方面:绝对否认陕甘宁边区组织,以必要手段恢复管辖权力,华北地方政权移交冀察战区,教育训练机关绝对统一于中央,不得建立违反中央法令的经济制度。

目前待解决的问题:(1)陕甘宁边区,应调整行政区域,其中7个县准由共产党保荐,省府任命,其他16个县由本党遴选担任;如果实行困难,则就目前区域成立陕北行政委员会,直属陕西省政府管辖,人选由共产党提出部分名单,向省府推荐,核准后任用。(2)军队问题,应统一编制,确定饷额,确定作战任务及区域,不得与地方发生关系,不得做民众运动。(3)晋察冀边区,政府及各级地方政权严令解散,限期移交各省府,发行纸币收回,充实冀省政府机构人员,积极与共产党斗争。(4)其他问题,停办抗大等学校,禁止发行《新华日报》、《群众》等,停止发展共产党组织。①

国民党既开始强调以防共、限共为中心,并在政治上和军事上开始其具体的行动,中共亦因此而不能不提高对国民党的警惕和防范。1939年1月,在国民党五届五中全会的进行过程中,中共中央下发指示,通报"国民党中央发出防共密令",认为"国民党目前的进步同时包含着防共限共工作的强化,这种进步中的恶劣现象,一时尚不会降低";强调"我们对摩擦如逆来顺受,则将来摩擦逆流必更大,顽固气焰必更高,故我应以冷静而严正之态度对之";提出"八路军是应当发展的","已建立之政权未到万不得已时,决不应轻易放弃"。② 国民党五届五中全会结束后,中共中央在针对五中全会问题的指示中又提出:"对如何继续抗战和争取抗战胜利",国共"有不同的路线",国民党的错误,在于"他们对抗战的不彻底性和对外依赖性,以及对本国真正革命力量壮大的恐惧心"。③ 结果,如中

---

① 《共党问题处置办法》(1939年6月),《八路军·参考资料》(1),第406—410页。1939年6月,周恩来向陈诚提出解决国共关系问题的若干具体建议,包括陕甘宁边区的辖区、八路军扩大编制、河北省政府改组和地方政权等,国民党军方拟定的"处置办法"第四项,即是针对中共的提议而来。

② 《中央关于我党对国民党防共限共对策的指示》(1939年1月23日),《中共中央文件选集》第12册,第12—13页。

③ 《中央关于国民党五中全会问题的指示》(1939年2月25日),《中共中央文件选集》第12册,第30页。

共所言,"这两条路线的斗争,便集中的表现为国共两党的摩擦"。① 进入抗战相持阶段的国共关系,由此而较之前更为敏感复杂、波动起伏,双方的摩擦不断,而且在政治斗争之外,也有了军事斗争的内容。

二 国共摩擦与武装冲突

抗战进入相持阶段之后,国共两党的上层党际关系大体维持着合作的基调,但在下层和地方层面,尤其是共产党军队的活动区域和根据地的政权定位方面,双方的分歧日益凸显,而因为共产党领导的八路军首先进入的是华北,并且在此大力发展,建立根据地,双方的矛盾紧张也以华北(河北、山东、山西)为中心不断加剧。

八路军进入华北之后,因其切合实际的战略战术,扎根基层,联系民众,发展甚为迅速。1938年6月,中共已向国民党提出将八路军增编为3军9师的方案,国民党不仅不同意,并且限制对八路军的经费和物资补充,② 而当八路军为发展的需要自行征粮征兵时,国民党又认为这是逾越体制,严加指责并控制。这样,双方的矛盾因为八路军的发展和国民党的限制而不断扩大。国民党认为:"对第八路军在华北陕北自由活动之处置问题,实即对整个中国共产党活动之处置问题。如处置得当,则共党自由活动之范围,或仅及于华北陕北,其他区域则无发展之余地;如处置失当,则第八路军将利用沦陷地方中央统治力量鞭长莫及之情势,扩大其自由行动之范围。"③ 在此认识下,国民党更加限制八路军在华北的发展,国共双方在华北的矛盾和摩擦自不可免。

八路军自进入华北敌后抗战起始,与仍留当地的国民党军队之间的矛盾便程度不等地存在。武汉失守前,尽管国共总体关系较好,但在华北也发生过共产党任命的原平、定县县长被谋害的事件。④ 随着八路军在华北

---

① 《国民党的防共办法与我们的对策》(1939年),《中共中央抗日民族统一战线文件选编》下册,第343页。
② 国民党对八路军的经费一直按3个师4.5万人发放,每月55.6万元,另有部分米津、活动、善后费等;新四军则每月为7.6万元,后每月增加2万元。见《抗日战争初期中共中央长江局史》上册,第112—113页。
③ 《第八路军在华北陕北之自由行动应如何处置》(1939年),章伯锋、庄建平主编《抗日战争》第3卷(上),第840—841页。
④ 吴殿尧主编《朱德年谱(新编本)》中卷,第801页。

的发展，与国民党地方当局的矛盾更加扩大，各种冲突不断发生，尤其集中在军队区域和地方政权等问题。河北省政府主席（后兼任冀察战区总司令）鹿钟麟、山东省政府主席（后兼任鲁苏战区副总司令）沈鸿烈对共态度强硬，要求中共取消在冀南、冀中建立的政权，尤其是在冀南地区，河北民军总司令张荫梧指挥所部，不断与八路军发生摩擦，其后石友三、高树勋等部亦开到冀鲁边地区，加大了对中共的压力。中共采取的原则是，要求鹿钟麟"对一切维持现状，承认既成事实"；对于摩擦问题，则要求：硬不破裂统一战线，软不伤政治立场，避免武力冲突，如对方先向我开枪，则不放过机会，给以有力之打击。① 同时，中共调一二〇师主力进入冀中，加强力量。1938年12月28日，八路军副总司令彭德怀在重庆见蒋介石，商讨解决摩擦的办法，蒋提出由程潜（天水行营主任）、卫立煌（第一战区司令长官）派大员与彭德怀到河北调查解决，并"严令其切勿破坏河北行政系统"。② 然在事实上，这个问题并未解决，在国民党力图限制中共党和军队发展的前提下，也不可能解决。

1939年2月，中共中央下发指示，明确提出"河北之摩擦原因，就在于军政不一致，鹿向八路军抢夺政权与地区所引起。因此，为真正统一指挥及统一行政起见，应坚决要求撤换鹿钟麟，以朱德为冀察战区总司令兼河北主席"。同时提出，不但决不应取消冀中冀南等现行政权，相反应在山东及其他地区，"依照战略形势划分新的行政区域"；"对无理进攻必须反击，决不能轻言让步"；"政府发饷甚少，八路及游击队不能不就地筹粮"。③ 这个指示在政权、军队等问题上坚持了中共的既有立场。但是，鹿钟麟并未后退，他一方面要求中共将地方政权交给他，一方面致电重庆国民党中央，要求增兵，以维护中央威信。④ 6月上旬，彭德怀与鹿钟麟会

---

① 吴殿尧主编《朱德年谱（新编本）》中卷，第824、841页。
② 王焰主编《彭德怀年谱》，第208页；《蒋介石日记》，1938年12月30日。彭德怀见蒋介石的日期，《彭德怀年谱》记为12月28日，《蒋介石日记》记为12月30日。
③ 《中央关于华北各地摩擦的指示》（1939年2月10日），《中共中央文件选集》第12册，第23—24页。1939年12月，彭德怀在西安见天水行营主任程潜时直言："河北鹿钟麟庸懦无能，朱德同志无论在哪一方面均较鹿为强，何以鹿能任主席，朱反不能任主席"。见《军统局局长贺耀组副局长戴笠呈蒋介石》（1939年12月11日），秦孝仪主编《中华民国重要史料初编——对日抗战时期　第五编　中共活动真相》（1），第336页。
④ 《徐永昌日记》第5册，1939年5月7日，第54页。

谈，中共做出必要的让步，即冀中冀南部队可由鹿指挥，省府可向冀南派副主任，冀中可由国共分治，但鹿钟麟仍坚持冀中冀南公署须撤销，并同意由中共方面派人出任省政府委员。①谈判未有明确结果，而且国民党中央也不会完全认可这样的现状，国共双方在华北的关系便时紧时松地起伏波动，直到1939年底1940年初在华北双方发生了较大规模的武装冲突。

中共在华北的山西原与阎锡山有较好的合作，通过山西的抗日统一战线组织牺牲救国同盟会（"牺盟"）掌握了山西新军（以抗敌决死队为骨干力量）大部和部分地方政权。但是，阎锡山在抗战初期表现较为积极之后，有感于中共力量的发展对其统治的威胁，认为"迩来晋省政治，大部陷于牺盟份子之手，新旧两军，形成对立，真象渐明，深恐尾大不掉"，对共态度遂逐渐变化，谋划全面控制新军的领导权，限制共产党的发展及作用。1939年10月，阎锡山召开所谓革命同志代表大会，"拟借整顿决死队之名，消灭牺盟中共份子之势"。②12月初，阎锡山的军队先是袭击晋西的决死二纵队，其后又袭击晋东南新军，晋西事变（又称十二月事变）发生。山西新旧军的武装冲突公开化，实即国共武装冲突的公开化。

对于"剿灭"在中共领导下的山西新军，阎锡山是志在必得，但考虑其实力和环境，又没有百分百的把握。他报告蒋介石，提出或者是"借剿叛军名义北上，肃清共党势力"，或者是"就事论事，用政治方法解决"的两个方案。"惟前者有扩大之虑，后者有养痈之虞，究以如何处理为宜，请核示。"蒋介石对阎锡山的对日对共态度本都不甚放心，现在既然阎锡山有"剿共"之心，蒋当然乐观其成，故回电告以"我为振肃纪纲，剿灭叛军，自属名正言顺"，同意阎锡山实行前一个方案。③

---

① 吴殿尧主编《朱德年谱（新编本）》中卷，第892页。毛泽东当时明确说道："国民党五中全会后，在河北，山东，特别在边区所举行破坏性与准备投降性的摩擦及武装斗争，是必须给以坚决抵抗的，这种抵抗是有用的。但必须严格站在自卫立场上，决不能过此限度，给挑衅者以破裂统一战线之口实。这种自卫的防御的反摩擦斗争之目的在于巩固国共合作。为此目的，一定条件下缓和退让也是必要的。统一不忘斗争，斗争不忘统一，二者不可偏废，但以统一为主，'磨而不裂'。严防挑衅不要上当。"见毛泽东《反投降提纲》（1939年6月10、13日），《中共中央文件选集》第12册，第115页。
② 《程潜报告晋新军起义经过及袭击情形密电》（1940年1月2日），《中华民国史档案资料汇编　第五辑第二编　政治》（2），第216页。
③ 《蒋介石借镇压"晋西事变"名义企图消灭共产党电》（1941年1月10日），《中华民国史档案资料汇编　第五辑第二编　政治》（2），第238页。

对于阎锡山的反共，中共原有一定的准备。中共中央于事变发生后认为"其性质是对抗日的叛变"，指示"对叛军进攻绝不让步，坚决有力的给予还击"，"必要时八路军应以适当力量支持新军打退旧军"，同时调一二〇师自冀中回援晋西北。①

因为阎锡山的实力有限，晋西事变虽发展为武装冲突，新军和阎锡山部队各有损失，但精于算计的阎锡山也不能把事情做绝，何况阎锡山与蒋介石的关系并不那么和谐一致，总是有点疙疙瘩瘩，②蒋阎在防共方面固然一致，③但在对日方面未必一致，阎同日本之间的暧昧关系，总是令蒋不那么放心。④ 因此，"阎内部对新军和战主张尚不能一致，而阎本人则觉解决新军已非己力所能为。对勾结中央亦尚有顾虑"。⑤ 中共方面的政策"在于暂时中立阎，不使阎与中央联合对我，不使新军受中央指挥"，⑥ 无意在此时与阎完全决裂。既然阎锡山未公开反共，中共也不提公开反阎。毛泽东指示："对叛军进攻绝不退让，坚决有力地给予还击，并立即由新

---

① 《中央军委关于晋西南事件及我们的方针的指示》（1939年12月6日）、《毛泽东、王稼祥关于晋西事件与我们方针的补充指示》（1939年12月9日），《中共中央文件选集》第12册，第215、218页。
② 因为历史和现实的因素，蒋介石对阎锡山"不无顾虑"之处，担心阎降日和汪（精卫），认为"阎以大一统为遗毒与中心思想之曲解，其卑劣甚于共党，其破坏三民主义之罪恶为不可怒也。"见《蒋介石日记》，1939年2月28日、7月10日。
③ 蒋介石考虑"对共党此时当先严密防范，相机制裁"。但是，又觉得"此事应大事小做，不必重视，惟布置军队准备实力而已……对共应宽严兼施"。见《蒋介石日记》，1939年12月25、30日。
④ 蒋介石对阎锡山与日本之间的暧昧关系，始终保持警惕。1941年，蒋不断得到情报，阎锡山与日本之间正秘密商谈停战合作等事，他认为"阎叛谋益著"，在日记中多次大骂阎锡山，甚而将阎比附为"诚古今之巨奸，不仅反颜ί仇，叛国抗命，而且认贼作父，卖国自保，亦所不屑……为吴三桂之续者……乃必此贼也，痛心盍极，人格人性丧己之人，可再恕乎"。1941年11月，阎之投靠日本似乎已是箭在弦上，蒋即派阎之亲信下属、第二战区秘书长贾景德去警告阎，"阎果迎敌剿共，则余必明白讨伐"；"如阎通敌剿共，无论其出诸如何形式，余必毫无犹豫的率领共党以讨伐，使其知余之决心与精神所在，决无取巧与混冒之可能也"。然在蒋如此的警告之下，1942年5月，阎锡山仍与山西日军司令官岩松义雄私下会晤，蒋得知后又大骂其"廉耻扫地"，"狡狯奸险极矣"。（见《蒋介石日记》，1941年4月21日、6月28日、11月13日及15日，1942年5月16、31日）惟因阎日双方条件未能完全谈妥，阎锡山最终未公开降日。
⑤ 《毛泽东、王稼祥关于山西新旧军冲突我之工作方针问题致朱德等电》（1940年1月31日），《中共中央文件选集》第12册，第257页。
⑥ 《毛泽东、王稼祥关于处理晋西事变的指示》（1940年2月12日），《中共中央文件选集》第12册，第298—299页。

派提出反对叛军口号，但不要反对阎。"因为阎锡山"样子上还未投降"，"样子上还没公开反共"，"我们要利用阎的这种矛盾，在拥阎之下反阎"。① 1940年2月，中共代表王若飞和八路军代表萧劲光去秋林见阎锡山，转达中共"拥阎抗日"、"巩固阎之地位"的意见，阎锡山表示欢迎，认为事变将"不了自了"。双方达成妥协，在山西划界而治，停止军事行动和政治攻击，恢复新军和牺盟与阎的往来。阎锡山还表示"今后当注意以进步求团结"。在中共看来，阎"是国共两党之间的中间力量，他之存在是于团结有利的"。② 此后阎锡山未再和中共发生大的武装冲突。毛泽东过后评估晋西事变的得失，认为失去11个县，但得到了晋西北和新军全部，并使阎锡山中立。他对此是满意的。③

晋西事变的发生，使中共中央判断，国民党"已发展到军事限共为主，政治限共为辅了"，指示"八路军新四军必须极力发展与巩固自己的力量"；"在一切地方准备对付局部的突然事变"；"凡遇军事进攻，准备在有理又有利的条件下坚决反抗之，极大地发挥自己的顽强性，绝不轻言退让"。要求各根据地"用所有这一切的办法，去巩固自己的阵地，击破大资产阶级的阴谋，争取时局好转，争取继续抗战，并准备在时局逆转时足以应付一切"。④ 同时，中共中央还令重庆中共代表速向国民党代表张冲质问，"是否有在华北西北全面反共之意"，"如无破坏团结之意，应速下令制止，否则八路为自卫计不得不向进攻者加以还击"。⑤ 不过，中共此时亦

---

① 《毛泽东年谱（1893—1949）》中卷，第146、150—151页。
② 《中央、军委关于晋西事变后我之基本政策的指示》（1940年3月5日），《中共中央文件选集》第12册，第314—316页。在王若飞、萧劲光去秋林谈判时，由中共中央拟文，以山西牺盟和新军领导人薄一波的名义致电阎锡山："三个月来，山西内部阋墙之争，中外惊疑敌忻掌，而演变所及，尤属痛心……为今之计，亟宜有钧座调和，新旧两军，重新团结，一致抗日。两军虽一时以兵戎相见，然新军全属自卫，绝无成见。苟利抗日，无不服从钧座之指挥，想旧军同仁亦必不固执己见，钧座一纸团结之令，则和协之局立现，抗日战线重整于三晋之间矣。"（黄修荣编著《抗日战争时期国共关系纪事》，第406页）毛泽东则指示八路军和新军领导人："目前尊重阎锡山的一定地盘，保存这个国共之间的中间力量，对于抗战与国共合作是有大利益的。"见《毛泽东年谱（1893—1949）》中卷，第174页。
③ 《毛泽东年谱（1893—1949）》中卷，第179—180页。
④ 《中央对时局指示》（1939年12月23日），《中共中央文件选集》第12册，第221—222页。中共中央的这个指示下发时，特别说明"只发到省委与师部，阅后即毁掉，下面由你们设法传达"。（同上）可见当时中共对形势的估计相当严重。
⑤ 《中央关于质问张冲是否有在华北西北全面反共之意给南方局的指示》（1940年1月26日），《中共中央文件选集》第12册，第244页。

无意全面破裂国共关系，毛泽东在致彭德怀电中特别说明："目前还不是全国下雨之时，在全国任务还是组织进步力量，力争中间阶层，击破大资产阶级的动摇与反动，这种可能性现在还未丧失。"①

与对晋西事变的处理有进有退明显有别的是，中共在河北对国民党军队的摩擦举动进行了坚决的反击。1939年秋后，鹿钟麟与中共的关系日趋紧张，他电告重庆："共产党扩军攘政，江西惨剧将重演"，"请朱怀冰军早日开冀"。② 对鹿钟麟的威胁，中共毫不退让。毛泽东曾表示："我们也准备不惜与中央军打，只有反摩擦才能取得存在与发展"。③ 1940年初，在豫北的九十七军朱怀冰部和第十军团石友三部准备攻击冀南，并与鹿钟麟联名致电重庆请求支持，④ 蒋介石其后密示鹿钟麟："如其无轨外行动，我可不先发动，如侦知其有异动时，我即以准备之态势断然围歼之。"⑤ 八路军领导人朱德、彭德怀、刘伯承等则面见朱怀冰，说明"我们已经退避三舍了，实在无地可退，你们总得让我们抗日有地！"并告诫他："如果你朱怀冰不明大义，胆敢进攻，我们一定坚决自卫。"⑥ 3月上旬，八路军发起卫（河）东战役和磁（县）武（安）涉（县）林（县）战役，重创石友三、朱怀冰部，鹿钟麟此前已在2月初被免去河北省政府主席职，由庞炳勋接任。

---

① 《毛泽东关于目前政治形势及对阎锡山的方针给彭德怀电》（1940年1月11日），《中共中央文件选集》第12册，第236页。
② 《徐永昌日记》第5册，1939年11月14日，第219页。
③ 《毛泽东年谱（1893—1949）》中卷，第161页。
④ 朱怀冰曾转电军令部，要求"中枢简派主持军政之大员，应予以独断专行之权，不必俟请而后行，每有请未接复，而形势已变，以致陷入被动"。军委会办公厅在上报签呈中认为："对中共问题，因中枢前此未确立应付方针，只以敷衍处理，以致直接折冲者不得途径。现在则方针既立，通令已下，只要不违背大原则，所谓阃以外各方面大员主之已无疑问矣。以河北现在国军之实力，应付中共部队，绝不会一筹莫展，不过鹿总司令较为过于小心，不敢放手作去，中枢方面或宜相当鼓其心气耳。"要求河北方面"放手去作"，是此时国民党方面的真实意图。为此，蒋介石复电指示，前方"处理作战一切事宜"，"只要合乎中央方针，长官意图，尽可判断全般状况，适应实际需要，当机立断，负责处置，并未强令事事请示，亦未禁其独断专行"。见《军委会办公厅有关解释冀察战区总司令职权及独断专行之意电呈》（1940年2月），《中华民国史档案资料汇编 第五辑第二编 政治》（2），第240—241页。
⑤ 《蒋介石致鹿钟麟密电》（1940年2月22日），《中华民国史档案资料汇编 第五辑第二编 政治》（2），第258—259页。
⑥ 《抗日战争时期国共关系纪事》，第397页；吴殿尧主编《朱德年谱（新编本）》中卷，第944页。

1939年底至1940年初国共在华北的摩擦，发展到以武装冲突的形式表现，结果是中共"在华北占优势问题已基本上解决"。因此，中共考虑"反摩擦的武装斗争在西北华北的主要地区，有暂时告一段落之必要与可能，因蒋之军事攻势已基本上被我击溃，而蒋现时实无法大举剿共"；"我们方面目前任务是在主要地区求得对内和平以便在半年之内集中力量巩固已得阵地"；"所以不论对巩固自己力量说来，或对争取中间派同情说来，都有使双方军事斗争暂时告一段落之必要"。① 1940年3月14日，中共中央致电朱德、彭德怀等前方领导人，指示："反摩擦斗争必须注意自卫原则，不应超出自卫的范围。如果超出这个范围，则对全国的影响和统一战线是很不利的。尤其对中央军应注意此点，因国共合作主要就是同中央军的合作。目前山西、河北的反摩擦斗争即须告一段落，不应再行发展。"② 20日，中共中央又电示各根据地领导人："对中央军进行有系统的团结、联络、争取、说服工作，表示我们愿与他们团结抗战到底，拥护蒋委员长与卫（立煌）长官，此次对朱（怀冰）、石（友三）还击完全是迫不得已"；"山西、河北两省，反摩擦行动全部告一段落，在此期间内偃旗息鼓一枪不打，向一切国民党军队表示友谊，求得恢复感情，推动时局好转"。③ 这之后，一方面是国民党中央军在河北和山西的实力有限，难以对中共构成实质的威胁，中共已经取得很大的优势地位；④ 另一方面是中共主动做了让步，八路军一部遵令退到邯郸、长治一线以北，令国民党有台阶可下，同时，第一战区司令长官卫立煌通过中共的工作，对共态度有很大转变，双方有了良好的沟通，⑤ 华北的国共关系趋于一定的缓和，双方

---

① 《毛泽东、王稼祥关于争取对内和平、巩固已得阵地的方针与具体步骤给彭德怀电》（1940年3月5日），《中共中央文件选集》第12册，第318—319页。
② 《毛泽东年谱（1893—1949）》中卷，第177页。
③ 《毛泽东、王稼祥关于晋冀两省摩擦终止后团结友军推动时局好转的指示》（1940年3月20日），《中共中央抗日民族统一战线文件选编》下册，第399—400页。
④ 蒋介石曾有"对河北退出亦可"的心理预期。见《蒋介石日记》，1940年1月27日。
⑤ 卫立煌战前曾经参加对鄂豫皖苏区的"围剿"，并率部首先攻入苏区中心金家寨，随后蒋介石论功行赏，专门划区成立"立煌县"，以示表彰。抗战爆发后，卫任第二战区副司令长官，与朱德率领的八路军有良好的合作关系。1938年4月卫立煌访问延安，与中共领导人建立了私人友谊，对共产党甚有好感。1939年，卫立煌任第一战区司令长官，后又兼河南省政府主席，对八路军在华北及中共在河南的活动多有同情和帮助。1940年5月，朱德从前线回延安途中，特意在洛阳停留10天，与卫立煌多次见面商谈。他致电毛泽东

冲突和摩擦的重点逐渐转向华中地区。

第二节　皖南事变及国共关系的顿挫

一　国共摩擦向华中的转移

自第二次国共合作成立之日起，双方之间即存在着各种矛盾纠葛，尤其是在有关实际利益的方面，如陕甘宁边区的辖区、敌后根据地政权的承认、八路军和新四军的编制、作战地域与经费等。中共要求国民党承认陕甘宁边区和敌后各根据地的辖区及政权、扩大八路军和新四军的编制、增加经费等，但基本被国民党拒绝，这其中又以八路军和新四军的编制和作战地域问题，最为国共双方所争执不下。陕甘宁边区是中共中央所在地，

报告说："我们只有同卫弄好关系，注意实际配合，加强争取，同时忠告卫，我们决不与他争。"5月29日，朱德在中共中央书记处会议报告说：我们和卫立煌的关系很好，使他在国共两党的摩擦中保持中立。卫立煌表示要坚持进步。（吴殿尧主编《朱德年谱（新编本）》中卷，第968—969页）1941年6月，周恩来致毛泽东、朱德等电，认为"应同卫立煌搞好关系，这是分化顽方、争取中间势力和发展进步势力政策的中心。建议前方总司令部经常向卫立煌报告战况，并作请示"。（《叶剑英年谱》上卷，第343页）在卫立煌处担任秘书的赵荣声，是中共秘密党员。卫立煌曾与赵谈起加入中共事，中原局书记刘少奇为此约见赵荣声，批评他"胆子不小，想挖蒋介石的墙脚"；告诫他"以后无论在哪里，无论对什么人都绝对不许再提起这件事，以免引起麻烦。"（赵荣声：《回忆卫立煌先生》，文史资料出版社，1985，第137—140页）卫立煌和中共的关系也传到蒋介石和国民党军方高层人物耳中。徐永昌认为，卫立煌"系受了八路军宣传"，"玩敌纵共，冀省进入既难，恐豫北国军亦渐难立足"。（《徐永昌日记》第5册，1940年1月28日、4月26日，第273、315页）蒋介石亦有情报得知卫立煌与中共的来往，故曾在1940年2月27日去电警示他："共党巧言骗人，无论何言，皆不足信，更不可为其服从拥护之蜜语所迷惑，望审慎严防。"后又在3月13日去电叮嘱卫："此电乃示兄以处置（中共）之方略，切勿转示对方。"（萧李居编《事略稿本》第43册，第210、272—273页）蒋介石曾在日记中记载："陈铁报称，卫在忻口战役后约陈同入共党，于情理太不合，必有另故。"蒋认为卫立煌是"受共党之迷惑"。（《蒋介石日记》，1940年11月24日、1941年6月7日）何应钦亦曾面询卫的部下、十四军军长陈铁，卫立煌参加共产党没有？陈的答复是：据我所知没有。何应钦也不愿意惹事，便说：算了，你我都不要负责的好。（赵荣声：《回忆卫立煌先生》，第297页）这时的卫立煌，对八路军颇有好感，对国民党高级官员的腐败无能则颇有批评。他认为："何应钦军事思想已落伍，其建议、思想，皆为北伐时代小兵团之办法，政治思想倾向为政学系，官僚派头太重……白健生另有政治立场，所以思想不甚正确，然仅有小聪明，未能把握大体，此种人物，皆成过去。重庆腐败苟安，因循泄沓，毫无生气，组织不严密，无秘密性。"见蔡盛琦、陈世局编辑校订《胡宗南先生日记》上册，1941年5月3日，台北，"国史馆"，2015，第31页。

在国共合作的环境下，国民党方面即便不愿扩大其范围，但也暂时不会触碰其所辖地域。① 根据地多在敌后，国民党的力量往往鞭长莫及，对根据地政权虽不承认，但多半也只能听之任之。唯有军队问题，是国共两党矛盾的中心点，因为中共的发展壮大，说到底靠的是"枪杆子里面出政权"，国民党和蒋介石也深知其中的利害得失，因此，一方面是中共不断要求扩大八路军和新四军的编制及作战地域，放手发展抗日力量；一方面则是国民党坚决拒绝中共的要求，并力图划定中共部队的作战地域，以限制中共的发展，维护其"中央"的权威。经过1939年底1940年初国共在山西与河北的武装冲突之后，双方在军队问题上的矛盾更形凸显。

1940年1月，何应钦和叶剑英商谈后上呈蒋介石，在就国共商谈的若干具体方面提出意见后认为："中央处理共党不法行为，非命令所能制止，亦非商谈劝导所能收效。拟请停止商谈，另采有效处置。"何应钦提出的"有效"措施是：停止商谈，肃清晋西北和晋东南"叛军"，向陕北、河北、山东加派部队，"取缔一切非法组织"，最后"强迫取销"陕甘宁边区。至于此举的不利之处，何应钦认为："有引起全般破裂之虞，但此时不加制裁，将来羽翼长成，更难收拾"；此时八路军"力量尚小，在策略上中央尚可作为地方事件，逐次解决，若将来破裂，中央即少回旋余地"；"对国际观听，固属不好，但制裁有效，亦可使英、法、美对中国减少赤化疑虑，增加信心"；"对苏俄关系……虽实施制裁之初，不免稍稍隔阂，但经过相当时期后，即不难使其谅解"。何的结论是："此次战争，对外既为长期抗战，对内即须巩固政权。如此，乃能操最终和战之局，而导国家于有利。假使在战争过程中，顾虑当前之影响，忽略最终之结局，而听任共党势力自由扩张，将来必大受牵制。"② 何应钦的主张，其实质是通过强硬方式压制中共的发展，而又将其限制在地方事件的范围内，代表了国民党内对共强硬派的看法，也预示着后来国民党处理国共两军摩擦事

---

① 何应钦曾经告叶剑英："所谓边区，委座从未承认"。叶剑英则回应说，这事已经行政院第333次会议通过，只是因为边区主席人选问题（国方委丁惟芬为中共所拒）以致停顿。见《何应钦上蒋介石签呈》（1940年1月26日），秦孝仪主编《中华民国重要史料初编——对日抗战时期 第五编 中共活动真相》（4），第221页。

② 《何应钦上蒋介石签呈》（1940年1月26日），秦孝仪主编《中华民国重要史料初编——对日抗战时期 第五编 中共活动真相》（1），第503—509页。

件的基本态度及做法,甚而可视为皖南事变中国国民党处理新四军问题时的沙盘推演,只是当时蒋介石考虑到内外各种因素而未遽然采用何应钦的建议。

1940年3月上旬,军事委员会召开各集团军首长会议,蒋介石在其为八路军准备的评判稿中,指责八路军道:不应任意加友军以降敌名号,不应摧残友军,不应擅发私钞,不应尽征民粮,不应擅委官吏,不应认防地为私有,阻制长官命令与行动,更不应掩护叛军与袭击友军。[①] 参加会议的八路军参谋长叶剑英在其所做的长篇报告中,总结了八路军的战绩,揭露了有些国民党将领搞反共摩擦的真相,全面反驳了他们对八路军的责难。叶剑英说:我们"不应该抹杀事实,不应该曲解事实,应该正视事实";"摩擦是结果而不是原因";"摩擦的严重已经到了公开的大规模的武装冲突。这种现象如果我们当作结果来看,就是说,这种现象是由于许多政治意见的分歧,工作方法的差异,奸人挑拨离间的活动,下层干部互相仇视和报复等,都没有及时加以正确的解决所产生的恶果,那么对于这一种摩擦问题的解决是不困难的。如果我们把这一种现象当作原因来看,抹杀了产生这一种现象的政治原因,仅仅在武装冲突本身求解决,那末问题不但是不能解决,而且会产生更严重的结果"。叶剑英提出:"我们在今天应该强调大同不应该强调小异";"本集团军与各友军之间在政治原则上,并无不可调协之处。那末对于目前一切摩擦事件,我们在空间上只能当作局部的现象,在时间上只能看作是一时的现象。当然局部的事件一时的事件,如果不及时加以纠正,让它继续发展下去,也可能影响到全局,动摇我们团结合作基础,这是我们大家应该努力避免的"。[②] 据时在蒋介石侍从室工作的唐纵记载,叶剑英在发言中还具体提及各种摩擦的原因及表现形式,例如,"一、曾奉谕在河北后方组织民众袭击敌人,但自鹿(钟麟)主席入冀后,处处阻碍十八集团军抗战工作。因军队历史之不同,其作风亦不一致,始而误会,继而冲突。二、石友三在冀南征兵勒款,因此引起民众之反抗。三、屯食,十八集团军存在账上,石友三集中起来,敌人攻入,陷为敌有。四、碉堡,十八集团军主张不筑,鹿则主张建筑。以现在

---

① 《蒋介石日记》,1940年3月7日。
② 《叶剑英年谱》上卷,第286—287页。

敌人之火器，筑堡有何效用？五、纸币，为杜绝敌人收集法币而发行地方货币，原非得已，但同意由省统一"。① 蒋介石对叶剑英的发言虽不以为然，但在会中并未有特别表示，他自以为是"几不可忍，而卒能忍受"。② 毛泽东则对叶剑英的发言大加称赞，认为是有理有利有节的，"得到了广大的同情"，并批给其他中共领导人传阅。③

其后，1940年5月，朱德在回延安途中，专程到洛阳停留10天，与卫立煌会见，就若干具体问题达成共识。朱德也通过卫立煌向国民党转达了中共的要求："甲、关于党务：一、明令取消防止异党办法，允许共产党之合法存在。二、保护《新华日报》，允许登载共党之文章宣言，取消该报在各地发行之禁令。三、释放被捕之共党及八路军人员。乙、关于政治：一、确定边区二十三县之界限，撤退包围军队。二、河北省之行政，应划归八路军负责。丙、关于军队：一、重新划分作战地境（汾、离、屯、平、磁以北及河北全省）。二、扩编八路军为三军九师及三个游击纵队，照二十二万人发饷。三、停止向皖东淮北新四军进攻，恢复该军交通线。四、每月发给子弹五百万发。"④

中共的要求当然不会被国民党轻易接受，甚而至于中共提出要求这件事，便被国民党认为是不服从"中央"的不遵令的抗命的行为。还在1939年6月10日，蒋介石约周恩来谈话时即明白表示："关于共党问题之症结，目前不在陕北几个县，而在共党应有根本的进一步之真诚，服从中央命令，执行国家法令，为全国革命之模范，而不自居于整个国家体制之外，造成特殊关系"；"共党为求解决问题，辄先造成特殊事实，以强迫的态度对余，余为革命领袖，一切皆当本革命立场，持平处理，自不许有此种态度加诸余也"；"欲求目前各地纠纷之适当解决，必须共党首

---

① 《唐纵日记》，1940年3月8日，第119—120页。为了配合叶剑英在重庆的报告，八路军领导人朱德和彭德怀在3月14日联名致电叶剑英转蒋介石，呈报八路军反击朱怀冰和石友三部的原委，指出是朱怀冰和石友三步步进逼，制造摩擦，而上峰搁置不理，只能迫不得已，稍加反抗。又于4月1日致电叶剑英转何应钦，指出：八路军对摩擦事件纯系被动，所有摩擦完全造因于《防制异党活动办法》之流行与对立破坏政策之实施；八路军被迫自卫，实属万不得已。见《朱德年谱（新编本）》中卷，第949、954页。

② 《蒋介石日记》，1940年3月8日。

③ 《叶剑英年谱》上卷，第287页。

④ 《唐纵日记》，1940年5月19日，第131页。

先真诚恪守中央命令,执行国家法令,使事态平复,如此余决不致有亏待共党也"。① 这段话颇为形象地表明了蒋介石以领袖自居,居高临下,以"上"对"下"的心态,意思是,你听我的,事情便好说,不听我的,什么都不行。问题在于,即便是听了蒋的,事情是否真就好说了呢?从过往与蒋打交道的经验看,中共不能不存有疑问。颇有意味的是,就在同一天,毛泽东在延安中共高级干部会上做了以"反投降"为主题的报告,其中说道:"抗战是一定要坚持下去的,抗日民族统一战线与国共合作是一定要使之巩固发展的,三民主义旗帜与三民主义共和国口号是一定要坚持的";"蒋对于共产党存在着敌意,这是他自己表示的事实,我们必须严防他及其部下破坏我党,这是毫无疑义的。积极帮助蒋与督促蒋向好一边走,仍然是我们的方针"。② 既然蒋对共有"敌意",自然需要"严防",而"帮助"与"督促"则是为了抗日,也就不存在完全"服从"的问题。国共领袖各自的表态都鲜明地说明了两党的立场,在国民党,视共产党为"异党",强调的是"中央"规训"地方","地方"服从"中央";在共产党,视国民党为抗日民族统一战线的对象,强调的是既联合又斗争。而在1940年,国共的斗争面日渐扩大,双方关系的张力逐渐紧绷,而且随着国共矛盾的发展,国民党内的反共声浪也在增长。据王世杰记载,1940年初,"我中央党部诸人,已作公开的政治斗争之准备"。③ 1940年5月,在国民党中央谈话会上,蒋介石说:"余已正告共产党之领袖,当共同抗日之始,余已准备,万一不遵照命令,立即予以制裁,予以剿除。共党如要图存,只有与本党合作,共同抗日,否则是自找倒霉,自取灭亡。"④

在华北的国共关系因为各自的约束而相对稳定后,国共冲突的焦点渐次向华中转移。事实上,在华北的国共摩擦还在进行时,毛泽东已经注意到华中问题的重要性。1940年1月初,毛泽东致电新四军领导人项英,指示他"内部秘密准备,不要露形迹";如遇急变时,"一切自力更生,不要靠任何外援"。⑤ 其后,毛泽东多次指出:"目前斗争重心应移至淮河流

---

① 《蒋介石与周恩来叶剑英谈话纪要》(1939年6月10日),秦孝仪主编《中华民国重要史料初编——对日抗战时期 第五编 中共活动真相》(4),第219—220页。
② 毛泽东:《反投降提纲》(1939年6月10日),《中共中央文件选集》第12册,第114页。
③ 林美莉编辑校订《王世杰日记》上册,1940年2月14日,第252页。
④ 《王子壮日记》第6册,1940年5月13日,第135—136页。
⑤ 《准备应付华中急变》(1940年1月5日),《毛泽东军事文集》第2卷,第505页。

域……我军将来出来，实在中原，此时不争，将来更难了。""顽方在华北摩擦受到严重失败后，加之我又增兵陇海路南，摩擦中心将移至华中。"提醒项英"顽方有可能利用其优势兵力向新四军军部地区进攻，因此军部及皖南部队应预先有所准备，以免受袭击"。① 毛泽东认为，蒋介石"梦想将新四军调入黄河以北，划黄河以北给我，把我送入敌人手上，堵塞归路困死饿死。我决不能上他的当"。② 4月5日，毛泽东和王稼祥致电八路军领导人彭德怀和中原局书记刘少奇等，指示说："华北敌占领区日益扩大，我之斗争日益艰苦，不入华中不能生存"；"在可能的全国性突变时，我军决不能限死黄河以北而不入中原，故华中为我最重要的生命线"。提出"整个苏北、皖北、淮北为我必争之地。凡扬子江以北，淮南路以东，淮河以北，开封以东，陇海路以南，大海以西，统须在一年以内造成民主的抗日根据地"。③ 中共如此重视华中，而华中又是国民党关注的重点地区，双方在此之矛盾不能不日渐增大。

自1939年中起，国共双方就调整两党关系、解决冲突纠纷已经进行了多轮谈判，但始终未能达成一致意见，结果是谈判不断进行，双方的冲突也越演越烈。1940年春，当华北的冲突告一段落后，国民党开始重点考虑限制和打击中共在华中的发展，其原本的方案是将新四军江北部队调至长江以南，以隔断江南新四军和华北八路军之间的联系，便于各个击破，但遭到中共的抵制和反对。面对此局，白崇禧提出新的方案，"颇主驱新四军往河北，使与八路军合，以免其在江南江北到处滋扰"。④ 4月间，白崇禧向蒋介石上书，提出在抗战时期对中共部队"若断然处置，则投鼠忌器；若听其演变，则滋蔓难图"，故建议"于适当地带，划定第十八集团军作战之区域，同时令新四军编入十八集团军战斗序列，一律集结于此区域之内，授以攻敌任务，指定攻击目标，如此则既可限制其活动之范围，复可免除滋生争端之口实，若其不遵约束，抗命称兵，则彼罪恶昭彰，自

---

① 《在华北军事上转为守势造成政治上有理有利地位》（1940年3月16日）、《目前华中的军事策略》（1940年3月29日），《毛泽东军事文集》第2卷，第523、535页。
② 《毛泽东年谱（1893—1949）》中卷，第183页。
③ 《发展和巩固华中根据地的部署及策略》（1940年4月5日），《毛泽东军事文集》第2卷，第542—543页。
④ 《徐永昌日记》第5册，1940年3月25日，第301页。徐永昌早先就主张"对八路军划给相当之宽范围，彼如出此范围即予打击"。同前书，1940年1月29日，第273页。自

当绳之以法，而是非可大白于天下矣"。白建议将漳河以北划为八路军作战区域，①4月19日，蒋介石召集军方领导人商讨对策，白崇禧力主"新四军开河北，与十八集团军归并"，会议决定"渐次推行"。②为此，军令部提出将八路军和新四军均调入冀察战区、或迁就事实划分几个作战区域、或分别指定八路军和新四军的作战地域等几个方案，而以将八路军和新四军均调入冀察战区、以朱德和彭德怀为总副司令为第一案，理由是：（1）冀察战区除南部数县外，已为该军所占据，根深蒂固，非短时间可以收复；（2）作战地境既经明确划分，则其越境行动无所借口，我之监视亦较容易；（3）派遣中央军队再度进入冀察战区亦难恢复原有地位，且易惹起更不良之结果；（4）冀察战区有各大都市及铁路线，为日军后方，该军如遵行作战任务，于抗战前途亦属有利；（5）委以崇高之名义，足以表示中央宽大之怀；（6）新四军如开回江南，可以截断其联络，如开入冀察，可避免其扩充实力，故以后者为有利。③其后国民党基本是依此方案与中共谈判，希望将中共部队都调到华北，从而压缩其活动空间，并可就便解决根据地政权等问题，作战地域的划分遂成为国共双方争执的重点内容。

1940年6—7月，中共方面的周恩来和叶剑英与国民党方面的何应钦、白崇禧举行多次谈判，讨论如何解决国共关系问题。中共向国民党提出的解决方案，包括了共产党合法、陕甘宁边区地域（辖23个县）及政权问题（组织隶属行政院的边区政府）、军队扩编（八路军扩为3个军9个师，新四军扩至7个支队）、划分作战地域、械弹粮饷补充等内容。④7月16日，国民党搞出"中央提示案"回复中共方面，其主要内容是：共产党合法问题，依《抗战建国纲领》的规定；陕甘宁边区问题，范围为18个县，

---

① 《白崇禧上蒋介石函》（1940年4月16日），秦孝仪主编《中华民国重要史料初编——对日抗战时期　第五编　中共活动真相》(5)，第224页。
② 《徐永昌日记》第5册，1940年4月19日，第311页。白崇禧始终坚持其主张，"为防共军在苏皖扩大……愈多内忧起见，力主调所谓新四军往黄河北，不惜将冀省及鲁北划与共军。"而徐永昌并不以为然，认为"纵如此迁就未必能得半年相安"。见《徐永昌日记》第5册，1940年7月17日，第369页。
③ 《国民政府军令部签呈》（1940年4月19—22日），《中华民国史档案资料汇编　第五辑　第二编　政治》(2)，第44—50页。
④ 《中国共产党六月提案》（1940年6月），章伯锋、庄建平主编《抗日战争》第3卷（下），第972页。

改称陕北行政区,隶属行政院,但归陕西省府指导,人事保请政府任命,其他任何地方一律不得援例;军队编制问题,八路军编为3军6师(2旅4团制)6个补充团,新四军编为2个师(2旅4团制)。这些方面的内容其实是就过去国民党对中共要求的回应有所增删而来,并无太多新意。这个提示案最重要的内容,在于划定八路军和新四军的作战范围为冀察两省和鲁北及晋北一部,新四军编入八路军序列,八路军、新四军于奉命后一个月内全部开到指定地区,不得擅自越出境外,其他地区不得再有八路军、新四军的名义;又规定:"绝对服从命令"、"所有纵队支队及其他一切游击队,一律限期收束",不得再委其他名义或自由成立部队,由"军事委员会随时派员点验"。①

国民党的提示案虽然与中共的要求有明显的距离,但周恩来携此案回延安汇报后,经过中共政治局会议的讨论,对于划界问题并未完全拒绝,而是表示原则同意,国民党则须满足将中共部队的作战地域扩大为华北五省、任命中共人员为冀察两省的主席、保证中共部队今后的发展与补给等条件。中共也估计国民党未必接受这样的条件,认为"目前仍是拖的局面,并也未失去坏转的可能";因此,"我们利于解决某些局部问题(如边区扩军等),以促进变化,而国民党则企图以局部让步采取我方大让步,因此,还须待各方变动与各方压力"。②虽然中共利在以"拖"促变,但此时的国民党不愿"拖"下去。8月28日,蒋介石和白崇禧在与周恩来会见时,表示如八路军、新四军不开至黄河北岸,则一切问题都不能解决。③双方谈判形成僵局。其间,虽然八路军在华北发动大规模的百团大战,是全国抗战开始以后八路军发动的带有一定战略意义的作战行动,沉重打击了日军,也减轻了华北正面战场的作战压力,蒋介石亦给予正面评价,④

---

① 《中央提示案》(1940年7月16日),秦孝仪主编《中华民国重要史料初编——对日抗战时期 第五编 中共活动真相》(4),第227—230页。
② 《中央关于国共谈判情况致彭德怀等电》(1940年8月12日),《中共中央抗日民族统一战线文件选编》下册,第450—451页。
③ 《周恩来年谱(1898—1949)(修订本)》,第473页。
④ 这时蒋介石对中共的方针还是"用政治解决为主",并肯定"八路军截断山西各铁路之行动,对敌军精神与计划上必受一打击,中共对抗战之态度,表示积极";"第八路军袭击正太与同蒲各路,予敌以相当之威胁"。见《蒋介石日记》,1940年7月25日,8月29、31日。

但未改变国共关系走向紧张的大格局,国共军队在华中的矛盾和摩擦有增无减,尤其是在苏北发生的两场战事,在相当程度上影响到双方的关系和决策。

1938年新四军成立后,军部和部队主力均驻在皖南,但是,皖南地接第三战区,又靠近侵华日军总部所在地南京,四周的国民党军和日军的力量都很强,北面且为长江所阻,新四军在此地域的发展受到很大限制,而且"这个重要地区是他们(指国民党)誓死必争的",① 存在与国方发生冲突的较大可能。1939年初,周恩来到新四军视察,与项英等新四军领导人商定"向北发展,向东作战,巩固现在阵地"的战略方针,② 此后新四军东进北上,有了很大发展。1940年6月,陈毅在苏南新四军面对国民党压力的情况下,决定率江南指挥部所辖主力渡江北进至苏北抗战,为新四军活动打开了一片新天地。7月20日,中原局书记刘少奇与新四军江北指挥部政治部主任邓子恢联名致电陈毅并报延安中共中央和八路军、新四军主要领导人,认为苏北最有利于我发展,必须取得苏北,为整个华中建立一个总的巩固的根据地。③ 但是,新四军向苏北的发展,触动了原先据守此地的江苏省政府主席兼鲁苏战区副总司令韩德勤的利益,韩不甘退让妥协,在国民党中央的支持下,要求新四军退出,返回江南,双方关系渐形紧张。9月底,韩德勤部进逼新四军,双方在黄桥发生大规模战斗,结果韩部八十九军万余人被全歼,新四军以此大胜,不仅震慑了韩德勤,而且与南下的八路军黄克诚部连接,奠定了苏北根据地大发展的基础。中共中央对此役之胜非常满意,认为"振我士气,寒彼贼胆";指示新四军领导人:"无论何部向我进攻,必须坚决消灭之……国民党任何无理责难都不要理他。"④ 11月中旬,华中新四军、八路军总指挥部在海安成立,陈毅任代总指挥,刘少奇任政委。月底,新四军发起曹甸作战,以求再歼韩部,彻底解决苏北问题,但因韩部依托工事坚守,而新四军攻坚能力不

---

① 《目前形势和新四军的任务》(1939年3月),《周恩来选集》上卷,第104页。
② 刘树发主编《陈毅年谱》上卷,第241页。1940年2月,中共中央书记处在《对新四军发展方针的指示中》将这个战略方针修改为:向南巩固,向东作战,向北发展。同前。
③ 刘树发主编《陈毅年谱》上卷,第287页。
④ 《无论何部向我进攻必须坚决消灭之》(1940年10月9日),《毛泽东军事文集》第2卷,第558页。

足，战役未达预期目的，至12月中旬结束。① 国共两军接连在苏北发生武装冲突，国方连连失利，韩德勤屡屡告急，眼见中共部队不仅不遵其令在划定范围内活动，反而在苏北立定脚跟，扩大范围，新四军与八路军且有连成一气发展之势，蒋介石为此恼羞成怒，决心将早先酝酿的限制中共部队发展的计划强力付诸实施，使本已趋于紧张的国共关系更为恶化。

二 紧张局势的升级

新四军江南部队渡江北进之后，国共两军在苏北的摩擦和冲突愈加剧烈，国民党认为其在苏北的军政机关"四面受敌，进退失据，情势至为危急"。② 蒋介石的对共态度由此趋向强硬，据翁文灏记载，"蒋言应面告周恩来，速即实行制止，如果再言而无信，则当封禁共产机关。周等亦应速即离去，完全破裂亦所不惜。"③ 10月中旬，蒋介石从方针、态度、行动、兵力、地区和对苏与对英美合作之利害、对苏与倭及我可发生之变化、我与英美合作之前后、对共动手迟早之利害等方面考虑对共决策，决定全部兵力之部署。④ 正是在蒋的决策下，10月19日，何应钦、白崇禧以军事委员会参谋总长和副总长的名义，向十八集团军总司令朱德、副总司令彭德怀、新四军军长叶挺发电（通称"皓电"），指责八路军、新四军"不守战区范围，自由行动；不遵编制数额，自由扩充；不服从中央命令，破坏行政系统，不打敌人，专事吞并友军"。电称："奉谕将前经会商并奉核定

---

① 苏北作战于国共关系甚有影响。国民党决策如中共部队攻击兴化，"则第三战区应将江南新四军立予解决"。（《何应钦关于解决江南新四军亲笔函》，1940年12月3日，《徐永昌等关于处置苏北新四军签呈稿》，1940年12月4日，《蒋介石密令顾祝同解决江南新四军电》，1940年12月10日，《中华民国史档案资料汇编 第五辑第二编 政治》2，第416、426、427页）曹甸战役打响后，中共中央指示中原局：国民党关心苏北冲突。你们应坚持原定方针，不打兴化，保留韩德勤。见刘树发主编《陈毅年谱》上卷，第325页。
② 《国民党中央秘书处关于韩德勤部在黄桥之役中溃败拟调大军收拾苏北残局密函》（1940年10月26日），《中华民国史档案资料汇编 第五辑第二编 政治》（2），第393页。苏北地处南北冲要，又是战前国民党统治的核心地带，一向为国民党所看重，如苏鲁战区总司令于学忠言："苏省绾毂南北，一旦有失，不惟鲁省之危，亦华北全局之忧。"见《于学忠申电》（1940年12月19日），《中华民国史档案资料汇编 第五辑第二编 政治》（2），第424页。
③ 李学通、刘萍、翁心钧整理《翁文灏日记》，1940年10月11日，第545页。
④ 《蒋介石日记》，1940年10月12日。

之中央提示案,正式抄达",限令八路军、新四军各部队于电到一个月内全部开到中央提示案规定之作战地域内(即黄河以北地区)。① 据唐纵记载:"中央决定,上案势在必行,如共党不遵行时,亦强迫其遵行。"② 与此同时,国民党亦开始调动部队,加紧在皖南、苏南、江北各地的部署,尤其集中在皖南新四军军部所在地区,准备在必要时不惜动武,一时间,国共关系有了山雨欲来风满楼之势。

国民党的强硬限共反共举措,无疑使中共感受到很大压力。还在何白"皓电"发出之前,10月12日,毛泽东、朱德、王稼祥联名给叶挺、项英、刘少奇、陈毅等致电,指出:"整个南方有变为黑暗世界之可能。但因蒋是站在反日立场上,我不能在南方国民党地区进行任何游击战争",应有必要的准备。③ 10月21日,中共中央政治局临时开会,讨论时局,认为"目前时局有由小风波转到大风波的可能","党的工作布置应放在准备整个东方大黑暗的基点上"。24日,周恩来从重庆致电延安中共中央,认为目前国民党方面的种种情况,"均证明反共高潮是在着着上升,何白十九日电是表示了国方的决心";判断"如果国际形势更利于英美派,局部'剿共'会进入全面反共"。④ 次日毛泽东复电周恩来并转彭德怀、刘少奇、项英,指出:"我们应估计到最困难最危险最黑暗的可能性,并把这种情况当作一切布置的出发点……国共由合作变为大规模内战,最黑暗莫过如此。""我们的对策是稳健地对付国民党的进攻,军事上采取防卫立场,他不进攻,我不乱动。政治上强调团结抗日"。⑤ 军事上采防卫立场、政治上强调团结抗日,是全国抗战以来中共处理国共关系的基本面相,惟这次情况有所不同,国民党态度强硬,咄咄逼人,而且出自其中央高层,中共不

---

① 瞿韶华主编《中华民国史事纪要(中华民国二十九年七至十二月份)》,第460页。
② 《唐纵日记》,1940年10月24日,第170页。
③ 《新四军的行动方针》(1940年10月12日),《毛泽东军事文集》第2卷,第562页。
④ 《毛泽东年谱(1893—1949)》中卷,第214—215页。周恩来后来又致电毛泽东,建议"放弃江南,以便集中兵力于江北布置良好阵势……使我能为主动,不论分合和战都利。此为上策"。或者"先以江南移动,而不及其他"。"还有一个是一切照旧,准备打了再说。但还必须估计有可能一发而不可收"。见《周恩来关于目前形势的分析和对策致毛泽东电》(1940年11月1日),中国人民解放军历史资料丛书编审委员会编《新四军·文献》(2),解放军出版社,1994,第24页。
⑤ 《对目前世界形势的估计及对国民党可能进攻的对策》(1940年10月25日),《毛泽东军事文集》第2卷,第566—567页。

能不慎重因应。毛泽东告周恩来："中央几次会议都觉此次反共与上次不同，如处理不慎，则影响前途甚大。故宣言与指示拟好又停……此次反共是国民党发动的，投降危险是严重的，让各中间派纷纷议论揣测，我们在时机没有成熟以前不拿出积极办法，稍等一下再说话不迟……此次蒋介石如果投降，必然是四分五裂。我们有五十万军队，有全国人心，虽有无穷困难，是能打得开局面的。"① 毛泽东甚而已有和国民党彻底决裂的估计，认为"根本问题是此次决裂即有和大资产阶级永久决裂之可能，故政治上措词容易，军事部署困难"。因应方案是，或政治上进攻，军事上防御；或政治与军事上同时进攻。②

尽管中共中央此时对形势的估计较为严峻，也有了可能与国民党决裂的准备，但从团结抗战的大局出发，也因为中共毕竟仍为实力弱势方，11月初，中共中央还是决定"采取缓和态度，以期延缓反共战争爆发时间。对皖南方面，决定让步，答应北移"。"在彼方没有动兵以前，一切对外表示，均取缓和态度"。③ 同时亦部署在不得已时的应战计划，"就现有力量加以配置……打破其进攻"；华北部队南下，组织部队出击，巩固江北现有各地区；以苏北为大后方，由陈毅负全责；皖南部队准备北渡移皖东，由刘少奇和叶挺总领华中军事；在此次反共高潮中，甚至以后相当长时期内，我们与蒋介石并不表示决裂，而只提出有关条件，迫蒋恢复和平。目前制止投降危险和走向大决裂的可能性均是有的，故我们应积极认真准备上述军事计划。惟一切部署，应放在最黑暗局面上，丝毫不能动摇，以免上蒋的当。④

经过一番部署后，11月9日，朱德、彭德怀、叶挺、项英联名致电何应钦、白崇禧（通称"佳电"），就八路军和新四军的行动、防地、编制、补给、边区、团结抗战等方面，回应何白"皓电"的指责。电文强调："职军所有部队，莫不以遵循国策服从命令坚持抗战为唯一之任务。四年以来，抗御众多之敌军，收复广大之失地，所有战绩，为国人所共见，亦为委座历次明令所嘉奖。"电中揭露"国内一部分人士，复正在策动所谓

---

① 《新四军·文献》（2），第27页。
② 《毛泽东年谱（1893—1949）》中卷，第217页。
③ 《毛泽东年谱（1893—1949）》中卷，第218—219页。
④ 吴殿尧主编《朱德年谱（新编本）》中卷，第1003页。

新的反共高潮，企图为投降肃清道路。内外勾煽，欲以所谓中日联合'剿共'，结束抗战局面，以内战代抗战，以投降代独立，以分裂代团结，以黑暗代光明"。对于"皓电"要求八路军、新四军限期北移的通令，电中表示江南部队将"顾全大局，遵令北移"，惟请"宽以限期，以求解释深入，不致激生他故"；江北部队"则暂时拟请免调，责成彼等严饬军纪，和协友军，加紧对敌之反攻，配合正面之作战"。电文最后表示："德等转战疆场，不惜肝脑涂地，苟利于国，万死不辞。所祈求者，惟在国内团结，不召分裂，继续抗战，不变国策。故于钧座所示各节，勉力遵行，而对部属弱点，则加紧克服。亦求中央对于时局趋向，明示方针，拒绝国际之阴谋，裁抑国内之反动，而于联合'剿共'内战投降之说，予以驳斥，以安全国民众之心。"① 朱、彭、叶、项之"佳电"，为毛泽东所起草，体现了中共希望缓和而又坚持原则的方针以及毛泽东的斗争艺术。电文立场坚定，揭露反共高潮的出现，强调中共的抗战贡献及国方的肯定；态度诚恳，做必要的让步，江南部队可以北移；坚守底线，拒绝江北部队的北移。毛泽东在"佳电"发出当日告周恩来："江南确定主力北移，以示让步。江北确定暂时请免调，说暂时乃给蒋以面子，说免调乃塞蒋之幻想。你处对外宣传，请强调免调各理由"。"'佳电'所称肺腑之言，乃暗示彼方如进攻，我方必自卫，而以鹬蚌渔人之说出之，亦请对外宣扬，以期停止彼之进攻。"②

国民党方面得到中共的回复之后，蒋介石起初考虑的处理方式有：甲、置之不理，任其自灭；乙、严词驳斥；丙、由正式命令限其如期集中河北。③ 但他决不甘"置之不理"，又考虑对共方针应为："甲、严令其限期调防；乙、警告其既不听命，以后不再下令，从前所约定各事亦一律作为无效。"之所以未明确动武之举，是蒋顾虑"在此国际局势未定之时，如过于硬性反于我不利，而且彼于此时决不肯轻易调防河北，如此则徒失威信，或引起纠纷，故不如此弹性留有旋转操纵在我之余地为宜也"。但

---

① 《朱德、彭德怀、叶挺、项英为顾全大局挽救危亡致何应钦、白崇禧电》（1940年11月9日），《新四军·文献》（2），第37—40页。
② 《毛泽东关于"佳电"发出后的工作部署致周恩来电》（1940年11月9日），《新四军·文献》（2），第35页。
③ 《蒋介石日记》，1940年11月19日。

他仍在进行必要的部署,并对何白的再回复电稿多次修改,"颇费心力"。①为了贯彻蒋介石的方针,11月30日,军令部次长刘斐在与周恩来、叶剑英的谈判中表示,中共部队北移可延期一个月实行,如能办到,"中央当不采取军事行动助长纠纷,同时其他附带问题皆可继续谈判逐渐解决,若仍表面敷衍一如往昔,则中央不但不能谈判,即过去所承认之边区与18AG(十八集团军)及N4A(新四军)之一切法律地位,皆当取销,此为中央党政军重要干部之共同主张,个人所深悉者,非故意恫吓也"。周恩来回复称:江南新四军可以调动,江北八路军调动"事实上或有困难,仍请稍加谅解";"希望双方从好的方面去做,不使事态扩大"。② 12月8日,何应钦、白崇禧致电朱德、彭德怀、叶挺、项英(通称"齐电"),指责朱、彭、叶、项"来电所陈各节,大都以对外宣传之词令,作延缓奉行之口实",要求"迅即遵令将黄河以南之部队,悉数调赴河北","确切遵照,依照实施"。③ 同日刘斐与周恩来、叶剑英再度会谈,周告新四军北移困难的原因,强调江北部队难向黄河以北移动。刘斐过后向蒋介石报告称:"尔后除按既定计划,以武力实际行动以观后果外,口头上之谈判,似无继续必要。"④ 12月9日,蒋介石手谕朱、彭、叶、项:"希即遵照何白参谋正副总长十月皓电所示之作战地境内,共同作战,克尽职守,毋得

---

① 《蒋介石日记》,1940年11月29日、12月7日。实际上,对于如何解决中共问题,国民党高层亦有不同看法,其各人之态度也未必前后完全一致,而是考虑到各方因素包括蒋介石的态度。10月1日,在国民党中央讨论中共问题的会议中,白崇禧、徐永昌坚持强硬对共的主张,蒋介石侍从室主任贺耀组、军委会办公厅主任商震"则以俄国为虑",他们分别是国民党内对共强硬和温和派的代表。而被外界认为主张对共强硬,也是中共重点批评对象的何应钦也担心苏联的态度,因当时对外"仅剩西北一条国际路线"。11月27、28日,国民党高层又连续开会讨论对共方针。在27日的会议上,徐永昌、白崇禧、何应钦等"主照前议决办理",张治中、贺耀组、陈布雷、叶楚伧"主张考虑"。在28日的会议上,蒋介石考虑各方动向,"对令共军开河北之命令颇顾虑",何应钦、贺耀组、程潜大抵附和蒋意,徐永昌谓"命令即下有利无害",白崇禧"亦主即下令",结果决定"对共军命令过数日(即俟日汪签字后,以免共党之又造谣)再下,何、白驳朱、彭电即发,汤恩伯等之军事行动等仍照前令继续进展"。见《徐永昌日记》第5册,1940年10月1日,11月27、28日,第434—435、477、479页。
② 《军令部次长刘斐呈蒋委员长报告与周恩来叶剑英谈话内容》(1940年12月12日),秦孝仪主编《中华民国重要史料初编——对日抗战时期 第五编 中共活动真相》(4),第230—231页。
③ 瞿韶华主编《中华民国史事纪要(中华民国二十九年七至十二月份)》,第732—737页。
④ 《军令部次长刘斐呈蒋委员长报告与周恩来叶剑英谈话内容》(1940年12月12日),秦孝仪主编《中华民国重要史料初编——对日抗战时期 第五编 中共活动真相》(4),第234页。

再误。"令新四军皖南部队在 12 月 31 日前开到长江以北，1941 年 1 月 30 日前开到黄河以北，八路军 12 月 31 日前开到黄河以北。①

事实上，12 月 9 日蒋介石向朱、彭、叶、项直接发出北移的通令，已表明其基本下定不惜动武的决心。他判断下令后中共和苏联的反应为："甲、抗命不移；乙、俄械停运；丙、国共明争，此于我不利也，然明争为共与俄所不愿，对彼更不利也。"所以，他"对朱彭毅然下令，命其向河北移动，此亦今日重大之决心也"；"对中共不再顾虑"。② 12 月 25 日，蒋介石会见周恩来，明告"朱部渡河不得再缓"。③

蒋介石既决心以强力实行压迫中共部队北移的计划，则其部署亦紧锣密鼓地进行中。因为皖南新四军军部所在地处于国民党军的包围中，孤立无援，遂亦成为国民党和蒋介石准备"解决"的主要对象。早在 9 月 30 日，蒋即电上饶第三战区司令长官顾祝同，令其"对于长江南岸之新四军，可照前之批复准备一切"。其后又于 11 月 4 日令顾祝同："如对江南新四军展开行动时，事前须充分准备与详细侦察其内情，并须派优良部队担任此项任务，不可随便行动，反为其所乘，则后事更难收拾矣。务希十分谨慎为要。"④ 12 月 10 日，蒋介石密电顾祝同，如中共部队至限期"仍不遵命北渡，应立即将其解决，勿再宽容"；⑤ 13 日指示顾祝同："我军对

---

① 蔡盛琦编《事略稿本》第 45 册，第 41—42 页。12 月 18 日，朱德、彭德怀、叶挺、项英致电刘斐转蒋介石，表示新四军皖南部队"决定遵令北移"，惟因种种困难，请展缓至明春 2 月 15 日以前，"保证全部离开皖南，现地不留一兵一卒"。江北部队"由于多种原因，实在困难移动"；"强制执行甚或临以大军迫使就范，亦必毫无效果"；"此非一月二月期限之争执问题，乃客观事实根本上困难问题"。(《朱德、彭德怀、叶挺、项英为新四军北移及苏北事件等情致刘为章电》，1940 年 12 月 18 日，《新四军·文献》2，第 71—72 页）惟据《毛泽东年谱》所载，12 月 30 日毛泽东致电周恩来，谓："复刘为章电，前稿既不发，大家意见，以拖一下为好。他们反共，让他们去反，'剿共'也让他们来'剿'，反得天怒人怨，那时我再表示态度，索性不着急。"(《毛泽东年谱（1893—1949）》中卷，第 247 页）则该电是否正式发出交国民党方面，待考。
② 《蒋介石日记》，1940 年 12 月 8、9、11 日。
③ 《蒋介石日记》，1940 年 12 月 25 日。在这次谈话中，蒋介石称他与周恩来是"患难朋友"，还说："只要你们说出一条新四军北上的路，我可担保绝对不会妨碍你们通过"。事后周恩来电致毛泽东，认为蒋介石的话"靠不住"，但又分析说，蒋是"在吓、压之余，又加哄一着"。见《周恩来年谱（1898—1949）（修订本）》，第 491 页。
④ 薛月顺编《事略稿本》第 44 册，第 352、579 页。
⑤ 《蒋介石密令顾祝同解决江南新四军电》（1940 年 12 月 10 日），《中华民国史档案资料汇编 第五辑第二编 政治》（2），第 427—428 页。

匪军必须先妥筹预防对策，作一网打尽之计，谋定而后动，切勿轻易行动，反为其所制也。"①

1940年秋冬之际，在皖南新四军军部所在地周边，国民党调集重兵，完成围歼部署，新四军皖南部队实已处在险境之中。新四军领导人项英也认识到形势的严重性，但又估计在"两党谈判之际，彼尚不敢公开向我进攻"；强调离开皖南北移的种种困难，仍希望"坚持皖南阵地"，对于北移始终有些犹豫，迟迟未下最后的决心。②中共中央在对形势估计及指示皖南方面的因应决策时，也有多方面考量、前后变动的过程。国民党发出"皓电"前后，中共对形势的估计较为严峻，认为将会出现"最黑暗"局面。但11月1日中共中央在给项英的指示电中，除强调叶挺必须过江指挥江北部队外，对于皖南主力移苏南再渡江北，或留皖南在国民党进攻时向南突围，提出"二者应择其一"，请项英"考虑"。15日毛泽东致电周恩来、项英、刘少奇、彭德怀等，指出："我对皖南部队既要认真作北移之准备，以为彼方缓和进攻时我们所给之交换条件，又要要求彼方保证华中各军停止行动，以为我方撤退皖南部队时彼方给我之交换条件。"③可知此时中共对皖南部队的北移还不那么十分急迫，因此，既有11月21日指示叶挺、项英"可以拖一个月至二个月"，又有24日指示他们"必须准备于

---

① 蔡盛琦编《事略稿本》第45册，第116—117页。
② 《叶挺、项英关于国民党军有围攻新四军皖南部队企图致毛泽东等电》（1940年9月22日）、《项英关于皖南情况及军部北移困难致毛泽东等电》（1940年10月11日）、《项英关于新四军皖南部队北移意见致中共中央、中央军委电》（1940年10月28日），《新四军·文献》（2），第6、11、17页。10月28日，新四军军长叶挺去皖南泾县和三十二集团军总司令上官云相会晤，上官"主要在探询苏北问题的我方态度"，"着重问及苏北是否已停止行动"，"提出皖南部队北移皖北的方案"。叶挺向上官说明了苏北冲突经过。从上官谈话可知，"蒋责顾电到战区后，顾对进攻我迟疑不决，一因无完全把握消灭我军。二则估计如皖南动手，则我对苏北必彻底消灭韩。上官","即把皖南新四军杀光，亦不能解决整个国共问题状况，未必因此顾仍无所顾忌，还是想以和平方式求得解决皖南问题，缓和苏北问题，但战区中黄埔系少壮派则颇有主张即打者"。上官在闲谈中还说道："共产党要发展，但必须有一定限度，不要使人觉得共产党一发展就连友人也不能立足了"。他"同时承认，江北可给共产党发展，已成事实"。见《叶挺、项英关于同上官云相会谈情况及请示行动方针致毛泽东等电》（1940年10月30日），《新四军·文献》（2），第18—19页。
③ 《中共中央书记处关于新四军皖南部队行动方针致项英电》（1940年11月1日）、《毛泽东关于发动反投降反内战运动对付蒋介石的反共高潮致周恩来等电》（1940年11月15日），《新四军·文献》（2），第22、45页。

十二月底全部开动完毕"。①

在中共发出"佳电"回应国民党之后,国民党同意中共部队北移可以延期一个月,毛泽东对形势的估计又有些变化,认为"只要蒋介石未与日本妥协,大举'剿共'是不可能的,他的一切做法都是吓我让步";②"本质上蒋与过去一样,依然未变,仍是又抗日又反共的两面政策"。毛泽东估计:"实际上,此次反共规模,不会比上次大,只会比上次小,因为我更强了,彼更弱了……所谓惹急了他会撕破脸皮乱打,这是被蒋之流氓吓倒了的话。其实蒋是精于算计的人,他的流氓只用以吓人,并不用以决定政策。"③ 12月4日,中共中央政治局会议讨论形势,毛泽东认为,目前国共摩擦有和缓的可能。现在小的冲突不可免,但大的战争不会有。有了上一次的经验,所以蒋介石这一次不敢大举"剿共"。直到12月19日,在毛泽东、朱德、王稼祥联名致八路军、新四军领导人的电中,仍认为:"在日汪条约签订后,此次严重的投降危险已被制止,故不应如十月、十一月那样地强调反投降了,否则不但国民党起反感,人民亦不了解。""国民党反共必然继续,进攻华中不会停止,但大规模内战与国共分裂目前是不会的。"由于其后的形势变化,12月30日,毛泽东在中央政治局会议发言指出:目前时局还不能说反共高潮已开始下降,好在过去没有发出文件。现在国民党各报纸动员舆论反共,华中有12个师进攻我们。④ 不过,作为战略家和中共领袖的毛泽东,他对形势的判断虽然前后有别,但其落脚点始终在坚持中共的独立自主,坚持对国民党既联合又斗争,坚持既看正面也看反面、既有原则也有灵活、既着重大局也关注具体的"两点论",由此出发,他对皖南新四军的行动考虑,更多出自大局的需要。而项英对新四军行动的考虑,可能更多出自皖南和自身所处之局部,顾虑皖南的家当和坛坛罐罐以及转移过程中不可避免的损失,虽亦有其出发点,但可能少些全局观,准备不及,临事仓皇,结果酿成形势突

---

① 《毛泽东年谱(1893—1949)》中卷,第228页。
② 《毛泽东年谱(1893—1949)》中卷,第227—228页。
③ 《目前蒋介石反共政策的实质及我之方针》(1940年11月30日),《毛泽东军事文集》第2卷,第586—587页。
④ 《毛泽东年谱(1893—1949)》中卷,第235、242、247页。1940年11月30日,汪精卫政权与日本在南京签订《基本关系条约》等文件,日本承认汪伪政权为中华民国"唯一正统政府"。

变中的悲剧结局。①

三 皖南事变的发生

随着形势的变化，尤其是国民党对皖南新四军包围部署的完成，皖南新四军的处境愈加危险，不仅中共中央催促他们加紧北移，新四军军部亦不能不准备北移，但如何行动以脱离险境，项英的决策仍不够明快果决，于走留之间似仍有些徘徊不定。他多次致电中共中央请示方略，12月26日，中共中央书记处电示项英、周子昆、袁国平："如何北移，如何克服移动中的困难，要你们自己想办法，有决心"；并提醒道："不要对国民党存任何幻想，不要靠国民党帮助你们任何东西……如果动摇犹豫，自己无办法无决心，则在敌顽夹击下，你们是很危险的。"指示电语气严厉地警告项英等："在移动中如遇国民党向你们攻击，你们要有自卫的准备与决心，这个方针也早已指示你们了。我们不明了你们要我们指示何项方针，究竟你们自己有没有方针？现在又提出拖或走的问题，究竟你们自己主张的是什么？主张拖还是主张走？似此毫无定见，毫无方向，将来你们要吃大亏的。"② 中共中央的指示兼以外部环境的持续恶化，推动项英部署皖南新四军部队开始北移。

1941年1月1日，皖南新四军军部决定"全部移苏南"，乘国民党军"布置未完即突进并采取游击作战姿势运动"。③ 1月4日，新四军军部及皖南部队9000余人离开战斗了三年的皖南，转移北进。5日，叶挺、项英致电蒋介石、何应钦、白崇禧、顾祝同等，告"奉命北调"，"遵行顾长官电令所定路线转经苏南分路俟机北渡"。④ 虽然项英等判断，在移动过程中"发生战斗可能性极大"，"我们如遇阻击或追击，即用战斗消灭之，遇强

---

① 在12月4日的政治局会议中，毛泽东批评项英不了解如何对蒋介石先斩后奏，不斩不奏，因此军队少发展。见《毛泽东年谱（1893—1949）》中卷，第236页。
② 《中共中央书记处关于克服动摇犹豫坚决执行北移方针致项英等电》（1940年12月26日），《新四军·文献》（2），第87页。
③ 《新四军决定皖南部队全部经苏南北移致毛泽东等电》（1941年1月1日），《新四军·文献》（2），第93页。
④ 《叶挺、项英关于新四军北移延迟原因及请友军让道致蒋介石等电》（1940年1月5日），《新四军·文献》（2），第101—102页。顾祝同只允皖南新四军一个团移苏南，其余部队仍须由现地渡江北进。

敌则采取游击绕圈，至万不得已时分散游击"，① 但兵贵神速，在先前几月有关北移的反复讨论、交涉和准备中，国民党军已经完成其包围部署，皖南新四军部队的北移行动则显得有点仓促，对行军路线、当面情况、作战预案等准备得不够那么周全，而且又是携带机关勤杂人员的大部队公开行动，难免不能那么快捷隐秘。6日，在皖南泾县茂林地区，新四军落入国民党军第三战区第三十二集团军7个师8万余人的预伏包围圈，此时军部领导人又未能当机立断决策突围，反复讨论，蹉跎时间，陷入重围中的新四军处境越加不利。9日凌晨，项英"临时动摇，企图带小队穿插绕小道而出"，使军部领导更失重心。10日近午项英归队后，自认"此次行动甚坏，以候中央处罚。我坚决与部队共存亡"。当日，叶挺、项英致电刘少奇、陈毅转毛泽东、朱德："请以党中央及恩来名义，速向蒋、顾交涉，以不惜全面破裂威胁，要顾撤围，或可挽救。"只是面对将近10倍于己的对手合围，新四军部队拼尽全力，也未能打开突围通道，"将士疲劳过度，只好固守一拼"。面对危局，12日，中共中央下令，新四军一切军事政治行动由军长叶挺和东南局副书记饶漱石负全责，一切行动决心由叶挺下，并指示："重庆交涉恐靠不住"，一切靠你们自己，以分批突围东进或北进为有利。② 但新四军毕竟势单力薄，又经多日激战，部队疲惫，终无法突破重围。战至14日，除有2000余人分散突围之外，皖南新四军北移主力或战死或被俘被扣或失散，部队基干不复存在。新四军军长叶挺在前往国民党军驻地交涉时被扣押，政治部主任袁国平突围时牺牲，军长项英和副参谋长周子昆成功转移，后于3月14日在隐蔽中被叛变的副官刘厚总杀害。

"解决"皖南新四军部队，本在蒋介石的考虑之中。1940年12月底，本为蒋令皖南新四军北移过江的期限，在其12月31日的日记中，蒋写道：

---

① 《新四军决定皖南部队全部经苏南北移致毛泽东等电》（1941年1月1日），《新四军·文献》（2），第93页。
② 《项英关于离队经过致中共中央电》（1941年1月10日）、《叶挺、项英请速向蒋介石、顾祝同交涉要其撤围致毛泽东、朱德电》（1941年1月10日）、《叶挺关于突围无望致毛泽东、朱德、王稼祥电》（1941年1月11日）、《中共中央书记处关于新四军由叶挺、饶漱石负总责的决定》（1941年1月12日）、《毛泽东、朱德、王稼祥关于应速谋突围和注意与包围部队谈判致叶挺、饶漱石电》（1941年1月12日），《新四军·文献》（2），第105—106、110、112—113页。

中共仍无遵令北移征兆，只有照预定计划逐渐压迫使之就范。1941年1月1日，他在注意"对新四军共党要求之研究"。3日预定"商议对中共新四军等策略"。不过耐人寻味的是，在蒋介石事无巨细、每天都记的日记中，其后几天对皖南新四军部队的动向却并无记载，倒是在国共两军已经开始交战的6日，他还居然有雅兴预定"谈欧洲文艺复兴史，定本年所看书"。直到国共两军交战的第三天，1月8日，蒋才第一次在日记中写道："皖南新四军抗命，向国军攻击窜扰，可痛。"① 但其后蒋介石在日记中记录的皖南国共两军交战情况并不多，也看不到对他在其中所起作用有何记载，相

---

① 见蒋介石各该日日记。根据蒋介石和徐永昌的日记，他们都是在1月8日接到顾祝同报告皖南发生战事的电报，但已经公布的顾祝同8日给何应钦的电报内容是："极机密。鱼（6日）未（11—13时）翱电计呈，顷据上官（云相）总司令虞（7日）午（11—13时）利电称……集团军基于钧座鱼未翱电要旨，以迅速围剿该匪之目的，于苏南及宣城方面对敌伪暂取守势，以主力于本（7）日拂晓开始围剿茂林铜山徐一带之匪军。"（《顾祝同转报袭击皖南新四军军部致何应钦密电》，1941年1月8日，安徽省文物局新四军文史征集组编《皖南事变资料选》，安徽人民出版社，1981，第405页）据此可知，何应钦在6日下午1—3时发出给顾祝同关于皖南"围剿"的指示电，以常理论，如此军机大事，何应钦应该同时报告蒋介石并告白崇禧和徐永昌等。而上官云相在7日11—13时发出给顾祝同报告皖南"围剿"部署的电报，顾祝同何以推迟一天，在8日方电告何应钦？顾祝同有无其他报告电？上官云相除报告顾祝同外是否还有致重庆的其他报告电？等等，仍待考察后，方可知蒋介石或国民党军事高层领导人究在何时得知皖南冲突的情报，又是如何指示前方行动的。因为以常理论，皖南如此重大的行动，是一段时期以来国共紧张关系和国民党意图报复中共的结果，蒋介石事先一直在对顾祝同下指示，不太可能事到临头反而不知不晓，而听凭顾祝同或上官云相擅自行动。何况1月2日顾祝同曾报告蒋介石，皖南新四军"主力似仍在原地构筑工事，渡江者仅系一部"。（《第三战区司令长官顾祝同致蒋介石电》，1941年1月2日，秦孝仪主编《中华民国重要史料初编——对日抗战时期　第五编　中共活动真相》4，第503页）既然顾祝同将新四军原地未动的情报都能及时报告蒋介石，而对像新四军动手这么重要的情报反而拖延不及时报告蒋介石，似不合常理。另据国民党宣传部部长王世杰1月7日的记载："本党中对于共产党军队之不法行为，多主在各地公开发布。此事关系甚大，予意目前对日战事尚须争取国外援助，如予人以内战即将勃发之感，殊多不利，因力主慎重。"10日"中央特种谈话会商讨反共宣传，予力主此种冲突仍应避免表面化。盖予犹冀此事终能相安一时，以免美国援华之计划受其影响也"。（林美莉编辑校订《王世杰日记》上册，1941年1月7、10日，第320—321页）由此亦可知国民党宣传系统对反共宣传已有部署，可以理解为在蒋介石和国民党高层指示下对反共军事的配合行动。3月4日，蒋介石在对出席国民参政会二届一次会议的国民党参政员训话中说："顾司令长官据请示应付办法，我为国家民族计，便予顾司令长官以便宜行事之权。"（《蒋介石关于共产党问题对出席第二届第一次国民参政会的国民党参政员训词》，1941年3月4日，孟广涵主编《国民参政会纪实（续编）》，第282页）蒋介石这番话，实际承认了他在皖南事变中决策者的作用，然即便是"便宜行事"，顾祝同究竟在多大程度上能够不报告蒋而"便宜行事"，仍可讨论。

反,他还在 1 月 13 日的日记中写道:"对皖南新四军冲突实违反我意旨,白(崇禧)等坚欲在此时整个消灭(共党),其实为诚不识大体与环境之谈,明知其不可能而强行之,其幼稚言行与十年前毫无进步,可叹。余决令放行,只要其知求饶从命足矣。"① 白崇禧等军方强硬派主张动武诚为事实,② 但要说皖南动武是"违反"蒋之"意旨",恐也不无遮掩闪避之处,何况他早先已有"立即将其解决""作一网打尽之计"的指示。③ 但蒋介石毕竟是政治领袖,他知道在全民族抗战的大背景下,如此大规模动武可能招致的内战风险、政治后果与舆论反弹,未必是他能够承受的;他也知道这时的中共已经不是全国抗战初期几万人的偏师,而是根据地遍布华北华中、拥有数十万部队的实力派,真要与中共决裂,是他即便再三再四考虑也不能轻易下决心的;何况皖南地邻南京,还有日本和汪精卫政权在旁虎视眈眈,汪精卫始终企望能够代蒋而成为中国的头号人物,一旦国共决裂,无异鹬蚌相争渔翁得利。蒋介石需要在继续抗战的大前提下维持国民

---

① 《蒋介石日记》,1940 年 12 月 31 日,1941 年 1 月 1、3、6、8、13 日。1 月 13 日皖南新四军部队已基本被打散,据徐永昌收到的报告,"截至现在,我江南剿共军已伤叶挺,俘其参谋长以下一、二千,毙之、散之尤夥,刻正围攻项英与余部,江南共军已不成问题"。(《徐永昌日记》第 6 册,1941 年 1 月 13 日,第 10 页)此时再令"放行"意义已不大,何况这个"放行"的指令是否及何时传达到前线,仍待考察。14 日,顾祝同报告:"对新四军之攻击,前后俘虏其两、三千,毙伤其两、三千,叶挺已俘,项英及余部逃散。"见《徐永昌日记》第 6 册,1941 年 1 月 14 日,第 11 页。
② 据徐永昌记载,1 月 8 日,军方高层在蒋介石处晚餐,闻听顾祝同告,新四军"不遵指定路线北渡","我以五师人围攻","可望整个击灭","江南开始剿共,即颇得力,多人高兴"。即便是一直主张对共强硬的徐永昌,也觉"极其无聊,不知厉害至此"。见《徐永昌日记》第 6 册,1941 年 1 月 8 日,第 6 页。
③ 以蒋介石日记所载,他对自己在若干重要事件中的作用语焉不详。1927 年的四一二政变,蒋的唯一记载在 4 月 13 日的日记:"上海工团枪械昨日已缴,颇有死伤,而浙江各处 CP 皆同时驱逐,人心为之大快。"但他在这次事件中究起何作用,前后却全无记载,只有 13 日日记所载"昨夜不能安眠",透露出他的一丝真实心态。1931 年的九一八事变,张学良是如何报告的,他又是如何指示的,在蒋介石的日记中也见不到踪影。几条有关记载是,9 月 23 日张学良派万福麟来京,"要求外交早日解决"。蒋谈及"与其单独交涉而签丧土辱国之约,急求速了,不如委之国际仲裁,尚有根本胜利之望,否则亦不惜与倭寇一战,以决存亡也"。9 月 24 日他发出致张学良函。9 月 25 日他电召张学良来京,组织紧急委员会与外交顾问会。(见蒋介石各该日日记)这些记载都未说明有无张学良请示的电报,有无他回复的电报,如果有其内容又如何?衡诸历史实际和蒋介石的地位及所能起之作用,无论如何,不能说蒋与"四一二"和"九一八"没有关系,但蒋的日记记载很简略,可见对那些事关其个人历史定位的政治决策是否写、怎么写甚或写了之后有无改动,蒋介石其实还是有考虑的,未必可以尽信其个人的记载。

党政权的基本稳定，也需要维持他本人的统治地位，不能如白崇禧等军人那般武蛮而不计后果，他还需要观望事件的后续发展，以决定自己的公开表态。

直到国民党军在皖南冲突中占据上风，尤其是新四军部队基本被解决，而中共虽然提出强烈抗议并进行政治对抗，但未采取断然的武力对抗和决裂，蒋判断"中共以现势决不敢以此叛乱也"，"只求不加进击，表示遵命渡江"，他认为"此乃大可注意之事"，对事件的表态才渐趋公开而强硬，但仍考虑"对中共应消灭其组织为主，而对其武力次之"。① 1月15日，蒋介石研究"对新四军取消其番号处置"，包括苏联、美国、日本的态度，并"预防决裂后之收拾与利害"。② 当天上午军委会会商新四军问题的处置，白崇禧"主张宣布新四军不服从命令及其谋窜扰后方等等经过，即取消该军番号，叶挺交军法"，徐永昌、何应钦等同意白的主张；贺耀组"恐与共党全面破裂，主妥协怀柔"；张治中"相当附合之"。下午蒋介石在黄山官邸召集部下讨论对新四军的处理方案，徐永昌、白崇禧等主张"公开正面宣布"，徐永昌甚而认为，"政治上全破裂与国家有利"，破裂可使中共难再利用国民党和中央法令以争取民众，否则再假以一二年，"恐至不堪设想"。他主张"政治上全破裂，军事上半破裂，不仅发动党政军之制裁，尤在策动全国舆论"。贺耀组"仍恐破裂"。上午已经表态的何应钦、张治中因事未参加下午的会议。格于高层意见不一，且事态重大，蒋介石"主再考虑一夜"。③ 16日，蒋介石经过一夜考虑，"为新四军事研究颇切，然决心甚坚，对此事正应彻底解决，以立威信，而振纪纲"。④ 当天

---

① 《蒋介石日记》，1941年1月9、11、14日。
② 《蒋介石日记》，1941年1月15日。
③ 《徐永昌日记》第6册，1941年1月15日，第12页。白崇禧和徐永昌大概是此时国民党中对共态度最为激烈者。1月17日，在讨论皖南新四军处置时，徐永昌还主张："关于十八集团军在黄河南之违反命令部分，余以在新四军问题解决后，应有警告该军之处置"。而在发布新四军"抗命"被取消番号的通令后，1月20日，国民党高层会报讨论是否对"十八集团军不服从命令问题"发布通令，"诸人皆主不发表任何宣示"，蒋介石"亦然"，徐则"以为不当"，主张"今时正是应与共绝裂之时。延至战后，使人民误会"；"军事的决裂，限于冀省以南之地区，政治决裂要全面的，不然后方各省共党仍在活动，人民仍为其煽惑，今即乘此揭破其所有阴谋……并以此意对国内宣传"。见《徐永昌日记》第6册，1941年1月17、20日，第13、15页。
④ 《蒋介石日记》，1941年1月16日。

午后至晚，蒋召集下属讨论"对共问题"，"决定公布新四军不服从命令（扰乱行为等）及处理经过"。① 17日蒋召集高层会议，最后定下对新四军的"通令稿"。②

1941年1月17日，经蒋介石手拟，军事委员会发出通令，指称新四军"抗命叛变，逆迹昭彰"，宣布"将国民革命军新编第四军番号即予撤销，该军军长叶挺著即革职，交军法审判，依法惩治。副军长项英著即通令各军严缉归案讯办，借伸军纪"。③ 以此通令公开发布为标志，这一波国民党的反共行动发展到最高潮。

---

① 《徐永昌日记》第6册，1941年1月16日，第13页。
② 王世杰是皖南事变发生时国民党内持温和主张的代表之一，始终"主张不作公开声明"。据王世杰日记，1月17日"往蒋先生寓邸面述关于处置新四军问题之意见。予力主不将处理命令公布，如有必要，仍应以密电通知各军政机关。予所顾虑者，此种公开宣示，有促成共产党军队叛变，造成大规模内战之危险；国际方面观感及沦陷区域人心亦应顾虑。但军部负责长官均力主公布，蒋先生亦以为是，惟谓公布文件中应不涉及共产党或第十八集团军，而以指斥新四军为限。此事遂于今日午后七时如此决定。予归寓后深以此事前途之发展为虑"。即便如此，他仍在职权范围内采取一定的措施，以图缓和。当《新华日报》刊登周恩来题词"千古奇冤，江南一叶，同室操戈，相煎何急"，虽"系故意违检以示反抗"，但王仍"通知检查局勿就此事对该报施行压迫"，后又"告中央通讯社，对于新四军事，不宜再发消息，刺激共产党人"，"力主勿封闭《新华日报》"。他担心的是，"此事中央虽无意扩大，共产党方面亦或无意扩大，但事势演变至如斯状况，倘不能设法使局势善化，终恐不免恶化"。过后王世杰记载说："当时遂毅然决然，一面限制党报及普通报纸发言之态度与范围，一面力促共党避免刺激性之言论。予因此遂不获见谅于党部，以及军事方面之众多同志。"（林美莉编辑校订《王世杰日记》上册，1941年1月16—20、24日，12月31日，第322—323、402页）张治中也主张对共缓和，"目前必须力避大破裂"，"已以其意向蒋先生力陈"。（林美莉编辑校订《王世杰日记》上册，1941年2月14日，第324页）据唐纵记载，当时国民党高层"多数人对王（世杰）部长不满"，认为太过软弱。陈布雷认为，王"顾虑英美援华态度，不愿多所披露"，但陈也"赞成采用宣传政策"；贺耀组"则表同情于王部长，认为时机尚未成熟，徒然暴露弱点于国际上，影响友邦之同情"。陈立夫则主张："委座对共党态度不得不持宽大，吾人则应力求严正，苟无准备将有后悔。"见《唐纵日记》，1941年3月20、13日，第196、195页。
③ 瞿韶华主编《中华民国史事纪要（中华民国三十年一至六月份）》，台北，"国史馆"，1990，第66页。据蒋介石记载，对此通令之发表，"文人多迟延，而军人皆赞成"，而他"决心下令严处"，将此视"为抗战成败最大之关键，若无最后决心，则以后中共看破我心理，彼更借俄势以要胁"。他还将其比附为1926年广州三二○事件，自称"决心坚强，不为物质所诱，不为谣诼所动，经此一举，威信树立，而内外形势必更好转矣"。（《蒋介石日记》，1941年1月17、18、31日）其实，这都是事件过后蒋判断可能并无更大后果时有些膨胀的心态，而在事件发生前和过程中，蒋并无这样的"自信"，即便在私下所记的日记中，也保持着相对的"低调"。

皖南新四军北进被国民党军围攻，因为处在激战状态，与中共中央的电台联络受制于各种状况，不似平时那般顺畅，而且越到后来部队越分散，联络越困难，中共中央对皖南情况的掌握受到一定的限制，与国民党的交涉也就不能那么及时。1月7日，周恩来接到中共中央转来的新四军被围告急电，即向国民党谈判代表张冲提出严重抗议，① 但这时中共中央对皖南前方情况的掌握并不周全。9日，身在苏北的刘少奇致电毛泽东、朱德等："江南遵令北移被阻，战况激烈，请向国民党严重交涉"，并告项英等离队。毛泽东、朱德一面致电叶挺、项英，询问"情况如何，望即告"；一面电告刘少奇：5日接到叶、项电，"此后即不明了"。10日，毛泽东、朱德等接到叶挺、项英电，告"已濒绝境，干部全部均已准备牺牲"。② 此时中共中央判断前方情况严重，一面令新四军速谋突围，一面令公开发电谴责国民党，③ 同时令周恩来在重庆加紧交涉，希望为皖南部队打开生路。11日，周恩来向国民党提出抗议，声明"新四军渡江无路，后退无援，只有突围四出，散之民间，战于敌后，以求生存"。④ 12日，中共中央致电周恩来，说明皖南部队被国民党军队重重包围，突不出去，望向国民党提出严重交涉，否则有全军覆灭危险。13日，周恩来、叶剑英面见刘斐，请蒋介石、何应钦令顾祝同解除对新四军的包围，让出往苏南的道路，否则被围部队势将被迫分散，江南局面仍不能解决，八路军将士无不气愤填膺，只有迅速解除围攻，才能挽救危机于万一。刘斐告周、叶，12日晚蒋已电令顾停打，只要新四军北渡，不应为难，但新四军过江后必须遵命到黄河以北。国民党谈判代表张冲亦电告周恩来，何应钦已与顾祝同通话，告蒋已允新四军假道苏南渡江，令各军不要阻止，顾答应照办，但声明现已与新四军电台失去联络，要中共立即催新四军与之联络。⑤ 以

---

① 《周恩来年谱（1898—1949）（修订本）》，第494页。
② 吴殿尧主编《朱德年谱（新编本）》中卷，第1028—1030页。另据载，此电是由叶挺和饶漱石联名发出的。（《新四军·文献》2，第108页）12日，中共中央曾得告，以为叶挺、项英等"率主力已出来甚慰"，次日方知他们"并没有出来"。见《新四军·文献》(2)，第1030—1031页。
③ 1月13日，中共以朱德、彭德怀、叶挺、项英名义发出抗议国民党顽固派制造皖南事变的通电；14日，新四军各支队、纵队司令员发出为解除新四军皖南部队重围致蒋介石电。
④ 《抗议蒋介石等包围截击新四军》（1941年1月11日），《周恩来军事文集》第2卷，第289页。
⑤ 《周恩来年谱（1898—1949）（修订本）》，第495—496页。

皖南交战的实地形势发展看，正是在国民党方面表示可以停战的 13 日，国民党军在皖南前线发动最后的总攻，新四军北移部队在当日已被基本打散，所以国民党的上述所云只是为其脱责的"表示"，而与新四军"失去联络"正是其借口，从周恩来多日交涉，只能通过军令部次长刘斐或国民党负责与中共谈判的张冲居间转达，而始终未能与国民党军事决策人蒋介石、何应钦、白崇禧等见面直接交涉，亦可知国民党真实态度之一斑。① 所以，中共中央也意识到"重庆交涉恐靠不住"，"如不停止攻击，即将全军覆灭"，② 从而不能不有其他的强烈反应。

皖南事变发生后，身在苏北的刘少奇、陈毅等因地处邻近，信息来源较延安和重庆更为便捷一些，皖南新四军的不少电文也是经由苏北转延安的。刘少奇和陈毅除召集干部会议，讨论援助皖南新四军的办法外，还在 1 月 12 日致中共中央电中提出：请山东准备包围沈鸿烈，我们准备包围韩德勤，以与国民党交换。次日，中共中央即复电同意刘、陈的意见，"限十天内准备完毕，待命攻击"；"如皖南部队被蒋介石消灭，我应坚决彻底干净全部地消灭韩德勤、沈鸿烈，彻底解决华中问题"。③ 14 日，毛泽东、朱德、王稼祥致电彭德怀、刘少奇等八路军、新四军领导人和在重庆的周恩来等，通告"中央决定在政治上军事上迅即准备作全面大反攻，救援新四军，粉碎反共高潮"；"已令苏北、山东迅即准备一切"，"华北各部须遵

---

① 1 月 12 日，周恩来与第三战区参谋长通话，"责以友军对新四军北移，不但不予以帮助，反借口狙击，江南如此，则华北、华中问题，更难解决。"（本书编写组：《周恩来军事活动纪事》上卷，中央文献出版社，2000，第 508 页）14 日，周恩来致函蒋介石，要他速令停止攻击，撤围，让路，同时电责顾祝同。15 日，张冲电告周恩来，何应钦已和顾祝同通话，昨晚起前线战斗已停，也无叶挺、项英被擒事。（《周恩来年谱（1898—1949）》（修订本）》，第 497 页）17 日，顾祝同电告蒋介石并告周恩来："查云岭经茂林至旌德既非赴苏南道路，更非指定之北移路线，该处部队正在准备对敌作战，原各负有任务，被迫应战，诚非得已，激战结束双方伤亡甚众，在确况未明以前，既制止不及，迨情况已明，及接到尊电后，战事已经停止，该军负责人员，已多逸去，此次事变之亟出于意外，实不胜其惋惜也。"（《第三战区司令长官顾祝同致蒋介石电》，1941 年 1 月 17 日，秦孝仪主编《中华民国重要史料初编——对日抗战时期 第五编 中共活动真相》2，第 541 页）此时叶挺已经被国民党拘押，17 日国民党且宣布取消新四军番号，但仍如此答复周恩来，难怪周恩来十分愤怒。

② 《毛泽东年谱（1893—1949）》中卷，第 253、256 页。周恩来在重庆多日交涉后愤而告中共中央："蒋之所说都是鬼话"。见《严令江南各军立即停战，让出新四军北移道路》（1941 年 1 月 17 日），《周恩来军事文选》第 2 卷，第 293 页。

③ 《刘少奇年谱》上卷，第 325 页。

前令，提前准备机动部队，准备对付最严重事变"。15 日，毛泽东电告周恩来："中央决定发动政治上的全面反攻，军事上准备一切必要力量粉碎其进攻"；"只有猛烈坚决的全面反攻，方能打退蒋介石的挑衅与进攻，必须不怕决裂，猛烈反击之，我们'佳电'的温和态度须立即终结"。①

但是，无论刘少奇的建议，还是中共中央的指示，基本是建立在能够挽救皖南部队的基础之上，② 也是激于对国民党军进攻的义愤并痛惜皖南部队可能的失败而做出的即时反应，因此提出军事大反攻的设想。而 14 日至 15 日间，皖南部队失败的消息传来，已不存在能否挽救的问题，如何部署下一步行动，中共有了新的考虑。

刘少奇率先提出实行军事反攻的建议，但是根据新的情况，刘少奇在 1 月 15 日又致电中共中央，告"现叶、项已被俘，皖南新四军已全被歼灭，中央决定在政治上军事上准备全面的大反攻，这里的同志于气愤之余亦有立即举行反攻之主张"。"然根据各方面情况平心静气一想"，他提出新的建议："全国局面国民党未投降，仍继续抗战，对共产党仍不敢分裂，且怕影响对苏联的关系，在皖南消灭我军蒋亦曾下令制止，即证明蒋生怕乱子闹大。在此时，我党亦不宜借皖南事件与国党分裂。何应钦下令只说严防我军报复，未说即此在全国乘机进攻我军。"他进一步分析华中现状：新四军兵力不够，仍不能巩固，部队尚需休整补充，半年一年内若不发生大的战斗，巩固现有地区，对我为有利；韩德勤深沟高垒，彻底消灭极为困难，即消灭一二部，问题仍不能彻底解决。根据上述情况，他提议："以在全国主要实行政治上全面大反攻，但在军事上除某些个别地区外，以暂时不实行反攻为妥"，其理由为，可能的军事反攻"均无胜利把握，亦无大利可图，且系进攻性质，

---

① 《毛泽东、朱德、王稼祥关于政治上军事上准备全面反攻致彭德怀等电》（1941 年 1 月 14 日）、《毛泽东关于政治上军事上准备反攻致周恩来、叶剑英电》（1941 年 1 月 15 日），《新四军·文献》（2），第 133—134 页。

② 1 月 13 日，中共中央指示准备军事反攻，其时仍希望皖南被围部队"如无法突围应再坚持十天可能有办法"。14 日指示"准备作全面大反攻"，还是担心皖南"主力仍未突围，有全军覆灭危险"。（《包围韩德勤沈鸿烈以答复蒋介石对皖南新四军之聚歼计划》，1941 年 1 月 13 日；《在政治上军事上准备全面大反攻救援新四军》，1941 年 1 月 14 日；《毛泽东军事文集》第 2 卷，第 610、612 页）18 日，毛泽东、朱德、王稼祥致电苏北刘少奇、陈毅和山东朱瑞、陈光、罗荣桓等，也说明："前因援救皖南，同意胡（胡服，即刘少奇）、陈（毅）建议包围韩（德勤）、沈（鸿烈）。现皖南已失败……因此我华中、山东各部须为适应反共军进攻而分别作具体之部署"。见《毛泽东年谱（1893—1949）》中卷，第 258 页。

对人民、对部队、对统战朋友均无充分理由。在目前，向国民党实行这种进攻和破裂，不仅将引起中间分子的非议，即自己部队亦难长期在精神上维系不发生动摇。如果再受挫折，则对我更有极大不利，那时反共高潮更不能压止，国民党更可借此向我大举进攻。故实行全面军事反攻对我不利，且有极大危险"。为此，他建议将反攻集中在政治方面，集中在解决皖南事件的善后方面：(1) 向国民党提出严重抗议并发宣言，要求立即释放叶挺、项英及所有被俘人员及全国所有被捕党员，赔偿损失，抚恤死伤，解决八路军、新四军过去所有一切悬案，保证以后不得再有进攻我军行为；(2) 如国民党不能答复，我即宣布在未彻底解决前，华中我军决不再考虑北移之命令，新四军也不听除叶、项外任何其他人的命令，并宣布如国民党再向华中我军进攻，即认为正式与我党决裂，我即将不顾一切采取一切可能手段反对国民党；(3) 在全国全世界实行大的政治反攻宣传，抗议皖南事件，揭破国民党分裂行为，以孤立顽固派，并造成我实行军事反攻之理由。如此，对我在政治上有利，军事上稳健，使我能巩固华中阵地，以待变化。将来如须在军事上反攻，是可再找到其他理由的。①

刘少奇15日提出政治反攻、军事克制建议，全面具体，分析透彻，确实为"平心静气"下根据新情况和新形势，建立在知己知彼基础上的深思熟虑之举。在中日战争的大背景下，从当时的国内外形势出发，中日间的民族矛盾仍远大于国共间的阶级和党派矛盾，兄弟阋墙，共御其侮，国共携手，合作对外，是全国抗战发动以来中国能够坚持的基本条件，也为全国人民和各种政治力量所拥护。军事反攻可能导致与国民党的完全破裂，从而也可能导致抗日统一战线的破裂和国共内战的可能，如刘少奇所言，"无充分理由"，也有"极大危险"，且"对我不利"。自全国抗战发动以来，中共和毛泽东一向主张坚持抗日民族统一战线并为之身体力行，毛泽东还提出坚持统一战线中的"有理、有利、有节"原则，刘少奇的建议，完全符合这样的路线和原则，也体现出他的政治成熟和独立思考，由此观之，他之所以在中共党内地位节节上升，不是没有缘由的。

其实，刘少奇的建议和中共中央以及毛泽东的思考在一定程度上可谓

---

① 《刘少奇建议政治上全面反攻军事上暂不反攻致毛泽东等电》(1941年1月15日)，《新四军·文献》(2)，第135—137页。

不谋而合。刘少奇15日的电报发自当晚亥时（21—23时），而在15日白天，中共中央政治局召开会议讨论皖南事变及其应对，毛泽东发言说：对于皖南事变，我们要实行全国的政治反攻，像前年我们反对第一次反共高潮时那样的非常强硬的态度。只有不怕决裂，才能打退国民党的进攻。左派主张我们马上与国民党大打起来，我们也不能实行这种政策。朱德发言说：我们要将三年来抗战的成绩，向全国说明，痛骂国民党；在政治上揭破蒋介石一方面命令要我军撤离，一方面又下命令进攻包围。任弼时发言说：我们要在政治上实行反攻，要表现强硬，这可能使他们暂时和缓向我们进攻；同时在军事上亦须有必要的积极准备，用攻势的姿态，准备蒋介石与我们大打。① 这些发言的基本点都强调政治反攻的必要性，但在军事方面，则强调做好准备，而不主张立即实行主动出击式的反攻。从指示政治军事大反攻，到决定实行政治反攻而军事只准备反攻，中共及时做出了一定的政策调整，并且是在前后方信息沟通未必那么顺畅的情况下做出的，可见这时的中共及其领导层已经具备了因应非常形势的大局观、判断力和掌控力。面对曾经的对手也仍然是未来的对手——国民党的军事进攻，在己方部队遭受重大损失的情况下，能够"平心静气"地思考时局，决定对策，不以一时冲动而影响判断，也不以小我而影响大局，且能够基本掌控局势的发展，未必是所有人都可以做到的。② 应该说，毛泽东这时对国共关系前景的判断有严峻的一面。在1月18日、20日召开的中共中央政治局会议上，毛泽东认为：国民党最近消灭皖南新四军，现在又公开宣布取消新四军，这表明国民党准备与共产党大破裂的决心；实际上蒋已准备得罪我们，得罪苏联，已是准备全部破裂的开始。毛并提出撤退中共和八路军驻国统区的各办事处。20日，毛泽东致电周恩来、彭德怀、刘少奇，指出：蒋介石已将我们推到和他完全对立的地位，一切已无话可说。但是，即便如此，毛泽东仍保持着基本冷静的态度，他反复强调：在军事上先取防御战，军事上取守势；暂时不提蒋名字，不公开提出反蒋口号；

---

① 《毛泽东年谱（1893—1949）》中卷，第256页；《朱德年谱（新编本）》中卷，第1034页；《任弼时年谱》，第392页。

② 在1月20日的中共中央政治局会议上，也还有人提出"边区在军事上要打出去"的主张，为任弼时所反对。见《任弼时年谱》，第393页。

"三三制"、各项政策、统一战线原则均不变。① 这表明中共和毛泽东决心在政治上采取全面攻势,以压倒国民党的反共高潮,但全面军事反攻作为主要选项已经被基本排除,② 同时也表明毛泽东一向主张的在统一战线中

---

① 《毛泽东年谱(1893—1949)》中卷,第257—262页。因为对皖南事变的愤怒,毛泽东当时也不无愤激之语。他曾电告周恩来:"蒋介石一切仁义道德都是鬼话";(《毛泽东年谱(1893—1949)》中卷,第256—257页)"人家已宣布我们叛变,我们决不能再取游移态度,我们决不能再容忍,我们决不能怕破裂,否则我们就要犯严重错误"。(《我们决不能怕破裂》,1941年1月25日,《毛泽东文集》第2卷,第325页)又曾电告彭德怀:17日以后,时局好转的可能性已经没有了。现已不是打退反共高潮的问题,而是根本决裂问题。并询彭德怀:目前我能集中多少兵力?三个月内能否从华北抽五万兵力,筹五个月经费?(王焰主编《彭德怀年谱》,第245页)在1月29日为中共中央起草的指示中,也说道:"对于以蒋介石为首的反动了的大地主大资产阶级,我们过去一面斗争一面联合的两面政策,现在已经不适用了,对于他们,我们现在已不得不放弃联合政策,采取单一的斗争政策。"(《中央关于目前时局的决定》,1941年1月29日,《中共中央文件选集》第13册,第28页)就毛泽东的总体倾向而言,他的基本出发点和落脚点仍在坚持抗日民族统一战线,坚持中共对国民党又联合又斗争的策略。随着形势的发展,毛泽东也在不断修正看法,并体现在其决策中,尤其1月下旬日军在豫南发动进攻,毛泽东判断"日蒋矛盾仍是目前的基本矛盾,我们仍须尽量利用之,使时局再拖几个月的可能性仍是有的,国共由一月十七日的开始破裂到将来某时的全部破裂有一个过程,此过程可能短,亦可能长,由日蒋矛盾的变化及我们政策来决定,我们方针是利用这个过程使破裂于我有利。但我军事准备应放在可能短一点上"。(《毛泽东年谱(1893—1949)》中卷,第264页)当事变造成的紧张局势缓和之后,在为总结事变经验教训而起草的党内指示中,毛泽东提出:"反对对时局认为国共已最后破裂或很快就要破裂的错误估计以及由此发生的许多不正确的意见";因为"一个民族敌人深入国土这一事实,起着决定一切的作用。只要中日矛盾继续尖锐地存在,即使大地主大资产阶级全部地叛变投降,也决不能造成一九二七年的形势,重演四一二事变和马日事变"。(《关于打退第二次反共高潮的总结》,1941年5月8日,《毛泽东选集》第2卷,第779、781页)而后他还在致刘少奇电中明确指出:"在抗日过程中,不论在全国范围内在根据地内,除汉奸外,对大地主大资产阶级是一拉一打政策,拉其抗日,打其反共反民主,但目前拉还是主要的,打是辅助的,打是达到拉之手段。"见《抗战中对大地主大资产阶级实行一拉一打政策》(1941年6月28日),《毛泽东文集》第2卷,第356页。

② 皖南事变发生后,八路军将领群情激愤,连电中央及朱德、彭德怀,请缨南下驰援新四军,讨伐亲日派,并要求召回重庆代表,撤回各地办事处,拒绝考虑继续撤退等任何条件。(王焰主编《彭德怀年谱》,第245页)有鉴于此,2月14日,毛泽东电告周恩来:"只有军事攻势才会妨碍蒋之抗日,才是极错误政策。政治攻势反是,只会迫蒋抗日,不会妨蒋抗日。故军事守势政治攻势八个字是完全正确的,二者相反正是相成。"(《目前的国共关系和我们的策略》,1941年2月14日,《毛泽东文集》第2卷,第330页)17日,毛泽东、朱德、王稼祥、叶剑英联名致电彭德怀、左权、刘伯承、邓小平、贺龙、关向应、聂荣臻、彭雪枫、吕正操、程子华、朱瑞、陈光、罗荣桓、陈毅、刘少奇等八路军、新四军前方领导人,指示:"目前党的政策的中心出发点是利用日蒋矛盾,日蒋还有严重矛盾,故必须利用之,因此我们采取了军事守势、政治攻势的政策,这个政策的时间愈长愈有利";"我党领导的一切武装部队,包括新四军在内,目前对反共军,基本上只应该

既联合又斗争的方针和策略,以破裂对付破裂,以斗争求得缓和。最终,中共从民族大义出发,做出于全民族抗战最有利的抉择,既坚持了自己的原则立场,进一步发展了自己的根据地和军队,也避免了大局的进一步恶化,避免了国共破裂内战的最坏可能。①

打防御战,不应该打进攻战,不应该企图在大后方发动反蒋的游击战争,这些办法目前都是有害的";"战略的军事攻势,只在必要条件成熟时才是正确的","否则我们将陷于政治上、军事上的被动地位"。(《朱德年谱(新编本)》中卷,第1042—1043页)20日,中共中央书记处就八路军前总2月9日的训令做出批示,提出不能"混淆大资产阶级与民族资产阶级的区别",不能"动摇三三制";"在现时提倡土地革命是非常错误的,这样将使我党孤立起来";明确指出:"在反共高潮时期,主要的应该防止的是左倾危险,而不是右倾危险";"消除大资民资区别,提倡土地革命,强调阶级斗争,这样必将势必助长左倾危险的发展"。"须知皖南事变也罢,乃至蒋介石叛变投降与全面破裂也罢,七七决定与十二月指示的基本原则是不会变化的。现在有些同志似乎觉得在皖南事变后中央七七决定与十二月指示所持的原则立场已经不适用了,这种观点是不准确的。"(《中央对前总二月九日训令的批示》,1941年2月20日,《中共中央抗日民族统一战线文件选编》下册,第541—542页)"七七决定"和"十二月指示",指中共中央1940年7月7日发布的《关于目前形势与党的政策的决定》和12月25日发布的《中央关于时局与政策的指示》,要求"纠正在执行统一战线政策中的左倾错误","对全党加强统一战线教育";批评"我们的干部,还有许多人不明白党在目前时期的政策应当和土地革命时期的政策有重大的区别。目前党内的主要危险倾向,仍然是过左的观点在作怪。由于国民党的反共摩擦和我们举行自卫斗争所引起的过左倾向,却是普遍地发生了"。强调实行又联合又斗争的抗日民族统一战线政策,唯有如此,"才能坚持抗日,发展统一战线,获得全国人民的同情,争取时局好转"。见《中共中央关于目前形势与党的政策的决定》,《中共中央文件选集》第12册,第417—425页;《论政策》(1940年12月25日),《毛泽东选集》第2卷,第762—769页。

① 苏联和共产国际也不主张国共破裂,他们的看法对中共的决策也是有影响的。苏联驻华大使潘友新(A. Panyushkin)对周恩来说:目前中共的主要敌人依然是日本,倘若中共对国民党主动展开进攻,这只会促使中国内战扩大,于抗战不利。必须千方百计保持合作,但这并不意味着你们应该自甘受辱,必须继续进行业已开始的对国民党的政治进攻。(〔俄〕A. M. 列多夫斯基:《斯大林与中国》,陈春华、刘存宽等译,新华出版社,2001,第291—292页)苏联驻华武官崔可夫则请周恩来电告毛泽东:对国民党,斯大林不愿意听到国共两军冲突事,要团结抗战;对共产党,要继续抗战,起模范作用,并加以宣传。(《周恩来年谱(1898—1949)(修订本)》,第496、503页)共产国际总书记季米特洛夫2月4日致电毛泽东说:"我们认为,破裂不是不可避免的。你们不应把方针建立在破裂上,相反,要依靠主张维护统一战线的民众,竭尽共产党和我们军队的一切努力来避免内战的爆发。请重新考虑一下你们在这个问题上的立场"。13日,毛泽东电复季米特洛夫:"我们作出的决定符合您的指示,与您的指示没有分歧。但是达到团结的方法在于,必须改变我们对蒋介石向我们施压的态度。我们越坚决,蒋介石就越有可能作出让步,我们越对他作出让步,他就越会进攻,那时决裂将是不可避免的。"见《季米特洛夫给毛泽东的电报》(1941年2月4日)、《毛泽东给季米特洛夫的电报》(1941年2月13日),中共中央党史研究室第一研究部译《联共(布)、共产国际与抗日战争时期的中国共产党(1937—1943.5)》(《共产国际、联共(布)与中国革命档案资料丛书》第19卷),中共党史出版社,2012,第133、150页。

四　围绕皖南事变的国共交涉

1941年1月29日，中共中央政治局会议通过《关于目前时局的决定》，认为皖南事变"是全国性突然事变与全面破裂的开始"，蒋介石"使我党我军及全国人民除了和他完全对立以外，没有其他路走"，"蒋介石所代表的大地主大资产阶级已经日益反动，毫无希望了"；提出采取"尖锐对抗"的政策，以团结全党全军全国人民，争取中间派，孤立大地主大资产阶级，抵抗日寇和亲日派的联合进攻。决定明确指出："按照目前的国际国内条件（日蒋尚未公开妥协，英美不愿中国内战，苏联不愿中国分裂，我党力量的存在，人民的反对，国民党的内部矛盾等），由开始破裂到完全破裂，可能还有一个相当的过程"，因此，"必须使全党明了，我们对于抗日民族统一战线的基本立场并未改变，对于实行三民主义、总理遗嘱与抗战建国纲领必须强调。中央在十二月二十五日指示中关于各项政策的指示，依然有效，并且在长时间中都是有效的。"①

在中共高层就皖南事变的因应达成共识之后，中共对事变公开发声，做出了一系列对国民党的政治反攻。1月18日，中共中央发言人发表谈话，指出"此次惨案，并非偶然，实系亲日派阴谋家与反共顽固派有计划之作品"。谈话揭露国民党顽固派发起历次反共摩擦的历史和皖南新四军遭"围击聚歼之惨变"真相，提出严惩罪魁祸首、释放被俘将士、抚恤死伤将士、停止华中"剿共"战争、平毁西北反共封锁线、停止各地残杀逮捕共产党员及爱国人士、释放政治犯、肃清亲日分子等善后要求，号召"反对一切破坏抗战、破坏团结之阴谋计划"。"严整抗日阵容，坚持抗日到底"。② 1月20日，中共中央革命军事委员会发布命令，重建新四军军部，任命陈毅为代军长，张云逸为副军长，刘少奇为政委，赖传珠为参谋长，邓子恢为政治部主任，令其"悉心整饬该军，团结内部，协和军民，实行三民主义，遵循《总理遗嘱》，巩固并扩大抗日民族统一战线，为保卫民族国家、坚持抗战到底、防止亲日派袭击而奋斗"。是日，毛泽东起

---

① 《中央关于目前时局的决定》（1941年1月29日），《中共中央文件选集》第13册，第26—30页。"十二月二十五日指示"，见前注。
② 《中共中央发言人对皖南事变发表谈话》（1941年1月18日），《中共中央文件选集》第13册，第11—15页。

草并以中共中央革命军事委员会发言人名义对新华社记者发表谈话,揭露日本和亲日派的"阴谋计划",并断言他们"总是要失败的",因为"中国共产党已是一个屹然独立的大政党了",中国人民不愿当亡国奴,中国的党派(包括国民党在内)和军队"必有很多不愿意投降和内战的"。谈话提出解决皖南事变的十二条要求:

(1)悬崖勒马,停止挑衅;(2)取消一月十七日的反动命令,并宣布自己是完全错了;(3)惩办皖南事变祸首何应钦、顾祝同、上官云相主人;(4)恢复叶挺自由,继续充当新四军军长;(5)交还皖南新四军全部人枪;(6)抚恤皖南新四军全部伤亡将士;(7)撤退华中的"剿共"军;(8)平毁西北封锁线;(9)释放全国一切被捕的爱国政治犯;(10)废止一党专政,实行民主政治;(11)实行三民主义,服从《总理遗嘱》;(12)逮捕各亲日派首领,交付国法审判。

谈话声明:如能实行以上十二条,则事态自然平复,我们共产党和全国人民,必不过为已甚。① 这项任命和这个声明,公开表明中共决不屈服于国民党的压迫和进攻,仍将秉持坚持抗战、独立自主、抗日民族统一战线的政治路线,而就十二项要求的内容而言,除了一些政治宣示性的要求外,多半集中在皖南事变善后的具体要求,力求将事变的解决引向政治轨道,体现出原则性和灵活性的交融。②

国民党方面,在"解决"了皖南新四军部队之后,虽然其党内有继续"解决"苏北新四军和华北八路军的主张,但蒋介石也不能不考虑国内外各方反应尤其是美苏的反应,③ 在得了这样的"便宜"之后,也不愿彻底破裂国共关系,引发其他难以控制的问题和麻烦,决定"对于共党,在军

---

① 《为皖南事变发表的命令和谈话》(1941年1月20日),《毛泽东选集》第2卷,第771—776页。
② 毛泽东也知道,十二条蒋介石"是不会承认的","我们目的不在蒋承认十二条或十二条之一部分","而在于以攻势打退攻势"。见《目前的国共关系和我们的策略》(1941年2月14日),《毛泽东文集》第2卷,第330页。
③ 据唐纵记载,"因外间多不明了前后经过,致同情政府之处置者并不普遍,尤其苏美英各国人士"。见《唐纵日记》,1941年1月28日,第188—189页。

事方面须严,在政治方面不妨从宽"。① 为此,国民党方面也顺水推舟,做出一些政治解决的姿态。1 月 17 日,在发布取消新四军番号的同时,军委会发言人发表谈话,声称"此次事件,完全为整饬军纪问题。新编第四军之遭受处分,为其违反军纪,不遵调遣,且袭击前方抗战各部队,实行叛变之结果",② 绝口不提有关中共等政治问题,可见蒋介石不能不考虑事件的后果及与中共的关系,为可能的转圜留有余地。蒋介石还特别关注国际尤其是苏联和美国的反应。③ 17 日和 23 日,蒋之侍从室二处主任陈布雷两次致电驻苏大使邵力子,说明"对于新四军之处置问题,全以军纪关系";"仅限于维持军纪与贯彻军令,并不牵涉党派及政治问题"。④ 18 日,蒋介石致电宋子文,称:"中央抗日之外,确能控制国内一切,决无他虑也。此外人不明底细,易为共党摇惑,请详告各友邦人士放心为盼。"25 日,

---

① 林美莉编辑校订《王世杰日记》上册,1941 年 1 月 24 日,第 324 页。
② 瞿韶华主编《中华民国史事纪要(中华民国三十年一至六月份)》,第 66 页。白崇禧向蒋介石建议封闭《新华日报》,"呈后蒋留中";商震建议让《新华日报》停刊 5—7 日,"蒋答不必";"蒋下令给特务机关,不准以武力进入'新华'"。周恩来认为这是在"装门面,骗国际"。见《蒋介石企图对我分区围歼各个击破》(1941 年 1 月 20 日),《周恩来军事文选》第 2 卷,第 299 页。
③ 皖南事变发生后,蒋介石一方面得意于"无论美俄今日决不能缺乏或离弃我国抗倭之局势,今我地位之重要如此";一方面又担心"新四军问题余波未平,美国受共党宣传蛊惑更甚,其政府心理、援华政策几乎动摇","美国朝野已受其宣传影响,殊为遗憾"。(《蒋介石日记》,1941 年 1 月 29 日、2 月 1、22 日)当时在华的美国总统私人代表居里(L. Curie)在 2 月 8 日面见蒋介石时,转陈罗斯福(F. D. Roosevelt)总统的意见,"颇觉国、共之间,如能排除异见,未始不可为抗日战争而共同团结"。(秦孝仪主编《总统蒋公大事长编初稿》卷 4 下,第 638 页)周恩来亦电告毛泽东:"居里要求中国与苏联疏远,但与中共维持关系,不要破裂到内战。"(《周恩来年谱(1898—1949)(修订本)》,第 508 页)1 月 28 日,苏联副外交人民委员洛佐夫斯基(Solomon Lozovsky)约见中国驻苏大使邵力子,表示苏联"对新四军被歼的报道表示关切",认为"这些行动是内战的开始。内战可能削弱中国争取独立的斗争",强调"没有民族统一战线中国无论如何不能取得胜利"。见〔俄〕A. M. 列多夫斯基《斯大林与中国》,第 293 页。
④ 瞿韶华主编《中华民国史事纪要(中华民国三十年一至六月份)》,第 68 页;蔡盛琦编《事略稿本》第 45 册,第 326 页。蒋介石还通过外交渠道告知苏联方面,"请莫斯科不要将最近的事件视为地方上的军事事件,不要赋予它政治意义并广泛宣扬。他保证,这个事件不会影响政府和共产党之间的关系和它们今后在对日斗争中的合作。"(《季米特洛夫给毛泽东的电报》,1941 年 1 月 20 日,《联共(布)、共产国际与抗日战争时期的中国共产党(1937—1943.5)》,第 124 页)2 月 1 日,国民党中宣部部长王世杰亦电致美、苏、英大使,"告以政府对于新四军态度,只在严整军纪,在政治方面仍对共产党采取宽大政策,故《新华日报》在渝仍继续出版"。但他也认为:"国际间对于新四军事件,群以中国将发生大规模之内战为惧,且颇多受共产党方面宣传而不直政府之处置者。"见林美莉编辑校订《王世杰日记》上册,1941 年 2 月 1、7 日,第 326—327 页。

蒋介石接见苏联大使潘友新，对其解释"处置新四军之问题，纯为一军纪问题，而绝非政治问题，更非党派问题"；"只要各部队能服从命令，恪守纪律，则其他一切自可以宽大处之"；"我保证大局绝不因此次事件而有任何变动，中国当继续抗战，直至最后之胜利为止"。29日，蒋又接见美国大使詹森（N. T. Johnson），申明"此实为一整饬军纪问题，绝不牵涉政治"。①

1月27日，蒋介石在"国府纪念周"发表长篇演讲，对外反复公开说明，这次事件"完全是我们整饬军纪的问题，性质很明白，问题很单纯，事件也很普通"；"除此以外，并无其他丝毫政治或任何党派的性质夹杂其中"，"也绝无什么政治性质"；此后"这个问题自然是完全解决，再没有其他问题了"。②恰在此时，日军在豫南发动攻势，毛泽东认为："反共高潮可能下降，中日矛盾仍属第一"，考虑对皖南事变的解决，"在适当条件下不拒绝妥协"；他判断"军事反共事实上既已终结"，则蒋介石诸人处理国共关系，"非求得个妥协办法不可"。③因此，他在2月14日致电周恩来，指出："只要此次高潮下降，'剿共'停顿，将来再发动高潮，再举行'剿共'就困难了（除非投降），故目前是时局转变关头。"④自此以后，国共两党的斗争转入以中共是否出席国民参政会而开展的角力。

---

① 蔡盛琦编《事略稿本》第45册，第300—301、339—347、379—384页。
② 瞿韶华主编《中华民国史事纪要（中华民国三十年一至六月份）》，第88—95页。蒋介石发表这篇演讲之前曾与王世杰商讨，王"力劝蒋先生务于坚决严厉之中，透示慈祥宽悌之心理"。（林美莉编辑校订《王世杰日记》上册，1941年1月26日，第325页）蒋演讲的语气或表明他多少接受了王的劝告。
③ 《日军进攻态势及我们对国民党的方针》（1941年2月2日）、《对日军进攻形势和蒋介石政治动向的分析》（1941年2月7日），《毛泽东军事文集》第2卷，第629、634页。2月7日，毛泽东还在由任弼时主持起草并准备发给共产国际的《新四军事变后的各方动态》中加写了一段话："由于蒋介石做得太错，我们的有理而强硬的态度，日本向河南的进攻，英、美、苏的外交压力，国民党内部的矛盾，中间派的同情我们，广大人民的对蒋愤慨等等原因，已开始有了妥协的基础，内战已可避免，中国时局有发生有利于我们的变化的象征。"见《毛泽东年谱（1893—1949）》中卷，第267页。
④ 《目前的国共关系和我们的策略》（1941年2月14日），《毛泽东文集》第2卷，第329页。2月11日，中共中央政治局会议决定，鉴于蒋介石反共气焰略有降低，同意毛泽东的提议，决定原来准备于13日在延安举行抗议皖南事变及追悼新四军殉难烈士大会停开，并通知各根据地也停开。见《任弼时年谱》，第395页。

1941年3月，国民参政会二届一次会议将在重庆召开，此时正值皖南事变爆发不久，国民党希望以中共的参加对外展示其政治"宽容"，营造"团结"氛围，以缓和皖南事变造成的恶劣政治影响。中共则提出如果国民党不同意中共的十二项要求，则不参加这次会议，以示中共决不为城下之盟，并向国民党发动政治攻势，以压其做出必要的让步。中共提出的十二条，分为解决总的全局性、政治性问题与解决具体的皖南事变善后两部分，而重点又在后一部分，尤其是要取消国民党1月17日的命令，这又是国民党无法接受的。蒋介石考虑的对共方针，或者是"消极防制"，或者是"积极剿除"，或者是"暂置静观，沉机待变"，① 最后大体落实在"暂置静观，沉机待变"。国民党当时能够做出的让步，无非表示"政治从宽"，可以讨论一些不那么迫切的政治问题，在参政会安排中共代表进入主席团，并且可以不再提要求中共江北部队立即撤至黄河以北。双方代表张冲和周恩来为此反复折冲讨论。② 中共明确表示，不接受国民党的提议，但为照顾各方关切，③ 后来又做出让步，提出临时性的十二条，只要国民党释放叶挺等新四军干部，承认中共部队扩大编制及根据地中共政权，中共可以出席会议。惟此时参政会开幕在即，国民党不愿让步，蒋介石判断中共的用意为：甲、观察政府之心理是否焦急，乙、待居里到港后之态度，丙、观察社会与参政员一般空气，故决定"政府当以准备中共不出席之决心示之，使之无所伺隙也"。蒋认为："世人多有忧色，以为从此开内战，已不能对倭，此乃杞人之忧。吾以为大政只要明朗与单纯，是非与曲直一经分明，则胜负定矣。"所以，他"决置之不理。"④ 而中共也不可能

---

① 《蒋介石日记》，1941年2月22日。
② 王世杰曾托张冲转告周恩来："如此做法，只促成破裂，决不能威吓中央，盼其将来电撤回。"后又约周恩来面谈，"告以（一）国共关系，不能善化，则必然恶化；（二）参政会行将集会，可使局势善化，亦可使局势恶化；（三）共产党毛泽东等参政员致秘书处删电提出十二款并表示不能出席，足使局势恶化，故予盼其将原电撤回。周答称国民党正加紧反攻，故共产党觉出席参政会亦无益"。见林美莉编辑校订《王世杰日记》上册，1941年2月19、26日，第329—331页。
③ 当时在参政会中的一些民主人士，如黄炎培等，希望调和国共关系，"意欲将新四军事件不在本届参政会中讨论，借促共产党参政员出席。"（林美莉编辑校订《王世杰日记》上册，1941年2月3日，第326页）这令蒋介石很不满意，过后他曾在日记中大骂："天下最可恶者而莫如政客，而中国之政客无德无行，尤为天下最恶之政客，非扫除而廓清之，终不能建国也。"见《蒋介石日记》，1941年9月12日。
④ 《蒋介石日记》，1941年2月27日、3月2日。

在国民党毫无表示的情况下出席会议，最终，中共参政员缺席二届一次参政会。

3月4日，蒋介石对出席参政会的国民党籍参政员发表训词，称："解决新四军，完全为整饬军纪问题，不涉及政治与党派问题，可是同志中不明了者尚多，三民主义青年团内同志从新四军事件发生后，不免对其办事处及书店予以取缔等手段，致为彼等借口，此实没有明了我的意旨。党政军必须动作一致，互相配合，过去未能做到，实为我们吃亏最大的地方。此后本党同志，必奉到确实命令，才可下手，决不可事前先自忙乱，纯以感情用事……此际我们同志，最须善为处置，必须以理智来判决此事，决不可稍杂感情，此在各方都有重大关系，不得疏误丝毫。要是差之毫厘，足以使他们反转入胜利地位，我们反转入失败地位。同志中有主张即予共产党以讨伐者，也有主张暂时静观暗为防御者。我以为对他们决不可先用攻击态度，否则便失了我们的立场，故仍须宽大忍耐。今日大事，只要他们能团结抗战，任何皆须忍耐。万一逼不得已要出于打的一途，也总须让他们先打……我在抗战开始，便已准备了防制他们的兵力，仅在西北一地，就有二十师以上的军队在那里等候他们。什么时候要消灭他们，便能消灭他们，决不容虑……所以我们在政治上的地位，必须特别注意，切不可授人以口实，对共产党须取守势，不可先取攻势，总要能够保持政府的态度，使他们能够畏威怀德，仍然就范。"① 6日，蒋介石在参政会发表公开演说，一方面攻击中共所提十二条是"信口雌黄，颠倒黑白，淆乱视听的恶意宣传"，对新四军是"依法惩治，而加以制裁"；一方面又申明"决不忍再见所谓'剿共'的军事，更不忍以后再有此种'剿共'之不祥名词，留于中国历史之中"，"而且以后亦决无'剿共'的军事"；希望能本"兄弟阋墙，外御其侮"的精神，"精诚团结，共赴国难"，"始终一致，团结到底"。② 无论是就蒋介石的私下表态，还是就其公开表态，可知蒋对

---

① 《蒋介石关于共产党问题对出席第二届第一次国民参政会的国民党参政员训词》（1941年3月4日），孟广涵主编《国民参政会纪实（续编）》，第282—284页。
② 瞿韶华主编《中华民国史事纪要（中华民国三十年一至六月份）》，第269—270页。似乎因为事关大局，蒋介石的心情有些紧张，对这次演讲的自我评价不高，"自觉过于滞钝，多不达意，而妻以为甚得体也"。（《蒋介石日记》，1941年3月6日）毛泽东认为，蒋的演说是"一种阿Q主义，骂我一顿，他有面子，却借此收兵"。见《毛泽东年谱（1893—1949）》中卷，第282页。

形势的发展还是不无担心之处，还须考虑各种国内外因素的作用，还不能或不敢对中共采取断然决裂的态度，发动大规模"剿共"，而是将皖南事变的影响尽量减缩至政治的层面。据王世杰日记，参政会 6 日通过决议，"对于共产党参政员提出出席条件一节表示反对；但仍促其出席，以维团结。决议中并声明政府实有维护团结之恳意。此项决议，系王云五提出，事前经予与之商洽。日前王君在会议中发表之意见，亦实如此"。①

国民参政会会议结束后，3 月 14 日，蒋介石约见周恩来，表示"两个多月未见，由于事忙。参政会开会前，因不便未见。""现在开完会，情形和缓了，可以谈谈"。并表示"只要听命令，一切都好说，军队多点，饷要多点，好说"。② 但是，蒋虽如此表示，却在解决具体问题方面没有接受中共的要求，中共对蒋的态度仍在逼其让步，解决皖南事变的善后问题。蒋介石认为："观察中共无妥协之望，应研究对策。"③ 毛泽东则指示周恩来：可向蒋"表示我党愿意同国民党继续团结抗日，惟望国民党改变对内政策，并对八路发饷，合理解决新四军问题"。④ 在此后不久日军发动新攻势的情况下，皖南事变善后问题的解决逐渐退居后台，不再居于政治中心位置，基本上可以说是不了了之，而国共两党携手对抗日本的大格局仍得

---

① 林美莉编辑校订《王世杰日记》上册，1941 年 3 月 6 日，第 332 页。
② 《周恩来关于同蒋介石谈判问题给中共中央的报告》（1941 年 3 月 15 日），中央档案馆编《皖南事变（资料选辑）》，中共中央党校出版社，1982，第 235 页。
③ 《蒋介石日记》，1941 年 3 月 25 日。蒋介石也不希望因为那些过激的反共主张而影响国共关系的大局。据王世杰记载，3 月 29 日，蒋介石在国民党中央全会"指斥张溥泉甚厉。溥泉反对共产党极烈，平素言词往往指本党冯焕章、孙哲生、于右任诸先生为亲共；今日午后复谓本党及政府各机关均有共产党存在。蒋先生因面斥之；并谓彼自中华革命党创立以迄今兹，虽极忠于党，然其言论则常常有害于党。蒋先生并谓：'大家对于共产党不应恐惧，只应自己努力工作，以健全本党组织；近一、二年来本党党务略有进步，亦未尝不由于与敌党竞争所致'"。（林美莉编辑校订《王世杰日记》上册，1941 年 3 月 29 日，第 337 页）王子壮日记亦印证了王世杰的记载："溥泉先生似不满蒋先生于共党问题之处理，日常闻彼谈不满蒋夫人于妇女会容纳共党，及孔氏主持之工业合作协会亦然。今以谈话会可以自由发言，乃提出共党问题，叙其如何猖獗，最痛心为本党同志中有为之张目者，即总裁身边亦未能免彼等之包围。蒋先生在座闻言甚气，当场责训其非，以为溥泉先生自以为忠于党，而其言行多有害于党，而实际正中反动派之计而不自知，为党国利益计，希望以后不再发言。溥老当场表示接受。其后，蒋先生亦颇失悔，故于当晚林主席邀宴之际，使二先生各饮酒，以释前嫌。以后大会中，蒋先生又深致歉然之意。"见《王子壮日记》第 7 册，1941 年 3 月 29 日，第 88—89 页。
④ 《毛泽东年谱（1893—1949）》中卷，第 290—291 页。

以继续。①

但是，皖南事变的发生，重创了抗战时期的国共两党关系，其长远影响至深且巨。国民党以其"解决"皖南新四军之所得，却在相当程度上失去了中共对两党关系的期待，极大地影响到两党原本已显脆弱的互信，又可谓其所失。国民党此举，既未能从根本上"解决"其所渴求"解决"的中共部队、根据地独立发展等问题，加以其断绝对中共部队的饷械供应等举措，反而使原先对国民政府的政令军令系统还维持着名义上的统属关系的中共部队和根据地，从此以后完全不再理会这些所谓政令和军令，而获得独立自主、放手发展的空间，国民党也难以所谓政令军令要求和约束中共。毛泽东认为："这次斗争表现了国民党地位的降低和共产党地位的提高，形成了国共力量对比发生某种变化的关键。"② 还不限于这些实际层面的影响，皖南事变在精神和心理层面对国共关系也是重创，此后两党之间很难再形成真正的互信互谅互让，而说到底，政治问题的解决，在当时环境下，很大程度上依赖于国共两党的互信，失去这种互信，也就在相当程

---

① 1941年5月，日军发动中条山战役，国方军队作战节节失利，蒋介石要求中共部队"配合行动"，亦为国共关系缓和带来转机。5月7日日军发动攻势，10日毛泽东即电告周恩来："已电总部拟具配合中央军作战计划"，同时应向蒋提出解决新四军、发放饷弹、停止反共的问题。14日，毛泽东又电告在前方主持八路军总部工作的彭德怀："目前国民党非常恐慌，望我援助甚切，判断在日寇此次打击下，国民党不能不向我讨好，国共地位将发生根本变化，我党在抗战中将日益占据领导地位。因此我们的基本方针是团结对敌，是配合作战。"26日，毛泽东和朱德联名致电卫立煌，指出："目前惟有国共团结并在蒋委员长领导之下实行亲苏外交，坚持抗日到底，方能挽救危亡"，希望国民党坚持抗日、实行民主政治、改善国共关系（包括对新四军问题予以解决、对八路军饷弹予以发给、对反共言论与反共行动予以停止）。"除此之外，并无其他要求"。（《毛泽东年谱（1893—1949）》中卷，第295—296、301页）对此，蒋介石一面向周恩来表示："你们如配合行动，我决不会亏待你们。饷弹有了成绩后，自然发给，根本问题也可谈好……各地反共捉人，要使他们安心，我一定命他们放的"。（《关于与蒋介石谈判情况向中央的报告》，1941年5月11日，《周恩来军事文选》第2卷，第305页）另一方面又判断这"完全反映于俄德倭关系之紧张为事实，而其用意在试探与挑拨我内部意见也"。（《蒋介石日记》，1941年6月7日）而国民党"为此特会商应付办法，结论系请毛来中央商洽"。（《徐永昌日记》第6册，1941年6月11日，第130页）不过，蒋介石对毛泽东直接致电卫立煌颇为恼怒，批示称："窥其用意专对我前方将领为离间与宣传作用，可以置之不理。而且以后该党有关人员之来电，皆不可直接作答，并可明告其在陕洛之代表。如毛等果有诚意商谈，应直电中央，不宜对我前方与各地将领通电，使彼知无隙可乘也。"而卫立煌对毛泽东来电的回应则比较积极，他致电蒋介石称："对异党关系，似有从新调整必要，并其要求三点，亦易解决"。见《唐纵日记》，第215—216页。

② 《打退第二次反共高潮后的时局》（1941年3月18日），《毛泽东选集》第2卷，第778页。

度上失去了两党谈判的基础和协商解决问题的可能,只能更多地依赖于实力原则。由此观之,皖南事变的发生及其结局,于国民党是近利远忧,而于共产党或可谓近失远得,历史的演进发展便是如此之螺旋曲折。

第三节　国共关系的和缓与波折

一　国共关系的一度和缓

1941年5月8日,毛泽东在为中共中央起草的党内指示中明确指出:"这一次的反共高潮……是已经过去了。继之而来的是在国际国内的新环境中继续抗战的局面。"① 这样的局面为国共关系的缓和和改善创造了新的契机和可能。是年6月,德国入侵苏联,国际反法西斯侵略的同盟国阵营初步形成。12月,日本偷袭美国珍珠港,太平洋战争爆发,战火燃及几乎全世界,第二次世界大战的格局和国际反法西斯同盟国阵营最终形成。中国以其对日抗战的坚持,赢得了同盟国阵营的尊重和支持,成为同盟国阵营的重要一员及美、英、苏、中"四强"之一,中国战场的地位愈加重要,同盟国阵营也不希望中国内部因国共关系紧张而致动荡。正是在这样的国际环境下,国共关系出现了改善的可能及向好的势头。

苏德战争爆发后,英美一致支持苏联,毛泽东认为,在新的形势下,"我党对国民党态度尤须慎重,不可大意"。他还为此电告周恩来"国共关系有好转可能"。② 太平洋战争爆发后,形势有了更大变化,国民政府对日德意宣战,美、英、苏、中同盟国阵营最终形成。12月9日,中共为太平洋战争爆发发表宣言,明确指出:"全世界一切国家一切民族划分为举行侵略战争的法西斯阵线与举行解放战争的反法西斯阵线,已经最后地明朗

---

① 《关于打退第二次反共高潮的总结》(1941年5月8日),《毛泽东选集》第2卷,第781页。
② 《毛泽东年谱(1893—1949)》中卷,第309、311、313页。9月9日,毛泽东、朱德等联名致电八路军、新四军前线将领:"国民党正集中力量抗敌,我八路、新四各部应向各重要交通线予以可能的袭击,配合国民党之作战。同时对国民党敌后各部应停止任何攻击性行动,仅在彼方举行攻击时取防卫手段。同时并向国民党各部发出通知,要求配合对敌。所有上述方针,其目的都为争取时局好转。"11月6日,毛泽东在会见国民党派驻延安的联络参谋陈宏谟时诚恳地说:"你们不要以为只有共产党困难,可以欺负,须知国民党还有极大困难在后头,我向你们保证,只要国民党抗日,不论国民党有何等危险困难,共产党决不趁火打劫,仍与你们合作的。"陈宏谟则承认,共产党对是否出席参政会的态度是公允的。见《毛泽东年谱(1893—1949)》中卷,第326、338页。

化了"；因此，必须"巩固抗日民族统一战线，巩固国民党共产党及其他党派的合作，解决国共两党之间的争论"。12月28日，中共中央和中央军委发出1942年中心任务的指示，指出："世界大势及国内大势迫得国民党要作某种政治上的转变，但其过程仍是慢的，我党我军的宣传，务须避免刺激国民党，静观变化，少作批评，极力忍耐，不要躁急……对国民党以疏通团结为主，以防制其反共为辅。"① 而在美、英、苏合作对德日的背景下，国民党也不能无视同盟国希望中国内部稳定、发挥牵制日本作用的期待，同时又在筹备中国远征军出国赴缅作战，一时难以对中共采取特别强硬的态度。而此时中共在华北和华中的根据地都面临着日军的极大压力，面积缩小，实力减弱。1942年6月，毛泽东在致周恩来电中指出："华北、华中斗争极紧张残酷，要熬过今明两年须费极大牺牲，两年后如能保存现有军队（五十七万）的一半，全国则保存现有党员（八十万）的一半，便是胜利。"② 在这样的形势下，中共与国民党的关系也不宜持续紧绷，而应该适当缓和，以有利于根据地的坚持和发展以及全国抗战的全局。国共两党关系的恢复及缓和由此获得了新的动力。

1942年7月，是以卢沟桥事变为开端的全国抗战发动5周年，中共利用这个契机，在此前后做出了一系列政治表示。6月30日，毛泽东电示周恩来，请他考虑利用纪念"七七"机会，找王世杰谈一次国共两党关系问题，并表示愿见蒋介石一谈。③ 7月5日，中共参政员董必武在毛泽东指示

---

① 《中国共产党为太平洋战争的宣言》（1941年12月9日）、《中央、军委关于1942年中心任务的指示》（1941年12月28日），《中共中央文件选集》第13册，第248—249、272—273页。
② 《毛泽东致周恩来电》（1942年6月13日），《毛泽东年谱（1893—1949）》中卷，第387页。
③ 《毛泽东年谱（1893—1949）》中卷，第390页。此前，苏联驻华大使潘友新向苏联政府汇报，指责周恩来在重庆"不想尊重蒋介石，蔑视他这个领导抗日斗争的领袖"，"激化同蒋介石和国民党的关系"；认为"那会给我们带来不可弥补的损失"；建议"将周恩来召回延安，派遣一位中共中央的著名代表取代他"，"调整同蒋介石和国民党首领的相应关系"。随后，季米特洛夫给毛泽东去函，指出："目前的局势绝对要求中国共产党采取一切办法尽可能地改善同蒋介石的关系，加强中国的抗日统一战线……从自己方面避免发生一切可能导致这种关系更加紧张的做法。"毛泽东接函后复电道："我完全同意您的意见。已通知周恩来，让他彻底执行您所作的指示。近几个月我们已经采取一些目前可以采取的步骤，改善同国民党的关系……我们要尽一切可能争取有利于抗战的局面。"见《杰卡诺佐夫给季米特洛夫的信》（1942年6月7日）、《季米特洛夫给毛泽东的信》（1942年6月15日）、《毛泽东给季米特洛夫的电报》（1942年6月24日），《联共（布）、共产国际与抗日战争时期的中国共产党》，第283、285、287页。

下约谈王世杰,"表示共产党方面深望国共纠纷能获致政治的解决,并谓共产党决定于七七宣言中,重申彼党二十六年九月二十二日之宣言,拥护蒋委员长服从三民主义等等"。王世杰回复称:"予亦极盼此种纠纷能循政治途径解决,惟现时国民党党中重要人员率不愿出任奔走之责,一则因为过去奔走其事者均失败,一则不易觅取商讨基础。盖除共党切实接受军事统一与政治统一之条件,则一切谈论都是枝节也。"董表示希望蒋能指定一二人与其保持经常接触。王允转达。① 6日,毛泽东电告董必武:为争取国共关系好转,我们准备出席参政会。②

7月7日,中共中央发表《为纪念抗战五周年宣言》,申明中共拥护《大西洋宪章》《同盟国宣言》《苏英同盟条约》《苏美协定》等文件,"愿意本着这些宣言的基本原则,与中国各爱国党派协同一致,参加战后新世界与战后新中国的建设"。中共对战后中国规划的愿景是:战后的中国应当是民主的中国,既不是专制的半封建的中国,也不是苏维埃的或社会主义的中国。战后的中国应当是民生幸福的经济繁荣的中国,既不是只顾一部分人的经济利益,而使大多数人受苦的中国,也不是以暴力没收土地没收工厂的中国。战后的中国应当是各党派合作经过人民普选的民主共和国,而不是少数人专政多数人无权的中国。总之,战后中国的新秩序的建立应当依据孙中山先生的三民主义,国民党的抗战建国纲领和中国共产党的施政纲领与社会政策。这些愿景表达,适应了当时的国内外环境和全中国大多数人的共同诉求,既为苏美英同盟国所认可,也使国民党无法反对。中共在宣言中再次声明:1937年9月22日发表的为国共合作宣言中做出的四项承诺,"不仅适合于抗战时期,而且适合于战后的建设时期,中共誓为其彻底实现而奋斗"。"全国军民必须一致拥护蒋委员长领导抗战,中国共产党承认,蒋委员长不仅是抗战的领导者,而且是战后新中国建设的领导者"。为此,"必须按照合理原则改善国共两党及一切抗日党派间的关系,加强国内团结,不给日寇以任何挑拨离间的机会。我们愿尽自己的能力来与国民党当局商讨解决过去国共两党间的争论问题,来与国民

---

① 林美莉编辑校订《王世杰日记》上册,1942年7月5日,第442页。
② 《董必武年谱》,第177页。10月22—31日,中共参政员董必武和邓颖超出席了在重庆举行的国民参政会三届一次会议,董必武再次当选驻会委员,中共和参政会一度中断的关系得以恢复。

党及各抗日党派商讨争取抗战最后胜利及建设战后新中国的一切有关问题"。① 中共的这次宣言充分体现了其在民族独立、抵抗侵略的对外战争中国内各方一致对外的大局观，体现了毛泽东一贯主张的抗日民族统一战线中的有理、有利、有节的政策方针，体现了原则性和灵活性相交融的精神，既坚持了自己的原则立场，不妨碍自身的壮大发展，又具有相当的灵活性，使国民党无话可说。可以说，这次宣言是全国抗战中期中共最重要的政治宣示之一。②

中共的表态得到了国民党方面一定的回应。蒋介石这时认为："解决共党问题用政治方法，此为内政惟一焦点，亦惟一之时机，但不宜过急"；并确定对共交涉方针"以军令政令统一为前提"。③ 8月14日，蒋介石约见周恩来，表示想好好解决国内问题，说他一星期后将去西安，想在那里同毛泽东会面。周恩来随即电告毛泽东，认为蒋"在态度上还看不出有何恶意"，但"其目的未可测"；提出毛泽东可以称病，以林彪为代表到西安见蒋一谈。④ 毛泽东接受了周恩来的建议。⑤

---

① 《中国共产党中央委员会为纪念抗战五周年宣言》（1942年7月7日），《中共中央文件选集》第13册，第409—412页。
② 7月2日，中共中央政治局会议讨论了宣言草案，毛泽东在发言中指出：现在我们的政策，在形式上是改良的，实际上是革命的。我们在统一战线中没有过去的斗争是不能存在的，在斗争之后又要团结。朱德发言道：中国长期革命的传统，是为了民主共和国，我们要接受过去的传统。中国现在和将来都要实行用马列主义解释三民主义。宣言经毛泽东修改后由《解放日报》公开发表，并由中宣部向全党下发通知，讨论这个文件，统一思想认识。（《毛泽东年谱（1893—1949）》中卷，第390页；《朱德年谱（新编本）》中卷，第1106页）胡乔木认为："这个宣言反映出我们党对国民党政策所做的重要调整"；宣言对战后中国发展方向的见解和团结建国的方针，是"我党政策的一个重要转变"；宣言也承认了蒋介石的领导地位。见《胡乔木回忆毛泽东（增订本）》，第169—170页。
③ 《蒋介石日记》，1942年7月10、19日。
④ 金冲及主编《周恩来传（1898—1949）》，人民出版社、中央文献出版社，1995，第546页。
⑤ 《毛泽东年谱（1893—1949）》中卷，第398页。林彪毕业于黄埔军校，同时又是知名将领，当时在政治上不显锋芒，蒋介石对他可能较少芥蒂，不似对毛泽东或周恩来那般警惕，或许这是毛、周都提出由林彪担任这次与蒋谈判使者的原因之一。皖南事变发生后，当时在苏联疗养的林彪，曾经两次致函季米特洛夫，发表自己对事变的看法。他认为："暂时蒋介石还不会发动内战"，"中国的国内和国际形势为蒋介石和国民党确定了明确的（行为）'方针'，即保持统一战线的'方针'"。"武装袭击新四军不是内战的开始，而是大规模的冲突之一；国民党无力在目前阶段进行内战；在目前阶段英美不希望中国投降。"因此，中共应采取的策略，是继续展开政治攻势，在军事方面实行防御，但不放弃局部的进攻，这些举措要从进一步巩固统一战线的需要出发。他还表明：

虽然如此，毛泽东更多地考虑到国内外形势发展的新动向，认为"中国局势有好转可能，即亲苏、和共、政治改良"。因此他在19日又致电周恩来，提出"依目前局势我似应见蒋"，但强调"中央亦尚未作最后决定"。周恩来则认为，目前蒋介石虽然有用政治办法解决国共关系的意向，但具体问题尚未涉及，对共产党的压迫毫无减轻，会晤地点又在西安，蒋毛见面时机略早，他向毛泽东建议说："最好林（彪）或朱（德）先打开谈判之门，如蒋约林或朱随其来渝，亦可答应，以便打开局面，转换空气；一俟具体谈判有眉目，你再来渝，便可见蒋。"22日，经中共中央政治局会议讨论，决定还是先派林彪去，看情况再定。①

尽管中共中央有了决定，但毛泽东仍在思考国际形势对国内问题的影响。8月25日，毛泽东在中共中央有关国际形势及国共关系的通报中写道："由于缅甸失陷，西南国际通路断绝，迫使国民党不能不注意西北国际通路，并与苏联增强外交关系"；"加以地方与中央的矛盾，财政税收的困难，人民对负担的不满，其内部困难日益增加，如再扩大反共战争，将至不可收拾，这亦是对国共关系避免军事解决改取政治解决的重要原因"；"特别是今年'七七'宣言，重申我党拥蒋合作方针，这不能不起促进好转的作用"。所以，毛泽东仍就他是否见蒋事与周恩来多次往复讨论，提出："蒋到西安时，决先派林见蒋，然后我去见他。依目前国际国内大局，我去见蒋有益无害，俟林见蒋后即确定我去时间"。"乘此国际局势有利机会及蒋约见机会，我去见蒋，将国共根本关系加以改善。这种改善如果做到，即是极大利益，哪怕具体问题一个也不解决也是值得的。"但是，周恩来仍认为毛蒋见面"时机尚未成熟"，他在给中共中央的电报中，全面阐述了对这个问题的看法和建议：

"中央认为，共产党再不能作出让步了"。但是他认为："我们可以进一步互相作出让步。在换得另一个地区的条件下，我们可以，例如，放弃安徽南部地区，放弃'新四军'番号，将它的力量纳入八路军。与此同时，党应该开展广泛的群众运动，争取继续实行统一战线，反对分裂和投降。"我们应该"全力争取对问题的和平解决，同时不放弃对内战的准备"。见《林彪给季米特洛夫的信》（1941年2月5、11日），《联共（布）、共产国际与抗日战争时期的中国共产党（1937—1943.5）》，第135—138、148—149页。

① 金冲及主编《周恩来传（1898—1949）》，第546—547页；《毛泽东年谱（1893—1949）》中卷，第399—400页。

(一)蒋虽趋向政治解决,但他之所谓政治是要我们屈服,绝非民主合作;(二)蒋对我党我军的观念仍为非合并即大部消灭;(三)蒋对人的观念仍包藏祸心(即打击我党领导,尤其对毛,西安事变后尚想毛、朱出洋,时至今日尤要叶挺太太劝叶悔过自新,吾屡次请回延不理,此次我在电答时提到愿回延接林或朱出来亦不许),因此可说他对我党我军及民主观念并无丝毫改变。

次之,在局势方面,并非对我有利:(一)蒋对国际局势的看法,一面承认日寇有续攻中国可能,而英美一时无大力援华,且反内战,但何(应钦)等却看到苏联今日处境需要对华让步,英美亦须中国拖住日本,他正好借此依他的想法解决西北及国内问题;(二)中共"七七"五周年宣言,本是我党历年主张的发展,而他却认为由于苏联让步,中共亦不得不屈服;(三)毛出为谋改善根本关系,而蒋则可利用此机会打击地方和民主势力,以陷我于孤立。

因此,蒋毛见面的前途可能有两个:一、表面进行得很和谐,答应解决问题而散;二、约毛来渝开参政会后,借口留毛长期住渝,不让回延(此着万不能不防)。若如此,于我损失太大。我们提议林出勿将话讲死,看蒋的态度及要解决问题如何,再定毛是否出来。①

周恩来有长期和国民党及蒋介石打交道的经验,尤其是第二次国共合作成立后,他始终处在和国民党交涉的第一线,经常与蒋见面,深知蒋介石的为人、心态、主张、做派,在经过皖南事变引起的国共关系的波折反复之后,他对蒋介石更保持应有的警惕,他的判断基本符合实际。② 最终,毛泽东接受了周恩来的意见,派林彪前往西安和蒋介石谈判。这时,毛泽东对国共关系的判断大体是乐观的,认为:"国内关系总是随国际关系为转移……自苏德战起,英、美、苏好转,直至今天,国共间即没有大的冲突……我们估计这个好转的总方向是定了,目前任务是促成谈判,促成具体解决问题,故应避免一切枝节,极力表示好意。""目前似已接近国共解决悬案相当恢复和好时机,对于国民党压迫各事,应极力忍耐,不提抗

---

① 金冲及主编《周恩来传(1893—1949)》,第547—548页。
② 据蒋介石自记,其"甚愿洽商,根本解决问题,但必须先实行前次军令,后开始洽商"。见《蒋介石日记》,1942年9月10日。

议，以求悬案之解决与和好之恢复。"①

1942年9月14日，林彪一行从延安出发前往西安。然蒋介石因行程的关系，恰于林彪动身当天离开西安回重庆，但留话要林到重庆面谈。林彪在西安与国民党各方人士接谈后，10月7日到达重庆。13日，林彪与蒋介石见面。据周恩来的报告，林彪对蒋说，"毛甚愿见蒋，惟适患伤风未来"。蒋对林的话先有兴趣听，但一听提到内战危险，便不耐烦，频频看表，约林在走前再谈。② 另据国民党方面的记录，会见期间，林向蒋转达"毛先生此次本愿应召与校长会晤，因病未克如愿，以后希望两党能互相派人来往"。蒋介石问林彪，毛泽东有何意见转告，林说，毛"所指示者，大抵系根本问题——如中共对于抗战建国之观察，与国内统一团结问题，以及对于委座之期望等"。林彪表示："毛先生一再告余，今后吾两党'应彼此接近，彼此相同，彼此打成一片'，以求现在能彻底统一，更求将来能永远团结"；此"已成为中共普遍成熟之思想，见之中共七七宣言，且已成为政治上全党所一致遵从之行动，谁也不能动摇"。林彪还表示，中共信奉共产主义，但绝不会照抄照搬、依样实行马恩列斯所定之具体办法；中共所定之纲领，"语其要旨，不外求民族之独立，民权之平等，与民生之自由"；"国共两党目前唯一共同之任务即在救国，此客观事实之需要与时代之使命既属相同，然则两党之间，尚有何鸿沟之可言？"林彪批评国民党中"一部分人总是希望挑起内战，果如所期，则抗战建国，将前功尽弃"；强调"中国社会之特点，决不容国内再发生战争，否则，必为全国社会之所反对"。"总之，无论就中国之社会、地理、经济与军事各方面而论，皆希望中国从此能统一团结，而不可发生内战"。③ 据蒋介石的记

---

① 《毛泽东年谱（1893—1949）》中卷，第403页；《毛泽东关于国共合作中我之斗争方针问题给周恩来的指示》（1942年9月8日），《中共中央抗日民族统一战线文件选编》下册，第611页。毛这时仍未完全放弃与蒋见面之想法。林彪行前，9月8日毛泽东电告周恩来："林彪见蒋时，关于我见蒋应说我极愿见他，目下身体不大好，俟身体稍好即可出来会见，不确定时间。"（同上）林彪去重庆见到蒋介石后，10月25日毛电周转林："第一次见蒋时是否谈判到我见蒋的问题，如未谈到，第二次见蒋时请提出，征询他关于会面的时间、地点等。"直到1943年1月25日，毛泽东还在致彭德怀电中说道："到适当时机，我准备出去见蒋，以期谈判成功"。见《毛泽东年谱（1893—1949）》中卷，第410、424页。
② 金冲及主编《周恩来传（1893—1949）》，第548页。
③ 《蒋委员长召见第一一五师师长林彪谈话记录》（1942年10月13日），秦孝仪主编《中华民国重要史料初编——对日抗战时期 第五编 中共活动真相》（4），第236—242页。

载,他对这次会见的感想是,"林彪奉其共党之命来见,幼稚可叹"。他决定的对共方针为:"要求其先将军令、军政之统一为先决条件";"此时对共党进行政治谈判,使之和平归诚也"。① 于此可知,即便是在政治商谈之际,蒋介石要求中共"归诚",实现"军令军政之统一"的诉求是始终一贯的。

  与蒋介石见面之后,周恩来和林彪与蒋指定的代表张治中开始具体商谈。10月16日,周、林在商谈中提出"三停三发两编"的要求,即停止全国军事进攻,停止全国政治进攻,停止对《新华日报》的压迫;释放新四军被俘人员,发饷,发弹;允许中共军队编为两个集团军。对于这些问题,张治中要林彪先同各方多谈,然后再同他谈。而当周恩来、林彪找军令部次长刘斐谈时,刘虽表示一切都可谈,但要周、林同张治中谈。国民党方面互相推诿敷衍的态度,使周恩来感觉通过谈判解决具体问题的时机还不成熟,认为国民党虽倾向以政治方式解决中共问题,但并不急于解决,以为时间越延长,中共的困难就越大,越有利于使中共就范,而且国民党的政治解决,乃是要中共"听命(服从调遣、统一编制、奉行法令等)于他们的领导,决非民主的合作和平等的协商"。为此,周恩来建议:"尽力所能及将两方关系先在表面上弄缓和,再谈根本问题。""如此,林此来可完成两个任务,一是缓和两方表面关系,二是重开接洽之门。若要超过此种任务,则非在防地上大让步不可,恐今日尚嫌其早"。毛泽东同意周恩来的意见,10月28日电复周恩来:"同意所提方针,重在缓和关系,重开谈判之门,一切不宜在目前提的问题均不提"。②

  无论如何,这一时期在国共两党间还是出现了一定的和解气氛。11月12—27日召开的国民党五届十中全会决定:"对共产党仍本宽大政策","一体尊重其贡献能力效忠国家之机会。必有举国一致之真诚团结,而后乃能负起空前艰巨之使命"。③ 中共认为,国民党的这次表示"是对于我们今年七七宣言的回答,开辟了今后两党继续合作及具体地谈判与解决过去存在着的两党争论问题的途径,虽然这些争论问题还不见得很快就能完

---

① 《蒋介石日记》,1942年10月13、15、17日。
② 金冲及主编《周恩来传(1898—1949)》,第548—549页。
③ 《特种研究委员会报告本党今后对共产党政策之研究结果案》(1942年11月27日)、《第五届中央执行委员会第十次全体会议宣言》(1942年11月27日),荣孟源主编《中国国民党历次代表大会及中央全会资料》下册,第793、779页。

地解决……各地对于国民党人员应继续采取诚恳协商，实事求是，有理有节的态度，力戒骄傲夸大有害无益的态度，借以争取更进的好转"。中共的态度还通过中央发言人对外谈话的方式公之于众，表示"中国共产党人的立场，一切以抗日民族统一战线为基础，凡合乎团结抗战之利益者，无不诚意实行，这是坚持不变的"。① 在这样的气氛下，12月16日，蒋介石再次约见林彪，林表示拥护国民党十中全会宣言和决议的新精神，要求彻底实行"三停三发两编"，蒋介石表示：只要我活着，解决问题总会公道，不让你们吃亏的；说"中共是爱国的，是国家的人才"，希望看到国共问题整个地迅速解决，不要零零碎碎、拖拖拉拉。②

秉承蒋介石之命，12月24日张治中与周恩来、林彪谈判解决国共间的具体问题。中共提出的方案是：甲、共产党合法化，国民党可到中共区域办党、办报，共同实行三民主义；乙、扩编四军12个师；丙、边区依现有区域改为行政区，直属中央，改组华北地方政权，实行中央法令；丁、战后原则上接受开往黄河以北之规定，但目前只能做准备工作，保证战后完全做到。情况许可时，可磋商部队移动事宜。周恩来并声明，如果这些条件可谈就继续谈，如果认为相差太远，请蒋介石提出具体方针，交林彪带回延安商量。③ 张治中认为中共"目的在对于党政军各方面皆欲取得合法地位"，而国民党之政策"应为瓦解中共，绝非培养中共"，故对中共条件"似可冷淡置之不予答复"。他提出国方应守之原则为：（1）中共不应有军队，其军队须由各战区长官编遣整训并指挥作战；（2）中共在各地的政府组织须一律取消，由各省府派员接管，恢复原有行政系统及区划；（3）以上两项办到后，始可予中共以合法地位。但张治中也判断中共不会接受这样的条件，故亦建议，如"中共不肯接受，则不必强求商谈，尽可加紧防制，使其停止非常地位，以期动摇其内部，增加其苦闷，俾便将来之解决"。④

---

① 《中央关于国民党十中全会的指示》、《中共中央发言人评国民党十中全会》（1942年11月29日），《中共中央文件选集》第13册，第460、463—464页。
② 金冲及主编《周恩来传（1893—1949）》，第550页；《胡乔木回忆毛泽东（增订本）》，第172页。
③ 金冲及主编《周恩来传（1898—1949）》，第550页。
④ 《林彪周恩来向张部长治中所提要求四项原文及研究意见》（1942年12月26日），秦孝仪主编《中华民国重要史料初编——对日抗战时期 第五编 中共活动真相》（4），第245—246页。

1943年1月9日,张治中和周恩来、林彪再次谈判,他表示中共所提与国民党希望相距太远,尤其是军队数额要求太多,而军队北移必须限期开动。① 国民党的态度,使毛泽东不能不怀疑对方"是否还有借以拖延之目的?""具体解决问题的时机目前是否已经成熟?"2月12日,毛泽东致电林彪、周恩来,认为"国共谈判成功大概要等到实行反攻前夜,不到反攻,彼方认为是不需要和我妥协的"。② 因为国共双方立场难以接近,谈判处在僵持阶段。

3月28日,在与何应钦的谈判中,周恩来表示,中共原则上接受1940年国方"皓电"所提示各点,只是对于军队北撤的时间与编制数量需要商谈。林彪也表示:"很希望两党问题解决,彻底合作,彼此在现阶段能做到如何程度,即做到如何程度,如此,则对整个问题多少有些促进与改善。"何应钦提出:"目前应解决的迫切问题,双方不能再有冲突";"我们的大前提,要彻底团结共同抗敌";但又说:"现在情形较前略有不同,俟我请示委员长后再告"。③ 而在他给蒋介石的报告中认为:"如中共不于事实上有服从中央军令军政之表现,则其他一切似均谈不到,在现在情况之下,纵与商谈,亦恐难得结果。"蒋介石批示称:"必须其对中央军政军令,有服从事实之表现,方可与之具体谈话,照现时情形无从谈起,如其不来谈,则可不必再复。"④ 在此情况下,4月3日,毛泽东致电周恩来,指出有种种迹象使我们怀疑国民党欲改变十中全会政策,寻找借口停止谈判,并向我们做进攻行动。⑤

正值此时,共产国际宣布解散,国民党受此"鼓舞",又在酝酿新的反共行动,国共和解的气氛渐散,谈判难以为继。6月4日,张治中约见周恩来,告谈判"须搁一搁"。周恩来随即声明说:这是我们"意中事",我们决定回延安,"保证坚持敌后决不挑衅,边境不越雷池一

---

① 金冲及主编《周恩来传(1898—1949)》,第550页。
② 《毛泽东年谱(1893—1949)》中卷,第424、427页。
③ 高素兰编《事略稿本》第53册,台北,"国史馆",2011,第157—165页。
④ 《〈参谋总长何应钦签呈蒋委员长报告与周恩来林彪晤谈情形〉批示》(1943年4月2日),秦孝仪主编《中华民国重要史料初编——对日抗战时期 第五编 中共活动真相》(4),第247页。
⑤ 《毛泽东年谱(1893—1949)》中卷,第433页。

步"。7日，周恩来和林彪见蒋介石，蒋同意他们回延安。[①] 6月28日，周恩来、林彪一行乘车离开重庆。至此，在各种内外因素的作用下，国民党难下改善国共关系的决心，国共高层商谈搁置，国共两党关系又面临新一轮紧张。

二 国共冲突的再起

国共关系的又一轮紧张，始于共产国际的解散。1943年5月15日，共产国际执委会主席团公开宣布，提议解散共产国际。6月10日，共产国际正式宣告解散。共产国际的解散，是其主导方苏联为联合美英，建立稳固的国际反法西斯同盟，促其尽速开辟进攻纳粹德国的第二战场而做出的重要表示。其实，对于苏联而言，此举的表态性意义大过其实际意义，共产国际原本也不过是苏联可以运用的国际政治工具之一，其解散与否并不妨碍苏联的国家利益及其对各国共产主义运动和共产党的实际支持。

对于共产国际的解散，中共是同意并支持的。共产国际是中共成立及发展的重要推动力量，但是随着中共的成长，共产国际对中共内部事务的干涉，为追求独立自主行事的中共尤其是具有强烈自主意识的毛泽东等中共领导人所不满和反对。共产国际的解散，正可以使中共名正言顺地摆脱曾经受到的束缚，走向完全独立自主地领导中国革命。5月26日，中共中央政治局会议一致通过决定，"完全同意"共产国际解散的提议，声明"自即日起，中国共产党解除对于共产国际的章程和历次大会决议所规定的各种义务"。决定指出："中国共产党在革命斗争中曾经获得共产国际许多帮助；但是，很久以来，中国共产党人即已能够完全独立地根据自己民族的具体情况和特殊条件，决定自己的政治方针、政策和行动。""共产国际的解散，将使中国共产党人的自信心与创造性更加加强，将使党与中国人民的联系更加巩固，将使党的战斗力量更加提高。中国共产党人是中华民族最优秀的子孙，他们将继续英勇地站在抗日战争的最前线，和国民党及一切抗日党派、无党无派人士合作，支持国民政府抗战的措施，战胜日寇及其同盟者——德意法西斯，完成独立民主新中国

[①] 《周恩来年谱（1898—1949）（修订本）》，第568—569页。

的大业。"①

蒋介石得知共产国际解散的消息后颇为兴奋,设想自此"共产主义尤其是苏俄对其主义上之精神及其信用必根本动摇,乃至宣传丧失,此乃中国民心与内政之一大事,不啻世界思想之一大转变而已哉,故此后对于国内共产党之方针与计划应重加研讨,是乃对内政策之重要时机"。虽然他也知道,"此为共党国际之改变方式而事实上决非真正解散也",②但仍认为这是可乘之机,对共产党的态度转趋强硬,原本较为平静的国共关系又趋紧张。

共产国际将解散的消息公布后,国民党高层多次讨论因应之策。5月24日,参加国防最高委员会会议的人员"论及第三国际解散事,群以为慰"。③ 27日,党政军联席会报"讨论第三国际解散后本党对中共之态度。有主张解散共产党而许共产党员个别参加国民党者,有主张统一军令政令后而承认共产党者。发言盈庭,莫衷一是。结果另出何总长召集一小组会议讨论"。该小组会议提出的因应之策有三项:"甲项,消灭中共军权政权之途径,以中共交出军权政权之前提下而允许:一、允许中共合法地位;二、允许中共分子加入本党及青年团;三、另组新党。乙项,当前应取处置,政治仍本宽大政策,在重庆与中共代表商谈,同时派员赴延安视察,宣达中央意旨,军事维持现状。丙项,本党发表文告问题。"会议"讨论

---

① 《中国共产党中央委员会关于共产国际执委主席团提议解散共产国际的决定》(1943年5月26日),《中共中央文件选集》第14册,第38—41页。毛泽东既肯定共产国际"功大过小。没有共产国际的帮助,中国无产阶级的党是不能有今天的";同时也反对共产国际对中共的干涉和瞎指挥,对共产国际的错误"作了顽强的斗争","打破了共产国际的专制、教条化倾向"。胡乔木认为:"我们党从一开始就是在苏共、共产国际的帮助下产生的,这一方面给我们党许多积极的东西,但同时也给我们党造成许多困难,带来许多消极的东西。"共产国际"不把各国革命看成是必须由各国人民各国党决定的,而看成是由共产国际执委会决定的。他们不但把马克思主义歪曲了,变成教条,而且把他们的决定、命令变成一种神圣不可侵犯的东西,其结果,只能对各国革命、各国人民带来损失,造成失败……共产国际不可能找到一条引导中国革命到胜利的道路。毛泽东思想是在这种情况下产生的"。见《胡乔木回忆毛泽东(增订本)》,第324、330、648—649、656页。
② 《蒋介石日记》,1943年5月24日。负责包围并进攻陕北的胡宗南认为:"中共本自有独立性,不因共产国际解散而受影响,且十八集团军、新四军久已为参加民族战争,而如何英勇牺牲,与此次共产国际解散之意旨正相符合一类之论调,大肆宣传,企图混淆视听。"见蔡盛琦、陈世局编辑校订《胡宗南先生日记》上册,1943年6月13日,第220—221页。
③ 林美莉编辑校订《王世杰日记》上册,1943年5月24日,第509页。

结果，金至慎重，目前不必赴延安"。① 其后，国民党开动宣传机器，发出要求"取消"中共"取消"边区等各种反共言论。②

这次国共关系紧张的中心点是国民党紧锣密鼓地部署进攻中共中央首脑部门所在地——延安。早在皖南事变发生之时，为因应与中共关系的全盘破裂及国共在陕甘宁地区尤其是对榆林的争夺，1941年3月，蒋介石曾"准备进攻陕北"。③ 4月，他派何应钦到西安，召集朱绍良、孙连仲、熊斌、胡宗南、汤恩伯等军方高官，"讨论对陕北方面应准备事项"，得出结论为：陕北地形易守难攻，如采取攻势时，应实行围困之方法，先取外围据点及截断黄河各渡口，"尔后依情况再取延安"。④ 此后，国民党又多次谋划进攻延安，只是后来国共关系的走势尚未发展到破裂之局，国民党也未将进攻延安的计划付诸实施。⑤ 但这时蒋介石被共产国际的解散所"鼓舞"，企图借机解决中共问题，6月派何应钦、白崇禧到陕西与胡宗南商讨"闪击"陕甘宁边区的计划。⑥ 胡宗南认为，因为共产国际的解散，"政府今后处理中共问题时，可减少投鼠忌器之顾虑"，故其"默审军事问题"，"研究多时"，决定调集数师兵力，"攻取囊形地带，并定于七月十日开始攻击"。⑦

---

① 《唐纵日记》，1943年5月27日、6月17日，第359、363页。另据张治中告诉周恩来，共产国际解散后，国民党研究对中共的办法，有两种意见，一为中共交出军权政权，组织可合法；一为同国民党合并。见《周恩来年谱（1898—1949）（修订本）》，第569页。
② 知名报人王芸生对国民党的反共宣传颇不以为然，他认为："中央及各省党员纷纷通电延安，吁请其取消共产党一事，此诚失着，何如即开国民大会制定宪法，军队一律属之政府。"见《徐永昌日记》第7册，1943年8月13日，第144页。
③ 《蒋介石日记》，1941年3月3日。
④ 叶惠芬编《事略稿本》第46册，台北，"国史馆"，2010，第60—61页。
⑤ 1942年8月，胡宗南与白崇禧提出："日苏战时，乘机解决中共"，"用机械化部队沿公路北上"，"直捣肤施（延安）"。1943年4、5月间，胡宗南又秉蒋介石意旨，召开两次军事会议，讨论进攻陕北的军事计划。（蔡盛琦、陈世局编辑校订《胡宗南先生日记》上册，1942年8月5日，1943年4月15日、5月3日，第144、197—198、204页）另据中共的情报，1943年2月，第八战区司令长官朱绍良向胡宗南下达由蒋介石审定的《对陕北奸区作战计划》，要求"现地隐蔽，作攻势防御"，在俟机"转取攻势"时，"先迅速收复囊形地带"（即陕甘宁边区关中分区），进而"收复陕北地区"。见《叶剑英年谱》上卷，第399页。
⑥ 《毛泽东年谱（1893—1949）》中卷，第445页。
⑦ 蔡盛琦、陈世局编辑校订《胡宗南先生日记》上册，1943年6月13、25日，第220—221、227页。据唐纵记载，胡宗南报告蒋介石的进攻开始时间为，"预定七月勘日，并预定一星期完结战局"。蒋批示："切实准备，但须俟有命令方可开始进攻，否则切勿行动，并应极端秘匿，毋得声张。"（《唐纵日记》，1943年6月29日，第366页）勘日为7月28日，惟根据胡宗南日记和中共方面的反应，胡军在7月10日开始攻击陕北的可能性更大。

一时间，战云密布在陕北上空，内战重起的危险似又将成现实。

国民党对中共态度的变化，不可能不为中共所感知。6月16日，毛泽东在中共中央政治局会议上说，国民党自蒋介石出版《中国之命运》一书后好转的可能很少，① 但他仍主张对国民党不采用决裂态度，认为国民党内部弱了，没有力量向我们大举进攻。我们的政策对国民党是避免公开武装冲突，把同盟者国民党的力量用去对付日本。但是，随着国民党加紧准备武装进攻陕北的计划，毛泽东对形势的估计也趋严峻。7月4日，他转电正从重庆回延安途中的周恩来和林彪，指出："近日边区周围国方部队纷纷调动增加，准备进攻，有数日内爆发战争可能，内战危机，空前严重。"同时电示在重庆的董必武：战事有在数日内爆发的可能，形势极度紧张。请立即将上述情况向外传播，发动制止内战运动。特别通知英美有关人员，同时找张治中、刘斐交涉制止，愈快愈好。7日，毛泽东在中共政治局会议发言时指出：国民党利用共产国际解散机会，实行军事压迫、政治阴谋，企图解散中共、取消边区、取消八路军的反动行为。我们过去两年采用不刺激国民党的"和国"政策，保持了两年多的比较平静，是正确的。现在情况变化，就不适用了，而要采用以宣传对付他们的反共宣传，以军事对付他们的军事进攻。会议决定在拥护国民党政府和蒋介石的原则下，集中力量痛斥国民党反共分子的反动政策与挑起内战、破坏抗日团结的行为。②

在中共中央做出反击国民党进攻的决策后，随即有一系列部署，力争"以革命的两手打破反革命的两手"。7月8日，中共中央书记处致电各地，告"中央决定发动宣传反击，同时准备军事力量粉碎其可能的进攻"。要求各地响应延安的宣传，动员当地舆论，召集民众会议，发表通电，"造成压倒反动气焰之热潮，并援助陕甘宁边区之自卫斗争"。③ 7日和9日，毛泽东连续致电彭德怀："蒋（介石）、胡（宗南）乘第三国际解散有进

---

① 蒋介石所著《中国之命运》于1943年3月出版，详后。
② 《毛泽东年谱（1893—1949）》中卷，第446、449、451页。中共中央军委在下发各地的情况通报中指出："共产国际解散，蒋胡均认为此乃对共党镇服良机"，"边区形势现已极度紧张"，意在使各地有所准备。见《军委关于蒋介石进攻边区的军事部署的情况通报》（1943年7月4日），《中共中央文件选集》第14册，第62—63页。
③ 《中央书记处关于中央决定发动宣传反击的通知》（1943年7月8日），《中共中央文件选集》第14册，第71页。

攻边区部署，我方正力请求避免，不得已时恐须一战"；"事变有可能发展至两党破裂，我党不能不事先有所筹划"；指示彭"如至那种局面，拟实行前年春季所定计划"，抽调兵力（约2万人）"西开应变"。①

中共对国民党的反击行动之所以能够大张旗鼓地进行，原因之一是中共事先掌握了相关情报。负责执行"闪击"延安的国民党军将领、第八战区副司令长官胡宗南的机要秘书熊向晖，是周恩来早先安插在其身边的中共地下党员。6月18日，胡宗南到洛川召开秘密军事会议，部署进攻延安，熊向晖随即将此报告周恩来。当时中共在延安的留守部队不多，如果国民党大军压境，形势确实相当严峻。中共得知国方的进攻计划后，军委作战部经过反复研究，叶剑英提出类似诸葛亮空城计的作战方案，破例使用内线所掌握的敌情，公开揭露国民党的进攻阴谋，发动全国进步力量，奋起反对和制止国民党顽固派破坏抗战、挑起内战的举动。考虑到公开发表采用特殊手段所获得的敌军情报，可能会给情报工作带来不利的影响，经过再三研究，他们认为从斗争全局出发，权衡利弊，应当公开揭露，我方情报工作虽然会受到一些影响，但只要采取必要措施可以挽救。中共中央采纳了这个建议，决定以大局为重，以一部分情报来源的损失，换取延安和整个边区的安全，是利大弊少，同时要尽一切努力，避免损失和牺牲。②

在中共中央的决策下，中共通过报纸发文、电台广播等公开方式，公布国民党军进攻陕甘宁边区的部署、计划、路线等。9日，延安召开有三万人参加的纪念抗战六周年大会，紧急动员全边区人民制止内战，保卫边区，并发出呼吁团结、反对内战的通电。7月6日，朱德致电蒋介石、何应钦、徐永昌，表示："当此抗战艰虞之际，力谋团结，犹恐不及，若遂发动内战，兵连祸结，则抗战团结之大业势将破坏，而使日寇坐收渔利，并使英美苏各友邦之作战任务亦将受到影响，心所谓危，不敢不告。"10日又电告胡宗南："关中方面战机甚紧，敝属情感愤激，若被攻击，势将自卫，事态演变，恐于大局不利。深愿善处此种关节。"③ 12日，毛泽东为《解放日报》写的社论《质问国民党》公开发表，他以其惯用的生动活

---

① 《毛泽东年谱（1893—1949）》中卷，第452页；《关于对付国民党发动第三次反共高潮的军事准备问题的指示》（1943年7月9日），《中共中央文件选集》第14册，第73页。
② 《叶剑英年谱》上卷，第399—400页。
③ 《朱德年谱（新编本）》中卷，第1137—1139页。

泼的语言，犀利泼辣地质问国民党："如果你们将大段的河防丢弃不管，而日本人却仍然静悄悄地在对岸望着不动，只是拿着望远镜兴高采烈地注视着你们愈走愈远的背影，那末，这其中又是一种什么缘故呢？为什么日本人这样欢喜你们的背，而你们丢了河防不管，让它大段地空着，你们的心就那么放得下去呢？""'鹬蚌相争，渔人得利'，'螳螂捕蝉，黄雀在后'，这两个故事，是有道理的。你们应该和我们一道去把日本占领的地方统一起来，把鬼子赶出去才是正经，何必急急忙忙地要来'统一'这块巴掌大的边区呢？"①

中共对国民党"闪击"延安计划的公开揭露和舆论反击，使得本来是暗中准备的突袭式的军事进攻，成了暴露于光天化日之下的大张旗鼓的军事行动。在此形势下，国方有人主张照打，不应坐失良机；有人主张暂缓，因事机败露，如日军乘机渡河，难以收拾。胡宗南认为，原定闪击偷袭计划难以完成，只能停止行动，恢复原态势。② 对此，蒋介石虽然颇感恼怒，但亦无可奈何，他还不能也不敢冒公然破裂国共关系引发的国际国内形势动荡的风险，被迫同意暂停进攻计划。7月9日，负责部署进攻陕北的胡宗南自记："周恩来、邓颖超、林彪到西安。委座电话，对陕北暂不动作。"③ 13日毛泽东电告彭德怀：我宣传闪击已收效，英、美、苏各

---

① 《质问国民党》（1943年7月12日），《毛泽东选集》第3卷，第904—905页。
② 熊向晖：《地下十二年与周恩来》，中共中央党校出版社，1991，第21—27页。当时国民党内部对是否对中共动武有不同看法，但即便主张动武者对其前景亦不甚乐观。据国民党派驻八路军的联络参谋徐佛观观察，对延安"非用武力不足以解决。任何方法，徒托空言。而用武力，在目前政治现状下，前途并不可乐观！"（《唐纵日记》，1943年11月1日，第388页）胡公冕向胡宗南报告："陕北政治情形甚好，整风确自从上直到每一个士兵，彻底认真，造成每个兵之思想，皆能为集团战斗。党政军统一在毛手里。在大势上说，现在如打异党，必甚不利。"（蔡盛琦、陈世局编辑校订《胡宗南先生日记》上册，1943年5月9日，第206页）胡公冕，1921年加入中共，1924年参加国民党一大和黄埔军校筹建，曾任国民革命军总部副官处长。四一二政变后遭通缉，1930年任红十三军军长，1932年被捕入狱，1936年出狱，后任甘肃省平凉地区行署专员兼保安司令，与胡宗南相熟。1943年4月访问延安。
③ 蔡盛琦、陈世局编辑校订《胡宗南先生日记》上册，1943年7月9日，第233页。6月28日，周恩来、林彪一行离开重庆回延安，9日到西安，13日离开西安。其间，周恩来和林彪多次与胡宗南及其左右相谈，据周、林电告毛泽东，胡连说：绝无进攻之意，不能因部队调防及视察部队，便认为欲向陕北用兵；西安报纸宣传主张取消共产党，与军事无关。周强调：要政治团结，国防建设。邓宝珊、谷正鼎皆不赞成内战。胡之下属亦均言不可内战，胡决无内战意。胡公冕言："打与否只能决定于蒋，胡决不能做主"。见《周恩来军事活动纪事》上卷，第573—574页。

大使警告蒋不得发动内战，否则停止援助；更因延安紧急动员，使蒋害怕，不得不改变计划，10日令胡停止行动，11日蒋、胡均复电朱（德）无进攻意，12日胡下令开始撤退一个师及两个军部，内战危机似可克服。"此次蒋之阴谋迅速破产是我抓紧时机，捉住反对内战、反对侮辱共产党两个要点，出其不意给以打击"。①

蒋介石对被迫中止进攻延安的计划，心情颇为沮丧愤懑，但他并未就此完全放弃解决中共问题并进攻延安之企图，仍在对"讨伐"中共"积极准备"，"无时或忘"，"研究陕北地形与剿匪计划"；考虑"剿共"时机为"持久不能解决"时、"倭寇进攻洛阳西安"时、"俄国干涉侵犯新疆"时、"我军反攻倭寇扰乱我后方"时；考虑对"共区"与"共军"实行"明白隔离"，"不再承认其为中国军队，更不承认其抗战团体"；② 同时令下属继续准备进攻延安的方案。7月20日，蒋介石电示胡宗南，进攻陕北在"调防后进行为宜"。③ 8月，蒋介石给侍从室下手令："陕甘宁绥边区兵要地志及地图与每邻接各据点之距离里程，望详细呈报，并极密为要。"同时部署在陕北周边地区修建多个临时机场。唐纵认为"此乃准备对奸伪用兵之步骤"。④ 9月1日，在军事会报中蒋介石"手示拟即令准备进攻延安边区中共等"。徐永昌"以为如尚能密时，则发动时间实有再容忍至敌不能大举进扰之时为妥，否则敌必乘机扰我关中，而共党亦必窜乱甘省"。⑤ 5日蒋介石在重庆召见胡宗南，"问对延安作战意见"。胡"答以主力由宜川、洛川间，直取肤施，以一部攻取三边，然后包围而歼灭之。委座认为现时进攻，不甚相宜，因其有备也"。⑥ 9月，侍从室一处主任林蔚约朱绍良、胡宗南、马鸿逵、傅作义及

---

① 《国民党第三次反共高潮迅速破产的原因》（1943年7月13日），《中共中央抗日民族统一战线文件选编》下册，第657页。
② 《蒋介石日记》，1943年8月7、13、17、24日，9月5日。蒋介石考虑对共"制裁"的具体内容包括：新华日报之监视，共籍参政员资格之取消、各地十八集团军办事处之封闭、对共在渝电台与秘密通信机关及其人员之处置。见《蒋介石日记》，1943年9月9日。
③ 蔡盛琦、陈世局编辑校订《胡宗南先生日记》上册，1943年7月20日，第236—237页。
④ 《唐纵日记》，1943年8月17日，第374页。侍从室一处主任林蔚亦告徐永昌："委员长曾亲指示胡宗南准备攻延安，延安之不安以此。"见《徐永昌日记》第7册，1943年8月13日，第144页。
⑤ 《徐永昌日记》第7册，1943年9月1日，第157页。
⑥ 蔡盛琦、陈世局编辑校订《胡宗南先生日记》上册，1943年9月5日，第259页。

西北各将领，研讨进攻延安的军事计划，"一再商榷，大致已定"。① 直到9月底，中国驻苏大使傅秉常仍被告："国共事确紧张，第三国际解散后，各方面均多主张解决中共者，尤以何部长及军人为然。"② 不过碍于时机未至及各方反对，蒋介石在对日作战时期军事进攻延安的方案最终胎死腹中，未能付诸实施。

与此同时，为敷衍舆论呼声，尤其是应付美、英、苏的压力，在9月召开的国民党五届十一中全会期间，蒋介石又不能不对外做出对共缓和的表示。9月9日和11日，蒋介石两次召集国民党党政军高层讨论对共方针。会议起草的对共决议草案，原本包括"取消第十八集团军番号并以封锁方法防范共党之叛乱"的内容。据王世杰记载，在9日的讨论中，戴季陶和王宠惠"均称甚善"；龙云"似不甚赞同，但不作明白表示"；"余人无表示"。在蒋介石征求王世杰意见时，王认为"此一文告之发布，必然造成一种很普遍的印象，即内变将即发动之印象"；"国际局势正在彻剧变化之中，英、美、苏之关系，乃至中、英、美、苏之关系，在二、三个月内均将明朗化，我党与政府如于此时造成一种上述印象，于我政府之地位及盟邦均不利"；故建议"一面容忍，一面为一切必要之政治措施"，"仍宜采取此种慎重态度"。孔祥熙和陈诚"似亦大略赞同"王之意见。③ 为协调党内不同意见，在11日的讨论中，蒋介石首先说明：如对中共用兵，"他之诡计获逞，我即陷于失败……我们不能不纵览时势，详加衡虑"。对全会决议，他提出三项办法：第一，对中共严密封锁，并取消其一切名号，一俟时机到来，军事上有绝对制胜之把握时，即一举"进剿"而消灭之。第二，对中共不"进剿"，仅宣布其"罪状"，促其觉悟，而予以自新之路。此项办法恐无何成效，盖无论吾人发表何项文字，在中共方面不仅不会接受，而且将多方曲解利用，徒供其作反宣传之资料而向我反噬。第三，对于中共问题尽可做详尽之检讨报告，做成妥善决议，指定由某机关或某人负责处理，而对外绝对秘密，使中共不能不有所畏惧，而对我绝对无隙可乘。总之，对于中共问题，吾人在各方面都应有充分准备，但必须

---

① 《唐纵日记》，1943年9月9日，第378页。
② 傅锜华、张力校注《傅秉常日记》，1943年9月25日，社会科学文献出版社，2017，第101页。
③ 林美莉编辑校订《王世杰日记》上册，1943年9月9日，第535页。

顾虑周到，慎重处理，始可求得妥善圆满之方案。"经各党政军高级首长研讨，结果多主对中共阴谋与不法行动应积极准备，严为防制，并认为此次全会对中共问题应有一总报告，并作成决议，可交常委会处理。"① 蒋介石"决将隔绝匪区与取消其军队名号之处分二点完全取消，以国际环境与战争局势尚非制裁之时机，故亦不加以处分"。为使全会讨论不陷入争执，蒋介石先对全会发布指示，"一本对内宽容之主旨进行，并认清此案为一政治问题，应用政治方法求得解决"，为决议主旨定调，全会再本蒋的指示通过决议，正式发表，"作为宣传之要旨"。②

9月13日，国民党五届十一中全会讨论中共问题，"除由吴秘书长铁城提出共党不法行为之报告外，只作一毫无刺激性之决议案。对外亦只发表决议，亦不正式发表报告。会后并发表蒋先生在会中之指示，谓'共产党问题只是一个政治问题，必须以政治方法求得解决。'"王世杰认为"此

---

① 高素兰编《事略稿本》第54册，台北，"国史馆"，2011，第510—515页。据徐永昌记载讨论的过程，国民党原本拟就之决议，"文辞意极严厉，中间为取消其番号等，末段则冀其悔悟者来归"。在9日的讨论中，孔祥熙"恐英美以我内战停止援助"；徐永昌"谓此虽系声罪不致讨，但意在于讨，如准备讨之，第一是时间是否不当，其次是否居于被动才好"。王世杰"谓可俟英美对日军事再进，且一两月内英美与苏事明朗化时，对共方可严责"。10日徐永昌向蒋介石建议："（一）如判断中共即大举出扰或国军利于即进剿，则决议文不妨再重……（二）如判断其大举出闹尚有待，或国军利于缓以时日，则决议文还要再轻……（三）此时中共如窜甘宁，敌人尚有乘乱窥我关中的可能，所以决议文以轻缓为佳。"在11日的讨论中，蒋介石提出，此时"如贸然进剿，万一不能速决，则后果至为恶劣，故目前仍以避战为上。今对中共有三种方式：（一）封锁而严厉处分之。（二）声罪而不致讨，但我无论如何表示，彼皆有所借口诬蔑造谣。（三）一字不提，而同时在美英宣传其罪行（即曲线的对付）。吴稚晖谓，无问如何，勿似苏州人打架，意盖指不可虎头蛇尾，系同意不发表文字。居觉生则谓果如此，即总报告亦可不必拿出。戴季陶发言最多，末谓西俗之机会神为喻，盖此神不欲为人所见，必蒙其面，意谓抓住机会前不见诸文字亦无不可。蒋先生言，所以我们不予正面宣传，而取曲线的方式。此时何敬之忽发言曰，中共专一准备对国军，而不对敌人，已有决心。前日晚间中央党部谈话会，多数委员责问对此种情形毫无所知，全会既开，纵不用书面，亦须有口头报告或取轻描淡写之法，决议交中常会处理，令其履行廿六年宣布四项诺言云云……张厉生、戴季陶和之，蒋先生谓好在明日尚有一日时间，尽可从长研究"。见《徐永昌日记》第7册，1943年9月9—11日，第163—165页。

② 《蒋介石日记》，1943年9月10、12日。蒋介石这时判断：如我被"激怒"而向共进攻，"延延不决，则匪势更张，国际舆论对我更劣，如我能速战速胜，则匪不过迁移地区，不能根本消除其党，而我国内战既起，复不能根本解决，则国家威信仍有损失。无论胜与不胜，而一经用兵进剿，则彼之目的达矣，故对匪决策仍取守势，围而不剿，必须用侧面与非正式方法以制之，万不宜公开或正面的方式应付也"。见《蒋介石日记》，1943年9月11日。

种处理，当可消除外间'内战'之疑虑"。①

虽然如此，国民党内仍有对共产党的强烈不满声音。9月21日，何应钦在国民参政会三届二次大会做军事报告，对八路军"颇多指述谴责，并有本应'早予制裁'，惟依中央宽大之旨，仍盼其改悔之语"。何应钦报告后，中共参政员董必武提出询问，"反驳何部长"。于是国民党参政员诸人"群起而指责董必武，一时几将此报告询问时间，变为讨论会"。随后董必武声明退席，并不再出席本次参政会。王世杰认为："负党团指导责任之吴秘书长铁城等，对本党党员毫无劝告指示，遂有此种结果。何部长不能体察蒋先生容忍之意，言词与态度均不能使共产党折服，或引起第三者之同情，徒然促起党中同志情感激越。予在当时及事后均不胜痛惜。予所虑者，共党将因是而确认本党'政治解决'之言为虚幌，其挺而走险之意将愈决，内战将加速爆发也。"

次日王世杰专程求见蒋介石，报告他的想法："决不可对共党问题采取漂流政策，听任事势自然演变。倘如此放任，则在二、三月内政府对日敌反攻军事发动以前或发动之时，国军与共军必发生重大冲突。甚盼蒋先生采取勇迈果决之决定，约束本党同志，并采取其他办法，以求局势之缓和。"王言毕退出后，又请陈布雷代向蒋再述其所拟议之两点办法："一、密令国军，一面须对共党严加防范，一面务须绝对避免挑起战事；否则均以违抗命令论罪。二、告知共党（或面告董必武）应立即停止反政府之宣传，中央亦将禁止对共党之攻击，俟此点实行一、二个月后，再行磋商解决方式。"陈布雷"允于夜间代向蒋先生申述"。国民党中也有部分参政员对何应钦报告及反共派的举动"颇多不满，意谓本党既主张以政治方法解决中共问题，不应对于会中一个中共参政员（董必武）施行攻击，致令退席"。②

---

① 林美莉编辑校订《王世杰日记》上册，1943年9月13日，第536页。这个决议表示对中共将"不惜再三委曲求全，加以涵容。兹仍当本此一贯之精神，交常会负责处理，详为开导，促其觉悟"。见荣孟源主编《中国国民党历次代表大会及中央全会资料》下册，第840页。

② 林美莉编辑校订《王世杰日记》上册，1943年9月21、22、24日，第538—539页。此次大会开幕前，9月17日，董必武与王世杰会面，表示：看《中央日报》骂我党的社论，不能不有点踌躇。如果要利用参政会做出反共决议或发表反共言论，我必然要起而抗辩。如果这样，将对形势发展不利。因此我不出席。后来，王做出会上不做反共言论的保证，劝董出席。董必武根据中共中央相机行事的指示，当日到会报到。他在21日退席后，致电报告毛泽东和朱德：民主人士"认为我们宣传大成功，乘机把要说的话都说了，国民党人士也认为我们胜利，他们失败。几个老头都认为很好，向来没听到的话都听到了"。"王世杰也发牢骚说，对共产党既不用武力解决，又不愿政治解决，这是自告党的政策破产"。见该书编纂组编《董必武年谱》，中央文献出版社，1991，第185、187页。

在此形势下，国民党又图转圜，10月5日，国民参政会秘书长邵力子约见董必武，说"国共关系应当用政治方法解决，而且是可以解决的"。董必武则表明："我党的基本态度，是希望坚持抗战、团结、进步、民主，两党关系是可以好转的。"其后，邵力子和王世杰向董必武解释，称"中央绝无对边区用兵之意"。12日蒋介石约见董必武，也说"决不会在国内用武的"。① 其后，董必武出席国民参政会驻会委员会会议，国共合作关系也得以继续维持。

三 《中国之命运》出版及中共之批判

1943年3月，蒋介石出版了《中国之命运》。自其当政以后，蒋介石基本上是以政治强人和军事领袖的面目出现在国人面前，较少理论著述，其公开言谈也无非以中国传统文化中的四维（礼、义、廉、耻）八德（忠、孝、仁、爱、信、义、和、平）和三民主义"遗教"混合而成为中心的表述，既无特别出彩的思想，更无多少自创的理论，给一般人的印象更多的是守成和保守。可是，在1943年春相对平静的抗战局势中，蒋介石出版了由他署名的《中国之命运》，系统阐述一系列理论问题和政治主张，不能不引起国内外的广泛关注，并引起一波国共舆论战。

《中国之命运》拟稿的最初设想始于1942年10月，② 其时中国与英美之间有关废除旧有不平等条约、签订平等新约的谈判进展顺利，百年国耻将雪，中国也因成为反法西斯同盟国的重要成员，为英、美、苏所重视，国际地位有了很大提高。抗战胜利的前景，这时已经不再有疑问，而成为全国上下信心满满的期待。当年全国抗战发动时国民党的忐忑不安，这时却成了其对内外炫耀的资本，蒋介石更是颇为自得。虽然胜利何日来临仍在未定之期，但是，蒋介石思虑的中心，已不仅在于如何抗战及获得胜利，也在于如何进一步巩固国民党及其本人在战时及在战后的政治垄断性的统治地位，因应共产党崛起的挑战，应付美英要其进行民主改革的压力。《中国之命运》的撰写，便是蒋介石如此思考在宣传方面的重要一环，企图以此为国民党及其个人的独占独裁统治做出理论阐释，加强思想控制，获得内外人心，维系统治地位。

---

① 《董必武年谱》，第189—190页。
② 蒋介石日记中较早记载《中国之命运》的撰写始于1942年10月24日。

《中国之命运》最初定名为《国民革命风》，其写作主旨在"激励青年与国民保障独立平等之权利而发扬光大之"；"应叙述我民族光荣之历史与高尚之德性以及优秀文化，应为世界被压迫民族共同负解放之责"，并"以精神总动员纲领、新运纲领、经济建设运动纲领、抗建纲领、劳动服务纲领，以三民主义实施程序中之武力三要素与心理、伦理、社会建设等为革命精神与行动建立和指导之参考书"。① 在与英美谈判废除不平等条约即将告成之际，蒋介石如此构思算是适逢其时，废约是蒋介石心中国民党和他本人的历史功绩与重要宣传点。为此，蒋介石手拟了全书写作要旨，并在写作构思过程中，将其改名为《中国之命运》，② 其写作主旨和中心已不再单单是为诠释不平等条约之废除，也包括全面论述国民党与中国近代史的关系及其三民主义理论纲领，阐释国民党对决定"中国之命运"的责任。③ 但是，理论阐释未必是蒋介石之所长，何况他身兼多项要职，终日忙于处理各种政治、军事、外交乃至其他事务，为此，他与机要秘书陈布雷和文人谋士陶希圣多所商讨，并主要由陶希圣为其拟具初稿。④ 陶对蒋

---

① 《蒋介石日记》，1942年10月24、28日，11月1日。
② 据蒋介石11月7日自记："本日上下午皆研究'国民革命风'改名为'中国之命运'之目录及其内容与要旨之指示。"见《蒋介石日记》，1942年11月7日。
③ 陈布雷曾经向顾维钧解释该书的写作背景："委员长注意到近年来中国的青年人参加共产党的问题。他感觉，他们之所以被共产主义学说所吸引，只不过是因他们误解了作为国民党基本政策的所谓三民主义的含义。中国青年似乎认为，三民主义不足以有效地反对和战胜帝国主义。因此，他们当中很多人跑去参加了共产党……他说，委员长写这本书的根本目的是要阐明，感情用事是不明智的；我们应该高瞻远瞩，宽容忍让，努力工作。与此同时，那本书还要指出摆在中国前面的伟大命运，指出务须同心协力，继续执行国民党的三民主义"。见《顾维钧回忆录》第5册，中国社会科学院近代史研究所译，中华书局，1987，第208页。
④ 1942年11月9日，蒋介石首次与陶希圣"谈'中国之命运'要旨"。（《蒋介石日记》，1942年11月9日）陶希圣，北京大学法科毕业，早年参加北伐，后在上海和北京各大学任教，在中国社会史、思想史研究领域颇有声名。1938年任第一届国民参政会参政员，同年12月随汪精卫出走河内，后任汪伪国民党中央宣传部部长。1940年1月，陶希圣离开上海去香港，并对汪精卫反戈一击，重新回到国民党阵营。1941年12月，陶希圣到重庆，任蒋介石侍从秘书及《中央日报》总主笔，成为国民党的主要理论家之一。蒋介石的机要秘书和"文胆"陈布雷亦参与了部分拟稿工作，然其身体不好，参与过程时断时续。一般认为，该书初稿的主要拟稿人是陶希圣，陶在回忆录中也说，该书整理校订及排印校对的工作是他做的。（陶希圣：《潮流与点滴》，台北，传记文学出版社，1979，第200—206页）陶希圣参加《中国之命运》撰稿工作并非秘密，国民党高层尽人皆知，王世杰即记载："蒋先生所撰之《中国之命运》一书，原文系陶希圣起草，参加意见者颇多，蒋先生自行更改之处亦极多"。见林美莉编辑校订《王世杰日记》上册，1943年3月24日，第496页。

尽职尽责，时间不长即完成文稿，而蒋又不完全满意，觉得"陶拟原稿肤浅不能用，皆须重加手著"。① 蒋介石对陶拟之文本做了不少修改，② 在修改过程中，蒋用力甚勤，自我感觉甚好，自记"精思入神，自觉文心笔力皆较他文为精，几忘寝食矣"；"专致力于中国的命运稿之修改与补充，文字亦到精思入神、愈用愈锋地步，方知作文之妙境"。③ 而且他自信，"非余自撰，任何人不能深入此境也"；"补正各点，皆其重要，本文精力与效力，自信多在于此"。④ 所以，该书初稿虽为陶希圣所拟，但蒋介石也下了很大功夫，说该书反映了蒋的思想和文风亦为事实。文稿在1943年2月形成最后的文本，3月正式出版。

《中国之命运》全书共8章十余万言，第一章"中华民族的成长与发达"，说明中华民族"历史上共同的命运之造成，则由于我们中国固有的德性"，而"中国国民道德的教条，是忠孝仁爱信义和平，而中国立国的纲维，为礼义廉耻"，也即所谓"四维八德"。第二章"国耻的由来与革命的起源"，阐释近代中国的内忧外患，在列强侵略之下，"造成了不平等条约继续不断，有加无已的国耻"。第三章"不平等条约影响之深刻化"，论述不平等条约的影响，造成中国国运悲惨、国不自保、经济畸形发展、社会风气败坏、道德沦落、心理消沉。第四章"由北伐到抗战"，叙述北伐

---

① 《蒋介石日记》，1942年12月31日。陈布雷对陶希圣的文字评价很高，认为全书"文字内容俱极精粹，希圣之文字组织力甚可佩也"。见《陈布雷先生从政日记稿样》，1943年3月17日。
② 从1942年11月到1943年1月，蒋介石用了很多时间和精力与陶希圣和陈布雷讨论全书的撰写并修改文稿。据蒋介石自记："中国之命运一书，必须完全自著，布雷体弱多病，不能随时协商，是近日最大之缺憾也"；"陶希圣之文章与思想，皆不合余意，关于以经济民生为本文重点与国民党之特点二篇，仍须完全由余手拟也"。（王宇高等撰《蒋总统学记》卷27，1942年12月26、27日，《蒋中正总统文物·学记初稿（三）》，台北"国史馆"藏档：002060200013003）另据陶希圣回忆，在该书撰写过程中，蒋介石改稿甚勤，甚而再三再四地改稿，每章每节的命意与行文，都经过七八次乃至十余次的修改增删。（陶希圣：《潮流与点滴》，第200—206页）顾维钧则回忆说："陈布雷向我透露了一些关于那本书的由来。他说，书的初稿原由他和陶希圣合撰，仅约四万字。可是委员长反复进行了修改和补充，结果目前的稿子已多达十万字。他最后说，尽管委员长身负重任，黾勉从公，与同时却对写作表现了极大兴趣。很多人担心他这样努力写书会使他政躬劳瘁。陈布雷也这样担忧。可是他说，他发现委员长对这种工作确实极感兴趣。他觉得委员长实际上多半把写作视为一种消遣。"见《顾维钧回忆录》第5册，第209页。
③ 《蒋介石日记》，1943年1月9、24日。
④ 王宇高等撰《蒋总统学记》卷28，1943年1月25、26日，《蒋中正总统文物·学记初稿（三）》，台北"国史馆"藏档：002060200013004。

以来国民党的历史,重点又在指责中共通过国共合作发展组织,造成国民党的分裂,并"煽动社会革命的阶级斗争"。对于"九一八"以后的国内形势,蒋论述"其颓废的一方面,欲苟安于日寇之下,倡为不战论。其狂激的一方面,借外交收内哄之效,倡为催战论"。而国民党则"不屈不挠","忍辱负重",完全不提国民党战前对日外交的妥协退让。第五章"平等互惠新约的内容与今后建国工作之重心",提出"建国的基本工作,在于教育、军事与经济的合一",进行心理、伦理、社会、政治、经济建设,实施"实业计划"。第六章"革命建国的根本问题",谈及哲学、风气、法治等,提出"要求'自由',必先了解'自由'的本质;崇尚法治,必先修养法治的习惯"。从蒋将"自由"的表述打上引号,亦可知其对"自由"实有负面评价。第七章为"中国革命建国的动脉及其命运决定的关头",集中论述国民党的历史地位及其现实所为。第八章"中国的命运与世界的前途",说明中国和亚洲同命运,"中国的自立自强,即所以安定亚洲,而亚洲的民族自由与国家独立,即所以保证世界的永久和平"。全书的结论是:"在雪耻图强运动之中,事实的经过,已证明惟有国民革命的路线最为彻底,亦最为正确。时至今日,国民革命已著有初步的成功。今后我中国国民自惟有遵循此成功的路线,以达到抗战的目的完成,建国的理想实现之境域"。①

《中国之命运》洋洋洒洒十余万言,其所依托的理论,基本不出中国传统孔孟儒家学说及其伦理纲常,具有显见的守旧性,在经历了新文化运动和五四运动洗礼的中国,其社会接受度实在有限,以此为国民党统治的合法合道性寻求理论解释,亦成效有限。而其言说方式,则突出列强入侵中国及逼迫中国签订不平等条约给中国带来的危害,与那些对传统学说的强调相比,则具有一定的"新"意。② 然全书的根本所在,并不是那些看似枯燥、反复言说的理论阐释,而是对抗战时期国共相争的现实回应。中

---

① 本段引文均见蒋中正《中国之命运》,正中书局,1944年普及版,第1—213页。
② 王子壮认为:"此书因蒋先生于废除不平等条约后,为国民革命踏入进一步阶段中,惩前毖后,以激励国人之书,自有其不朽之价值,且若干论点已见平昔蒋先生之演讲。不过追溯历史上奋斗之迹,加以明确之阐述,以见革命成功之经过,其间经无数之艰辛,以有今日之成就,得之亦至为不易。""蒋先生作此书,盖欲齐一全国心理,共趋一途,以努力于建国之事业者也。故对于以往史实之研究,有精深独到之见解。"见《王子壮日记》第8册,1943年3月16、4月8日,第106—107、140—141页。

共在抗战时期的迅速崛起，国民党统治力在抗战时期的不断下降，已经成为蒋介石最大的心病，并转换为他对国民党能否在战后继续执政的深重担忧，而抗战时期美英同盟国虽然支持中国抗战，但对国民党一党专政和蒋介石个人独裁造成的政治低效和贪污腐败颇有怨言，并施压要国民党改弦更张，走向民主，这也使蒋介石对美英很是不满。在《中国之命运》的庞杂内容中，最重要的表述其实是两点：一是对自由主义与共产主义左右开弓，一概贬斥，断言"他们的思想和主张，在客观上是与我民族的心理和性情，根本不能相应的；而在主观上更并无什么根基，不过是人云亦云，所以不能不跟着他人的尾巴随时摇摆，随时变化，而其所变化的又都是不能自圆其说的东西，所以他们领导的各种学说和运动，只能暂而不能久，而且没有不是自误误人，潦倒一生的"。"自由主义与共产主义之争，则不外英美思想与苏俄思想的对立。这些学说和政论，不仅不切于中国的国计民生，违反了中国固有的文化精神，而且根本上忘记了他是一个中国人，失去了要为中国而学亦要为中国而用的立场。"二是对国民党的历史、废除不平等条约的"功绩"及其执政地位大加渲染和坚持，声称："中国国民党乃是全国国民共有共享的一个建国的总机关。中国国民党如能存在一天，则中国国家亦必能存在一天。如果今日的中国，没有中国国民党，那就是没有了中国。如果中国国民党革命失败了，那亦就是中国国家整个的失败。简单的说，中国的命运，完全寄托于中国国民党。"① 所谓坚持"一个主义、一个党、一个领袖"的中心意义，于此而呼之欲出。

对《中国之命运》出版，蒋介石很是看重。该书出版后，经由国民党宣传系统的统一部署，发行数节节攀升。1943年3月，该书刚刚出版，在重庆一地"零售在五万册以上"。3月24日，蒋介石电示王宠惠："对于中国之命运一书，希令全国各级政府机关、各级党部与各大中学、各战区、各级政治部与全体官兵等，切实研讨与批评，并饬其将研讨结果与批评意见，于六月以前呈报中央，由中央党部、军事委员会、行政院与教育部分别整理后，交由国防委员会秘书厅汇编呈阅为要。"4月5日，蒋又手谕陈立夫："对于中国之命运一书，凡各中心小学至少须备有此书三册，各中学校每级至少须备有此书二册，而各大学应于今夏学期考试时，令各生撰

---

① 蒋中正：《中国之命运》，第73、195—196页。

著中国之命运论文一篇,由教育部择各校中之最前五名,从优予以奖励,并将其姓名与论文一并呈阅。又全国各中小学之教员,亦应令其各撰论文一篇,准其尽量批评,并择其优者予以奖励。希即拟具办法,通令实施为要。"① 国防最高委员会亦发通电,要求"中央各机关次长以上之人员,须于四月十五以前,将研读此书后之意见撰成报告,送国防会转呈委员长"。② 如此一来,该书的出版便形成了相当的声势。

但是,在表面的轰轰烈烈、歌功颂德的溢美之词之外,社会各界对《中国之命运》的反响其实一般,并无多少真心实意的称赞,反而有不少负面的评价和批评,③ 甚而在国民党高官和蒋的身边人中,对该书的评价也不高,他们的反响未必是蒋所期待的。据张治中1948年夏给蒋介石的上陈书中所言:"《中国之命运》一书,在发表以前,不仅外国友人,即干部中也多持不必发表之意见,乃今检查此书发表以后之影响,当了然当时认为期期不可者实非无见。一般人认为此书充分流露钧座保守思想之所在,而钧座只注意当时对国民教育之意义,未注意其可能引起之政治反响。此为儒家思想与时代思潮不尽能融会贯通之症结所在,似不容忽略者。"④

---

① 高素兰编《事略稿本》第53册,第15、80、178页。
② 陈方正编辑、校订《陈克文日记》下册,1943年4月3日,第697页。当时国民党中央要求各级官员阅读该书并写出心得,即国民党高官亦不能免。据王子壮记载:"今日起开始点读中国之命运,盖先将此书作一遍详细之审阅,如有所见,加以眉注,然后就所观察写成一篇研读后记,今日整日始读完一半,明日大致读完,后日可以开始写出,以时限太促,内容想不全精研细读也。"(《王子壮日记》第8册,1943年4月7日,第139页)但是很多高官并不将此当回事。据陈克文记载,时任行政院副院长孔祥熙和秘书长张厉生均将写读书笔记事批交编译组主任罗教书办理。他认为:"孔副院长此举尚有可说,惟张殊属不当。张平时对于委员长固以服膺自期许,对于做事亦以切实不敷衍为标榜,独对于此书乃竟以敷衍出之。不只在张个人为不诚,且予僚属以不良之印象。张常勉励僚属,对于小组会议、学术会议,读书报告等委员长所属意办理之事必须认真,何以自己对于委员长手著之重要著作奉命研读,竟完全以敷衍态度出之邪?无论以何种理由解释均不可通。使委员长知之,以最高行政机关之僚幕长尚不免以虚伪之态度相对,不知委员长作何感慨也。"见陈方正编辑、校订《陈克文日记》下册,1943年4月9日,第698—699页。
③ 西南联大知名教授闻一多在抗战初期认为"蒋委员长领导我们放心"。但是随着抗战的进行和环境的变化,闻一多的政治态度也在变化。他对《中国之命运》的评论是:"五四给我的影响太深,《中国之命运》公开向五四挑战,我是无论如何受不了的。"见闻一多《八年的回忆与感想》,转引自吴锦旗《抗战时期大学教授的政治参与研究》,南京大学出版社,2012,第117页。
④ 《张治中回忆录》,第408页。

国民党高层对《中国之命运》出版的不安,主要来自书中对鸦片战争以来的列强入侵尤其是以英国发动的鸦片战争为起始而压迫中国签订的不平等条约体系对中国的压迫和束缚多有批评,担心因此而影响英美同盟国的对华态度。据王世杰记载,"蒋先生所著之《中国之命运》一书,原稿中颇多指摘英国之语,后经删去。"即便如此,张群"对于书中指摘英、美、俄过去对华政策部分,深以有伤友邦感情为虑"。当蒋介石要求出版该书英文版时,王世杰"深以此书对友邦人士多所刺激为虑,力言如译成英文,须摘由意译,删略一切刺激外人之语"。王宠惠、何应钦、吴铁城、朱家骅等在讨论中,亦"群感忧虑。亮畴素日甚缄默,当时亦多忧虑之语"。① 在军委会根据蒋介石的要求集体开会研讨《中国之命运》时,"咸谓第三章(不平等条约影响之深刻化一章),不惟过于刺激英国,其他各友国亦极难堪,在今日而言此,殊嫌不智"。② 据在蒋介石身边工作的唐纵记载,"《中国之命运》一书,外间批评颇多。最多数的人,认为不平等条约业已取消,何必再责备和得罪英国人。有一次军事会报,何总长、白副总长提到此事,委座云,我正为此而写,你们军人,不应怕得罪外国人,外间有人指此书为陶希圣所写,共产党更是以此而大肆宣传,谓陶宽恕了日本,而苛责英人,似此误会,岂不痛心!"③ 驻苏大使傅秉常认为,《中国之命运》将"引起英国之极大不满"。④ 驻美大使魏道明认为:"《中国之命运》一书,蒋先生受到之批评固属不良,而中国国家受到的影响亦极

---

① 林美莉编辑校订《王世杰日记》上册,1943 年 3 月 18、24、30 日,4 月 9 日,第 495—499 页。王宠惠坚持反对该书的出版。据陈布雷告顾维钧,王宠惠认为"那本书过分强调了所谓不平等条约","担心美国人和欧洲人会对此深感不安,因此建议进行彻底修改"。陈布雷的回应是:"如修改过多,就会不仅背离原书宗旨,而且大部分需要重印。"他说,蒋介石认为"该书主要是为国内读者而写,翻译时,可将原文口气缓和一些,内容精简一些"。见《顾维钧回忆录》第 5 册,第 207—208 页。
② 《徐永昌日记》第 7 册,1943 年 4 月 8 日,第 57 页。
③ 《唐纵日记》,1943 年 5 月 12 日,第 355 页。陈克文认为,《中国之命运》第三章谈不平等条约对社会及伦理的影响,"似乎说得过火了些",第七章谈国民党的领导地位,"训话的气味尤重"。"觉此书(一)宣传之气味成分过多,不免减低其讨论事理之价值,(二)对英外交恐将引起不良之影响"。见陈方正编辑、校订《陈克文日记》下册,1943 年 3 月 23 日、4 月 3 日,第 692、697 页。
④ 傅锜华、张力校注《傅秉常日记》,1943 年 9 月 25 日,第 101 页。蒋介石自己也认为,该书出版后"最受影响者"之一为英国。见《蒋介石日记》,1943 年 10 月 7 日。

恶劣。"① 英美舆论包括政界对《中国之命运》的反应确实比较负面，这主要并非来自书中对不平等条约的批评，因为不平等条约对中国的强迫性和不平等含义，是英美舆论也无法或无能为之过多辩护的，而是来自书中对自由主义的批评，这被认为是国民党和蒋介石专制独裁的表征之一。1944年6月，美国副总统华莱士（H. A. Wallace）访华时，当面向蒋介石表达对《中国之命运》的"苛刻与狭小甚为怀疑"，蒋却认为华莱士见到他后，感觉他"并不如书中所想象者云，此必翻译此书之文笔故作恶意之误译，应速另印已译之正文分送为要"。② 但无论外界的反映如何，《中国之命运》仍然一版再版，成为此后国民党力图维持其自身统治地位及蒋介石个人独裁的主要理论依据。

因为《中国之命运》对国民党一党专政统治的显然维护及其对共产主义和共产党的明显攻击，中共对《中国之命运》的出版十分关注，认为"其中心目标就是反对共产主义与共产党，并为内战作准备，最近且利用共产国际解散机会，宣传取消共产党取消边区，调集大军于边区附近，企图压迫我党作城下之盟"。③ 作为对国民党政治反击的一部分，中共布置对该书予以严厉的公开批判。

中共对《中国之命运》的批判，由毛泽东亲自组织进行。《中国之命运》出版不久，1943年4月，毛泽东告中共宣传工作负责人、中共中央宣传部部长凯丰："《中国之命运》我已要陈伯达写一意见（数千字，征引原文），送政治局各人看，看后再考虑办法。"陈伯达随后即开始批判文章的写作。其后共产国际解散，国民党企图"闪击"延安，中共认为这是又一次反共高潮的到来。7月7日和13日，毛泽东在中共中央政治局会议两次发言，提出国民党公开制造反共舆论，现在情况变化，要采用以宣传对付他们的反共宣传，实行政治攻势，打击国民党的反共气焰。④ 7月18日，《解放日报》发表社论，其中说"今年三月，大后方出版了一本中国法西

---

① 《徐永昌日记》第7册，1944年4月2日，第272页。
② 《蒋介石日记》，1944年6月25日。
③ 《关于加紧进行阶级教育打破对国民党的幻想的指示》（1943年7月23日），《中共中央抗日民族统一战线文件选编》（下），第659页。当时在重庆的董必武于7月中旬致电中共中央，建议组织力量批判《中国之命运》，对国民党顽固派展开一个宣传攻势。见《董必武年谱》，第183页。
④ 《毛泽东年谱（1893—1949）》中卷，第434、451、456页。

斯主义的'经典'",① 实际是不指名地点出《中国之命运》是宣传法西斯主义的"经典"之作。7月21日，由陈伯达署名的文章《评〈中国之命运〉》在《解放日报》以两个版的篇幅发表，拉开中共公开批判《中国之命运》的序幕。②

《评〈中国之命运〉》虽然由陈伯达写作、署陈伯达之名发表，但实际经过毛泽东的亲笔修改和加写，其开篇第一段便反映了毛泽东写批判文章时典型的犀利泼辣的文风：

> 中国国民党总裁蒋介石先生所著的《中国之命运》还未出版的时候，重庆官方刊物即传出一个消息：该书是由陶希圣担任校对的。许多人都觉得奇怪：蒋先生既是国民党的总裁，为什么要让自己的作品，交给一个曾经参加过南京汉奸群、素日鼓吹法西斯、反对同盟国、而直到今天在思想上仍和汪精卫千丝万缕地纠合在一起的臭名远著的陶希圣去校对呢？难道国民党中真的如此无人吗？《中国之命运》出版后，陶希圣又写了一篇歌颂此书的文章，中央周刊把它登在第一篇，这又使得许多人奇怪：为什么中央周刊这样器重陶希圣的文章？

---

① 《再接再厉 消灭内战危险》，《解放日报》1943年7月18日。
② 陈伯达，时任中共中央政治研究室副主任兼毛泽东的政治秘书。据他回忆，毛泽东看到《中国之命运》后，对他和几位"秀才"说：蒋介石给你们出题目了，叫你们做文章呢！陈"领会毛主席的意思，是要我们写反驳的文章"。陈很快写出后，毛泽东"在原稿上添了好些极尖锐、精彩的句子"。他坦承："毛主席加上去的话，气魄比我大得多，非常深刻，非常有力，我是远远比不上的。"（叶永烈：《陈伯达其人》，时代文艺出版社，1990，第127—128页）在陈伯达文章写完还未发表前，毛泽东致信中共党报解放日报社社长博古和总编辑陆定一，告"陈伯达文章看过改过"，指示他们在《解放日报》以两个版一天登完，再以两天或三天广播两次，另在日内印1.5万本小册子，"以此作一次大宣传"，并指示"印时请定一亲校一次，使无错字"。陈伯达文章发表的当天，毛泽东为中共中央宣传部起草致各根据地党委电，要求各地收到陈伯达《评〈中国之命运〉》后，除在当地报纸发表外，即印成小册子。一切干部均须细读，加以讨论。一切学校定为必修之教本。一切地方应注意散发到国民党军队中去。应乘此机会作一次对党内党外的广大宣传，切勿放过此种机会。毛泽东还致电董必武，指出："蒋企图以宣传攻势动摇我党，以军事压迫逼我就范……我为彻底揭穿其阴谋并回答其自皖变以来的宣传攻势计，除已发之通电及解放社论外，并于本日公布陈伯达驳斥蒋著《中国之命运》一书，以便在中国人民面前从思想上理论上揭露蒋之封建的买办的中国法西斯体系，并巩固我党自己和影响美英各国、各小党派、各地方乃至文化界各方面。"还要求南方局将该文印译成中英文小册子，在中外人士中散发，并搜集各方面对此文的反应。见《毛泽东年谱（1893—1949）》中卷，第458—459页。

难道蒋先生的作品非要借重陶希圣的文章去传布不成？总之，所有这些，都是很奇怪的事，因此，引起人们的惊奇，也就是人之常情了。

文章开宗明义，点明该书的实质是："一言蔽之，反对自由主义与共产主义，实际上主张买办的封建的法西斯主义，或新专制主义（虽然形式上仍戴着'三民主义'的帽子），因此使人们大失所望！"文章接着说："我们马克思主义者素来鄙薄那种掩盖自己政见的人，蒋先生并不掩盖自己的政见，在这一点上我们是欢迎的。我们共产党人对于蒋介石先生此书是不同意的，我们既有不同意见，我们就有责任把自己的意见公开出来，以求国人之审察。""真理是不怕辩论的，怕辩论的就不是真理。无数的国民党刊物对于毛泽东同志的《新民主主义论》，批评得一塌糊涂，我们至今还没有回答；现在就以蒋先生此书为契机，发表我们共产党人的意见吧。"①

文章分章批判了《中国之命运》的论述，并有重点和针对性地批判蒋介石对共产党的攻击和对国民党的称赞。文章痛批蒋的言论：

蒋先生在此公开反对英美的自由主义思想与苏俄的共产主义思想，实在可怪之至。一切法西斯国家以及汉奸汪精卫，不正是每时每刻都在狂吠反对自由主义与共产主义吗？蒋先生此书一出，难道不怕希特勒、莫索里尼、东条、汪精卫辈引为同调，而是罗斯福、丘吉尔、斯大林以及一切反法西斯的人们觉得可惜，觉得齿冷，觉得丧气吗？

文章高度肯定中共的独立自主，指出中国共产党"真是一个十全十足的'为中国而学亦为中国而用'的中国人自己的革命政党，在中国，再没有可以和它相比拟的了"。针对蒋介石书中"没有三民主义，就没有抗战，没有中国国民党，就没有革命"的说法，文章针锋相对地指出："没有中国共产党，则三民主义就没有新的内容（首先是民族主义中的反帝废约的内容）；没有中国共产党，就没有大革命以来直至今天的中国国民党；没有中国共产党，则不但大革命的局面不可设想，即六年来大抗战的局面亦

---

① 陈伯达等：《评〈中国之命运〉》，新华书店晋察冀分店，1945，第1—3页。

不可设想。"文章总结说：《中国之命运》概述的"革命建国的根本问题"，其基本内容，就是反对民主政治，反对思想自由，"这真是中国政治危机的所在，中国国民精神（思想）危机的所在"。而"中山先生积四十年的革命经验，其所得的中心思想是唤起民众"；"唤起民众的中心问题就是民主政治和思想自由，民族力量因此就可以发扬，而反革命路线必将一概加以否认，民族力量因此就可以被绞杀"。① 陈伯达的文章其实传达了中共和毛泽东对《中国之命运》的看法和定性，在理论阐释之外，更着重现实关怀，与当时揭露国民党"闪击"延安的图谋相联系，成为中共批判国民党的宣传反击战的重要环节。

中共中央还委托刘少奇组织一批学者对《中国之命运》进行系统批判。② 这些批判文章中有范文澜的《谁革命？革谁的命？》、艾思奇的《〈中国之命运〉——极端唯心论的愚民哲学》、齐燕铭的《驳蒋介石的文化观》、何思敬的《驳蒋介石的法律观》、吕振羽的《国共两党和中国之命运》等。这些批判文章从政治、哲学、历史、文化、法律、伦理、社会等方面，公开点出蒋介石之名，严厉批判《中国之命运》的论述，同时历述中共的革命实践，阐释和发挥了毛泽东的新民主主义理论。

除了这些公开的批判之外，毛泽东在中共的内部电文和讲话中，也对《中国之命运》做了尖锐的批判。他在对中共中央党校学员的报告中，批判蒋介石说："最近国民党出了一本书，是蒋介石著的，名叫《中国之命运》。他在这本书中说没有国民党就没有中国，不知他是从哪里考证出来的。各位有看过历史书和小说的，《三国志》、《水浒传》、《封神榜》、《红楼梦》上都没有国民党，还不是照样有中国。国民党有五十年的历史，它在中国旧民主主义革命时期做过一些好事，但是，中国革命的第一步由半殖民地半封建社会转变为民主主义社会的任务它并没有完成……抗战是革命。可是抗战时期国民党又搞法西斯。"③

---

① 陈伯达等：《评〈中国之命运〉》，第1—52页。
② 1943年7月13日，刘少奇在中共中央政治局会议发言说，在宣传工作上应采用新的方针。不要怕蒋介石投降分裂。要抓住蒋介石的流氓政治。对蒋介石的《中国之命运》要痛驳。会后，刘少奇受中共中央委托主持召开干部会议，部署写文章批判《中国之命运》。见《刘少奇年谱》，第427—428页。
③ 《在中央党校第二部开学典礼上的讲话》（1943年8月8日），《毛泽东文集》第3卷，第57页。

对中共之所以在此时点名批判《中国之命运》和蒋介石，周恩来做了权威解释：

> 抗战前一段时间里，我们的政策重心在争取他抗战，故强调其可变性与革命性，而只注意其动摇性与被动性就够了。抗战初期，我们的政策重心在争取他长期抗战，全面抗战，故强调持久战，强调团结、进步，反对投降、分裂、倒退，于是就要深刻地认识到他的妥协性与两面性。等到现在，他的抗战作用日益减少，反动方面日益扩大，并且著书立说，出了《中国之命运》一书。这样下去，必致抗战失败，内战重起。故我们就要公开地揭穿其法西斯实质了。①

中共这次对《中国之命运》的批判，是对国民党反共宣传的反击，加上前此对国民党企图"闪击"延安的公开揭露文章和通电，形成一波颇具声势的宣传攻势。毛泽东认为："过去宣传总是不痛不痒，唯独此次打到痛处，故能动员群众压倒反动派气势。"在接到国民党部分干部如胡宗南等对中共批判文章争相阅读、读后表现沉默的情况反映后，毛泽东又指示，将文章加印1万本，专发西安与沿途驻军，并"开展广大有力的出版发行工作，废除官僚主义与被动态度"。②

中共对《中国之命运》的批判，打破了全国抗战开始后不直接点名批评蒋介石的先例，令蒋介石深感刺痛但又无可奈何。蒋介石曾有言："如出以宽容之意，则适中匪类此次反宣传之计，否则如出以严正态度，则又为匪类借口，作反宣传资料，故当此轻重皆非之时，惟有暂取静默以事实证明匪类反宣传全出诬妄也。"③ 其实，中共出版的批判《中国之命运》的小册子，蒋介石是看到了的，他自认为，这"不足为异，毫无理论根据，决不能煽动阅者对中国命运本书之信心"；"毫不动心，此种横逆与诬蔑之来，今则视同无物矣"；"此乃预想所及，然未料其反感有如此之大也……

---

① 《论中国的法西斯主义——新专制主义》（1943年8月16日），《周恩来选集》上卷，第142—143页。
② 《毛泽东年谱（1893—1949）》中卷，第467—468页。
③ 《蒋介石日记》，1943年7月25日。陈布雷认为："中共近月来竟直接攻击委座，想见其企图之恶劣也。"见《陈布雷先生从政日记稿样》，1943年8月23日，第640页。

此书作用已生效果，以余意本在此也"。① 但从他对中共批判的密集反应看，蒋介石还是很在意外界尤其是中共对此书的评论的，只是国民党缺乏理论人才，又担心英美的反应，无法做出像样的反击。②

经过了1943年国民党部署"闪击"延安图谋的未成和围绕《中国之命运》出版的舆论战，国共两党关系较前此两年间的相对缓和有了很大的变化，并在国共两党领袖的战略战术规划中，得到明确的表达。蒋介石认为，对中共"除武力之外，再无其他方法可循，如此只待其时而已，但时间未到，惟有十分隐忍，必以犯而不较之态度处之，不可小不忍以乱大谋"。"中共问题，无根本消灭之法，但不能不有解决之方案……否则养痈贻患更何设想也。"在他心目中，延安"必须于德俄战争未了之前与倭俄未确实妥协之时，更须于我对倭总反攻之前，从事肃清为要，过此则无此良机"。因此，"二年之内必欲解决其事也"。③ 毛泽东则提醒中共全党："外国的帝国主义，中国的大地主大资产阶级，他们要压迫我们，我们就非推翻他们不可。但是今天我们主要是打日本帝国主义，还不是推翻什么大地主大资产阶级，因为他们今天还在抗战，就是日本帝国主义被打倒以后，我们也不愿意同他们打仗。但是，看样子国民党是下决心要同我们打了，他们没有一时一刻不是在想要消灭我们。因此我们要警惕，不要像第一次国共合作时上了他们的大当……在一九四三年三月，蒋介石的那本书上还在骂共产党。这次国共合作，我们可不要再上当了。"④ 话都说得很明白。随着形势的发展，1944年的中国又出现了国共两党围绕联合政府的新一轮政治较量，并随着抗战胜利的渐趋临近，两党之间为抗战胜利和战后中国的规划都在未雨而绸缪。

---

① 《蒋介石日记》，1943年10月3、4、7日。
② 蒋介石后来承认，对中共之宣传文字，"中央秘书处不仅其文译本不通，而且中文亦恶劣非常，几乎大半文字皆为共党所宣传其英勇，而表现我军、我党之怯愚无能，阅之痛心！因叹本党干部拙劣，无从而又无一人愿负责主译，皆恐共党以后得势不能自效，故不敢修正一字也。本党休矣"。见《蒋介石日记》，1944年3月2日。
③ 《蒋介石日记》，1943年7月24日、8月25日。
④ 《在中央党校第二部开学典礼上的讲话》（1943年8月8日），《毛泽东文集》第3卷，第61—62页。

第六章
抗战后期的中国政治

全国抗战进入相持阶段以后，国民党的统治力处在不断磨蚀和下降的过程中。国民党内各级官员的贪腐行为日渐滋长，甚而发展到其高层，如孔祥熙亦牵涉其中，更加剧了社会各界对国民党的不满。中间势力及其代表党派兴起，提出民主化的政治诉求，中共提出"联合政府"的政治主张，美国亦对国民党的腐败无能表示不满，国民党处在内外压力之下，疲于应付。全国抗战后期，国共两党都在为抗战胜利及战后政治而筹谋，而战时中国政治格局的变化，表现为国民党领导力的相对下降和共产党影响力的全面上升，中国政治格局因为抗战而出现了大的变化。

第一节 国民党统治力的下降

一 蒋介石出任国民政府主席

1943年5月，国民政府主席林森接连遭遇车祸和中风而致卧床不起，延至8月1日，年已75岁的林森在重庆去世。

国民政府主席虽为国家元首，但在国民党主导的统治架构下，其权力因人而异，并不固定。在1928年10月至1931年12月蒋介石担任国民政府主席期间，国民政府主席作为国家元首的名义和权力相一致，可谓名实相副，而且国民政府主席兼陆海空军总司令，掌握着至关重要的军权。在蒋介石的主导下，《国民政府组织法》经多次修订，主席权力不断扩张。根据1931年6月修订的《国民政府组织法》，国民政府主席可以提请任命五院院长（此前由国民党中央执行委员会选任）、公布法律、发布命令（此前由国民政府会议议决）。因此，国民政府主席"实有极大的任免权"，"权力是十分隆重的"。但是，1931年12月，蒋介石在内外压力下辞去国民政府主席职,为避免接任者以此职位而掌握国家的最高权力,蒋在下野前特意主持修改《国民政府组织法》,大大限制了国民政府主席的权力,明确规定国民政府主席"不负实际政治责任","不得兼任其他官职",五院院长恢复为国民党中央执行委员会选任。① 国民政府主席成为礼仪性、象征性的虚职,并无实际的权力,"立于超然的地位,至多不过能向行政院及其他各院随时量予忠告,初不能决定,亦不能抵拒各院的政策"。此后,时任立法院院长的林森因"年高德劭"出任国民政府主席,他被外界认为在任上"恬静守法,对于各院的决定,亦从未采取干涉态度"。② 国民政府主席任期原为两年,结果因内外各种因素,林森的任期一延再延,连任12年,直至逝世于任上。

林森逝世,致国民政府主席一职出现空缺。国不可一日无君,由谁接任此职,遂成为国民党必须考虑的事。或者是维系旧制,仍由"年高德劭"者担任,不负实际政治责任,但是,此时中国的国际地位因抗战而有很大的提升,国民政府主席对外代表国家,其活动更多,地位较前更为重要,维系旧制,完全由摆摆样子的"年高德劭"者出任,难与同盟国领袖平等对话,客观上有改变的必要。而就主观言之,蒋介石则有强烈的意愿出任此职。蒋这时担任国民党总裁、国防最高委员会委员长、军事委员会委员长、行政院院长等职,虽然掌握着实际的最高权力,但还不是国民政府的主席,还不能对外以国民政府的名义发布命令等,距离名义上"全能"的最高统治者毕竟还有一步之遥,国民政府主席的职务,对蒋是有莫大吸引力的,何况他早在12年前就已担任过此职。林森在世,蒋介石格于现有平衡无法做出变动;林森离世,则为蒋介石出任此职提供了良机;而以蒋介石当时的权势和地位,国民党内也无人可与争锋,只要蒋有出任此职的意愿,则非其莫属。

还在林森因病卧床不起之时,考虑到国民政府主席的职务和职责不能或缺,王世杰和吴铁城、陈布雷去见蒋介石,请示机宜,蒋谓"由行政院长暂代为宜"。③ 蒋介石这时正担任行政院院长,可见蒋当仁不让,直截了当地表示了出任此职的意愿,他是在幕后推动国民政府主席改制的最大

---

① 陈之迈:《中国政府》第1册,第150—151页。
② 王世杰、钱端升:《比较宪法》下册,第218页。
③ 林美莉编辑校订《王世杰日记》上册,1943年5月29日,第510页。

推手。

1943年5月29日，国民党中常会通过决议，修改《国民政府组织法》，增加"国民政府主席因故不能视事时，由行政院长代理"的条文，并删去国民政府主席"不得兼任其他官职"的条文，①从而为蒋可能的接任预留地步。8月1日林森逝世，当晚国民党中常会即决议由蒋介石代理国民政府主席。蒋介石在当天的日记中写道："林主席逝世以后，国府主席不得不自兼此职，否则内部又生意见，以不能互让与互尊是为今日社会与国风最大之恶习。"②既有早先5月间对国民政府主席代理问题的决定，此时蒋意愿由自己接任国民政府主席，于他而言，也是自然而然之举。

蒋介石虽有接任国民政府主席的意愿，但在国民党高层内部，对他是否接任及如何接任则有不同看法。在蒋身边工作的中央设计局局长熊式辉早先曾建议由孔祥熙接任国民政府主席。③林森逝世后，熊式辉曾当面询问蒋介石，国民政府主席"是否由总裁兼，抑另推人？"蒋告"仍由我兼之，以免他人争议"。熊又询蒋"自兼之利害如何？"蒋认为"无何不可"。无独有偶，同在中央设计局任秘书长的王世杰也不主张蒋介石接任国民政府主席，理由是"国府主席对政治不负实际责任，且不能兼理他职。否则修改法制，法因人变，不妥"；"总裁兼主席非改制不可，利少害多，不如不兼，但注重政局之革新"。④王世杰认为，如果由蒋"兼任不无困难，因主席为'不负政治责任'之人，而行政院院长、军委会委员长则均为负责之人，长期兼任，将使法律失其意义"。因此，他主张"仍以依法推选德望崇高者一人继任为宜，不必于此时修改国府组织法，推请蒋先生充任"。⑤熊式辉和王世杰当时与蒋介石的关系都较为亲近，熊且被外界认为是蒋所信任的谋臣之一，他们为何不能体会蒋意，不主张蒋接任国民政府主席，究其本意倒不全是反对蒋任此职，而是认为此既为虚职，则蒋接任无甚意义，如果改为实职，则又牵涉到修法，可能给外界留下因人设事的印象，于国民党和蒋介石都未必有利。但他们的看法不过是谋

---

① 《国民政府公报》渝字第574号，1943年5月29日。
② 《蒋介石日记》，1943年8月1日。
③ 林美莉编辑校订《王世杰日记》上册，1943年7月2日，第518页。
④ 洪朝辉编校《海桑集——熊式辉回忆录》，第418—419页。
⑤ 林美莉编辑校订《王世杰日记》上册，1943年8月7、21日，第527、529页。

臣之见，蒋介石当然要做有职有权的国民政府主席，为此而修法对蒋而言也不是什么难事。8月18日，陈布雷告唐纵，对国府主席问题，"委座已有允意"。① 8月28日，蒋介石约集国民政府五院院长和国民党高层官员讨论此事时，戴季陶、王宠惠、吴铁城等都提出修改《国民政府组织法》的意见，蒋虽"未作表示"，但意思却很明白，"实际上势将修改组织法"。②

随后，9月召开的国民党五届十一中全会通过修改后的《国民政府组织法》，决定国民政府主席任期由两年改为三年，连选得连任；国民政府主席为陆海空军大元帅，对外公布法律、发布命令；五院正副院长由主席提请国民党中执会选任；国府主席对国民党中执会负责，五院院长对主席负责。③ 国民政府主席的职权全盘恢复到1931年蒋介石下野前的状态。9月13日，蒋介石正式接任国民政府主席。④

蒋介石出任国民政府主席，担任了国民党治下党政军的所有最高职务，成为名实相副的个人集权独裁统治者，成为国民党统治架构中唯我独尊、说一不二的"最高领袖"。理论上，蒋之集权有利于在战时提高为政执行力，而在实际上，由于国民党的组织不健全，松弛涣散，组织力远远不够，蒋的决策经过层层传导之后，越往下执行力越低落；又加上蒋的兼职过多，即便依靠庞大的秘书班底，也无力及时处理所有重要公务，而国民党各级官员出于种种考虑，其工作往往又依赖于所谓蒋之"手谕"、"亲命"方能推动。如陈诚对胡宗南言，"一向各级对委座手令无不遵行，对侍从室所发次之，对各部命令确有不能遵行，亦不能实行者，现各部对各级均用委座手启"。然蒋之"苦痛"在于，"平时大家均极服从，一至重要

---

① 《唐纵日记》，1943年8月18日，第374页。
② 林美莉编辑校订《王世杰日记》上册，1943年8月28日，第531页。
③ 《国民政府公报》渝字第605号，1943年9月15日。
④ 英美舆论对国民政府主席职权因人设事亦持批评态度。"美国舆论对于蒋先生担任主席，即修正国府组织法为负实际责任之主席，颇表不满，因人而改法，将来他人任主席，必又将修改。"（《王子壮日记》第8册，1943年11月12日，第439页）青年党领导人李璜则注意到，蒋当选后"各地庆祝情形，亦无真诚热烈之感，比诸罗斯福获选及连任时各国狂欢热烈之情相差太远，盖一般观感，认仅为一种照例文章而已"。见《中统局关于青年党在四川活动的情报》（1943年10月28日），《中华民国史档案资料汇编　第五辑第二编　政治》（3），第306页。

关头，一般即动摇变态"。① 结果，权力集中于蒋，反而在某种程度上造成为政执行力的下降。刘斐认为："委员长感叹无人负责办事，实由委员长自己造成，将领骄不受命，必委员长手令，才有几分几的效率，派出人员必侍从参谋，此全系不运用组织，自毁机构能力。"② 王子壮认为："目前事权集中于总裁，一切比较统一易行，而其缺点，则在以向总裁上签呈之少数人为中心，各方顾虑未必能以周全，先后亦不免纷歧。如经常主持党政之中常会及国防最高委员会，蒋先生多不出席……其次，若干中央委员不特不能参与机要，且亦无适当之工作机会"；"蒋先生之日理万机，无暇考虑各方，而易为各方所蒙蔽，确为事实，加以好胜心强，不易接受各方之真确意见，为之幕僚者，乃顺其意旨，唯唯诺诺，不肖之徒，乃利用机会，以图利己，法纪荡然，此目前政治上症结之一"。③ 即有少数敢于直言提出不同意见者，亦不为蒋所喜，不为其重视或采纳。据徐永昌记载，某次，"关于蒋先生拟主办物价统制问题，张文伯反对由委员长主办，并及行政院开会，某人谓有委员长手谕云云。某人谓我已有委员长手谕，一箱都在，藏着不能办，此一手谕有何大不了。蒋先生大怒，立令文伯指出何人所言，并再三再四催促其指出，文伯窘甚。蒋先生曾言平均每日有六纸手谕，非如皇帝时上谕，令人必办，但受谕机关如无意见申述，则必须照

---

① 林秋敏、叶惠芬、苏圣雄编辑校订《陈诚先生日记》第1册，1944年11月25日，第665页。有人批评蒋鼎文"大部精神应付委座，一切认为听命委座即算了事；换言之，一切责任向委座身上推，自己完全不负"。陈诚认为："今日党政军干部大部如此，非蒋长官一人也。"见前书第1册，1944年5月13日，第535页。
② 《徐永昌日记》第7册，1944年4月23日，第286页。
③ 《王子壮日记》第9册，1944年4月24日，第165—166页；第10册，1945年6月30日上月反省录，第224页。王子壮在国民党中央机关工作，对蒋为政之琐细有切身体验。"蒋先生之事无巨细，躬自为之，故手谕纷纷，年数千条，此亦非政之善者，未能提纲挈领，由制度上督促全国共同向上也。""蒋先生要各机关切实实施分层负责，而自己手谕纷然，每致各机关弃置原有工作计划，专为应付手谕，而手谕又多系临时感触而无统一性，以致每有抵触。"（同前书第9册，1944年7月22日，第292页；第10册，1945年3月17日，第103—104页）早在1940年王子壮亦曾记载，即便是国民党中央委员，"以位居中枢，而国家要政竟为丝毫不知，除新闻外，人如询及中央政情，亦为瞠目"，他们的信息来源是国民党中央委员谈话会，而自谈话会停止后，"一般不能与闻机要之中委，对此渴望甚殷"。（同前书第6册，1940年11月25日，第330页）美国总统特使居里1941年2月在重庆访问时亦认为："蒋委员长兼职太多，负责至大而未确定继任者，万一其个人有非常事故，国家岂不陷于紊乱。"见《徐永昌日记》第6册，1941年2月28日，第47页。

办也云云"。①

　　蒋介石兼职过多,甚而有自己给自己下令发文的荒唐或无奈之举,而且,与所有独裁者的心态相似,蒋介石不信任下属,凡事总喜自己决策,以自己的意见为转移,甚而绕开必需的程序,我行我素,瞎指挥,乱指挥,结果造成国民党内事务巨细,无人能负责,亦无人敢负责。如徐永昌言,"委员长每好亲拟电、亲书信或亲自电话细碎指示,往一团一营如何位置等,均为详及,及各司令长官或部队长既不敢违背,亦乐于奉行,致责任有所诿谢,结果委员长之要求所至,战事愈不堪问矣"。②"部属对他有所陈述,事前总要揣摩他的想法,然后投其所好,承欢固宠,真理泯灭,正义消沉……从而阿谀奉承,蔚然成风。政风败坏,悉以此为始基。"③

　　蒋介石出任国民政府主席,强化了其个人独裁威权,也在国民党内引起了部分官员以强调对蒋的个人崇拜而邀功固宠之争。1943年11月7日,国民党中央组织部部长朱家骅借中国废除不平等条约及成为"四强"之机,发起向蒋介石的献鼎典礼,蒋事先并未特别反对,但国民党内不少人实不以为然,蒋也担心引起外界舆论尤其是英美舆论的批评,决定拒绝献鼎之举。据王子壮记载,"原以此举纪念新约成立,表示盛大之祝典,不意事先预演,由何总长代表,因费时达二十五分钟,及见鼎为正式之铜鼎,(蒋)即召朱部长至主席休息室,高声斥责不应出此,谓做事须有意义,符合时代潮流,而此举既无意义,又未合潮流,靡费及浪费时间,殊为不当。旋出而行开学礼,言及党员应知耻,则指献鼎为不知耻,并声言不用再献,我接受各位的意思好了。此事予朱骝先部长以当面责斥于大庭广众之中,至使人难堪,故朱氏有不愿干之表示"。王子壮继而认为:"总裁以雄才大略,本不免英雄自喜之心,近年以总裁身旁至少诤言,且往往蒙蔽事实以饰非。如物价高涨,彼并不深知,外出购物,左右则先嘱店铺低喊物价。此种作伪甚非国家之福,其尤者更利用弱点,以邀总裁之欢

---

① 《徐永昌日记》第6册,1942年11月8日,第502页。张治中因与蒋介石有良好的个人关系,平时较敢在蒋面前提出不同意见。某次高层会报时,蒋"先述党、政、军各机关之不振作,无战时气象,言下甚愤慨。张文伯冷笑曰,仅如此说说,恐亦无效。冷嘲、慨叹兼而有之,蒋先生无言"。见前书第7册,1944年11月24日,第490页。
② 《徐永昌日记》第7册,1944年6月12日,第332页。
③ 程思远:《政坛回忆》,广西人民出版社,1983,第146页。

心，献鼎之动机，实难逃此种责备。当此国家危急，前方浴血抗战、后方民生疾苦之时，新约虽成，是只我国在国际上之转机，收复国土，来日更有大难，于此时期献鼎志盛，未免太早。"其实，"朱氏之出此，事前曾有报告，请示献鼎时，则指定于训练团开学之时，彼并未有何反对之表示，且在签呈上批一'阅'字，其意盖谓'知道了'，何以突然来此打击？"王子壮认为，一是蒋之喜怒"原无一定"，一是因国民党内的派系之争，"对朱发生反感"。① 然喜怒不定也罢，对朱反感也罢，蒋介石对献鼎事实际未必反对，只是担心在大庭广众之下公开行此举，可能引发对其不利之反响，而其对此举从阅批到遽然发怒，亦反映出独裁者特有的喜怒无常之心态及独裁者下属逢迎层峰之祸福难料。

围绕着蒋氏个人独裁的国民党统治体系，在抗战过程中日渐磨蚀，从而也为战后国民党统治的迅速衰颓埋下了远因和伏笔。

二 战时贪腐的蔓延及查处

全国抗战时期，国民党执政下的贪污腐败行为自始即有各种表现，但在全国抗战前期，因为战事的急迫和中国独力抵抗日本侵略所需要的众志成城，格于内外压力，国民党执政当局对于贪腐行为还有较多的约束，各级官员的贪腐行为也还不至于太过彰显。抗战进入相持阶段后，国民党的政策走向日趋保守，各级官员的进取心也随之低落。随着相持阶段的继续以及国际关系的变化，尤其是在太平洋战争爆发之后，中国成为国际反法西斯同盟国阵营的重要成员，国民党上上下下都认为，中国的抗战已经得到国际支持，已经渡过其执政的难关，赢得最后胜利当无疑问，从而在政治上愈加保守，在军事上不思进取，在党务上缺少创新，在执政上没有开拓，使国民党染上了越来越深重的暮气。不少国民党官员在后方的所谓"和平"环境下，无所用心，无所作为，反而利用战时的特殊环境，大肆谋取个人私利，使贪腐行为迅速发展和蔓延，成为引起民众和社会舆论强烈反感及批评的焦点问题之一。

就体制建设而言，国民党有关约束和惩治腐败的法律、法规与体制、机构，基本上在战前已经建立，抗战开始后，根据战时的特殊需要，对其

---

① 《王子壮日记》第8册，1943年11月12日，第438—440页。

中有些法律、法规和体制、机构有所调整。

1938年4月1日，国民党临时全国代表大会通过《抗战建国纲领》，明文规定："严惩贪官污吏，并没收其财产"。① 同年7月，国民政府公布《惩治贪污条例》（后经多次修订），规定凡有碍于抗战的贪污行为，如克扣军饷、索取军火采买或军事建设回扣、盗卖侵占军用品、以军用交通工具运输违禁品、强征勒索、扰乱金融等行为均可列为贪污，可处10年以上徒刑直至死刑；其他经济贪污行为，可处7年以上徒刑直至死刑；预备犯罪者，可处5年以下徒刑；犯罪者的财物一律追缴；长官明知下属贪污有据而予以庇护或不为举发者，以共犯论；犯上述罪行者，依特种刑事案件之审判程序迅速审判并公开。② 该项条例对贪污罪的惩治规定，较战前刑法对贪污罪的处理显然更加严厉，处罚力度从10年徒刑加重为死刑，其适用之广、用刑之重为国民党当政时期所少见。1939年2月17日，国民政府主席和五院院长联名发布训令称："抵御外侮，必先修明内政，而厉行廉洁，整饬纪纲，尤为当务之急。当经制定惩治贪污暂行条例，公布施行，并通令各机关长官严密预防，切实检举……更不容有不肖官吏，贪污渎职，增加民众之痛苦，阻碍国策之推行。"③

1943年1月修订公布的《公务员服务法》则规定："公务员应诚实、清廉、谨慎、勤勉，不得有骄恣、贪惰、奢侈、放荡及冶游、赌博、吸食烟毒等足以损失名誉之行为"。鉴于公职人员经商的普遍性及其对官风和社会风气的不良影响，该法特别规定："公务员不得直接或间接经营商业或投机事业"；但同时又规定："兼任公营事业机关或特种股份有限公司代表官股之董事监察人，不在此限。公务员投资于农工矿事业而为股份有限公司股东、两合公司或股份两合公司之有限责任股东者，不以经营商业论"。在这样的"但书"之下，前条规定公务员不得经商的意义被大大消减，因为很多公职人员经商的途径，恰恰是担任股东，而且是有特权的股东，既然担任股东不算经商，他们的"事业"当然也就不受任何影响了。④

---

① 《抗战建国纲领决议案》（1938年4月1日），荣孟源主编《中国国民党历次代表大会及中央全会资料》下册，第486页。
② 国防部：《绥靖政工手册》丁编，编者印行，1946。
③ 《国民政府公报》渝字第128号，1939年2月17日。
④ 《公务员服务法》（1943年1月4日），《国民党政府政治制度档案史料选编》下册，第72—73页。

除了颁布法律条例之外，国民党中央全会还曾屡屡通过提案，要求惩治贪腐。如1941年12月，国民党五届九中全会通过决议称："国民政府并先后明令整饬纪纲，颁布贪污治罪条例及各种官规，法令规章不为不备。顾施行之际，或因监督未臻严密，或以方法未尽周详，遂是吏治未易澄清，法令难收实效……至于监察检察之职权，尚未能充分发挥效能，以致吏治整饬工作极感艰辛，贪污腐恶，常逃法网"。要求"厉行监察检察职权。修明政治，首重整肃官方；监察与检察机关，关系至为重大。今后监察院应依照治权行使规律，充分行使职权，监察委员对于违法失职官吏，应无所瞻徇，严正纠弹，各监察使应以时出巡，检察官应充分行使其检举职权，务使贪劣者无以幸存，廉能者更知自励"。①

在监察体制功用的调整方面，国民党在抗战时期的重要举措，是赋予监察院纠举权和建议权。根据《非常时期监察权行使暂行办法》的规定，"监察委员或监察使对于公务员违法或失职行为认为应速去职或为其他急速处分者，得以书面纠举，呈经监察院院长审核后，送交各该主管长官或其上级长官。其违法行为涉及刑事或军法者，得交各该管审判机关审理之"。主管长官收到纠举书后，"应即决定撤职或其他行政处分，其认为不应处分者，应声复不应处分之理由"。主管长官不作为者，"监察院应即以该纠举文件为弹劾案，移付惩戒机关。各该主管长官或其上级长官于被弹劾人受惩戒时，亦应负责"。同时，该办法还规定，对各机关或公务员对应办事项奉行不力或失当者，监察委员得书面提出建议或意见，主管机关应为适当之处置。② 纠举权赋予监察院一定的执行权力，相较过往弹劾案移付惩戒机关后迟迟没有下文的拖拉状况，纠举权的作用更为迅捷、简便、直接，处理时限和效率亦有不少提高。建议权的规定，则扩大了监察院的工作权限，因为监察院的监察工作，本为"惩戒贪墨于事后"，而建议权的行使，有助于"纠正违法于事前"，各机关"议而不决，决而不行，行而不力者，监察院得随时提出质问，以促其注意"。③ 故该办法的实行，

---

① 《增进行政效能厉行法治制度以修明政治案》（1941年12月20日），荣孟源主编《中国国民党历次代表大会及中央全会资料》下册，第750、752页。
② 《非常时期监察权行使暂行办法》（1938年8月27日），《国民党政府政治制度档案史料选编》上册，第323—324页。
③ 陈之迈：《中国政府》第2册，第248页。

对提升监察院的地位和工作效率亦有一定的积极意义。自1937年到1947年，监察院共提出纠举案884件，涉及1539人，建议案1184件。① 从1942年到1947年，监察院共提出弹劾案560件，涉及941人，其中政务官只有7人。② 如果以弹劾和纠举的比例而言，显见纠举案在当时的监察工作中已经占据着相当的分量。

鉴于战前和战时监察制度实行过程中的利弊得失，监察院亦曾提出有关改革监察工作的设想。一份由多位监察委员提出的改革监察制度办法的提案，系统提出了若干加强监察制度的建议：（1）惩戒机关应即隶属监察院；（2）质询权应即试行；（3）重大建议得用密封送出；（4）监察委员为执行职务得指挥军警宪团统一行动；（5）弹劾案移付惩戒后得由监察院公布；（6）涉及军法及刑事案件得先送审判机关审理；（7）对于人民书状可以不公开批答；（8）监察使任期届满不得连任；（9）充实组织增加经费。该提案主张监察院应有弹劾、纠举、建议、质询、考核、惩戒、审计、逮捕权。③ 不过，由于这项加强监察制度的提案牵涉面甚广，对监察院赋予的权力过大，如果实行势将引起诸多反响以至反弹，所以提出后未见下文。

全国抗战时期，国民党为了强调其执政党的责任和地位，也加强和提高了对党员的监督要求。抗战时期发给国民党党员的《党员须知》中提出："贪污中饱是政治腐化的病根，吏治不上轨道最大原因，直接增加人民的痛苦，间接在党治之下，会引起人民对党不良印象，甚至摇动了对党的信仰。因此，对于贪污行为，必须彻底根绝，不管他是否党员，也不问是什么机关或团体，凡是有我们的同志的地方，都应时时予以监视，如有贪污现象发生，应立即搜罗事实和证据，向党报告……此外，人民的一切痛苦，及公务员的虚伪敷衍，欺骗蒙蔽，及一切腐化不尽职的现象，当然也在调查之内。"④ 在组织方面，抗战时期除了国民党的各级监察委员会之外，还由中央派出监察委员驻省，省党部向各分区派出常驻委员，并布置

---

① 郭宝平：《民国政制通论》，山西人民出版社，1995，第218—219页。
② 吴学衡：《十八年来监察工作的检讨》，《中央日报》1948年6月4日。
③ 《监察院为拟具〈健全监察制度办法〉请予颁行事致国防最高委员会呈稿》（1945年2月1日），《国民党政府政治制度档案史料选编》上册，第327—330页。
④ 中国国民党中央执行委员会秘书处编《中国国民党党员须知》，编者印行，1942，第116页。

党员监察网，以"对下级党部及党员执行监察任务"。① 国民党党内监察在抗战时期的总体趋势是，"偏重于上级党部对于下级党部的监督，同级的监察委员会的监察渐次不能按照原来设置的目的而运用其职权"；县、区监察委员会不再设置，而由省党部所派分区常驻委员总揽，由党员监察网协助进行（党员监察网在每区分部有 1—3 人为监察员，负责调查监督所在地党员的言行，密报县监察委员会办理）。② 战前国民党党员受惩戒者 5511 人，年均 918 人，其中大多数受的是轻微处分，永远开除党籍者 413 人，多数是因与中共的关系或为反蒋问题；战时国民党党员受惩戒者 3422 人，其中永远开除党籍者 1382 人，多为汉奸。③ 无论是战前还是战时，受惩戒者多为牵连政治因素而非有关贪腐问题。

抗战时期，前方将士奋力抵抗，后方民众生活艰难，而与此形成鲜明对照的，却是部分国民党官员的奢靡生活与贪污腐败。据王子壮记载的几例，何应钦夫人"作五十整寿，大张筵宴，百元一桌，订有二百桌，两日如此，足见盛大。腰缠虽多，似亦不宜于国家危亡之际作此表现，民众对之具何感想"。戴季陶嫁女，"衣裳翩纤，云从甚盛，尤以女宾服饰有争奇斗艳之概。盖一为政府之首长，一为实业界之领袖（戴女嫁的是豫丰纱厂经理束云彰之子——引者注），适足以代表富贵之两阶级……着锦绣之彩衣者若干人，蓬松其发，华丽其服，高跟其履，何殊与战前，由此等人身上，无由知抗战已至八年，现在最艰苦之时期也"。铨叙部部长贾景德为获考试院院长戴季陶之欢心，戴"生日之前晚，均送两桌翅席暖寿，已行之有年。近更鉴于院长之宠太太（赵小姐，即前戴夫人之姨侄女），于是更送两桌为太太暖寿。尤有进者，赵小姐之生女出嫁，院长对亲家交谊甚厚（束云彰，豫丰纱厂经理），对束君生日亦送两席暖寿……对于一切公用物之购，有所谓公积金者，即照购价多一成或数成扣得之，以为部长之需。如前述招待费两餐之用何以达十万，盖部长家中伙食赖此以出帐，此真所谓两利，而唯苛刻工作人员，媚上凌下有如此者，真余所见官僚之典

---

① 《临全大会关于确立领袖制度省取主任委员县取书记长制度并设立青年团和对党员进行训练和监察之决议》（1938 年 3 月 31 日），《国民党政府政治制度档案史料选编》上册，第 11 页。
② 陈之迈：《中国政府》第 1 册，第 70—71 页；中央训练团编《中国国民党法规辑要》，编者印行，1942，第 295 页。
③ 王奇生：《党员、党权与党争：1924—1949 年中国国民党的组织形态》，第 314—315 页。

型。蒋先生方称其工作第一，戴院长誉为干员，是国家政治方逐日较昔年北京政府腐恶以甚，可不叹哉！"①

虽然国民党也通过了种种预防和惩治贪腐的法律、法规、行政命令，国民党中央对惩治贪腐亦曾三令五申，警示告诫，然其实施的效果较纸面的条文却大打折扣，可谓十不及一二，贪腐行为日渐滋长蔓延。早在全国抗战初期，王世杰就注意到，"近年以来，跳舞竟成风气。政府中人以及军事长官，多蹈此习"。这使蒋介石也不能不"约集中央党部及政府人员，痛诋此习"。② 尤其是在役政、粮政、财政、贸易等部门，可谓贪污腐败的高发区。事关百姓最基本生活的粮政，有人揭露是"无事无弊，无弊无夥，即有控告，委员查办，多系通气，彼此维护，演成流案，清结无期，

---

① 《王子壮日记》第7册，1941年12月31日，第370—371页；第10册，1945年1月28日、3月27日，第39、116页。当然，也有不少奉公守法的一般公务人员，生活颇为艰辛。如王子壮的秘书，"家中售卖一空，前两月将久买存汗衫两件，以之售洋肆千元，以贴家用，今日已空，家中六口，无法生存，衣服褴褛，更其余事，言下歔欷。今日有家室公务员的确无法生存，此亦不仅一二人，普遍之现象也"。以致王子壮的"诸秘书无不叫苦，而感觉呼吁无门"。而孔祥熙却说，为免国库之损失，银行及税务人员可以提高待遇，"其余之公务人员，绝难赖国家以维持温饱，况当此国家厄困之境，只有以自己之收入以维持国家始可。言外之意，大家可以经营生意，彼之公然组织祥记公司，大事囤积，不知置国家法律之何地。国府明令禁止公务员经营商业，彼可逍遥法外，一般人焉能逃脱。此政府负责人，公然发表此谰言，多见昏庸，无知而已。此现象绝不能久，直加速政治之腐化，甚至加紧崩溃也"。即便是王子壮，身为部长级官员，但"一月收入，十日已空。五月五日，蒋先生送一万元，以为此月总可不再借钱。讵意家中亏空已有五千余元，其余半数，加上薪津等六千余元，亦只万元有余，如何能以维持。饼干糖果久不入门，因数百元一斤，不能胜此担负也。今日散步街中，只为儿辈购荸荠两斤（四十元一斤），以资点缀而已。故贪污秘密囤积之风盈天下，不能责备太甚也。一最低限度之公务员生活，政府已不予维持，又将何以整饬风纪，默思至此，沉痛无言"。所以他感叹道："因生活之高涨，每人心头均有一如何是好之阴影。以目前形势论，明年今日真不知逢何景象。漫漫长夜，抗战何日结束，纵今年能有决定性之胜利，则结束何时，殊难欲言。"但因"在监察机关，以以清廉并检举为己，自应严以律己，不应有丝毫之玷污也，而亏累至日坐愁城"。见前书第9册，1944年5月13、7日，第192、186页；第10册，1945年8月7日，第272页。

② 林美莉编辑校订《王世杰日记》上册，1938年12月19日，第167页。王子壮和唐纵对蒋介石这次发脾气训斥下属都有记载。王子壮记载："蒋先生在行营召集文官科长武官营长以上训话"，训斥"多数公务员吃酒打牌，跳舞嫖妓，简直不成体统……从今以后，如再有以上的行为，一律按军法惩治，予以枪毙。"（《王子壮日记》第4册，1938年12月18日，第598页）唐纵记载："委座召集部长以下、科长以上职员训话，大骂人心披靡，精神不振，禁止以后不许嫖、赌、跳舞，在茶楼酒馆挥霍游荡，如有发觉，定予严惩，并限制每部每院，只许一部汽车，应节省物资。"见《唐纵日记》，1938年12月18日，第81页。

法律失灵"。① 尤其是一些高级官员的贪腐案，其影响更为恶劣。著名经济学家马寅初对此批评道："几位大官，乘国家之危急，挟政治上之势力，勾结一家或几家大银行，大做其生意，或大买其外汇。其做生意之时以统制贸易为名，以大发其财为实。"② 黄炎培评论说："贪污问题现时如人身血中毒，四肢百脉皆毒菌。"③

除了各级官员直接的贪污腐败，国民党在抗战时期的苛政，如名目众多的苛捐杂税、④ 统制经济和贸易、⑤ 官僚豪门资本的膨胀⑥等，也导致贪污腐败行为的高发。尤其是到抗战中后期，国民党内从上到下，不少官员不思进取，文恬武嬉，吃喝风、享乐风、腐败风日渐滋长，腐败行为趋于日常化、普遍化、全面化，并表现在诸多领域。据徐永昌记载："贪污一类，最甚者仍为税吏，尤以直接税为甚，次为粮吏，再次为役政、兵役之贪墨者，常偏在下层，多为保甲长，闻邛崃一保长仅数月之间贪污百万，巴县一县之田管处处长竟贪污至一千一百万元、米四百余石，人欲日甚，道德沦亡，政治遂败坏至此，风俗因亦日益污下，人心腐烂，群竞多金，

---

① 《密报川省田赋粮政机关弊端八项密呈》（1943 年 3 月 12 日），中国科学院历史研究所第三所南京史料整理处编《中国现代政治史资料汇编》第 3 辑第 53 册，编者印行，1959。原书无页码。
② 许涤新、吴承明主编《中国资本主义发展史》第 3 卷，人民出版社，1993，第 478 页。
③ 中国社会科学院近代史研究所整理《黄炎培日记》第 8 卷，1944 年 9 月 9 日，华文出版社，2008，第 309 页。据黄炎培记载，在 1944 年 9 月召开的国民参政会三届三次会议期间，他当选驻会委员的最末一名，缘由是他在驻会委员席上揭发参政会秘书处贪污案，主张送法院究办，结果王世杰和雷震"弄些花样，使余以末名当选。当余揭发之前，儆寰（雷震）扬言，谁敢说话，使他下次不当选"。所以，黄炎培感慨云："中共之存在与成长，乃国民党不争气使然，今后全看谁得国人信仰"。后来，当蒋介石在召见时问对中共问题之意见，黄炎培还当面对蒋说："中央政府应堂堂正正循康庄大道而行，改善政治，使民众皆满意。同时外交上无论对英美，对苏联，取得国际间良好情感。中共问题曾何足虑。"见前书第 8 卷，1944 年 9 月 18 日、10 月 6 日及 18 日，第 312、317、321 页。
④ 参见侯坤宏《抗战时期的中央财政与地方财政》（台北，"国史馆"，2000）有关章节对战时税务系统人员贪污的研究。
⑤ 为了因应战时集中物力财力的需要，国民党采取了较多的统制经济政策，如发展国家资本及实行专卖、统购统销、田赋征实征购征借等。这些统制经济的政策措施，对于坚持抗战直至胜利起到了一定作用，但也不无官僚权贵借此上下其手而贪污渔利的情况。请参阅相关研究。
⑥ 官僚豪门资本，是当时人对于权贵阶层利用权势庇护、经营获利所形成资本的通称。请参阅相关研究。

人格堕丧，国格随之低落，欲其廓然澄清，恐近十年殊难有望耳。"①

三 成为众矢之的的役政腐败

抗战时期国民党最为国人诟病的苛政及其腐败行为的高发区之一是役政。

中国本来没有以义务兵和志愿兵为主体的现代兵役制度，因此，尽管中国的人力资源充沛，但军队士兵的来源五花八门，主动投奔者有之，被动应召者更多，被拉夫者也不在少数，士兵素质不高，社会观感亦不佳，因此，民间长期流行所谓"好铁不打钉，好男不当兵"之语。国民党当政后开始筹备实行普遍的义务兵役制，1933年6月，国民政府公布《兵役法》，规定实行义务兵役制。1936年3月，《兵役法》正式实行，但因为受制于诸多条件（如缺乏完善的人口调查基、基层统治力不足、中央政府的权威不够等），其实际成效十分有限，部队的士兵来源仍多为募集和强征。全国抗战开始后，军队兵员损耗巨大，兵员补充问题凸显，实施义务兵役制成为支持长期战争的迫切需要。为此，国民政府在1938年4月修订公布《兵役法施行暂行条例》，1939年2月在军政部兵役司（1937年5月成立）的基础上扩建兵役署，专门负责役政。为了征兵的需要，国民政府还在大后方由上至下组建了庞大的兵役机构，省设军管区，其下设师管区和团管区，分级负责，具体的征兵工作则通过各地区、乡、镇直至基层的村、保、甲完成。从全国抗战开始到胜利，大后方各省征兵超过千万人，其中四川省最多，数达几百万人，从而在极端艰难的情况下坚持了抗战直至胜利。

然而，毋庸讳言的是，由于现代征兵制度在中国实行的时间不长，现实中由于种种条件的限制和约束，义务兵役制不仅不够完善而且很难完全满足战争时期对兵员的迫切需要，因此，全国抗战时期的军队兵员补充，在相当程度上仍然依靠非自愿募集甚而是强迫征招（拉夫）解决。为了支持抗战，后方广大民众做出了重大牺牲，但在征兵过程中出现的种种弊端和贪腐行为，严重伤害了民众的感情和对国民党执政的信心，成为国民党日渐失去民心的重要因素之一。

---

① 《徐永昌日记》第7册，1944年10月8日，第453—454页。

战时役政的弊端表现多多，首先是上层人家子弟多可逃避兵役。按照《兵役法》的规定，应服现役之20—25岁的青年，如曾在高中以上学校毕业或在官、公机关服务者，可免服现役或缓服现役。"以此之故，一切达官显宦与富有资产之人，其子弟实际上便可免除现役或缓服现役，以此等子弟实际上大率具有以上资格也。"① 服兵役者多为平民百姓子弟，尤其是农家子弟，然因国民党统治多浮于上层，基层政权在相当程度上依赖于地方豪绅维持，农村役政亦多为地方豪绅所把持，不能实行平均、平等、平允的征兵原则，而表现为不公、不义、不德之弊。地方豪绅在征兵过程中，操纵舞弊，压迫无权无势的穷苦人家，敲诈有钱无势的一般人家，偏袒有权有势的闻人官家，结果使"役政舞弊甚多，有钱有势者，虽丁多不敢过问，只向无劳力之肥户强拉，但纳贿即行私释，结果乃收捕穷弱分子之单丁独子，或拦拉行人，以充应征数字而塞责"。强拉壮丁现象层出不穷，甚至出现倒卖壮丁、滥竽充数的情形。② 地方官员在征兵过程中的舞弊行为花样百出，如在分配兵额时故意虚报、增加名额，以勒索富户出钱；再如壮丁被征后，在体检时让有钱人家出钱贿赂，即可以体检不合格为由缓征。穷人自然无钱无力如法炮制这些法子逃避兵役，为避免不合理的征召，他们只能四出躲避，结果就出现了形形色色的强行征召亦即拉夫、抓壮丁现象，不少本不在被征之列的老弱病残幼亦不能免，乃至强抓外地过路人当兵，以完成征召指标。在征兵过程中，上至各级负责官员，下至乡镇保甲长，克扣贪污、敲诈勒索、收受贿赂、徇情舞弊等腐败行为所在多有，乃至成为普遍现象。

抗战时期，壮丁被征当兵本为抵御外敌入侵、保家卫国而战，理应得到应有的尊严和待遇。但战时被征的壮丁，不仅享受不到应有的待遇，甚而没有起码的人身安全和人格尊严，被打骂、捆绑、折磨、虐待者不在少数，被征壮丁在前往部队服役的途中饱受折磨，乃至以绳索穿成一队，行于途中，犹如犯人被押解，受虐致死者亦非少见。据时任中国红十字会会长蒋梦麟的报告，被征壮丁的待遇很差，缺吃少喝，忍饥挨饿，好多壮丁被绳子拴在一起，毫无行动自由，甚而有不少病弱而亡者。据他估计，合

---

① 林美莉编辑校订《王世杰日记》上册，1939年1月11日，第174页。
② 陈洪进：《从四川兵役问题论农村政治的改革》，《中国农村》第6卷第5期，1939年，第10页。

格入伍的壮丁不超过被征人数的1/4。① 士兵入伍后，待遇仍旧很差，官长吃空额，新兵被虐待，士兵被欠发、克扣粮饷，甚而食不果腹，衣不蔽体。役政腐败的结果是，征来的新兵大量逃亡，留下的新兵缺乏斗志，从而严重影响到部队战斗力。蒋介石也承认："兵役办理的不良，实在是我们军队纪律败坏，作战力量衰退的最大的原因。"② 根据国民政府官方统计，1937—1945年，共征兵1392万人，其中因逃亡、病死等原因而未服役者有191万人。③ 也就是说，将近1/7被抓来的壮丁未能实际到部队服役，这个比例可谓相当之高，而这还是官方认可的数字，实际情况可能还不止于此。正因为如此，国民党的兵役制度被普遍认为是"黑暗重重"，本应是民众积极踊跃参军报国、抵御外侮的行动，却成了少数人鱼肉百姓、敲诈勒索、发横财、赚大钱的机会，应征者"大多为衣衫褴褛的贫苦农夫"，他们承担了服役的全部责任，而富贵人家的子弟却可以种种方式和借口逃脱服役的责任。以致每遇征兵令下，"人心惶惶，舆情鼎沸，咸视服役为畏途。有避而夜宿荒野者，有逃征而跌伤者，有迁移外省者，甚有持械拒征者，又有被征丁之父母扭殴保甲索子拼命者，或于送丁时妻儿牵衣拦道哭阻，种种险象惨状，实难枚举"。④

役政弊端反映到部队中，突出表现为不少部队长官视士兵为私产、为发财之源，出现较为普遍的吃缺贪污现象。所谓吃缺，就是吃空额或吃空饷，以虚报的士兵数额冒领并贪污其饷粮。以师为例，编制表的兵员可达七八千人，但有些师的实际编制不过二三千人，而师长仍以编制表的数字向上报告领饷，所得多余部分即入其私囊。不仅是"影子"士兵的饷项被贪污，即便是在编士兵的应得饷项也被克扣，甚至连武器装备都敢倒卖。

---

① 蒋梦麟：《西潮·新潮》，岳麓书社，2000，第294—299页。蒋梦麟的报告上达蒋介石后，蒋介石在1944年重庆召开的整军预备会议上当面训斥兵役署长程泽润说："前几天，我看到红十字会负责人送来的一个在贵州实地看到的报告，报告新兵输送的情形，真使我们无面目做人，真觉得我们对不起民众，对不起部下。据报告人亲眼看到的沿途新兵都是形同饥莩，瘦弱不堪，而且到处都是病兵，奄奄待毙。有的病兵走不动了，就被官兵枪毙在路旁，估计起来，从福建征来的一千新兵，到贵州收不到一百人！这种情形，兵役署长知道不知道？"见何智霖编《陈诚先生回忆录——抗日战争》上册，第150—152页。
② 萧良章、王正华主编《中华民国史事纪要（中华民国三十三年七至九月份）》，第151页。
③ 郑发展：《试论抗战时期户口统计中的壮丁调查与征兵》，《齐鲁学刊》2010年第1期。
④ 《四川省政府训令》，重庆市档案馆藏档案：1(101)-318-1。

蒋介石亦承认:"我前方部队兵额之空虚,已为全国皆知之缺点。各级层层欺蒙,不一而足,至有一师之中缺额至三千人以上者,亦相率视为故常。平时领一师之饷,临时不能作半师之用,及至事后申报战役经过,则又任意浮报,动称一师死伤五六千人"。① 蒋介石还说到,向民众征军粮,1石小麦折合200斤苞谷,到了军队,则规定1石折合150斤,下发时扣减为135斤,实发则不过100斤。"一切的粮食,我们取之于民众的时候,都是用的大斗,而且是净实的米麦,而发给士兵的都是小斗,其中还要渗杂沙土。"部队欠饷短则一二月,长者超过半年。1944年8月蒋介石在重庆主持召开整军会议,感叹说有报告河南前线部队发饷只到去年9月,欠饷长达一年之久。② 以如此腐败之役政,不仅不能训练军队成为有思想有信念、能杀敌报国、不惜牺牲的忠勇之师,甚而不能保证部队起码的战斗力。③

因为国民党的"党军"体制实为"军党"体制,军常常凌驾于党和政之上,本已软弱无力的党政监察体制无法干预军队政务,而战时部队的特殊性,更使部队高级军官脱离监督,中高级将领的贪腐行为越加严重。据徐永昌记载:"三十六军某新升师长之太太打牌输赢动以千计,则师长之赌可想。(此间烫发七元,叫至公馆则十四元,师长太太恒请多数太太打牌,赌毕相偕烫发,理发师之应请者不半日可获百余元……)该师出发距今甫一星期,已报逃兵达两千以上(今日曹次长言),此固胜于川军之中

---

① 黄仁宇:《从大历史的角度读蒋介石日记》,中国社会科学出版社,1998,第222页。据王世杰记载,国民党军中"各师兵员无一足额者,而且多数不足法定半额。但中央饷款均照足额发给,故师长、旅长、团长无人不中饱,甚至一师长而每月能中饱饷项达五、六万元。彼等之法定待遇诚然不厚(中将师长之薪饷及公费约六百元,薪饷仅二百四十元),然中饱之饷则每每为法定收入之数十倍!此一现象甚可虑"。1944年7月陈诚接蒋鼎文任第一战区司令长官,他曾告王世杰,第一战区"名为一百五十余万人,实则官兵不过六十余万人,即此可见军队空额之多"。见林美莉编辑校订《王世杰日记》上册,1941年8月8日、1944年11月9日,第366、651页。
② 萧良章、王正华主编《中华民国史事纪要(中华民国三十三年七至九月份)》,第366—367页。
③ 据陈诚总结,除吃空饷外,部队中普遍存在的弊病还有走私(高级将领每假抢购物资为名,遂行公开走私之实)、经商(或与商人合股,或直接派员经营,或以公家运输工具,包运私货)、赌博(每一输赢,动辄数万乃至数十万元)、盗卖公物(如汽油、骡马及武器、弹药、米面等,任意盗卖)等。见《陈诚呈蒋介石》(1944年8月17日),何智霖编《陈诚先生书信集——与蒋中正先生往来函电》下册,第581页。

央军队也。"所以他感叹:"今日军队团长以上,大多数投机,猎官、发财、享受、腐化,无怪团长以下不努力,训练士兵作战,安得有成绩,此诚严重问题,然年余以来,数与蒋先生论选将、练兵两事,迄无效果,奈何。"①

担任中原战场作战任务的第一战区蒋鼎文、汤恩伯部就是抗战时期受役政腐败影响的典型例证之一。1944年4月日军发动打通大陆交通线的大规模攻势,自河南战役打响之日起,蒋、汤所属部队的战斗力低下、前后方脱节、得不到百姓支援等弊端便暴露无遗,部队一败涂地。河南省临时参议会公开发表通电,痛责汤恩伯"逃避战场,致军失主将,闻风溃抢";"好贪而不练兵,干政而不爱民,民不堪扰,有'宁受敌寇烧杀,而不愿汤军驻扎'之谚"。军风纪第二巡察团则报告:"此次豫战,我军士气沮丧,纪律废弛,惰将骄兵,闻敌即逃。指挥官毫无部署,械弹沿途抛弃,触目皆是,团长以上,均应撤办。"② 国民参政员"纷纷责问军事当局,以此次为最烈,而尤以国军在河南作战不力,汤恩伯等未受严厉处分为责难之中心"。③

对蒋鼎文、汤恩伯部营私舞弊、贪污腐败之实情,陈诚回忆说:"长官部成立抢购委员会,以兵站总监部汽车至河岸抢购敌区之物资,以致战事发生,兵站无法对部队适时补给粮弹。又兵站总监部所属各仓库,平时均将军粮贷放农民,坐收利息,更有盗卖军粮者,故对部队军粮欠发甚巨。又所发军粮均为小麦,军队多以战斗兵磨麦,自不无影响战斗力之处。甚至有许多部队直接就食于民间,造成军民关系之恶化。又兵站征用民间交通工具甚多,但大部用于为商人包运货物,或为部队走私货物。"部队商业(面粉厂、烟厂、酒精厂、造纸厂、纺织厂、煤矿等)"完全成了假公济私的组织。长官部既然如此,部队纷纷效尤,遂一发不可收拾。各级干部差不多都成了官商不分的人物。一个个腰缠累累,穷奢极欲,而士兵之苦自苦,于是官兵生活不能打成一片。要这样官兵组织成的部队发扬斗志,又如何可能?""军纪废弛已极……军民之间俨如仇敌,战事进行

---

① 《徐永昌日记》第5册,1939年12月1、23日,第230、250页。
② 《蒋介石致陈诚手谕》(1944年8月31日),何智霖编《陈诚先生书信集——与蒋中正先生往来函电》下册,第584页。
③ 林美莉编辑校订《王世杰日记》上册,1944年9月5日,第634页。

中，军队不能获得民众协助，自属当然。而各地身任乡镇保甲长或自卫队长等之土劣恶霸，且有乘机劫杀零星部队及予以缴械之事。""部队普遍吃空，部队兵员缺额极多，以战前而论，洛阳市上之食粮，半数以上为由部队售出者。即此可见一斑。"①

对这些即便是国民党内都起而愤之的令人难堪的情形，蒋介石也不能不承认并追责。1944年7月，蒋介石在重庆主持召开整军会议训话时说道："我们的军队沿途被民众包围袭击，而且缴械。这种情形，简直和帝俄时代的白俄军队一样。这样的军队，当然只得失败！我们军队里面所有的车辆马匹，不载武器，不载弹药，而专载走私的货物。到了危急的时候，货物不是被民众抢掉，就是来不及运走，抛弃道旁，然后把车辆来运家眷。到后来人马疲乏了，终于不及退出就被民众杀死！部队里军风纪的败坏，可以说到了极点！在撤退的时候，若干部队的官兵到处骚扰，甚至于奸淫掳掠，弄得民不聊生。这样的军队，还存在于今日的中国，叫我们怎能做人？尤其叫我个人怎样对人？"②他还在日记中写道："想念前途悲痛无已，几至绝望。"③事后追责的结果，第一战区司令长官蒋鼎文被撤职，副司令长官汤恩伯被撤职留任。④所谓"撤职留任"，不动其职务，等

---

① 何智霖编《陈诚先生回忆录——抗日战争》上册，第144—146页。
② 何智霖编《陈诚先生回忆录——抗日战争》上册，第150—152页。
③ 《蒋介石日记》，1944年7月10日。同为第一战区副司令长官的胡宗南曾在蒋介石面前为汤恩伯辩护说："汤本人既有才干、能力、学问，而又干练，又忠实，此种难得之将，而遭逢不意之挫失，委座应一力挑承，代他负责，而鼓励其再战。"蒋谓："他战败，我可以代他负责，但他不许做生意，军人如做生意，一心一意在钱上打算，还能打仗么？他上次来渝专求报告此事，谓去年已挣到一万万，明年可挣到两万万。初听之下，极为吃惊，实出意料之外，我说那你可做银行老板，不必带兵了，当时我没有肯定的叫他不做生意，这是我的不是，你叫他不做生意，我可对他负责，但我还是要处罚他。"（蔡盛琦、陈世局编辑校订《胡宗南先生日记》，1944年7月5日，第364—365页）同盟国阵营对中国军队在河南战役之失利亦大加抨击，并影响到他们支援中国抗战的态度。据驻苏大使傅秉常记载："英国舆论连日对我军事在河南失利及我国内情况批评极多，足见外人对我之情绪……余觉最痛心者，系外人之批评多系事实，故因责己而伤心，而非怪外人之直言也。""美国报纸固对我攻击，即美政府当局亦明白表示对我失望。例如美参谋总长近在招待记者席上，谓中国方面使人失望之处甚多，美国虽多方意图援华，但'扶不起'云云。至对我方军事上尤为失望，以为将来击溃日本不能靠中国陆军，原定之训练中国九十万新式精兵之计划，开始怀疑其是否可能。"见傅锜华、张力校注《傅秉常日记（1943—1945）》，1944年6月9日、8月30日，第256、508页。
④ 虽然如此，蒋介石对汤恩伯仍爱护有加。汤被撤职留任后，不旋踵间，1945年3月又出任陆军第三方面军司令长官，并在抗战胜利后得到接收京沪地区的"美差肥缺"。

于没有处分。当时有不少国民参政员对此很不满意，要求惩办汤恩伯，但蒋介石"对于首负河南军事责任之汤恩伯，庇护周至"。据王子壮记载，蒋"告诫党员参政员谓，汤之退却是接受统帅部命令。有人攻击汤之开工厂矿山，经营生意，蒋则以为曾经报告有案。是凡罪恶，皆为掩护。今日大家对领袖心存尊敬，未敢再事穷迫，而心中不愤，至为显然。蒋先生云，共产党反汤恩伯、胡宗南，使去二人，以遂其私，吾等不可上共党之当等语，是显然不欲论是非而护其私。如此作风，真难与天下人以诚相见，且其影响绝不同平常，以领袖之地位，而为此小人以损信用，深为扼腕者也"。①

国民党的役政腐败自全国抗战爆发后即有表现。据王世杰记载，1938年12月国民参政会提出改善兵役法建议案，认为"有资产与有政治地位者之子弟，罕有服兵役者，社会渐感不平"。1939年1月，国民党中央党部"以总裁名义，分询各中央委员有无子弟服兵役，并督促各中委以身作则，率先送其子弟服役"。但在1月11日召开的国防最高会议上，对王世杰所拟"中委及简任以上官吏之子弟率先服兵役"的建议，主持会议的行政院院长孔祥熙和参加会议的国民政府主席林森"均反对，未及通过"。②可见役政腐败之缘由还在于国民党高层的态度，国民党高层既不能率先垂范于前，则役政腐败继之于后亦不可避免，且日渐发展，至抗战中后期已成为社会关注及舆论批评的焦点问题之一。为缓和外界对役政弊端的强烈

---

① 《王子壮日记》第9册，1944年9月9日，第363—364页。蒋介石对汤恩伯固然"庇护周至"，而汤为逃避失败责任，个人亦四处活动，乃至贿赂公行。亦据王子壮记载："汤氏方以在河南经营工商业之结果，辇巨金入都，媚事各方，故未闻对汤氏有若何之处置也……何（应钦）总长等辅弼之辈，应负此重责。颇闻彼等均以贿多少为计，以定进言之方策。总裁似不及之，惟知于切己者有若干之姑息，此的为公平之论。惟吾国处此已临最后严重之头，若无严肃之纪律，实无以示天下之大公，影响前途，殊非浅鲜。蒋先生之情报，遍及各方，对此重大呼吁之民间舆论，不能诿为全不知悉也。""如汤恩伯部队之扰民无力，遇敌即逃，国人皆知，豫人不分派别，皆欲得而甘心。但侍从室第一处主任林蔚用全力庇护，故蒋先生乃以他人所言皆有作用不之理，以失掉河南之负责任者，不但第一战区副司令长官如故，且加官晋爵，任为冀察司令长官。宜乎若干人士闻之切齿，而汤恩伯每以来渝，以数百万运动林氏及其部属若干，如此贪污，政治焉得而不腐化，若干青年且以此视整个之政府之贪污。"见前书第9册，1944年7月1日、8月12日，第266、323—325页。
② 林美莉编辑校订《王世杰日记》上册，1938年12月5日，1939年1月8、11日，第163、173—174页。

批评。在1944年夏的一次巡视中，蒋介石于暴怒中杖击兵役署署长程泽润中将并下令逮捕，随后在军法审判中以利用职权、调用工兵、建筑私宅等罪名判程死刑，于1945年7月5日处决。1944年10月，国民政府组建兵役部，鹿钟麟出任部长，以加强对役政的管理和改革。但仅仅处死一个程泽润和建立一个役政部，并不足以改变役政弊端严重的现状，甚而可以说，程泽润只不过是役政腐败的替罪羊而已，程案处理后的役政腐败依旧。

役政腐败的普遍性和严重性，仅是抗战时期国民党腐败程度加剧之一例。就整个抗战时期而言，国民党官员的腐败案不仅多发而且高发，如购买军火收取佣金、利用差价套取外汇、投机倒把发国难财、走私贩私囤积居奇、侵占盗卖国家资产、勒捐摊派获取资财、贿赂公行买官卖官等，花样百出，不一而足。① 从当时口耳相传的民谣中亦可窥其一斑：前方吃紧，后方紧吃，前方有什吃什，后方吃什有什；前方一身流血，后方满口流油。② 对此，即便是国民党官方亦无法否认。国防最高委员会曾经发布训令称："前方之浴血方酣，后方之豪华益甚。重庆为行都所在，党政军各机关人员，积习依然。奢侈相尚，酒食征逐，日有所闻。一席所费动辄百金以上。""在一般社会，方苦物价之高昂，我党政军人员乃日食万钱，无稍顾惜。"③ 各种大大小小、形形色色的腐败案件，当时被舆论公开揭露者即不在少数，而没有被舆论揭露者则又不知凡几。

四　孔祥熙贪腐案及其处理

抗战时期的国民党官员贪腐案，虽然频发高发，其中亦不乏高官贪腐

---

① 据黄维告唐纵，"今日如规规矩矩拿薪水，便要饿饭，而且不能做事，势必失败不可，反之，混水摸鱼，贪污舞弊，自己肥了，大家也好占些油水，倒是人人说声够交情，有了问题大家包涵。这是做好不好，做坏倒好，正义扫地，是非颠倒。言之不胜慨然。部队如此，机关何尝不是如此。"具有广泛情报来源的戴笠则称："在东南走私经商的不是党政机关就是军队，而纯粹商人走私经商已不容易了，这是实在的话。今日犯科作奸的都是有力量的人，政治的败坏，自上而下，所有经济政治军事全都坏了，欲图挽救还是须要自上而下。如果不能彻底有所改革，社会真是不可收拾。"见《唐纵日记》，1942年10月20日、1944年6月29日，第313—314、439页。

② 《唐纵日记》，1941年3月31日，第198页。据王子壮记载："观各事务人员之豪奢，一席千元之宴会，月必数次，竟有十余次者，其经费果何自来？"见《王子壮日记》第8册，1943年8月28日，第338—340页。

③ 《国防最高委员会训令》（1940年4月），《中国现代政治史资料汇编》第3辑第25册。

案,但由于种种原因,尤其是国民党中央和蒋介石的袒护,能够被公开揭露并处理者并不很多。不过,为了缓和百姓的怨言和舆论的批评,也为了稳固自身的统治,国民党也不能不在反贪腐方面做出一定的姿态和举动,处理部分军政官员的贪腐案。根据有关法律及条例的规定,对涉及贪腐案的官员,视其情节,予以训诫、记过、降级、撤职等处分,情形严重者,送交司法部门处理,判处徒刑直至死刑。如成都市市长杨全宇1940年12月因操纵粮价、囤积居奇被处决,又如中央信托局运输处经理林世良1942年12月因走私被处决。① 然而,在被处刑的贪腐官员中,绝大多数是低层级官员,真正的高官重位者几无,故时人评论说:"政治上从没有大官真廉而小官敢贪污者。真贪污而无人告发检举,吞舟之鱼漏网,而落网者皆鼠窃狗偷之徒,大奸大恶逍遥法外,为所欲为,所以由此产生的下级贪污,也就诛不胜诛,越来越多了。"②

抗战时期被揭露的国民党官员贪腐案,以孔祥熙所涉美金公债舞弊案最为知名。

孔祥熙早年经商,大有收获,身家颇富。国民党当政后,因其与国民党的历史渊源及其与蒋介石的姻亲关系并随时听命于蒋而深受蒋的信任,历任要职。他对蒋逢迎谄媚,温顺听话,为蒋掌握政府财政大权,便于蒋之运用,同时也得到了蒋的庇护和支持,使他可以利用其地位,操纵金

---

① 林世良的官虽不大,却因其特殊背景,案发后曾轰动一时。全国抗战开始后,中国沿海各口多半被日军侵占,后方出入境运输主要依靠的西南国际通道,也因此而大有油水可捞,所谓"马达一响,黄金万两"。中央信托局运输处经理林世良为孔祥熙的亲信下属,他利用特权,倒卖运输物资,大发"国难财"。1941年底太平洋战争爆发后,日军进攻缅甸,西南运输通道吃紧,林世良却不知收敛,反而利用运输能力紧张之机,大量运输走私物资包括鸦片毒品到重庆,为各方所侧目,而且引发国民党内的派系矛盾。蒋介石得报后甚为恼怒,下令逮捕林世良,并处其死刑。当时《大公报》载林世良贪污数额达3000余万元,而徐永昌得到的信息是"实则近一万万"。他感叹说:"该案闻亦有孔庸之妻女股份在,今日下政治如此,建国从何说起。""孔之妻女等皆有股份。抗战期间,人人应为国家努力吃苦,各国莫不然,独我国在此期间,反人人想发财,亦竟能发财……稍有地位者,则骄奢淫逸"。林世良被判死刑后,据主审的军法执行总监何成濬告徐永昌:"林罪只无期徒刑,而竟死于政治,意谓此事不得社会谅解,委员长不能不以极刑治之。或谓前年杀成都市长杨某某,其罪在囤积也,亦以其通汪"。(《徐永昌日记》第6册,1942年8月15日、9月1日,第458、469页;第7册,1943年2月23日,第29页)对孔祥熙与林世良案的关系,蒋介石曾记载:"庸之对鸦片运输事不能遵令停止,以人言藉藉,贪小失大,更为忧闷"。见《蒋介石日记》,1942年12月9日。

② 《华西日报》1944年5月16日。

融，进行投机，发了大财。抗战时期，孔祥熙担任行政院院长及副院长、财政部部长兼中央银行总裁，可谓政府财政总管，但他在这些位置上，利用权力为个人谋利，到底有多少款项通过上下其手，化公为私，进入其私人腰包，或许已经是笔糊涂账，但数目恐不为少。而且孔祥熙不仅个人贪财，其家族、亲信、手下亦有不少人利用与他的关系发"国难财"，道路传闻，引起世人侧目，① 成为国民党内外舆论批评的焦点人物之一，不仅对孔祥熙的个人声望，而且对蒋介石及国民党的官声民望，都造成了极其恶劣的影响。② 据傅斯年观察，"抗战以来，政治上有一甚大之危险，即一般人，尤其是青年，急遽左倾是也……而问其故，其答语几若一致：'蒋先生领导之军事是无可议的，而中央之政治却并无出路。'若与之辩，则必举例曰：'若孔氏者，非贪污腐败之结晶乎？'……且此评价不特在一般民众中为然，即文武百僚，亦多心怀此意，私下议论，而不敢昌言耳"。③ 即便是在国民党高层中，因为孔之贪腐作为、庸碌无能兼派系关系，对孔持批评态度者亦不在少，宋子文更成为孔的"冤家对头"，双方关系一度颇为紧张。

1941年12月，因传闻的孔二小姐（孔令伟）飞机运狗案，《大公报》总编辑王芸生撰文《拥护修明政治案》，强烈表示："最要紧的一点，就是肃官箴，儆官邪。譬如最近太平洋战事爆发，逃难的飞机竟装来了箱笼、老妈与洋狗，而多少应该内渡的人尚危悬海外。善于持盈保泰者，本应该

---

① 据王子壮记载，"孔夫人宋霭龄及其子女好货特甚，广事搜刮，丑声四播，社会侧目。参政会中迭次提出质问孔氏，均由蒋为保护，多方开脱，人以是短蒋，以其不辨是非，以护近戚也。"（《王子壮日记》第6册，1940年8月23日，第236—238页）有关孔家的贪腐案，参见寿充一《孔祥熙其人其事》，文史出版社，1987；文昊编《他们是怎样发财的》，中国文史出版社，2005。

② 据唐纵记载，孔祥熙担任行政院院长后，"外间之责难于孔者亦多"。1939年11月，孔改任行政院副院长，但外界对他的批评不稍或减。知名教授马寅初"迭次公开演讲，指责孔宋利用抗战机会，大发国难财。因孔为一般人所不满，故马之演说，甚博得时人之好感与同情。但孔为今日之红人，炙手可热，对马自然以去之为快，特向委座要求处分，委座乃手令卫成总司令将其押解息烽休养。盖欲以遮阻社会对孔不满情绪之煽动也"。结果"马寅初的案子，成了沙坪坝的学潮，由商学院扩大到了全校，由重大扩大到了中大……已由学潮变成了政治上的斗争。在一个恐慌的社会，星星之火，足以燎原的"。见《唐纵日记》，1939年9月7日，1940年12月8、19日，第97、180、182页。

③ 《傅斯年致蒋介石》（1939年），王汎森、潘光哲、吴政上主编《傅斯年遗札》第2卷，第799页。

敛锋谦退，现竟这样不识大体。"① 后来虽然证明传闻不尽其实，② 但已是民意汹涌，舆论纷纷。1942年1月，昆明西南联大和遵义浙江大学等校学生发动倒孔游行，要求孔祥熙下台。③ 此事令蒋介石甚为恼怒，他致电在昆明主政的龙云称："此次学生示威游行，决非偶然，必有人从中煽动，意图捣乱，实应特别注意，不可忽视"；"显见有人蓄意鼓动青年，扰乱社会人心，摇动后方抗战基地，用心险恶，如不彻究，为害无穷"；"应依照战时治安法令，切实执行纪律，勿稍宽假"。1月25日，蒋介石通电各省政府暨省党部称："凡我各地军政当局，负有地方治安执行法令之责任，必须在事前周密防范，临时则妥速处理，绝不得稍有怠忽与瞻徇，贻国家以大患……绝不能对破坏抗战、妨碍纪律之任何行动有所宽纵，如有不听劝告，不从制止，即当执法严惩，绝不姑息，以维护国家之利益。务望各尽职责，勿稍因循疏忽。"④ 蒋介石还认为此事可能有共产党背景，⑤ 要求

---

① 《大公报》（重庆）1941年12月22日。
② 杨天石：《"飞机抢运洋狗"事件与打倒孔祥熙运动——一份不实报道引起的学潮》，《江淮文史》2012年第2期。另据黄炎培记载，"九龙失守，诸友好多未他迁。最后一批飞机两架，一、载航空公司职员，一、孔庸之夫人，携家具五十六件，狗九条，而许多待乘之客均不得乘，如蒋公开单指令离港之陶希圣、陈济棠、蒋伯诚等以及中委十余人均不得乘（后知狗非孔氏物，乃机师所有）。"见《黄炎培日记》第7卷，1941年12月13日，第193页。
③ 据陈布雷的记载，昆明"有大队学生游行，到处书写反孔标语，皆受大公报论文影响，立言之不易如此。其实孔之误国岂青年所能尽知。"见《陈布雷先生从政日记稿样》，1942年1月8日，第524页。
④ 周美华编《事略稿本》第48册，台北，"国史馆"，2011，第73—77、155—163页。
⑤ 据王世杰记载，蒋介石对昆明反孔游行"甚为重视。据报有共产党或国社党人指使，但予所接联大教授信，则谓系学生自动"。（林美莉编辑校订《王世杰日记》上册，1942年1月11日，第405页）唐纵亦记载："近来学潮愈闹愈广，委座对此甚为震怒，曾命康泽赴昆明调查，结果与国社党无关，委座怒不可遏。"（《唐纵日记》，1942年1月27日，第252页）也有国民党官员如徐永昌则认为："关于昆明学生聚众发传单游行，表面以孔庸之眷属飞机运狗不运人，及孔个人失职等为揭词，骨子里完全共产党操纵指挥……打击孔乃其最得力、最能博人同情之前头目标。"（《徐永昌日记》第6册，1942年1月21日，第321页）其实，此事在很大程度上反映了国民党内部的派系矛盾。国民党内有不少人对孔不满，反孔游行背后隐约可见三青团的身影。昆明西南联大的反孔游行，"三青团团员参加者亦多"，该团还"开全体大会讨论应付方法和声明立场"。（《国民党云南省执委会关于查禁昆明西南联大等校学生倒孔运动经过情形呈》，1942年1月16日，《中华民国史档案资料汇编　第五辑第二编　政治》5，第281页）国民党云南省党部书记长赵澍亦向国民党中央组织部长朱家骅报告说，此次反孔活动，"三青团团员为争取领导权起见及避免他党讥讽起见，参加者亦多"；"露面者大半为三青团员及中立分子"。（《赵澍致朱家骅》，1942年1月7、15日，中研院近代史研究所藏朱家骅档案：35-3）蒋介石

"对各大学共党恶化分子应作肃清之整备","各大学校长与教授应彻底整顿"。① 经过一番打压运作,总算制止了反孔游行的继续扩大,但经过此番风波,孔祥熙的内外声望更为低落。② 王子壮评论说:"吾人并不认为一切问题全在老孔,但像老孔这样不知自爱,青年中认为系彼等之对象,吾人又如何能为之辩护,结果必影响本党前途极巨!"③

然而,其后爆发的美金公债舞弊案,使蒋介石再也无法维护孔祥熙的地位和形象了。

1942年3月,中美签订贷款协议,美国一次性贷款5亿美元给中国,以支持中国抗战,这也是国民党当政以来获得的最大一笔外国贷款。随后,国民政府财政部决定以此为担保,发行同盟胜利美金公债1亿元,以"平衡预算,稳定物价,健全金融,吸收游资"。该项公债年息4厘,自发行日起开始付息,自1944年起开始还本,以10年为期还清;该项公债以

因此认为:"我青年团干部糊涂散漫,一任反动派从中利用与之便,而昏昧不悟,事事几乎非余亲自设计与拟稿不可,实足为本党前途忧也。"(《蒋介石日记》,1942年1月23日)蒋在党团会报中"对青年团干部诸人,处理所谓反孔风潮之经过,复严行责斥。张文伯于席上颇感不安,言时泪下"。(林美莉编辑校订《王世杰日记》上册,1942年3月20日,第419页)张治中后来回忆此事时写道,蒋介石对反孔游行"非常气愤","大发脾气,指责青年团干的是反革命工作"。张认为:"当时的倒孔运动虽然是青年团首先发起,但团中央并未对各级有过指示。"张回忆说,自己对蒋"也动了感情,认为倒孔是全国人民的一致要求,以反动透顶的买办官僚主持全国政务,就是一种反革命的措施,而蒋到头还要庇护他、纵容他,我实难索解,并感到灰心,所以当即向蒋提请辞职"。(《张治中回忆录》,第356页)其实,蒋介石未尝不知学生的反孔游行反映了社会的"普遍"看法,因孔"平时之不加自检,骄矜无忌亦为主因也";考虑"不能不令"孔祥熙辞去现职,但又担心"此时因有人反对而去,则甚不宜也"。见《蒋介石日记》,1942年1月9、23日。

① 《蒋介石日记》,1942年1月23日。一年多以后,蒋介石又兼任中央大学校长,其理由亦为"以各大学学风之坏至极,非此不足以挽救民族之生命,然可怜亦极矣"。见《蒋介石日记》,1943年2月15日。
② 据唐纵记载,"闻为此事,委座与夫人闹意气者多日。自古姻戚无不影响政治,委座不能例外,难矣哉!"唐纵与同在侍从室工作的陈方"谈学潮问题,认为直接压抑,不会有何效果,因为孔之为人莫不痛恨,为孔辩护者,均将遭受责难。布雷先生表示异议,谓大凡一种运动,无不假用美名,如以其号召为有理而不取缔,则误矣。余曰,有效之方法,莫若孔氏表示辞职。布雷先生曰,孔不但不辞职,而且要登报,表示病愈视事。旋即叹曰,孔氏对朋友对领袖对亲戚,均不宜有如此忍心害理之举"。陈方问:"总裁能将孔罢免以大快人心否?"唐纵认为:"孔在抗战期间,不会有何变动,且以夫人之关系,时机亦未成熟。"见《唐纵日记》,1942年1月27、28日,4月25日,第252—253、426页。
③ 《王子壮日记》第8册,1943年11月24日,第454—455页。

美元为票面计算单位，但折合为法币发行，到期后则以美元偿还。① 因为有美国对华贷款作担保，所以发行时的宣传是：以美元为基金，本固息厚，稳如泰山；国人踊跃认购，功在国家，利在自己。但是，因为当时的通货膨胀已经相当严重，普通人的收入有限，难有余钱购买公债，有余钱的豪绅富贾专注于抢购物资，囤积居奇，再加人们对公债偿还的未来预期都不佳，购买并不积极，认为多购不如少购，少购不如莫购，所以发行状况并不好，还有不少民众购买后急于脱手，低价抛售。虽然政府尽力推销，甚而强行摊派，但最后发行额不过勉强过半。②

然而，这种情况却给孔祥熙及其下属官员谋财提供了机会。美元和法币的比价，官方当时的定价为1比20，但有价无市，而黑市比价早已飙升，远超官方比价。1943年8月该项公债停售时美元兑法币的黑市价已超过官价的2倍，而且还在不断上升，1944年中已经接近官价的10倍。如果以官价购入债券，再以黑市价售出，无疑存在巨大的牟利空间。本来按照规定，该项债券未售出者应该交回国库，但孔祥熙的下属、中央银行国库局局长吕咸请示孔祥熙，提出由央行职员购买部分未售出的公债，并美其名曰"为国分忧"。孔祥熙遂予同意。这样，孔祥熙和央行部分官员、职员可以利用官价与黑市的差价抛售买得的该笔公债，大赚其钱，其获利之丰可以想见。

俗话说，世上没有不透风的墙。牵涉央行众多各层级职员的美金公债舞弊案，也如纸包不住的火，逐渐为外界所知悉。尽管此案起初未必为外界确知详情内幕，但还是引起很大反弹，声讨贪官的声浪一浪高过一浪，且矛头直指孔祥熙。此时正值日军大举进攻豫湘桂地区，国民党军队节节败退，其执政地位也受到很大冲击。在这样的形势下，蒋介石对孔祥熙贪腐传闻引发的强烈社会反响和党内派系之争不能不重视，并着手调查处理，何况孔在国民党内外的形象本就不好，占据政府高位已十有余年，蒋

---

① 《民国三十一年同盟胜利美金公债条例》（1942年4月25日），《中华民国史档案资料汇编　第五辑第二编　财政经济》（2），第471—472页。
② 陈庚雅：《孔祥熙鲸吞美金公债的内幕》，寿充一编《孔祥熙其人其事》，第143—144页。当时不少地方商人乃至地方政府都对摊派公债销售的做法啧有烦言，纷向中央请愿，要求免予摊派。参见《丰都县商会等反对摊派同盟胜利公债同盟胜利美金公债代电》（1943年4月3日）、《文梅生等请减派美金胜利同盟公债数额致蒋介石呈》（1943年9月）、《财政部关于湖北第四区请免募同盟胜利公债同盟胜利美金公债案呈》（1944年6月12日），《中华民国史档案资料汇编　第五辑第二编　财政经济》（2），第544—549页。

也有意以撤换孔来稳定内外形势。①

　　蒋介石对孔祥熙的处理，采取了渐进的稳步的方式进行，可见其对孔有所偏爱，不愿骤下狠手。据唐纵记载，1944年5月，孔祥熙"鉴于社会人士之责难，向主席（蒋介石）提出辞呈。主席嘱布雷先生将原件退回并慰留。主席问布雷先生，究外间对孔之舆论如何？布云，普遍的批评，孔做生意。在北京政府时代买办与官僚结合，南京政府时代买办与官僚结合，尚有平津京沪之距离；今者官僚、资本家、买办都在重庆合而为一，党内的批评，孔不了解党的政策，违背政府政策行事。委座云，现在没有适当的人接替。布代表慰留孔时，曾谓，不能因外间之非议而有所表示，愈表示反而增加社会的不安。止谤莫如自省，如果切实反省，改变作风，国家之福。布公所言，均甚得体，可惜未能接受也。布公云，委座没有彻底改革决心！"② 国民党元老丁惟汾认为："抗战日久，困难丛生，弊窦百出，耳目所接，非法不平之事所在多有，社会上反感日滋，的为事实，若一穷究竟，与负责当局均有若干之关系。如蒋先生不以亲属当政，公私犹易分明，谤怨之集，当为稍差。"③

　　1944年11月，蒋介石下令免去孔祥熙担任了11年的财政部部长职。其后，美金公债案的内情逐渐浮出水面，蒋介石在日记中不止一次地记载此事，先是考虑"密查"此案，"彻底追究"，后是认为其中"显有弊窦"，"约布雷等指示查账手续"。大约在1945年4月中旬，通过研究有关报告，蒋介石觉对此案"已得要领"，"已有头绪"，但又因事涉孔祥熙而感觉"烦闷痛苦，不知所止"。经过一番考虑，4月30日，他决定"电召庸之速回，以中央银行业务局对黄金舞弊案发现重大嫌疑也"。而在孔祥熙回国前，1945年5月国民党召开六大，孔祥熙在中央执行委员候选人中得票最低，并在常委选举中落选，蒋介石不禁感叹："其信望堕落至此，犹不知余往日维持之艰难也，可叹。"④ 孔祥熙的人望既如此之低，蒋介石

---

① 蒋介石对孔祥熙一直持维护支持的态度。抗战时期，"参政会为孔之措施不当，迭有攻击，因蒋先生之维护，勉强得度"。某次，国民党人黄宇人对孔"质问亦甚多，要求孔为答复"，蒋介石闻之"甚愤，命警告党员黄宇人等。当晚蒋先生宴全体参政员，蒋夫人致词谓，外国议会亦批评质问政府，但说话须负责任，不应作不负责之批评等语。一部分参政员深为不满，以带有训斥之意也"。见《王子壮日记》第8册，1943年9月21日，第365—366页。

② 《唐纵日记》，1944年5月21日，第432页。

③ 《王子壮日记》第9册，1944年5月30日，第215页。

④ 《蒋介石日记》，1945年2月3日，3月28日，4月8、10、14、30日，5月31日。

已很难维护。1945年6月1日，蒋介石决定改组政府，自己辞去行政院院长职，由宋子文接任，免去孔祥熙的副院长职，由翁文灏接任。① 唐纵认为"孔之下台为国人公认之快事"。② 以如此之舆论反映，不能不认为，这不仅是孔个人为政的失败，更是蒋介石和国民党执政的失败。

在蒋介石的命令下，正在美国滞留治病的孔祥熙，于1945年7月8日返国至重庆。7月11日，蒋介石召见孔祥熙，"告以此案调查经过与事实及人证物证，嘱其好自为之。彼犹不肯全部承认也，可叹"。"直将人证物证与各种实据交彼自阅。彼始犹指誓强辩，令人痛心，殊愧为基督徒矣。余再以严正申戒，彼始默认，余仍嘱其设法自全，乃辞去。"③ 正值此时，国民参政会四届一次会议在重庆召开，参政员陈庚雅、傅斯年、顾颉刚、徐炳昶、萧一山等9人联名提案，指中央银行国库局"利用职权，公然将该项未售出之债票，一方逢迎上司，一方自图私利"。"如果舞弊属实，国库损失之巨，与官吏之胆大妄为，可云罕见"。要求"政府迅予彻查明确，依法惩处"。④

---

① 张治中认为，蒋介石"尤喜独掌大权"，他曾对蒋"面陈数次，绝不能再兼行政院长，以政务不善，责有攸归，可易人以新耳目，今自兼将何以处理"。见《王子壮日记》第9册，1944年11月15日，第459—460页。
② 《唐纵日记》，1945年5月31日，第514页。
③ 《蒋介石日记》，1945年7月12日。
④ 《参政员陈庚雅傅斯年等请政府彻查三十一年同盟胜利美金公债发行余额大舞弊嫌疑提案》（1945年7月），《中华民国史档案资料汇编 第五辑第二编 财政经济》（2），第552—553页。陈庚雅曾任节约建国储蓄劝储委员会云南省分会委员兼主任干事，负责云南省的美金公债认购及推销事务，知晓推销经过的内情。据他回忆，他们准备提案的消息事先已为国民党所知，王世杰劝他说："此案提出，恐被人借为口实，攻击政府，影响抗战前途，使仇者快意，亲者痛心。同时，案情性质尚属嫌疑，若政府调查事实有所出入，恐怕对于提案人、联署人（大会规定，提案须有五个以上的参政员联署才能成立）以及大会的信誉，都会有损的。"建议他们撤销提案。陈布雷也对他们说："这提案资料的搜集，可谓煞费苦心，准备在大会提出讨论，当然也很有价值。"但是，如果公诸社会，"恐使美英苏等友邦更认为我们真是一个贪污舞弊的国家，对抗战不继续予以支持，那么，影响之大，将不堪设想……为抗战招致'失道寡助'的后果，想来也不是大家所愿望的"。陈布雷建议将提案改为书面检举，由主席团负责人亲交蒋介石查办，"比较妥当"。陈庚雅和傅斯年商议此事，傅认为："不交也不行，但可另找一个方式，戳他一下。"他们将提案改为质询案，在会上提出质询，但内容未能对外公开。（陈庚雅：《孔祥熙鲸吞美金公债的内幕》，寿充一编《孔祥熙其人其事》，第147—148页）此次会议期间，傅斯年等还有另一提案，要求由政府派定大员，会同专家、监察委员及参政员，彻查中央银行和中央信托局"积年之账目与事项，有涉及犯罪之嫌疑者，分别轻重，一律移送法院或文官惩戒委员会"。见《彻查中央银行中央信托局历年积弊严加整顿惩罚罪人以重国家之要务而肃官常案》（1945年7月），孟广涵主编《国民参政会纪实（续编）》，第209—210页。

傅斯年等在参政会的提案，等于将美金公债舞弊案公开化。① 美金公债舞弊案的涉案金额高达1660万美元，占该公债发行额度的1/6，蒋介石对此颇为恼怒，且舆情汹涌，不能不查办。据蒋介石自记，7月13日，"审阅中央银行舞弊案全文，为之痛愤不已。研究处置办法，必须将其全数追缴，全归国库，然后再由余负责解决，否则，惟任由参政会要求彻查。此固于政府对国际信誉大损"。为此，蒋介石约见孔祥熙，令其对自己的所作所为有所交代。其实蒋之意是让孔以自责而自辞，实际是大事化小的做法，但孔并不领情，"彼总想口辩，掩饰为事，而不知此事之证据与事实俱在，决难逃避其责任也。余以如此精诚待彼，为其负责补救，而彼仍一意狡赖，可耻之至"。或许是蒋在与孔谈话时态度较为严厉，还是使孔感到一定的压力，14日，在和蒋谈话中，孔"承认余之证据，并愿追缴其无收据之美金公债全归国库也"。然而，孔思前想后，"对于一六六〇万美金公债犹不愿承认也"。他先是将蒋"所交阅之审查与控案，而反示原审查人，其心诚不可问矣"。21日，他又派其女令仪携函见蒋，蒋感叹"庸之图赖如前，此人无可理喻矣"；"为庸之事不胜苦痛忧惶，未得安睡"。孔"称恐此美金公债或落于外人手中一语，更觉此人之贪劣不可救药，因之未能午睡，痛愤极矣"。②

　　7月24日，蒋介石下令免除孔祥熙最后一个重要任职——中央银行总裁，并称"庸人不可与之再共国事矣，撤孔之举犹嫌太晚矣"；"庸之之不法失德令人不能想像也"。考虑到美金公债案在外界造成的巨大影响，蒋介石不能不对负有主要责任的孔祥熙做出一定的处理，而格于一损俱损一荣俱荣的关系，他又无法对孔祥熙痛下狠手，最后不过是循正常途径免去孔的各项职务了事，而未予本应有的刑事处分，也未给予任何应有的党纪政纪处分或其他追责举措。

　　8月6日，蒋介石决定："对于中央银行美债券舞弊案，决令国府主计局与该行新总裁负责查报而不交各院，以该行为国府直辖机关也。"蒋介

---

① 王子壮认为，这次国民参政会"热烈空前，社会注目，因此次会议相当公开，质问责难、揭发贪污，日宣诸报章，故大公报亦谓公开的好处在求进步。平日蝇营狗苟，甚且明目张胆以行贿者，不得不有相当之顾忌，若干长官亦特别卑躬折节，对参政会所指责者，允予立即复查严办，是此次参政会已有显著之民主的倾向"。见《王子壮日记》第9册，1944年9月9日，第363—364页。

② 《蒋介石日记》，1945年7月13、14、16、21、22日。

石意图通过国民政府而不通过监察院查办该案,以免该案继续扩大影响。其后,在日本宣布无条件投降、国内各方问题纷至沓来的形势下,蒋介石"检讨中央银行美债案处置,全案即令速了,以免夜长梦多,授人口实"。① 国民政府主计长陈其采和中央银行总裁俞鸿钧秉蒋命查办的结果是,将该项债券追缴国库,中央银行国库局局长吕咸、业务局局长郭锦坤予以免职惩戒,至于1660万美元债券的具体去向,究落入何人之手,仍然是笔糊涂账。此案虽一度被炒得沸沸扬扬,但最后的结局仍为不了了之。蒋介石自己曾经这样写道:"贪污案必须将其上官与保要连坐处分。"② 看似对惩办贪污腐败有意痛下狠手,但实际结果,不仅他不必对孔祥熙贪腐案负责,承担"连坐处分",即便是这次贪腐案的主角孔祥熙实际也未受到应有的惩戒。难怪徐永昌这样写道:"中央银行等乘黄金提价而舞弊案,觉到国家所受打击较之广西失陷为甚,此一案蒋先生不能使贪污小人受到应得之法律制裁,则国家前途绝无善望(美国借金救我经济危机,我人尚在此中舞弊,太无心肝,太令朋友失望)。""在蒋先生之政治下奢侈贪污似无法免除,真是一件不可解的事。"③ 而对孔祥熙贪腐案一直持强烈批评立场,并多次在国民参政会牵头提出反孔提案,屡屡冲在反孔第一线的傅斯年,当孔祥熙被免职后说道:"老孔这次弄得真狼狈!闹老孔闹了八年,不大生效,这次算被我击中了,国家已如此了,可叹可叹。"④

以美金公债案和其他贪腐案件为表征的国民党各级官员贪腐之势的形成,与蒋介石亦有或多或少的联系。如徐永昌所言:"孔诚贪黩恶国……追溯其由,蒋先生似不能辞其咎。"⑤ 蒋介石在任用官员时,往往任人唯亲,以听话而非能力为优先考量,重用亲人、同乡、学生等。王子壮以实例评论蒋介石的用人之道为:"蒋先生之用人,但期服从,不论工作,如吴铁城之任秘书长是其例,对上能服从,其下不知包庇多少贪污"。某次,"吴铁城氏宴华北党委席上,酒酣耳热,得意忘形,乃发表其从政之心得,大意现在世界上工作者,应洞彻其要窍,蒋先生为吾国的领袖,应依领袖

---

① 《蒋介石日记》,1945年7月25日,8月6、17日。
② 《蒋介石日记》,1942年4月18日。
③ 《徐永昌日记》第8册,1945年5月5、7月18日,第84—85、129页。
④ 《傅斯年致俞大䌽》(1945年8月1日),王汎森、潘光哲、吴政上主编《傅斯年遗札》第3卷,第1213—1214页。
⑤ 《徐永昌日记》第7册,1944年9月30日。

是依归，工作也好，不工作也可，只要能取得领袖之欢心，一切事都可以作通，否则，埋首工作亦无益也等语。余未亲聆，但同志闻之多为讶然。以幕僚长之地位，应如何代总裁筹划，切实推行其政策，今反以其欢心之是务，如此，则不问事功，不论成绩，惟有先承意旨而已。总裁之事业惟有自己，绝难得幕僚之助，于此亦可觇其一斑。而为之助者，只有唯唯若吴氏者，只能谓之'媚术'，得其欢心，可以横行无际也"。"蒋先生之用人，对于浙江人之重用，似有成见，通举国之力，不能反对一汤恩伯，今尚高官厚禄，主持军事，在他省人士必将为阶下囚矣……总其原因，负责过重，不能不受左右之包围，狡黠者则谋逢迎钻入，以资凭借，可以假借声势，以自徒利，如吴铁城辈是也。忠厚者则谨饬自守，不敢妄举一步。以如此肱股，何能迈进于法治之域，事至显然。"①

上有所好，下必甚焉，上行下效，莫不如此。蒋介石的用人之道，造成国民党官员讲究裙带关系，热衷派系斗争，如此执政方式，实不利于国民党统治的稳固。前述孔祥熙之贪腐无能，汤恩伯之丧师失地、扰民谋利而安然无恙，可谓蒋介石用人无当之例证。用人无当可谓政治腐败，而政治腐败是最大的腐败，故傅斯年有言："欲矫下层之弊，仍必先澄上层之源。上层之弊，未可直言其贪污，然失官箴之处，则甚矣！以影响论，直接性之贪污，为害固远不逮间接性之失官箴。"②王子壮认为："此种腐败现象，真为革命之对象，二十年前余等高呼所欲打倒者，不意今竟一一实现于目前。"③唐纵认为："本党政治的腐化不但引起党外的反感，亦且失了党内的同情，如果没有显著的改革，全国人心将不可收拾。"④

全国抗战期间，国民党退居后方，随着战争的进程，其在政治上渐趋不思进取，军事上渐趋消极防御，原有的抗战信念受到持续战争的磨蚀，专制独裁、贪污腐败、效率低下、组织涣散、派系矛盾等不利其统治的负面因素日渐增长，统治力和影响力与中共恰成此消彼长之势。国民党在社会上的形象甚至已经"低落到使每一个党员不敢在群众之前暴露他的面

---

① 《王子壮日记》第10册，1945年4月30日上月反省录、8月2日，1946年3月2日，第165、270、532页。
② 杨天石：《海外访史录》，社会科学文献出版社，1998，第550页。
③ 《王子壮日记》第10册，1945年6月14日，第206页。
④ 《唐纵日记》，1945年6月30日，第522页。

目，低落到使社会上一般洁身自爱的人，听到党这个名词便生厌倦"。① 国民党不能严肃惩治各级官员贪污腐败的行为，导致其腐败的日益普遍化和严重化，亦当为其重要原因之一。对此，不仅社会公众及舆论有强烈的不满，即使是国民党内部对此也有所反思，认为如此情形只能毁坏国民党的统治基础。在1945年4月召开的国民党第六次全国代表大会上，不少代表痛斥贪污腐化和官僚资本，但蒋介石出于维持国民党统治和其个人权威的需要，仍然极力回避日趋普遍和严重的国民党官员贪腐事实，甚至认为揭露腐败是别有用心。他曾称："现在反动派污蔑政府当局，说我们是军阀官僚，贪污腐败。有的同志就毫不分辨，人云亦云，这就根本丧失了我们革命党员的立场，须知任何政府里面，都不免有极少数的败类，要在有去莠除恶的决心，有激浊扬清的办法。""反动派说我们政府贪污，我们不察事实，就跟着攻击政府"。② 其实，蒋介石未必不知道官员贪腐问题的普遍性和严重性，他在私下对此亦不无忧虑，对某些贪腐官员甚至孔祥熙也有所告诫甚或处置。但他由其主观立场出发，顾虑揭露腐败对国民党统治的负面影响，尤其担心在抗战即将胜利、国共矛盾和斗争可能激化的时期，揭露腐败将不利于国民党统治的稳固，因此对腐败问题多半采取睁一眼闭一眼、听之任之的消极态度。③ 在蒋介石的态度影响下，全面揭露官员腐败在国民党内势所不能，且贪腐官员得不到及时处理，而外界舆论对腐败的揭露则又力所不逮，且受到压制。在既缺乏党内监督又不能发扬党外监督的情况下，国民党官员的贪腐问题只能越来越普遍，越来越严重，在抗

---

① 王奇生：《派系、代际冲突与体制内的自省》，《划时代的历史转折——"1949年的中国"国际学术讨论会论文集》，四川人民出版社，2002。
② 秦孝仪主编《先总统蒋公思想言论总集》卷21，第112、115—116页。
③ 对蒋介石将反对贪腐与中共问题相联系而投鼠忌器的做法，国民党高层内部也有不同看法。比较清廉的陈诚认为："对于克制共党最有效之方法，阙为从政治设施之实绩上克服之。例如政府对于人民应做之事，不待共党批评，政府即先去做。又如铲除贪污，应即破除情面，严厉实行，使青年在事实上，对政府生出信仰来，则共党自然无所借口，以施其技。一言以蔽之，中央及地方加紧实行三民主义，即为克制共党唯一之要诀。""年来赏罚不严，贪污不治，实为共党对民众尤其对青年宣传上最有力之口实，亦即本党政绩不佳最大之原因。今后再不决绝改进，非至鱼烂肉溃不止，惟此所谓决绝改进云云，尤其应特别注意者，对于贪污腐化之人员，不可仅以其反对共产之关系即重用之，盖此辈实为制造共党之因素也。"见《陈诚呈蒋介石》（1938年1月27日、1940年3月27日），何智霖编《陈诚先生书信集——与蒋中正先生往来函电》上册，第295—296页；下册，第433页。

战胜利后，迅速进入其恶性化发展阶段，并且最终成为导致国民党统治垮台的重要因素。

第二节　中间势力与民主运动

一　中间势力及其政治主张

国民党上台后实行一党专制独裁的"党治"，不容其他党派合法活动。但是，集聚在城市的民族资本家、中产阶级、市民阶层、知识分子等社会力量（也包括乡间的士绅阶层），既不能接受国民党的独裁"党治"，也不认同共产党的政治理念，他们构成了国共两党之间的中间派的社会基础。[①]他们的利益诉求需要有政治上的代表者发声，所谓中间派（中间势力）即借此应运而生，只是在战前国民党严加控制的政治环境下，他们难以形成公开的有组织的力量，而只能通过各种舆论渠道，发出他们的声音。

全国抗战爆发之初，一方面是国民党对抗战较为努力，并为集中抗战力量的需要，放松了政治控制，给了中间派一定的活动空间；另一方

---

① 著名史学家，也是历史事件当事人的胡绳，在其晚年研究中特别强调中间派的地位和作用。他引同样是历史事件重要当事人的胡乔木的话说："国民党的人只是一小撮，我们的人也很少，实际上是第三种人占大多数。政治也是如此。革命能胜利，是因为我们党把中间势力拉过来了，如果中间势力都倒向国民党，共产党就不可能胜利。中间势力的作用很重要，我们党内有些人还不懂得这一点。"胡绳指出："中间势力是什么人？包括知识分子，工商界，搞工业的，搞教育的，等等。"他认为："中间势力的特点就是动摇、不断分化。分化的结果，大多数站到共产党一边，站到国民党那边的也有，但很少。""中间力量，知识分子，很多人都先是右倾的，后来才左倾。蔡元培是个明显的例子，甚至邹韬奋、胡愈之，开始也是要走资本主义的路，不是要搞社会主义，后来却参加了共产党。""中间力量有不少代表性人物，他们影响一大片。国民党失掉了中间力量，不可能不失败。"除了阶级和阶层意义上的中间势力，胡绳还对政治态度上的中间状态做了分析，认为："过去说，资产阶级是中间力量，工农、小资产阶级属于共产党一边的，是革命的依靠、基础。实际上工农、小资产阶级只是革命的可能的基础。就阶级说，它们是革命的，就具体的人说，它们当中大多数在政治上是处于中间状态，不可能一开始就都自动跟共产党走。要做很多工作，才能使他们跟共产党走。这一部分人可以走社会主义道路，也可以走资本主义道路。在半殖民地半封建的中国，发展资本主义是进步的事情。那时候，假如有一个阶级、政党真正能实现资本主义，工农、小资产阶级中的很多人也可以跟着它走资本主义道路，不一定都跟共产党走。应当说，中间的力量自发顺着的是走资本主义道路。""问题在于资本主义道路一直走不通。"见"从五四运动到人民共和国成立"课题组《胡绳论"从五四运动到人民共和国成立"》，社会科学文献出版社，2001，第3—6页。

面是中间派积极支持抗战，而对批评国民党较为克制。加以曾经武装反抗国民党的共产党亦与国民党相逢一笑泯恩仇，兄弟阋墙外御其侮，国共合作在更大范围内显示了全国一致抗日的气氛。在此环境下，中间派既有所集结，又支持抗战，国内的政治环境一度出现较为宽松活泼的局面。

全国抗战爆发后，曾经的中间派代表、"七君子"之一章乃器的言论，可以在一定程度上代表反对派的心声。章乃器在《少号召多建议》一文中指出："在国策还未确定的时候，我们不能不多作政治的号召，使国策能够早点确定下来。在国策已经确定的今日，我们却应该少作政治的号召，多作积极的建议，使国策可以早点充实起来。国家到了生死存亡的时候，政府既然已经有确定的国策，有点心肝的人，谁还愿标新立异以鸣高？大家应该是集中力量、培养力量之不遑，哪能再存彼此派别之见，在明争暗斗中再消耗一丝一毫的国力。""在这全面抗战已经爆发的时候，我们为民族的利益打算，不能不多信托一些政府，使他能够运用较大的权力"。① 他认为："从今以后，大家内部不必算旧账，一致努力向前抗日。"② 战前成立的中国青年党和国家社会党亦公开表示拥护国民党抗战。青年党领导人左舜生和国家社会党领导人张君劢均致函蒋介石，表示"国民政府为今日举国共认之政府，亦即抗战唯一之中心力量，同人等必本爱国赤忱，始终拥护"；③ "全民族存亡，间不容发，除万众一心对于国民政府一致拥护而外，别无起死回生之途"。④

然而，当抗战进入相持阶段之后，随着军事战线的相对稳定，国民党对政治的控制又趋加强，梁漱溟认为，国民党"极力统制言论、出版、集会、结社等一切活动，几乎使国民党外的人都不得自由……这样使得广大社会，特别是知识界，特别是青年，都失去了抗战初起时那兴奋活跃，而陷于抑郁消沉"。因此，"那些历来奔走国是，为社会不断出面的人，率先行动……势不能瞠目而视，袖手不动了"。他们开始酝酿组党，以形成有

---

① 《申报》1937年9月1日。
② 周天度、孙彩霞编《救国会资料集》，中央编译出版社，2006，第445页。
③ 《中国青年党代表左舜生为表示拥护国民政府抗战建国致蒋介石汪精卫函》（1938年4月21日），中国第二历史档案馆编《中国青年党》，档案出版社，1988，第198页。
④ 《国家社会党代表张君劢致蒋介石汪精卫书》（1938年4月13日），中国第二历史档案馆编《中国民主社会党》，档案出版社，1988，第82页。

组织的力量,代表中间势力的利益,发出中间势力的声音,与执政的国民党相抗衡。而国共关系的转差也为他们组党创造了条件,因为"若是两大党融洽无间,则形势又自不同,亦许没有此第三者之出现。反之,他们的尖锐对立,恰便促成了现在的同盟"。①

1939年11月,一批中间派人士在重庆成立统一建国同志会,②"以巩固统一积极建国为帜志",并秘密订有《统一建国同志会信约》,主要内容为:"以诚意接受三民主义为抗战建国最高原则,以全力赞助其彻底实行,并强调'国家至上,民族至上'";"拥护蒋先生为中华民国领袖,并力促其领袖地位之法律化";反对暴力斗争及破坏行动;对外抗战,对内建设,意志集中,求得国家之统一;宪法颁布后立即实施宪政,成立宪政政府;凡遵守宪法之各党派,一律以平等地位公开存在;一切军队属于国家,统一指挥,统一编制;反对一切内战;实行清明吏治,铲除贪污;尊重思想学术自由。③

统一建国同志会"在形式上未表明是党派联合体,但实则国共两党以外那些党派人物,差不多全在内"。如青年党的左舜生、李璜、余家菊等,国家社会党(国社党)的罗隆基等(国社党领导人张君劢起初未参加),第三党(中华民族解放行动委员会)的章伯钧等,救国会的沈钧儒、邹韬奋、张申府、章乃器等,中华职业教育社(职教社)的黄炎培、冷遹等,中国乡村建设协会(乡建派)的晏阳初、梁漱溟等,还有一些人如张澜等以个人身份参加。抗战时期,公开的党派活动处在合法与非法的模糊地带,国民党仍然垄断政权,并未完全放弃"党禁",但出于联合各方力量抗战的需要,成立党派只要主张抗日、不公开反对国民党和国民政府,其活动就有可能被默许。为免除国民党的怀疑,统一建国同志会成立后,其信约托张群和王世杰转呈蒋介石,梁漱溟并受命面见蒋介石,说明其成立

---

① 梁漱溟:《谈统一建国会之一》,章伯锋、庄建平主编《抗日战争》第3卷(下),第1254页。
② 据黄炎培记载,11月23日下午3时,"青年会餐堂梁漱溟、沈衡山(沈钧儒)、左舜生、章伯钧等发起统一建国同志会,余参加之。余担任接洽高君、吴贻芳、冷遹、江恒源、王志莘"。见《黄炎培日记》第6卷,1939年11月23日,第208页。
③ 《统一建国同志会简章》、《统一建国同志会信约》(1939年11月),中国民主同盟中央文史资料委员会编《中国民主同盟历史文献》,文史资料出版社,1983,第1—3页。该项信约是由章乃器、左舜生、梁漱溟、沈钧儒等共同起草决定的。

动机,"是受党派问题刺激,而求大局好转自任",以形成国共之外的"第三者的立场"。蒋"没有留难即表示谅许,大约是先经研究决定了。只问我参加的是哪些人"。梁漱溟还特意为被认为与中共比较接近、比较偏"左翼"的邹韬奋解释说:"与其让他们在这一组织的外面,还不如约在里面"。蒋"亦以为然"。至此,统一建国同志会的成立总算得到了国民党的默认。①

统一建国同志会的组织比较松散,活动不多,成果有限。如梁漱溟所言:"同人尚不时集会,交换意见,却苦于对时局无可尽力;盖在言论被统制之下,不能唤起舆论,没有舆论作后盾,只几十个人是没有力量的。主张团结则双方冲突,就制止不了;要求民主,则当局不采,或圆滑应付,便无办法。"②

统一建国同志会所起作用未及预期,反映了国共两党独大情况下,缺乏实际力量尤其是武装力量的中间派政治表达的局限性。但是,中间派人物并不甘心如此,张君劢认为:"统一建国同志会不中用,必须另行组织。他主张先要秘密进行组织并布置一切,必须在国民党所控制不到而又极接近内地的香港建起机关来,然后以独立姿态出现,不必向政府当局取得同意"。③ 黄炎培、梁漱溟、左舜生等统一建国同志会的领导人亦同意张君劢

---

① 梁漱溟:《谈统一建国同志会之二》,章伯锋、庄建平主编《抗日战争》第3卷(下),第1257页。另据黄炎培记载,他曾同张群"谈统一会事",(《黄炎培日记》第6卷,1940年1月12日,第231页)显见统一建国同志会领导层曾经多方同国民党高层沟通。实际上,蒋介石对中间派的代表性人物既无好感,亦无善意。统一建国同志会成立后,蒋在日记中多次记载对黄炎培、梁漱溟、曾琦、张君劢等之看法,称他们为"政客",责其"投机之可耻,殊堪鄙弃";"乘国难以为进身巧夺之机","痛恶之至","愤激无已"。见《蒋介石日记》,1940年4月4、5、6日。

② 梁漱溟:《谈统一建国会之一》、《谈统一建国同志会之二》,章伯锋、庄建平主编《抗日战争》第3卷(下),第1254—1257页。

③ 梁漱溟:《我的努力与反省》,章伯锋、庄建平主编《抗日战争》第3卷(下),第1260页。张君劢曾经这样概述中间派的政治地位、作用和追求:"吾们在以上各期中战时态度,是贴膏药,打补针,不见有旋转乾坤的妙策。贴膏药、打补针是补救缺失,够不上说积极的增加抗战实力,所以自问远不如前线上的一个小兵,实在惭愧得很,不必多说了。膏药能否贴上,补针能否打上,又视国民党接受的雅量如何,不是吾们所能左右的。但吾们有一点用意应为天下后世人告的,第一,不算旧账,第二,不闹意气,第三,不争一党私利,第四,所争为政府制度,为根本大法,而不是个人地位。吾们抱定此四原则以拥护政府抗战建国政策。"见张君劢《吾人处抗战时期中之态度》,《东方杂志》第37卷第13号,1940年7月,第62页。

的意见，决定组织新的党派，表现出中间派希望以更积极的态度参与政治，调和国共关系，推动民主政治的发展，但也反映出他们脱离政治实际、高估自身地位和作用的倾向，对自身力量的局限及作用的有限缺乏应有的认知。

1941年初皖南事变的发生，使中间派担心国共两党关系的恶化，将进一步削弱中间派的政治活动空间，从而刺激了他们的组党需求，成为中间派政党出现的契机。如后来的民盟领导人张澜所言："民主同盟组织的动机，是因调解国共两党以求全国团结并无效，（民国）三十年春间，遂由各小党派协商，结合国共两党以外之各党派，而组织一民主政团同盟。使之成为一个大的力量，居于国共两党之间，调和监督，以期全国终能达到民主的团结。"①

1941年3月19日，中国民主政团同盟（简称民盟）在重庆秘密举行成立大会。② 会议通过《中国民主政团同盟政纲》、《中国民主政团同盟简章》等文件，选出黄炎培、左舜生、张君劢、梁漱溟、章伯钧为中央常委，黄炎培（职教社）为主席（当年10月由无党派人士张澜接任），左舜生（青年党）为秘书长，章伯钧（第三党）为组织部部长，罗隆基（国社党）为宣传部部长。

民盟的参加者与统一建国同志会大体相似，仍为青年党、国社党、第三党和职教社、乡建派、救国会"三党三派"所组成，③ 也包括部分无党派人士。他们的政治倾向，在反对国民党的独裁压迫、主张结党结社和政治自由方面是基本一致的，但在其他方面，尤其是与国共两党的关系，又

---

① 张澜：《中国民主同盟的缘起主张与目的》，章伯锋、庄建平主编《抗日战争》第3卷（下），第1282页。

② 据黄炎培记载，3月12日，黄炎培和张君劢、左舜生、李璜、罗隆基、张澜、梁漱溟、江问渔、冷遹在张君劢家商成立民盟事，他被推为主席。18日，他们又在张君劢家商民盟问题，黄炎培提议"非准备成立不公表，但先发表同人对时局主张，皆同意"。19日下午4时在特园开全体会，通过简章，举定职员，及对时局主张，敬告政府及国人。见《黄炎培日记》第7卷，1941年3月12、18、19日，第75、77—78页。

③ 民盟成立之初，"发起人中有人认为沈钧儒同他领导的救国会太左倾了，于是决定暂时不约沈钧儒和救国会参加。大约半年多以后，救国会的领袖沈钧儒等亦被邀参加了"。见罗隆基《从参加旧政协到参加南京和谈的一些回忆》，章伯锋、庄建平主编《抗日战争》第3卷（下），第1288页。

不甚一致。青年党和国社党与国民党的关系更接近,① 而第三党和救国会与中共的关系更接近,职教社和乡建派则相对居中,② 这三种不同的政治倾向自民盟成立伊始即已存在,"三党三派"之间既有联合合作也有分歧矛盾,但在当时的环境下,向国民党争民主争自由成为他们的迫切要求,而彼此间的政治歧见被掩饰在这个目标之下,"民主党派"成为他们对外的面貌和外界的认知。

民盟最初成立时是秘密的,③ 其后经历了由秘密而公开的过程。1941年9月,民盟在香港出版机关报《光明报》。10月10日,《光明报》刊登

---

① 在这些党派中,青年党与国民党的关系最近,合作亦最多,而且越到后来越如此。1944年9月,蒋介石接见左舜生和李璜,"告以国民党决计扶植中国青年党,并将密令各党部与之合作"。(林美莉编辑校订《王世杰日记》上册,1944年9月22日,第637页)11月,国民党中央特种会报提出:"对各党派均可合作,对青年党更可首先表示,本党即可通饬各级党部不必与青年党冲突"。(《唐纵日记》,1944年11月10日,第470—471页)虽然如此,但国民党对青年党和国社党仍不放心。青年党领导人李璜回忆说,国民党在各地随时监视青年党的活动,暗中"将我的一言一动都记录下来,并且加上按语,送与蒋先生亲阅,要他来警告我"。(李璜:《学钝室回忆录》下卷,台北,传记文学出版社,1978,第573页)李璜及张君劢亦曾致书王世杰,"深以国民党压迫彼等所领导之青年党、国社党为憾"。见林美莉编辑校订《王世杰日记》上册,1940年2月3日,第250页。
② 民盟成立时,职教社诸人主张民盟的政治纲领应"力避刺激国民党",因太过刺激,"不啻与当局决裂","许多事业必发生障碍"。他们还坚持,民盟的政治主张不采取少数服从多数制,不同意者发表时可不署名,此议"争执甚久",卒获通过。(梁漱溟:《记中国民主政团同盟》,章伯锋、庄建平主编《抗日战争》第3卷下,第1264—1265页)作为民盟的主要领导人之一,黄炎培提出民盟处事的原则应为:(1)对政府取协助之义,其有所见,为善意的劝告;(2)对内各个的求充实,整个的求团结;(3)对各友团维持友好,视情态之可能,得就某事件与之合作;(4)在不背第一点之下,设法与国人及国际相见,使咸知吾人对国事之苦心与努力。对于国共关系,他认为:"国共摩擦,几如阴阳两极,根本调和不可能,但有时间与区域关系,尚可稍稍为力。"他还告周恩来,"中共最好:(一)在与国党利害不冲突、国民同情不减损之下求成长;(二)以所有实力尽量容纳友党乃至敌党,以所有实力为国家民族表现切实伟大的贡献。"(《黄炎培日记》第7卷,1941年4月5日,第85页;第6卷,1940年4月13日、6月14日,第268、296页)于此可知黄炎培的中间派立场。
③ 民盟成立时之所以秘密行事,是担心国民党尤其是蒋介石的态度。其实,蒋介石通过情报来源已知民盟的成立,并在某次聚餐时当众责问张群,张群即询张君劢,而张君劢则否认有此事。后来经黄炎培等商议,回复国民党说:"迭次聚议无非为奔走中共不出席之事(指皖南事变后中间派的调停),实秉最高领袖意旨而行;所谓组织,即是前之统一建国同志会;所谓十二条,即同志会之信约,均曾邀领袖之谅许者。至于宣言,则同人屡承领袖督责'你们要出来说公道话',故有此拟议……经解释后,当局即未再追问。"见梁漱溟《记中国民主政团同盟》,章伯锋、庄建平主编《抗日战争》第3卷(下),第1263页。

了《中国民主政团同盟成立宣言》和《中国民主政团同盟对时局主张纲领》。成立宣言宣示:"中国民主政团同盟今次成立,为国内在政治上一向抱民主思想各党派—初步结合"。因"内力相销,本末相衡,可忧实大……同人因是不敢以无补时局,自息仔肩。爰自为结合,以作团结全国之始……年来国民党以抗战建国领导国人,同人既从国人之后,相与勉于此一大事,而深维抗战建国之本,有在于是者"。对时局主张纲领内容大要为10项,包括贯彻抗日主张、实践民主精神、加强国内团结、切实执行抗战建国纲领、确立国权统一、军队属于国家、保障人民生命财产及身体自由、尊重思想学术自由、约束党治权力、注意政务改善等。① 民盟成立宣言和对时局主张的公布,实际等于民盟成立的公开化。

1941年11月,国民参政会在重庆召开二届二次会议。民盟主要领导人多数为参政员,他们遂利用这个时机,在这次参政会开幕的前一天即11月16日,首次以民盟名义举行茶话会,宣布民盟组织的公开化,意味着在国共两党之外、代表中间派利益的全国性、政治性党派登上中国的政治舞台。

民盟的成员,最初主要来自"三党三派",尤其是青年党,因其成立时间早,组织规模大,并在抗战大后方的四川省有较强的实力,在民盟中占据了重要位置,对盟务有较大的话语权。② 民盟中也有无党无派的人士加入,并且随着民盟组织的发展而越来越多,到抗战后期,重庆市盟员中的无党派关系者已占到总数的70%左右,包括"著作家、编辑、大学教授、中小学教师和工商界的从业员",即文化界、工商界、自由职业界、教育界人士。但是,民盟几乎没有工农群众的参加,③ 于此反映出民盟中

---

① 《中国民主政团同盟成立宣言》、《中国民主政团同盟对时局主张纲领》(1941年10月10日),《中国民主同盟历史文献》,第5—9页。
② 据罗隆基回忆:"当时的青年党是一个比较大的政党。四川省当年是青年党一个重要的根据地,它在四川省的党员比较多……因此,最初青年党党员参加民盟的人数比较其它党派多些,这是很自然的结果。""民盟初期就没有设立行政工作机构,一切行政事务就由青年党总部的干部来代办。民盟主席张澜是个四川人,他经常住在成都。青年党另一个领袖李璜是民盟的一个中央常委,他在成都主持青年党的党务,同时他就设法接近影响张澜主席,而在盟务上李就成了张澜主席的参谋人和盟务的实际主持人。在这样的形势下,青年党实际上操纵把持盟务是必然的结果。"见罗隆基《从参加旧政协到参加南京和谈的一些回忆》,章伯锋、庄建平主编《抗日战争》第3卷(下),第1289页。
③ 曾守约:《介绍中国民主同盟》,章伯锋、庄建平主编《抗日战争》第3卷(下),第1285页。

间派政治定位的组织构成基础。这样的组织构成，更着重在向国民党要求政治自由和民主，并因其成员的社会中上层地位，可以通过各种渠道对外发出自己的声音。但是，这样的组织构成在中国庞大的社会下层群体衬托下，显出其少数和孤独的面相，不足以代表广大社会下层群体，发出解决他们切身的民生问题的强烈呼声，亦使其在国共两党相争的政治环境挤压下，很难实现他们所代表的中间派的政治诉求，观民盟成立前后中间派领导人对国共关系调停的不成功即可知其实际政治地位之局限。①

对于民盟的定位和特点，民盟领导人的认识也未尽完全一致，其中部分人士尤其在意其政党身份的定位，对外往往强调其并非政党，回避其政党特性，以免太过刺激国民党，希望尽量维持其中间地位。民盟机关报《光明报》在为民盟成立发表的社论中揭橥了民盟的特点：（1）这是一联合体，不是单一组织。它本身不是一个政党，而是许多党派的联合。（2）因为它本身不是一个政党，所以不要看作国内两大政党之外，政治上又增多一竞争的单位。它只是为了当前时势需要，而做此联合行动。（3）这一联合实在由来已久，不是偶然出现的。（4）这一联合的构成，就是大家都没有武力作其政治要求的后盾。他们的前途，只能以言论以理性去活动，争取大众的同情拥护。② 由民盟对其自身特点的揭示，亦可知民盟成立之初对其自身定位的谨慎及其在当时环境下的某种潜在的不安全感。与其说这些特点是民盟真实面相的归属，无如说民盟更希望通过对这些特点的强调而显示其温和改良的政治面相。

当然，就现代政党的组织要求而言，民盟的组织不够严密，较为松散，各党各派加入民盟后，仍然保持着自己的独立性，有时也发出与民盟统一主张不那么一致的声音，确与现代政党的定位和要求有一定距离。如

---

① 中共对中间派调停的评价是："中间阶层在这次斗争中的立场，是动摇不定的，但依然处在中间地位"。"这些中间派，可以大别为三类：一是小资产阶级的代表，如救国会及第三党，与我最接近，是最同情我们的；一是民族资产阶级的代表，如黄炎培、张澜等，对大资产阶级不满，但在紧急关头，便成和事老；一是失意政客，如张君劢、左舜生等，希望从国共纠纷中谋自己升官发财的利益……但因他们都反对国民党的一党专政，黄炎培、左舜生、张君劢、梁漱溟等正在发起组织'民主联盟'以求自保和发展，所以仍是一种中间地位。"见《中央一九四一年三月政治情报》（1941年3月22日），《中共中央文件选集》第13册，第69—70页。

② 《中国民主政团同盟的成立宣言》（1941年10月16日），《中国民主同盟历史文献》，第10—11页。

民盟领导人罗隆基后来回忆所言:"这些党派领袖是以个人名义参加民盟的,而不是党派以集体名义参加的。党派领袖是盟员,不等于说这些党派都是民主政团同盟构成的集体单位。这些党派还是盟外独立自主的党派。党派的成员是根据各人自愿的原则,履行入盟手续后始得加入民盟。因此,民主政团同盟的决议和行动,在法律上和实际上并不能拘束各党派的独立自主的行动,反之,各党派的决议和行动,亦不能拘束民盟。""这样的一个政治集团的基础是极不稳固的。那些党派领袖在盟内都是跨党分子,对盟来说,他是盟员,但他在盟外又是另一个政党的党魁。遇到民盟的政策同某一个党有了分歧的时候,某些跨党的盟员何去何从就成了问题。民盟由于有了这类实际上的困难,就无法执行严格的纪律。"① 随着后来无党无派的个人加入民盟的增多,② 在一定程度上改变了这种状况,再加上其内部的组织整顿,使民盟逐渐接近于在统一的政治纲领和组织规章下运作的现代政党。

　　对于民盟的成立,地方实力派因为需要抵制国民党的权力控制,对向国民党要求政治自由和民主的民盟给予一定的支持,这是民盟组织得以在后方(尤其是四川和云南)发展的重要因素。因为反对国民党政治独裁垄断的一致性,中共对民盟的成立表示欢迎,并在一定程度上引为政治盟友。《解放日报》发表社论,称"这是抗战期间我国民主运动中的一个新的推动。民主运动得此推动,将有更大的发展,开辟更好的前途"。③ 国民党对民盟的成立虽很不满意,但在当时环境下,又不便大张旗鼓地公开反对乃至明令禁止,处在明里不言、暗里反对的立场。④ 但是,民盟公开后

---

① 罗隆基:《从参加旧政协到参加南京和谈的一些回忆》,章伯锋、庄建平主编《抗日战争》第3卷(下),第1288—1289页。
② 据民盟的统计,到抗战胜利之时,盟员中的无党派人士已经占到70%以上。见中国民主同盟中央委员会文史委员会《中国民主同盟简史》,群言出版社,1991,第21页。
③ 《中国民主运动的生力军》(1941年10月28日),《中国民主同盟历史文献》,第12页。
④ 对于民盟和各党派的处境及发展,国民党后来有分析认为:"各小党派均属温和派,言论不甚激烈,对本党之态度亦均能保持相当之限度而作和平之要求,彼等只要政府实行民宪,予以公开活动平等竞争之机会,彼必愿为本党之友,反之,如目前状况无改善希望,彼等则不免与中共对要求民主事作桴鼓之相应。"为此,国民党提出的对策是,必须拆散各小党派与中共联盟之形势;采取对各小党派开放,对中共抑压之政策;拉拢各小党派,增我外围实力,以孤立中共。具体办法是:加强联系(指定若干高级干部经常与其上层负责人接触,保持私人友谊,借以乘间陈说利害),有限度地满足其要求(言论自由、活动公开、参加各级民意机构),同时提出附带条件,即彼等必须疏离中共,并在宣传

的首次政治动作便凸显其与国民党的差异和矛盾,使国民党尤其是蒋介石对于民盟的存在很为恼火,以后对民盟也没有什么好脸色。

民盟公开时,正值国民参政会开会期间,民盟参政员张澜、张君劢、左舜生等随即向参政会提出《实现民主以加强抗战力量树立建国基础案》,其主要内容源自民盟的对时局主张10条纲领,重点又在要求国民党"结束训政,实施宪政";"明令保障人民身体、信仰、思想、言论、集会、结社、入党、看报、旅行等等之自由";"明令停止特务机关对内之一切活动"。①这份提案的提出可称是民盟公开后的政治首秀,也反映了民盟向国民党争民主、求自由的基本政治立场,但使蒋介石十分恼怒,认为民盟"是诚反动之尤者",将民盟领导人比附为"卑污政客","可怜可恶",甚至认为"应预备决裂办法,此种污劣政客不能纯以宽厚相待,而且非用法与权不可也"。②在蒋介石的指示下,国民党方面拒绝将该案付诸大会讨论。

夹在民盟要求自由民主的政治主张和蒋介石的恼怒反对之间,时任国民参政会秘书长的王世杰只能居间转圜,两面周旋,力求平复事态的扩大。他一方面向民盟领导人"力告以不可与国民党决裂",并认为"左(舜生)态度尚好,张(君劢)则语言无序",可见张君劢还有不同看法;一方面与张群"同晤蒋先生,主张由参政会主席团另提一案,明定抗战终

  上不能响应中共。(《中国国民党中宣部所拟"各党派之言论分析与对策"文》,1943年,《中华民国史档案资料汇编 第五辑第二编 政治》2,第104—105页)这些分析和对策可谓比较实际,如果国民党真能实行,或许有助于改变民盟至少是民盟中相当部分温和派人士对国民党的态度和立场,但是,这些分析和对策说到底也不过是纸上谈兵,国民党决策层尤其是蒋介石出于对独占和垄断权力的迷恋,从来也没有真正对民盟运用这些对策,反而是在政治上不断打压民盟,从而促成民盟中的多数人逐渐靠近共产党,成为中共的政治盟友。

① 章伯锋、庄建平主编《抗日战争》第3卷(下),第1280—1281页。该提案的副署人有黄炎培、沈钧儒、晏阳初等,并邀约中共参政员董必武为提案人,邓颖超为副署人。

② 《蒋介石日记》,1941年11月21、22日。蒋介石为张澜等提案"愤怒异甚,故未安睡"。然国民党官员"多以此案为不甚重大,而不知此乃真为本党最大侮辱,故主张严处。如其不愿自动撤退,则不得已宣告此案之阴谋为敌国与德国策动之真相,彻底处治"。不过,蒋介石后来也意识到,他对此事的态度接近失态,"神态粗狠,几近狂痴矣,戒之"。(《蒋介石日记》,1941年11月22日)据王世杰所记,蒋介石"阅张君劢等提案,甚愤慨,并疑张君劢与德国及敌伪有勾结。予力劝蒋先生勿以怒态应付此事"。(林美莉编辑校订《王世杰日记》上册,1941年11月22日,第391页)直到时过境迁之后,蒋介石在11月的个人总结中提及此事时,仍然表述为"愤激暴戾,损伤心神"。见《蒋介石日记》,1941年11月30日。

了之日，即召开国民大会，实行制宪。蒋先生亦同意"。① 经过王世杰的沟通努力，民盟的提案虽未付大会讨论，但由大会主席团提出的《促进民治与加强抗战力量案》，包括了抗战终了之时召开国民大会、以适当方法充实战时民意机关、用人广揽各方贤才、人民自由予以合法充分保障等民盟早先提案的主要内容。② 本来，参政会就民盟的提案"是酝酿着一场大雄辩的"，正是考虑到这种可能发生的各方激辩，大会主席团临时决定终止旁听，以免引起更多的纠纷。在各方努力下，"这争辩终于平静的过去了"，最后通过的提案，对实行民主政治有所推动，所以被《新华日报》称为是这次大会"一个不同凡响的尾声"，③ 也由此而奠定了民盟对推动战时民主政治的基本立场。

二 民主运动的起伏

在国民党的训政体制下，其他党派难有活动空间，也因此而引起国民党外人士反对国民党训政的政治活动。甚而在国民党内部，不同的政治派别间，为实现自身利益的最大化，有时也会利用民主口号反对所谓独裁。对因为民主问题而给自身带来的政治被动，国民党也不无意识，还在全国抗战爆发前，1935年国民党五大决定次年公布宪法草案、召开国民大会，实行由"训政"到"宪政"的过渡。1936年5月5日宪法草案公布（即所谓"五五宪草"），但原定召开的国民大会因代表选举等问题延期一年。1937年7月全国抗战爆发后，因为战事的影响，原定当年11月召开的国民大会再度延期。在紧迫的战争期间，这个问题暂时退居幕后，而当战争进入相持阶段后，军事局势的相对缓和，使政治问题得以凸显，而国民党执政中出现的种种问题，又使不少人士将其归之于国民党的政治独裁垄断所造成，要求政治开放、实现自由民主的呼声日渐高涨。正是在这样的背景下，大后方在全国抗战期间出现了一波又一波的民主运动，使力图维持自身政治垄断地位的国民党统治面临着公开的反对与冲击。

---

① 林美莉编辑校订《王世杰日记》上册，1941年11月23日，第391页。
② 孟广涵主编《国民参政会纪实》下卷，第992页。据梁漱溟回忆，因为国民党固坚持见的顽固态度，民盟领导人张澜、张君劢、左舜生等都很不满意，此后一度拒不出席参政会，"以示抗议"。见梁漱溟《中国民主政团同盟的标志——三党三派》，章伯锋、庄建平主编《抗日战争》第3卷（下），第1277页。
③ 孟广涵主编《国民参政会纪实》下卷，第992、1022—1023页。

1939年9月，在国民参政会一届四次会议期间，国民党外参政员"均提案要求结束党治"。① 会议一致通过议案，请政府明令定期召开国民大会，制定宪法，实施宪政；组织国民参政会宪政期成会，协助政府，促成宪政。② 会后成立的宪政期成会，25位委员中包括中间派代表人物张澜、黄炎培、张君劢、罗隆基、左舜生、李璜、章伯钧等。③ 他们还发起举办宪政座谈会，成立宪政促进会，讨论"怎样推动宪政运动"。沈钧儒认为："这不能单赖政府、国民参政会之努力，这尤赖全国人士、社会各方面的负责者，共同负责，共同努力，这需要有广大的运动，全国人民的运动，以推进之。"参加座谈会的中共参政员董必武特别指出："今日我们需要的宪法是真正反映了中国现代人民的生活，中国人民的要求的新宪法，过去的宪法草案已不能适用；制宪机关要真正包含全国各方面人民的代表，过去国民大会召集法、选举法都已不能适用，这是两项原则。"章乃器和邹韬奋提出"发动人民"、"深入民众"的问题。与会者一致同意推动"全国各地希望一致起来响应这一运动"，"一切均不能迟缓"。④ 由此形成了一波颇具声势的民主运动浪潮。

面对外界的压力，1939年11月召开的国民党五届六中全会通过决议，称："揆之抗战建国同时并进之义，召集国民大会，制定宪法，以确立建国基础，实有积极进行之必要。最近国民参政会曾有定期召集国民大会，制定宪法之建议，亦足征国人对此期望殷切。"会议决定1940年11月12日召开国民大会。⑤ 但是，国民党对于民主运动本质上是反对的，尤其是当运动超出国民党的控制，并有可能威胁到其执政权力时，国民党立即踩下了刹车。1940年2月，国民党中央发出指示，强调"一方面要求实施宪政，一方面要求宪政实施后继续进行训政未完成的工作"；提出战前由国

---

① 林美莉编辑校订《王世杰日记》上册，1939年9月12日，第223页。
② 《国民参政会一届四次大会召集国民大会实行宪政案》（1939年9月），《国民参政会资料》，第133页。
③ 宪政期成会的主要工作，是在"五五宪草"基础上提出修正案，以期推动制宪、立宪、行宪的进行。
④ 方直：《怎样推动宪政运动》，章伯锋、庄建平主编《抗日战争》第3卷（下），第1205—1209页。
⑤ 《定期召集国民大会并限期办竣选举案》（1939年11月17日），荣孟源主编《中国国民党历次代表大会及中央全会资料》下册，第610页。

民党包办选出的国民大会代表"自应一律有效","五五宪草""已完成一切手续,其合法性自无疑问";并特别规定:"在此战事未结束前,政府对于为研究宪政而组织团体之举,自亦不能不设定必要之限制,以防流弊,在重庆方面国民参政会之宪政期成会为研究宪政向政府贡献意见之合法机关,为集中意见起见,不必另有其他组织。其他各省市如有组织之必要,亦只须由各省市党部政府会同参议会组织宪政研究团体,领导各该地关于宪政问题之研讨。"① 4月,国民党中常会通过有关宪政问题的决定,规定:凡关于宪政问题之集会,除由中央直接派人分赴各地办理外,得由各省市党部政府会同所在地参议会召集,讨论以宪政问题为限,结论由党部转呈;凡关于研究宪政问题之团体,由各省市党部政府会同所在地参议会组织,以一地成立一个团体为限,不得有纵的组织,不得从事团体任务范围外的其他一切活动;凡关于宪政问题之言论,应以三民主义、五权宪法、建国大纲、训政纲领、训政约法、抗战建国纲领、总理总裁有关宪政之指示,暨国民政府公布有关宪政法令为依据,有反对宪政及违反三民主义而曲解宪政者,应一律取缔。② 这些指示和决定的目的,都是力图限制正在后方开展的民主运动,并为其框定范围,不使其威胁到国民党的独占统治。

民主运动的目标,无论近期远期,都将限制国民党和蒋介石的独裁统治权力,尤为蒋介石所不满。1940年4月,蒋介石在国民参政会一届五次会议发表对宪草与宪政的意见,提出宪法"规定得愈详细,愈繁密,尤其对于政府职权限制得愈严格,就愈不容易实现,而且流弊愈多,乃致毁灭越快,其结果只有宪法之害而无宪法之利。这就是因为制宪的人不明了在开国的时候,必须要有一个有能的政府,宪法规定,必须适合这个开国时期的需要,才能够推行尽利,以措国家于磐石之安"。又提出对于选出的当政者,"既选举了他而付托以重任,就要完全信任他,不专靠用种种方法,加以拘束,加以防止,或加以牵制"。③ 蒋在讲话中对宪法和制度做出

---

① 《国民党中央对实施宪政问题之指示》(1940年2月12日),章伯锋、庄建平主编《抗日战争》第3卷(下),第1242—1244页。
② 《国民党中央常务委员会制订宪政问题集会结社言论暂行办法》(1940年4月18日),《中华民国史档案资料汇编 第五辑第二编 政治》(1),第1016—1017页。
③ 《对于宪草与实施宪政之意见》(1940年4月5日、6日),秦孝仪主编《中华民国重要史料初编——对日抗战时期 第四编 战时建设》(2),第1683、1686页。

了他个人的解释，提出不靠制度而靠人的国家"治理"观，反映的是力图维持他个人独裁权力的中心思想。即便是站在国民党立场的王世杰也认为，这是蒋"对于宪草中牵制政府权力之规定，表示不满"，而且"语侵罗隆基"，结果使"国社党及青年党诸参政员颇懊丧"。①

蒋介石对实行民主制度既无积极性，而以他的独裁地位，国民党又只能遵从他的决断。果不其然，1940年9月18日，国民党中常会以"各地交通因受战事影响，颇多不便，如依原限召集，不无重大困难"为由，决定国民大会召集日期"应俟另行决定"。② 此后，这一波民主运动趋于低落。

1941年12月太平洋战争爆发，世界反法西斯阵营最终形成。此后，一方面是中国的国际境遇持续向好，国家地位有很大提高，成为"四强"之一；一方面是国民党执政能力的不断下降，通胀高企、贪腐滋生成为众矢之的，多数人生活艰难，社会矛盾有所激化。这种正向与负向之间日渐加大的反差，刺激了社会各界对国民党把持政权、实行独裁专制统治及其所造成的负面影响的强烈不满与批评，由此反映到政治层面，便是民主运动的再起，并在1943年至1944年间又形成一波颇为高涨的浪潮。

新一波的民主运动，中间派是主要发动者与参与者。民盟主席张澜的言论可为代表，他认为："年来保障人类自由，倡行民主政治的同盟各国，逐渐胜利，声势日振，正义日张，民主政治乃为世界各国所从新认识，加强重视"；抨击国民党"年来言政治，则官吏公开贪污，上行下效，法令皆成具文；言财政，则专卖统制与其各种收税机关，繁重苛扰，结果是政府受怨，民众受困，大利归于中饱；言粮政，则无谷者必须缴谷；言役政，则有人者不肯出人；不平的现象，到处皆有"。因此，只有"从速实行真正民主政治，使人民有权来监督政府，纠弹官吏，并协政府办理各事，政治才有望合理改善，挽回颓势"。③ 这些要求实行民主政治的主张得

---

① 林美莉编辑校订《王世杰日记》上册，1940年4月6日，第262页。
② 《五届中央常务委员会关于国民大会延期案》（1940年9月18日），秦孝仪主编《实施宪政》，台北，中国国民党党史会，1977，第132页。
③ 张澜：《中国需要真正民主政治》，章伯锋、庄建平主编《抗日战争》第3卷（下），第1300、1306页。张澜此文亦为唐纵所注意，他主张将其呈阅蒋介石，陈布雷告其"已呈过了"。（《唐纵日记》，1943年10月14日，第386页）中统局方面则认为："张澜言词颇为激昂，攻击本党最烈。"见《中统局关于青年党在四川活动的情报》（1943年11月5日），《中华民国史档案资料汇编 第五辑第二编 政治》（3），第306页。

到了社会各界的积极呼应，包括宋庆龄、何香凝等国民党内的民主派也要求开放党外人士的政治参与，甚而国民政府立法院院长孙科也多次发声，提出民主宪政的主张，① 引起蒋介石的极度恼怒，在日记中大骂孙科，谓："诋毁政府无微不至，其用意在夺取国府主席后与共党合组政府，以俄国为其后台老板，巩固其卖国地位。此人实汪逆之不若也，余决以忍痛主之，置之不理。"②

影响这一波民主运动高涨有诸多因素，其中也与美国的态度相关。太平洋战争爆发后，中美成为同盟国，美国对于中国抗战的援助大幅度增加，在物质上缓解了中国过去独立支撑战争的困窘状况，但随之而来的是美国对中国政治的干预也在加强，尤其是不少来华的美国人，对国民党各级官员的行政低效混乱、为政腐败无能很是不满，从而也加大了对国民党的批评和对其实行改革的压力。③ 这使力图维持国民党及其个人独裁统治的蒋介石备感困扰和不满，但对其主要支持者美国的如此态度又无可奈何。他曾经在日记中写道："最近内外形势之压力日甚一日，尤以美国在精神上无形之压迫更甚，彼必期强余无条件与共党妥协，期余接受其以史迪威总司令，此皆与情于理不能忍受之事，又以其暗示孙科为余代替之

---

① 孙科曾对黄炎培说："苏联必在东方参战；东北将为苏军力所及；如我内政上无良好措置，凡苏联兵力所及，可能将政治交与中共"；因此他 "主张改组国防最高委员会，容纳他党"。见《黄炎培日记》第 8 卷，1944 年 5 月 17 日，第 263 页。
② 《蒋介石日记》，1944 年 5 月 15 日。1944 年元旦，孙科在重庆中央广播电台讲《认识宪政与研究宪政》，批评有些国民党人 "忽视抗战建国同时并进的最高国策，不明白宪政运动就是我们政治建设的根本"；"不免忽视了抗战所给予广大民众的政治教育，和近年社会各方面实际进步的情形"。孙科还对中央训练团高级党政班学员讲授《有关宪政诸问题》。（闻黎明：《第三种力量与抗战时期的中国政治》，上海书店出版社，2004，第221—222 页）其实，尽管孙科常常以 "民主派" 的面目出现，但究其对政治本质的认识，仍不脱国民党人的固有思维。据颜惠庆记载，孙科 "说国民党创建了民国，它就应坐民国的天下"。（上海市档案馆译《颜惠庆日记》，1941 年 10 月 16 日，中国档案出版社，1996，第 374 页）国民党内也有支持孙科者。据王世杰记载，当蒋介石就改组行政院征求王世杰意见时，王建议 "不妨请孙哲生先生任院长，如副院长及部长得人，则令孙出任此席，蒋先生不必有何顾虑；且或可借此渡过目前对苏、对美、对共之诸种困难。蒋先生未作表示。予细再三言之。予亦知孙有若干弱点，但目前政府需要比较彻底的改组，他人均无勇气，故予作此提议——此一提议恐无他人向蒋先生提出过"。见林美莉编辑校订《王世杰日记》上册，1944 年 8 月 2 日，第 625 页。
③ 据黄炎培记载，美国总统罗斯福曾告蒋介石："（一）中国宜从早实施宪政；（二）国民党退为平民，与国内各党派处同等地位，以解纠纷"。见《黄炎培日记》第 8 卷，1943 年 9 月 10 日，第 154 页。

人,帝国主义之面目全露,其意非使中国为其附庸不可。"① 蒋之愤懑之情跃然纸上,甚而他还怀疑美国有让他下台的想法。据后来唐纵的记载:"美国舆论,对我压迫日盛。委座极为焦急,曾谓布雷先生云,'美国是否有意迫本人下台?'布雷先生云非也!然而委座已不恰!"②

虽然如此,国民党总还得做些表面文章以应付各种内外压力。1943年9月,国民党五届十一中全会通过决议,称"抗战胜利在望,宪政基础已立",决定于战争结束后一年内召开国民大会,"颁布全国共信共守之大法。以完成建国之大业"。③ 其后,国防最高委员会设立宪政实施协进会,由蒋介石出任会长,并指定国民党和各党派及无党派人士出任委员,常务委员11人中包括民盟领导人黄炎培、张君劢、左舜生和中共参政员董必武,孙科、王世杰、黄炎培为召集人。④ 该会的任务是:向政府提出宪政筹备有关建议,考察地方民意机关设立情形并随时提出报告,考察与促进宪政有关法令实施状况并随时提出报告,沟通政府与民间关于宪政及有关政治问题之意见,依政府委托审议一切与宪政实施有关之事件。⑤ 在宪政实施协进会首次会议上,会长蒋介石发表致辞,他说:"智识分子与社会领袖,又应该如何领导同胞养成守法的习惯,并以法纪为判别善恶与功过的准绳,勿使是非倒置,黑白混淆,以正视听,以明国是,此实为树立宪

---

① 《蒋介石日记》,1944年8月6日。
② 《唐纵日记》,1944年9月10日,第459页。
③ 《关于实施宪政总报告之决议案》(1943年9月8日),荣孟源主编《中国国民党历次代表大会及中央全会资料》下册,第843—844页。王世杰认为:"此种空洞的宣告,不能增加党的信誉……且或减少一般人对于国民大会之信心。"(林美莉编辑校订《王世杰日记》上册,1943年9月8日,第534页)中共则主张"不要过于乐观,要静观国民党事实表现",严厉批判"蒋及国民党每遇一次危机即来一次宪政欺骗,毫无诚意"。见《毛泽东年谱(1893—1949)》中卷,第471页。
④ 当王世杰和邵力子将草拟的宪政实施协进会组成人选草案提请蒋介石决定时,蒋对列名其中的左舜生、李璜"极不满",陈布雷则"极力反对章伯钧等之参加"。王世杰则认为:"以上诸人之不足恃予固深知,但抗战以来,政府措施为社会所不满者甚多,给此种人以发言机会,无形中亦可以减少社会怨气。"最后,上述诸人除章伯钧外都被提名参加宪政实施协进会。更特别的是,陈布雷"极不赞同"张澜的加入,而王世杰"谓张澜不可去掉",结果陈布雷请示蒋介石后,"将张澜之名除去"。见林美莉编辑校订《王世杰日记》上册,1943年10月5、18日,第543、545—546页。
⑤ 《宪政实施协进会组织规则》、《宪政实施协进会会员名单》、《宪政实施协进会会员分组名单》,秦孝仪主编《中华民国重要史料初编——对日抗战时期 第四编 战时建设》(2),第1782—1784页。

政的要道，亦即本会同人共同的责任。"他还就社会各界和舆论强烈呼吁的言论出版自由专门说了一段话："现在关于出版著作的限制，固为战时国家一般所必需，尤其是我国抗战，战争尚在我们国土之内进行，更应审慎自重，这是有识者所共认的。"① 对蒋介石这番谈话中"守法""法纪""审慎""自重"等言词所蕴含的意味，想来台下的听众亦心知肚明，所以，宪政实施协进会成立后的工作，大体以"研讨"为中心，除了坐而论道，讨论一些无关实际的问题外，在推动民主政治的实施方面成效有限。②

战时后方民主运动屡起屡伏，一方面是国民党的打压，其发展始终受到一定的限制；另一方面得益于战时环境及各种主客观因素的作用，其发展又呈螺旋式上升的势头。民盟的成立与发展及其由秘密而公开，正是战时民主运动发展趋向的折射与反映。

1944年4月，侵华日军发动"一号作战"，国民党主导的正面战场再次丧师失地，连连败退。到当年12月，日军打通了从北至南的大陆交通线，最远进至贵州独山，重庆震动。时人曾经沉痛地说："短短数月的期间内，由洛阳而郑州，而长沙而衡阳，而柳州而桂林，这一连串的军事溃败，和陪伴着军事溃败的物资损失，和人民流离失所与死亡，乃至同样严重的，国际声誉一落千丈，盟邦友人不但失望，而且痛心。看啊！这便是八年来内部腐烂的后果，中华民族有史以来空前的危机！"③

正面战场的军事败退，引起社会各界和舆论的强烈反应。民盟亦在此时发声，尖锐地批评国民党"训政十余年，国民的组织未见加密，国民的道德未见提高，贪污土劣只有增加，并无减少，糜烂腐败只更见普遍，并未减轻，事实如此，这还不值得主张继续训政的诸公加以切实的反省？"

---

① 《蒋委员长中正在宪政实施协进会第一次全体会致词》（1943年11月12日），秦孝仪主编《中华民国重要史料初编——对日抗战时期　第四编　战时建设》（2），第1790页。

② 王世杰曾经对邵力子说："宪政实施协进会成立后，在未来十个月中，如能促成后方各省、县民意机关之设立（现时仅有少数县临时参议会已成立），调整出版物及报纸之检查办法，商得党内外对于宪草之统一意见，即算有了相当成绩。当以此为会中同人努力之共同目标。"（林美莉编辑校订《王世杰日记》上册，1943年10月19日，第546页）而在实际上，王世杰所说这三个方面的改善，直至抗战胜利之时也仍然成绩有限。

③ 《云南各界护国起义纪念大会宣言》（1944年12月25日），章伯锋、庄建平主编《抗日战争》第3卷（下），第1362页。该宣言由吴晗起草，闻一多润色誊录。

民盟认为，时至今日，"政治、外交、军事、经济、财政以及文化与教育，一切一切都生了问题"。"国民党所应该切实研讨的，是在如何放弃十余年来的特殊地位，而赶快回到人民的队伍里来"。① 这样的言论，已迹近于对国民党统治的政治批判，也反映出原本自认为在国共两党间持"不偏不倚"的中间立场的民盟，其政治立场的光谱由中向左、由温和向激进方向的摆动，从而也预示着国内政治力量的进一步分化和改组。

1944 年 9 月 19 日，民盟在重庆举行首次全国代表会议，进一步完善其组织和纲领。会议决定将中国民主政团同盟改称中国民主同盟，② 选出中央执行委员 33 人，张澜、沈钧儒、黄炎培、左舜生、张君劢、梁漱溟、章伯钧、李璜、潘光旦为中央常务委员，张澜为主席，左舜生为秘书长。③ 会议通过《中国民主同盟纲领草案》，包括政治、经济、军事、外交、教育、社会等方面的主张，主旨仍在民盟一直主张的"政治民主化，军队国家化"的基本立场。10 月 10 日，民盟又发表《对抗战最后阶段的政治主张》，提出：（1）贯彻抗战国策，切实整理军队，以期加强反攻，争取最后胜利；（2）立即结束一党专政，建立各党派之联合政权，实行民主政治；（3）确立亲睦外交政策，加强对英、美、苏及其他盟邦之联系，以期彻底合作，并把握其当前之胜利，奠定世界永久之和平；（4）确立战时经济、财政之合理机构与政策，以期对内对外树立政府与国家之信誉，并奠定和平建设之坚实基础。④ 此时的民盟，通过组织建构、纲领确立及政治主张的表达，力图凸显其为国共两党之外的第三大党的面貌，并为抗战胜利后的政治参与奠定基础。这个事实本身，恰恰又说明一直追求一党专政统治的国民党的控制力正在下降，国民党的专制统治正面临着越加严峻的挑战。

---

① 《中国民主政团同盟对目前时局的看法与主张》（1944 年 5 月），《中国民主同盟历史文献》，第 19—20 页。
② 罗隆基认为，这"就是要肯定民盟不是以'政团'为单位的联合体，而是政治主张相同的个人的大联合"。（罗隆基：《从参加旧政协到参加南京和谈的一些回忆》，章伯锋、庄建平主编《抗日战争》第 3 卷下，第 1290 页）另据黄炎培记载，5 月初民盟领导人曾开会讨论，将名称"去政团二字，容纳各党分子"。见《黄炎培日记》第 8 卷，1944 年 5 月 3 日，第 257 页。
③ 于刚主编《中国各民主党派》，中国文史出版社，1987，第 490 页。
④ 《中国民主同盟历史文献》，第 26—33 页。

第三节　抗战后期的国共谈判

一　1944 年的国共谈判

自 1943 年 6 月底周恩来离开重庆之后，经历了国民党企图"闪击"延安及国共两党围绕《中国之命运》的宣传战，两党关系较前冷淡了许多，但是，毕竟抗战仍在继续，国共两党关系受制于抗战的大格局，寻求转圜的主观动力与实现转圜的客观可能都还存在。1944 年，就在侵华日军发动打通大陆交通线的大规模作战的炮火声中，国共两党又进行了新一轮的交涉和谈判。

1943 年 10 月，为请中共参政员董必武出席国民参政会驻会委员会，王世杰与董必武有多次联络商谈。蒋介石让王世杰"向董必武询问改善目前国共关系之方法"，王告董："现在局势如不图善化，必致恶化；政府及社会方面许多人因为中共有固定不变计划，多认国共关系为不治之症，予则认为中共政策终久必受国际与国内环境之逼迫，而不能不改变，故愿意努力求目前危险局势之缓和。""董谓彼亦愿努力，中共立场仍然与去年七七无异，将履行其四项诺言（惟谓诺言有一部分被曲解），目前需要在（一）中止相互攻击，（二）放松对陕边之包围，俾与外界往来。予谓第二点须俟军事问题有解决方法，始能谈到，第一点诚属迫切需要，否则感情冲突日烈，前途甚危。彼谓将向延安电商。"① 董必武在谈话中表示：目前紧张局势，责任不在共产党方面。我方坚决拥护抗战，绝对不愿内战，欢迎政治解决两党问题，这个基本态度始终如一。② 其后，董必武向延安请

---

① 林美莉编辑校订《王世杰日记》上册，1943 年 10 月 2 日，第 542 页。据董必武给毛泽东电，王世杰在谈话中说，他自己本可不管，但看到目前时局激荡得很快，不得不设法谈一谈。董必武向王世杰再三说，我党坚决拥护抗战，绝对不愿内战，没有任何对国党不利的企图，并列举过去国党困难时，均没有乘机做什么。王世杰说，要先停止双方刺激，使感情不恶化，再分步骤。董必武说，这是要双方做才行，至少要把包围边区的状况解除，使延安与外通气，如此才能慢慢谈。他还指出，国民党总说延安威胁你们，试想边区不到 200 万人，能养多少兵，怎样能威胁。董必武最后表示可以向延安转达王世杰的意见。见《董必武关于和王世杰会谈情况致毛泽东电》（1943 年 10 月 2 日），《中共中央抗日民族统一战线文件选编》下册，第 668 页。

② 《董必武年谱》，第 188 页。

示，10月5日毛泽东电复董必武，指示他在见蒋介石时表示"延安欢迎政治解决不愿破裂。如继续合作，则延安保证继续实践四项诺言"，为此，"六日起解放报及新华社一切揭露国民党稿件暂时停止，风平浪静以示缓和"。同时应向国民党申明："内战必投降是死路愿彼方善处，我党准备对付任何险恶局面，但首先愿意继续合作"。① 同日，延安《解放日报》发表毛泽东亲笔撰写的社论，表示："在蒋先生和国民党愿意的条件之下，我们愿意随时恢复两党的谈判。"② 《解放日报》的社论实际将中共愿意恢复谈判的信息公开传达给了国民党。

10月11日，邵力子、王世杰同董必武晤谈。董必武表示：我党愿意恢复两党谈判，欢迎政治解决，但胡宗南派兵加紧包围威胁边区，急须解决。王、邵表示："中央绝无对边区用兵之意"，希望通过商谈，政治解决，并提出派人"到边区看一下"。12日，蒋介石约见董必武。董必武提出，将胡宗南的部队改成六月前的状况。蒋回应说，总要慢慢地调动，决不会在国内用武的。蒋还问，周恩来是否来？董告他不会来。③ 其后，董必武和国民党方面保持接触，探询恢复谈判的时机和方式。

1944年1月，毛泽东会见国民党派驻延安的联络参谋郭仲容，郭要求林伯渠、朱德、周恩来赴渝，毛泽东表示林、周或可先后赴渝，并告郭："我党拥蒋抗战与拥蒋建国两项方针，始终不变。"2月4日，毛泽东致电董必武："观察今年大势，国共有协调之必要与可能，而协调之时机，当在下半年或明年上半年。但今年上半年我们应做些工作，除延安报纸力避刺激国民党，并通令各根据地采谨慎步骤，力避由我启衅外，拟先派伯渠于春夏之交赴渝一行，恩来则准备于下半年赴渝。"④ 2月16日，何应钦会见董必武，表示国共要团结，欢迎延安来人谈判，驻边区周围军队已撤走四

---

① 《毛泽东关于暂时停止揭露国民党以示缓和致董必武电》（1943年10月5日），《中共中央抗日民族统一战线文件汇编》下册，第669页。
② 《评国民党十一中全会和三届二次国民参政会》（1943年10月5日），《毛泽东选集》第3卷，第926页。
③ 《董必武年谱》，第190页。在董必武电告毛泽东有关这次谈话的情况后，毛泽东致电董必武：可告国民党，周在渝三年无事可做，暂时不拟出来，由董全权与国民党谈判一切问题。同前。
④ 《毛泽东关于国共关系问题致董必武电》（1944年2月4日），《中共中央抗日民族统一战线文件选编》下册，第677页。

个师,但又说,据传边区有反对蒋介石和他本人的举动。董必武告何:团结是我党基本方针,去年10月6日以后边区不会发生反对蒋、何的事。①

经过国共两党的接触和商谈,基本达成了恢复谈判的共识,但是,两党对于谈判将要解决的问题却有大为相异的诉求。1944年3月12日,周恩来在延安各界纪念孙中山逝世19周年大会上发表演讲,要求国民党承认中共在全国的合法地位,承认边区及各抗日根据地为其地方政府,承认八路军、新四军及一切敌后武装为其所管辖所接济的部队,恢复新四军的番号,撤销对陕甘宁边区及各抗日根据地的封锁和包围。中共将这五点作为向国民党提出的基本要求,希望"能本此基点,推诚相见,公平合理的解决各种问题"。② 4月16日,国民党提出《中共问题政治解决办法草案》,以"国家军令政令必须统一"为基本要求,军队只允许编2个军6个师,陕甘宁边区改为陕北行政区,辖18个县,其他名目军队和政权一律取消,"如中共均能确实遵办以后,政府可准予中国共产党合法地位"。③ 由双方诉求的巨大差异,可知谈判的过程将是艰难曲折的。

5月上旬,中共代表林伯渠到西安,蒋介石指定张治中和王世杰为国民党代表,开始初步商谈。④ 据王世杰记载,在谈判中,国民党方面最关

---

① 《董必武年谱》,第197页。3月21日,董必武在出席吴铁城召集的各党派关系小组会议时,指出何应钦所说边区周围已撤4个师实为换防,又换上4个师。见前书,第199页。
② 周恩来:《关于宪政与团结问题》(1944年3月12日),《中共中央文件选集》第14册,第188页。林伯渠临行前,中共中央政治局开会讨论有关问题,毛泽东指出,这次总的态度是不卑不亢,表示我们要想求和缓,要求抗战到底,团结到底,不表示盛气凌人的态度。我们要求与他们一同抗日,使他们不感觉我们威胁他们。见《毛泽东年谱(1893—1949)》中卷,第508页。
③ 秦孝仪主编《中华民国重要史料初编——对日抗战时期 第五编 中共活动真相》(4),第255—256页。据唐纵记载,张治中和王世杰去西安前,蒋介石召见,"勉彼等对林谈话不可过于相信,并不可过于放宽。委座之判断,林此来之目的,在要求中央承认中共部队为国军,然后要求中央之供应,与租借军火之分配。王雪艇认为中共有诚意的,故主张开诚相见,及闻委座之指示,颇为懊丧"。见《唐纵日记》,1944年4月30日,第427页。
④ 谈判开始前,王世杰曾告何应钦:"此次商议开议后,如完全无结果,对外将表现政府无'政治解决'之能力,在宣传上亦不合算。故我应力求获有结果。"他还向蒋介石建议:"容许共党及其他党外人员入行政院任不兼部国务员,徐图政治解决之法",蒋"并不十分拒绝",而陈布雷"似反对"。但王世杰也知道国民党高层多数人对中共的态度及蒋的真实想法,故"对于赴西安与中共代表磋商解决之任务,甚觉无把握,但仍愿作严重之尝试"。见林美莉编辑校订《王世杰日记》上册,1944年4月21、30日,5月1日,第598、600页。

注军队问题，认为中共对于军队改编之数额，已从 4 军 12 师增至 6 军 18 师，"远出林等去岁所提意见之外"，王世杰和张治中"均向林表示，如以讨价还价方法为手段，则便是缺乏真诚，予等对商谈前途殊悲观云云"。对于陕甘宁边区的地位，国民党方面"最注意者，一为区内法令须经中央核准，一为该区停止发行钞票。林虽表示在原则上同意，但实际上殊无尊重中央法令之意"。对于中共党的地位问题，王世杰提出："抗战完毕实行宪政，国民党自可依其党纲承认中国共产党的地位。至于目前则只可就若干与党有关之具体问题（如党报言论问题、党人逮捕问题等等）继续商量解决，然亦须在军队与边区问题有了办法之后。"① 而据林伯渠的报告，"张、王的态度是倾向照林彪提案解决，但不愿作正面肯定的表示。他们办法是探求我们能接受的意见向蒋报告，再由国民党中央作一提示案，交我转延安接受"。为此，中共中央决定提出新的谈判提案，因为"林案已被何应钦否决，年来情况亦大有变更，故须另提新案"；同时"为顾全彼方面子，谈判全文暂勿向外发表，但在判明彼方毫无诚意时，准备向外发表"。②

5 月 17 日林伯渠到重庆，19 日他和董必武与蒋介石会见，提出中共的各项基本要求。蒋答取消对陕甘宁边区的封锁可以研究，但对党派合法问题未做正面回答，只说首先是军事问题，民主以后再谈。③ 22 日，林伯渠在与张治中和王世杰的谈判中，将中共提案交张和王，其中关于全国政治者 3 条，集中在要求国民党实行政治民主化；关于两党悬案者 17 条，集中在要求国民党承认中共军队和根据地政权的合法性，包括中共军队编为 16 个军 47 个师（目前至少给 5 个军 16 个师的番号）、承认陕甘宁边区及各根据地民选政府为合法的地方政府、中共军队防地在抗战期间维持现状、

---

① 林美莉编辑校订《王世杰日记》上册，1944 年 5 月 6、7、8 日，第 602—603 页。
② 《毛泽东年谱（1893—1949）》中卷，第 510—511 页。林彪前提 4 点为：在允许中共合法的条件下，允许国民党在陕甘宁边区和敌后根据地办党；中共军队编 4 个军 12 个师；陕甘宁边区改为行政区，人员、地域不动；中共黄河以南部队在抗战胜利后北移。
③ 《董必武年谱》，第 202 页。蒋介石日记对会见中共人员的记载一般较为简略，会见林伯渠亦然，只记载谈了 30 分钟，至于谈了什么并无记载。（《蒋介石日记》，1944 年 5 月 19 日）蒋会见林之前，在 18 日召见王世杰和张治中，王世杰"报告与林祖涵谈话情形，并郑重主张此次务成立若干初步解决办法。若干时以后，或可促毛泽东作进一步解决之商谈。蒋先生似亦以予之意见为然"。见林美莉编辑校订《王世杰日记》上册，1944 年 5 月 18 日，第 605—606 页。

中共军队应得到政府物质上的充分援助及同盟国的部分援助、撤销对陕甘宁边区及各根据地的封锁、释放中共被捕人员等。① 张治中和王世杰看到中共的提案后,"沉默很久",随后表示:这些条件"全文是宣布罪状精神,完全没有实践诺言及拥蒋表示;与西安谈判内容不符,为何又不以林彪案为谈判基础;你们无决心解决问题诚意;是否因我们这样欢迎你,以为示软可欺"。林伯渠答复说:"全文都是要实事求是解决问题",西安初步谈判的意见并非最后决定,"我们是真正诚意要解决问题","我们说不上欺人,只是想公平合理解决问题"。双方争辩两个小时之久,张治中、王世杰仍"坚决拒受与转递给蒋"。②

此次谈判后,林伯渠和董必武、王若飞联名致电毛泽东,报告谈判情况,分析国民党"在蒋的独裁政治下,现时存在着的日益严重的困难",河南战事失败,英美舆论抨击,财政经济无办法,对共产党想打又不敢打,内部派系倾轧,离心离德;提出"我们从延安出发时的一些估计,必须随情况的改变而改变了";建议以中共20条新提案作为今后新的谈判的基础,"只有继续给蒋提出,只有继续揭露其欺骗,只有不给他敷衍捧场,才真正对整个团结抗战有利";估计因为客观形势的作用,蒋介石"不敢公开和我决裂,更不能打我"。他们还建议,将来提案需要修改时,"加上忠实实行四项诺言等字句,更能增加中间人士同情"。③ 为此,毛泽东在5月31日致电林伯渠,指示:"尊重张、王意见,以利谈判,以示我方希望解决问题之诚意";"拥蒋及执行四项诺言等屡经申明",可加入此次提案;"20条改为12条,其余8条作为口头要求";"如彼方再不接收与解决,则曲

---

① 《毛泽东关于向国民党提出解决目前急切问题的二十条意见致林伯渠电》(1944年5月15日),《中共中央抗日民族统一战线文件选编》中册,第693—696页。
② 《关于国民党代表张治中、王世杰拒绝接受我党二十条问题》(1944年5月23日),《中共中央抗日民族统一战线文件选编》中册,第700—701页。据王世杰记载,他认为这个提案与林"在西安所表示之意见,似将完全撤废。如此翻覆,予与文伯均愤怒,因对彼共所提十七条款近拒绝接受"。但他次日在将谈判情况报告蒋介石时,"谓不必重视昨晚之争执,稍缓数日,仍应从容与之商谈"。(林美莉编辑校订《王世杰日记》上册,1944年5月22、23日,第606页)可见王世杰和张治只是拒绝将中共提案正式转交蒋介石和国民党中央,以做个居高临下的"示威"姿态,而中共提案的内容,他们在第一时间即报告了蒋介石。蒋认为,因为日军侵占河南,逼向陕西,而美国的态度又对中共"有利",因此,中共"态度又变恶劣","此为当然之事"。见《蒋介石日记》,1944年5月23日。
③ 《关于目前形势和谈判问题》(1944年5月23日),《中共中央抗日民族统一战线文件选编》中册,第697—699页。

在彼方，我方委曲求全之诚意可大白于天下"。① 而在国民党方面，王世杰和张治中都是对共温和派，在谈判陷入僵局后，他们仍向蒋介石"力陈对中共问题必须克致解决，并谓即令为暂时的或局部的解决，亦属必要。因此时如不解决，将来反攻时仍须商谈。且依予等所拟方案，如获中共大体接受，则即中共不诚意执行，政府之损失亦不过若干师之军费而已"。蒋介石"允细加考虑后决定"。其后，蒋介石对王世杰和张治中所拟的国民党对案，"未多更动，予以核定"。②

6月5日，林伯渠与张治中、王世杰再度会谈，并将中共的新方案交张、王，张、王仍拒绝接受中共的提案，同时将他们所拟的国民党"中央提示案"交林伯渠。该案的主要内容：一为军事。（1）中共部队编为4个军10个师，不得在编制外另设名目；（2）准予按照人事法规呈报请委；（3）军费按照国军一般给予规定发给；（4）部队应限期集中使用，其未集中以前及其在各战区内之部队，应归其所在地区司令长官部整训指挥。二为政权。（1）陕甘宁边区定名为陕北行政区，行政机构称陕北行政公署；（2）区域以现有地区为范围，直属行政院；（3）实行中央法令，其因地方特殊情形而需之法令，应呈报中央核定；（4）主席由中央任免，其所辖专员县长等得由该主席提请中央委派；（5）该行政区之组织、预算等，应呈中央核定；（6）其他各地区所有中共自行设立之行政机构，应一律由各该省政府派员接管处理。三为政党。（1）抗战期内，依照抗战建国纲领之规定办理，战争结束后召开国民大会，制定宪法，实施宪政，中共应与其他政党遵守国家法律，享受同等待遇；（2）中共应再表示忠实实行其四项诺言。③

---

① 《毛泽东年谱（1893—1949）》中卷，第516页。12条提案的主要内容与20条提案没有差别，只是将20条提案中的一些具体诉求另列为口头要求。6月3日，毛泽东又给林伯渠、董必武、王若飞去电，表示："完全同意你们对时局的估计与对谈判的方针，你们的意见和我们是一致的"。"修正文件虽然去掉八条，但主要内容未变，又可借此重开谈判，如再不接受，则曲在彼方，那时准备由延安用电报拍给蒋。"见《毛泽东年谱（1893—1949）》中卷，第517页。
② 林美莉编辑校订《王世杰日记》上册，1944年5月31日、6月3日，第608—609页。
③ 秦孝仪主编《中华民国重要史料初编——对日抗战时期　第五编　中共活动真相》（4），第267—271页。周恩来后来在中共七大发言时说，该案"集中起来就是要我们做三件事：第一，十个师以外的队伍全部限期取消。第二，规定要十个师集中到那里就必须到那里。第三，敌后解放区所有的政府一律都交给流亡重庆的省政府接收。这样的条件我们当然不能接受"。见《论统一战线》（1945年4月30日），《周恩来选集》上卷，第204页。

林伯渠认为国民党的提案"内容极坏",双方"几经争执"的结果,张、王同意留下中共的提案作为参考,"但不是交给国民党中央",林伯渠同意将他们的文件转告中共中央,但谈判条件一定依照12条提案。①

经过林伯渠和张治中、王世杰的多次商谈,国共两党的立场未能接近,双方都不接受对方的提案,甚而无法开始具体问题的商谈。② 6月5日,在国共双方代表会见的当天,蒋介石考虑"对俄外交与对共方针,顿觉对共应放宽一步,此时乃有妥协之必要也"。而在实际上,国民党方面的立场并未有大的变化,所谓妥协无从谈起,何况在蒋的心目中,无论如何也不能接受中共拥有独立管辖的地区和军队,所以,他在这次谈判陷入僵局之后,决定"对共党之方针":甲、中共军队接受政府指挥,归政府统辖,不准另有其他名目之军队;乙、中共陕北区域实行中央法令,不擅设违背中央之别种制度;"只要实行以上二项,则中央保障其共党之地位,保障其受编之军队与其它国军同样待遇,保障共党党员之自由,与其他各国同样待遇,而且将来亦可同其他中国军队,派遣美国军官之训练与指挥。只要共党无独立之军队,无割据之区域,此等军队与区域归还中央以后,则中央可提前实行宪政,不必待至战后一年之内"。③ 蒋介石坚持的仍是"中央"的"统一",其真实想法于此显露无遗。

6月11日,林伯渠致函张治中和王世杰,表示:"弟已将贵中央正式意见电告敝党中央请示,而两先生则拒绝将我党中央正式意见转报贵党中

---

① 《林伯渠关于国民党代表张治中、王世杰拒绝我党新十二条的问题致毛泽东电》(1944年6月7日),《中共中央抗日民族统一战线文件选编》中册,第709页。

② 6月17日毛泽东致电林伯渠,指出国民党不愿考虑中共的意见,而又片面提出"提示案",中共坚决不能接受,指示立刻将国民党提案退还。30日林伯渠和董必武致电毛泽东和周恩来,告张治中和王世杰已收下我党提案,请示国民党提案是否还要退回。毛泽东复电告,国民党提案如未退,则不必再退。(《董必武年谱》,第204页)另据王世杰记载,他告诉林伯渠:"此函我等不能转陈,如彼欲我等收下,亦只能留在我与文伯之手"。(林美莉编辑校订《王世杰日记》上册,1944年6月5日,第609页)军事委员会过后将国共谈判的情况通报各地军政长官,认为该案"内容宽大,对中共要求,尽量容纳",而中共的20条提案"多系无理要求,直与对敌国谈判无异",而且"前后意见不一,拒绝接受";改为12条后,"内容并未变更",但"以委曲求全,不忍拂林氏之意,卒予转呈。旋经中央指示,凡中共方面意见,中央政府所能容纳者,该提示案已尽量予以容纳,希望中共能接受提示案,并提出确切之答复"。见《军事委员会致各战区司令长官各省政府主席电》(1944年7月31日),秦孝仪主编《中华民国重要史料初编——对日抗战时期 第五编 中共活动真相》(4),第261页。

③ 《蒋介石日记》,1944年6月5日、24日。

央请示，这是使弟很难理解的。"① 此后双方你来我往，代表几经接触商谈，却无什么结果。7月6日，王世杰与林伯渠、董必武谈判时，王仍对林称"延安方面态度之不当"，提出"民主化必须一步一步的实现，应在中共问题解决后，大家诚心诚意地不断推进，断非于此时提出一些无法立即实现的条件，一步可以促其解决的"。王世杰还说："国共方面如希望在战前解决僵局，则此次为最好最后机会。此次谈判如果失败，则此事之解决须延至战事结束以后。盼中共方面郑重考虑此点。"② 林、董则对王的歪曲、攻击进行了驳斥。③ 8月4日，王世杰又约林伯渠和董必武商谈，催促中共对国民党提案的答复，并称如中共的答复"内容不太坏"，他将请中央派张治中或他本人"偕林赴延安一商"。王还问，两党谈判的根本问题在哪里？林、董答，根本在于实现民主和军队数目与驻地问题。④ 尔后，王世杰向蒋介石汇报谈判情况时建议："我如派人往延安，必须定一新方针，即不与详议解决细目，只就中共军队编制数目与服从军令两事商一大要，其余留待以后再谈；但彼如愿参加政府，政府可在行政院予以地位。""蒋先生初尚以为可行，嗣复愤闷，深以中共既毫无诚意，一切迁就均将

---

① 《中共中央代表林祖涵为国民党政府代表张文伯、王雪艇拒绝接收我党意见书转报该党中央事致张、王的抗议信》（1944年6月11日），《中共中央抗日民族统一战线文件选编》下册，第711页。接到林伯渠此函后，王世杰和张治中决定将中共提案"转陈中央"。见林美莉编辑校订《王世杰日记》上册，1944年6月12日，第611页。
② 林美莉编辑校订《王世杰日记》上册，1944年7月6日，第618页。
③ 据林伯渠、董必武事后的报告，王世杰在这次谈话中，表示国民党方面想解决问题，对言论自由、人身自由、地方自治等都已放宽，同意共产党军队编4个军10个师，电台、放人等小问题都可解决，只是延安最近骂得太凶，不想解决问题，只有拖下去。主张对共温和的宋子文亦于7月3日和林伯渠、董必武见面，表示很关心两党谈判，并问中共的实际要求是什么？林告中共的主要要求是，解决全国民主团结问题，军队编5个军16个师，承认敌后根据地政权。宋子文表示，他考虑后，将约几个人谈，并向蒋反映。（《董必武年谱》，第205—206页）此时，宋子文在国民党内的地位正在上升，有可能接任行政院院长，或许这是他为自己积攒政治资本的举动，不过，宋子文的表示此后并无下文。
④ 林美莉编辑校订《王世杰日记》上册，1944年8月4日，第625页；《董必武年谱》，第208页。国民党负责此次国共谈判的王世杰和张治中都是对共温和派。当国共谈判陷入僵局后，王世杰"觉对中共交涉宜继续采取宽和政策，庶或一般社会乃至国外舆论不感触望，即不能遽得解决，亦当延长交涉，以示政府觅求解决之诚意"。为此，他向蒋介石提出建议，认为延安约请他或张治中赴延安商谈之议，"纵令彼之用意在延宕或对外宣传，我不可却之。盖我如完全拒绝，林祖涵势将托词要求返延安报告请示，此一谈判在表面上将告破裂或停顿。在目前举国乃至中外注目于此一谈判时，此种破裂殊多不利"。张治中亦同意王世杰的主张。见林美莉编辑校订《王世杰日记》上册，1944年8月2日、3日，第624—625页。

无效为言。予谓中共所重视者为压力，政府应从改革政治方面造成有利于政府之国内外新环境。此新环境即是对中共之压力，此其一。第二，我对中共政策，应预想到二、三个月后苏联参加远东战事，中共军队与苏联连合时之状态。我应预采一种办法，防止苏联届时承认中共政治组织或接济其军火，使与政府对抗。"① 对于国共关系的前景和国民党的处理方式，王世杰已经考虑到战后格局的可能变化以及苏联因素的作用，在国民党内算是比较有眼光者，所以他力主与中共达成一定的妥协，为的是能在战后可能的情势变化中争得先机，但国民党高层多数人格于旧有思维，坚持维持国民党的垄断性政治地位，反对向中共做出让步。经过 8 月 10 日、30 日和 9 月 10 日国共双方交换函件，仍未达成任何共识，这次国共谈判无果而终。②

9 月 15 日，国共两党代表到国民参政会三届三次会议报告谈判情况。国民党代表张治中强调："中央政府所求的只为军令与政令的统一，必须如此，乃能确实的团结，乃能举国军民一致的力量打击敌寇，更必须如此，乃能有利于抗战建国，在这一个大前提之下，中央政府无不根据事实，委曲求全，尽量容纳中共之意见"；并表白说："至于民主自由问题，中央政府一向重在实事求是，实在去做，不欲徒托空言，在抗战建国纲领原则之下，如开放言论、保障人民自由、扩大民意机关职权，都在着着进行，今后自仍本此方针，继续致力，使战争结束之后，能够顺利推行宪政，那时候党的问题自然可以解决。现在中共方面虽然还没有接受中央提示案和实行遵守国家军令政令的表示，但是我们希望中共当能本诸团结抗战的真义，以事实和行动来践履诺言，实现国家真正的统一，中央政府决不变更政治解决的方针，而且竭诚期待中共修正其所持的观点，早日解决

---

① 林美莉编辑校订《王世杰日记》上册，1944 年 8 月 30 日，第 632 页。在是年 7 月举行的国民党党政军特种联席会报中，王世杰曾经提出，国共谈判如果"还有几分希望"即应争取，否则"中共恐于战后对彼（国民党）不利"。见《唐纵日记》，1944 年 7 月 13 日，第 444—445 页。

② 就在此时，蒋介石仍在"考虑剿匪之时机"，认为"关于剿匪行动，必须郑重出之"，"若在滇缅路打通或美军在我沿海登陆，中美运输直接连系以后，则为最妥当最良好之时机也"。8 月 18 日，他指示胡宗南"进取延安匪巢及围剿陕北奸匪要旨"为："务使延安能于进剿半月内切实占领……总使进剿时间能尽量缩短，务于三个月能完全肃清也。"见叶惠芬编《事略稿本》第 58 册，台北，"国史馆"，2011，第 96 页。

此一问题"。① 中共代表林伯渠认为"国共两党关系应该公平合理的调整，在现政治情况下为十分紧要的事情"；指出中共的要求为实行民主政治，解决两党关系的悬案，但双方的"差别距离很大，以致谈判到今毫无结果"；声明中共对四项诺言信守不渝，"很盼望把问题解决，我们所提的意见都是正确的合理的，希望政府能一切从抗战民主团结利益出发，接受我们的合理要求"。林伯渠在报告中明确提出"必须对政府的机构人事政策迅速来一个改弦更张"，"希望国民党立即结束一党统治的局面，由国民政府召开各党、各派、各抗日部队、地方政府、各人民团体的代表，开国事会议，组织各抗日党派联合政府，一新天下耳目，振奋全国人心，鼓励前方士气，以加强全国团结，集中全国人材，集中全国力量，这样一定能够准备配合盟军反攻，将日寇打垮"。②

就在国共两党谈判陷于僵局之时，国内政治形势也有了很大变化。侵华日军发动的大规模攻势作战节节推进，而正面战场的抵抗却节节败退，长沙、衡阳沦陷，日军兵锋直指桂林、柳州地区，逼近西南，后方震动，国内外舆论纷纷批评国民党执政的无力无能，蒋介石倍感压力，引发国民党统治的危机。中共敏锐地观察到形势的变化，认为"目前我党向国民党及国内外提出改组政府主张时机已经成熟"，"估计此项主张，国民党目前绝难接受。但各小党派、地方实力派、国内外进步人士，甚至盟邦政府中

---

① 《张部长治中在国民参政会报告"关于中共问题商谈经过"》（1944年9月15日），秦孝仪主编《中华民国重要史料初编——对日抗战时期 第五编 中共活动真相》（4），第266—267页。

② 《林伯渠在参政会上关于国共谈判的报告》（1944年9月15日），《中共中央抗日民族统一战线文件选编》下册，第741—748页。参政会开会前，王世杰"力向蒋先生言，林祖涵十五日在参政会报告国共谈判经过时，本党参政员不宜发言，以共党参政员仅二人，我如以人多言激之形式逼之，将失第三者之同情也。蒋先生深以为然，并予本党参政员以甚严之指示"。（林美莉编辑校订《王世杰日记》上册，1944年9月12日，第635页）张治中和林伯渠报告过后，黄炎培评论为，对林伯渠的报告"听者咸感满意"，而张治中的报告"远不如林祖涵之简county"。（《黄炎培日记》第8卷，1944年9月15日，第311页）据董必武的报告，"这次林老在参政会上的报告，博得了很大的成功，连蒋也不能不说'我觉得林参政员昨天在会场上报告，其观点与主张如何姑不具论，但其态度很好，我甚为钦佩'。国民党亦只有极少数的人才说'张治中的理由驳倒了林祖涵'。大部分人对张的报告并不满意，如国民党员周炳琳在会上便说：'为什么在参政会上有人要用审判的口吻说话？'左舜生也说：'张治中说的是什么呀！我只听见他在喊操：一、二、三、四'。"见《董必武关于参政会的报告》（1944年9月24日），《中共中央抗日民族统一战线文件选编》下册，第762页。

开明人士，会加赞成。因此，这一主张，应成为今后中国人民中的政治斗争目标"，指示林伯渠利用在参政会报告的机会，"提出我党改组政府之主张和步骤的办法，并联系说明这是原来提案中三条政治主张的具体解决方案"。① 根据中共中央的指示，林伯渠在国民参政会的报告中，明确提出了组织联合政府的主张。中共于此已经将解决若干政治军事具体问题的谈判诉求，上升到改组国民党政府、成立各党派联合政府的高度，也就是从全国政治的层面，提出对国民党一党专政独裁统治的挑战，国共两党关系也由此而步入新的阶段，原先的谈判自然也很难继续。②

二 赫尔利调停

1944年9月初，美国总统罗斯福派赫尔利（P.J.Hurley）作为其特使来华，在中国抗战的紧要关头（其时侵华日军的大规模攻势已经逼向广西，重庆震动），表示对中国抗战及国民政府和蒋介石的支持。据赫氏告王世杰，罗斯福对他来华的指示是：（1）促进中国统一，以免战时或战后发生内战；（2）尽力支持中国军队之作战力量，以减少美国未来在中国战场之牺牲；（3）蒋介石与史迪威（J.W.Stilwell）之意见虽有冲突，但美国政策必继续与蒋合作，支持其领导地位。③ 不过虽然如此，美国对国民党政权在政治上的专制独裁、行政上的低效无能以及战场上的作战不力非

---

① 《中央关于改组国民党政府成立联合政府问题给林伯渠、董必武、王若飞的指示》（1944年9月4日）、《中央关于用我党中央名义提出改组国民党政府问题给林伯渠、董必武、王若飞的指示》（1944年9月7日），《中共中央抗日民族统一战线文件选编》下册，第738—740页。

② 据唐纵的分析，中共"不但要求政府承认其私自扩充之部队，近且公然呼喊召集国是会议，组织联合政府，而各党派亦和而应之，以致人心浮动，谣言四起。今日中央宣传会议，发言盈庭，而结果毫无具体有效办法。共产党何以敢如此倔强，因为：一、国际舆论对我中央不利；二、各党派均对中央不满；三、党内亦不满现状，要求有所改进；四、中央处境日趋艰难，军事、政治、经济、国际，均处于逆境时期"。张治中曾约集在渝黄埔同学十数人谈话，介绍国共谈判情况，出席者认为，共方的要求"无异国共决裂的通牒"。唐纵提出的对策为："一是要有制止共党的战斗组织与计划；二是要利用国际的压力；三是政府本身的健全。大家都发言，都赞成要有一个核心组织，才能应付这个局面。"（《唐纵日记》，1944年10月3、6日，第462—463页）而此前戴笠则根据对形势的观察提出："同时不能打两个敌人，我对共必须有最大忍耐……我如打共，敌必跟来，两面作战，如何办法？又我如打共，国际失其同情，大错特错，应将主力集结，而亦不打日本。"见蔡盛琦、陈世局编辑校订《胡宗南先生日记》，1944年2月14日，第304页。

③ 林美莉编辑校订《王世杰日记》上册，1944年10月17日，第644页。

常不满，对其施加了相当的压力，逼迫国民党和蒋介石做出一定的改革。① 赫尔利到重庆后，9月中旬罗斯福提出由史迪威指挥中国军队作战，并授予其指挥全权。② 美国也对这时的国共关系表示关心，希望国共两党的矛盾能够缓解，从而更有利于中国的抗战，说到底也就更有利于同盟国阵营首先是美国的对日作战。但是，美国对中国的国情和政治是隔膜的，对国共关系的历史和现实也缺乏深切的理解，他们的想法和做法，往往带有美式的定式思维和做派，加以许多想法和做法的主观性，往往是一厢情愿，也就难免吃力不讨好，两边都招怨，以兴致勃勃开场，而以灰头土脸收场。

赫尔利到重庆后，9月7日与蒋介石见面，蒋最初的印象是，"综核其大意，罗斯福总统所嘱代达者，并非罗斯福总统有任何要求余来做，而乃是听取余要其所做之事来做云。且语气甚为恳挚，与往日美员所表现者完全不同"。③ 可见蒋对赫氏未来的支持抱有期待。在与国民党方面的接触中，赫尔利主动提出调停国共关系的意愿。9月19日，张治中、王世杰、何应钦与赫尔利商谈，赫尔利表示"愿意以协助者之资格"参加国共谈判，并愿赴延安一行。在王世杰看来，"赫氏参加亦或有益，惟何时及以

---

① 当时，面对美国可能的压力及不利的战场军事形势与日渐恶化的后方经济社会形势，蒋介石甚而一度有辞职下野的想法。8月31日，他在日记中写下"辞职前应预防之事"为：甲、国际利用孙科等为傀儡；乙、孙科及其联共亲俄政策之实行；丙、政治社会一发而不可收拾；丁、敌寇乘隙积极进攻，军事不可收拾；戊、滇康川晋各军阀通敌通共，谋倒中央，使割据复活；己、中央军心涣散，从此一蹶不振；庚、共产党对教育界与青年之煽乱，使社会骚动不安；辛、内部扰乱引起各盟邦干涉内政；壬、美国与英俄利用此机分化中国，使余不能再起而统一中国；癸、川康滇军阀割据，破坏统一或引敌深入，扰后方动摇。以上十虑不能不再四研讨。他"对美、对共问题甚为愤慨，切思只有辞职一途方能脱离今日国际之束缚，以为打开今后行动自由之计。本日总以为此举于国家前途太险，渐思转变。"（《蒋介石日记》，1944年8月31日）当然，蒋介石的考虑后来并未成为现实。
② 因为史迪威自奉为美国和盟国利益的代言人，其居高临下、自说自话的美式做派及其对蒋介石的轻视甚或蔑视，使他与蒋的关系自始即磕磕碰碰，后来则越来越僵。作为在国民党内说一不二的独裁者，蒋介石对史迪威实无好感。由史迪威全权指挥中国军队的提议，使一向视军队为其禁脔的蒋介石更无法忍受，遂下决心强硬要求罗斯福将史迪威调离中国。双方几经交涉，终因蒋介石的态度坚决，而罗斯福此时又不能因此影响同盟国阵营的稳定，不能从根本上破裂中美关系，所以，10月中旬罗斯福决定召回史迪威，而以魏德迈（A. C. Wedemeyer）接任其原职，蒋介石获得了表面的"胜利"，但也使他在美国人心目中的形象受到一定的影响。
③ 秦孝仪主编《总统蒋公大事长编初稿》卷5（下），第586页。

如何方式参加，尚须详细考虑"。他认为其中关键在于，"赫氏如参加，应注意设法使中共方面不因此而认美国为其奥援，因而对中央政府更强硬"。其后，赫尔利又不断向国民党方面表示："热望参加此事之商谈，以促中国之统一。"10月13日，蒋介石召见国民党高层官员商讨此事，王世杰告蒋："似乎彼已受罗斯福之指示，将出而促成此事之解决。"因此，蒋"倾向于请其出任调解"，并提出赫氏暂不赴延安，可约在渝之林祖涵、董必武一谈，告以美国态度，如中共愿意接受美国调解，再由赫氏提出解决方案。①

赫尔利来华之初，正值正面战场的军事形势颇为严峻，美国有意压迫国民党改革，并对中共的敌后抗战颇为肯定。1944年7月22日和8月7日，由包瑞德（D. D. Barrett）上校率领的美军观察组分两批飞抵延安，使中共和美国之间有了直接的联络渠道。②其后，毛泽东致电各根据地领导人，告知美军观察组到延安后，观感极佳，并拟到敌后根据地考察，准备未来在中国沿海反攻时，与共产党军队协同作战。8月23日，毛泽东同美军观察组成员、美国驻华使馆二等秘书谢伟思进行长时间谈话，指出：国共两党关系的状况是解决中国问题的关键。中国防止内战的希望在很大程度上有赖于外国的影响。在这些外国中，尤其最重要的是美国，国民党在今天的处境下必须看美国的脸色行事。我们现在只是要求美国政策要努力引导国民党改革自己。③正是在这种气氛下，中共也希望能够通过美国的介入，使国民党做出更大的让步，使国共关系得到合理的解决，因此对赫

---

① 林美莉编辑校订《王世杰日记》上册，1944年9月19日，10月11、13日，第643页。
② 1944年6月20日至24日，美国副总统华莱士访华。据蒋记载，华莱士称"罗斯福决不偏袒共党，但愿望有一解决，言下彼有愿从中调解之意"。蒋则坚持中共军队和政权必须"完全听命中央"。在华莱士眼中，蒋对中共的态度为"固执成见"，最终在其坚持下，蒋同意美国向中共根据地派出军事观察组。（《蒋介石日记》，1944年6月21、22、23日）根据中共自己的情报，毛泽东电告各根据地领导人："罗斯福三次电蒋要求派美国军事代表团来延安，均被蒋拒绝；此次华莱士来华，率美方在渝有关人员全体见蒋，正式提出罗斯福第四次电报，蒋始被迫答应。"（《关于时局近况的通知》，1944年7月15日，《中共中央文件选集》第14册，第283页）胡乔木认为：当时美国有人不信任国民党，同时考虑在华登陆时需要我们的帮助，因此"表现出一种主动，他们有求于我们，我们则抓住这一形势，决定采取行动……美国曾考虑给我们一些援助，但始终没有下决心；在观察过程中，战场形势发生了变化，认为不需要了，这就失掉了合作的条件。如果美国给了我们一些援助，有少量合作，也不说明美国的政策有了多大变好，它的根本利益还是和蒋介石联在一起，中共与美国的合作也不会完全成功。"见《胡乔木回忆毛泽东（增订本）》，第78—79页。
③ 《毛泽东年谱（1893—1949）》中卷，第537、539页。

尔利调停也抱持着欢迎的态度。

1944年10月17日、18日、23日，董必武、林伯渠与赫尔利进行了三次会谈，董、林介绍了中共的主张和要求，赫尔利在第一次会谈中表示：他和中共代表谈话是蒋介石允许的，蒋也允许他必要时去延安；中共军队组织训练都好，力量强大，是决定中国命运的一种因素；中国现政府不民主，但蒋介石为抗日领袖，是全国公认的事实。在第二次会谈中，赫尔利又表示：蒋介石态度已变好；国共合作后，中共应取得合法地位；如果会谈有初步结果并为蒋同意，他便到延安与毛泽东谈，求得双方合作基点，然后蒋、毛见面，发出合作宣言。此后，赫尔利与蒋介石会晤，并与蒋就国共关系问题辩论许久，所以他在第三次会谈中告诉董、林，他问蒋为什么不可以和共产党并肩作战，并告蒋要马上行动，实行民主，释放政治犯，不能再等。①

正是因为赫尔利的这些表示，中共对他的调停表示认可和谨慎的乐观。毛泽东认为："蒋最怕指名批评他，美国亦怕我们不要蒋，故在许蒋存在条件下，可以作出一些有利于我们的交易来。"② 由此中共确定在延安接待赫尔利的方针。

11月7日，赫尔利偕同中共代表林伯渠飞抵延安，毛泽东、周恩来亲到机场迎接。8日、9日、10日，毛泽东与赫尔利连续进行四轮会谈。③ 赫尔利首先说明自己是受罗斯福总统的委托并作为他的私人代表，来谈判关于中国的事情；这次来延安还得到蒋介石的同意和批准。④ 他向中共提出他和蒋介石草拟的五点谈判方案，其主要内容为中共军队"遵守与执行中

---

① 《董必武年谱》，第216—217页；《毛泽东年谱（1893—1949）》中卷，第551—552页。
② 《毛泽东年谱（1893—1949）》中卷，第552页。
③ 胡乔木认为："与赫尔利的谈判是毛主席亲自主持的，也是他亲身参加的为数不多的几次重要谈判中的第一次。可以说，这次谈判对国共关系、对我党与美国的关系、对这段历史的进程都产生了巨大影响。"见《胡乔木回忆毛泽东（增订本）》，第343—344页。
④ 赫尔利到延安前，蒋介石决定"对共处置方针"为："准哈雷（赫尔利）调停，如其果能照其所言方针进行成功，则于我有益，若其调停失败则于我无损，而匪之拖延诡计可以暴露矣。"对赫尔利"赴延安谈判之条件及应注意各点，余惟告：一、不可予共党宣传资料，二、不可予其延宕时间，此事务必望其速决，三、各种谈话必须记录会对，勿使其将来反噬也。彼皆同意"。（《蒋介石日记》，1944年11月5、7日）另据王世杰记载，赫尔利前曾告王"美国军官及外交官均劝彼勿作调解之尝试，因中共实不愿与腐败之国民政府妥协。但赫氏自己则决意尝试，并拟于日内赴延安与毛泽东面谈，将促其偕来重庆与蒋先生晤见。"见林美莉编辑校订《王世杰日记》上册，1944年11月3日，第649—650页。

央政府及其军事委员会的命令","在中国,将只有一个国民政府和一个军队",共产党军队的官兵接受"中央政府改组"并得到全国军队的同等待遇,"中国政府承认中国共产党的政党地位,并将承认中国共产党作为一个政党的合法地位"。①

赫尔利带来的五条,体现的基本原则仍为国民党"收编"中共军队,这是中共完全不能同意的。赫尔利介绍这个方案后,毛泽东问他,这究竟是什么人的意见?赫尔利没有完全明白毛泽东的意思,回答说,这是他本人的意见,中国政府也是同意的。参加会谈的美军观察组成员包瑞德向赫尔利解释说,毛泽东想知道这些意见是他的意见还是蒋介石的意见。赫尔利说:原来是我的意见,后来蒋介石做了若干修改。② 对中共而言,搞清这是谁的意见,确实是个非常重要的问题。

在随后的会谈中,毛泽东着重向赫尔利强调改组政府、建立联合政府的必要性,指出:我们愿意和蒋介石取得妥协,我们并不要求一下子解决所有问题,但是要破坏解放区抗战力量和妨碍民主,那就不行了。毛泽东对赫尔利带来的方案提出了修改意见,主要内容是:成立各党派及无党派人士参加的联合政府和包含所有抗日军队代表的联合统帅部,一切抗日军队遵守与执行联合政府和联合统帅部的命令,保障人民各种自由权利,承认中共及一切抗日党派的合法地位。对于中共提出的修改意见,赫尔利并未反对,反而大包大揽地说:我将尽一切力量使蒋接受,我想这个方案是对的。毛泽东告赫尔利,如果蒋先生同意这个方案,我即可与他见面,并强调希望在赫尔利离开中国以前见蒋先生。③ 赫尔利还反复问道,协定实

---

① 《赫尔利带来之五条》(1944年10月28日),《中共中央文件选集》第14册,第395—396页。
② 《毛泽东传(1893—1949)》下册,第689页。赫尔利到延安前,曾和王世杰多次商讨向中共提出方案的内容。赫尔利强调"承认中共为政党及承认实行民主政治两点,似不能不列入"。王世杰亦曾和蒋介石面商关于中共问题之解决方案草案。赫尔行前,该方案经蒋介石认可,并又由王世杰和张治中与赫详商定稿。见林美莉编辑校订《王世杰日记》上册,1944年10月19、20日,11月7日,第645—646、650页。
③ 《毛泽东年谱(1893—1949)》中卷,第556—557页。赫尔利在8日的会谈中向毛泽东表示:"从今天的谈话中,我感觉到毛主席的热忱和智慧。"其后,他向毛泽东提出,双方都在文件上签字。参加会谈的美军观察者成员包瑞德说:蒋如拒绝签字,责任就在蒋身上。(《毛泽东传(1893—1949)》下册,第690—691页)胡乔木认为,毛泽东增写的联合政府和联合统帅部"其实是最重要的,但赫尔利显然没有意识到这一点"。所以,他当即表示:"可以加这一条,我们应尽可能公正,以期取得国民政府之同意"。见《胡乔木回忆毛泽东(增订本)》,第352页。

行后,蒋介石的地位是否受影响?毛泽东则反复表示,蒋的地位不受影响,"仍要他在政府里面","要他当主席"。赫尔利这才放心地说:"很好!"他还说:"我们的谈判进行得这样顺利。我敬佩毛主席的宽大态度。你所希望的各项改革,我完全同意。"①

对于赫尔利接受中共提出的修改意见后而形成的新方案,中共方面是满意的,甚而或多或少也出乎中共方面早先的估计。11月9日晚,中共六届七中全会举行全体会议,毛泽东报告与赫尔利会谈的情况,指出:这五点协定没有破坏我们的解放区,把蒋介石要破坏解放区的企图扫光了;破坏了国民党的一党专政,使共产党得到合法地位,使各小党派和人民得到了利益。如果蒋介石签字承认这个协定,就是他最大的让步。但是,周恩来注意到:蒋介石认为我们参加政府和成立联合政府是有区别的,赫尔利则将二者混而为一,所以以为蒋不至于为难。估计蒋介石必定会对这次会谈做出的协定提出修改。② 以后的事态发展说明了周恩来看法的预见性和敏锐性。

11月10日,毛泽东与赫尔利分别在《中国国民政府、中国国民党与中国共产党协定》上签字。协定内容为:

(1) 中国政府、中国国民党与中国共产党应共同工作,统一中国一切军事力量,以便迅速击败日本与重建中国。

(2) 现在的国民政府应改组为包含所有抗日党派和无党无派政治人物的代表的联合国民政府,并颁布及实行用以改革军事、政治、经济、文化的新民主政策,同时,军事委员会应改组为由所有抗日军队代表组成的联合军事委员会。

(3) 联合国民政府应拥护孙中山先生在中国建立民有、民治、民享之政府的原则。联合国民政府应实行用以促进进步与民主的政策,并确立正义、思想自由、出版自由、言论自由、集会结社自由、向政府请求平反冤抑的权利、人身自由与居住自由。联合国民政府亦应实行用以有效实现下列两项权利即免除威胁的自由和免除贫困的自由之

---

① 《胡乔木回忆毛泽东(增订本)》,第353页。
② 《毛泽东年谱(1893—1949)》中卷,第557—558页;《周恩来年谱(1898—1949)(修订本)》,第600页。

各项政策。

（4）所有抗日军队应遵守与执行联合国民政府及其联合军事委员会的命令，并应为这个政府及其军事委员会所承认，由联合国得来的物资应被公平分配；

（5）中国联合国民政府承认中国国民党、中国共产党及所有抗日党派的合法地位。①

在签订协定的最后一次会谈中，毛泽东告赫尔利："我们决定派周恩来和你同去。因为估计对于许多细节，蒋先生会有意见。周同志在那里，可以和赫尔利将军一道帮助谈判。"赫尔利回应说："毛主席，你当然理解，虽然我认为这些条款是合情合理的，但我不敢保证委员长会接受它。"② 当天下午，赫尔利和周恩来同飞重庆，准备与蒋介石的会谈。

赫尔利到延安，来去匆匆，旅途劳顿，既有追求成功和出风头的渴望，也有事成之后的兴奋和虚荣。他自认为办成了一件大事，复杂的中国政治和国共两党关系在他心目中似乎也没有那么复杂了。不过，赫尔利确实对中国复杂的现实政治尤其是国共关系的历史和现实缺乏深入的了解，以他四天的延安之行如何能化解国共长期的恩怨，尤其是现实的利害关系和利益冲突，他的想法还是太简单了。他以美式政治思维和运作看待及处理国共关系，认为自己行前已经揣度出蒋介石的心态，又在延安得到毛泽东的首肯，没有什么不可解决的困难，而且起初他也未能理解"参加政府"和"联合政府"之间的重大差别。所以，他在延安签订协定时的心情想来是轻松自如的，但是，在厚重的中国历史和阴晴不定的国共关系面前，他又显得是那么的浅薄浮夸。

---

① 《延安协定草案》（1944年11月10日），《中共中央文件选集》第14册，第393—394页。
② 《毛泽东传（1893—1949）》下册，第692页。协定签订后，赫尔利致函毛泽东说："请信赖我对于你用以解决一个最困难的问题的智慧和热忱的品质，深感愉快。你的工作，是对于统一中国的福利及联合国家的胜利的供献。"毛泽东亦致函罗斯福，表示："这一协定的精神和方向，是我们中国共产党和中国人民八年来在抗日统一战线中所追求的目的之所在。我们一向愿意和蒋主席取得用以促进中国人民福利的协定。今一旦得赫尔利将军之助，使我们有实现此目的之希望，我非常高兴的感谢你的代表的卓越才能和对于中国人民的同情。我们党的中央委员会已一致通过这一协定之全文，并准备全力支持这一协定而使其实现。"见《赫尔利致毛泽东的信》、《毛泽东致罗斯福的信》（1944年11月10日），《中共中央文件选集》第14册，第395、397页。

果不其然，赫尔利在回到重庆之后如何说服蒋介石才是他真正的难题。国民党本来也不认为中共会接受自己的提案，而同意赫尔利去延安，是认为"倘此举终归无效，则美政府对我政府之疑怨，当可稍减"。① 赫尔利居然接受中共的提议，将国民党坚持的"收编"改成了中共要求的"联合政府"和"联合统帅部"，这令蒋介石十分恼怒，他在日记中写道："其结果恶劣殊出意料之外，美国人之糊涂与粗暴只有被英国欺诈与俄共蒙混及威胁所制服也。余得哈雷之报告比桂柳之失陷，其丧心与失望更不可以道理计也。呜呼，吾何不运而竟陷此万恶势力之包围与突袭。余初以为哈雷之经验与老成，赴共交涉必不如其他美国浅薄者流，为共匪所诱惑。不料其糊涂失察甚于一切美人也，尤其以毛泽东所要求条件签字，后彼乃允可，携之而回也。此实于我政府为一大之打击，而是共匪诡计最大之成就也。"② 以蒋介石对共产党力量崛起的忌惮和对国民党及其个人独裁统治的坚持，他绝不可能接受赫尔利和毛泽东达成的协定。

自 11 月 11 日起，蒋介石连日与宋子文、王世杰、张治中、陈诚等商议对赫尔利携回协定的对策。王世杰曾责问赫尔利为何不坚持原提议五条，"彼谓彼已坚持，但无效，因改定如此。予谓此大不妥。彼颇懊丧，但不免为中共辩护"。12 日，宋子文和王世杰"复向蒋先生商议赫利新草案事。当经商定不必拒绝，但要求再修改，并希望改定之件由赫利以彼之名义提出，作为彼之最后主张"。在与赫尔利的商讨中，王世杰力言"协议中'联合国民政府'及'联合军事委员会'等名称必须删改"，事实上是重回当初"收编"的路数。修改后的协定经蒋介石改定，其中"对于邀共产党人员参加政府及军事委员会一节，拟不明白列入协议中，但拟口头向赫利及中共作此然诺"。赫尔利见到这个修正案后"颇有难色。彼云美国政府之意在'救助中国'，但近来中国内外形势日非，美国政府于其对华政策之前途渐无把握。"王世杰谓："予等均甚了解美国之善意，其所以对于若干事项持慎重态度者，并非固执，只在力避中共与政府于协议成立后再破裂"。③ 蒋介石则坚持，"今日美国要求我与共党妥协，而欲牺牲我国体与人格，若我无限度的一意迁就，此乃由我自弃，呜呼，故决示以最后之界限。至于

---

① 林美莉编辑校订《王世杰日记》上册，1944 年 11 月 4 日，第 650 页。
② 《蒋介石日记》，1944 年 11 月 11 日。
③ 林美莉编辑校订《王世杰日记》上册，1944 年 11 月 11—15 日，第 651—652 页。

美国是否接济则概可不论，否则患得患失，何以自立，何以立人也"。①

11月19日，蒋介石与赫尔利"谈中共交涉对案"，蒋自记曰："详告其此案之程度，以及今后因此所发生军事、政治、社会之危险。彼始了解此案关系于我国存亡者甚大，故其声明必遵照余所指示之范围进行也。"②赫尔利虽然已经"了解"到此案之意义，但在21日与王世杰讨论具体的修改方案时，"忽大发牢骚，与前次温和态度相反，力称政府不愿求得解决，而中共则希望觅得解决，并指责政府诿过失于彼为不当……彼谓美国之意在防止苏联于加入远东战事后承认中共政府为对手，而中国政府则藐视此危机。予谓此层危机予等极重视，故如此委曲求一解决。惟解决时必须相当慎重，协议文字必须明晰；否则今日成立一形式协议，明日又告破裂，其危更大。彼言词猛烈，并谓如此事无结果，彼只好返美云云。予当时抑制一切意气，询彼对此事究竟作何处置。彼最终谓愿将政府修正案持示周恩来，并与周恩来作更大之奋斗。文伯遂勉其继续努力。予等乃和颜告辞而出。事后予以详情告蒋先生及宋子文。予极感不快"。③赫尔利对共产党既未有多么了解，也未必厚爱共产党，他对在延安签订的协定修正案也未必就那么坚持，他对国民党体制的低效无能有不满，但也未必到多么严重的程度，他的不满更多的在于，国民党对协定的反对触动了他的美式"敏感"和"自尊"，而且有可能影响到美国的国家利益，如如何确保美军可能在中国登陆时得到应有的协助。22日，王世杰从宋子文处"始知赫利昨日大发牢骚，系因蒋先生前日与赫利谈话时，曾有'美国政府督促国民政府与中共妥协，实属错误'等语"。④由此可见，赫尔利始终是美国利益的忠实维护者而不容其被"冒犯"，至于他对国民党或共产党的态度，全在于其对美国利益的重要性而已。

国民党经过反复讨论，拖了10天，才对赫尔利在延安签订的协定提出修改案。11月21日，赫尔利将国民党的修改方案转告周恩来，其内容为：（1）国民政府允将中国共产党军队加以整编，列为正规国军，其经费、饷项、军械及其他补给与其他部队受同等待遇，国民政府承认中国共产党为

---

① 《蒋介石日记》，1944年11月18日。
② 《蒋介石日记》，1944年11月11、15、18、19日。
③ 林美莉编辑校订《王世杰日记》上册，1944年11月21日，第654—655页。
④ 林美莉编辑校订《王世杰日记》上册，1944年11月22日，第655页。

合法政党。(2) 中国共产党将其一切军队移交国民政府军事委员会统辖，国民政府并指派中共将领以委员资格参加军事委员会。(3) 国民政府之目标，本为中国共产党所赞同，即为实现孙总理之三民主义，建立民有、民治、民享之国家，并促进民主化政治之进步及其发展之政策；依照抗战建国纲领，保障言论、出版、集会、结社及其他人民自由。方案同时提出政府将实行3项办法，在行政院设置战时内阁性机构，决定政策，使中共及其他党派人士参加、由军事委员会指派中国军官2人（其中1人为中共将领）和美国军官1人，拟具中共军队编制及军械补给办法，提请委员长核定；战时由美国将领1人为中共军队直接指挥官。① 该方案重回中共交出军队的"收编"实质，只是增加了成立战时内阁，容纳中共和党外人士参加，以及由美国将领参加指挥中共军队的内容，以敷衍中共提出的联合政府和联合统帅部的主张。在当天的会谈中，赫尔利还向周恩来解释说，他原来不知道实际情形，所以在延安时也添上一大堆意见；"联合政府的主张是适当的，但我并不处在同意的地位"。他还企图以美援诱惑中共的同意，称："我们是准备帮助你们的，成百架飞机的东西等着帮助你们；但是没有这一协定，我就无法帮助你们。"② 这之后，赫尔利的态度渐渐偏向国民党，曾有美国人对中共方面说，美国"第一个朋友是重庆，第二个朋友是延安，不能因延安而得罪重庆"。③ 何况"几乎从帕特里克·赫尔利到达中国那一时刻起，他就认为他的使命是把中国所有的军事和政治集团统一到蒋介石的领导之下，保存现有的国民党政权，由所谓少数党和武装集团组成并无实权的松散联盟从属于国民党政权"。④ 说到底，决定美国对中国、对国民党、对共产党政策的首先是美国利益而不是其他。

---

① 《中央宣传部长王世杰奉命提交赫尔利将军转交周恩来修正国共协议之条件三项》（1944年11月21日），秦孝仪主编《中华民国重要史料初编——对日抗战时期 第五编 中共活动真相》(4)，第293—294页。该项办法基本采纳了宋子文、陈诚、张治中、王世杰事前会商提出的意见。
② 《胡乔木回忆毛泽东（增订本）》，第356—357页。
③ 《胡乔木回忆毛泽东（增订本）》，第361页。
④ 〔美〕迈克尔·沙勒：《美国十字军在中国（1938—1945）》，郭济祖译，商务印书馆，1982，第190页。事实上，中共对此亦有认识，重庆南方局曾致电延安中央，认为在对华政策问题上，美国政府的态度十分谨慎。美国决不会放弃对中国的控制和影响，不会赞成中共成为中国的政治中心，不会赞助中共领导的新民主主义在全国得到胜利。见《胡乔木回忆毛泽东（增订本）》，第339—340页。

11月22日，宋子文、王世杰和周恩来、董必武与赫尔利商谈。周恩来"对于政府方案未容纳'联合政府'主张，表示不能赞同"，"惟中共对于联合政府之主张，将来仍将继续努力，求其实现"。王世杰"谓政府或将制定政治结社法，规定政党承认手续与活动范围。至于党外人参加政府工作事，国民党原无排斥之意，惟在法律上国民党如宣告结束训政或党治，则事涉孙中山先生建国大纲之变更，自非经过党代表大会不能决定，即蒋先生亦无自由决定之权"。① 王世杰此语明白表示，国民党不接受中共的联合政府主张。当日蒋介石会见周恩来，蒋称："凡合理之事，余必自动办理，若出彼之要求则决不可也。"② 他还说什么，我做的就是民主，人家说我不民主，我不愿辩论。周恩来坚持联合政府主张，对蒋所称"政府的尊严不能损害"予以反驳说：政府是内阁，并非国家，不称职，就应该改组。董必武还当面揭穿说：赫尔利说委员长愿做华盛顿，很高兴。但目前不仅没有实行宪政，就连训政时约法也未实行，请委员长督促政府实行才好。蒋听后无言以达。③ 显然，国共双方各有立场，其间的尖锐对立是赫尔利无法解决的。虽然他还不断劝说周恩来，希望中共参加政府，但周恩来强调参加政府"不过是做客，毫无实权"，改组政府"是一个救中国的问题"，"政府不改组，就无法挽救目前的时局"。④

12月7日，周恩来飞离重庆回延安。此前，赫尔利在11月底被任命为美国驻华大使，而12月5日日军攻占贵州独山，直逼贵阳，重庆震动。面对战场的不利形势以及沸腾的舆论声浪，国民党不能不做出"改革"姿态，通过赫尔利向中共提出续谈的要求，"借以取得美国政府之同情"。⑤

---

① 林美莉编辑校订《王世杰日记》上册，1944年11月22日，第655页。
② 《蒋介石日记》，1944年11月23日。
③ 《周恩来年谱（1898—1949）（修订本）》，第603页；《董必武年谱》，第219页。
④ 《周恩来年谱（1898—1949）（修订本）》，第604页。据胡乔木回忆，当时在重庆主持谈判的周恩来和董必武倾向于寻找一个使谈判继续的折中方案，提出改组国民政府、国防最高委员会、行政院及军事委员会成为各党派共同参加的机构，体现原先五点的内容实质，但不直接提出建立联合政府。毛泽东态度慎重，他请陈毅专门研究一下这个问题。陈毅认为，美国的压力再大，蒋介石也不会采取革命性的改良，目前做法只在和缓空气；美国的企图不过是着眼其军事利益，认为我党的军事力量必须动用，但其全部政治见解仍是保持蒋的体系；蒋不愿自救，美救亦无望，我们应维持原协定，我党应继续在敌后争取一二年的时间大发展，"招美依我，而我取得全局的中心地位"。毛泽东接受了陈毅的意见，指示周恩来坚持五条协定。见《胡乔木回忆毛泽东（增订本）》，第357—359页。
⑤ 林美莉编辑校订《王世杰日记》上册，1944年12月25日，第663页。

中共方面，既反对国民党的修改案，指出："蒋介石提出的三点建议等于要我们完全投降"，"赫尔利说我们接受这个席位，就是'一只脚跨进了大门'，我们说如果双手被反绑着，即使一只脚跨进了大门也是没有任何意义的"，批评"美国的态度令人不解，五点建议是赫尔利同意的，现在他又要我们接受牺牲我们自己的蒋介石的建议"；① 同时又对美方调停留有余地，表示"毫无与美方决裂之意"，重申"牺牲联合政府，牺牲民主原则，去几个人到重庆做官，这种廉价出卖人民的勾当，我们决不能干，这种原则立场我党历来如此。希望美国朋友不要硬拉我们如此做，我们所拒绝者仅仅这一点，其他一切都是好商量的"。②

1945年1月，在赫尔利的调停下，国共间又有新一轮交涉。赫尔利告中共，国民党方面准备做出重要让步，建议周恩来再赴重庆谈判。③ 1月24日，周恩来再抵重庆，行前，毛泽东指示他此行以争取联合政府为目标，以召开各党派会议为具体步骤。④ 国民党除坚持原先的方案外，只同意在行政院设立由各党派参加的战时行政会议或政务委员会，以示敷衍。国民党尤其不接受任何关于联合政府的提议。在与周恩来的会谈中，王世杰还搬出孙中山的"遗教"说："严词责以不应斤斤于'党治'废除之形式，因此事率涉孙中山先生建国大纲之修改。国民党还政于民之时，必须以国民代表大会为接受之机关，不能以'各党派会议'为接受者"。无独有偶，2月13日，蒋介石会见周恩来，同样以孙中山的"遗教"为说辞，"声色俱厉。其最要之点为（一）《建国大纲》所定之还政于民之程序不能变更，国民党只能还政于未来之国民代表大会，不能将政权移交于中共所要求召集之'党派会议'；（二）中共不能推翻国民党或蒋先生本人；因此，必须与国民党彻底合作。周恩来态度亦倔强，辞出后甚忿忿"。⑤ 谈判无任何进展。2月16日，

---

① 《毛泽东年谱（183—1949）》中卷，第563—564页。
② 《关于同国民党谈判的原则立场的指示》（1944年12月12日），《中共中央文件选集》第14册，第412页。
③ 《周恩来年谱（1898—1949）（修订本）》，第610页。
④ 《毛泽东年谱（1893—1949）》中卷，第574页。
⑤ 林美莉编辑校订《王世杰日记》上册，1945年1月26日、2月14日，第672、677页。周恩来回延安后，在中共六届七中全会主席团扩大会议上报告同国民党谈判的情况时说：蒋说国民党是人民的唯一革命组织，联合政府是推翻政府，党派会议是分赃会议。对此，我逐条做了反驳。美方现在还是扶蒋拉共打日本。重庆现在是天怒人怨，国民党已不能照旧独裁统治下去，想要弄一些民主幌子。见《周恩来年谱（1898—1949）（修订本）》，第617页。

周恩来飞返延安。1944年中开始的这一轮国共谈判,以无结果而告终。

1940年以后,国共两党间进行了多轮谈判,基本上都未能达成协议。如果说早先的国共谈判,中共处在比较弱势时尚不能达成协议,那么到了1944年以后,由于国民党在正面战场的退败和后方经济社会的动荡,其统治面临着越来越大的危机,这一点连国民党包括蒋介石本人亦不能否认,此时的中共,实力较前大增,上下团结一心,就更没有理由再向国民党做出大的让步,而是有了更大的自信与国民党争夺未来中国的主导权。国民党要维持自己的政治垄断,中共则提出联合政府,双方针锋相对,互不相让,谈判没有结果也是意料中事。在国民党看来,中共交枪而参政已经是己方让步的底线,但如周恩来总结所言:"他能够给我们的,就是参加政府去作客。这个客我们作了八年,我们还稀罕作这个客?要把军权、政权交出去,当然是绝对做不到的事。"① 赫尔利置身其间,企图调停国共,维护美国利益,结果则如胡乔木所说的:"赫尔利这个人有点草包,对中国的问题没弄得很清楚,他把问题看简单了……在同我们合作的问题上,赫尔利与史迪威不同。史迪威是自觉的,而赫尔利不是。赫尔利接受五条时并没有把问题搞清楚,所以后来很快就改变了看法。对赫尔利,我们采取的态度是很慎重的。我们对他的态度是一步一步变化的。"②

赫尔利调停失败,他当然不认为责任在他或者在美国的政策。相反,赫尔利的立场明显转向国民党,对中共则多加批评和指责。尤其是1945年4月2日,赫尔利在华盛顿举行记者招待会,公开声称美国不能以武器"供给一武装政党","中国一日如有拥有武力之政党存在,其力量足以反对中央政府,则中国即一日不能获得统一"。③ 这无异说,美国只同国民党合作,不同共产党合作。④ 赫尔利此言,使他站到了中共的对立面,中共

---

① 《论统一战线》(1945年4月30日),《周恩来选集》上卷,第205页。
② 《胡乔木回忆毛泽东(增订本)》,第79页。
③ 秦孝仪主编《总统蒋公大事长编初稿》卷5(下),第691页。
④ 有研究者认为,赫尔利不愿承认是他自己促成共产党人的批评态度,反而决定毫无保留地同蒋介石结成联盟,同时担心存在着一个由史迪威、高斯(C. E. Gauss,前美国驻华大使)以及他们的特工人员和官员酝酿的"中共-美国阴谋,其矛头是针对蒋介石和他赫尔利本人的"。([美]迈克尔·沙勒:《美国十字军在中国(1938—1945)》,第197—198、205页)这种完全不存在的所谓"中共-美国阴谋"论,凸显出赫尔利缺少作为外交家的沉稳,却有些意气用事。

随后公开批评他的言论。毛泽东为新华社亲笔撰写评论，辛辣地讽刺说，蒋介石"整编"中共军队的决定，"赫尔利老爷的撑腰起了决定的作用"；"美国的赫尔利，中国的蒋介石，在以中国人民为牺牲品的共同目标下，一唱一和，达到了热闹的顶点"。毛泽东还严厉批评赫尔利"后来变卦了，赫尔利背叛了他在延安所说的话"。"当然这不只是赫尔利个人的意见，而是美国政府中的一群人的意见，但这是错误的而且危险的意见。""假如赫尔利政策继续下去，美国政府便将陷在中国反动派的又臭又深的粪坑里拔不出脚来，把它自己放在已经觉醒和正在继续觉醒的几万万中国人民的敌对方面"。①

1945年春，赫尔利调停这一页就这样翻过去了。中国的政治，在抗击日本侵略步步走向最后胜利的大背景下，正日渐呈现出未来战后国共两党相争的两极对立格局。

第四节　为抗战胜利及战后中国而绸缪

一　中国国民党第六次全国代表大会

1945年5月5日至21日，中国国民党第六次全国代表大会在重庆召开。这是继1935年国民党五大、1938年的国民党临时全国代表大会之后，时隔多年召开的又一次国民党全国代表大会。就在此次会议召开期间，纳粹德国在欧洲投降，日军在亚洲太平洋战场也是节节败退，败象日显，抗战胜利的曙光已现。此时此刻，国民党召开全国代表大会，既为总结抗战历程，筹谋战后处理，更为集合全党力量，与日渐崛起的中共竞争，力图继续维持其执政的垄断地位。

国民党六大的召开筹划有年。1943年9月，国民党五届十一中全会通过决议："本党第六次全国代表大会应于事实上可能时尽速召开，最迟应于战争结束后半年内召开之。"② 不久，蒋介石又召见吴铁城、张治中、张

---

① 《赫尔利和蒋介石的双簧已经破产》（1945年7月10日）、《评赫尔利政策的危险》（1945年7月12日），《毛泽东选集》第3卷，第1111、1115页。
② 《请召集第六次全国代表大会案》（1943年9月10日），荣孟源主编《中国国民党历次代表大会及中央全会资料》下册，第851页。

道藩、陈立夫、梁寒操、张厉生等高层党务官员，讨论"党的改造及代表大会之提早召开"，指示"代表大会宜提前召开，以整理党"。[1] 因为1944年日军发动大规模攻势，令国民党疲于应付，召开党代会事又拖了下来。1944年12月，蒋介石告孙科，"拟最近召开党员代表大会"。[2] 直到1945年初，蒋介石"约五院院长商讨召开本党代表大会及国民代表大会事，当经决定于五月五日召开本党代表大会"。[3] 1月8日，国民党中常会决议确认六大召开日期，并决定四大重要议题：国民大会之召集；宪法草案之研讨；本党总章之修订；政治纲领之研讨。[4]

1945年5月5日，国民党六大在重庆开幕，600余位代表出席，[5] 并由五院院长领衔，组成36人的大会主席团，吴铁城为秘书长。

蒋介石在国民党六大开幕词中将这次大会的任务表述为："针对当前抗战的需要，确定今后建国的方针，为本党负荷新的责任，为国家开辟新的机运。"尤其着重三项任务的完成："加强战斗力量，争取抗战最后胜利"；"确定实施宪政，完成革命建国大业"；"增进人民生活，贯彻革命终极目标"。针对国民党当时面对的中共竞争和影响力下降，他还要求国民党党员"健全本党，充实本党，检讨本党的得失，改正本党的弱点，使本党有继起新生的力量，有整齐严肃的纪律，有艰苦卓绝的节操，有奋力无前的勇气"；"有极大的信心与耐心，发挥我们总理垂训的大无畏精神，在任何危疑震撼的环境之中，坚忍奋斗，不撼不摇，遵循我们主义与政纲所指示的坦途而迈进"。[6] 吴铁城、吴鼎昌、程潜、翁文灏、潘公展、孙科、何应钦分别做党务、政治、军事、经济、特种（中共）、宪草、部队整编等报告。会议共提出四百余件议案，通过各项决议案二百余件。

国民党六大召开之时，日本的投降已基本成为定局，所以大会各报告虽然都突出了争取战争胜利的主题，但其重点落在如何因应胜利后的局势，尤其是如何因应中共崛起的挑战。为了应对中共提出的联合政府主

---

[1] 洪朝辉编校《海桑集——熊式辉回忆录》，第451页。
[2] 《唐纵日记》，1944年12月8日，第476页。
[3] 林美莉编辑校订《王世杰日记》上册，1945年1月6日，第667页。
[4] 荣孟源主编《中国国民党历次代表大会及中央全会资料》下册，996页。
[5] 国民党六大特别为台湾分配了一个代表名额，谢东闵当选。
[6] 《开幕词》（1945年5月5日），荣孟源主编《中国国民党历次代表大会及中央全会资料》下册，第899—908页。

张,并敷衍社会舆论和美国人的要求,大会在落实民权主义方面通过了若干决议,决定已经多次延期的国民大会在1945年11月召开,以解决宪法和行宪的问题,但又规定国民大会讨论的宪法案,"仍应以国民政府公布之五五宪法草案为讨论基础",其他修改意见均交国民党组织的宪法草案研讨委员会"详慎研究整理"后,再"以适当方式提供国民大会采择"。①尽快召开国民大会并制定宪法、实行宪政,是当时各方和舆论的强烈要求,这个决议可谓呼应了这样的要求,但对各方和舆论一直反对的、以保持国民党和蒋介石权力控制为核心的"五五宪草",国民党则又坚持不变,可见其非真正呼应社会呼声,而重在以召开国民大会的形式对外敷衍。

在"落实"民权主义方面,国民党六大还通过《促进宪政实施之各种必要措施案》,决定:(1)三个月内取消军队党部,各级学校不设党部;(2)三青团改属于政府,担任训练青年之任务;(3)六个月内依法选举后方各县市临时参议会,各省临时参议会于所属县市参议会成立过半数时,即依法选举,俾成为正式民意机关;(4)制定政治结社法,俾其他各政治团体依法取得合法地位;(5)党部在训政时期所办理有关国家行政性质之工作,应于闭会后陆续移政府办理。② 这个决议案提出了在召开国民大会、实行宪政前将要采取的若干具体措施,比较具有可行性,但是,这些措施多半仍在形式,如成立参议会、制定结社法等,多半未能具体落实,而只是徒有其表。至于取消军队党部的规定,因为在国民党军队中,党部本就不处在领导中心位置,从来都是军事主官说了算,在国民党治下枪可以指挥党,党却指挥不了枪,所以这个规定不过迁就了国民党军队的现实,并未引起党内的特别反弹。

对于已经成为国民党"心头之患"的中共问题,国民党六大通过《对于中共问题之决议案》,一方面指责中共"仍坚持其武装割据之局,不奉中央之军令政令";另一方面又表示将"宽大容忍,委曲求全","在不妨碍抗战、有害国家之范围内,一切问题可以商谈解决"。同时,大会还通过《本党同志对于中共问题之工作方针》,提出若干具体因应中共问题的措施:一是大量吸收农工党员,发展本党在农工社会中之组织;二是吸收

---

① 荣孟源主编《中国国民党历次代表大会及中央全会资料》下册,第960—961页。
② 荣孟源主编《中国国民党历次代表大会及中央全会资料》下册,第932页。

富于革命性之知识分子,并正确领导青年;三是对外应加强国际宣传,对内应加强党员政治训练;四是加强党团组织,争取第三者对本党之同情;五是沦陷区应确立并加强党的领导权,并由中央选派坚强干部,深入敌后工作;六是加强中央及各地对于本问题之统一指导机构。① 这些措施重在加强国民党的组织建设,提升国民党的组织力,不过,由于国民党在组织上一向松散,党内又存在各种纷杂的派系之争,短时间内很难改观,这些措施几乎没有得到具体落实,其组织方面的痼疾依旧。

在社会政策方面,国民党六大通过了《本党政纲政策案》、《土地政策纲领》、《农民政策纲领》等决议案。这些决议案虽也提出"平均地权","耕者有其田","保障佃农,扶植自耕农,推行累进制地价税、土地增值税,征收地主超额土地"等政策,但是,和其他决议案类似,对于国民党而言,重要的不在于通过这样的政策宣示,而在于如何具体落实这样的政策。实际上,这些政策几乎都没有落地,与过往类似的政策宣示一样,成了花瓶式的摆设。而决议案中提出"凡有独占性之企业及为私人之力所不能办者,均归国营或公营",却又成为国民党加强经济垄断、发展国家资本(实际上成为外界强烈批评的官僚资本)的理论张本。②

5月21日,国民党六大通过大会宣言,强调国民党的任务是:"竟抗战之全功","恢复一切失土,彻底消灭日本之帝国主义";"务必使我沦陷最久之东北同胞重见天日,受日寇劫掠最早之台湾重归祖国";贯彻三民主义精神,与世界各国和平互助,国内各民族平等发展;"制颁宪法,以实行宪政","保障民权,实行三民主义"。宣言承认对过去民生主义之经

---

① 荣孟源主编《中国国民党历次代表大会及中央全会资料》下册,第921—922页。此次大会召开期间,蒋介石特意在军事委员会宴请出席大会的军方代表,"席间总裁指示,今后对有国际背景之共产党,非使服从政府命令军令,决难与谋任何合作,彼党志在消灭本党,宜注意防范云云"。(洪朝辉编校《海桑集——熊式辉回忆录》,第470页)陈立夫的反共态度更为坚决。据黄炎培记载,还在这次大会召开前一年,某日陈立夫召集国民党党员茶话会,放言高论说:"现在敌人是共产党,对共党只有杀,我已杀了他们高级二千几百几十几,普通党员二万几千几百几十几了,怎么还有人说国共合作。"(《黄炎培日记》第8卷,1944年8月26日,第305页)听到陈立夫这样的言论,黄炎培真是感觉不寒而栗,在情感上也更加疏远国民党。

② 荣孟源主编《中国国民党历次代表大会及中央全会资料》下册,第925—936页。唐纵认为,蒋介石在大会期间的几次讲话,袒护腐化分子,"颇易引起党员之失望!"乃至蒋介石"在大会中两次自责,欲图挽回人心"。见《唐纵日记》,1945年5月19日,第511页。

济建设与平均地权、节制资本两大政策"因种种障碍，未克实施，实为革命建国之最大缺憾"；"抗战既起，各种反常现象随长期苦战而发生，致使前线之战士，劳苦之生产者，以及依薪给为生之国民，多不能维持其合理之生活"。因此表示今后"必当特别置重于民生主义之实施。举凡防止资本垄断，扫除生产之障碍，抑制土地之兼并，实施耕者有其田之主张，以及提高前线战士之待遇，保障农工生产者与公教人员之生活，普及一般青年就学就业之机会，其已着手实施者，当力求其贯彻，其尚未致力者，必竭诚以推行"。① 不过，国民党施政多年，其政策宣示最大的问题之一是言论大于行动，尤其是在民权、民生政策方面，始终难以真正落到实处，这次大会的各项政策宣示亦然，俟大会结束后也就多半束之高阁了。②

其实，国民党六大真正的重头戏不在这些政策宣示，而在中央执行和监察两个委员会尤其是执行委员会的选举，如唐纵所言，"大会自始至终，注意选举问题"。③ 在多年未开党代会之后，又值抗战时期的政治军事演变，国民党内上上下下都很关注这次党代会的选举，个人谋求更高的地位，派系谋划更大的发展，尤其是在国民党内复杂的派系之争背景下，各派系都期望能在选举中扩大自己派系的力量，削弱其他派系的力量，其间矛盾重重，冲突不断，使得这次大会的选举发展为外行看热闹、内行看门道的激烈选战。

作为国民党的独裁领袖，蒋介石的总裁地位无人可以挑战。④ 5 月 17

---

① 《第六次全国代表大会宣言》（1945 年 5 月 21 日），荣孟源主编《中国国民党历次代表大会及中央全会资料》下册，第 908—914 页。
② 据徐永昌记载，李汉魂有言，"全国最不进步是党，其次是政，若军事在比较算最好，由此语可以见吾国家矣"。（《徐永昌日记》第 5 册，1940 年 8 月 3 日，第 380 页）唐纵认为："本党在此次会议中完全表现为一保守性之政党而非革命性之政党。查其原因，国民党党员大部分为公务人员，此种党员在十余年来一党专政的长时期中，地位提高了，财产增大了，生活优裕了，大家希望保持其原有生活与地位，故不希望改革，以动摇其自己之地位。"见《唐纵日记》，1945 年 5 月 31 日，第 514—515 页。
③ 《唐纵日记》，1945 年 5 月 19 日，第 511 页。
④ 事实上，国民党内对蒋介石的独裁统治方式也不是没有异议。据唐纵记载，孙科曾经在国民党内的演讲中"公然指斥党内之不民主"；认为"苟能在党内开放言论，党部自由选举，县议会选举，总裁对于事权放松，如此亦可平抑人心"。CC 系人物陈恩曾、潘公展、叶秀峰、程天放、张道藩、余井塘等，亦"痛恨党无能"，"对于组织无法施展，颇为痛愤，甚至希望总裁对于领导方式有所改革"。（《唐纵日记》，1944 年 4 月 13、25 日，5 月 19 日，第 424、426、431 页）但是，这些异议当时还不成气候，不能形成对蒋介石独裁统治的真正挑战。

日，由于右任主持，主席团提请选举蒋介石为国民党总裁，经吴稚晖说明提案旨趣，无竞选人者皆用推选，"总裁一职尤隆重，必用推选之式，以昭隆重及简捷"。"于是全场起立拍掌亘数分钟，欢呼致贺，作为通过"。①5月28日，国民党全体中央执监委员和候补执监委员在六届一中全会举行效忠宣誓，其中包括"服从总裁命令"，"如有违背誓言，愿受本党最严厉处分"。这样的宣誓，将对党的"效忠"，异化为对蒋个人的"效忠"。这样，就从法理层面和实践层面进一步巩固和强化了蒋介石在国民党内至高无上的独裁地位。

因为蒋介石已经在国民党内形成独裁领袖地位，国民党六大的总裁选举并无悬念，真正热闹的是中央委员会的选举。在国民党五大召开后的10年中，国民党党员总数已经扩大到号称超过600万人，②又经过抗战期间的激烈变动，有人投敌，有人颓唐，有人逝世，有人老迈，也有不少新人上升到重要位置，客观上形成中央委员会竞选中的代际更替和激烈竞争，再加以国民党内复杂的派系之争，老派系如CC系对组织的把控及其影响依旧，新派系如三青团系对掌握更多的权力跃跃欲试，以黄埔系为中心的军人集团因为战争的缘故话语权大增，希望多多分享权力，围绕在蒋介石身边并为蒋宠信的政学系官僚集团、侍从室秘书帮、情报系统，还有另立门户的孙科"太子党"集团、桂系等地方派系，都希望通过选举分一杯羹，而那些具有反清、反北洋、与孙中山共有革命资历、盘踞党务监察系统的"老同志"，也不甘心被边缘化，等等，这些因素无疑加剧了此次中央委员会选举争夺的激烈度。

---

① 《吴委员敬恒对于选举总裁案说明原文》（1945年5月17日），荣孟源主编《中国国民党历次代表大会及中央全会资料》下册，第961—962页。在大会讨论国民党党章修改案时，对于总裁的产生，曾有建议修改为：本党以继承总理领导全体党员完成国民革命之蒋中正先生为总裁。这样可以不经选举，直接就任，但对这样实在有碍"民主"观瞻的做法，国民党内也有人不以为然，邹鲁、孙科等都反对修改，唐纵也认为："经过选举比在总章规定更为尊荣，归而写一报告，建议总裁表示不必修改。"（《唐纵日记》，1945年5月15日，第509页）蒋介石也不愿不经选举而直接就任影响其"形象"，故大会通过的国民党党章规定：本党设总裁，由全国代表大会选举之，行使第五章所规定总理之职权。见《中国国民党总章》（1945年5月16日），荣孟源主编《中国国民党历次代表大会及中央全会资料》下册，第944页。

② 国民党的组织系统不够严密，党员登记制度不完善，党员不需要交纳党费，许多中央军部队是全员入党，而这些所谓入党者其实对自己的党身份并无特定的认同，故国民党党员的确切人数其实是笔糊涂账。

还在国民党六大召开前，国民党内各派系对于中央委员会的名额及其分配和产生即有不同意见，并形成激烈的斗争。据王子壮记载，"名额问题有数主张，一主原来二百六十名，现在死亡者达五十三名，只依原额产生即可，一主因为战争关系，应酌加扩充，以待有功，此说比较有力。组织部余井塘因首当其冲，应付困难，提出两点意见，一依照党员名额之增加，现在较五次代表大会时约有八倍……现从节约计算，亦应扩充为千五百名，一则因为现有总裁负责，由彼选人担任若干工作，毋庸有中央委员之设……甘乃光则主张仿苏联，只产中央委员，分负责任，毋庸有执行监察之分。因系交换意见，未作任何决定，然大家注意此事，至为显然"。①

4月初，国民党中央常务委员会"决定各方最注意之提名委员会委员"为居正、张继、李文范、叶楚伧、陈果夫、陈立夫、陈庆云、段锡朋，王子壮认为："若是则成清一色，因老者多不谙地方情形也。此名单闻系总裁签名提出者，所有最关心此事之朱先生（朱家骅）及黄埔代表之张治中皆未与焉。原来宣传部长王世杰应与此事者，或以青年团关系亦未参与，是果夫之建议欤，抑蒋先生仍绝对信任二陈之表现耶。惟党内既有各种派系，如一概不使与闻，则党内空气势必骚然，今日是集结全党力量应付国民大会之时，如是党内不安，亦非良好之现象也。"②

与过往国民党党代会和中央全会选举多半操纵在组织部系统亦即CC系手中有别，对于这次大会选举，黄埔系和三青团系颇为积极。黄埔系军人将领得益于战争期间的权势扩张，三青团少壮派则依托太子蒋经国为中坚，他们都颇思在大会选举中有大的斩获。还有自CC系"二陈"（陈果夫、陈立夫）中分离而出的朱家骅，对其组织部部长被免而由陈立夫接任颇为不满，也支持向"二陈"夺权。③ "二陈"则企图极力维持在组织方

---

① 《王子壮日记》第10册，1945年3月28日，第117页。
② 《王子壮日记》第10册，1945年4月2日，第129—130页。
③ 据王世杰记载，还在1944年5月国民党五届十二中全会期间，朱家骅、张群、吴铁城、张治中、白崇禧、熊式辉等，"因不满于立夫、庸之诸人，相约在全会选举常委时，不选立夫"。王世杰亦曾面告陈立夫："此次六全大会之选举，组织部长、秘书无一不被选出，或指定为代表；中央宣传部之秘书、处长无一被选，或被指定之人。予实不胜愤慨。彼云彼亦抱歉！"大会开幕前，陈诚、张治中、白崇禧、朱家骅、王世杰等在吴铁城宅晤谈，"决定联合对抗陈立夫等所组织之团体，以防陈等垄断此次六全大会中中央委员之选举"。见林美莉编辑校订《王世杰日记》上册，1944年5月24日，1945年4月27日、5月1日，第607、695、697页。

面的垄断地位，会前曾组织到会中委及各地代表二三百人开会，"由立夫果夫相继致词，说明党的当前危机及团结之重要，必须统一意志，始能度过当前之危机，最后归结到绝对服从，不得自由活动。由余井塘拟定类似誓词一纸，嘱大家一致签名"。再加上那些无特定派系的代表中"想活动中委者太多也……每日均有各方之集会，日不暇给……至各方代表之有金钱者，多来此活动，优给旅费，大事招待，因此总裁有令代表不得参与酬酢"。① 这使得大会的选举问题成为各方瞩目之焦点。

国民党六大开幕后，围绕中央委员会的选举，争斗不断，风波不断。经过一番激烈的明争暗斗，5月10日，大会通过蒋介石提出的中央执监委员选举办法，总额为360名（执行委员160名，候补执行委员80名，监察委员80名，候补监察委员40名）。不过，这个方案提出的委员名额不能满足国民党内许多人的"竞选"欲望（国民党五大选出中央执行委员120人，候补执行委员60人，中央监察委员50人，候补监察委员30人，总额260人），他们纷纷提出增加名额的要求，使蒋介石为此"最感痛苦"，"直至深夜仍觉未妥"。② 无奈之下，19日选举当日，蒋介石又决定将选举总额扩大为460名（执行委员222名，候补执行委员90名，监察委员104名，候补监察委员44名，较五大选出总数扩大了近80%），其中五届中央执监委员为当然候选人，其他为自行报名和总裁提名。③ 黄埔系和三青团代表疑蒋之决定"全出果夫立夫在组织部预谋操纵者，故竭力反对，并有共同退席之组织与准备"。"当时会场形势仍甚汹汹"，尽管蒋介石亲自主持选举会，但当他提出增加名额时，"仍多表示反对者"。蒋介石只能以其领袖独裁的最后决定权，将是否增额案付表决，终获通过，但反对票仍超过200张。蒋不能不感叹："如余不亲自主席，则今日选举必无结果，若尔则大会全为康泽等败类所破坏矣，可痛之至。"④

中央委员产生的最后一步是大会选举，蒋介石裁定采用两种办法，由参会代表自择其一。甲案为在800人的候选总名单中选出460人，乙案为在蒋介石提出的480人名单中选出460人。同时采用两种选举法，也算是

---

① 《王子壮日记》第10册，1945年4月30日，第164—165页。
② 王正华编《事略稿本》第60册，台北，"国史馆"，2011，第567页。
③ 荣孟源主编《中国国民党历次代表大会及中央全会资料》下册，第953页。
④ 王正华编《事略稿本》第60册，第574—576页。

各类选举中的"奇事"了,而且可以想见,在 800 人的名单中圈出 460 人,将是多么耗费时间、精力乃至眼力的事,"结果大多数代表采用乙种选票。选举时,秩序不甚良好"。① 这也就是在蒋介石提出的名单中勾掉 20 人,以余下的 460 人为当选。② 5 月 19 日,蒋介石在主持选举会时,提出当选原则应着重考虑有功"党国"而善于领导者、曾被敌奸捕获劳苦有功者、教授及工界有能力者以及前几届中委,并提出"有罪"者如张学良、杨虎城、刘芦隐,未参会者如王树翰,老病者如刘镇华等可以不选,40 岁以下者亦当慎选。③ 选举结果,在新当选的 460 名中央执行和监督委员中,未投敌的五届中央执监委员多半再度当选,另外又增加了一些新人,包括不少军方和三青团系的人选,这与他们在会前的私下运作也是有关系的。国民党中央监察委员会秘书长王子壮对大会选举有如下总结:

> 大会前党内之形势。陈氏(陈立夫)重长组织,对朱(家骅)所发表之各省市党部委员,不免多有更动,朱为自保,乃与黄埔系(素与陈对立者)相结合,更有政学系之加入,乃有反 CC 之酝酿。结果各方如青年团、军队所出代表及各地方朱系有关之代表数十人,两方颇有均势之象。以此局势而由组织部指挥,颇有困难,故复有团结各方之商洽。如中央委员产生法、大会主席团人选之拟定,均由联合指挥部先行商拟者(此指挥部每派二人为代表),然后转陈总裁者。
>
> 大会之斗争。指挥各方,固以联合指挥为妥,但在组织部立场,则不免大权旁落,以前所商定两问题,关系将来甚巨,万一成为事实,讵非为一分赃形势,为将来计,组织部更难指挥也,乃建议总裁将两者推翻。故主席团名单发表,完全两样,以系总裁所提,勉强通过。次日大会,因审查会之人选多有泄漏,会中公开声言打倒主席团,虽经总裁之镇压,并未收效,盖两方已达短兵相接之境。会期之

---

① 林美莉编辑校订《王世杰日记》上册,1945 年 5 月 19 日,第 701 页。
② 陈布雷和徐永昌投票时都采用了乙案,径直勾掉 20 人了事。陈布雷认为:"时间匆促,所勾去之二十人是否适当,已不暇计也。"(《陈布雷先生从政日记稿样》,1945 年 5 月 19 日,第 774 页)徐永昌认为,"因不识者太多无法选择,不如信任原提名之先后较有意义也。"见《徐永昌日记》第 8 册,1945 年 5 月 19 日,第 95 页。
③ 《徐永昌日记》第 8 册,1945 年 5 月 19 日,第 95 页;《唐纵日记》,1945 年 5 月 19 日,第 510—511 页。

延长，与此斗争关系密切，盖选举法为各方之所注目，而内容变化，瞬息又易，因两方对立之锐，反CC方面乃有打击其中坚分子之拟定。闻为二十人之名单，绝对不予选举。此意CC方面以告总裁，总裁乃召集张治中等前往，面予痛责，并谓此反对组织部之行动，即为反对我，因组织部系我信任之人，并痛骂康泽等，因彼与启江均为组织反CC阵线者也。虽经总裁之严训，已不能彻底挽回，此最后选举法用总裁指定四百八十人，而将其去掉二十人之由来。如此所以免去两方之正面冲突，此二十人仍得票较中立者为少是一明证也。

各方不满之实况。总裁之意，为以立夫为主，各方予以牵制，结果成为两大壁垒，此总裁之所不欲，故一贯作风在大会中镇压反CC方面，此系非CC各方之不满也。至CC内部，因对外斗争，在党内尚须顾及将来，故所得中委虽占多数，宁偏重地方，中央方面曾追随多年者，如刘志平、吴任沧等，均未提出，更不能当选，此CC内部感觉对大会之失望也。总之，蒋先生对党虽有原则而无细密之方法，取人用才，多依意为之，未暇详细考虑其后果，党之用人，绝不用于政府，确非仅个人之进退，而有关党之兴革。依理言，组织重任，最好由总裁任之，所以明了实况、选拔人才，均将出于此。蒋先生以身兼党政军之要，自无暇顾及，而又不能悉心熟虑，以为党树立雄厚之基。若如此动荡，党人失望，向心力日减，则将来于合力以对各党各派有不可能者，此今日党的真正危机之所在也。①

国民党六大选举结束后，即便是国民党内，对选举也多半都持批评态度。陈布雷写道："念此次大会竞选中委情形之恶劣，甚为本党耻之，亦为本党前途忧之。""此次选举中各部分猜疑过甚，互信消失，纠纷怨望，无所不有，真堪浩叹！"② 陈克文认为："六全大会选举的结果，各方面似乎都不满意。党外的人知道了选举的实情一定更加非笑，甚或引以为攻击本党不民主的口实。听说被选为候补的中委和落选的代表，有人因不满意此次选举，提出退党的要求的，不知是否确实。"③ 唐纵记载，此次大会

---

① 《王子壮日记》第10册，1945年5月31日，第186—189页。
② 《陈布雷先生从政日记稿样》，1945年5月19、20日，第774—775页。
③ 陈方正编辑、校订《陈克文日记》下册，1945年5月25日，第933页。

"因选举而引起之失望，亦为党的损失……选举方法，中委产生全由总裁指定，则党员意志何在。因此而大失人心，至以为忧！""六全大会结果，外间反应甚劣！有将党证奉还中央者，有直接责备组织部者"。① 徐永昌亦记载："外面对此次大会选举一事十之八九不满，落选者固谣传百出，选出者亦各不满其所不满"，以至于不止一人对徐说，"国民党从此告终"，"国民党已完"。②

为了缓和落选者的怨声，蒋介石在5月30日个别约见落选中委之代表20余人，"其间对落选之关系情绪恶化者亦有，如叶青（本为共党而投来者）、李文斋，以其名列候补，不餍欲望，愤欲登报辞去中委之职"；"代表中有靳鹤声者，以不能当选中委之故，意欲脱党，缴还党证"。蒋介石表面虽对他们温言抚慰，但内心里也为国民党上下之争权夺利颇感悲哀，他不无愤愤地写道："此诚太不近情理，而使人不能堪矣！""皆缺乏理智，而徒劳有害也。"③ 这种颇具杀伤力的争夺，甚而使蒋感到："自午至晚，竟无一点乐趣，局势至此，可谓纷乱与恶劣极矣，而又以各处人事与党政军各种业务无一不呈颓废与衰败自亡之象，愧悔无已。"④

5月21日，国民党六大在通过大会宣言后闭幕。28—31日，国民党六届一中全会在重庆举行。据王世杰记载，到会的"中委人数大增，但到会者似均缺乏振作气象"。⑤ 会议选举于右任（得票最高，213票）、居正、孙科、戴季陶、陈果夫、陈诚、何应钦、叶楚伧、邹鲁、吴铁城、宋子文、丁惟汾、白崇禧、冯玉祥、陈布雷、李文范、潘公展、张厉生、朱家骅、张治中、程潜、陈立夫、段锡朋、张道藩、陈济棠（得票最低，111票）共25人为中央执行委员会常务委员，为五届一次全会选出的中常委9人（包括蒋介石）的近3倍，除蒋介石高居总裁之位而不再列名中常委外，五届一次会议当选中常委中，胡汉民已逝，汪精卫投敌已死，孔祥熙因丑闻傍身而落选，其余叶楚伧、邹鲁、丁惟汾、冯玉祥、陈立夫继续当选。会议选举张继、吴稚晖、邵力子、程天放、王宠惠、王秉钧、林云陔

---

① 《唐纵日记》，1945年5月21、23日，第512—513页。
② 《徐永昌日记》第8册，1945年5月21、24日，第97、100页。
③ 王正华编《事略稿本》第60册，第672页。
④ 王正华编《事略稿本》第61册，台北，"国史馆"，2011，第30—31页。
⑤ 林美莉编辑校订《王世杰日记》上册，1945年5月28日，第703页。

共7人为中央监察委员会常务委员，较五届一次会议选出的中监委常委5人只多出2人，五届一次会议当选的中监委常委中，除林森、萧佛成、蔡元培已逝外，张继、吴稚晖继续当选。在中常委中，以党务、行政系统官员为最多，中监委常委则多半为有资历的"老同志"，这也体现出国民党当政时期中央委员会构成的特色，且有其连续性。

国民党六大的选举，选前钩心斗角，选中沸沸扬扬，选后各方不满，不仅没能起到选出一个有凝聚力、向心力、领导力的中央委员会的作用，反而因为选举中的派系之争和矛盾纠葛，涣散了党心和组织力，使国民党作为执政党的核心领导作用更不能得到充分的发挥。

二 中国共产党第七次全国代表大会

1945年4月23日至6月11日，中国共产党第七次全国代表大会在延安召开。这也是继1928年中共六大以后，相隔17年召开的又一次中共全国党代会，是为因应抗战即将到来的胜利而规划未来新民主主义革命路线的一次重要党代会。

中共七大的召开亦筹备有年。还在1931年1月的中共六届四中全会期间，就提出过召开七大的问题。但是，因为在上海的中共中央机构的变动以及后来进入苏区的中共中央受到反"围剿"战争的影响，召开全国党代会事无法列入日程。全国抗战爆发后，形势进入了新阶段，亟须中共为此确定新的领导路线及新的中央领导集体等问题。1937年12月13日，中共中央政治局通过决议，准备"在最近时期内召集党的第七次全国代表大会"，"讨论和规定如何在巩固和扩大以国共合作为基础的抗日民族统一战线总方针下，组织和保障全中国人民取得对日抗战的最后胜利"，同时，"对于自党六次大会以来的革命斗争经验作一个基本的总结"。会议通过由25人组成的准备委员会，主席为毛泽东，书记为王明，秘书处由毛泽东、王明、张闻天、康生、陈云组成。①

1938年11月6日，中共六届六中全会批准12月政治局会议召集七大的决议，并同意准备委员会向全会提出的报告。"加紧完成准备召集七次

---

① 《中央政治局关于准备召集党的第七次全国代表大会的决议》（1937年12月13日），《中共中央文件选集》第11册，第405—406页。

全国代表大会的一切必要工作，在较短时期内召集"；有关七大各地代表的名额，依党员数量和质量以及在抗战中的重要性分配，通过民主选举产生。以此"努力从政治上、组织上、技术上进行大会的准备工作，保证大会的成功"。① 随后各根据地在 1939 年内大体完成了七大代表的选举，但是，因为战争的影响，各根据地需要集中精力对付日军"扫荡"和发展根据地的诸问题，而且各根据地和延安之间的交通联络并非易事，虽然从 1940 年到 1943 年，每年都有召开七大的设想，但都由于种种原因迟迟未能实现。整风运动开始后，对于中共党史的认识和总结，需要中共各级领导干部统一思想，也对七大的召开有直接影响。② 直到 1944 年 5 月 21 日，中共召开扩大的六届七中全会，决定准备召开七大，同时成立由毛泽东、朱德、刘少奇、任弼时、周恩来组成的全会主席团，毛泽东担任主席，决定在全会期间由主席团处理中央日常工作，书记处和政治局停止行使职权。六届七中全会历时近一年，举行了多次全体会议和主席团会议，1945 年 4 月 20 日在通过《关于若干历史问题的决议》后闭幕。至此，中共七大的筹备工作最后完成，召开大会水到渠成。

1945 年 4 月 23 日，中国共产党第七次全国代表大会在延安举行。出席大会的正式代表 547 人、候补代表 208 人。七大开幕时，中共已经从一大召开时仅有几十位党员的党，从全国抗战开始时只有几万党员和军队的党，成长为有 20 余年革命和战争经验、领导着 19 个根据地近亿人口、有 121 万党员、掌握着百万军队、形成了有高度领导力的核心领导集体、全党空前团结、具有全国影响力和号召力的成熟的大党。这次会议召开期间，国内外形势正在发生重大变化，纳粹德国战败投降，日本侵略者的败亡已成定局，中共提出的联合政府主张得到广泛响应，新的国内外形势要求中共为即将到来的胜利尤其是战后中国的走向规划政治蓝图，确定政治路线，为实现新民主主义的革命建国理想未雨绸缪，准备开始新的奋斗。

在大会开幕词中，毛泽东提出大会的任务是："放手发动群众，壮

---

① 《中共扩大的六中全会关于召集第七次全国代表大会的决议》（1938 年 11 月 6 日），《中共中央文件选集》第 11 册，第 774—776 页。
② 胡乔木认为，七大筹备的时间很长，"最初一个主要的原因是战争，后来不是战争，主要的原因就是整风，就是要研究历史问题。把历史问题研究清楚了才能开"。见《胡乔木回忆毛泽东（增订本）》，第 76 页。

人民力量，团结全国一切可能团结的力量，在我们党领导之下，为着打败日本侵略者，建设一个光明的新中国，建设一个独立的、自由的、民主的、统一的、富强的新中国而奋斗。我们应当用全力去争取光明的前途和光明的命运，反对另外一种黑暗的前途和黑暗的命运。我们的任务就是这一个！这就是我们大会的任务，这就是我们全党的任务，这就是全中国人民的任务。"①

毛泽东在七大做了题为《论联合政府》的书面政治报告，回顾了抗战历史，总结了抗战过程，论述了抗战中的两条路线及其斗争，阐释了抗战的两个前途，着重论述了中共的联合政府主张。②

毛泽东在报告中提出中共在现阶段将为之奋斗的一般性纲领是："在彻底地打败日本侵略者之后，建立一个以全国绝对大多数人民为基础而在工人阶级领导之下的统一战线的民主联盟的国家制度，我们把这样的国家制度称之为新民主主义的国家制度"。他还对这个"一般性纲领"的现阶段适用性及中共的态度做了具体的解释：

> 对于任何一个共产党人及其同情者，如果不为这个目标奋斗，如果看不起这个资产阶级民主革命而对它稍许放松，稍许怠工，稍许表现不忠诚、不热情，不准备付出自己的鲜血和生命，而空谈什么社会主义和共产主义，那就是有意无意地、或多或少地背叛了社会主义和共产主义，就不是一个自觉的和忠诚的共产主义者。只有经过民主主义，才能到达社会主义，这是马克思主义的天经地义。而在中国，为民主主义奋斗的时间还是长期的。没有一个新民主主义的联合统一的国家，没有新民主主义的国家经济的发展，没有私人资本主义经济和合作社经济的发展，没有民族的科学的大众的文化即新民主主义文化的发展，没有几万万人民的个性的解放和个性的发展，一句话，没有一个由共产党领导的新式的资产阶级性质的彻底的民主革命，要想在殖民地半殖民地半封建的废墟上建立起社会主义社会来，那只是完全的空想……
>
> 拿资本主义的某种发展去代替外国帝国主义和本国封建主义的压

---

① 《两个中国之命运》(1945年4月23日)，《毛泽东选集》第3卷，第1026页。
② 以下所引毛泽东的政治报告，均见《论联合政府》(1945年4月24日)，《毛泽东选集》第3卷，第1029—1098页。

迫，不但是一个进步，而且是一个不可避免的过程。他不但有利于资产阶级，同时也有利于无产阶级，或者说更有利于无产阶级。现在的中国是多了一个外国的帝国主义和一个本国的封建主义，而不是多了一个本国的资本主义，相反地，我们的资本主义是太少了……

毫无疑义，我们这个新民主主义制度是在无产阶级的领导之下，在共产党的领导之下建立起来的，但是中国在整个新民主主义制度期间，不可能、因此就不应该是一个阶级专政和一党独占政府机构的制度。只要共产党以外的其他任何政党，任何社会集团或个人，对于共产党是采取合作的而不是采取敌对的态度，我们是没有理由不和他们合作的……中国现阶段的历史将形成中国现阶段的制度，在一个长时期中，将产生一个对于我们是完全必要和完全合理同时又区别于俄国制度的特殊形态，即几个民主阶级联盟的新民主主义的国家形态和政权形态。

毛泽东在报告中还提出了中共在现阶段的具体纲领："彻底消灭日本侵略者，不许中途妥协"；"废止国民党一党专政，建立民主的联合政府"；实现人民的自由，实现人民的统一，建立人民的军队，实现平均地权，耕者有其田；发展工业，解放生产力；发展文化和教育，尊重知识分子；实现各民族共同发展；实行和平、独立、平等的外交政策，支持殖民地人民的独立斗争。① 他提出判断一个政党政策是否对人民有利的标准是："中国一切政党的政策及其实践在中国人民中所表现的作用的好坏、大小，归根到底，看它对于中国人民的生产力的发展是否有帮助及其帮助之大小，看它是束缚生产力的，还是解放生产力的。"毛泽东同时强调："一切这些具体纲领，如果没有一个举国一致的民主的联合政府，就不可能顺利地在全

---

① 本来这个报告谈到工业问题时还有一段话："为着发展工业，需要大批资本。从什么地方来呢？不外两方面：主要地依靠中国人民自己积累资本，同时借助于外援。在服从中国法令、有益中国经济的条件之下，外国投资是我们所欢迎的。对于中国人民与外国人民都有利的事业，是中国在得到一个巩固的国内和平与国际和平，得到一个彻底的政治改革与土地改革之后，能够蓬蓬勃勃地发展大规模的轻重工业与近代化的农业。在这个基础上，外国投资的容纳量将是非常广大的。一个政治上倒退与经济上贫困的中国，则不但对于中国人民非常不利，对于外国人民也是不利的。"但是，在1953年出版《毛泽东选集》第3卷时，把这段话删去了。这可能同当时的客观形势和毛泽东主观认识的变化都有关系。见《毛泽东传（1893—1949）》下册，第709页。

中国实现。"

毛泽东还充满自信地表达了共产党人在中国未来应有的地位：

> 中国共产党在其为中国人民的解放事业而奋斗的二十四年中，创造了这样的地位，就是说，不论什么政党或社会集团，也不论是中国人或外国人，在有关中国的问题上，如果采取不尊重中国共产党的意见的态度，那是极其错误而且必然要失败的。过去和现在都有这样的人，企图孤行己见，不尊重我们的意见，但是结果都行不通。这是什么缘故呢？不是别的，就是因为我们的意见，符合于最广大的中国人民的利益。中国共产党是中国人民的最忠实的代言人，谁要是不尊重中国共产党，谁就是在实际上不尊重最广大的中国人民，谁就一定要失败。

毛泽东在报告中总结了中共在长期革命斗争实践中形成的三大作风，即理论和实践相结合、和人民群众紧密地联系在一起、批评与自我批评。他特别说道："共产党人的一切言论行动，必须以合乎最广大人民群众的最大利益，为最广大人民群众所拥护为最高标准。应该使每一个同志懂得，只要我们依靠人民，坚决地相信人民群众的创造力是无穷无尽的，因而信任人民，和人民打成一片，那就任何困难也能克服，任何敌人也不能压倒我们，而只会被我们所压倒。"他还总结了中共24年的奋斗历史及其主要经验，强调"没有中国共产党的努力，没有中国共产党人做中国人民的中流砥柱，中国的独立和解放是不可能的，中国的工业化和农业近代化也是不可能的"。①

---

① 在大会召开前的中共六届七中全会上，毛泽东对这个报告的内容做了说明，指出："中国在这一次有成为独立、自由、民主、统一、富强的中国之可能性，为近百年来、五四以来、有党以来所仅有。我们应该在此时机提出适当纲领，动员全国人民争取其实现，也就是团结全党全民打败日本帝国主义，建设新中国。"关于蒋介石和国民党，毛泽东说："我在这个报告里面批评了他九分，批评很尖锐，但留了余地，有希望，虽然只占一分不足。这是需要的，不留这个余地就会犯错误。"关于革命的阶段论，毛泽东说："只有经过民主主义，才能到达社会主义，这是马克思主义的天经地义。这就将我们同民粹主义区别开来，民粹主义在中国与我们党内的影响是很广大的。这个报告与《新民主主义论》不同的，是确定了需要资本主义的广大发展，又以反制主义为第一。"见《对〈论联合政府〉的说明》（1945年3月31日），中共中央文献研究室编《毛泽东在七大的报告和讲话集》，中央文献出版社，1995，第97—101页。

在《论联合政府》的书面政治报告之外，毛泽东还在七大做了口头政治报告。在这个报告中，毛泽东特别强调了掌握革命领导权的重要性，因为共产党的领导，因为正确地执行了我们党的路线，"就把国民党挤到了那样一个地位，即影响低落，势力缩小，而把我们党放在了这样一种地位，即成为抗日救国的重心，全国广大的人民都拿眼睛望着我们"。"力争领导权，力争独立自主的路线，是我们党中央的路线，是反映了全党大多数同志要求的路线，是反映了全国大多数人民要求的路线。这条路线是从哪里来的呢？是从天上掉下来的吗？不是。是从外国送来的吗？也不是。它是从中国自己的土地上生长出来的。"毛泽东还谈到面对形势的发展，应该"准备转变"，"现在情况变了，我们的方针也要变"，即"由分散的游击战逐渐转变到正规的运动战，由游击战为主逐渐转变到以运动战为主"；"现在要最后打败日本帝国主义，就需要用很大的力量转到城市，准备夺取大城市，准备到城市做工作"。注意城市工作，注意作战方针的转变，体现了毛泽东和中共领导层为因应形势变化而预为筹谋，对此，毛泽东还说，"我们一定要在那里（指大城市）开八大，有人说这是机会主义；恰恰相反，八大如果还在延安开，那就近乎机会主义了。城市工作要提到与根据地工作同等重要的地位"。为了实现这个革命目标，毛泽东告诫中共全党："要讲真话"，"这个问题解决了，我们党的作风就可以更切实了。我们一定要老老实实。"最后毛泽东总结说："我们共产党现在是一个很大的党，一个二十四年来有了很多经验的党，一个准备胜利的党。我们要在全国胜利，我们有这个志向。全党要团结起来，为全国人民解放而奋斗。"①

中共七大的另一重要议程，是通过刘少奇所做的《修改党章的报告》及新党章。刘少奇在报告中说："我们的党，已经是一个全国范围的，广大群众性的，在思想上、政治上、组织上巩固的，有了自己领袖的马克思列宁主义的党。它在今天，就已经成为中国政治生活中的决定因素了。"

---

① 《在中国共产党第七次全国代表大会上的口头政治报告》（1945年4月24日），《毛泽东在七大的报告和讲话集》，第104—158页。在毛泽东为大会所做的结论中，又特别提到"没有预见就没有领导"，"为着领导，必须有预见"。所以应准备转变，"我们这次大会提出注意大城市，注意东北，注意工人运动"，这就是准备转变。见《在中国共产党第七次全国代表大会上的结论》（1945年5月31日），《毛泽东在七大的报告和讲话集》，第200—202页。

中国共产党是"中国工人阶级的先进的有组织的部队，是它的阶级组织的最高形式"；但是，中共"代表中国民族与中国人民的利益"；"中国共产党只有当它是站在全体人民的利益上，而不仅是站在本阶级当前部分的利益上，只有当它是组织与团结整个民族与全体人民，而不仅是组织与团结本阶级来进行奋斗，它才能胜利"。

经过了抗战时期的革命实践和整风运动，毛泽东理论著述对中国革命的指导意义和他的领袖地位已为中共全党所高度认同，七大通过的新党章，因而确定以毛泽东思想作为中共"一切工作的指针，反对任何教条主义的与经验主义的偏向"。刘少奇为此总结说："毛泽东思想，就是马克思列宁主义的理论与中国革命的实践之统一的思想，就是中国的共产主义，中国的马克思主义"；"它是中国的东西，又是完全马克思主义的东西"；"是在长期的革命斗争中、在和党内各种错误的机会主义思想的斗争中，生长和发展起来的"；"它是我们党的唯一正确的指导思想，唯一正确的总路线"。刘少奇还就毛泽东思想的特征及其领袖地位解释说："他在理论上敢于进行大胆的创造，抛弃马克思主义理论中某些已经过时的、不适合于中国具体环境的个别原理和个别结论，而代之以适合中国历史环境的新原理和新结论，所以他能成功地进行马克思主义中国化这件艰巨的事业"；"毛泽东同志，是我们党的领袖，但他又是我们党的一个普通党员，他是在党的支配之下，并以最谨慎的态度来遵守党的一切纪律的"。

刘少奇在报告中还特别说道："我们党不只是有了自己的伟大的领袖，而且有了大批久经锻炼的、以毛泽东思想武装起来并围绕在毛泽东同志周围的中坚干部，他们在长期斗争中被证明是中国民族最优秀的人物，是我们民族的精华，是中国人民革命建国各方面的最上乘的干才。我们党和我们民族有了这样的伟大的领袖，又有了大批这样的干部，我们是不可战胜的，并将战胜民族的和人民的一切敌人。"有了这样的党及其干部队伍，但还必须依靠群众、发动群众、走群众路线，所以刘少奇在报告中"特别强调了党的群众路线"，"因为党的群众路线，是我们党的根本的政治路线，也是我们党的根本的组织路线。这就是说，我们党的一切组织与一切工作必须密切地与群众相结合"。为此，需要确立一切为了人民群众、一切向人民群众负责、相信群众自己解放自己、向人民群众学习的观点。"我们共产党人的一切事业，都是人民群众的事业。我们的一切纲领与政策,不论是怎样正确,如果没有广大群众的直接的拥护和坚持到底的斗争,都是无法实现的。所以我们的一切,都依靠于、决定于人民群众的自觉与自动,不依靠于群众的自觉与自动,我们将一事无成,费力不讨好。"

刘少奇在报告中还提出:"必须放手地扩大我们党内的民主生活,必须实行高度的党内民主,同时,在实行高度民主的基础上实行党的领导上的高度统一";"扩大党内民主的中心一环,在于启发党员和干部的批评与自我批评";"党内民主的实质,就是要发扬党员的自动性与积极性,提高党员对党的事业的责任心"。①

在中共七大上,朱德做了《论解放区战场》的军事报告,周恩来做了《论统一战线》的发言,还有其他若干代表也做了发言,讨论了有关政治、军事、组织等问题。

中共七大的选举也是会议的重要方面,而且"这是与会代表普遍关心,议论最多的一个问题"。包括选举标准是什么,犯错误的同志要不要选,各个方面包括不同的"山头"要不要照顾,是不是主要看能力强、有各方面知识和经验的同志才能选,选举名额与提名方式等,都在讨论的范围之内。② 对此,毛泽东提出,犯过错误但承认错误并且决心改正错误就可以选。他举例说:"我就是犯过许多错误的。没有犯过错误的人有没有呢?我说就没有。一个人在世界上,哪有不犯错误的道理呢?所以说:'错误人人皆有,各人大小不同'。"关于照顾各方面"山头"的问题,毛泽东指出:还是要照顾"山头","这就是中国革命的实际,没有这些就没有中国革命……坏的是山头主义宗派主义,而不是山头"。过去的中央委员会"没有反映这种实际情况,就是说,在组织成分上没有反映各个方面的革命力量,因此,这个中央是不完全的,是有缺点的。整风以来,我们

---

① 以上引文,见《论党》(1945年5月14日),《刘少奇选集》上卷,第314—370页。胡乔木回忆说:"强调扩大党内民主,也就是党内的群众路线,包括党员有在一定的会议上批评党的任何工作人员的权利。对于这一条,少奇同志说他动摇了几回。'任何'两字写了又圈掉,圈了又写上。但仍倾向于给党员这个权利。这样虽会出一些乱子,但没有这一条,乱子会更多。在讨论中,对'任何'二字是否要写有不同意见。恩来同志以亲身经历表示,过去就是吃了没有下级批评的亏,如果路线错误早有人说,至少要好点。写上'任何'二字,是整风经验的总结,实践起来,利多害少。毛主席也表示,应该信任群众,绝大多数的群众是为党好的。因此,最后决定'任何'二字还是保留。"见《胡乔木回忆毛泽东(增订本)》,第373页。
② 《胡乔木回忆毛泽东(增订本)》,第382页。

提出要认识山头、照顾山头……我们这次选举就要注意这个问题。新的中央委员会应该反映这方面的情况，要成为一个缺陷最少的中央"。关于中央委员应该具备的知识体系，毛泽东认为："不一定要求每个人都通晓各方面的知识，通晓一个方面或者稍微多几个方面的知识就行了，把这些人集中起来，就变成了通晓各方面知识的中央委员会"；"不是从个人求完全，而是从集体中求完全，从对现实的学习中求完全"。"这样的中央，才能够保证执行大会的路线"。"才适合于我们党目前发展的情况及适应于将来的发展情况"。总之，"就是要由能够保证实行大会路线的同志来组成中央委员会"，"党内要尽可能的团结。我们的原则是什么？就是尽可能地团结更多的人在我们的纲领下，争取他们和我们的团结、合作"；"我们要慎重地选举，慎重地就职，这样才是好的态度"。①

经过讨论，七大主席团和各代表团主任联席会议提出了中央委员会94人的预选名单，决定从中选出中央委员45人，候补中央委员25人。大会代表又对这个预选名单进行了充分的讨论。"各代表团在讨论候选人名单时，充分发扬民主。实际上，是党史上空前的民主，做到了知无不言，言无不尽。有的提意见点名道姓，非常尖锐。"毛泽东在听取讨论情况汇报后说："大家把想讲的话讲出来是好的。对有的同志不管怀疑的内容如何，可以怀疑，被怀疑的同志也有权申诉。但是选举问题不是个人问题，要顾全大局。一些被选举人听到意见后，提出不做候选人行不行？你们考虑。选不选自己，自己有自由。只有在自己选自己对党不利时就不选，否则就应自己画自己的圈。我就准备自己打自己的圈。对谁有意见，所有同志应把自己想讲的话彻底讲清楚好。历史证明，凡是原则性的问题，敷衍下去，不知哪一天就会出来的。彻底弄清楚，才有利于团结。"②

6月9日，七大代表举行选举，选出44人为中央委员，其中既包括连任的中央委员，也有不少新当选的中央委员。10日，继续选举候补中央委员，毛泽东在选前发表讲话，"希望大家重视这个选举"，并为前一天选举中未能当选的王稼祥说了话，他是犯过错误的，但是也是有功劳的，而且在遵义会议和六届六中全会作用很大。"我认为他是能够执行大会路线

---

① 《第七届中央委员会的选举方针》（1945年5月24日），《毛泽东在七大的报告和讲话集》，第159—179页。
② 《胡乔木回忆毛泽东（增订本）》，第384、387页。

的"、"希望大家选他"。毛泽东还指出:"东北是很重要的,从我们党,从中国革命的最近将来的前途看,东北是特别重要的。如果我们把现有的一切根据地都丢了,只要我们有了东北,那末中国革命就有了巩固的基础。""所以,我觉得这次要有东北同志当选才好。"① 大会选出33人为候补中央委员。

6月11日,中共七大闭幕。毛泽东在闭幕词中说:我们开了一个很好的大会,胜利的大会,团结的大会;我们做了三件事,决定了党的路线,通过了新的党章,选举了党的领导机关。"今后的任务就是领导全党实现党的路线";"下定决心,不怕牺牲,排除万难,去争取胜利"。毛泽东总结说:"现在中国正在开着两个大会,一个是国民党的第六次代表大会,一个是共产党的第七次代表大会。两个大会有完全不同的目的:一个要消灭共产党和中国民主势力,把中国引向黑暗;一个要打倒日本帝国主义和它的走狗中国封建势力,建设一个新民主主义的中国,把中国引向光明。这两条路线在互相斗争着。我们坚决相信,中国人民将要在中国共产党领导之下,在中国共产党第七次大会的路线的领导之下,得到完全的胜利,而国民党的反革命路线必然要失败。"②

6月19日,中共七届中央委员会召开第一次全体会议,选举毛泽东、朱德、刘少奇、周恩来、任弼时、陈云、康生、高岗、彭真、董必武、林伯渠、张闻天、彭德怀为政治局委员,毛泽东、朱德、刘少奇、周恩来、任弼时为书记处书记,毛泽东为中央委员会、中央政治局、中央书记处主席。政治局是中共的核心领导群体,在新一届政治局委员中,毛泽东、周恩来、任弼时、陈云、康生、张闻天、彭德怀为六届政治局委员,朱德、刘少奇为六届政治局候补委员,合计占比为70%;其中毛泽东在中共三大进入中央委员会,刘少奇、周恩来、任弼时在中共五大进入中央委员会。正是从七大开始,中共形成了成熟而稳定的领导核心群体,以毛泽东为领袖,经过长期的革命斗争考验,绝大多数有根据地和武装斗争经验,是在革命实践中脱颖而出的群体,而且保持着相当的连续性,有助于中共在未来的革命斗争中发挥高度的领导力。

---

① 《关于第七届候补中央委员选举问题》(1945年6月10日),《毛泽东在七大的报告和讲话集》,第229—233页。
② 《愚公移山》(1945年6月11日),《毛泽东选集》第3卷,第1101—1103页。

中共七大总结了建党以来二十多年的革命历史经验，确立了新民主主义革命路线及其政策纲要，形成了成熟而坚强的领导核心群体。如果说1921年中共建党开创了中共的革命之路，那么1945年的中共七大则开创了中共的胜利之路。①

三　抗日战争与中国政治格局的变化

1937年7月中日全面战争开始后，实际上，如当时人所认识，"中日战事自开始之时，即已非中日二国单纯之比力"。② 这是牵涉政治、外交、经济、文教、社会等全方位的战争进程，而这样的战争进程，又势必带来相关的格局变化，也如同当时人的认识，"一年多的抗战，使得中国大变了。这个刺激既深且广，虽然从前的许多弊端一时尚不能改正过来，进步则可谓异常迅速。战事也许不如意的地方尚多，但也出乎意料之外，支持一年后更显得坚强。看了这个现象，中国的前途尚极可乐观"。③

时人对"极可乐观"的前途判断，建立在"中国大变"的前提之上，实际则反映出战争给中国带来的变化。正是因为日本军国主义罔顾历史与现实，狂妄地高估自己，严重地低估对手，悍然发动对中国的侵略战争，从而大大激活了深藏中国人内心深处的强烈民族情感，并转化为团结一致、决不屈服、坚定抵抗外敌入侵的精神和物质力量，使中国以弱国之力

---

① 中共的对手国民党也很关注中共七大的召开。中共七大闭幕后，大会文件通过各种渠道为国民党所知，唐纵对此评论说："毛泽东走着中国现实主义的道路"，"第七次大会毛泽东的政治报告，主张保持私有财产制度并发展资本主义，这是中共一个很大的改变。这一个转变在中国收得很大的效果，后方许多工商界和国民党内部失意分子，过去对于共产党恐怖的心理，已完全改观"。（《唐纵日记》，1945年6月28、30日，第521—522页）蒋介石也很关注中共七大，他将毛泽东在中共七大的报告送给陈布雷校点后再送他核阅。（《陈布雷先生从政日记稿样》，1945年5月9日，第772页）他批示将中共七大文件"交中央党部作一比较研究，以资改进"。对中共党章"规定党员的权利为讨论、选举、建议、批评。为加强党员与民众、上级与下级的联系。委座批示本党应切实仿效实施"。他还召见唐纵，"将中共七全大会之研究与对策交下，嘱令切实研究推行，必须办到，此为最重要"。（《唐纵日记》，1945年7月20、25日，第524、526页）蒋介石自记道："研究中共第七次全国代表大会经过内容，对于其新增党章党员与群众及上级与下级之联系一条，殊有价值，本党诚愧不逮，若不急起直追，则败亡无日矣。"（《蒋介石日记》，1945年7月16日）但研究归研究，因其组织架构、利益格局、历史积淀等所限，国民党很难真正学到共产党建党和管党的精髓所在。
② 《张忠绂致胡适》（1938年8月24日），《胡适来往书信选》中册，第673页。
③ 《陈之迈致胡适》（1938年8月29日），《胡适来往书信选》中册，第673页。

而抵御强敌入侵,持久坚持,最终削弱了侵略者,拖垮了侵略者,战胜了侵略者。到了1945年中国民党六大和中共七大召开之际,无论是重庆和延安的抗日阵营,还是南京的投敌阵营,都没有人再怀疑日本的败亡结局,而日本败亡之后中国向何处去,正日渐成为国人关注的中心问题。

中国向何处去,决定于国内的力量对比。全国抗战开始之后的八年中,中国国内力量对比最显著的变化,是国民党地位的相对衰落,共产党地位的明显上升,而且在1944年豫湘桂战役正面战场连连失利之后,这个变化的征象越为明显,越可为时人所感知。作家沈从文写道:"最显著变化,则为同事中有于一夜间忽然左倾者。亦有从不对于政治有所活动,忽成为活动中心者。"① 为蒋介石操刀写作的文人陶希圣则认为:"一年多以来,中国共产党以'民主、团结、抗战'宣传于国内外,颇收成效。"② 所以,1944年底,中共中央在对形势分析的指示中提出:"最近八个月,中国政治形势起了一个大变化。国共力量对比,已由过去多年的国强共弱,达到现在的国共几乎平衡,并正在走向共强国弱的地位。我党现在已确实成了抗日救国的决定因素。"③

为何如此?作为当时的执政党,国民党也不甘心于自身地位的下降,也图振作复兴,然其欲挽救而无力,则又确实反映出其本身存在的诸般问题。蒋经国认为:"工作中心没有将广大群众的利益,尤其是农民的利益,作为重点,而中国革命变了质,专为刮农民的、吃农民的之各种设施。"④ 唐纵认为:"目今党何以不能在政治上起领导作用?党的上层干部,对于主义政策的认识,并不彻底。由革命到取得政权,思想和观念已为之大变,现在大家的观念是现实问题。上级干部在追求权位,下级同志在追求生活。主义、政治、革命,都已忘却了,消失了!"⑤ 国民党地位的衰落,

---

① 《沈从文致董作宾》(1944年11月9日),《新文学史料》2015年第3期,第133—134页。还在全国抗战中期,唐纵已注意到:"中间层以薪水为生活之士大夫阶级,因物价之上涨而日见感受生活之痛苦,其思想感情,逐渐左倾,加以我政治之无能,腐化依旧,建树毫无,此在客观环境上,均于共党有利,如再过一年两年,纵敌军不深入夔门,社会亦将有巨大之变动。"见《唐纵日记》,1940年8月14日,第148页。
② 《陶希圣致胡适》(1945年4月30日),《胡适来往书信选》下册,第826页。
③ 《中央关于目前形势的分析与任务的指示》(1944年12月25日),《中共中央文件选集》第14册,第432页。
④ 蔡盛琦、陈世局编辑校订《胡宗南先生日记》,1945年3月1日,第438页。
⑤ 《唐纵日记》,1944年4月28日,第426页。

事关其阶级基础、组织结构、干部群体和利益格局，非小打小闹的"革新"所可解决，而"刮骨疗毒"式的"革命性变革"又无异颠覆其统治根基，故非不为也，乃不能也，此亦即历史的大势吧！

正因为中国政治格局的变化向着国民党低落、共产党崛起的方向演进，使得越是临近抗战胜利，对于战后政治的走向和预判，共产党越是乐观而进取，拥有执政地位和更多资源的国民党反而弥漫着浓重的消极悲观情绪。阎锡山认为："本党之危机甚大，如：一、共党的发展与我之危机成正比例（假使本党与共党易地而处，早被共党解决），国共不并存，政治解决不可能，军事解决有顾虑。"① 陈布雷认为："党之无能，无力担负此艰巨任务……总裁有意改组党，但恐无能为力。"唐纵认为："共产党的攻势甚锐，气势迫人，令人惶恐不安。"② 熊式辉认为："平素责人之自私腐蚀党者，今竟同流合污以自私，且腐蚀及其自身，党之前途可知矣，此辈人定将一摇身而变成党的附骨之疽，在党内自己暗斗会有余，去党外与共产党明争则不足，我不怨人，我只惜党，改造之运动不成，党之气数尽矣。"③ 甚而国民党内已有人想到了"可能性最大"的结局，"就是国民党垮台，共产党当政"。④

面对这样积重难返的局面，国民党领袖蒋介石虽然有心改变但亦无从下手。唐纵和王子壮在1943年11月不约而同地记载了蒋介石对国民党无力解决自身问题而面临困局的伤感与无奈！唐纵记载，陈布雷告他，"委座对于党团不能有所作为，甚为不满，看报告都是好的，没有人自承弱点，但是实际成效一点也没有，言时非常伤感！……当年满清腐化，所以本党革命得以推翻其政权，今本党党员，成了当年八旗子弟，眼望自己的腐化，不胜痛心！言下感慨系之！"⑤ 王子壮记载，蒋介石在前往参加开罗会议前，"为物价暴涨、经济危机，及外人对于吾国无新干部之批评，对于所谓最高干部有严厉之责斥，甚至浩然长叹，谓看到这般人即想起清末之'皇带子'，并非不努力，而实际则无进步，如果长此下去，不但死无

---

① 林秋敏、叶惠芬、苏圣雄编辑校订《陈诚先生日记》第1册，1944年9月28日，第634—635页。
② 《唐纵日记》，1944年9月30日、1945年5月31日，第462、514—515页。
③ 洪朝辉编校《海桑集——熊式辉回忆录》，第469页。
④ 《唐纵日记》，1945年4月3日，第500页。
⑤ 《唐纵日记》，1943年11月13日，第390页。

葬身之地，且亦将'生无葬身之地'"。①

国民党地位的下降，中共地位的上升，带来了中国政治格局的变化，是战时政治演进最大的变化且最重要的结局，然其影响更多在抗战胜利以后，更多决定了战后中国政治的走向，但追根溯源，这样的变化则奠基于抗战时期，是国共两党在抗战期间的政治、经济、社会等诸般政策运筹和实施的结果。有如毛泽东所言：

> 一切问题的关键在政治，一切政治的关键在民众，不解决要不要民众的问题，什么都无从谈起。要民众，虽危险也有出路；不要民众，一切必然是漆黑一团。国民党有识之士其思之。②

1945年夏的中国，天气是火热的，中国的人心也是火热的！在经历了八年全国抗战的牺牲、悲壮、英勇、奋斗之际，中国人民都在翘首以待中华民族的胜利和日本侵略者的败亡，也都对战后中国的未来发展存有一份美好的期盼！但是，中国向何处去？也是中国人不能不关注并思考的，尤其是国共两党不能不回答的。八年全国抗战的历史演进和现实关怀，将决定中国人的思考和国共两党的回答及其实践。

1945年夏的中国，历史即将翻开新的一页！

---

① 《王子壮日记》第8册，1943年11月24日，第454—455页。蒋介石对国民党未来的担忧甚而影响到他的心态。1945年7月国民参政会四届一次会议在重庆召开，"参政员邓飞黄告诉人说，此次参政会开幕日，参政员周炳琳代表全体参政员致词，说话有些很不中听。例如说现时政治混乱，又说政府应采纳反对派的话之类。当时蒋主席在场，颇为动气，散会后对王世杰等说'周某的话对我太侮辱了，我要和他决斗'。后来王世杰劝他不要生气，这种话在民主政治上算不了什么。蒋主席不再说什么，但是预定推周做主席团之一的计划，却立时下命令改变，改推王云五做主席团"。（陈方正编辑、校订《陈克文日记》下册，1945年7月11日，第946页）身为国民党总裁、国民政府主席、国防最高委员会委员长的蒋介石，居然说出"决斗"这样的话，也可见其当时心态之脆弱易感。

② 《一切政治的关键在民众》（1944年8月12日），《毛泽东文集》第3卷，第202页。这是毛泽东在审阅《解放日报》社论稿《衡阳失守后国民党将如何？》时加写的文字。

主要参考文献

一 档案

重庆市档案馆藏档
美国斯坦福大学胡佛研究所档案馆藏《蒋介石日记》
台北"国史馆"藏《蒋中正总统文物》
中国第二历史档案馆藏档
中研院近代史研究所藏朱家骅档案
Hsiung Shi-hui Collection, Manuscript and Rare Books Library, Columbia University, New York.

二 报刊

《大公报》(天津、上海、汉口)、《东方杂志》、《国民政府公报》(南京、武汉、重庆)、《华西日报》、《解放日报》、《申报》、《新华日报》、《新中华报》、《中国农村》、《中央日报》(南京、汉口、重庆)。

三 资料汇编、日记、回忆录、年谱等

艾绍润、高海深主编《陕甘宁边区法律法规汇编》，陕西人民出版社，2007。

安徽省文物局新四军文史征集组编《皖南事变资料选》，安徽人民出版社，1981。

薄一波：《七十年奋斗与思考》，中共党史出版社，1996。

蔡德金编注《周佛海日记全编》上编,中国文联出版社,2003。

蔡盛琦编《蒋中正总统档案·事略稿本》第45册,台北,"国史馆",2010。

蔡盛琦、陈世局编辑校订《胡宗南先生日记》上册,台北,"国史馆",2015。

《陈布雷先生从政日记稿样》,台北,东南印务社,无出版时间。

《近代史资料》总131号,中国社会科学出版社,2015。

陈方正编辑、校订《陈克文日记》,社会科学文献出版社,2014。

陈启天:《寄园回忆录》,台北,台湾商务印书馆,1965。

《成败之鉴——陈立夫回忆录》,台北,正中书局,1994。

程思远:《政坛回忆》,广西人民出版社,1983。

《邓小平文选》第2卷,人民出版社,1994。

丁成明、胡金玉主编《抗战时期的四川——档案史料汇编》,重庆出版社,2014。

《董必武年谱》编纂组编《董必武年谱》,中央文献出版社,1991。

郭德宏编《王明年谱》,社会科学文献出版社,2014。

《抚顺文史资料选辑》第8辑,辽宁人民出版社,1986。

干国勋等:《蓝衣社、复兴社、力行社》,台北,传记文学出版社,1984。

《革命文献》第69、80、106辑,台北,中国国民党党史会,1969、1979、1986。

《共产国际、联共(布)与中国革命档案资料丛书》第18、19卷,中共中央党史研究室第一研究部译,中共党史出版社,2012。

《顾维钧回忆录》第5分册,中国社会科学院近代史研究所译,中华书局,1987。

韩延龙、常兆儒编《中国新民主主义革命时期根据地法制文献选编》第1卷,中国社会科学出版社,1981。

《何廉回忆录》,中国文史出版社,1988。

何智霖编《陈诚先生书信集——与蒋中正先生往来函电》,台北,"国史馆",2007。

何智霖编《陈诚先生书信集——与友人书》上册,台北,"国史馆",2009。

河北省社会科学院历史研究所等编《晋察冀抗日根据地史料选编》下

册，河北人民出版社，1983。

洪朝辉编校《海桑集——熊式辉回忆录》，香港，明镜出版社，2008。

《胡乔木回忆毛泽东（增订本）》，人民出版社，2014。

黄宇人：《我的小故事》，香港，吴兴记书报社，1982。

贾廷诗等访问兼纪录《白崇禧先生访问纪录》上册，台北，中研院近代史研究所，1984。

蒋京访问兼纪录《萧赞育先生访问纪录》，台北，近代中国出版社，1992。

蒋中正：《中国之命运》，台北，正中书局，1944。

《今井武夫回忆录》，该书翻译组译，上海译文出版社，1978。

《晋察冀抗日根据地》史料丛书编审委员会、中央档案馆编《晋察冀抗日根据地》第1册，中共党史资料出版社，1989。

李嘉谷编《中苏国家关系史资料汇编》，社会科学文献出版社，1997。

李学通、刘萍、翁心钧整理《翁文灏日记》，中华书局，2010。

李云汉主编《中国国民党临时全国代表大会史料专辑》（上），台北，中国国民党党史会，1991。

《李宗黄回忆录》第4册，台北，中国地方自治学会，1972。

《李宗仁回忆录》，中国人民政治协商会议广西壮族自治区委员会文史资料研究委员会，1980。

《林伯渠文集》，华艺出版社，1996。

林美莉编辑校订《王世杰日记》上册，台北，中研院近代史研究所，2012。

林秋敏、叶惠芬、苏圣雄编辑校订《陈诚先生日记》第1册，台北，"国史馆"、中研院近代史研究所，2015。

林友华：《林森年谱》，中国文史出版社，2012。

《刘少奇选集》上卷，人民出版社，1981。

刘树发主编《陈毅年谱》上卷，人民出版社，1995。

刘文辉：《走到人民阵营的历史道路》，三联书店，1979。

罗家伦主编《革命文献》第69辑，台北，中国国民党党史会，1969。

孟广涵主编《国民参政会纪实（续编）》，重庆出版社，1987。

《毛泽东书信选集》，人民出版社，1983。

《毛泽东文集》第2、3卷，人民出版社，1993、1996。

《毛泽东选集》第 2 卷，人民出版社，1991。

《毛泽东在七大的报告和讲话集》，中央文献出版社，1995。

南方局党史资料征集小组编《南方局党史资料·统一战线工作》，重庆出版社，1990。

《聂荣臻回忆录》中册，解放军出版社，1984。

潘嘉钊等编《康泽与蒋介石父子》，群众出版社，1994。

《彭德怀自述》，人民出版社，1981。

秦孝仪主编《革命文献》第 80、106 辑，台北，中国国民党党史会，1979、1986。

秦孝仪主编《实施宪政》，台北，中国国民党党史会，1977。

秦孝仪主编《先总统蒋公思想言论总集》卷 15，台北，中国国民党党史会，1984。

秦孝仪主编《中华民国重要史料初编——对日抗战时期》第 2、4、5 编，台北，中国国民党党史会，1981、1988、1985。

秦孝仪主编《总统蒋公大事长编初稿》卷 4，台北，中国国民党党史会，1978。

瞿韶华主编《中华民国史事纪要（中华民国二十九年七至十二月份）》，台北，"国史馆"，1994。

瞿韶华主编《中华民国史事纪要（中华民国三十年一至六月份）》，台北，"国史馆"，1990。

荣孟源主编《中国国民党历次代表大会及中央全会资料》下册，光明日报出版社，1985。

山东省档案馆、山东社会科学院历史研究所编《山东革命历史档案资料选编》第 10 辑，山东人民出版社，1983。

陕西省档案馆、陕西省社会科学院编《陕甘宁边区政府文件选编》第 1、2 辑，档案出版社，1986、1987。

上海社会科学院历史研究所编《"八一三"抗战史料选编》，上海人民出版社，1986。

上海市档案馆编《上海档案史料研究》第 1 辑，上海三联书店，2006。

上海市中共党史学会编《上海抗日救亡运动资料选编》，编者印行，1985。

寿充一编《孔祥熙其人其事》，中国文史出版社，1987。

四川大学马列教研室编《国民参政会资料》，四川人民出版社，1984。

《宋庆龄选集》，人民出版社，1966。

陶希圣：《潮流与点滴》，台北，传记文学出版社，1979。

陶英惠辑注《蒋冯书简新编》，台北，台湾学生书局，2010。

王汎森、潘光哲、吴政上主编《傅斯年遗札》第 2 卷，社会科学文献出版社，2014。

《王明言论选辑》，人民出版社，1982。

《王子壮日记》，台北，中研院近代史研究所，2001。

王焰主编《彭德怀年谱》，人民出版社，1998。

王正华编《蒋中正总统档案·事略稿本》第 60、61 册，台北，"国史馆"，2011。

文昊编《他们是怎样发财的》，中国文史出版社，2005。

《文史资料选辑》，文史资料出版社，陆续出版。

《我的一生——师哲自述》，人民出版社，2001。

吴伯卿、林养志编注《蒋委员长中正抗战方策手稿汇编》（2），台北，中国国民党党史会，1992。

吴殿尧主编《朱德年谱（新编本）》中卷，中央文献出版社，2006。

萧李居编《蒋中正总统档案·事略稿本》第 42 册，台北，"国史馆"，2010。

熊向晖：《地下十二年与周恩来》，中共中央党校出版社，1991。

徐则浩编著《王稼祥年谱》，中央文献出版社，2001。

《徐永昌日记》，台北，中研院近代史研究所，1991。

许涤新、吴承明主编《中国资本主义发展史》第 3 卷，人民出版社，1993。

薛月顺编《蒋中正总统档案·事略稿本》第 44 册，台北，"国史馆"，2010。

延安时事问题研究会编《抗战中的中国政治》，中国现代史资料编辑委员会，1957。

阎伯川先生纪念会编《民国阎伯川先生锡山年谱长编初稿》第 5 册，台北，台湾商务印书馆，1988。

姚崧龄编著《张公权先生年谱初稿》上册，社会科学文献出版社，2014。

叶惠芬编《蒋中正总统档案·事略稿本》第 46、58 册，台北，"国史馆"，2010、2011。

《阎锡山日记》，九州出版社，2011。

于刚主编《中国各民主党派》，中国文史出版社，1987。

云南省档案馆编《滇军抗战密电集》，编者印行，1995。

《在蒋介石身边八年——侍从室高级幕僚唐纵日记》，群众出版社，1991。

张国焘：《我的回忆》第3册，现代史料编刊社，1981。

张培森主编《张闻天年谱》上卷，中共党史出版社，2000。

张其昀主编《先总统蒋公全集》第1、2册，台北，中国文化大学出版部，1984。

《张闻天选集》，人民出版社，1985。

《张治中回忆录》，文史资料出版社，1985。

章伯锋、庄建平主编《抗日战争》第2卷，四川大学出版社，1997。

赵荣声：《回忆卫立煌先生》，文史资料出版社，1985。

赵正楷、陈存恭编《徐永昌先生函电言论集》，台北，中研院近代史研究所，1996。

"中华民国外交部"编《苏联对新疆之经济侵略》，台北，编者印行，1950。

中共延安地委统战部、中共中央统战部研究所编《抗战时期陕甘宁边区统一战线和三三制》，陕西人民出版社，1989。

中共延安市委统战部组编《延安时期统一战线史料选编》，华文出版社，2010。

中共中央文献研究室、中国人民解放军军事科学院编《毛泽东军事文集》第2卷，军事科学出版社、中央文献出版社，1993。

中共中央文献研究室、中国人民解放军军事科学院编《周恩来军事文选》第2卷，人民出版社，1998。

中共中央文献研究室编《毛泽东年谱（1893—1949）》，中央文献出版社，2013。

中共中央文献研究室编《任弼时年谱》，中央文献出版社，1993。

中共中央党史研究室编《杨尚昆年谱》上卷，中共党史出版社，2007。

中共中央文献研究室编《周恩来年谱（1898—1949）（修订本）》，中央文献出版社，1998。

中共中央文献研究室编《朱德年谱（新编本）》中册，中央文献出版社，2006。

中共中央组织部、中共中央党史研究室、中央档案馆编《中国共产党组织史资料》第 3 卷，中共党史出版社，2000。

中国第二历史档案馆编《国民党政府政治制度档案史料选编》，安徽教育出版社，1994。

中国第二历史档案馆编《抗日战争正面战场》上册，江苏古籍出版社，1987。

中国第二历史档案馆编《中国民主社会党》，档案出版社，1988。

中国第二历史档案馆编《中国青年党》，档案出版社，1988。

中国国民党中央执行委员会秘书处编《中国国民党党员须知》，编者印行，1942。

中国科学院历史研究所第三所南京史料整理处编《中国现代政治史资料汇编》第 3 辑，1959。

中国人民解放军军事科学院编《叶剑英年谱》上册，中央文献出版社，2007。

中国人民解放军历史资料丛书编审委员会编《八路军·参考资料》(1)，解放军出版社，1992。

中国人民解放军历史资料丛书编审委员会编《八路军·文献》，解放军出版社，1994。

中国人民解放军历史资料丛书编审委员会编《新四军·文献》（1、2），解放军出版社，1988、1994。

中国社会科学院近代史研究所整理《黄炎培日记》第 8 卷，华文出版社，2008。

中国社会科学院近代史研究所中华民国史研究室编《胡适来往书信选》中册，社会科学文献出版社，2013。

中央档案馆、陕西省档案馆编《中共中央西北局文件汇集（1944年）》甲 5，编者印行，1994。

中央档案馆编《陕甘宁边区抗日民主根据地·文献卷》下册，中共党史资料出版社，1990。

中央档案馆编《皖南事变（资料选辑）》，中共中央党校出版社，1982。

中央档案馆编《中共中央文件选集》第 11—14 册，中共中央党校出版社，1991。

中央统战部、中央档案馆编《中共中央抗日民族统一战线文件选编》

中、下册，档案出版社，1985、1986。

中央训练团编《中国国民党法规辑要》，编者印行，1942。

《周恩来选集》上卷，人民出版社，1980。

周均伦主编《聂荣臻年谱》上卷，人民出版社，1999。

周美华编《蒋中正总统档案·事略稿本》第48册，台北，"国史馆"，2011。

周天度、孙彩霞编《救国会资料集》，中央编译出版社，2006。

朱佳木主编《陈云年谱》上卷，中央文献出版社，2000。

朱汇森主编《中华民国史事纪要（中华民国二十六年七至十二月份）》，台北，"国史馆"，1987。

四 著作

〔俄〕A. M. 列多夫斯基：《斯大林与中国》，陈春华、刘存宽等译，新华出版社，2001。

蔡德金、王升编著《汪精卫生平纪事》，中国文史出版社，1993。

柴夫编《CC内幕》，中国文史出版社，1988。

陈伯达等：《评〈中国之命运〉》，新华书店晋察冀分店，1945。

陈慧生、陈超：《民国新疆史》，新疆人民出版社，2007。

陈之迈：《中国政府》第1册，商务印书馆，1945。

程中原：《张闻天传》，当代中国出版社，2000。

"从五四运动到人民共和国成立"课题组：《胡绳论"从五四运动到人民共和国成立"》，社会科学文献出版社，2001。

崔之清主编《国民党政治与社会结构之演变》下编，社会科学文献出版社，2007。

〔澳〕大卫·古德曼：《中国革命中的太行抗日根据地社会变迁》，田酉如等译，中央文献出版社，2003。

〔美〕杜赞奇：《文化、权力与国家：1900—1942年的华北农村》，王福明译，江苏人民出版社，1992。

郭宝平：《民国政制通论》，山西人民出版社，1995。

韩信夫、姜克夫主编《中华民国史大事记》第8卷，中华书局，2011。

何应钦：《日军侵华八年抗战史》，台北，黎明文化事业公司，1982。

侯坤宏：《抗战时期的中央财政与地方财政》，台北，"国史馆"，2000。

黄天华：《川康实力派与抗战时期的中国政治》，中国社会科学院近代史研究所博士后研究报告，2013。

黄正林：《陕甘宁边区社会经济史（1937—1945）》，人民出版社，2006。

金冲及主编《刘少奇传》上册，中央文献出版社，1998。

金冲及主编《毛泽东传（1893—1949）》下卷，人民出版社、中央文献出版社，1996。

金冲及主编《周恩来传（1898—1949）》，人民出版社、中央文献出版社，1995。

金冲及主编《朱德传》，人民出版社、中央文献出版社，1993。

孔庆泰等：《国民党政府政治制度史》，安徽教育出版社，1998。

李辉：《封面中国：美国〈时代〉周刊讲述的中国故事（1923—1946）》，东方出版社，2007。

李里峰：《革命政党与乡村社会——抗战时期中国共产党的组织形态研究》，江苏人民出版社，2011。

李良志、李隆基主编《同盟抗战赢得胜利》，上海人民出版社，1995。

李良志、王树荫、秦英君主编《全民抗战气壮山河》，上海人民出版社，1995。

李志英：《博古传》，当代中国出版社，1994。

梁星亮、杨洪、姚文琦主编《陕甘宁边区史纲》，陕西人民出版社，2012。

〔美〕马克·赛尔登：《革命中的中国：延安道路》，魏晓明、冯崇义译，社会科学文献出版社，2002。

马齐彬主编《国共两党关系史》，中共中央党校出版社，1995。

〔美〕迈克尔·沙勒：《美国十字军在中国（1938—1945）》，郭济祖译，商务印书馆，1982。

日本防卫厅防卫研究所战史室：《中国事变陆军作战史》第1卷第1分册，田琪之译，中华书局，1979。

〔日〕笹川裕史、奥村哲：《抗战时期中国的后方社会——战时总动员与农村》，林敏、刘世龙、徐跃译，社会科学文献出版社，2013。

孙玉芹：《民国时期的童子军研究》，人民出版社，2013。

王辅一：《项英传》，中共党史出版社，1995。

王良卿：《三民主义青年团与中国国民党关系研究（一九三八—一九四九）》，台北，近代中国出版社，1998。

王奇生：《党员、党权与党争：1924—1949年中国国民党的组织形态》，上海书店出版社，2003。

王世杰、钱端升：《比较宪法》下册，商务印书馆，1943。

闻黎明：《第三种力量与抗战时期的中国政治》，上海书店出版社，2004。

吴锦旗：《抗战时期大学教授的政治参与研究》，南京大学出版社，2012。

谢本书：《龙云传》，四川民族出版社，1999。

谢忠厚、肖银成主编《晋察冀抗日根据地史》，改革出版社，1992。

忻平：《灾难与转折：1937》，上海大学出版社，2008。

徐矛：《中华民国政治制度史》，上海人民出版社，1992。

徐则浩：《王稼祥传》，当代中国出版社，1996。

杨奎松：《毛泽东与莫斯科的恩恩怨怨》，江西人民出版社，1999。

杨天石：《海外访史录》，社会科学文献出版社，1998。

叶永烈：《陈伯达其人》，时代文艺出版社，1990。

〔美〕易劳逸：《蒋介石与蒋经国》，王建朗、王贤知译，中国青年出版社，1989。

袁继成、李进修、吴德华主编《中华民国政治制度史》，湖北人民出版社，1991。

张大军：《新疆风暴七十年》第9册，台北，兰溪出版社，1980。

章学新主编《任弼时传》，中央文献出版社、人民出版社，1994。

中共武汉市委党史研究室：《抗日战争初期中共中央长江局史》，中共党史出版社，2011。

中共延安市委统战部组编《延安时期统一战线研究》，华文出版社，2010。

中国民主同盟中央委员会文史委员会：《中国民主同盟简史》，群言出版社，1991。

《周恩来军事活动纪事》编写组编著《周恩来军事活动纪事》上卷，中央文献出版社，2000。

周开庆：《民国川事纪要》第2册，台北，四川文献研究社，1972。

周天度、孙彩霞：《救国会史（1936—1949）》，群言出版社，2008。

人名索引

A

艾思奇　431

安文钦　301

B

白崇禧　16，19，34，50，52，53，55，67，94，97，125，159，166，213，225，368—370，372，374—376，380，382—384，387，395，413，513，517

包瑞德（D. D. Barrett）　496，498

博古（秦邦宪）　30，38，42，45，47，48，141，148，151，234，242，246，248，255，261，263，321，322，324，326，334，336，337，346，350，429

C

蔡元培　61，466，518

陈豹隐　148

陈伯达　321，325，428，429，431

陈博生　148

陈布雷　11，94，132，203，349，376，385，395，420，422，423，427，432，435，437，457，461，479，481，486，515，517，528，530

陈诚　8，25，49，52，66，94—96，125，126，128，130，132，136，137，149，166，203，225，347，352，355，418，437，438，450，451，465，501，503，513，517

陈独秀　66，251，321，326，329，348

陈方　458

陈庚雅　459，461

陈公博　80，81，125

陈光　148，388，391

陈光甫　148

陈果夫　82，94，95，101，113，114，125，128，135，159，161，203，513，517

陈宏谟　401

陈济棠　457，517

陈嘉庚　148，157

陈介　87

陈克文　18，85，87，93，94，100，153，162，165，214，217，426，427，516

陈立夫　80，81，92，95，96，101，111，114，125，127，128，130—132，135，149，160，203，346，347，385，425，508，510，513，515，517

陈铭枢　56

陈其采　463

陈启天　141，147，148，153，154

陈庆云　513

陈绍宽　81，94

陈树人　125

陈调元　81，94

陈毅　43—45，47—49，310，328，329，371，372，374，381，387，388，391，393，504

陈裕光　148

陈云　234，240，242，248，255，261，263，321，323，324，336—338，518，527

陈正人　324

成舍我　148

程沧波　11

程潜　6，19，20，60，70，81，94，97，166，357，376，508，517

程天放　511，517

程泽润　449，454

程子华　391

褚辅成　120，148

D

戴季陶　101，125，159，179，225，418，419，437，444，517

戴笠　354，357，454，494

戴嗣夏　44

邓宝珊　416

邓发　234，242，255，321，324，337

邓飞黄　151，531

邓汉祥　215

邓介松　101

邓锡侯　215，216

邓小平　36，242，332，391

邓演达　96

邓颖超　148，348，403，416，475

邓子恢　371，393

丁惟汾　42，104，111，125，460，517

董必武　45，47，148，151，248，345，348，350，402，403，414，420，421，428，429，475，477，481，484—491，493，496，497，504，527

杜聿明　226—228，230

杜月笙　61

杜重远　148

段锡朋　132，513，517

F

樊仲云　61

范明枢　185

范文澜　431

范予遂　151

鄷悌　128

冯玉祥　55，64，94，111，125，517

傅秉常　418，427，452

傅秋涛　46

傅斯年　9，52，53，67，85，87，141，148，151，153，163—165，461—464

傅作义　29，93，417

G

甘介侯　87

高岗　263，290，321，324，325，331，527

高敬亭　49

高树勋　357

高斯（C. E. Gauss）　506

高宗武　87

谷正鼎　416

谷正纲　100，128，132

顾颉刚　461

顾孟馀　125

顾祝同　34，116，215，377，380—383，386，387，394

关麟徵　230

关向应　32，36，234，237，242，255，391

郭锦坤　463

郭沫若　61，65，67，96，347

H

韩德勤　371，372，387，388

韩复榘　55，97，213，214

何键　19，214

何廉　80，133，134

何鸣　46

何思敬　431

何香凝　63，480

何应钦（何敬之）　6，7，9，14，15，19，29，30，34，35，44，70，74，75，81，87，92，94，105，125，149，159，214，221，225，229，305，354，363—366，369，372，374，376，380，382，384，386—388，394，410，413，415，420，427，444，485—487，495，508，517

贺国光　215，218

贺连城　301

贺龙　28，32，35，36，234，237，238，325，391

贺耀组　94，161，354，357，376，384，385

贺衷寒　96，128，132，135

赫尔利（P. J. Hurley）　494—507

侯成如　29

胡公冕　416

胡汉民　111，114，115，135，517

胡景伊　148

胡乔木　248，257，280，309，320，321，324，325，328，331，334，336，338—340，404，412，466，496—498，504，506，519，525

胡仁奎　295

胡适　9，16，20，60，84，93，141，148，151

胡文虎　148

胡彦远　101

胡瑛　228

胡愈之　61，63，466

胡宗南　135，136，363，412，413，415—417，432，437，452，453，485，492

华莱士（H. A. Wallace）　428，496

黄克诚　371

黄琪翔　96

黄绍竑　79，81，116，177

黄旭初　52，55

黄炎培　61，141，148，397，446，457，468—471，473，475，477，480，481，483，493，510

霍子乐　301

J

季米特洛夫（G. M. Dimitrov）　240，244，246，262，323，392，402，404

贾景德　359，444

江恒源 468

江问渔 470

江庸 148，149

蒋百里（蒋方震） 9，141，148，151

蒋伯诚 457

蒋鼎文 35，37，438，450—452

蒋光鼐 56

蒋介石（蒋中正） 4—21，23，25—38，41，43—45，48—58，60，64—72，74—76，78—81，83—94，96—98，100—102，104—107，111，113—139，143，147，149，157，158—167，169，170，177，180，182，187，188，191，192，193，195—206，208，210—234，239，243—245，247，248，255，260，262，266，268，305，325，327，328，329，345—354，357，358，359，361—370，372，374—388，390—400，402，404—437，439，440，445，446，449—465，467—469，471，475，478—482，484—512，514，515，517，522，528—531

蒋经国 132，139，212，224，513，529

蒋梦麟 9，60，141，448，449

蒋廷黻 16，93

近卫文麿 88，97，98，120

居里（L. Curie） 395，397，438

居正 80，84，113，125，158，513，517

K

凯丰 234，242，255，321，324，336，337，339，428

康生 234，240，242，248，255，261—263，321，323，324，328，331，337，518，527

康泽 34，37，38，42，96，125，127，128，130，133—136，138，139，214，241，346，457，514，516

孔庚 148，151

孔令伟 456

孔祥熙（孔庸之） 72，75，79，84，85，91—94，105，111，125，149，150，152，153，157，158，162—167，200，201，218，225，418，419，426，434，436，445，453—465，517

孔原 325

L

赖传珠 393

雷震 446

冷遹 148，468，470

李德 91，241

李鼎铭 301，302，306—308

李富春 321，324，325，336

李公朴 66

李汉魂 511

李璜 9，141，148，149，437，468，470—472，477，481，483

李剑农 9

李克庭 241

李品仙 55

李维汉 257，298，299，302，305，309，321，325，329

李文范 125，513，517

李文斋 517

李中任 241

李宗黄 226—231，352

李宗仁 50，52—55，67，94，97，213

梁寒操 87,508

梁实秋 148

梁漱溟 141,148,151,260,467—471,473,476,483

廖磊 55

林彪 28,35,36,234,238,325,404—411,414,416,487,488

林伯渠（林祖涵） 30,42,120,141,148,234,290,302,321,325,348,354,485,486—491,493,494,497,527

林虎 148

林森 19,72,79,86,87,104,161,348,434—436,453,518

林世良 455

林蔚 35,94,161,417,453

林云陔 517

刘伯承 28,32,35,36,234,238,325,361,391

刘斐 376,377,386,387,408,414,438

刘光 19

刘厚总 381

刘健群 14,96,127

刘芦隐 515

刘民生 185

刘文辉 215,216,217

刘湘 19,34,54,55,88,213—215,217

刘哲 148

刘镇华 515

刘志平 516

龙云 34,55,56,221—231,418,457

卢汉 225—228,231

卢作孚 80,132

陆定一 325,429

陆费逵 148

鹿钟麟 357,358,361,454

罗家伦 11,13,60,132

罗钧任 165

罗隆基 148,151,224,468,470,472,474,477,479,483

罗荣桓 36,293,388,391

罗斯福（F. D. Roosevelt） 395,430,437,480,494,497,500

罗文幹 141

洛佐夫斯基（Solomon Lozovsky） 395

吕咸 459,463

吕振羽 431

吕正操 391

M

马保三 185

马鸿逵 417

马君武 141

马寅初 9,446,456

毛泽东 27,28,30,31,33,35,36,39,45,46,48,101,141,148,207,232—238,240—242,244,247—250,252—257,259—281,289,293,296—298,301—310,312—329,331—340,342,345,348,350,352,358—362,363,366—368,371,373—375,377—381,386—416,420,428—433,481,484—490,496—501,503—507,518—528,531

茅盾 59

梅光迪 148

梅贻琦 9,141

缪云台　224
莫德惠　148，149

N

倪志亮　36
聂荣臻　36，234，236，239，253，254，279—281，296，310，325，391

P

潘公展　61，508，511，517
潘光旦　483
潘朔端　231
潘文华　215，216
潘友新（A. Panyushkin）　392，395，402
庞炳勋　361
彭德怀　28，29，32，35，36，234，236—238，242，246，248，249，252—255，261，270，298，305，324，332，342，357，361，362，366，368，369，372—374，376—378，386，387，390，391，400，407，414，416，527
彭学沛　60，149
彭雪枫　391
彭允彝　148
彭真　321，324，325，331，527

Q

齐燕铭　431
钱昌照　9
钱大钧　94，161
钱端升　148，153
钱新之　61，148
乔树人　241
仇鳌　148

R

饶漱石　381，386

任弼时　32，36，234，236—238，242，255，257，262，302，321—324，329，334，336—338，390，396，519，527
任鸿隽　9

S

沙千里　66
商震　376，395
上官云相　378，382，394
邵力子　34，87，132，149，182，345，346，349，395，421，481，482，485，517
沈从文　529
沈鸿烈　357，387，388
沈钧儒　66，67，141，148，149，151，468，470，475，477，483
盛世才　211
施肇基　141，148
石友三　357，361，365，366
史迪威（J. W. Stilwell）　480，494，495，506
史良　63，66，148，149
束云彰　444
斯大林（J. V. Stalin）　244—246，262，392，395，430
宋霭龄　456
宋美龄　14，62，93，227
宋庆龄　63，67，480
宋劭文　254，295
宋哲元　5，6，7，9，10，14，51，94
宋子文　27，42，93，152，163，166，167，227，229，395，456，461，491，501—504，517
孙连仲　413

孙中山　39，114，115，119，120，207，280，289，349，351，403，486，499，504，505，512

T

谭平山　130，132，148

谭政　324

汤恩伯　17，376，413，451—453，464

唐继尧　221

唐生智　6，70，81，84，94

唐纵　217，220，365，373，385，394，413，417，427，437，445，454，456—458，460，461，464，479，481，486，494，510—512，516，528—530

陶百川　148

陶德曼（O. P. Trautmann）　90，97

陶希圣　107，142，151，422，423，427，429，430，457，529

陶行知　148

佟麟阁　69

W

万福麟　383

汪精卫　18，19，22，29，30，72，78，83—85，90，91，95，98，102，105，111，113—115，117，124，127，135，142—144，149，157，165，205，222，223，346，350，351，379，383，422，429，430，467，517

王葆真　148

王秉钧　517

王宠惠　6，7，13，14，72，105，149，150，159，187，225，418，425，427，437，517

王稼祥　234，238，242，255，261，262，268，286，308，321—324，336，337，339，340，368，373，379，387，391，526

王陵基　215

王明（陈绍禹）　148，150，151，157，234，240—263，266，268—271，320—329，334—336，345，346，349—351，518

王若飞　321，325，360，488，489，494

王世杰　20，38，39，60，70，79，80，84，87，91，93，94，101—103，105，121，122，132，133，135，142，145，147，149—151，153，156，159，163，164，167，182，345，346，367，382，385，395—397，399，402，403，418—422，427，435，436，445，446，450，453，457，461，468，471，475，476，479，480—482，484—498，501—505，513，517，531

王叔铭　227，228

王树翰　515

王晓籁　61，62

王有兰　44

王云五　9，148，149，399，531

王芸生　413，456

王造时　66，148，149，151，156，182

王震　313

王志莘　468

王卓然　120

王子壮　18，22，42，55，67，84，96，101，103，104，106，120，121，126，142，147，156，165，204，215，347—349，399，424，426，438—440，444，445，453，454，456，458，462—464，

513，515，530
王缵绪 216，217
卫立煌 357，362，363，366，400
魏道明 15，218，427
魏德迈（A. C. Wedemeyer） 495
闻一多 426，482
翁文灏 81，85，87，92，149，165，219，372，461，508
吴鼎昌（吴达铨） 60，80，81，87，161，508
吴晗 482
吴开先 61
吴任沧 516
吴铁城 80，138，139，427，435，437，463，464，486，507，508，513，517
吴贻芳 9，148，149，468
吴玉章 148，325，348，350
吴稚晖 113，145，348，419，512，517，518

X

喜多诚一 15
夏威 55，208
夏衍 61
项英 43—49，234，242，248，254，255，261，263，305，367，368，371，373—381，383，385—387，389
萧佛成 518
萧劲光 360
萧克 36
萧向荣 325
萧一山 461
萧御寰 241
萧铮 350

谢东闵 508
谢晋元 100
谢觉哉 292，303，312
熊斌 413
熊式辉 38，44，74，80，81，87，101，116，161，220，436，513，530
熊向晖 415，416
徐炳昶 461
徐恩曾 511
徐佛观 416
徐傅霖 148
徐谟 70，87
徐谦 141
徐向前 28，36，234，238
徐永昌 6，14，15，35，51，56，82，91，94，214，218，354，363，369，376，382—384，415，417，419，438，439，446，450，455，457，463，515，517
徐祖贻 70
许德珩 148，151，182
许阁森（H. M. Knatchbull-Hugessen） 13
续范亭 328

Y

阎锡山 19，21，50—55，60，84，94，125，237，242，245，247，252—254，266，328，358—360，530
颜惠庆 148，480
晏阳初 141，148，468，475
杨端六 148
杨虎城 515
杨惠敏 100
杨全宇 455
杨尚昆 237，252，254，321，325，328，

332，337

杨振声 148

姚琮 34

叶楚伧 103，105，111，113，125，159，182，376，513，517

叶春年 100

叶剑英 29，31，33—36，38，42，45—48，234，238，248，321，325，326，331，332，348，354，364—366，369，376，386，391，415

叶青 517

叶挺 43—46，48，49，255，305，372—378，380，381，383—387，389，394，397，406

叶秀峰 511

于斌 148

于学忠 372

于右任 27，42，80，91，113，125，159，399，512，517

余汉谋 19

余家菊 148，468

余井塘 511，513，514

俞飞鹏 80，81，94

虞洽卿 61

袁国平 49，380，381

Z

曾琦 9，54，58，141，148，151，181，182，185，469

曾养甫 128

曾泽生 231

詹森（N. T. Johnson） 396

张伯苓 9，141，148，149

张伯勉 101

张冲 30，33，34，127，345，346，351，360，386，387，397

张道藩 204，347，511，517

张鼎丞 49

张东荪 9，148

张发奎 194

张国焘 42，234，242，245，248，255，259，348

张浩 36，234，238，242，255

张季鸾 93

张继（张溥泉） 27，42，72，145，348，399，482，513，517，518

张嘉璈 20，92，93，149，203

张君劢 9，58，59，93，124，141，148，149，151，467—471，473，475—477，481，483

张澜 148，468，470，472，473，475—477，479，481，483

张厉生 87，95，96，125，132，419，426，508，517

张彭春 148

张群 75，79，82，91—93，149，160，166，182，215，217，219，427，468，469，471，475，513

张申府 116，148，468

张维翰 189，190

张闻天 31，34，233，234，237，241—243，248，250—252，255，256，261，263，264，267—271，321，322，324，325，334—338，518，527

张奚若 9，148

张学良 119，211，383，515

张耀曾 148

张一麐 148

张荫梧　357

张云逸　49，393

张治中（张文伯）　23，87，114，116，132，135，138，161，196，202，218，345，346，376，384，385，408—410，413，414，426，438，439，458，461，486—495，498，501，503，507，513，516，517

张忠绂　148，204，528

章伯钧　148，468，470，477，481，483

章乃器　66，132，467，468，477

章士钊　148

赵戴文　51

赵登禹　69

赵荣声　363

赵澍　457

周炳琳　60，148，153，493，531

周从化　217

周恩来　26，27，30—35，37，43，45，96，141，148，233—235，237，238，241，242，246，248，250，254，255，260—264，289，303，324，327，328，336，337，345—352，355，363，366，369—378，385—388，390—392，395—397，399—402，404—411，413—416，432，471，484—486，489，490，497，499，500，502—506，519，525，527

周佛海　30，38，39，87，128，213，350

周鲠生　93

周昆　36

周士第　36

周至柔　81，94

周钟岳　226

周子昆　380，381

朱德　27，28，32—37，45，101，233—235，237，238，241，242，252—255，261，263，305，321，324，325，337，338，356—359，361—363，366，369，372—377，379，381，386—388，390—392，400，401，404，415，420，485，519，525，527

朱怀冰　361，366

朱家骅　93，125，132，139，182，350，427，439，457，513，517

朱瑞　295，388，391

朱绍良　80，81，84，413，417

竺可桢　9

邹鲁　111，125，159，512，517

邹韬奋　66，141，148，149，155，156，466，468，469，477

左权　36，391

左舜生　9，58，93，124，148，151—153，467—471，473，475—477，481，483，493